KB153859

외국인을 위한

표준
한국어
동사
활용 사전

외국인을 위한

표준
한국어
동사
활용 사전

김종록

도서
출판 박이정

한국어의 특징 가운데 하나는 동사와 형용사의 어간 뒤에 붙는 어미가 매우 발달되어 있고, 또 이들이 매우 다양한 형태로 활용을 한다는 점이다. 한국어의 활용은 종결어미, 연결어미, 관형사형 어미, 시상어미, 사동어미, 피동어미 등의 어미 형태로 표현되는데, 이들은 규칙활용 혹은 불규칙 활용의 형태를 취하고 있다.

모국어 화자가 아닌 외국인들이 한국어의 동사활용을 제대로 이해하기는 매우 어렵기는 하지만, 이 책을 통해 한국어의 동사활용에 대해 차근차근 배워가다 보면 활용양상을 깊이 이해할 수 있을 뿐 아니라 한국어를 공부하는 아기자기한 재미를 한껏 느낄 수 있을 것이다.

이 책의 제1부에는 한국어의 어미 활용을 이해하는 데 필요한 기본 요소를 간략하게 설명해 놓았으며, 제2부에는 한국어 활용표 220개를 제시하여 어미 활용 양상을 구체적으로 확인할 수 있도록 하였다. 제3부에는 한국어의 2020개 단어를 규칙 및 불규칙 활용의 유형에 따라 자세히 정리해 두었다.

모쪼록 세계 각처에서 한국어를 배우고자 하는 외국인들에게 이 책이 조금이나마 도움이 될 수 있기를 바란다.

이 책은 한동대에서 지난 10여 년 동안 강의한 한국어 교안을 바탕으로 완성되었다. 여러모로 부족한 강의를 열심히 수강해 준 외국 학생들에게 감사한다. 그리고 하나님께 감사드린다. 그분은 내 삶을 계획하셨고 그 뜻에 따라 나를 인도해 오셨기 때문이다. 끝으로 시장성이 별로 없어 보이는 이 원고를 책으로 낼 수 있는 귀한 기회를 주신 박찬익 사장님, 그리고 멋있고 아름답게 편집해 주신 이기남 님을 비롯한 편집부원들께 감사드린다.

2009년 12월 2일
김종록

한국어 동사 어미 활용의 기본 요소_11 chapter **01**

한국어 동사 어미 활용 유형_501

chapter

03

chapter **01**

한국어 동사 어미 활용의
기본 요소

1. 한국어의 자음과 모음

1.1 모음의 종류와 음가

한국어에는 21개의 모음이 있는데, 이 가운데 10개는 단모음(monophthong)이고, 11개는 이중모음(diphthong)이다.

첫째, 단모음은 발음할 때의 혀의 높이(height), 발음이 되는 혀의 위치(position), 그리고 입술의 모양(shape)에 따라 아래 표와 같이 나누어진다.

전후 고저	전설모음		후설모음	
	평순	원순	평순	원순
고모음	ㅣ i	ㅟ y	ㅡ ï	ㅜ u
중모음	ㅔ e	ㅚ ø	ㅓ ə	ㅗ o
저모음	ㅐ ɛ		ㅏ a	

단모음의 음가(phonetic value)와 용례는 다음과 같다.

아, [a] : 가다, 닫다, 달다, 맞다, 반갑다, 알다, 짧다
어, [ə] : 걸다, 넓다, 넣다, 덥다, 먹다, 벗다, 서다, 없다
오, [o] : 놓다, 돌아가다, 모으다, 보다, 쏘다, 오다, 좁다
우, [u] : 굵다, 나누다, 무겁다, 묻다, 바꾸다, 웃다, 주다, 풀다
으, [ï] : 가르치다, 둥글다, 들다, 모르다, 바쁘다, 쓰다, 읊다, 틀리다

이, [i] : 기다, 길다, 깊다, 마시다, 믿다, 신다, 싣다, 일하다, 있다

애, [ɛ] : 대답하다, 배우다, 애창하다, 유행하다, 탐내다, 파내다, 행복하다

에, [e] : 건네다, 게으르다, 에이다, 헤어지다, 헤엄치다, 헤프다, 헹구다

외, [ø] : 고되다, 괴롭다, 되다, 외롭다, 죄다, 뵙다, 쐬다, 꾀다

위, [y] : 권하다, 뉘우치다, 뛰다, 쉬다, 위로하다, 위조하다, 휘다, 휩쓸다

둘째, 중모음에는 '야, 여, 요, 유, 얘, 예, 와, 워, 왜, 웨' 등의 상향이중모음 (rising diphthong)과 '의'의 하향이중모음(falling diphthong)이 있다. 이중모음의 음가와 용례는 다음과 같다.

야, [ja] : 갸름하다, 상냥하다, 약하다, 약속하다, 얇다, 얕다, 얄밉다

여, [jə] : 살펴보다, 열다, 엿보다, 엿듣다, 지겹다, 펼치다, 흐려지다, 힘겹다

요, [jo] : 뾰족하다, 사용하다, 순교하다, 요구하다, 요약하다, 용서하다

유, [ju] : 만류하다, 양육하다, 유명하다, 유쾌하다, 유행하다, 육성하다, 윤택하다

얘, [jɛ] : 얘, 얘기, 얘깃거리, 하얘지다

예, [je] : 무례하다, 설계하다, 순례하다, 예매하다, 예쁘다, 예상하다, 예습하다

와, [wa] : 사과하다, 완성하다, 완전하다, 정확하다, 조화롭다, 쿵쾅거리다, 화해하다

워, [wə] : 권하다, 시원하다, 애원하다, 원망하다, 원하다, 초월하다, 훤하다

왜, [wɛ] : 불쾌하다, 왜곡하다, 왜군, 왜냐하면, 왜소하다, 왠지

웨, [we] : 꿰다, 돈궤, 뭬뭬, 웨딩드레스, 웨이터, 웬걸, 웬일, 웬만큼, 웬만하다

의, [ɨj] : 띄다, 여의다, 의논하다, 의심스럽다, 의젓하다, 의지하다, 틔다, 희다

1.2 모음조화

한국어 모음은 그 소리의 특성에 따라 두 갈래로 나눌 수 있다.

양성모음(yang vowel) : 아, 야, 오, 요, 애, 외

음성모음(yin vowel) : 어, 여, 우, 유, 에, 위, ㅡ, ㅣ

양성모음은 '밝음(light), 긍정적(positive), 좋음(good), 기쁨(joyful)'의 뉘앙스(nuance)를 지니고 있고, 음성모음은 '어두움(dark), 부정적(negative), 나쁨(bad), 슬픔(sorrowful)'의 뉘앙스를 지니고 있다.

의성어나 의태어를 만들거나 동사의 어미활용형을 만들 때, 양성모음은 양성모음 끼리 어울리려는 경향이 강하고, 음성모음은 음성모음 끼리 어울리려는 경향이 강한데, 이런 현상을 모음조화(vowel harmony)라고 한다.

살랑살랑[아-아-아-애] ↔ 설렁설렁[어-어-어-에]
깡충깡충[아-오-아-외] ↔ 껑충껑충[어-우-어-위]
몰랑몰랑[오-아-오-애] ↔ 물렁물렁[우-어-우-에]

살다(to live) :
살-아 → 살아, 살-아서 → 살아서, 살-아라 → 살아라,
살-았-다 → 살았다

먹다(to eat) :
먹-어 → 먹어, 먹-어서 → 먹어서, 먹-어라 → 먹어라,
먹-었-다 → 먹었다

1.3 모음의 장단

한국어 모음은 길게 발음할 때와 짧게 발음할 때, 즉 **장단**(Macron)에 따라 낱말의 의미가 달라지기 때문에 주의해야 한다.

아[a] : 밤 [밤] night ↔ 밤 [밤:] chestnut
어[ə] : 벌 [벌] punishment ↔ 벌 [벌:] a bee
오[o] : 동경 [동경] Tokyo ↔ 동경, [동:경] yearning
우[u] : 눈 [눈] eye ↔ 눈 [눈:] snow

의[i] : 듣다 [듣다] to hear ↔ 듣다 [듣:다] to drop

이[i] : 이상 [이상] more than ↔ 이상[이:상] an ideal

야[ja] : 양 [양], a sheep ↔ 양 [양:], amount

여[jə] : 연정 [연정], combined government ↔ 연정 [연:정], tender passion

요[yo] : 교감 [교감], consensus ↔ 교감 [교:감], an assistant principal

유[ju] : 유리 [유리], glass ↔ 유리 [유:리], profitable

1.4 자음의 종류와 음가

한국어에는 19개의 자음이 있는데, 된소리(tensed) 자음과 거센소리(aspirated) 자음이 많다.

자음은 발음이 되는 위치(place)와 발음을 하는 방법(manner)에 따라 아래 표와 같이 나누어진다.

방법 \ 위치		양순음	치조음	경구개음	연구개음	성문음
파열음	예사소리	ㅂ p	ㄷ t		ㄱ k	
	된소리	ㅃ p'	ㄸ t'		ㄲ k'	
	거센소리	ㅍ p^h	ㅌ t^h		ㅋ k^h	
마찰음	예사소리		ㅅ s			ㅎ h
	된소리		ㅆ, s'			
파찰음	예사소리			ㅈ c		
	된소리			ㅉ c'		
	거센소리			ㅊ c^h		
비음		ㅁ m	ㄴ n		ㅇ ŋ	
유음			ㄹ r/l			

특히, 파열음(Plosive), 마찰음(Fricative), 파찰음(Affricate)은 예사소리(relaxed), 된소리(tensed), 거센소리(aspirated) 등으로 나누어지는데, 이들 가운데 어떤

자음이 쓰이느냐에 따라 단어의 의미가 달라진다. 그러나 한국어는 유성자음과 무성자음에 따라 단어의 의미가 달라지지는 않는다.

'예사소리'는 '평음(平音)'으로서 발음을 부드럽고 평이하게 내는 음이며, '된소리'는 평음에 '긴장성'을 넣어서 긴장되게 내는 음이다. 그리고 '거센소리'는 평음에 'h'음을 넣어서 거칠게 내는 음이다.

ㄱ[k] : 가다, 가깝다, 걷다, 고르다, 귀엽다, 깊다
ㄲ[k'] : 까다, 깔다, 꺼다, 꼬집다, 꾸미다, 끄다
ㅋ[kʰ] : 크다, 캐다, 커지다, 켜다, 키우다
ㄷ[t] : 달, 달다, 대답하다, 덮다, 돕다, 듣다
ㄸ[t'] : 딸, 따다, 떠나다, 뛰다, 뚱뚱하다, 뜨다
ㅌ[tʰ] : 탈, 타다, 털다, 토하다, 튀기다, 틀리다
ㅂ[p] : 불, 밝다, 배우다, 버리다, 보다, 붓다
ㅃ[p'] : 뿔, 빠르다, 빼앗다, 뻗다, 뽑다, 뿌리다
ㅍ[pʰ] : 풀, 파다, 퍼지다, 펴다, 포개다, 품다
ㅅ[s] : 살, 사다, 서다, 솟다, 숨다, 쉬다
ㅆ[s'] : 쌀, 싸다, 썩다, 쏘다, 쓰다, 씹다
ㅈ[c] : 작다, 재미있다, 적다, 좁다, 주다, 짓다
ㅉ[c'] : 짜다, 짧다, 쪼개다, 쬐다, 쭈그리다, 찌다
ㅊ[cʰ] : 차다, 채용하다, 쳐다보다, 춥다, 취하다, 치다
ㄴ[n] : 누나 ; 낳다, 내리다, 넘다, 넣다, 놀다
ㄹ[r] : 라면 ; 램프, 럭비, 로봇, 룸싸롱, 리듬
ㄹ[l] : 돌아가다 ; 갈다 날다, 알다, 널다, 팔다
ㅁ[m] : 물 ; 마시다, 매달다, 모으다, 무섭다, 밀다
ㅇ[ŋ] : 종교 ; 공부하다, 뒹굴다, 망설이다, 사랑하다, 영리하다
ㅎ[h] : 한국 ; 하다, 향기롭다, 효도하다, 흐르다, 희다

2. 한국어 동사의 어미 활용

한국어는 동사(verb)만이 어미 활용(conjugation)을 하는데, 이 동사는 문장 속에서 서술어(predicate)의 역할을 한다. 동사에는 동작동사(action verb)와 상태동사(descriptive verb), 지정동사(indicative verb)가 있다. 동작동사는 흔히 '동사(動詞)'라 하고, 상태동사는 형용사(形容詞), 지정동사는 지정사(指定詞)라고 하는데, 이 책에서는 동사, 형용사, 지정사라는 명칭을 사용하기로 한다.

2.1 한국어 동사 어미의 갈래

동사 어미 활용(verbal conjugation)이란, 아래와 같이, 동사의 어간(verb stem)에 종결어미나 연결어미 등을 붙여 씀으로써 그 동사가 '현재, 과거, 미래 ; 높임, 낮춤 ; 평서, 의문, 명령, 청유 ; 나열, 조건, 결과, 양보' 등의 새로운 의미를 더 가지게 되는 것을 말한다.

먹다(to eat)
먹-(어간) + -다(기본형·사전형 어미) → 먹다
        -는-다(평서형 현재 종결어미) → 먹는다

-었-니?(의문형 과거 종결어미) → 먹었니?

-으면(조건의 연결어미) → 먹으면

-지 않다(부정 어미) → 먹지 않다

-음(명사형 어미) → 먹음

-은(과거 관형사형 어미) → 먹은

-이-다(사동 어미) → 먹이다

-히-다(피동 어미) → 먹히다

어미는 크게 두 가지로 나뉘는데, 각 단어의 끝에 놓이는 어말어미(final ending)와 단어의 중간에 놓이는 선어말어미(pre-final ending)가 있다. 어말어미에는 종결어미(sentential ending), 연결어미(connective ending), 전성어미(derivational ending)가 있고, 선어말어미에는 시상어미(tense-aspect ending), 높임어미(respective ending), 사동어미(causative ending), 피동어미(passive ending)가[1] 있다.

2.1.1 선어말어미

첫째, 시상의 선어말어미

시상(時相, tense and aspect)의 선어말어미는 어떤 사건이나 행위가 언제 일어났는지 혹은 어떤 양태로 일어났는지를 나타내는 기능을 지니고 있다.

먼저 시제(tense)는 말하는 때와 사건이 일어난 때의 앞뒤 관계에 따라 '과거, 현재, 미래'로 나눠지고, 일의 양태(aspect)에 따라 '완료, 진행, 회상 ; 추측, 의지, 경험, 가능' 등으로 나눠진다.

그런데, 한국어의 경우에는 아래의 표에서와 같이, 하나의 형태가 시제와

---

1) '사동'의 '-이-, -히-, -리-, -기-, -우-, -구-, -추-, -으키-' 등과 '피동'의 '-이-, -히-, -리-, -기-' 등은 통사 · 의미적으로 새로운 기능을 지니도록 하는 기능을 지니고 있기 때문에 '파생접사(derivational suffix)'라 할 수 있다. 그러나 '시제'나 '높임' 등을 나타내는 선어말어미와 같은 위치에 놓인다는 점과 여러 해 동안 외국인들에게 한국어를 가르쳐 본 결과 외국인들이 사동과 피동 등을 선어말어미와 비슷하게 받아들이고 있다는 점을 고려하여, 일단 선어말어미의 범주에 넣어 두었다.

양상의 기능을 동시에 가지는 경우가 많고, 또 하나의 형태가 여러 의미기능을 지니기도 하기 때문에, 문장의 앞뒤 상황을 잘 보고 그 의미기능을 잘 파악해야 한다.

선어말어미	시제	양상
-는-	현재	진행
-었-	과거	완료
-겠-	미래	추측/의지/가능
-리-	미래	추측/의지/가능
-더-	과거	회상/전달
-었었-	과거	경험
-었더-	과거	회상/전달
-었겠-	과거	추측/의지/가능
-겠더-	미래/과거	가능/추측, 전달
-었었겠-	과거	경험/추측

둘째, 높임의 선어말어미

높임(honorific)의 선어말어미에는 '-시-'와 '-사오-'가 있는데, '-시-'는 화자(speaker)가 문장의 주어 혹은 주어와 관련되어 있는 사물을 높이는 기능을 지니고 있다.

아버지께서 서울에 오셨다.(◁오-시-었-다)
사장님께서는 재산이 많으십니다.(◁많-으시-ㅂ니다)

그리고 '-사오-, -사옵-, -옵-'은 화자가 주어인 경우에 쓰이는데, 주어를 낮춤으로써 청자(hearer)를 간접적으로 높이는 기능을 지니고 있다. 따라서 이들을 '겸양(humbleness)'의 선어말어미라고도 부른다.

제가 그 일을 하겠사옵니다.(◁하-겠-사옵-니다)
정성을 다해 모시겠사오니 한번 방문해 주시기 바랍니다.
(◁모시-겠-사오-니)
결혼식이 잘 끝나기를 바라옵니다.(◁바라-옵-니다)

사동(causative)의 선어말어미에는 '-이-, -히-, -리-, -기-, -우-, -구-, -추-, -애-' 등이 있는데, 이들은 주어가 그 대상이 되는 사람, 동물, 사물 등에 영향을 주어서 어떠한 움직임이 있게 만들거나, 어떤 상태에 이르게 하는 기능을 지니고 있다.

> 그녀는 방에 불을 밝혔다.(◁밝-히-었-다)
> 어머니는 아기를 침대에 눕혔다.(◁눕-히-었-다)
> 태풍이 농작물에 큰 피해를 입혔다.(◁입-히-었-다)

이와 같은 특징을 지닌 형용사에는 다음과 같은 것이 있다.

> 높다→높이다, (죽이)눅다→눅이다, 줄다→줄이다 ; 넓다→넓히다, 좁다→좁히다, 밝다→밝히다, 괴롭다→괴롭히다, 굳다→굳히다, 더럽다→더럽히다, 붉다→붉히다, 덥다→덥히다, 간지럽다→간지럽히다 ; (배가)부르다→불리다, (방이)너르다→널리다 ; (땅이)걸다→걸우다, 크다→키우다, 비다→비우다, 길다→길우다 ; 곧다→곧추다, 낮다→낮추다, 늦다→늦추다 ; 없다→없애다

그리고, 동사의 예로는 다음과 같은 것이 있다.

> 녹다→녹이다, 죽다→죽이다, 속다→속이다, (싸움이)붙다→붙이다, (속이)썩다→썩이다, 기울다→기울이다, (배추가 소금에)절다→절이다, (국이)졸다→졸이다, 닦다→닦이다, 먹다→먹이다, 보다→보이다 ; 앉다→앉히다, 눕다→눕히다, 익다→익히다, 입다→입히다, 잡다→잡히다 ; 날다→날리다, 살다→살리다, 얼다→얼리다, 날다→날리다, 흐르다→흘리다, (몸무게가)늘다→늘리다, 울다→울리다, 들다→들리다, 알다→알리다, 말다→말리다, 싣다→실리다, 물다→물리다, 털다→털리다 ; 웃다→웃기다, 숨다→숨기다, 남다→남기다, 굶다→굶기다, 넘다→넘기다, (머리를)감다→감기다, 넘다→넘기다, 벗다→벗기다, 신다-›신기다, 씻다→씻기다, 맡다→맡기다 ; 피다→피우다, (살이)찌다→찌우다, 비다→비우다, 깨다→깨우다, 지다→지우다, (배가)뜨다

→ 띄우다, 차다 → 채우다, 깨다 → 깨우다, (날이)새다 → 새우다, 타다 →
태우다, (짐을)지다 → 지우다 ; 솟다 → 솟구다 ; (정답이)맞다 → 맞추다,
(햇빛이)비치다 → 비추다 ; (옷이 물에)젖다 → 적시다 ; (물결이)일다 →
일으키다

그리고 형용사와 동사의 뒤에 '-게 하다, -게 만들다'를 붙여서 '사동'의 의미
를 나타낼 수도 있다.

그녀는 방을 <u>밝게 했다</u>.(◁밝-게 하-였-다)
어머니는 아기를 침대에 <u>눕게 만들었다</u>.(◁눕-게 만들-었-다)
태풍이 농작물에 큰 피해를 <u>입게 하였다</u>.(◁입-게 하-였-다)

넷째, 피동의 선어말어미

피동(passive)의 선어말어미에는 '-이-, -히-, -리-, -기-' 등이 있는데, 이들
은 주어가 다른 사람의 힘이나 행동에 의해 움직이게 하는 기능을 지니고
있다.

아기가 어머니에게 <u>안겼다</u>.(◁안-기-었-다)
도둑이 경찰에게 <u>잡혔다</u>.(◁잡-히-었-다)

이와 같은 특징을 지닌 동사에는 다음과 같은 것들이 있다.

놓다 → 놓이다, 묶다 → 묶이다, 보다 → 보이다, 쌓다 → 쌓이다, 섞다 →
섞이다, 쓰다 → 쓰이다, 파다 → 파이다 ; 닫다 → 닫히다, 먹다 → 먹히다,
묻다 → 묻히다, 박다 → 박히다, 밟다 → 밟히다, 업다 → 업히다, 잡다 →
잡히다 ; 누르다 → 눌리다, 듣다 → 들리다, 물다 → 물리다, 밀다 → 밀리
다, 풀다 → 풀리다 감다 → 감기다, 안다 → 안기다, 끊다 → 끊기다, 찢다
→ 찢기다

그리고 형용사와 동사의 뒤에 '-아/어지다, -게 되다'를 붙여서 '피동'의 의미
를 나타낼 수도 있다.

그녀는 요즘 뚱뚱해졌다.(◁뚱뚱하-어 지-었-다)
순희는 늘 고국을 그리워하게 되었다.(◁그리워하-게 되-었-다)
그는 드디어 과학자로서의 꿈을 이루게 되었다.(◁이루-게 되-었-다)

2.1.2 어말어미

2.1.2.1 종결어미

종결어미(終結語尾, Sentential ending)는 문장의 맨 뒤에 쓰여서 문장을 끝맺게 하는 기능을 지니고 있으며, 한국어에는 평서형, 의문형, 명령형, 청유형, 감탄형 어미가 있다.

첫째, 평서형 종결어미

평서형 어미(Declarative ending)는 화자가 자기의 생각이나 느낌, 그리고 어떤 사건이나 일과 관련된 정보를 단순히 전달하거나 혹은 어떤 물음에 대답할 때 쓰인다.

순희가 춤을 추고 있습니다.(◁있-습니다)

저 분이 누구죠?
저 분은 저의 어머니예요.(◁어머니-이-에요)

평서형어미는 '-습니다. -어요, -어, -지, -는다, -단다, -으마' 등 60여 개가 있으며, 이들이 간접인용절에 쓰이면 모두 '-(는)다고'로 바뀐다.

영수는 "아버지께서 일찍 돌아가셨다."고 말했다.
영수는 자기 아버지께서 일찍 돌아가셨다고 말했다.

의문형 어미(Interrogative ending)는 화자가 청자에게 질문을 하면서 대답을 요구할 때 쓰인다.

서점에서 무슨 책을 샀습니까?(◁사-았-습니까)
한국어 책을 샀습니다.

올해 여름은 더웠니?(◁덥-었-니)
아니, 별로 덥지 않았어.

의문형어미는 '-습니까?, -어요?, -어?, -지?, -느냐? -다면서? -는대?' 등 60여 개가 있으며, 이들이 간접인용절에 쓰이면 모두 '-(느)냐고'로 바뀐다.

영수는 순희에게 "숙제 다 했니?" 하고 물었다.
영수는 순희에게 숙제 다 했느냐고 물었다.

명령형 어미(Imperative ending)는 화자가 청자에게 어떤 행동을 하거나 혹은 하지 말 것을 요구할 때 쓰인다.

점심을 먹어라.(◁먹-어라)
이쪽으로 오세요.(◁오-세요)

명령형 어미는 '-으십시오, -어요, -세요, -어, -지, -어라, -으라니까, -으오, -게' 등 20여 개가 있으며, 이들이 간접인용절에 쓰이면 모두 '-으라고'로 바뀐다.

영수는 순희에게 "점심을 먹어라." 하고 말했다.
영수는 순희에게 점심을 먹으라고 말했다.

동사는 명령형 어미와 결합되어 쓰일 수 있지만, 형용사와 지정사는 결합되어 쓰일 수 없다.

먹다 → 먹어라   웃다 → 웃어라   나누다 → 나누어라
작다 → *작아라   좋다 → *좋아라   예쁘다 → *예뻐라
(사람)이다 → *(사람)이어라

청유형 어미(Propositive ending)는 화자가 청자에게 어떤 행동을 함께할 것을 제안할 때 쓰인다.

저녁 먹으러 갑시다.(◁가-ㅂ시다)
우리 함께 책을 읽어요.(◁읽-어요)

청유형 어미는 '-읍시다, -어요, -세요, -어, -지, -자, -세' 등 20여 개가 있으며, 이들이 간접인용절에 쓰이면 모두 '-자고'로 바뀐다.

영수는 순희에게 "점심을 먹자." 하고 말했다.
영수는 순희에게 점심을 먹자고 말했다.

동사는 청유형 어미와 결합되어 쓰일 수 있으나, 형용사와 지정사는 결합되어 쓰일 수 없다.

가다 → 가자   살다 → 살자   달리다 → 달리자
크다 → *크자   싫다 → *싫자   아름답다 → *아름답자
(사람)이다 → *(사람)이자

감탄형 어미(Exclamatory ending)는 화자가 기쁨, 슬픔, 놀람, 물음에 대한 대답 등 자기의 감정과 의지를 자유스럽게 나타낼 때 쓰인다. '야, 와, 어머나,

글쎄, 아니, 예, 그래' 등의 감탄사와 함께 쓰이는 경우가 많다.

> 야, 경치 좋네!(◁좋-네)
> 정말 오랜만이구나!(◁오랜만이-구나)

감탄형 어미는 '-(는)군! -는군! -(는)구려! -어! -지! -구나! -도다!' 등 20여 개가 있으며, 이들이 간접인용절에 쓰이면 모두 '-다고'로 바뀐다.

> 영수는 순희에게 "설악산 경치가 좋네!" 하고 말했다.
> 영수는 순희에게 설악산 경치가 좋다고 말했다.

2.1.2.2 연결어미

연결 어미는 앞절과 뒷절을 이어서 하나의 문장이 되게 하는 기능을 지니고 있으며, 대등적 연결어미와 종속적 연결어미가 있다.

> 대등 : 누나는 책을 읽고 형은 컴퓨터 게임을 하고 있다.(◁읽-고)
> 종속 : 봄이 오면 꽃이 핀다.(◁오-면)

첫째, 대등적 연결

대등적 연결은 앞절과 뒷절을 통사·의미적으로 대등한 관계가 되도록 연결하는 방식인데, 대등적 연결문은 연결된 앞뒤 절의 순서를 바꾸어도 문장 전체의 의미에 변화가 없으며, 앞절과 뒷절이 구조와 의미상 대칭(symmetry)을 이루는 것이 중요한 문법적 특징이다. 의미기능으로는 다음과 같은 세 가지가 있다.

	의미관계	연결어미
1	나열	-고, -으며
2	선택	-거나/건, -든지/든, -든가
3	대립·대조	-아도/어도, -으나, -지만, -으되

[1] 나열관계(serial) 연결어미에는 '-고, -으며'가 있는데, 두 가지 이상의 사태나 사실을 나열할 때 쓰며, 대등한 의미를 지닌 절을 여러 개 연결할 수 있다. 의미기능이 영어의 'and'와 거의 같다.

영수는 학교에 가-{고, 으며} 순희는 집에 간다.
순희는 지식이 많-{고, 으며} 철수는 지혜가 많다.
5월 5일은 어린이날이-{고, 으며} 5월 15일은 스승의 날이다.

[2] 선택관계(selection) 연결어미에는 '-거나, -든지, -으나'가 있는데, '-거나, -든지'는 축약되어 '-건, -든'의 형태로 쓰이기도 한다. 앞절과 뒷절 가운데 어느 하나를 선택하는 관계가 되도록 연결해 주는 기능을 지니고 있으며, 선택의 대상이 두 개 이상이 될 수도 있고, 하나도 선택하지 않을 수도 있다. 의미기능은 영어의 'or'과 거의 같다.

단순 선택문 : 오늘은 비가 오-{거나, 든지} 눈이 올 것 같다.
　　　　　　영수는 밥을 먹-{거나, 든지} 빵을 먹을 것이다.
다중 선택문 : 오늘은 비가 오-{거나, 든지} 눈이 오-{거나, 든지} 할 것 같다.
　　　　　　영수가 밥을 먹-{거나, 든지}, 빵을 먹-{거나, 든지} 나는 상관없다.

[3] 대립·대조관계(contrast) 연결어미에는 '-어도, -지만, -으나' 등이 있는데, 서로 내용상 '상반'되거나 '대립'되는 두 구절을 연결하는 데 쓰인다. 영어의 'but'과 기능이 거의 같아서 'contrast, while' 등의 의미를 지닌다.

영수는 축구는 잘 하-{어도, 지만, ?으나} 야구는 잘 못한다.
인생은 짧-{아도, 지만, ?으나} 예술은 길다.
그는 돈은 많-{아도, 지만, ?으나} 지식은 적다.

종속적 연결은 앞절과 뒷절이 통사·의미적으로 종속관계가 되도록 연결하는 방식인데, 종속적 연결문은 연결된 앞절과 뒷절의 순서를 바꾸면 문장의 의미가 달라지기 때문에 위치를 바꿀 수 없으며, 앞절과 뒷절이 구조와 의미상 대칭관계를 이루지 못하는 것이 중요한 문법적 특징이다. 일반적으로 앞절이 뒷절에 의미적으로 종속되며, 의미기능으로는 다음과 같은 열다섯 가지가 있다.

	의미관계	연결어미
1	동시	-으면서, -으며, -고, -자
2	계기	-어서/아서, -고(서), -자, -자마자
3	중단·전환	-다가
4	양보	-아도/어도, -더라도, -ㄹ지언정, -을지언정, -은들, -는데도, -기로서니, -으나마, -을망정, -었자
5	조건·가정	-으면, -거든, -거들랑, -아야, -는다면, -었던들
6	원인·이유	-아서/어서, -니까, -므로, -느라고, -기에, -길래, -는지라, -을세라, -느니만큼
7	목적·의도	-러, -려/려고, -고자
8	결과	-도록
9	상황제시	-는데/은데, -으니, -다시피
10	비교	-느니
11	비유	-듯/듯이
12	비례	-을수록
13	정도	-으리만큼, -으리만치
14	첨가	-거니와, -ㄹ뿐더러, -으려니와
15	습관	-곤

[1] 동시관계(simultaneity) 연결어미에는 '-(으)면서, -며, -고, -자' 등이 있는데, 이들은 앞절과 뒷절이 '동시'에 일어나는 관계가 되도록 연결해 주는 기능을 지니고 있으며, 영어의 'as soon as'와 기능이 거의 같아서 'simultaneous, the same time' 등의 의미를 지닌다.

영수는 텔레비전을 보면서, 아침을 먹었다.
이 노트북은 성능도 좋고, 값도 싼 편이다.
그는 의사이-{며, 자} 화가이다.
그녀는 뉴욕에 도착하자 바로 사업을 시작했다.

[2] 계기관계(completion) 연결어미에는 '-아서/어서, '-고(서), -자, -자마자' 등이 있는데, 이들은 앞절의 일이 일어나고 난 다음에 뒷절의 일이 일어나는 관계가 되도록 연결해 주는 기능을 지니고 있으며, 영어의 'and then'과 기능이 거의 같다.

영수는 서울에 가서, (서울에서) 친구를 만났다.
순희는 어머니를 만나자마자 (곧장) 고향으로 돌아가자고 했다.
형은 나를 만나자 (1년 후에는 꼭) 고향으로 돌아가자고 했다.

[3] 중단·전환관계(interruption, conversion) 연결어미에는 '-다가'가 있는데, 이들은 앞절의 동작이나 상태가 진행되어 가는 과정 혹은 끝난 뒤에, 이것이 바뀌어서 새로운 동작이나 상태가 이어짐을 나타낸다.

그는 학교에 가다가 왔다.
그는 학교에 갔다가 왔다.
과속을 하다가 결국 사고를 냈다.

[4] 양보관계(concession) 연결어미에는 '-아도/어도, -더라도, -ㄹ지라도, -을지언정, -으나마, -었자, -기로서니, -은들, -건만' 등이 있는데, 이들은 앞절의 동작이나 상태를 인정함에도 불구하고, 뒷절에 화자가 예상하거나 기대했던 동작이나 상태가 나타나지 않는 관계가 되도록 연결해 주는 기능을 지니고 있으며, 영어의 'although'와 기능이 거의 같다.

비록 비가 많이 오-{아도, 더라도, ㄹ지라도} 우리는 소풍을 간다.
시험에 떨어질지언정 부정행위는 절대로 하지 않겠다.
비록 돈이 적으나마 받으세요.

네가 아무리 발버둥 쳐 보았자 도망 갈 수 없다.
아무리 거짓말을 하기로서니 그렇게 왕따를 시켜서야 되겠는가?
고추가 맵다 한들 시집살이보다야 맵겠어요?
내가 그렇게 도둑질을 하지 말라고 말렸건만 그는 내 말을 듣지 않았다.

[5] 조건 · 가정관계(condition) 연결어미에는 '-으면, -거든, -아야, -ㄴ다면/다면, -던들' 등이 있는데, 앞절은 뒷절을 이루기 위한 '조건'이나 '가정'이 되고, 뒷절은 앞절을 조건으로 하여 이루어지는 '결과'가 되도록 연결하는 기능을 지니고 있으며, 영어의 'if'와 기능이 거의 같다.

내일 날씨가 좋으면 함께 소풍 갑시다.
봄이 오거든 한국에 꼭 놀러 오너라.
영수를 만나야 그 일을 해결할 수 있다.
네가 졸지만 않았던들, 자동차 사고는 나지 않았을 것이다.
진정으로 영희를 사랑한다면 제발 영희 곁을 떠나 다오.

[6] 원인 · 이유관계(cause, reason) 연결어미에는 '-아서/어서, -니까, -므로, -느라고, -기에, -길래, -는지라, -느니만큼' 등이 있는데, 앞절은 뒷절을 이루기 위한 '원인'이나 '이유'가 되고, 뒷절은 그로 인한 '결과, 귀결'이 되도록 연결하는 기능을 지니고 있으며, 영어의 'because'와 기능이 거의 같다.

비가 너무 많이 와서 학교에 갈 수 없었다.
철수가 고등학생이 되니까 좀 더 의젓해 보인다.
그가 범죄 사실을 고백했으므로 용서를 해 줍시다.
시험공부를 하느라고 한잠도 못 잤다.

[7] 목적 · 의도관계(intention) 연결어미에는 '-러, -려/려고, -고자' 등이 있는데, 앞절에는 주어가 이루고자 하는 '목적'이나 '의도'가 나타나 있고, 뒷절에는 그것을 이루기 위한 구체적 방법이나 내용이 나타난다. 영어

의 'in order to'와 의미기능이 거의 같다.

영수는 경영학을 공부하러 미국으로 유학을 갔다.
영수는 축구를 하려고 운동장으로 나갔다.
나는 약속을 꼭 지키고자 노력했다.

[8] 결과관계(result) 연결어미에는 '-도록'이 있는데, 이들은 뒷절에 제시되어 있는 동작이나 상태가 앞절과 같은 상태에 이르는 것을 나타낸다.

자동차사고가 나지 않도록 순희는 교통법규를 잘 지켜라.
어머님의 건강이 좋아지도록 그는 하나님께 정성껏 기도했다.

[9] 상황제시 관계(circumstance) 연결어미에는 '-는데/은데, -으니, -다시피'가 있는데, 이들은 뒷절의 내용을 효과적으로 전달하기 위하여 앞절에 적절한 상황을 제시하는 기능을 지니고 있다.

3시경에 공항에 도착했는데 뉴욕으로 가는 비행기가 출발하고 없었다.
약속 장소에 도착을 해 보니 이미 많은 사람들이 와 있었다.
너도 알다시피 내가 지난 번 마라톤 대회에서 우승을 했잖니?

[10] 비교관계(comparison) 연결어미에는 '-느니'가 있는데, '-느니'는 앞절에 제시되어 있는 것보다 뒷절에 제시되어 있는 것을 선택하는 것이 더 나음을 나타내는 기능을 지니고 있다. 이 '-느니'에 '비교'의 보조조사 '-보다'와 부사 '차라리'를 함께 써서 '-느니보다 차라리'의 형태가 되면, '비교'의 의미가 보다 더 확실하게 드러난다.

한국문화를 알려면 백화점에 가느니(보다) 재래시장에 가는 것이 더 낫다.
나는 오래된 아파트에 사느니 차라리 한옥에 살겠다.

[11] 비유관계(simile, metaphor) 연결어미에는 '-듯/듯이'가 있는데, 이들은 앞절에 비유어를 제시하고, 뒷절에 비유되는 말을 제시함으로써,

결과적으로 뒷절의 내용이 앞절의 내용과 거의 같음을 나타내는 기능을 지니고 있다.

구름에 달 가듯이 잘도 가는구나!
거대한 파도가 밀려오듯이 슬픔이 내게 밀려 왔다.

[12] 비례관계(proportion) 연결어미에는 '-ㄹ수록/을수록'이 있는데, 이들은 앞절 내용의 어떤 정도가 더하여 가거나 덜 하여 감에 따라, 뒷절 내용의 어떤 정도도 더하거나 덜하게 되는 것을 나타낸다.

문화재는 세월이 갈수록 그 가치가 높아진다.
한국어 공부는 하면 할수록 재미가 있다.

[13] 정도관계(degree) 연결어미에는 '-으리만큼, -으리만치' 등이 있는데, 이들은 앞절에 어떤 사태나 행위의 극단적 정도를 제시하고, 뒷절에서는 그와 같은 정도의 행위가 일어나고 있거나 그와 같은 상태에 있음을 나타낸다.

거짓말을 한 마디도 못하{으리만큼, 으리만치} 그는 정직한 사람이다.
뇌물과 선물을 구별하지 못하{으리만큼, 으리만치} 나는 바보가 아니다.

[14] 첨가관계(addition) 연결어미에는 '-ㄹ뿐더러, -거니와, -으려니와' 등이 있는데, 이들은 앞절의 내용에 더하여, 뒷절에 그와 관련된 내용이 더 있음을 나타낸다. 뒷절의 앞에 부사어 '게다가'를 함께 쓰면 문장의 의미가 보다 분명해진다.

영수는 공부도 잘 할뿐더러 운동도 잘 한다.
순희는 노래도 잘 하거니와 피아노도 잘 친다.
한국은 봄도 좋으려니와 가을은 더욱 좋다.

[15] 습관관계(habit) 연결어미에는 '-곤' 이 있는데, '-곤 하다'의 형태로 주로 쓰이며, 앞절의 내용이 습관적으로 반복됨을 나타낸다. 앞절에 부

사어 '늘, 항상'을 함께 쓰면 문장의 의미가 보다 분명해진다.

그는 토요일에는 (늘) 등산을 가곤 했었다.
한국 사람들은 기쁠 때는 (항상) 노래를 부르고 춤을 추곤 했다.

2.1.2.3 전성어미

전성 어미는 동사, 형용사, 지정사 등의 서술기능을 바꾸어서 관형사, 명사, 부사와 같은 문법적 기능을 가지도록 하는 어미이며, 전성어미에는 관형사형 어미, 명사형 어미, 부사형 어미 등이 있다.

첫째, 관형사형 어미

관형사형 어미는 동사, 형용사, 지정사 등의 어간(verb stem) 뒤에 붙어서 이들을 관형어가 되게 하는 기능을 지니고 있다.

그는 사랑하는 순희에게 선물을 주었다.(◁사랑하-는)
영수는 어제 샀던 책을 잃어 버렸다.(◁사-았-던)
내일 만날 분이 바로 저의 은사님입니다.(◁만나-ㄹ)

관형사형 어미는 시제와 양상에 따라 다음과 같이 나눌 수 있다.

	현재-진행	과거-완료	과거-회상	과거-완료-회상	미래-추측/의지
동사	-는-	-은/ㄴ	-던	-었던	-을/ㄹ
형용사	-은/ㄴ	-은/ㄴ	-던	-었던	
이다	-ㄴ		-던	-었던	-ㄹ
있다	-는		-던	-었던	-을

　관형사형 어미는 동사, 형용사, 지정사 등의 어간(verb stem) 뒤에 붙어서 이들을 명사와 동일한 말이 되게 하는 기능을 지니고 있으며, 문장 속에서 주어, 목적어, 부사어의 기능을 지닐 수 있다.

　　주어 : 순희가 <u>범인임</u>이 드러났다.(◁범인-이-ㅁ)
　　목적어 : 내년에는 대학에 <u>합격하기</u>를 바란다.(◁합격하-기)
　　부사어 : 영수는 노래를 잘 <u>부르는 것</u>에 관심이 많다.(◁부르-는 것)

　명사형 어미는 '-음/ㅁ, -기, -는/은/을 것' 등이 있다.

　부사형 어미는 동사, 형용사, 지정사 등의 어간(verb stem) 뒤에 붙어서 이들을 부사어가 되게 하는 기능을 지니고 있다.

　　무궁화 꽃이 <u>예쁘게</u> 피었다.(◁예쁘-게)
　　나는 김치를 <u>먹어</u> 보았다. (◁먹-어)
　　순희는 서울에서 온 아이들과는 <u>달리</u> 매우 순수한다.(◁다르-이)

　부사형 어미는 '-게, -아/어, -이'가 있다.

2.2 한국어 동사 어미 활용의 특성

2.2.1 어미의 제한적 선택과 조음소의 삽입

동사(verb)는 주어의 움직임이나 작용을 나타내는 단어이고, 형용사(adjective)는 주어의 상태나 성질 등을 나타내는 단어이며, 지정사(be verb)는 주어의 상태나 속성을 지시하는 단어인데, 이들은 모두 문장 내에서 서술어(predicate)로서의 기능을 지닌다.

동사와 달리, 형용사와 지정사는 '명령형, 청유형, 진행형'을 만들 수 없는 것이 특징이다.

기본형	-ㄴ다/-는다	-니?	-아라/-어라	-자	-고 있다
보다 to see	본다	보니?	보아라	보자	보고 있다
작다 to be small	작다	작니?	*작아라	*작자	*작고 있다
(책)이다 to be	(책)이다	(책)이니?	*(책)이어라	*(책)이자	*(책)이고 있다

(참고) 이 책에서 [*]은 문법적으로 틀린 것을 나타냄

그리고, 한국어의 어미에는 '-으세요/-세요, -ㅂ시다/-읍시다, -을래요/-래요, -을까요?/-ㄹ까요? -으라고/-라고, -으라니까/-라니깨[종결어미] ; -으니/니, -으면/면, -으러/러, -으면/면[연결어미] ; -으시-/-시-, 으리-/-리-[선어말어미]' 등과 같이 의미는 같지만 형태가 약간 다른 것들이 있는데, 이들은 이형태(allomorph)라 한다. 이들은 '잡(to catch)-, 얻(to get)-, 작(to be small)-' 등과 같이 동사의 어간이 자음으로 끝나면 '으'가 있는 형태와 결합하고, '가(to go)-, 서(to stop)-, 크(to be big)-' 등과 같이 동사의 어간이 모음으로 끝나면 '으'가 없는 형태와 결합한다. '으'는 조음소로서 빌음을 부드럽고 자연스럽게 낼 수 있도록 하는 요소이다.

기본형	-으세요/-세요	-으사-/-사-	-으며/-며	-으면/-면	-으니/-니
잡다 to catch	잡으세요 *잡세요	잡으셨다 *잡셨다	잡으며 *잡며	잡으면 *잡면	잡으니 *잡니
얻다 to get	얻으세요 *얻세요	얻으셨다 *얻셨다	얻으며 *얻며	얻으면 *얻면	얻으니 *얻니
가다 to go	가세요 *가으세요	가셨다 *가으셨다	가며 *가으며	가면 *가으면	가니 *가으니
서다 to stop	서세요 *서으세요	서셨다 *서으셨다	서며 *서으며	서면 *서으면	서니 *서으니

2.2.2 동사 어미활용의 규칙성과 불규칙성

한국어 동사, 형용사, 지정사 등은 특정한 어미가 어간 뒤에 붙으면 어간 형태가 변하기도 하고 변하지 않기도 한다. 어떠한 어미가 붙어도 어간이 변하지 않는 것을 규칙활용(regular conjugation)이라 하고, 어간이 여러 형태로 변하는 것을 불규칙 활용(irregular conjugation)이라고 한다.

그러나 한국어의 규칙동사와 불규칙동사는 사전형태(dictionary form)가 같기 때문에, 어미가 어간 뒤에 붙을 때 변하는 모습을 보고 규칙동사인지 불규칙동사인지를 판별해야 한다.

2.2.2.1 동사 어미의 규칙활용

'규칙활용(regular conjugation)'이란 동사나 형용사의 어간(stem)에 '종결어미, 연결어미, 관형사형어미, 선어말어미' 등의 어떠한 어미가 붙어도 이들의 어간(stem)이 변하지 않는 것을 말한다. 이와 같이 활용을 하는 것을 '규칙동사' 혹은 '규칙형용사'라 한다.

예컨대, '먹다 (to eat)'는 어떠한 어미를 뒤에 붙이더라도 어간 '먹-'이 변하지 않는데, 이는 '먹다'가 규칙동사이기 때문이다.

먹(어간)-다(기본형, 사전형 어미)

먹-는다(평서형 종결어미) → 먹는다

먹-으면(조건관계 접속어미) → 먹으면

먹-는(관형사형 어미) → 먹는

먹-었-다(과거시제 선어말어미) → 먹었다

그러나 규칙활용의 경우, 아래와 같이 모음이 탈락(drop)되거나 축약(contraction)이 되는데, 이는 발음을 최대한 편리하고 편하게 하기 위함이다.

● 첫째, 어간이 '아/어, 여'로 끝나고, 그 뒤에 '-아/-어, -아서/-어서 ; -아요/-어요 ; -았-/-었-' 등이 붙으면, 어간의 '아/어'가 반드시 탈락한다.

기본형	-아/-어	-아서/-어서	-아요/-어요	-았-/-었-	-니까
사다 to buy	사 *사아	사서 *사아서	사요 *사아요	샀다 *사았다	사니까
서다 to stop	서 *서어	서서 *서어서	서요 *서어요	섰다 *서었다	서니까
켜다 to turn on	켜 *켜어	켜서 *켜어서	켜요 *켜어요	켰다 *켜었다	켜니까

● 둘째, 어간이 '오'로 끝나고, 그 뒤에 그 뒤에 '-아/-어, -아서/-어서 ; -아요/-어요 ; -았-/-었-' 등이 붙으면, 어간의 '-아/-어'가 뒤에 오는 어미와 반드시 축약된다. 그러나 어간이 '보다, 쏘다, 꼬다' 등과 '자음＋오'로 끝나면 축약되지 않을 수도 있다.

기본형	-아/-어	-아서/-어서	-아요/어요	-았-/-었-	-니까
오다 to come	와 *오아	와서 *오아서	와요 *오아요	왔다 *오았다	오니까
보다 to see	봐 보아	봐서 보아서	봐요 보아요	봤다 보았다	보니까
쏘다 to shoot	쏴 쏘아	쏴서 쏘아서	쏴요 쏘아요	쐈다 쏘았다	쏘니까

● 셋째, 어간이 '우'로 끝나고, 그 뒤에 그 뒤에 '-아/-어, -아서/-어서 ; -아요 /-어요 ; -았-/-었-' 등이 붙으면, 어간의 '우'와 뒤에 오는 어미가 축약된다. 그러나 어간이 '주다, 바꾸다, 멈추다, 부수다' 등과 '자음+오'로 끝나면 축약되지 않을 수도 있다.

기본형	-아/-어	-아서/-어서	-아요/-어요	-았-/-었-	-니까
싸우다 to fight	싸워 *싸우어	싸워 *싸우어	싸워요 *싸우어요	싸웠다 *싸우었다	싸우니까
지우다 to erase	지워 *지우어	지워서 *지우어서	지워요 *지우어요	지웠다 *지우었다	지우니까
주다 to give	줘 주어	줘서 주어서	줘요 주어요	줬다 주었다	주니까

● 넷째, 어간이 '이, 시, 지, 찌, 치'로 끝나고, 그 뒤에 그 뒤에 '-아/-어, -아서/-어서 ; -아요/-어요 ; -았-/-었-' 등이 붙으면, 어간의 '이'와 뒤에 오는 어미가 축약되는 것이 자연스럽다. 그러나 그 외의 어간 '기, 리, 비, 미, 히' 등으로 끝나면 축약되지 않을 수도 있다.

기본형	-아/-어	-아서/-어서	-아요/-어요	-았-/-었-	-니까
계시다 to be	계셔 ?계시어	계셔서 ?계시어서	계셔요 ?계시어요	계셨다 ?계시었다	계시니까
켜지다 to be lighten	켜져 ?켜지어	켜져서 ?켜지어서	켜져요 ?켜지어요	켜졌다 ?켜지었다	켜지니까
살찌다 to gain weight	살쪄 ?살찌어	살쪄서 ?살찌어서	살쪄요 ?살찌어요	살쪘다 ?살찌었다	살찌니까
바치다 to give	바쳐 ?바치어	바쳐서 ?바치어서	바쳐요 ?바치어요	바쳤다 ?바치었다	바치니까
기다 to creep	겨 기어	겨서 기어서	겨요 기어요	겼다 기었다	기니까
잡히다 to be caught	잡혀 잡히어	잡혀서 잡히어서	잡혀요 잡히어요	잡혔다 잡히었다	잡히니까

(참고) 이 책에서 [?]은 문법적으로 매우 어색한 것을 나타냄

● 다섯째, 어간이 '애, 에, 외, 웨, 의'로 끝나고, 그 뒤에 그 뒤에 '-아/-어, -아서/-어서 ; -아요/-어요 ; -았-/-었-' 등이 붙으면, 축약되는 것이 자연스럽다.

기본형	-아/-어	-아서/-어서	-아요/-어요	-았-/-었-	-니까
보내다 to send	보내 보내어	보내서 보내어서	보내요 보내어요	보냈다 보내었다	보내니까
건네다 to give	건네 건네어요	건네서 건네어서	건네요 건네어요	건넸다 건네었다	건네니까
되다 to become	돼 ?되어	돼서 되어서	돼요 되어요	됐다 되었다	되니까
꿰다 to thread	꿰 꿰어	꿰서 꿰어서	꿰요 꿰어요	꿰ㅆ다 꿰었다	꿰니까

● 여섯째, 어간이 '위, 의'로 끝나고, 그 뒤에 그 뒤에 '-아/-어, -아서/-어서 ; -아요/-어요 ; -았-/-었-' 등이 붙으면 축약될 수 없다. 그러나 어간이 '취'로 끝나면 양자가 모두 쓰일 수 있다.

기본형	-아/-어	-아서/-어서	-아요/-어요	-았-/-었-	-니까
야위다 to become thin	*야워 야위어	*야워 야위어서	*야워요 야위어요	*야웠다 야위었다	야위니까
쉬다 to rest	*쉬워 쉬어	*쉬서 쉬어서	*쉬요 쉬어요	*시웠다 쉬었다	쉬니까
뛰다 to jump	*뛰 뛰어	*뛰서 뛰어서	*뛰요 뛰어요	*뛰ㅆ다 뛰었다	뛰니까
사귀다 to make friend	*사귀 사귀어	*사귀 사귀어	*사귀요 사귀어요	*사귔다 사귀었다	사귀니까
비취다 to be shined	비춰 비추어	비춰서 비취어서	비춰요 비취어요	비췄다 비취었다	비취니까
희다 to be white	*희 희어	*희 서 희어서	*희 요 희어요	*헸다 희었다	희니까

2.2.2.2 동사 어미의 불규칙 활용

'불규칙활용(irregular conjugation)'이란 동사나 형용사의 어간(stem)에 '종결어미, 연결어미, 관형사형어미, 선어말어미' 등의 어떠한 어미가 붙으면 이들의 어간(stem)이 변하는 것을 말한다. 이와 같이 활용을 하는 것을 '불규칙 동사'와 '불규칙 형용사'라 한다.

예컨대, '짓다(to make)'는 어떠한 어미를 뒤에 붙이면 어간 '짓-'이 '지-'로 변하는데, 이는 '짓다'가 'ㅅ 불규칙동사'이기 때문이다.

> 짓(어간)-다(기본형, 사전형 어미)
> 짓-는다(평서형 종결어미) → 짓는다
> 짓-으면(조건관계 접속어미) → 지으면('ㅅ' 탈락)
> 짓-은(관형사형 어미) → 지은('ㅅ' 탈락)
> 짓-었-다(과거시제 선어말어미) → 지었다('ㅅ' 탈락)

한국에는 다음과 같은 12가지의 불규칙 형태가 있는데, 농사(verb)에는 'ㅎ' 불규칙을 제외한 11가지의 불규칙 형태가 있고, 형용사(adjective)에는 'ㄷ, 우, -거라, -너라'를 제외한 8가지 불규칙 형태가 있다.

> ① ㄷ, ㄹ, ㅂ, ㅅ, 르, 우, 으
> ② -거라, -너라, -러, -여
> ③ ㅎ

①은 '어간(verb stem)'이 변하는 동사이며, ②는 '어미(verb ending)'가 변하는 동사이고, ③ '어간'과 '어미'가 동시에 변하는 동사이다.

● 첫째, 'ㄷ' 불규칙 활용 : 어간 'ㄷ'이 모음 '-아/-어, -으'로 시작되는 어미가 붙으면 'ㄹ'로 변한다.

기본형	-아요/어요	-았-/-었-	-아서/-어서	-으면	-으니
듣다 to hear	들어요 *듣어요	들었다 *듣었다	들어서 *듣어서	들으면 *듣으면	들으니 *듣으니
걷다 to walk	걸어요 *걷어요	걸었다 *걷었다	걸어서 *걷어서	걸으면 *걷으면	걸으니 *걷으니
깨닫다 to realize	깨달아요 *깨닫아요	깨달았다 *깨닫았다	깨달아서 *깨닫아서	깨달으면 *깨닫으면	깨달으니 *깨닫으니

(참고) 위의 표에서 [*]은 문법적으로 틀린 것을 뜻함

이와 같은 활용을 하는 동사에는 '걷다(to walk), 싣다(to load), 붇다(to swell), 일컫다(to call), 눋다(to scorch), 내닫다(to start off), 긷다(to pump' 등이 있다.

그러나 '묻다(to stick, bury), 닫다(to shut), 믿다(to believe), 얻다(to get)' 등은 규칙동사이기 때문에, 모음으로 시작되는 어미가 뒤에 붙어도 어간 'ㄷ'이 변하지 않는다.

기본형	-아요/어요	-았-/-었-	-아서/-어서	-으면	-으니
믿다 to hear	믿어요 *밀어요	믿었다 *밀었다	믿어서 *밀어서	믿으면 *밀으면	믿으니 *밀으니
묻다 to bury	묻어요 *물어요	묻었다 *물었다	묻어서 *물어서	묻으면 *물으면	묻으니 *물으니
닫다 to shut	닫아요 *달아요	닫았다 *달았다	닫아서 *달아서	닫으면 *달으면	닫으니 *달으니

형용사에는 'ㄷ'불규칙 활용을 하는 단어가 없다.

기본형	-아요/어요	-았-/-었-	-아서/-어서	-으면	-으니
굳다 to be hard	굳어요 *굴어요	굳었다 *굴었다	굳어서 *굴어서	굳으면 *굴으면	굳으니 *굴으니
곧다 to be straight	곧아요 *골아요	곧았다 *골았다	곧아서 *골아서	곧으면 *골으면	곧으니 *골으니

● 둘째, 'ㄹ' 불규칙 활용 : 어간 'ㄹ'이 선어말어미 '-시-', 관형사형 어미 '-는, -ㄴ/-은, - ㄹ/-을', 종결어미 '-ㅂ니다/-습니다', '-ㄴ'으로 시작되는 연결어

미 '-니, -니까, -느라, -느라고' 등의 앞에서 탈락한다.

기본형	-ㄴ/-는	-ㄴ/-은	-ㅂ니다 /습니다	-니까	-느라고
밀다 to push	미는 *밀는	민 *밀은	밉니다 *밀습니다	미니까 *밀니까	미느라고 *밀느라고
들다 to lift	드는 *들는	든 *들은	듭니다 *들습니다	드니까 *들니까	드느라고 *들느라고
살다 to live	사는 *살는	산 *살은	삽니다 *살습니다	사니까 *살니까	사느라고 *살느라고
길다 to be long	긴 *길는	긴 *길은	깁니다 *길습니다	기니까 *길니까	기느라고 *길느라고
달다 to be sweet	단 *달는	단 *달은	답니다 *달습니다	다니까 *달니까	다느라고 *달느라고

이와 같은 활용을 하는 동사에는 '알다(to know), 돌다(to go round), 울다 (to cry), 빌다(to beg), 틀다(to turn on), 털다(to shake off), 끌다(to draw)' 등이 있고, 형용사에는 '달다, 가늘다, 잘다, 솔다' 등이 있다.

● 셋째, 'ㅂ' 불규칙 활용 : 어간 'ㅂ'이 모음 '-아/-어, -으'로 시작되는 어미 가 붙으면 '오' 또는 '우'로 변한다.

기본형	-아요/어요	-았-/-었-	-아서/-어서	-으면	-으니
눕다 to lie	누워요 *눕어요	누웠다 *눕었다	누워서 *눕어서	누우면 *눕으면	누우니 *눕으니
굽다 to roast	구워요 *굽어요	구웠다 *굽었다	구워서 *굽어서	구우면 *굽으면	구우니 *굽으니
돕다 to help	도와요 *돕아요	도왔다 *돕았다	도와서 *돕아서	도우면 *돕으면	도우니 *돕으니
춥다 to be cold	추워요 *춥어요	추웠다 *춥었다	추워서 *춥어서	추우면 *춥으며	추우니 *춥으니
곱다 to be pretty	고와요 *곱아요	고왔다 *곱았다	고와서 *곱아서	고우면 *곱으면	고우니 *곱으니

이와 같은 활용을 하는 동사에는 '줍다(to pick up), 눕다(to lie down), 여쭙다(to ask)' 등이 있고, 형용사에는 '덥다(to be warm), 밉다(to be hateful), 괴롭다(to be painful), 가볍다(to be light), 쉽다(to be easy), 어렵다(to be difficult), 어둡다(to be dark), 새롭다(to be new), 사랑스럽다(to be lovable), 아름답다(to be beautiful), 향기롭다(to be sweet-smelling)' 등이 있다.

그리고 '잡다(to catch), 뽑다(to pull out), 접다(to fold), 씹다(to chew), 입다(to wear)' 등은 규칙 동사이기 때문에, 그리고 '굽다(to be bent), 좁다(to be narrow), 곱다(to be numb)' 등은 규칙 형용사이기 때문에 모음으로 시작되는 어미가 뒤에 붙어도 어간 'ㅂ'이 '오' 혹은 '우'로 변하지 않는다.

기본형	-아요/어요	-았-/-었-	-아서/-어서	-으면	-으니
씹다 to chew	씹어요 *씨워요	씹었다 *씨웠다	씹어서 *씨워서	씹으면 *씨우면	씹으니 *씨우니
접다 to fold	접어요 *저워요	접었다 *저웠다	접어서 *저워서	접으면 *저우면	접으니 *저우니
잡다 to catch	잡아요 *자와요	잡았다 *자왔다	잡아서 *자와서	잡으면 *자오면	잡으니 *자오니
좁다 to be narrow	좁아요 *조와요	좁았다 *조왔다	좁아서 *조와서	좁으면 *조오면	좁으니 *조오니

● 넷째, 'ㅅ' 불규칙 활용 : 어간 'ㅅ'이 모음 '-아/-어'로 시작되는 어미가 붙으면 탈락한다.

기본형	-아요/어요	-았-/-었-	-아서/-어서	-으면	-으니
잇다 to link	이어요 *잇어요	이었다 *잇었다	이어서 *잇어서	이으면 *잇으면	이으니 *잇으니
긋다 to draw	그어요 *긋어요	그었다 *긋었다	그어서 *긋어서	그으면 *긋으면	그으니 *긋으니
낫다 to be better	나아요 *낫아요	나았다 *낫았다	나아서 *낫아서	나으면 *낫으면	나으니 *낫으니

이와 같은 활용을 하는 동사에는 '짓다(to make), 젓다(to row), 낫다(to recover), 붓다(to swell)' 등이 있고, 형용사에는 '낫다(to be better)' 하나뿐이다.

그리고 '웃다(to laugh), 벗다(to undress), 빼앗다(to take sth by force), 씻다 (to wash), 솟다(to rise)' 등은 규칙 동사이기 때문에, 모음으로 시작되는 어미가 뒤에 붙어도 어간 'ㅅ'이 탈락하지 않는다.

기본형	-아요/어요	-았-/-었-	-아서/-어서	-으면	-으니
씻다 to wash	씻어요 *씨어요	씻었다 *씨었다	씻어서 *씨어서	씻으면 *씨으면	씻으니 *씨으니
웃다 to laugh	웃어요 *우어요	웃었다 *우었다	웃어서 *우어서	웃으면 *우으면	웃으니 *우으니
솟다 to rise	솟아요 *소아요	솟았다 *소았다	솟아서 *소아서	솟으면 *소으면	솟으니 *소으니
빼앗다 to snatch	빼앗아요 *빼아아요	빼앗았다 *빼아았다	빼앗아서 *빼아아서	빼앗으면 *빼아으면	빼앗으니 *빼아으니

● 다섯째, '르' 불규칙 활용 : 어간의 끝음절 '르'가 모음 '-아/-어'로 시작되는 어미가 붙으면, '르'의 '으'가 탈락하면서 'ㄹ'이 앞 음절로 옮겨가고, 어미 '아'에는 'ㄹ'이 덧생겨서 '라/러' 형태가 된다.

기본형	-아요/어요	-았-/-었-	-아서/-어서	-으면	-으니
흐르다 to flow	흘러요 *흐르어요	흘렀다 *흐르었다	흘러서 *흐르어서	흐르면 *흘르면	흐르니 *흘르니
부르다 to call	불러요 *부르어요	불렀다 *부르었다	불러서 *부르어서	부르면 *불르면	부르니 *불르니
가르다 to divide	갈라요 *가르아요	갈랐다 *가르았다	갈라서 *가르아서	가르면 *갈르면	가르니 *갈르니
다르다 to be different	달라요 *다르아요	달랐다 *다르았다	달라서 *다르아서	다르면 *달르면	다르니 *달르니
이르다 to be early	일러요 *이르어요	일렀다 *이르었다	일러서 *이르어서	이르면 *일르면	이르니 *일르니

이와 같은 활용을 하는 동사에는 '고르다(to choose), 나르다, 모르다, 오르다, 이르다(to reach), 흐르다(to flow), 자르다(to cut), 마르다(to dry up), 누르다(to press), 조르다(to tighten), 끄르다(to untie)' 등이 있으며, 형용사에는 '고르다(to be even), 게으르다, 배부르다, 무르다(to be soft)' 등이 있다.

● 여섯째, '우' 불규칙 활용 : 어간 '우'가 모음 '-아/-어'로 시작되는 어미가 붙으면 탈락한다.

기본형	-아요/어요	-았-/-었-	-아서/-어서	-으면	-으니
푸다 to scoop	퍼요 *푸어요 *퉈요	펐다 *푸었다 *퉜다	퍼서 *푸어서 *퉈서	푸면 *프면 *퍼면	푸니 *프니 *퍼니

'우' 불규칙 동사는 '푸다' 하나뿐이다.

그리고 '주다(to give), 두다(to put), 낮추다(to make low), 멈추다(to stop), 지우다(to erase), 피우다(to make a fire), 비우다(to empty out), 세우다(to found), 데우다(to make warm), 배우다(to learn), 싸우다(to fight), 부수다(to break), 이루다(to accomplish), 그만두다(to cease), 바꾸다(to change)' 등은 규칙 동사이기 때문에 어간의 '우'가 탈락하지 않는다.

기본형	-아요/어요	-았-/-었-	-아서/-어서	-으면	-으니
주다 to give	주어요 줘요 *저요	주었다 줬다 *젔다	주어서 줘서 *저서서	주면 *저면	주니 *저니
배우다 to learn	?배우어요 배워요 *배어요	?배우었다 배웠다 *배었다	?배우어서 배워서 *배어서	배우면 *배어면	배우니 *배어니

● 일곱째, '으' 불규칙 활용 : 어간 '으'가 모음 '-아/-어'로 시작되는 어미가 붙으면 탈락한다.

기본형	-아요/어요	-았-/-었-	-아서/-어서	-으면	-으니
쓰다 to write	써요 *쓰어요 *쓰요	썼다 *쓰었다 *쓰었다	써서 *쓰어서 *쓰서	쓰면 *써면	쓰니 *써니
모으다 to collect	모아요 *모으아요	모았다 *모으았다	모아서 *모으아서	모으면 *모아면	모으니 *모아니
슬프다 to be sad	슬퍼요 *슬프어요	슬펐다 *슬프었다	슬퍼서 *슬프어서	슬프면	슬프니
바쁘다 to be busy	바빠요 *바쁘아요	바빴다 *바쁘았다	바빠서 *바쁘아서	바쁘면	바쁘니

이와 같은 활용을 하는 동사에는 '따르다(to follow, pour), 치르다(to pay), 끄다(to extinguish), 모으다(to collect), 트다(to sprout), 들르다(to drop in), 뜨다(to float)' 등이 있고, 형용사에는 '배고프다(to be hungry), 크다(to be big), 나쁘다(to be bad), 뜨다(to be slow)' 등이 있다.

● 여덟째, '-거라' 불규칙 활용 : 명령형 종결어미 '-어라'가 '-거라'로 바뀐다.

기본형	-ㄴ다	-니?	-아라	-자	-으면
가다 to go	간다	가니?	가거라 [?]가라	가자	가면
올라가다 to go up	올라간다	올라가니?	올라가거라 [?]올라가라	올라가자	올라가면

'-거라' 불규칙 활용을 하는 동사는 '가다'를 비롯하여, '나아가다(to advance), 들어가다(to enter), 살아가다(to lead a life), 올라가다(to climb up)' 등의 '가다' 합성동사가 있다. 그러나 현대 한국인들은 '가다'를 규칙동사로 생각해서 '가라' 형태도 명령형으로 많이 사용하고 있다.

반면에, 현대 한국어에서 약간 격식을 차리면서 윗사람이 아랫사람에게 하는 명령체로 '-거라'가 점점 많이 쓰이는 경향이 있다.

기본형	-ㄴ다/-는다	-니?	-아라	-자	-으면
먹다 to eat	먹는다	먹니?	먹어라 [?]먹거라	먹자	먹으면
부르다 to call	부른다	부르니?	불러라 [?]부르거라	부르자	부르면
사다 to buy	산다	사니?	사라 [?]사거라	사자	사면
살다 to live	산다	사니?	살아라 [?]살거라	살자	살면

그리고 '차다(to kick), 싸다(to wrap), 사다(to buy), 만나다(to meet)' 등은 규칙동사이다.

● 아홉째, '-너라' 불규칙 활용 : 명령형 종결어미 '-어라'가 '-너라'로 바뀐다.

기본형	-ㄴ다	-니?	-아라	-자	-으면
오다 to come	온다	오니?	오너라 ?와라	오자	오면
들어오다 to come in	들어온다	들어오니?	들어오너라 ?들어와라	들어오자	들어오면

'-너라' 불규칙 활용을 하는 동사는 '오다'를 비롯하여, '나오다(to come out), 들어오다(to come in), 내려오다(to come down), 넘어오다(to come over), 돌아오다(to come back)' 등의 '오다' 합성동사가 있다. 그러나 현대 한국인들은 '오다'를 규칙동사로 생각해서 '와라' 형태도 명령형으로 많이 사용하고 있다.

그리고 '보다(to see), 쏘다(to shoot), 쪼다(to pick), 꼬다(to twist)' 등은 규칙동사이다.

● 열째, '-러' 불규칙 활용 : 어간의 끝음절 '르'가 모음 '-아/-어'로 시작되는 어미가 붙으면, 어미 '-어'에 'ㄹ'이 덧생겨서 '러' 형태가 된다.

기본형	-아요/어요	-았-/-었-	-아서/-어서	-으면	-으니
이르다 to reach	이르러요 *이르어요	이르렀다 *이르었다	이르러서 *이르어서	이르면 *이르르면	이르니 *이르르니
푸르다 to be blue	푸르러요 *푸르어요	푸르렀다 *푸르었다	푸르러서 *푸르어서	푸르면 *푸르르면	푸르니 *푸르르니

이와 같은 활용을 하는 것으로는 '이르다(to reach)'와 '푸르다(to be blue)' 밖에 없다.

● 열한째, '-여' 불규칙 활용 : 모든 '하다' 동사가 모음 '-어'로 시작되는 어미가 붙으면, 이 '-어'가 '-여'로 바뀐다.

기본형	-아요/어요	-았-/-었-	-아서/-어서	-으면	-으니
하다 to do	하여요 해요 *하어요	하였다 했다 *하었다.	하여서 해서 *하어서	하면	하니
공부하다 to study	공부하여요 공부해요 *공부하어요	공부하였다 공부했다 *공부하었다	공부하여서 공부해서 *공부하어서	공부하면	공부하니
깨끗하다 to be clean	깨끗하여요 깨끗해요 *깨끗하아요	깨끗하였다 깨끗했다 *깨끗하았다	깨끗하여서 깨끗해서 *깨끗하아서	깨끗하면	깨끗하니
튼튼하다 to be strong	튼튼하여요 튼튼해요 *튼튼하어요	튼튼하였다 튼튼했다 *튼튼하었다	튼튼하여서 튼튼해서 *튼튼하어서	튼튼하면	튼튼하니

이와 같은 활용을 하는 동사에는 '공부하다(to study), 사랑하다(to love), 생각하다(to think), 일하다(to work), 말하다(to say)' 등이 있고, 형용사에는 '부지런하다(to be diligent), 축축하다(to be damp), 익숙하다(to be skillful)' 등이 있다.

그런네 동사와 형용사가 '~하다'로써 그 모양이 같기 때문에, 이들의 의미와 문장 속에서의 기능을 보고 동사인지 형용사인지를 구별해야 한다.

그리고 다음과 모음이 축약(contraction)될 수 있으며, 일상대화에서는 축약형이 주로 쓰인다.

하여요 → 해요, 하여서 → 해서, 하였다 → 했다, 하였지만 → 했지만, 하였으면 → 했으면, 하였던 → 했던 등

● 열두째, 'ㅎ' 불규칙 활용 : 어간의 끝자음 'ㅎ'이 자음 '-(으)ㄴ, -(으)ㄴ데, -(으)니까, -(으)면' 등이 붙으면 탈락되고, 모음 '-아'로 시작되는 어미가 붙으면 어간의 일부와 어미의 일부가 결합하여 새로운 형태의 '애'를 만든다.

기본형	노랗다 to be yellow	파랗다 to be blue	이렇다 to be like this
-(으)ㄴ	노란/*노랗은	파란/*파랗은	이런/*이렇은
-ㄴ데	노란데/*노랗은데	파란데/*파랗은데	노란/*노랗은데
-니까	노라니까/*노랗니까	파라니까/*파랗니까	이러니까/*이렇니까
-(으)면	노라면/*노랗으면	파라면/*파랗으면	이러면/*이렇으면
-고	노랗고/*노라고	파랗고/*파라고	이렇고/*이러고
-습니다	노랗습니다/*노라습니다	파랗습니다/*파라습니다	이렇습니다/*이러습니다
-아요/-어요	노래요/*노랗아요	파래요/*파랗아요	이래요/*이렇어요
-았-/-었-	노랬어요/*노랗었어요	파랬어요/*파랗었어요	이랬어요/*이렇었어요
-아서/-어서	노래서/*노랗아서	파래서/*파랗아서	이래서/*이렇어서
-거든	노랗거든/*노라거든	파랗거든/*파라거든	이렇거든/*이러거든

이와 같은 활용을 하는 형용사에는 '누렇다(to be golden yellow), 빨갛다(to be red), 까맣다(to be deep black), 하얗다(to be white) ; 둥그렇다(to be round), 널따랗다(to be rather wide) ; 이렇다(to be like this), 그렇다(to be so), 저렇다(to be like that)' 등이 있다. 동사에는 이런 활용을 하는 형태가 없다.

앞에서 한국어의 종결어미를 문장의 종류에 따라 분류해 보았었는데, 여기서는 '높임'의 정도에 따라 종결어미를 분류해 보기로 한다. 한국어의 높임법에는 문장의 주어를 높이는 주체높임, 목적어 혹은 부사어를 높이는 객체높임, 그리고 청자를 높이는 상대높임이 있는데, 이 장에서는 종결어미의 활용(conjugation)과 깊이 관계가 있는 상대높임을 중심으로 설명하기로 한다.

'상대높임'은 대화의 상대자인 '청자'(hearer)를 나이의 많고 적음, 직위의 높고 낮음, 청자와의 친한 정도 등에 따라 청자를 높이는 것으로, 종결어미에 의해 표현되며, 아주높임, 예사높임, 예사낮춤, 아주낮춤 등의 네 가지로 나눠진다.

아주높임 : 이 책을 읽으시오.(◁읽-으시오)
예사높임 : 이 책을 읽어요.(◁읽-어요)
예사낮춤 : 이 책을 읽어.(◁읽-어)
아주낮춤 : 이 책을 읽어라.(◁읽-어라)

하지만 위의 네 가지는 엄격하게 분리가 되어 있는 것은 아니기 때문에, 한국인들은 아주높임과 예사높임, 예사높임과 예사낮춤, 예사낮춤과 아주낮춤 등과 같이 한두 가지를 적당히 섞어서 쓰는 경우가 많다.

이 외에 신문이나 잡지 등에만 쓰이는 '인쇄체'가 있는데, 이들은 '아주낮춤'의 어미가 그대로 사용되기 때문에 이 책에서는 '아주낮춤'의 하나로 분류해

둔다. 그러나 이 인쇄체는 불특정 다수를 대상으로 쓰이는 것이기 때문에 상대방을 '낮춘다'는 의미는 전혀 없으며, 남녀노소가 높임의 정도와는 상관없이 '중립'적으로 쓰는 어미라 할 수 있다.

3.1 아주높임

'아주높임'은 일반적으로 청자가 자기보다 나이가 아주 많거나 직위가 높을 경우에, 그 청자를 아주 많이 높이고자 할 때 사용되며, '-습니다'체라고 한다. '아주높임'은 공식적인 자리, 즉 강연이나 강의, 발표와 토론, 보고, 라디오와 텔레비전의 방송, 면접(interview) 등에도 많이 사용되기 때문에 공식적인 말체(official style)라 할 수 있다. 아주높임의 종결어미에는 다음과 같은 것이 있다.

[**평서형**] -습니다   [**의문형**] -습니까?
[**명령형**] -으시오, 으십시오   [**청유형**] -읍시다, -으십시다
[**감탄형**] -으시는구나!

3.2 예사높임

'예사높임'은 청자가 자기보다 나이가 조금 많거나 직위가 조금 더 높은 경우에 사용되며, '-어요'체와 '-으오'체의 두 양식이 있다.

● '-어요'체

'-어요'체는 가장 자주 사용하는 형태이며, 서로가 어느 정도 예의를 차리면

서, 아주 정감 있게 자신의 뜻을 나타내고자 할 때 쓰는 높임의 양식이다. 예사
높임의 '-어요'체의 종결어미에는 다음과 같은 것이 있다.

[**평서형**] -거든요, -네요, -는걸요, -는군요, -는다고요, -는다나요, -는다니
까요, -는데요, -어야지요, -어요, -으라고요, -으라니까요, -으세
요, -을걸요, -을게요, -을래요, -을테지요, -지요

[**의문형**] -고서요? -고요? -느냐고요? -는가요? -는다니요? -는다며요? -는
다면서요? -는데요? -는지요? -어야지요? -어요? -으라고요? -으
라면서요? -으려고요? -으세요? -을까요?, -을거요?, -을래요? -자
면서요? -지요?

[**명령형**] -어요, -으라고요, -으라니까요, -으세요, -자고요, -자니까요, -지
요

[**청유형**] -어요, -으세요, -지요

[**감탄형**] -는군요!

● '-으오'체

'-으오'체는 '권위적인 남성의 말체(authoritative male style)'라 할 수 있으며,
노년층에서도 아주 가끔 사용되고 있다. 옛일을 소재로 하는 사극(史劇)에서
가끔 사용되는 정도이기 때문에 거의 사어화(死語化)되었다고 할 수 있다. 예
사높임의 '-으오'체 종결어미에는 다음과 같은 것이 있다.

[**평서형**] -는다오, -소, -소이다, -으오, -으오이다

[**의문형**] -소? -소이까? -으오? -으오이까?

[**명령형**] -으소, -으오

[**청유형**] -으오

[**감탄형**] -는구려!

3.3 예사낮춤

'예사낮춤'은 청자가 자기보다 나이가 같거나 적은 경우, 그리고 직위가 같거나 낮은 경우, 그 청자를 조금 낮추고자 할 때 사용되며, '-어'체와 '-네'체의 두 양식이 있다.

● '-어'체

'-어'체는 흔히 '반말(half speech)'이라 불리며, 친분이 있고 나이가 비슷한 사람들 사이에 가장 많이 쓰인다. 그러나 나이가 비슷하다 하더라도 서로가 낯선 사이이면 '-어'체를 사용하지 말아야 한다. 이때 만약 '-어'체를 사용하면 매우 모욕적이고 무례하게 들릴 수 있기 때문이다.

그러나 아주 친한 사이이면 나이에 상관없이 '-어'체가 쓰일 수 있다. 예컨대, 아들이나 딸이 자기의 어머니에게, 그리고 동생이 형이나 언니, 오빠에게 친근하게 대화를 할 때는 '-어'체를 사용할 수 있다. '-어'체의 종결어미에는 다음과 같은 것이 있다.

[**평서형**] -거든, -는걸, -는다고, -는다나, -는다니까, -는데, -어야지, -어,
　　　　 -으라고, -으라니까, -을걸, -을게, -을래, -을테지, -지
[**의문형**] -고서? -고? -나? -느냐고? -는다니? -는다며? -는다면서? -는데?
　　　　 -니? -어야지? -어? -으라고? -으라면서? -으려고? -을까? -을거
　　　　 야? -을래? -자면서? -지?
[**명령형**] -어, -으라고, -으라니까, -자고, -자니까, -지
[**청유형**] -어, -지
[**감탄형**] -어! -지! -리!

'-네'체는 친한 남자 어른의 말체(friendly adult style)로서, '-으오'체와 마찬가지로 현대 한국어에서 거의 사용이 되지 않는다. 연장자가 사회적 지위가 어느 정도 있는 연하자에게 주로 사용하며, 장년층 이상의 친한 남성들이 젊잖게 서로를 높여 부를 때 사용하기도 한다. '-네'체의 종결어미에는 다음과 같은 것이 있다.

> **[평서형]** -네, -는다네, -는단다, -으마
> **[의문형]** -느뇨? -는가?
> **[명령형]** -게, -게나
> **[청유형]** -세, -세나
> **[감탄형]** -는구먼! -는군!

3.4 아주낮춤

'아주낮춤'은 아주 친한 동년배 사이에, 그리고 부모가 자식에게, 형이나 누나가 동생에게, 선생님이 제자에게, 장인이나 장모가 사위에게, 그리고 시아버지나 시어머니가 며느리에게 주로 사용하며, 또 나이가 젊을수록 그들 사이에 더 많이 사용한다.

일상대화에서 아주낮춤 표현을 사용한다고 해서 대화 상대방을 무시하거나 낮은 신분에 있다는 뜻은 전혀 아니며, 오히려 대화 상대자들이 아주 친한 상황에 있음을 나타내는 것으로 볼 수도 있다. 아주낮춤을 나타내는 종결어미에는 다음과 같은 것이 있다.

> **[평서형]** -는다   **[의문형]** -느냐?
> **[명령형]** -어라   **[청유형]** -자
> **[감탄형]** -는구나! -는다! -는도다!

chapter 02

한국어 동사 어미 활용표

가깝다 [가깝따; kak'apt'a]

'ㅂ' 불규칙 활용, 형용사

to be near ; to be close ; to be resemble ; to be friendly, to be intimate

사동형	*가깝히다, 가깝게 하다, 가깝게 만들다	피동형	*가깝히다. 가깝게 되다, 가까워지다

관형사형 : 현재-진행	과거-완료	과거-회상	과거-완료-회상	미래-추측/의지
가까운	가까운	가깝던	가까웠던	가까울

인용형 : 평서	의문	명령	청유	명사형	부사형
가깝다고	가까우냐고	*가까우라고	*가깝자고	가깝기, 가까움	가까워, 가깝게

상대존대형_아주높임		직설체	회상체
평서형	현재	가깝습니다	가깝습디다
	현재-진행	*가깝고 있습니다, *가까운 중입니다	*가깝고 있습디다
	과거	가까웠습니다	가까웠습디다
	과거-경험	가까웠었습니다	가까웠었습디다
	과거-추측	가까웠겠습니다	가까웠겠습디다
	미래-추측/의지/가능	가깝겠습니다, *가까우렵니다, 가까울 겁니다, 가까울 수 있습니다	가깝겠습디다
의문형	현재	가깝습니까?	가깝습디까?
	과거	가까웠습니까?	가까웠습디까?
	과거-경험	가까웠었습니까?	가까웠었습디까?
	미래-추측/의지/가능	가깝겠습니까? *가까우렵니까? *가까울 겁니까? 가까우리이까? 가까울 수 있겠습니까?	가깝겠습디까?
명령형		*가까우시오, *가까우십시오	
청유형		*가까웁시다, *가까우십시다	
감탄형		가까우시구나!	

상대존대형_예사높임		'-어요'체	'-으오'체
평서형	현재	가까워요, 가깝지요, 가까우세요, *가까울래요, 가까울걸요, 가까운데요, 가깝대요, *가까울게요, 가깝잖아요	가까우오
	현재-진행	*가깝고 있어요, *가깝고 있지요, *가깝고 있으세요, *가까운 중이에요	*가깝고 있소
	과거	가까웠어요, 가까웠지요, 가까웠으세요, 가까웠잖아요	가까웠소
	과거-경험	가까웠었어요, 가까웠었지요, 가까웠었으세요	가까웠었소
	과거-추측	가까웠겠어요, 가까웠겠지요, 가까웠겠으세요	가까웠겠소
	미래-추측/의지/가능	가깝겠어요, 가깝겠지요, 가깝겠으세요, 가까울 수 있어요	가깝겠소
의문형	현재	가까워요? 가깝지요? 가까우세요? 가깝나요? *가까울까요? *가까울래요? *가까운가요? 가까운데요? 가깝대요? 가깝다면서요? 가깝다지요?	가까우오? 가깝소?
	과거	가까웠어요? 가까웠지요? 가까웠으세요?	가까웠소?
	과거-경험	가까웠었어요? 가까웠었지요? 가까웠었으세요?	가까웠었소?
	미래-추측/의지/가능	가깝겠어요? 가깝겠지요? 가깝겠으세요? 가까우리요? *가까울 거예요? *가까울 거지요? 가까울 수 있겠어요?	가깝겠소?
명령형		*가까워요, *가깝지요, *가까우세요, *가까우라니까요	*가까우오,*가깝구려
청유형		*가까워요, *가깝지요, *가까우세요, *가깝자니까요	*가까우오
감탄형		가깝군요! 가까우리요!	가깝구려!

상대존대형_예사낮춤		'-어'체	'-네'체
평서형	현재	가까워, 가깝지, *가까울래, 가까울걸, 가까운데, 가깝대, *가까울게, 가깝단다, *가까우마, 가깝잖아	가깝네
	현재-진행	*가깝고 있어, *가깝고 있지, *가까운 중이야	*가깝고 있네
	과거-완료	가까웠어, 가까웠지, 가까웠잖아	가까웠네
	미래-추측/의지/가능	가깝겠어, 가깝겠지, 가까울 수 있어	가깝겠네
의문형	현재	가까워? 가깝지? 가깝니? 가깝나? 가까울까? 가까우랴? *가까울래? 가까운데? 가깝대? 가깝다면서? 가깝다지?	가까운가?
	과거	가까웠어? 가까웠지? 가까웠니? 가까웠을까? 가까웠대? 가까웠다면서?	가까웠는가?
	미래	가깝겠어? 가깝겠지? 가깝겠니? 가까우리? *가까울 거야? *가까울 거지? *가까울 거니? 가까울 수 있겠어?	가까울 건가?
명령형		*가까워, *가깝지, *가까우렴, *가까우려무나, *가까우라니까	*가깝게
청유형		*가까워, *가깝지, *가깝자니까	*가깝세
감탄형		가까워! 가깝지! 가까우리!	가깝군! 가깝구먼!

상대존대형_아주낮춤		직설체	회상체
평서형	현재	가깝다	가깝더라
	현재-진행	*가깝고 있다, *가까운 중이다	*가깝고 있더라
	과거-완료	가까웠다	가까웠더라
	미래-추측/의지/가능	가깝겠다, 가까우리다, *가까우련다, 가까울 거다, 가까울 수 있다	가깝겠더라
의문형	현재	가까우냐?	가깝더냐?
	과거	가까웠느냐?	가까웠더냐?
	미래	가깝겠느냐?	가깝겠더냐?
명령형		*가까워라	
청유형		*가깝자	
감탄형		가깝구나! 가깝다! 가깝도다!	가깝더구나!

연결형	연결어미	의미기능	연결어미
나열	가깝고, 가까우며	비교	*가깝느니
선택	가깝거나, 가깝든지, 가깝든가	정도	가까우리만큼
대립	가까워도, 가깝지만, 가까우나, 가까운데, 가까우면서도, 가깝되, 가깝지	조건 · 가정	가까우면, 가깝거든, 가깝거들랑, 가까워야, 가깝다면, 가까웠던들
동시	가까우면서, 가까우며	상황제시	가까운데, 가까우니, 가깝다시피
계기	*가깝고서, *가까워서, *가깝자, *가깝자마자	비유	가깝듯이
중단 · 전환	가깝다가	비례	가까울수록
양보	가까워도, 가깝더라도, 가까울지라도, 가까울지언정, 가까운들, 가까운데도, 가깝기로서니, 가까우나마, 가까울망정, 가까워 보았자	원인 · 이유	가까워서, 가까우니까, *가깝느라고, 가깝기에, 가깝길래, 가까우니만큼, 가까운지라, 가까울세라, 가까우므로
목적 · 의도	*가까우러, *가까우려고, *가깝고자	첨가	가깝거니와, 가까울뿐더러, 가까우려니와
결과	가깝도록, 가깝게끔	습관	*가깝곤

기본예문

- 우리 학교는 집에서 가까워요. My school is near by my house.
- 그는 나와는 아주 가까웠던 친구였다. He used to be closer friend of mine.
- 초복이 가까워 오면서 날씨가 점점 더워졌다.
  As it's getting closer to Chobok, the weather is getting hotter.

가늘다 [가늘다, kanīlda]

to be thin ; to be fine ; to be small

사동형	*가늘히다, 가늘게 하다, 가늘게 만들다		피동형	*가늘히다. 가늘게 되다, 가늘어지다	

관형사형 : 현재-진행	과거-완료	과거-회상	과거-완료-회상	미래-추측/의지
가는	가는	가늘던	가늘었던	가늘

인용형 : 평서	의문	명령	청유	명사형	부사형
가늘다고	가느냐고	*가느라고	*가늘자고	가늘기, 가늚	가늘어, 가늘게

상대존대형_아주높임		직설체	회상체
평서형	현재	가늡니다	가늘디다
	현재-진행	*가늘고 있습니다, *가는 중입니다	*가늘고 있습디다
	과거	가늘었습니다	가늘었습디다
	과거-경험	가늘었었습니다	가늘었었습디다
	과거-추측	가늘었겠습니다	가늘었겠습디다
	미래-추측/의지/가능	가늘겠습니다, *가늘렵니다, 가늘 겁니다, 가늘 수 있습니다	가늘겠습디다
의문형	현재	가늡니까?	가늡디까?
	과거	가늘었습니까?	가늘었습디까?
	과거-경험	가늘었었습니까?	가늘었었습디까?
	미래-추측/의지/가능	가늘겠습니까? *가늘렵니까? *가늘 겁니까? *기늘리이끼? 가늘 수 있겠습니까?	가늘겠습디까?
명령형		*가느시오, *가느십시오	
청유형		*가늡시다, *가느십시다	
감탄형		가느시구나!	

상대존대형_예사높임		'-어요'체	'-으오'체
평서형	현재	가늘어요, 가늘지요, 가느세요, *가늘래요, 가늘걸요, 가는데요, 가늘대요, *가늘게요, 가늘잖아요	가늘으오/가느오
	현재-진행	*가늘고 있어요, *가늘고 있지요, *가늘고 있으세요, *가는 중이에요	*가늘고 있소
	과거	가늘었어요, 가늘었지요, 가늘었으세요, 가늘었잖아요	가늘었소
	과거-경험	가늘었었어요, 가늘었었지요, 가늘었었으세요	가늘었었소
	과거-추측	가늘었겠어요, 가늘었겠지요, 가늘었겠으세요	가늘었겠소
	미래-추측/의지/가능	가늘겠어요, 가늘겠지요, 가늘겠으세요, 가늘 수 있어요	가늘겠소
의문형	현재	가늘어요? 가늘지요? 가느세요? 가늘나요? *가늘까요? *가늘래요? 가는가요? 가는데요? 가늘대요? 가늘다면서요? 가늘다지요?	가느오? *가늘소?
	과거	가늘었어요? 가늘었지요? 가늘었으세요?	가늘었소?
	과거-경험	가늘었었어요? 가늘었었지요? 가늘었었으세요?	가늘었소?
	미래-추측/의지/가능	가늘겠어요? 가늘겠지요? 가늘겠으세요? 가늘리요? *가늘 거예요? *가늘 거지요? 가늘 수 있겠어요?	가늘겠소?
명령형		*가늘어요, *가늘지요, *가느세요, *가느라니까요	*가느오, *가늘구려
청유형		*가늘어요, *가늘지요, *가느세요, *가늘자니까요	*가느오
감탄형		가늘군요! 가늘리요!	가늘구려!

상대존대형_예사낮춤		'-어'체	'-네'체
평서형	현재	가늘어, 가늘지, *가늘래, 가늘걸, 가는데, 가늘대, *가늘게, 가늘단다, *가늘마, 가늘잖아	가느네
	현재-진행	*가늘고 있어, *가늘고 있지, *가는 중이야	*가늘고 있네
	과거-완료	가늘었어, 가늘었지, 가늘었잖아	가늘었네
	미래-추측/의지/가능	가늘겠어, 가늘겠지, 가늘 수 있어	가늘겠네
의문형	현재	가늘어? 가늘지? 가느니? 가느나? 가늘까? 가늘랴? *가늘래? 가는데? 가늘대? 가늘다면서? 가늘다지?	가는가?
	과거	가늘었어? 가늘었지? 가늘었니? 가늘었을까? 가늘었대? 가늘었다면서?	가늘었는가?
	미래	가늘겠어? 가늘겠지? 가늘겠니? 가늘리? *가늘 거야? *가늘 거지? *가늘 거니? 가늘 수 있겠어?	가늘 건가?
명령형		*가늘어, *가늘지, *가늘렴, *가늘려무나, *가늘라니까	*가늘게
청유형		*가늘어, *가늘지, *가늘자니까	*가느세
감탄형		가늘어! 가늘지! 가늘리!	가늘군! 가늘구먼!

상대존대형_아주낮춤		직설체	회상체
평서형	현재	가늘다	가늘더라
	현재-진행	*가늘고 있다, *가는 중이다	*가늘고 있더라
	과거-완료	가늘었다	가늘었더라
	미래-추측/의지/가능	가늘겠다, 가늘리다, *가늘련다, 가늘 거다, 가늘 수 있다	가늘겠더라
의문형	현재	가느냐?	가늘더냐?
	과거	가늘었느냐?	가늘었더냐?
	미래	가늘겠느냐?	가늘겠더냐?
명령형		*가늘어라	
청유형		*가늘자	
감탄형		가늘구나! 가늘다! 가늘도다!	가늘더구나!

연결형	연결어미	의미기능	연결어미
나열	가늘고, 가늘며	비교	*가느니
선택	가늘거나, 가늘든지, 가늘든가	정도	가늘리만큼
대립	가늘어도, 가늘지만, 가느나, 가는데, 가늘면서도, 가늘되, 가늘지	조건 · 가정	가늘면, 가늘거든, 가늘거들랑, 가늘어야, 가늘다면, 가늘었던들
동시	가늘면서, 가늘며	상황제시	가는데, 가느니, 가늘다시피
계기	*가늘고서, *가늘어서, *가늘자, *가늘자마자	비유	가늘듯이
중단 · 전환	가늘다가	비례	가늘수록
양보	가늘어도, 가늘더라도, 가늘지라도, 가늘지언정, 가는들, 가는데도, 가늘기로서니, 가느나마, 가늘망정, 가늘어 보았자	원인 · 이유	가늘어서, 가느니까, *가느느라고, 가늘기에, 가늘길래, 가느니만큼, 가는지라, 가늘세라, 가늘므로
목적 · 의도	*가늘러, *가늘려고, *가늘고자	첨가	가늘거니와, 가늘뿐더러, 가늘이려니와
결과	가늘도록, 가늘게끔	습관	*가늘곤

기본예문

- 낚싯줄이 너무 가늘다. The fishline is too thin.
- 가는 봄비가 하루 종일 흩날렸다. The fine spring rain fell all day.
- 신음소리가 가늘게 들려왔다. The groaning sound was heard very faintly.

'거라' 불규칙활용, 자동사

to go ; to travel ; to attend ; to be out ; to die, to pass away

사동형	*가히다, 가게 하다, 가게 만들다			피동형	*가히다. 가게 되다, *가아지다	
관형사형 : 현재-진행		과거-완료	과거-회상		과거-완료-회상	미래-추측/의지
가는		간	가던		갔던	갈

인용형 : 평서	의문	명령	청유	명사형	부사형
간다고	가느냐고	가라고	가자고	가기, 감	가, 가게

상대존대형_아주높임		직설체	회상체
평서형	현재	갑니다	갑디다
	현재-진행	가고 있습니다, 가는 중입니다	가고 있습디다
	과거	갔습니다	갔습디다
	과거-경험	갔었습니다	갔었습디다
	과거-추측	갔겠습니다	갔겠습디다
	미래-추측/의지/가능	가겠습니다, 가렵니다, 갈 겁니다, 갈 수 있습니다	가겠습디다
의문형	현재	갑니까?	갑디까?
	과거	갔습니까?	갔습디까?
	과거-경험	갔었습니까?	갔었습디까?
	미래-추측/의지/가능	가겠습니까? 가렵니까? 갈 겁니까? 가리이까? 갈 수 있겠습니까?	가겠습디까?
명령형		가시오, 가십시오	
청유형		갑시다, 가십시다	
감탄형		가시는구나!	

상대존대형_예사높임		'-어요'체	'-으오'체
평서형	현재	가요, 가지요, 가세요, 갈래요, 갈걸요, 가는데요, 간대요, 갈게요, 가잖아요	가오
	현재-진행	가고 있어요, 가고 있지요, 가고 있으세요, 가는 중이에요	가고 있소
	과거	갔어요, 갔지요, 갔으세요, 갔잖아요	갔소
	과거-경험	갔었어요, 갔었지요, 갔었으세요	갔었소
	과거-추측	갔겠어요, 갔겠지요, 갔겠으세요	갔겠소
	미래-추측/의지/가능	가겠어요, 가겠지요, 가겠으세요, 갈 수 있어요	가겠소
의문형	현재	가요? 가지요? 가세요? 가나요? 갈까요? 갈래요? 가는가요? 가는데요? 간대요? 간다면서요? 간다지요?	가오? *가소?
	과거	갔어요? 갔지요? 갔으세요?	갔소?
	과거-경험	갔었어요? 갔었지요? 갔었으세요?	갔었소?
	미래-추측/의지/가능	가겠어요? 가겠지요? 가겠으세요? 가리요? 갈 거예요? 갈 거지요? 갈 수 있겠어요?	가겠소?
명령형		가요, 가지요, 가세요, 가라니까요	가오, 가구려
청유형		가요, 가지요, 가세요, 가자니까요	가오
감탄형		가는군요! 가리요!	가는구려!

상대존대형_예사낮춤		'-어'체	'-네'체
평서형	현재	가, 가지, 갈래, 갈걸, 가는데, 간대, 갈게, 간단다, 가마, 가잖아	가네
	현재-진행	가고 있어, 가고 있지, 가는 중이야	가고 있네
	과거-완료	갔어, 갔지, 갔잖아	갔네
	미래-추측/의지/가능	가겠어, 가겠지, 갈 수 있어	가겠네
의문형	현재	가? 가지? 가니? 가나? 갈까? 가랴? 갈래? 가는데? 간대? 간다면서? 간다지?	가는가?
	과거	갔어? 갔지? 갔니? 갔을까? 갔대? 갔다면서?	갔는가?
	미래	가겠어? 가겠지? 가겠니? 가리? 갈 거야? 갈 거지? 갈 거니? 갈 수 있겠어?	갈 건가?
명령형		가, 가지, 가렴, 가려무나, 가라니까	가게
청유형		가, 가지, 가자니까	가세
감탄형		가! 가지! 가리!	가는군! 가는구먼!

상대존대형_아주낮춤		직설체	회상체
평서형	현재	간다	가더라
	현재-진행	가고 있다, 가는 중이다	가고 있더라
	과거-완료	갔다	갔더라
	미래-추측/의지/가능	가겠다, 가리다, 가련다, 갈 거다, 갈 수 있다	가겠더라
의문형	현재	가느냐?	가더냐?
	과거	갔느냐?	갔더냐?
	미래	가겠느냐?	가겠더냐?
명령형		가거라/가라	
청유형		가자	
감탄형		가는구나! 가는다! 가는도다!	가더구나!

연결형	연결어미	의미기능	연결어미
나열	가고, 가며	비교	가느니
선택	가거나, 가든지, 가든가	정도	가리만큼
대립	가도, 가지만, 가나, 가는데, 가면서도, 가되, 가지	조건 · 가정	가면, 가거든, 가거들랑, 가야, 간다면, 갔던들
동시	가면서, 가며	상황제시	가는데, 가니, 가다시피
계기	가고서, 가서, 가자, 가자마자	비유	가듯이
중단 · 전환	가다가	비례	갈수록
양보	가도, 가더라도, 갈지라도, 갈지언정, 간들, 가는데도, 가기로서니, 가나마, 가망정, 가 보았자	원인 · 이유	가서, 가니까, 가느라고, 가기에, 가길래, 가느니만큼, 가는지라, 갈세라, 가므로
목적 · 의도	가러, 가려고, 가고자	첨가	가거니와, 갈뿐더러, 가려니와
결과	가도록, 가게끔	습관	가곤

- 그는 일요일에는 항상 교회에 간다. He always goes to church on Sundays.
- 서울에 간 친구한테서 편지가 왔다. A letter came from a friend who went to Seoul.
- 종로에 가려면 몇 번 버스를 타야 합니까? What bus should I take if I were to go to Jongro?

가렵다 [가렵따, karjəpt'a]

'ㅂ' 불규칙활용, 형용사

to be itchy, be itching

사동형	*가렵히다, 가렵게 하다, 가렵게 만들다	피동형	*가렵히다, 가렵게 되다, 가려워지다

관형사형 : 현재-진행	과거-완료	과거-회상	과거-완료-회상	미래-추측/의지
가려운	가려운	가렵던	가려웠던	가려울

인용형 : 평서	의문	명령	청유	명사형	부사형
가렵다고	가려우냐고	*가려우라고	*가렵자고	가렵기, 가려움	가려워, 가렵게

상대존대형_아주높임		직설체	회상체
평서형	현재	가렵습니다	가렵습디다
	현재-진행	*가렵고 있습니다, *가려운 중입니다	*가렵고 있습디다
	과거	가려웠습니다	가려웠습디다
	과거-경험	가려웠었습니다	가려웠었습디다
	과거-추측	가려웠겠습니다	가려웠겠습디다
	미래-추측/의지/가능	가렵겠습니다, *가려우렵니다, 가려울 겁니다, 가려울 수 있습니다	가렵겠습디다
의문형	현재	가렵습니까?	가렵습디까?
	과거	가려웠습니까?	가려웠습디까?
	과거-경험	가려웠었습니까?	가려웠었습디까?
	미래-추측/의지/가능	가렵겠습니까? *가려우렵니까? *가려울 겁니까? *가려우리이까? 가려울 수 있겠습니까?	가렵겠습디까?
명령형		*가려우시오, *가려우십시오	
청유형		*가려웁시다, *가려우십시다	
감탄형		가려우시구나!	

상대존대형_예사높임		'-어요'체	'-으오'체
평서형	현재	가려워요, 가렵지요, 가려우세요, *가려울래요, 가려울걸요, 가려운데요, 가렵대요, *가려울게요, 가렵잖아요	가려우오
	현재-진행	*가렵고 있어요, *가렵고 있지요, *가렵고 있으세요, *가려운 중이에요	*가렵고 있소
	과거	가려웠어요, 가려웠지요, 가려웠으세요, 가려웠잖아요	가려웠소
	과거-경험	가려웠었어요, 가려웠었지요, 가려웠었으세요	가려웠었소
	과거-추측	가려웠겠어요, 가려웠겠지요, 가려웠겠으세요	가려웠겠소
	미래-추측/의지/가능	가렵겠어요, 가렵겠지요, 가렵겠으세요, 가려울 수 있어요	가렵겠소
의문형	현재	가려워요? 가렵지요? 가려우세요? 가렵나요? *가려울까요? *가려울래요? *가려운가요? 가려운데요? 가렵대요? 가렵다면서요? 가렵다지요?	가려우오? 가렵소?
	과거	가려웠어요? 가려웠지요? 가려웠으세요?	가려웠소?
	과거-경험	가려웠었어요? 가려웠었지요? 가려웠었으세요?	가려웠었소?
	미래-추측/의지/가능	가렵겠어요? 가렵겠지요? 가렵겠으세요? 가려우리요? *가려울 거예요? *가려울 거지요? 가려울 수 있겠어요?	가렵겠소?
명령형		*가려워요, *가렵지요, *가려우세요, *가려우라니까요	*가려우오, *가렵구려
청유형		*가려워요, *가렵지요, *가려우세요, *가렵자니까요	*가려우오
감탄형		가렵군요! 가려우리요!	가렵구려!

상대존대형_예사낮춤		'-어'체	'-네'체
평서형	현재	가려워, 가렵지, *가려울래, 가려울걸, 가려운데, 가렵대, *가려울게, 가렵단다, *가려우마, 가렵잖아	가렵네
	현재-진행	*가렵고 있어, *가렵고 있지, *가려운 중이야	*가렵고 있네
	과거-완료	가려웠어, 가려웠지, 가려웠잖아	가려웠네
	미래-추측/의지/가능	가렵겠어, 가렵겠지, 가려울 수 있어	가렵겠네
의문형	현재	가려워? 가렵지? 가렵니? 가렵나? 가려울까? 가려우랴? *가려울래? 가려운데? 가렵대? 가렵다면서? 가렵다지?	가려운가?
	과거	가려웠어? 가려웠지? 가려웠니? 가려웠을까? 가려웠대? 가려웠다면서?	가려웠는가?
	미래	가렵겠어? 가렵겠지? 가렵겠니? 가려우리? *가려울 거야? *가려울 거지? 가려울 거니? 가려울 수 있겠어?	가려울 건가?
명령형		*가려워, *가렵지, *가려우렴, *가려우려무나, *가려우라니까	*가렵게
청유형		*가려워, *가렵지, *가렵자니까	*가렵세
감탄형		가려워! 가렵지! 가려우리!	가렵군! 가렵구먼!

상대존대형_아주낮춤		직설체	회상체
평서형	현재	가렵다	가렵더라
	현재-진행	*가렵고 있다, *가려운 중이다	*가렵고 있더라
	과거-완료	가려웠다	가려웠더라
	미래-추측/의지/가능	가렵겠다, 가려우리다, *가려우련다, 가려울 거다, 가려울 수 있다	가렵겠더라
의문형	현재	가려우냐?	가렵더냐?
	과거	가려웠느냐?	가려웠더냐?
	미래	가렵겠느냐?	가렵겠더냐?
명령형		*가려워라	
청유형		*가렵자	
감탄형		가렵구나! 가렵다! 가렵도다!	가렵더구나!

연결형	연결어미	의미기능	연결어미
나열	가렵고, 가려우며	비교	*가렵느니
선택	가렵거나, 가렵든지, 가렵든가	정도	가려우리만큼
대립	가려워도, 가렵지만, 가려우나, 가려운데, 가려우면서도, 가렵되, 가렵지	조건·가정	가려우면, 가렵거든, 가렵거들랑, 가려워야, 가렵다면, 가려웠던들
동시	가려우면서, 가려우며	상황제시	가려운데, 가려우니, 가렵다시피
계기	*가렵고서, *가려워서, *가렵자, *가렵자마자	비유	가렵듯이
중단·전환	가렵다가	비례	가려울수록
양보	가려워도, 가렵더라도, 가려울지라도, 가려울지언정, 가려운들, 가려운데도, 가렵기로서니, 가려우나마, 가려울망정, 가려워 보았자	원인·이유	가려워서, 가려우니까, *가렵느라고, 가렵기에, 가렵길래, 가려우니만큼, 가려운지라, 가려울세라, 가려우므로
목적·의도	*가려우러, *가려우려고, *가렵고자	첨가	가렵거니와, 가려울뿐더러, 가려우려니와
결과	가렵도록, 가렵게끔	습관	*가렵곤

- 나는 등이 매우 가렵다. My back is very itchy.
- 가려운 데를 좀 긁어 주겠니? Would you please scratch my back? It itches.
- 그는 가려운데도 잘 참았다. Although it was itchy, he endured well.

가르다 [가르다, karida]

'르' 불규칙활용, 타동사

to divide ; to distribute ; to classify ; to separate

사동형	*가르히다, 가르게 하다, 가르게 만들다	피동형	*갈리다. 가르게 되다, 갈라지다

관형사형 : 현재-진행	과거-완료	과거-회상	과거-완료-회상	미래-추측/의지
가르는	가른	가르던	갈랐던	가를

인용형 : 평서	의문	명령	청유	명사형	부사형
가른다고	가르느냐고	가르라고	가르자고	가르기, 가름	갈라, 가르게

상대존대형_아주높임		직설체	회상체
평서형	현재	가릅니다	가릅디다
	현재-진행	가르고 있습니다, 가르는 중입니다	가르고 있습디다
	과거	갈랐습니다	갈랐습디다
	과거-경험	갈랐었습니다	갈랐었습디다
	과거-추측	갈랐겠습니다	갈랐겠습디다
	미래-추측/의지/가능	가르겠습니다, 가르렵니다, 가를 겁니다, 가를 수 있습니다	가르겠습디다
의문형	현재	가릅니까?	가릅디까?
	과거	갈랐습니까?	갈랐습디까?
	과거-경험	갈랐었습니까?	갈랐었습디까?
	미래-추측/의지/가능	가르겠습니까? 가르렵니까? 가를 겁니까? 가르리이까? 가를 수 있겠습니까?	가르겠습디까?
명령형		가르시오, 가르십시오	
청유형		가릅시다, 가르십시다	
감탄형		가르시는구나!	

상대존대형_예사높임		'-어요'체	'-으오'체
평서형	현재	갈라요, 가르지요, 가르세요, 가를래요, 가를걸요, 가르는데요, 가른대요, 자를게요, 가르잖아요	가르오
	현재-진행	가르고 있어요, 가르고 있지요, 가르고 있으세요, 가르는 중이에요	가르고 있소
	과거	갈랐어요, 갈랐지요, 갈랐으세요, 갈랐잖아요	갈랐소
	과거-경험	갈랐었어요, 갈랐었지요, 갈랐었으세요	갈랐었소
	과거-추측	갈랐겠어요, 갈랐겠지요, 갈랐겠으세요	갈랐겠소
	미래-추측/의지/가능	가르겠어요, 가르겠지요, 가르겠으세요, 가를 수 있어요	가르겠소
의문형	현재	갈라요? 가르지요? 가르세요? 가르나요? 가를까요? 가를래요? 가르는가요? 가르는데요? 가른대요? 가른다면서요? 가른다지요?	가르오? *가르소?
	과거	갈랐어요? 갈랐지요? 갈랐으세요?	갈랐소?
	과거-경험	갈랐었어요? 갈랐었지요? 갈랐었으세요?	갈랐었소?
	미래-추측/의지/가능	가르겠어요? 가르겠지요? 가르겠으세요? 가르리요? 가를 거예요? 가를 거지요? 가를 수 있겠어요?	가르겠소?
명령형		갈라요, 가르지요, 가르세요, 가르라니까요	가르오, 가르구려
청유형		갈라요, 가르지요, 가르세요, 가르자니까요	가르오
감탄형		가르는군요! 가르리요!	가르는구려!

상대존대형_예사낮춤		'-어'체	'-네'체
평서형	현재	갈라, 가르지, 가를래, 가를걸, 가르는데, 가른대, 가를게, 가른단다, 가르마, 가르잖아	가르네
	현재-진행	가르고 있어, 가르고 있지, 가르는 중이야	가르고 있네
	과거-완료	갈랐어, 갈랐지, 갈랐잖아	갈랐네
	미래-추측/의지/가능	가르겠어, 가르겠지, 가를 수 있어	가르겠네
의문형	현재	갈라? 가르지? 가르니? 가르나? 가를까? 가르랴? 가를래? 가르는데? 가른대? 가른다면서? 가른다지?	가르는가?
	과거	갈랐어? 갈랐지? 갈랐니? 갈랐을까? 갈랐대? 갈랐다면서?	갈랐는가?
	미래	가르겠어? 가르겠지? 가르겠니? 가르리? 가를 거야? 가를 거지? 가를 거니? 가를 수 있겠어?	가를 건가?
명령형		갈라, 가르지, 가르렴, 가르려무나, 가르라니까	가르게
청유형		갈라, 가르지, 가르자니까	가르세
감탄형		갈라! 가르지! 가르리!	가르는군! 가르는구먼!

상대존대형_아주낮춤		직설체	회상체
평서형	현재	가른다	가르더라
	현재-진행	가르고 있다, 가르는 중이다	가르고 있더라
	과거-완료	갈랐다	갈랐더라
	미래-추측/의지/가능	가르겠다, 가르리다, 가르련다, 가를 거다, 가를 수 있다	가르겠더라
의문형	현재	가르느냐?	가르더냐?
	과거	갈랐느냐?	갈랐더냐?
	미래	가르겠느냐?	가르겠더냐?
명령형		갈라라	
청유형		가르자	
감탄형		가르는구나! 가른다! 가르는도다!	가르더구나!

연결형	연결어미	의미기능	연결어미
나열	가르고, 가르며	비교	가르느니
선택	가르거나, 가르든지, 가르든가	정도	가르리만큼
대립	갈라도, 가르지만, 가르나, 가르는데, 가르면서도, 가르되, 가르지	조건 · 가정	가르면, 가르거든, 가르거들랑, 갈라야, 가른다면, 갈랐던들
동시	가르면서, 가르며	상황제시	가르는데, 가르니, 가르다시피
계기	가르고서, 갈라서, 가르자, 가르자마자	비유	가르듯이
중단 · 전환	가르다가	비례	가를수록
양보	갈라도, 가르더라도, 가를지라도, 가를지언정, 가른들, 가르는데도, 가르기로서니, 가르나마, 가를망정, 갈라 보았자	원인 · 이유	갈라서, 가르니까, 가르느라고, 가르기에, 가르길래, 가르느니만큼, 가르는지라, 가를세라, 가르므로
목적 · 의도	가르라, 가르려고, 가르고자	첨가	가르거니와, 가를뿐더러, 가르려니와
결과	가르도록, 가르게끔	습관	가르곤

- 자녀들에게 재산을 골고루 갈라 주었다. I evenly shared my fortune between my children.
- 강물을 가르는 요트 위에서 데이트를 했다. We had date on the river splitting yacht.
- 남자와 여자로 갈라서 경기를 하자.
  Let's divide the team to males and females to play the match.

가지다 [가지다, kacida]

'이' 규칙활용, 타동사

to have, own ; to conceive, become pregnant

사동형	*가지히다, 가지게 하다, 가지게 만들다	피동형	*가지히다. 가지게 되다, 가져지다

관형사형 : 현재-진행	과거-완료	과거-회상	과거-완료-회상	미래-추측/의지
가지는	가진	가지던	가졌던	가질

인용형 : 평서	의문	명령	청유	명사형	부사형
가진다고	가지느냐고	가지라고	가지자고	가지기, 가짐	가져, 가지게

상대존대형_아주높임		직설체	회상체
평서형	현재	가집니다	가집디다
	현재-진행	가지고 있습니다, 가지는 중입니다	가지고 있습디다
	과거	가졌습니다	가졌습디다
	과거-경험	가졌었습니다	가졌었습디다
	과거-추측	가졌겠습니다	가졌겠습디다
	미래-추측/의지/가능	가지겠습니다, 가지렵니다, 가질 겁니다, 가질 수 있습니다	가지겠습디다
의문형	현재	가집니까?	가집디까?
	과거	가졌습니까?	가졌습디까?
	과거-경험	가졌었습니까?	가졌었습디까?
	미래-추측/의지/가능	가지겠습니까? 가지렵니까? 가질 겁니까? 가지리이까? 가질 수 있겠습니까?	가지겠습디까?
명령형		가지시오, 가지십시오	
청유형		가집시다, 가지십시다	
감탄형		가지시는구나!	

상대존대형_예사높임		'-어요'체	'-으오'체
평서형	현재	가져요, 가지지요, 가지세요, 가질래요, 가질걸요, 가지는데요, 가진대요, 가질게요, 가지잖아요	가지오
	현재-진행	가지고 있어요, 가지고 있지요, 가지고 있으세요, 가지는 중이에요	가지고 있소
	과거	가졌어요, 가졌지요, 가졌으세요, 가졌잖아요	가졌소
	과거-경험	가졌었어요, 가졌었지요, 가졌었으세요	가졌었소
	과거-추측	가졌겠어요, 가졌겠지요, 가졌겠으세요	가졌겠소
	미래-추측/의지/가능	가지겠어요, 가지겠지요, 가지겠으세요, 가질 수 있어요	가지겠소
의문형	현재	가져요? 가지지요? 가지세요? 가지나요? 가질까요? 가질래요? 가지는가요? 가지는데요? 가진대요? 가진다면서요? 가진다지요?	가지오? *가지소?
	과거	가졌어요? 가졌지요? 가졌으세요?	가졌소?
	과거-경험	가졌었어요? 가졌었지요? 가졌었으세요?	가졌었소?
	미래-추측/의지/가능	가지겠어요? 가지겠지요? 가지겠으세요? 가지리요? 가질 거예요? 가질 거지요? 가질 수 있겠어요?	가지겠소?
명령형		가져요, 가지지요, 가지세요, 가지라니까요	가지오, 가지구려
청유형		가져요, 가지지요, 가지세요, 가지자니까요	가지오
감탄형		가지는군요! 가지리요!	가지는구려!

상대존대형_예사낮춤		'-어'체	'-네'체
평서형	현재	가져, 가지지, 가질래, 가질걸, 가지는데, 가진대, 가질게, 가진단다, 가지마, 가지잖아	가지네
	현재-진행	가지고 있어, 가지고 있지, 가지는 중이야	가지고 있네
	과거-완료	가졌어, 가졌지, 가졌잖아	가졌네
	미래-추측/의지/가능	가지겠어, 가지겠지, 가질 수 있어	가지겠네
의문형	현재	가져? 가지지? 가지니? 가지나? 가질까? 가지랴? 가질래? 가지는데? 가진대? 가진다면서? 가진다지?	가지는가?
	과거	가졌어? 가졌지? 가졌니? 가졌을까? 가졌대? 가졌다면서?	가졌는가?
	미래	가지겠어? 가지겠지? 가지겠니? 가지리? 가질 거야? 가질 거지? 가질 거니? 가질 수 있겠어?	가질 건가?
명령형		가져, 가지지, 가지렴, 가지려무나, 가지라니까	가지게
청유형		가져, 가지지, 가지자니까	가지세
감탄형		가져! 가지지! 가지리!	가지는군! 가지는구먼!

상대존대형_아주낮춤		직설체	회상체
평서형	현재	가진다	가지더라
	현재-진행	가지고 있다, 가지는 중이다	가지고 있더라
	과거-완료	가졌다	가졌더라
	미래-추측/의지/가능	가지겠다, 가지리다, 가지련다, 가질 거다, 가질 수 있다	가지겠더라
의문형	현재	가지느냐?	가지더냐?
	과거	가졌느냐?	가졌더냐?
	미래	가지겠느냐?	가지겠더냐?
명령형		가져라	
청유형		가지자	
감탄형		가지는구나! 가지는다! 가지는도다!	가지더구나!

연결형	연결어미	의미기능	연결어미
나열	가지고, 가지며	비교	가지느니
선택	가지거나, 가지든지, 가지든가	정도	가지리만큼
대립	가져도, 가지지만, 가지나, 가지는데, 가지면서도, 가지되, 가지지	조건 · 가정	가지면, 가지거든, 가지거들랑, 가져야, 가진다면, 가졌든들
동시	가지면서, 가지며	상황제시	가지는데, 가지니, 가지다시피
계기	가지고서, 가져서, 가지자, 가지자마자	비유	가지듯이
중단 · 전환	가지다가	비례	가질수록
양보	가져도, 가지더라도, 가질지라도, 가질지언정, 가진들, 가지는데도, 가지기로서니, 가지나마, 가질망정, 가져 보았자	원인 · 이유	가져서, 가지니까, 가지느라고, 가지기에, 가지길래, 가지느니만큼, 가지는지라, 가질세라, 가지므로
목적 · 의도	가지러, 가지려고, 가지고자	첨가	가지거니와, 가질뿐더러, 가지려니와
결과	가지도록, 가지게끔	습관	가지곤

기본예문

- 그는 이야기책을 많이 가지고 있다. He has a lot of storybooks.
- 초승달 같이 예쁜 눈썹을 가진 사람 없어요?
  Isn't there someone who has eyebrows shaped like a cresent moon?
- 그녀는 아이를 가졌지만 입덧이 심하지 않았다.
  She is pregnant with a child but her morning sickness isn't severe.

건너다 [건너다, kənnət'a]

'어' 규칙활용, 타동사

to go over, pass over ; to, cross (over) ; to ferry

사동형	*건너히다, 건너게 하다, 건너게 만들다	피동형	*건너히다. 건너게 되다, 건너지다

관형사형 : 현재-진행	과거-완료	과거-회상	과거-완료-회상	미래-추측/의지
건너는	건넌	건너던	건넜던	건널

인용형 : 평서	의문	명령	청유	명사형	부사형
건넌다고	건너느냐고	건너라고	건너자고	건너기, 건넘	건너, 건너게

상대존대형_아주높임		직설체	회상체
평서형	현재	건넙니다	건넙디다
	현재-진행	건너고 있습니다, 건너는 중입니다	건너고 있습디다
	과거	건넜습니다	건넜습디다
	과거-경험	건넜었습니다	건넜었습디다
	과거-추측	건넜겠습니다	건넜겠습디다
	미래-추측/의지/가능	건너겠습니다, 건너렵니다, 건널 겁니다, 건널 수 있습니다	건너겠습디다
의문형	현재	건넙니까?	건넙디까?
	과거	건넜습니까?	건넜습디까?
	과거-경험	건넜었습니까?	건넜었습디까?
	미래-추측/의지/가능	건너겠습니까? 건너렵니까? 긴널 겁니까? 긴너리이끼? 긴널 수 있 겠습니까?	건너겠습디까?
명령형		건너시오, 건너십시오	
청유형		건넙시다, 건너십시다	
감탄형		건너시는구나!	

상대존대형_예사높임		'-어요'체	'-으오'체
평서형	현재	건너요, 건너지요, 건너세요, 건널래요, 건널걸요, 건너는데요, 건넌대요, 건널게요, 건너잖아요	건너오
	현재-진행	건너고 있어요, 건너고 있지요, 건너고 있으세요, 건너는 중이에요	건너고 있소
	과거	건넜어요, 건넜지요, 건넜으세요, 건넜잖아요	건넜소
	과거-경험	건넜었어요, 건넜었지요, 건넜었으세요	건넜었소
	과거-추측	건넜겠어요, 건넜겠지요, 건넜겠으세요	건넜겠소
	미래-추측/의지/가능	건너겠어요, 건너겠지요, 건너겠으세요, 건널 수 있어요	건너겠소
의문형	현재	건너요? 건너지요? 건너세요? 건너나요? 건널까요? 건널래요? 건너는가요? 건너는데요? 건넌대요? 건넌다면서요? 건넌다지요?	건너오? 건너소?
	과거	건넜어요? 건넜지요? 건넜으세요?	건넜소?
	과거-경험	건넜었어요? 건넜었지요? 건넜었으세요?	건넜었소?
	미래-추측/의지/가능	건너겠어요? 건너겠지요? 건너겠으세요? 건너리요? 건널 거예요? 건널 거지요? 건널 수 있겠어요?	건너겠소?
명령형		건너요, 건너지요, 건너세요, 건너라니까요	건너오, 건너구려
청유형		건너요, 건너지요, 건너세요, 건너자니까요	건너오
감탄형		건너는군요! 건너리요!	건너는구려!

상대존대형_예사낮춤		'-어'체	'-네'체
평서형	현재	건너, 건너지, 건널래, 건널걸, 건너는데, 건넌대, 건널게, 건넌단다, 건너마, 건너잖아	건너네
	현재-진행	건너고 있어, 건너고 있지, 건너는 중이야	건너고 있네
	과거-완료	건넜어, 건넜지, 건넜잖아	건넜네
	미래-추측/의지/가능	건너겠어, 건너겠지, 건널 수 있어	건너겠네
의문형	현재	건너? 건너지? 건너니? 건너나? 건널까? 건너랴? 건널래? 건너는데? 건넌대? 건너다면서? 건너다지?	건너는가?
	과거	건넜어? 건넜지? 건넜니? 건넜을까? 건넜대? 건넜다면서?	건넜는가?
	미래	건너겠어? 건너겠지? 건너겠니? 건너리? 건널 거야? 건널 거지? 건널 거니? 건널 수 있겠어?	건널 건가?
명령형		건너, 건너지, 건너렴, 건너려무나, 건너라니까	건너게
청유형		건너, 건너지, 건너자니까	건너세
감탄형		건너! 건너지! 건너리!	건너는군! 건너는구먼!

상대존대형_아주낮춤		직설체	회상체
평서형	현재	건넌다	건너더라
	현재-진행	건너고 있다, 건너는 중이다	건너고 있더라
	과거-완료	건넜다	건넜더라
	미래-추측/의지/가능	건너겠다, 건너리라, 건너련다, 건널 거다, 건널 수 있다	건너겠더라
의문형	현재	건너느냐?	건너더냐?
	과거	건넜느냐?	건넜더냐?
	미래	건너겠느냐?	건너겠더냐?
명령형		건너라	
청유형		건너자	
감탄형		건너는구나! 건너는다! 건너는도다!	건너더구나!

연결형	연결어미	의미기능	연결어미
나열	건너고, 건너며	비교	건너느니
선택	건너거나, 건너든지, 건너든가	정도	건너리만큼
대립	건너도, 건너지만, 건너나, 건너는데, 건너면서도, 건너되, 건너지	조건·가정	건너면, 건너거든, 건너거들랑, 건너야, 건넌다면, 건넜던들
동시	건너면서, 건너며	상황제시	건너는데, 건너니, 건너다시피
계기	건너고서, 건너서, 건너자, 건너자마자	비유	건너듯이
중단·전환	건너다가	비례	건널수록
양보	건너도, 건너더라도, 건널지라도, 건널지언정, 건넌들, 건너는데도, 건너기로서니, 건너나마, 건널망정, 건너 보았자	원인·이유	건너서, 건너니까, 건너느라고, 건너기에, 건너길래, 건너느니만큼, 건너는지라, 건널세라, 건너므로
목적·의도	건너러, 건너려고, 건너고자	첨가	건너거니와, 건널뿐더러, 건너려니와
결과	건너도록, 건너게끔	습관	건너곤

기본예문
- 그는 나룻배로 강을 건넜다. He crossed the river by ferry.
- 내가 건넜던 강만 해도 십 개는 된다. I have crossed at least ten rivers.
- 한강을 건너야 고향으로 갈 수가 있다.
  I have to cross the Han river in order to go to my hometown.

걷다1 [걷ː따, kəd:t'a]

'ㄷ' 불규칙활용, 자동사

to walk, step

사동형	걸리다, 걷게 하다, 걷게 만들다		피동형	*걷히다. 걷게 되다, 걸어지다	

관형사형 : 현재-진행	과거-완료	과거-회상	과거-완료-회상	미래-추측/의지
걷는	걸은	걷던	걸었던	걸을

인용형 : 평서	의문	명령	청유	명사형	부사형
걷는다고	걷느냐고	걸으라고	걷자고	걷기, 걸음	걸어, 걷게

상대존대형_아주높임		직설체	회상체
평서형	현재	걷습니다	걷습디다
	현재-진행	걷고 있습니다, 걷는 중입니다	걷고 있습디다
	과거	걸었습니다	걸었습디다
	과거-경험	걸었었습니다	걸었었습디다
	과거-추측	걸었겠습니다	걸었겠습디다
	미래-추측/의지/가능	걷겠습니다, 걸으렵니다, 걸을 겁니다, 걸을 수 있습니다	걷겠습디다
의문형	현재	걷습니까?	걷습디까?
	과거	걸었습니까?	걸었습디까?
	과거-경험	걸었었습니까?	걸었었습디까?
	미래-추측/의지/가능	걷겠습니까? 걸으렵니까? 걸을 겁니까? 걸으리이까? 걸을 수 있겠습니까?	걷겠습디까?
명령형		걸으시오, 걸으십시오	
청유형		걸읍시다, 걸으십시다	
감탄형		걸으시는구나!	

상대존대형_예사높임		'-어요'체	'-으오'체
평서형	현재	걸어요, 걷지요, 걸으세요, 걸을래요, 걸을걸요, 걷는데요, 걷는대요, 걸을게요, 걷잖아요	걸으오
	현재-진행	걷고 있어요, 걷고 있지요, 걷고 있으세요, 걷는 중이에요	걷고 있소
	과거	걸었어요, 걸었지요, 걸었으세요, 걸었잖아요	걸었소
	과거-경험	걸었었어요, 걸었었지요, 걸었었으세요	걸었었소
	과거-추측	걸었겠어요, 걸었겠지요, 걸었겠으세요	걸었겠소
	미래-추측/의지/가능	걷겠어요, 걷겠지요, 걷겠으세요, 걸을 수 있어요	걷겠소
의문형	현재	걸어요? 걷지요? 걸으세요? 걷나요? 걸을까요? 걸을래요? 걷는가요? 걷는데요? 걷는대요? 걷는다면서요? 걷는다지요?	걸으오? 걷소?
	과거	걸었어요? 걸었지요? 걸었으세요?	걸었소?
	과거-경험	걸었었어요? 걸었었지요? 걸었었으세요?	걸었었소?
	미래-추측/의지/가능	걷겠어요? 걷겠지요? 걷겠으세요? 걸으리요? 걸을 거예요? 걸을 거지요? 걸을 수 있겠어요?	걷겠소?
명령형		걸어요, 걷지요, 걸으세요, 걸으라니까요	걸으오, 걷구려
청유형		걸어요, 걷지요, 걸으세요, 걷자니까요	걸으오
감탄형		걷는군요! 걸으리요!	걷는구려!

70

상대존대형_예사낮춤		'-어'체	'-네'체
평서형	현재	걸어, 걷지, 걸을래, 걸을걸, 걷는데, 걷는대, 걸을게, 걷는단다, 걸으마, 걷잖아	걷네
	현재-진행	걷고 있어, 걷고 있지, 걷는 중이야	걷고 있네
	과거-완료	걸었어, 걸었지, 걸었잖아	걸었네
	미래-추측/의지/가능	걷겠어, 걷겠지, 걸을 수 있어	걷겠네
의문형	현재	걸어? 걷지? 걷니? 걷나? 걸을까? 걸으랴? 걸을래? 걷는데? 걷는대? 걷는다면서? 걷는다지?	걷는가?
	과거	걸었어? 걸었지? 걸었니? 걸었을까? 걸었대? 걸었다면서?	걸었는가?
	미래	걷겠어? 걷겠지? 걷겠니? 걸으리? 걸을 거야? 걸을 거지? 걸을 거니? 걸을 수 있겠어?	걸을 건가?
명령형		걸어, 걷지, 걸으렴, 걸으려무나, 걸으라니까	걷게
청유형		걸어, 걷지, 걷자니까	걷세
감탄형		걸어! 걷지! 걸으리!	걷는군! 걷는구먼!

상대존대형_아주낮춤		직설체	회상체
평서형	현재	걷는다	걷더라
	현재-진행	걷고 있다, 걷는 중이다	걷고 있더라
	과거-완료	걸었다	걸었더라
	미래-추측/의지/가능	걷겠다, 걸으리다, 걸으련다, 걸을 거다, 걸을 수 있다	걷겠더라
의문형	현재	걷느냐?	걷더냐?
	과거	걸었느냐?	걸었더냐?
	미래	걷겠느냐?	걷겠더냐?
명령형		걸어라	
청유형		걷자	
감탄형		걷는구나! 걷는다! 걷는도다!	걷더구나!

연결형	연결어미	의미기능	연결어미
나열	걷고, 걸으며	비교	걷느니
선택	걷거나, 걷든지, 걷든가	정도	걸으리만큼
대립	걸어도, 걷지만, 걸으나, 걷는데, 걸으면서도, 걷되, 걷지	조건 · 가정	걸으면, 걷거든, 걷거들랑, 걸어야, 걷는다면, 걸었던들
동시	걸으면서, 걸으며	상황제시	걷는데, 걸으니, 걷다시피
계기	걷고서, 걸어서, 걷자, 걷자마자	비유	걷듯이
중단 · 전환	걷다가	비례	걸을수록
양보	걸어도, 걷더라도, 걸을지라도, 걸을지언정, 걸은들, 걷는데도, 걷기로서니, 걸으나마, 걸을망정, 걸어 보았자	원인 · 이유	걸어서, 걸으니까, 걷느라고, 걷기에, 걷길래, 걷느니만큼, 걷는지라, 걸을세라, 걸으므로
목적 · 의도	걸으러, 걸으려고, 걷고자	첨가	걷거니와, 걸을뿐더러, 걸으려니와
결과	걷도록, 걷게끔	습관	걷곤

기본예문

- 그는 구도자처럼 머나먼 길을 걷고 또 걸었다.
  He walked and walked a long way like an inquirer.
- 건강하게 살려면 많이 걷는 게 좋아요. If you want to live a healthy life, you should walk a lot.
- 걷기도 전에 뛰려고 하면 되겠니? You had better learn how to walk before you learn how to run.

게으르다 [게으르다, keïrïda]

'르' 불규칙활용, 형용사

to be idle, be lazy, be indolent, be slothful

사동형	*게으르히다, 게으르게 하다, 게으르게 만들다	피동형	*게으르히다. 게으르게 되다, 게을러지다

관형사형 : 현재-진행	과거-완료	과거-회상	과거-완료-회상	미래-추측/의지
게으른	게으른	게으르던	게을렀던	게으를

인용형 : 평서	의문	명령	청유	명사형	부사형
게으르다고	게으르냐고	*게을러라고	*게으르자고	게으르기, 게으름	게을러, 게으르게

상대존대형_아주높임		직설체	회상체
평서형	현재	게으릅니다	게으릅디다
	현재-진행	*게으르고 있습니다, *게으른 중입니다	*게으르고 있습디다
	과거	게을렀습니다	게을렀습디다
	과거-경험	게을렀었습니다	게을렀었습디다
	과거-추측	게을렀겠습니다	게을렀겠습디다
	미래-추측/의지/가능	게으르겠습니다, *게으르렵니다, 게으를 겁니다, 게으를 수 있습니다	게으르겠습디다
의문형	현재	게으릅니까?	게으릅디까?
	과거	게을렀습니까?	게을렀습디까?
	과거-경험	게을렀었습니까?	게을렀었습디까?
	미래-추측/의지/가능	게으르겠습니까? *게으르렵니까? *게으를 겁니까? *게으르리이까? 게으를 수 있겠습니까?	게으르겠습디까?
명령형		*게으르시오, *게으르십시오	
청유형		*게으릅시다, *게으르십시다	
감탄형		게으르시구나!	

상대존대형_예사높임		'-어요'체	'-으오'체
평서형	현재	게을러요, 게으르지요, 게으르세요, *게으를래요, 게으를걸요, 게으른데요, 게으르대요, *게으를게요, 게으르잖아요	게으르오
	현재-진행	*게으르고 있어요, *게으르고 있지요, *게으르고 있으세요, *게으른 중이에요	*게으르고 있소
	과거	게을렀어요, 게을렀지요, 게을렀으세요, 게을렀잖아요	게을렀소
	과거-경험	게을렀었어요, 게을렀었지요, 게을렀었으세요	게을렀었소
	과거-추측	게을렀겠어요, 게을렀겠지요, 게을렀겠으세요	게을렀겠소
	미래-추측/의지/가능	게으르겠어요, 게으르겠지요, 게으르겠으세요, 게으를 수 있어요	게으르겠소
의문형	현재	게을러요? 게으르지요? 게으르세요? 게으르나요? *게으를까요? *게으를래요? *게으른가요? 게으른데요? 게으르대요? 게으르다면서요? 게으르다지요?	게으르오? *게으르소?
	과거	게을렀어요? 게을렀지요? 게을렀으세요?	게을렀소?
	과거-경험	게을렀었어요? 게을렀었지요? 게을렀었으세요?	게을렀었소?
	미래-추측/의지/가능	게으르겠어요? 게으르겠지요? 게으르겠으세요? 게으르리요? *게으를 거예요? *게으를 거지요? 게으를 수 있겠어요?	게으르겠소?
명령형		*게을러요, *게으르지요, *게으르세요, *게으르라니까요	*게으르오,*게으르구려
청유형		*게을러요, *게으르지요, *게으르세요, *게으르자니까요	*게으르오
감탄형		게으르군요! 게으르리요!	게으르구려!

상대존대형_예사낮춤		'-어'체	'-네'체
평서형	현재	게을러, 게으르지, *게으를래, 게으를걸, 게으른데, 게으르대, *게으를게, 게으른단다, *게으르마, 게으르잖아	게으르네
	현재-진행	*게으르고 있어, *게으르고 있지, *게으른 중이야	*게으르고 있네
	과거-완료	게을렀어, 게을렀지, 게을렀잖아	게을렀네
	미래-추측/의지/가능	게으르겠어, 게으르겠지, 게으를 수 있어	게으르겠네
의문형	현재	게으르러? 게으르지? 게으르니? 게으르나? 게으를까? 게으르랴? *게으를래? 게으른데? 게으르대? 게으르다면서? 게으르다지?	게으른가?
	과거	게을렀어? 게을렀지? 게을렀니? 게을렀을까? 게을렀대? 게을렀다면서?	게을렀는가?
	미래	게으르겠어? 게으르겠지? 게으르겠니? 게으르리리? *게으를 거야? *게으를 거지? *게으를 거니? 게으를 수 있겠어?	*게으를 건가?
명령형		*게을러, *게으르지, *게으르렴, *게으르려무나, *게으르라니까	*게으르게
청유형		*게을러, *게으르지, *게으르자니까	*게으르세
감탄형		게을러! 게으르지! 게으르리!	게으르군! 게으르구먼!

상대존대형_아주낮춤		직설체	회상체
평서형	현재	게으르다	게으르더라
	현재-진행	*게으르고 있다, *게으른 중이다	*게으르고 있더라
	과거-완료	게을렀다	게을렀더라
	미래-추측/의지/가능	게으르겠다, 게으르리다, *게으르련다, 게으를 거다, 게으를 수 있다	게으르겠더라
의문형	현재	게으르냐?	게으르더냐?
	과거	게을렀느냐?	게을렀더냐?
	미래	게으르겠느냐?	게으르겠더냐?
명령형		*게을러라	
청유형		*게으르자	
감탄형		게으르구나! 게으르다! 게으르도다!	게으르더구나!

연결형	연결어미	의미기능	연결어미
나열	게으르고, 게으르며	비교	*게으르느니
선택	게으르거나, 게으르든지, 게으르든가	정도	게으르리만큼
대립	게을러도, 게으르지만, 게으르나, 게으른데, 게으르면서도, 게으르되, 게으르지	조건 · 가정	게으르면, 게으르거든, 게으르거들랑, 게을러야, 게으르다면, 게을렀던들
동시	게으르면서, 게으르며	상황제시	게으른데, 게으르니, 게으르다시피
계기	*게으르고서, *게을러서, *게으르자, *게으르자마자	비유	게으르듯이
중단 · 전환	게으르다가	비례	게으를수록
양보	게을러도, 게으르더라도, 게으를지라도, 게으를지언정, 게으른들, 게으른데도, 게으르기로서니, 게으르나마, 게으르망정, 게을러 보았자	원인 · 이유	게을러서, 게으르니까, *게으르느라고, 게으르기에, 게으르길래, 게으르니만큼, 게으른지라, 게으르세라, 게으르므로
목적 · 의도	*게으르러, *게으르려고, *게으르고자	첨가	게으르거니와, 게으를뿐더러, 게으르려니와
결과	게으르도록, 게으르게끔	습관	*게으르곤

기본예문
- 영수는 매우 게으르다. Young-soo is very lazy.
- 저렇게 게으른 사람은 처음 봤다. I have never seen such a lazy person before.
- 게으르게 살면 남는 건 가난밖에 없다. A sluggish life will end up in poverty.

73

계시다 [계:시다, kje:sida]

'이' 규칙활용, 자동사

to be ; to stay

사동형	*계시히다, 계시게 하다, 계시게 만들다	피동형		*계시히다. 계시게 되다, 계셔지다	

관형사형 : 현재-진행	과거-완료	과거-회상	과거-완료-회상	미래-추측/의지
계시는	계신	계시던	계셨던	계실

인용형 : 평서	의문	명령	청유	명사형	부사형
계신다고	계시느냐고	계시라고	계시자고	계시기, 계심	계셔, 계시게

상대존대형_아주높임		직설체	회상체
평서형	현재	계십니다	계십디다
	현재-진행	계시고 있습니다, 계시는 중입니다	계시고 있습디다
	과거	계셨습니다	계셨습디다
	과거-경험	계셨었습니다	계셨었습디다
	과거-추측	계셨겠습니다	계셨겠습디다
	미래-추측/의지/가능	계시겠습니다, 계시렵니다, 계실 겁니다, 계실 수 있습니다	계시겠습디다
의문형	현재	계십니까?	계십디까?
	과거	계셨습니까?	계셨습디까?
	과거-경험	계셨었습니까?	계셨었습디까?
	미래-추측/의지/가능	계시겠습니까? 계시렵니까? 계실 겁니까? 계시리이까? 계실 수 있겠습니까?	계시겠습디까?
명령형		계시시오, 계십시오	
청유형		계십시다, 계시십시다	
감탄형		계시는구나!	

상대존대형_예사높임		'-어요'체	'-으오'체
평서형	현재	계셔요, 계시지요, 계시세요, 계실래요, 계실걸요, 계시는데요, 계신대요, *계실게요, 계시잖아요	계시오
	현재-진행	계시고 있어요, 계시고 있지요, 계시고 있으세요, 계시는 중이에요	계시고 있소
	과거	계셨어요, 계셨지요, 계셨으세요, 계셨잖아요	계셨소
	과거-경험	계셨었어요, 계셨었지요, 계셨었으세요	계셨었소
	과거-추측	계셨겠어요, 계셨겠지요, 계셨겠으세요	계셨겠소
	미래-추측/의지/가능	계시겠어요, 계시겠지요, 계시겠으세요, 계실 수 있어요	계시겠소
의문형	현재	계셔요? 계시지요? 계시세요? 계시나요? 계실까요? 계실래요? 계시는가요? 계시는데요? 계신대요? 계시다면서요? 계시다지요?	계시오? *계시소?
	과거	계셨어요? 계셨지요? 계셨으세요?	계셨소?
	과거-경험	계셨었어요? 계셨었지요? 계셨었으세요?	계셨었소?
	미래-추측/의지/가능	계시겠어요? 계시겠지요? 계시겠으세요? 계시리요? 계실 거예요? 계실 거지요? 계실 수 있겠어요?	계시겠소?
명령형		계셔요, 계시지요, 계시세요, 계시라니까요	계시오, 계시구려
청유형		계셔요, 계시지요, 계시세요, 계시자니까요	계시오
감탄형		계시는군요!/계시군요! 계시리요!	계시는구려!/계시구려!

상대존대형_예사낮춤		'-어'체	'-네'체
평서형	현재	계셔, 계시지, *계실래, 계실걸, 계시는데, 계신대, *계실게, 계신단다, 계시마, 계시잖아	계시네
	현재-진행	계시고 있어, 계시고 있지, 계시는 중이야	계시고 있네
	과거-완료	계셨어, 계셨지, 계셨잖아	계셨네
	미래-추측/의지/가능	계시겠어, 계시겠지, 계실 수 있어	계시겠네
의문형	현재	계셔? 계시지? 계시니? 계시나? 계실까? 계시랴? *계실래? 계시는데? 계신대? 계신다면서? 계신다지?	계시는가?
	과거	계셨어? 계셨지? 계셨니? 계셨을까? 계셨대? 계셨다면서?	계셨는가?
	미래	계시겠어? 계시겠지? 계시겠니? 계시리? 계실 거야? 계실 거지? 계실 거니? 계실 수 있겠어?	계실 건가?
명령형		계셔, 계시지, *계시렴, *계시려무나, 계시라니까	계시게
청유형		계셔, 계시지, 계시자니까	계시세
감탄형		계셔! 계시지! 계시리!	계시는군! 계시는구먼!

상대존대형_아주낮춤		직설체	회상체
평서형	현재	계신다	계시더라
	현재-진행	계시고 있다, 계시는 중이다	계시고 있더라
	과거-완료	계셨다	계셨더라
	미래-추측/의지/가능	계시겠다, 계시리다, *계시련다, 계실 거다, 계실 수 있다	계시겠더라
의문형	현재	계시느냐?	계시더냐?
	과거	계셨느냐?	계셨더냐?
	미래	계시겠느냐?	계시겠더냐?
명령형		계셔라	
청유형		계시자	
감탄형		계시는구나! 계신다! 계시는도다!/계시도다	계시더구나!

연결형	연결어미	의미기능	연결어미
나열	계시고, 계시며	비교	계시느니
선택	계시거나, 계시든지, 계시든가	정도	계시리만큼
대립	계셔도, 계시지만, 계시나, 계시는데, 계시면서도, 계시되, 계시지	조건 · 가정	계시면, 계시거든, 계시거들랑, 계셔야, 계신다면, 계셨던들
동시	계시면서, 계시며	상황제시	계시는데, 계시니, 계시다시피
계기	계시고서, 계셔서, 계시자, 계시자마자	비유	계시듯이
중단 · 전환	계시다가	비례	계실수록
양보	계셔도, 계시더라도, 계실지라도, 계실지언정, 계신들, 계시는데도, 계시기로서니, 계시나마, 계실망정, 계셔 보았자	원인 · 이유	계셔서, 계시니까, 계시느라고, 계시기에, 계시길래, 계시니만큼, 계시는지라, 계실세라, 계시므로
목적 · 의도	계시러, 계시려고, 계시고자	첨가	계시거니와, 계실뿐더러, 계시려니와
결과	계시도록, 계시게끔	습관	계시곤

- 김 선생님, 댁에 계십니까? Teacher Kim, are you at home?
- 한국에 계신 지가 얼마나 되셨어요? How long have you stayed in Korea?
- 어머니는 미국에 오래 계셨지만 영어를 잘 못 하신다.
  My mother stayed in America for a long time, but she is not good in English.

고되다 [고되다, kodøda]

'외' 규칙활용, 형용사

to be tired, be hard, be painful

사동형	*고되히다, 고되게 하다, 고되게 만들다	피동형	*고되히다. 고되게 되다, 고돼지다

관형사형 : 현재-진행	과거-완료	과거-회상	과거-완료-회상	미래-추측/의지
고되는	고된	고되던	고됐던	고될

인용형 : 평서	의문	명령	청유	명사형	부사형
고되다고	고되냐고	*고되라고	*고되자고	고되기, 고됨	고돼, 고되게

상대존대형_아주높임		직설체	회상체
평서형	현재	고됩니다	고됩디다
	현재-진행	*고되고 있습니다, *고된 중입니다	*고되고 있습디다
	과거	고됐습니다	고됐습디다
	과거-경험	고됐었습니다	고됐었습디다
	과거-추측	고됐겠습니다	고됐겠습디다
	미래-추측/의지/가능	고되겠습니다, *고되렵니다, 고될 겁니다, 고될 수 있습니다	고되겠습디다
의문형	현재	고됩니까?	고됩디까?
	과거	고됐습니까?	고됐습디까?
	과거-경험	고됐었습니까?	고됐었습디까?
	미래-추측/의지/가능	고되겠습니까? *고되렵니까? *고될 겁니까? *고되리이까? 고될 수 있겠습니까?	고되겠습디까?
명령형		*고되시오, *고되십시오	
청유형		*고됩시다, *고되십시다	
감탄형		고되시구나!	

상대존대형_예사높임		'-어요'체	'-으오'체
평서형	현재	고돼요, 고되지요, 고되세요, *고될래요, 고될걸요, 고된데요, 고되대요, *고될게요, 고되잖아요	고되오
	현재-진행	*고되고 있어요, *고되고 있지요, *고되고 있으세요, *고된 중이에요	*고되고 있소
	과거	고됐어요, 고됐지요, 고됐으세요, 고됐잖아요	고됐소
	과거-경험	고됐었어요, 고됐었지요, 고됐었으세요	고됐었소
	과거-추측	고됐겠어요, 고됐겠지요, 고됐겠으세요	고됐겠소
	미래-추측/의지/가능	고되겠어요, 고되겠지요, 고되겠으세요, 고될 수 있어요	고되겠소
의문형	현재	고돼요? 고되지요? 고되세요? 고되나요? *고될까요? *고될래요? 고된가요? 고된데요? 고되대요? 고되다면서요? 고되다지요?	*고되오? *고되소?
	과거	고됐어요? 고됐지요? 고됐으세요?	고됐소?
	과거-경험	고됐었어요? 고됐었지요? 고됐었으세요?	고됐었소?
	미래-추측/의지/가능	고되겠어요? 고되겠지요? 고되겠으세요? 고되리요? *고될 거예요? *고될 거지요? 고될 수 있겠어요?	고되겠소?
명령형		*고돼요, *고되지요, *고되세요, *고되라니까요	*고되오, *고되구려
청유형		*고돼요, *고되지요, *고되세요, *고되자니까요	*고되오
감탄형		고되군요! 고되리요!	고되구려!

상대존대형_예사낮춤		'-어'체	'-네'체
평서형	현재	고돼, 고되지, *고될래, 고될걸, 고된데, 고되대, *고될게, 고되단다, *고되마, 고되잖아	고되네
	현재-진행	*고되고 있어, *고되고 있지, *고되는 중이야	*고되고 있네
	과거-완료	고됐어, 고됐지, 고됐잖아	고됐네
	미래-추측/의지/가능	고되겠어, 고되겠지, 고될 수 있어	고되겠네
의문형	현재	고돼? 고되지? 고되니? 고되나? 고될까? 고되랴? *고될래? 고된데? 고되대? 고되다면서? 고되다지?	고된가?
	과거	고됐어? 고됐지? 고됐니? 고됐을까? 고됐대? 고됐다면서?	고됐는가?
	미래	고되겠어? 고되겠지? 고되겠니? 고되리? *고될 거야? *고될 거지? *고될 거니? 고될 수 있겠어?	고될 건가?
명령형		*고돼, *고되지, *고되렴, *고되려무나, *고되라니까	*고되게
청유형		*고돼, *고되지, *고되자니까	*고되세
감탄형		고돼! 고되지! 고되리!	고되군! 고되구먼!

상대존대형_아주낮춤		직설체	회상체
평서형	현재	고되다	고되더라
	현재-진행	*고되고 있다, *고되는 중이다	*고되고 있더라
	과거-완료	고됐다	고됐더라
	미래-추측/의지/가능	고되겠다, 고되리다, *고되련다, 고될 거다, 고될 수 있다	고되겠더라
의문형	현재	고되냐?	고되더냐?
	과거	고됐느냐?	고됐더냐?
	미래	고되겠느냐?	고되겠더냐?
명령형		*고돼라	
청유형		*고되자	
감탄형		고되구나! 고되다! 고되도다!	고되더구나!

연결형	연결어미	의미기능	연결어미
나열	고되고, 고되며	비교	*고되느니
선택	고되거나, 고되든지, 고되든가	정도	고되리만큼
대립	고돼도, 고되지만, 고되나, 고된데, 고되면서도, 고되되, 고되지	조건·가정	고되면, 고되거든, 고되거들랑, 고돼야, 고되다면, 고됐던들
동시	고되면서, 고되며	상황제시	고된데, 고되니, 고되다시피
계기	*고되고서, *고돼서, *고되자, *고되자마자	비유	고되듯이
중단·전환	고되다가	비례	고될수록
양보	고돼도, 고되더라도, 고될지라도, 고될지언정, 고된들, 고된데도, 고되기로서니, 고되나마, 고될망정, 고돼 보았자	원인·이유	고돼서, 고되니까, *고되느라고, 고되기에, 고되길래, 고되니만큼, 고된지라, 고될세라, 고되므로
목적·의도	*고되러, *고되려고, *고되고자	첨가	고되거니와, 고될뿐더러, 고되려니와
결과	고되도록, 고되게끔	습관	*고되곤

- 그 일은 내게 너무 고되다. The work is very hard for me.
- 그는 고된 줄도 모르고 열심히 일했다. He worked hard without realizing that it was tough.
- 아무리 고돼도 결코 포기하지 마라. No matter how hard it is, don't give up.

고르다1 [고르다, korïda]

'르' 불규칙활용, 형용사

to be even ; to be equal ; to be regular

사동형	*고르히다, 고르게 하다, 고르게 만들다		피동형		*고르히다. 고르게 되다, 골라지다	
관형사형 : 현재-진행		과거-완료		과거-회상	과거-완료-회상	미래-추측/의지
고른		고른		고르던	골랐던	고를

인용형 : 평서	의문	명령	청유	명사형	부사형
고르다고	고르냐고	*고르라고	*고르자고	고르기, 고름	골라, 고르게

상대존대형_아주높임		직설체	회상체
평서형	현재	고릅니다	고릅디다
	현재-진행	*고르고 있습니다, *고르는 중입니다	*고르고 있습디다
	과거	골랐습니다	골랐습디다
	과거-경험	골랐었습니다	골랐었습디다
	과거-추측	골랐겠습니다	골랐겠습디다
	미래-추측/의지/가능	고르겠습니다, *고르렵니다, 고를 겁니다, 고를 수 있습니다	고르겠습디다
의문형	현재	고릅니까?	고릅디까?
	과거	골랐습니까?	골랐습디까?
	과거-경험	골랐었습니까?	골랐었습디까?
	미래-추측/의지/가능	고르겠습니까? *고르렵니까? *고를 겁니까? *고르리이까? 고를 수 있겠습니까?	고르겠습디까?
명령형		*고르시오, *고르십시오	
청유형		*고릅시다, *고르십시다	
감탄형		고르시구나!	

상대존대형_예사높임		'-어요'체	'-으오'체
평서형	현재	골라요, 고르지요, 고르세요, *고를래요, 고를걸요, 고른데요, 고르대요, *고를게요, 고르잖아요	고르오
	현재-진행	*고르고 있어요, *고르고 있지요, *고르고 있으세요, *고르는 중이에요	*고르고 있소
	과거	골랐어요, 골랐지요, 골랐으세요, 골랐잖아요	골랐소
	과거-경험	골랐었어요, 골랐었지요, 골랐었으세요	골랐었소
	과거-추측	골랐겠어요, 골랐겠지요, 골랐겠으세요	골랐겠소
	미래-추측/의지/가능	고르겠어요, 고르겠지요, 고르겠으세요, 고를 수 있어요	고르겠소
의문형	현재	골라요? 고르지요? 고르세요? 고르나요? *고를까요? *고를래요? 고른가요? 고른데요? 고르대요? 고르다면서요? 고르다지요?	고르오? *고르소?
	과거	골랐어요? 골랐지요? 골랐으세요?	골랐소?
	과거-경험	골랐었어요? 골랐었지요? 골랐었으세요?	골랐었소?
	미래-추측/의지/가능	고르겠어요? 고르겠지요? 고르겠으세요? 고르리요? *고를 거예요? *고를 거지요? 고를 수 있겠어요?	고르겠소?
명령형		*골라요, *고르지요, *고르세요, *고르라니까요	*고르오, *고르구려
청유형		*골라요, *고르지요, *고르세요, *고르자니까요	*고르오
감탄형		고르군요! 고르리요!	고르구려!

상대존대형_예사낮춤		'-어'체	'-네'체
평서형	현재	골라, 고르지, *고를래, 고를걸, 고른데, 고르대, *고를게, 고른단다, *고르마, 고르잖아	고르네
	현재-진행	*고르고 있어, *고르고 있지, *고르는 중이야	*고르고 있네
	과거-완료	골랐어, 골랐지, 골랐잖아	골랐네
	미래-추측/의지/가능	고르겠어, 고르겠지, 고를 수 있어	고르겠네
의문형	현재	골라? 고르지? 고르니? 고르나? 고를까? 고르랴? *고를래? 고른데? 고르대? 고르다면서? 고르다지?	고른가?
	과거	골랐어? 골랐지? 골랐니? 골랐을까? 골랐대? 골랐다면서?	골랐는가?
	미래	고르겠어? 고르겠지? 고르겠니? 고르리? *고를 거야? *고를 거지? *고를 거니? 고를 수 있겠어?	*고를 건가?
명령형		*골라, *고르지, *고르렴, *고르려무나, *고르라니까	*고르게
청유형		*골라, *고르지, *고르자니까	*고르세
감탄형		골라! 고르지! 고르리!	고르군! 고르구먼!

상대존대형_아주낮춤		직설체	회상체
평서형	현재	고르다	고르더라
	현재-진행	*고르고 있다, *고르는 중이다	*고르고 있더라
	과거-완료	골랐다	골랐더라
	미래-추측/의지/가능	고르겠다, 고르리다, *고르련다, 고를 거다, 고를 수 있다	고르겠더라
의문형	현재	고르냐?	고르더냐?
	과거	골랐느냐?	골랐더냐?
	미래	고르겠느냐?	고르겠더냐?
명령형		*골라라	
청유형		*고르자	
감탄형		고르구나! 고르다! 고르도다!	고르더구나!

연결형	연결어미	의미기능	연결어미
나열	고르고, 고르며	비교	*고르느니
선택	고르거나, 고르든지, 고르든가	정도	고르리만큼
대립	골라도, 고르지만, 고르나, 고른데, 고르면서도, 고르되, 고르지	조건 · 가정	고르면, 고르거든, 고르거들랑, 골라야, 고르다면, 골랐던들
동시	고르면서, 고르며	상황제시	고른데, 고르니, 고르다시피
계기	*고르고서, *골라서, *고르자, *고르자마자	비유	고르듯이
중단 · 전환	고르다가	비례	고를수록
양보	골라도, 고르더라도, 고를지라도, 고를지언정, 고른들, 고른데도, 고르기로서니, 고르나마, 고를망정, 골라 보았자	원인 · 이유	골라서, 고르니까, *고르느라고, 고르기에, 고르길래, 고르니만큼, 고른지라, 고를세라, 고르므로
목적 · 의도	*고르러, *고르려고, *고르고자	첨가	고르거니와, 고를뿐더러, 고르려니와
결과	고르도록, 고르게끔	습관	*고르곤

- 이번 중간고사는 아이들 성적이 골랐다. This children had evenly distributed score this midterm.
- 아이들의 고르지 못한 날씨 때문에 감기환자가 많다.
  Due to lack of regular weather, many children caught a cold.
- 박자가 고르지 않아서 노래를 부르기 어려웠다.
  It was hard to sing because the rhythm was not regular.

고르다3 [고:르다, koːrida]

'르' 불규칙활용, 타동사

to select, choose, pick out

사동형	*고르히다, 고르게 하다, 고르게 만들다		피동형	*고르히다, 고르게 되다, 골라지다	
관형사형 : 현재-진행	과거-완료		과거-회상	과거-완료-회상	미래-추측/의지
고르는	고른		고르던	골랐던	고를

인용형 : 평서	의문	명령	청유	명사형	부사형
고른다고	고르느냐고	고르라고	고르자고	고르기, 고름	골라, 고르게

상대존대형_아주높임			직설체	회상체
평서형		현재	고릅니다	고릅디다
		현재-진행	고르고 있습니다, 고르는 중입니다	고르고 있습디다
		과거	골랐습니다	골랐습디다
		과거-경험	골랐었습니다	골랐었습디다
		과거-추측	골랐겠습니다	골랐겠습디다
		미래-추측/의지/가능	고르겠습니다, 고르렵니다, 고를 겁니다, 고를 수 있습니다	고르겠습디다
의문형		현재	고릅니까?	고릅디까?
		과거	골랐습니까?	골랐습디까?
		과거-경험	골랐었습니까?	골랐었습디까?
		미래-추측/의지/가능	고르겠습니까? 고르렵니까? 고를 겁니까? 고르리이까? 고를 수 있겠습니까?	고르겠습디까?
명령형			고르시오, 고르십시오	
청유형			고릅시다, 고르십시다	
감탄형			고르시는구나!	

상대존대형_예사높임			'-어요'체	'-으오'체
평서형		현재	골라요, 고르지요, 고르세요, 고를래요, 고를걸요, 고르는데요, 고른대요, 고를게요, 고르잖아요	고르오
		현재-진행	고르고 있어요, 고르고 있지요, 고르고 있으세요, 고르는 중이에요	고르고 있소
		과거	골랐어요, 골랐지요, 골랐으세요, 골랐잖아요	골랐소
		과거-경험	골랐었어요, 골랐었지요, 골랐었으세요	골랐었소
		과거-추측	골랐겠어요, 골랐겠지요, 골랐겠으세요	골랐겠소
		미래-추측/의지/가능	고르겠어요, 고르겠지요, 고르겠으세요, 고를 수 있어요	고르겠소
의문형		현재	골라요? 고르지요? 고르세요? 고르나요? 고를까요? 고를래요? 고르는가요? 고르는데요? 고른대요? 고른다면서요? 고른다지요?	고르오? *고르소?
		과거	골랐어요? 골랐지요? 골랐으세요?	골랐소?
		과거-경험	골랐었어요? 골랐었지요? 골랐었으세요?	골랐었소?
		미래-추측/의지/가능	고르겠어요? 고르겠지요? 고르겠으세요? 고르리요? 고를 거예요? 고를 거지요? 고를 수 있겠어요?	고르겠소?
명령형			골라요, 고르지요, 고르세요, 고르라니까요	고르오, 고르구려
청유형			골라요, 고르지요, 고르세요, 고르자니까요	고르오
감탄형			고르는군요! 고르리요!	고르는구려!

상대존대형_예사낮춤		'-어'체	'-네'체
평서형	현재	골라, 고르지, 고를래, 고를걸, 고른데, 고른대, 고를게, 고른단다, 고르마, 고르잖아	고르네
	현재-진행	고르고 있어, 고르고 있지, 고르는 중이야	고르고 있네
	과거-완료	골랐어, 골랐지, 골랐잖아	골랐네
	미래-추측/의지/가능	고르겠어, 고르겠지, 고를 수 있어	고르겠네
의문형	현재	골라? 고르지? 고르니? 고르나? 고를까? 고르랴? 고를래? 고르는데? 고른대? 고른다면서? 고른다지?	고르는가?
	과거	골랐어? 골랐지? 골랐니? 골랐을까? 골랐대? 골랐다면서?	골랐는가?
	미래	고르겠어? 고르겠지? 고르겠니? 고르리? 고를 거야? 고를 거지? 고를 거니? 고를 수 있겠어?	고를 건가?
명령형		골라, 고르지, 고르렴, 고르려무나, 고르라니까	고르게
청유형		골라, 고르지, 고르자니까	고르세
감탄형		골라! 고르지! 고르리!	고르는군! 고르는구먼!

상대존대형_아주낮춤		직설체	회상체
평서형	현재	고른다	고르더라
	현재-진행	고르고 있다, 고르는 중이다	고르고 있더라
	과거-완료	골랐다	골랐더라
	미래-추측/의지/가능	고르겠다, 고르리다, 고르련다, 고를 거다, 고를 수 있다	고르겠더라
의문형	현재	고르느냐?	고르더냐?
	과거	골랐느냐?	골랐더냐?
	미래	고르겠느냐?	고르겠더냐?
명령형		골라라	
청유형		고르자	
감탄형		고르는구나! 고른다! 고르는도다!	고르더구나!

연결형	연결어미	의미기능	연결어미
나열	고르고, 고르며	비교	고르느니
선택	고르거나, 고르든지, 고르든가	정도	고르리만큼
대립	골라도, 고르지만, 고르나, 고르는데, 고르면서도, 고르되, 고르지	조건 · 가정	고르면, 고르거든, 고르거들랑, 골라야, 고른다면, 골랐던들
동시	고르면서, 고르며	상황제시	고르는데, 고르니, 고르다시피
계기	고르고서, 골라서, 고르자, 고르자마자	비유	고르듯이
중단 · 전환	고르다가	비례	고를수록
양보	골라도, 고르더라도, 고를지라도, 고를지언정, 고른들, 고르는데도, 고르기로서니, 고르나마, 고를망정, 골라 보았자	원인 · 이유	골라서, 고르니까, 고르느라고, 고르기에, 고르길래, 고르느니만큼, 고르는지라, 고를세라, 고르므로
목적 · 의도	고르러, 고르려고, 고르고자	첨가	고르거니와, 고를뿐더러, 고르려니와
결과	고르도록, 고르게끔	습관	고르곤

기본예문

- 셋 중에서 하나를 골라라. Pick one out of the three.
- 쌀에서 돌을 고르는 일은 결코 쉽지 않아요. Picking out the stones among the rice is not easy.
- 며느리를 잘 골라서 집안이 평안하다. The house is peaceful because of the daughter-in-law.

고맙다 [고ː맙따, koːmaptʼa]

'ㅂ' 불규칙 활용, 형용사

to be thankful, be appreciate, be appreciate

사동형	*고맙히다, 고맙게 하다, 고맙게 만들다	피동형	*고맙히다. 고맙게 되다, 고마워지다

관형사형 : 현재-진행	과거-완료	과거-회상	과거-완료-회상	미래-추측/의지
고마운	고마운	고맙던	고마웠던	고마울

인용형 : 평서	의문	명령	청유	명사형	부사형
고맙다고	고마우냐고	*고마우라고	*고맙자고	고맙기, 고마움	고마워, 고맙게

상대존대형_아주높임		직설체	회상체
평서형	현재	고맙습니다	고맙습디다
	현재-진행	*고맙고 있습니다, *고마운 중입니다	*고맙고 있습디다
	과거	고마웠습니다	고마웠습디다
	과거-경험	고마웠었습니다	고마웠었습디다
	과거-추측	고마웠겠습니다	고마웠겠습디다
	미래-추측/의지/가능	고맙겠습니다, *고마우렵니다, 고마울 겁니다, 고마울 수 있습니다	고맙겠습디다
의문형	현재	고맙습니까?	고맙습디까?
	과거	고마웠습니까?	고마웠습디까?
	과거-경험	고마웠었습니까?	고마웠었습디까?
	미래-추측/의지/가능	고맙겠습니까? *고마우렵니까? *고마울 겁니까? 고마우리이까? 고마울 수 있겠습니까?	고맙겠습디까?
명령형		*고마우시오, *고마우십시오	
청유형		*고마웁시다, *고마우십시다	
감탄형		고마우시구나!	

상대존대형_예사높임		'-어요'체	'-으오'체
평서형	현재	고마워요, 고맙지요, 고마우세요, *고마울래요, 고마울걸요, 고마운데요, 고맙대요, *고마울게요, 고맙잖아요	고마우오
	현재-진행	*고맙고 있어요, *고맙고 있지요, *고맙고 있으세요, *고마운 중이에요	*고맙고 있소
	과거	고마웠어요, 고마웠지요, 고마웠으세요, 고마웠잖아요	고마웠소
	과거-경험	고마웠었어요, 고마웠었지요, 고마웠었으세요	고마웠었소
	과거-추측	고마웠겠어요, 고마웠겠지요, 고마웠겠으세요	고마웠겠소
	미래-추측/의지/가능	고맙겠어요, 고맙겠지요, 고맙겠으세요, 고마울 수 있어요	고맙겠소
의문형	현재	고마워요? 고맙지요? 고마우세요? 고맙나요? *고마울까요? *고마울래요? *고마운가요? 고마운데요? 고맙대요? 고맙다면서요? 고맙다지요?	고마우오? 고맙소?
	과거	고마웠어요? 고마웠지요? 고마웠으세요?	고마웠소?
	과거-경험	고마웠었어요? 고마웠었지요? 고마웠었으세요?	고마웠었소?
	미래-추측/의지/가능	고맙겠어요? 고맙겠지요? 고맙겠으세요? 고마우리요? *고마울 거예요? *고마울 거지요? 고마울 수 있겠어요?	고맙겠소?
명령형		*고마워요, *고맙지요, *고마우세요, *고마우라니까요	*고마우오, *고맙구려
청유형		*고마워요, *고맙지요, *고마우세요, *고맙자니까요	*고마우오
감탄형		고맙군요! 고마우리요!	고맙구려!

상대존대형_예사낮춤		'-어'체	'-네'체
평서형	현재	고마워, 고맙지, *고마울래, 고마울걸, 고마운데, 고맙대, *고마울게, 고맙단다, *고마우마, 고맙잖아	고맙네
	현재-진행	*고맙고 있어, *고맙고 있지, *고마운 중이야	*고맙고 있네
	과거-완료	고마웠어, 고마웠지, 고마웠잖아	고마웠네
	미래-추측/의지/가능	고맙겠어, 고맙겠지, 고마울 수 있어	고맙겠네
의문형	현재	고마워? 고맙지? 고맙니? 고맙나? 고마울까? 고마우랴? *고마울래? 고마운데? 고맙대? 고맙다면서? 고맙다지?	고마운가?
	과거	고마웠어? 고마웠지? 고마웠니? 고마웠을까? 고마웠대? 고마웠다면서?	고마웠는가?
	미래	고맙겠어? 고맙겠지? 고맙겠니? 고마우리? *고마울 거야? *고마울 거지? *고마울 거니? 고마울 수 있겠어?	고마울 건가?
명령형		*고마워, *고맙지, *고마우렴, *고마우려무나, *고마우라니까	*고맙게
청유형		*고마워, *고맙지, *고맙자니까	*고맙세
감탄형		고마워! 고맙지! 고마우리!	고맙군! 고맙구먼!

상대존대형_아주낮춤		직설체	회상체
평서형	현재	고맙다	고맙더라
	현재-진행	*고맙고 있다, *고마운 중이다	*고맙고 있더라
	과거-완료	고마웠다	고마웠더라
	미래-추측/의지/가능	고맙겠다, 고마우리다, *고마우련다, 고마울 거다, 고마울 수 있다	고맙겠더라
의문형	현재	고마우냐?	고맙더냐?
	과거	고마웠느냐?	고마웠더냐?
	미래	고맙겠느냐?	고맙겠더냐?
명령형		*고마워라	
청유형		*고맙자	
감탄형		고맙구나! 고맙다! 고맙도다!	고맙더구나!

연결형	연결어미	의미기능	연결어미
나열	고맙고, 고마우며	비교	*고맙느니
선택	고맙거나, 고맙든지, 고맙든가	정도	고마우리만큼
대립	고마워도, 고맙지만, 고마우나, 고마운데, 고마우면서도, 고맙되, 고맙지	조건·가정	고마우면, 고맙거든, 고맙거들랑, 고마워야, 고맙다면, 고마웠던들
동시	고마우면서, 고마우며	상황제시	고마운데, 고마우니, 고맙다시피
계기	*고맙고서, *고마워서, *고맙자, *고맙자마자	비유	고맙듯이
중단·전환	고맙다가	비례	고마울수록
양보	고마워도, 고맙더라도, 고마울지라도, 고마울지언정, 고마운들, 고마운데도, 고맙기로서니, 고마우나마, 고마울망정, 고마워 보았자	원인·이유	고마워서, 고마우니까, *고맙느라고, 고맙기에, 고맙길래, 고마우니만큼, 고마운지라, 고마울세라, 고마우므로
목적·의도	*고마우러, *고마우려고, *고맙고자	첨가	고맙거니와, 고마울뿐더러, 고마우려니와
결과	고맙도록, 고맙게끔	습관	*고맙곤

기본예문
- 도와주셔서 정말 고맙습니다. Thank you for your help.
- 고마운 마음을 담아 편지를 보냅니다. I send this letter with a thankful heart.
- 선생님의 은혜가 고마워서 가만히 있을 수가 없었다. I was very thankful to my teacher.

고프다 [고프다[kophïda]]

'으' 불규칙활용, 형용사

to be hungry, be famished

사동형	*고프히다, 고프게 하다, 고프게 만들다		피동형	*고프히다, 고프게 되다, 고파지다	

관형사형 : 현재-진행	과거-완료	과거-회상	과거-완료-회상	미래-추측/의지
고픈	고픈	고프던	고팠던	고플

인용형 : 평서	의문	명령	청유	명사형	부사형
고프다고	고프냐고	*고프라고	*고프자고	고프기, 고픔	고파, 고프게

상대존대형_아주높임		직설체	회상체
평서형	현재	고픕니다	고픕디다
	현재-진행	*고프고 있습니다, *고픈 중입니다	*고프고 있습디다
	과거	고팠습니다	고팠습디다
	과거-경험	고팠었습니다	고팠었습디다
	과거-추측	고팠겠습니다	고팠겠습디다
	미래-추측/의지/가능	고프겠습니다, *고프렵니다, 고플 겁니다, 고플 수 있습니다	고프겠습디다
의문형	현재	고픕니까?	고픕디까?
	과거	고팠습니까?	고팠습디까?
	과거-경험	고팠었습니까?	고팠었습디까?
	미래-추측/의지/가능	고프겠습니까? *고프렵니까? *고플 겁니까? *고프리이까? 고플 수 있겠습니까?	고프겠습디까?
명령형		*고프시오, *고프십시오	
청유형		*고프읍시다, *고프십시다	
감탄형		고프시구나!	

상대존대형_예사높임		'-어요'체	'-으오'체
평서형	현재	고파요, 고프지요, 고프세요, *고플래요, 고플걸요, 고픈데요, 고프대요, *고플게요, 고프잖아요	고프오
	현재-진행	*고프고 있어요, *고프고 있지요, *고프고 있으세요, *고픈 중이에요	*고프고 있소
	과거	고팠어요, 고팠지요, 고팠으세요, 고팠잖아요	고팠소
	과거-경험	고팠었어요, 고팠었지요, 고팠었으세요	고팠었소
	과거-추측	고팠겠어요, 고팠겠지요, 고팠겠으세요	고팠겠소
	미래-추측/의지/가능	고프겠어요, 고프겠지요, 고프겠으세요, 고플 수 있어요	고프겠소
의문형	현재	고파요? 고프지요? 고프세요? 고프나요? *고플까요? *고플래요? 고픈가요? 고픈데요? 고프대요? 고프다면서요? 고프다지요?	고프오? *고프소?
	과거	고팠어요? 고팠지요? 고팠으세요?	고팠소?
	과거-경험	고팠었어요? 고팠었지요? 고팠었으세요?	고팠었소?
	미래-추측/의지/가능	고프겠어요? 고프겠지요? 고프겠으세요? 고프리요? *고플 거예요? *고플 거지요? 고플 수 있겠어요?	고프겠소?
명령형		*고파요, *고프지요, *고프세요, *고프라니까요	*고프오, *고프구려
청유형		*고파요, *고프지요, *고프세요, *고프자니까요	*고프오
감탄형		고프군요! 고프리요!	고프구려!

상대존대형_예사낮춤		'-어'체	'-네'체
평서형	현재	고파, 고프지, *고플래, 고플걸, 고픈데, 고프대, *고플게, 고프단다, *고프마, 고프잖아	고프네
	현재-진행	*고프고 있어, *고프고 있지, *고픈 중이야	*고프고 있네
	과거-완료	고팠어, 고팠지, 고팠잖아	고팠네
	미래-추측/의지/가능	고프겠어, 고프겠지, 고플 수 있어	고프겠네
의문형	현재	고파? 고프지? 고프니? 고프나? 고플까? 고프랴? *고플래? 고픈데? 고프대? 고프다면서? 고프다지?	고픈가?
	과거	고팠어? 고팠지? 고팠니? 고팠을까? 고팠대? 고팠다면서?	고팠는가?
	미래	고프겠어? 고프겠지? 고프겠니? 고프리? *고플 거야? *고플 거지? *고플 거니? 고플 수 있겠어?	*고플 건가?
명령형		*고파, *고프지, *고프렴, *고프려무나, *고프라니까	*고프게
청유형		*고파, *고프지, *고프자니까	*고프세
감탄형		고파! 고프지! 고프리!	고프군! 고프구먼!

상대존대형_아주낮춤		직설체	회상체
평서형	현재	고프다	고프더라
	현재-진행	*고프고 있다, *고픈 중이다	*고프고 있더라
	과거-완료	고팠다	고팠더라
	미래-추측/의지/가능	고프겠다, 고프리다, *고프련다, 고플 거다, 고플 수 있다	고프겠더라
의문형	현재	고프냐?	고프더냐?
	과거	고팠느냐?	고팠더냐?
	미래	고프겠느냐?	고프겠더냐?
명령형		*고파라	
청유형		*고프자	
감탄형		고프구나! 고프다! 고프도다!	고프더구나!

연결형	연결어미	의미기능	연결어미
나열	고프고, 고프며	비교	*고프느니
선택	고프거나, 고프든지, 고프든가	정도	고프리만큼
대립	고파도, 고프지만, 고프나, 고픈데, 고프면서도, 고프되, 고프지	조건·가정	고프면, 고프거든, 고프거들랑, 고파야, 고프다면, 고팠던들
동시	고프면서, 고프며	상황제시	고픈데, 고프니, 고프다시피
계기	*고프고서, *고파서, *고프자, *고프자마자	비유	고프듯이
중단·전환	고프다가	비례	고플수록
양보	고파도, 고프더라도, 고플지라도, 고플지언정, 고픈들, 고픈데도, 고프기로서니, 고프나마, 고플망정, 고파 보았자	원인·이유	고파서, 고프니까, *고프느라고, 고프기에, 고프길래, 고프니만큼, 고픈지라, 고플세라, 고프므로
목적·의도	*고프러, *고프려고, *고프고자	첨가	고프거니와, 고플뿐더러, 고프려니와
결과	고프도록, 고프게끔	습관	*고프곤

- 배가 고프다. I am hungry.
- 배가 고픈 사람에게는 빵이 최고의 선물이다. The best gift for a hungry person is a bread.
- 배가 고파 보았자 얼마나 고프겠어? How hungry could you get?

곧다 [곧따, kott'a]

'ㄷ' 규칙활용, 형용사

to be straight, be erect, be upright

사동형	*곧히다, 곧게 하다, 곧게 만들다		피동형	*곧히다. 곧게 되다, 곧아지다	
관형사형 : 현재-진행		과거-완료	과거-회상	과거-완료-회상	미래-추측/의지
곧은		곧은	곧던	곧았던	곧을

인용형 : 평서	의문	명령	청유	명사형	부사형
곧다고	곧으냐고	*곧으라고	*곧자고	곧기, 곧음	곧아, 곧게

상대존대형_아주높임		직설체	회상체
평서형	현재	곧습니다	곧습디다
	현재-진행	*곧고 있습니다, *곧은 중입니다	*곧고 있습디다
	과거	곧았습니다	곧았습디다
	과거-경험	곧았었습니다	곧았었습디다
	과거-추측	곧았겠습니다	곧았겠습디다
	미래-추측/의지/가능	곧겠습니다, *곧으렵니다, 곧을 겁니다, 곧을 수 있습니다	곧겠습디다
의문형	현재	곧습니까?	곧습디까?
	과거	곧았습니까?	곧았습디까?
	과거-경험	곧았었습니끼?	곧았었습디까?
	미래-추측/의지/가능	곧겠습니까? *곧으렵니까? *곧을 겁니까? *곧으리이까? 곧을 수 있겠습니까?	곧겠습디까?
명령형		*곧으시오, *곧으십시오	
청유형		*곧읍시다, *곧으십시다	
감탄형		곧으시구나!	

상대존대형_예사높임		'-어요'체	'-으오'체
평서형	현재	곧아요, 곧지요, 곧으세요, *곧을래요, 곧을걸요, 곧은데요, 곧대요, *곧을게요, 곧잖아요	곧으오
	현재-진행	*곧고 있어요, *곧고 있지요, *곧고 있으세요, *곧은 중이에요	*곧고 있소
	과거	곧았어요, 곧았지요, 곧았으세요, 곧았잖아요	곧았소
	과거-경험	곧았었어요, 곧았었지요, 곧았었으세요	곧았었소
	과거-추측	곧았겠어요, 곧았겠지요, 곧았겠으세요	곧았겠소
	미래-추측/의지/가능	곧겠어요, 곧겠지요, 곧겠으세요, 곧을 수 있어요	곧겠소
의문형	현재	곧아요? 곧지요? 곧으세요? 곧나요? *곧을까요? *곧을래요? *곧은가요? 곧은데요? 곧대요? 곧다면서요? 곧다지요?	곧으오? 곧소?
	과거	곧았어요? 곧았지요? 곧았으세요?	곧았소?
	과거-경험	곧았었어요? 곧았었지요? 곧았었으세요?	곧았었소?
	미래-추측/의지/가능	곧겠어요? 곧겠지요? 곧겠으세요? 곧으리요? *곧을 거예요? *곧을 거지요? 곧을 수 있겠어요?	곧겠소?
명령형		*곧아요, *곧지요, *곧으세요, *곧으라니까요	*곧으오, 곧구려
청유형		*곧아요, *곧지요, *곧으세요, *곧자니까요	*곧으오
감탄형		곧군요! 곧으리요!	곧구려!

86

상대존대형_예사낮춤		'-어'체	'-네'체
평서형	현재	곧아, 곧지, *곧을래, 곧을걸, 곧은데, 곧대, *곧을게, 곧단다, *곧으마, 곧잖아	곧네
	현재-진행	*곧고 있어, *곧고 있지, *곧은 중이야	*곧고 있네
	과거-완료	곧았어, 곧았지, 곧았잖아	곧았네
	미래-추측/의지/가능	곧겠어, 곧겠지, 곧을 수 있어	곧겠네
의문형	현재	곧아? 곧지? 곧니? 곧나? 곧을까? 곧으랴? *곧을래? 곧은데? 곧대? 곧다면서? 곧다지?	곧은가?
	과거	곧았어? 곧았지? 곧았니? 곧았을까? 곧았대? 곧았다면서?	곧았는가?
	미래	곧겠어? 곧겠지? 곧겠니? 곧으리? *곧을 거야? *곧을 거지? *곧을 거니? 곧을 수 있겠어?	곧을 건가?
명령형		*곧아, *곧지, *곧으렴, *곧으려무나, *곧으라니까	*곧게
청유형		*곧아, *곧지, *곧자니까	*곧세
감탄형		곧아! 곧지! 곧으리!	곧군! 곧구먼!

상대존대형_아주낮춤		직설체	회상체
평서형	현재	곧다	곧더라
	현재-진행	*곧고 있다, *곧은 중이다	*곧고 있더라
	과거-완료	곧았다	곧았더라
	미래-추측/의지/가능	곧겠다, 곧으리다, *곧으련다, 곧을 거다, 곧을 수 있다	곧겠더라
의문형	현재	곧으냐?	곧더냐?
	과거	곧았느냐?	곧았더냐?
	미래	곧겠느냐?	곧겠더냐?
명령형		*곧아라	
청유형		*곧자	
감탄형		곧구나! 곧다! 곧도다!	곧더구나!

연결형	연결어미	의미기능	연결어미
나열	곧고, 곧으며	비교	*곧느니
선택	곧거나, 곧든지, 곧든가	정도	곧으리만큼
대립	곧아도, 곧지만, 곧으나, 곧은데, 곧으면서도, 곧되, 곧지	조건 · 가정	곧으면, 곧거든, 곧거들랑, 곧아야, 곧다면, 곧았던들
동시	곧으면서, 곧으며	상황제시	곧은데, 곧으니, 곧다시피
계기	*곧고서, *곧아서, *곧자, *곧자마자	비유	곧듯이
중단 · 전환	곧다가	비례	곧을수록
양보	곧아도, 곧더라도, 곧을지라도, 곧을지언정, 곧은들, 곧은데도, 곧기로서니, 곧으나마, 곧을망정, 곧아 보았자	원인 · 이유	곧아서, 곧으니까, *곧느라고, 곧기에, 곧길래, 곧으니만큼, 곧은지라, 곧을세라, 곧으므로
목적 · 의도	*곧으러, *곧으려고, *곧고자	첨가	곧거니와, 곧을뿐더러, 곧으려니와
결과	곧도록, 곧게끔	습관	*곧곤

기본예문

- 이 나무는 매우 곧다. This tree is very straight.
- 그는 대쪽같이 곧은 마음을 가지고 있다. He has a very upright personality.
- 길이 너무 곧아서 운전하기 힘들었다. The road was hard to drive in because it was too straight.

곱다1 [곱따, koptha]

'ㅂ' 규칙활용, 형용사

to be numb, be stiff, be deadened

사동형	*곱히다, 곱게 하다, 곱게 만들다		피동형		*곱히다. 곱게 되다, 곱아지다	

관형사형 : 현재-진행	과거-완료	과거-회상	과거-완료-회상	미래-추측/의지
곱은	곱은	곱던	곱았던	곱을

인용형 : 평서	의문	명령	청유	명사형	부사형
곱다고	곱으냐고	*곱으라고	*곱자고	곱기, 곱음	곱아, 곱게

상대존대형_아주높임		직설체	회상체
평서형	현재	곱습니다	곱습디다
	현재-진행	*곱고 있습니다, *곱은 중입니다	*곱고 있습디다
	과거	곱았습니다	곱았습디다
	과거-경험	곱았었습니다	곱았었습디다
	과거-추측	곱았겠습니다	곱았겠습디다
	미래-추측/의지/가능	곱겠습니다, *곱으렵니다, 곱을 겁니다, 곱을 수 있습니다	곱겠습디다
의문형	현재	곱습니까?	곱습디까?
	과거	곱았습니까?	곱았습디까?
	과거-경험	곱았었습니까?	곱았었습디까?
	미래-추측/의지/가능	곱겠습니까? *곱으렵니까? *곱을 겁니까? *곱으리이까? 곱을 수 있겠습니까?	곱겠습디까?
명령형		*곱으시오, *곱으십시오	
청유형		*곱읍시다, *곱으십시다	
감탄형		곱으시구나!	

상대존대형_예사높임		'-어요'체	'-으오'체
평서형	현재	곱아요, 곱지요, 곱으세요, *곱을래요, 곱을걸요, 곱은데요, 곱대요, *곱을게요, 곱잖아요	곱으오
	현재-진행	*곱고 있어요, *곱고 있지요, *곱고 있으세요, *곱은 중이에요	*곱고 있소
	과거	곱았어요, 곱았지요, 곱았으세요, 곱았잖아요	곱았소
	과거-경험	곱았었어요, 곱았었지요, 곱았었으세요	곱았었소
	과거-추측	곱았겠어요, 곱았겠지요, 곱았겠으세요	곱았겠소
	미래-추측/의지/가능	곱겠어요, 곱겠지요, 곱겠으세요, 곱을 수 있어요	곱겠소
의문형	현재	곱아요? 곱지요? 곱으세요? 곱나요? *곱을까요? *곱을래요? *곱은가요? 곱은데요? 곱대요? 곱다면서요? 곱다지요?	곱으오? 곱소?
	과거	곱았어요? 곱았지요? 곱았으세요?	곱았소?
	과거-경험	곱았었어요? 곱았었지요? 곱았었으세요?	곱았었소?
	미래-추측/의지/가능	곱겠어요? 곱겠지요? 곱겠으세요? 곱으리요? *곱을 거예요? *곱을 거지요? 곱을 수 있겠어요?	곱겠소?
명령형		*곱아요, *곱지요, *곱으세요, *곱으라니까요	*곱으오, *곱구려
청유형		*곱아요, *곱지요, *곱으세요, *곱자니까요	*곱으오
감탄형		곱군요! 곱으리요!	곱구려!

상대존대형_예사낮춤		'-어'체	'-네'체
평서형	현재	곱아, 곱지, *곱을래, 곱을걸, 곱은데, 곱대, *곱을게, 곱단다, *곱으마, 곱잖아	곱네
	현재-진행	*곱고 있어, *곱고 있지, *곱은 중이야	*곱고 있네
	과거-완료	곱았어, 곱았지, 곱았잖아	곱았네
	미래-추측/의지/가능	곱겠어, 곱겠지, 곱을 수 있어	곱겠네
의문형	현재	곱아? 곱지? 곱니? 곱나? 곱을까? 곱으랴? *곱을래? 곱은데? 곱대? 곱다면서? 곱다지?	곱은가?
	과거	곱았어? 곱았지? 곱았니? 곱았을까? 곱았대? 곱았다면서?	곱았는가?
	미래	곱겠어? 곱겠지? 곱겠니? 곱으리? *곱을 거야? *곱을 거지? *곱을 거니? 곱을 수 있겠어?	곱을 건가?
명령형		*곱아, *곱지, *곱으렴, *곱으려무나, *곱으라니까	*곱게
청유형		*곱아, *곱지, *곱자니까	*곱세
감탄형		곱아! 곱지! 곱으리!	곱군! 곱구먼!

상대존대형_아주낮춤		직설체	회상체
평서형	현재	곱다	곱더라
	현재-진행	*곱고 있다, *곱은 중이다	*곱고 있더라
	과거-완료	곱았다	곱았더라
	미래-추측/의지/가능	곱겠다, 곱으리다, *곱으련다, 곱을 거다, 곱을 수 있다	곱겠더라
의문형	현재	곱으냐?	곱더냐?
	과거	곱았느냐?	곱았더냐?
	미래	곱겠느냐?	곱겠더냐?
명령형		*곱아라	
청유형		*곱자	
감탄형		곱구나! 곱다! 곱도다!	곱더구나!

연결형	연결어미	의미기능	연결어미
나열	곱고, 곱으며	비교	*곱느니
선택	곱거나, 곱든지, 곱든가	정도	곱으리만큼
대립	곱아도, 곱지만, 곱으나, 곱은데, 곱으면서도, 곱되, 곱지	조건·가정	곱으면, 곱거든, 곱거들랑, 곱아야, 곱다면, 곱았던들
동시	곱으면서, 곱으며	상황제시	곱은데, 곱으니, 곱다시피
계기	*곱고서, *곱아서, *곱자, *곱자마자	비유	곱듯이
중단·전환	곱다가	비례	곱을수록
양보	곱아도, 곱더라도, 곱을지라도, 곱을지언정, 곱은들, 곱은데도, 곱기로서니, 곱으나마, 곱을망정, 곱아 보았자	원인·이유	곱아서, 곱으니까, *곱느라고, 곱기에, 곱길래, 곱으니만큼, 곱은지라, 곱을세라, 곱으므로
목적·의도	*곱으러, *곱으려고, *곱고자	첨가	곱거니와, 곱을뿐더러, 곱으려니와
결과	곱도록, 곱게끔	습관	*곱곤

- 날씨가 추워서 손이 곱았다. My hand are numb because of the cold weather.
- 곱은 손가락을 녹이는 데 많은 시간이 걸렸다. It took a long time to thaw our numb fingers.
- 손가락이 곱아서 글씨를 쓸 수가 없다. I can't write because my finders are numb.

곱다2 [곱:따, ko:pt'a]

'ㅂ' 불규칙활용, 형용사

to be beautiful, be pretty, be lovely, be fine

사동형	*곱히다, 곱게 하다, 곱게 만들다		피동형	*곱히다. 곱게 되다, 고와지다	
관형사형 : 현재-진행	**과거-완료**		**과거-회상**	**과거-완료-회상**	**미래-추측/의지**
고운	고운		곱던	고왔던	고울

인용형 : 평서	의문	명령	청유	명사형	부사형
곱다고	고우냐고	*고우라고	*곱자고	곱기, 고움	고와, 곱게

상대존대형_아주높임		직설체	회상체
평서형	현재	곱습니다	곱습디다
	현재-진행	*곱고 있습니다, *고운 중입니다	*곱고 있습디다
	과거	고왔습니다	고왔습디다
	과거-경험	고왔었습니다	고왔었습디다
	과거-추측	고왔겠습니다	고왔겠습디다
	미래-추측/의지/가능	곱겠습니다, *고우렵니다, 고울 겁니다, 고울 수 있습니다	곱겠습디다
의문형	현재	곱습니까?	곱습디까?
	과거	고왔습니까?	고왔습디까?
	과거-경험	고왔었습니까?	고왔었습디까?
	미래-추측/의지/가능	곱겠습니까? *고우렵니까? *고울 겁니까? *고우리이까? 고울 수 있겠습니까?	곱겠습디까?
명령형		*고우시오, *고우십시오	
청유형		*고웁시다, *고우십시다	
감탄형		*고우시는구나! 고우시구나!	

상대존대형_예사높임		'-어요'체	'-으오'체
평서형	현재	고와요, 곱지요, 고우세요, *고울래요, 고울걸요, 고운데요, 곱대요, 고울게요, 곱잖아요	고우오
	현재-진행	*곱고 있어요, *곱고 있지요, *곱고 있으세요, *고운 중이에요	*곱고 있소
	과거	고왔어요, 고왔지요, 고왔으세요, 고왔잖아요	고왔소
	과거-경험	고왔었어요, 고왔었지요, 고왔었으세요	고왔었소
	과거-추측	고왔겠어요, 고왔겠지요, 고왔겠으세요	고왔겠소
	미래-추측/의지/가능	곱겠어요, 곱겠지요, 곱겠으세요, 고울 수 있어요	곱겠소
의문형	현재	고와요? 곱지요? 고우세요? 곱나요? 고울까요? *고울래요? 고운가요? 고운데요? 곱대요? 곱다면서요? 곱다지요?	고우오? 곱소?
	과거	고왔어요? 고왔지요? 고왔으세요?	고왔소?
	과거-경험	고왔었어요? 고왔었지요? 고왔었으세요?	고왔었소?
	미래-추측/의지/가능	곱겠어요? 곱겠지요? 곱겠으세요? *고우리요? *고울 거예요? *고울 거지요? 고울 수 있겠어요?	곱겠소?
명령형		*고와요, *곱지요, *고우세요, *고우라니까요	*고우오, *곱구려
청유형		*고와요, *곱지요, *고우세요, *곱자니까요	*고우오
감탄형		곱군요! 고우리요!	곱구려!

상대존대형_예사낮춤		'-어'체	'-네'체
평서형	현재	고와, 곱지, *고울래, 고울걸, 고운데, 곱대, *고울게, 곱단다, *고우마, 곱잖아	곱네
	현재-진행	*곱고 있어, *곱고 있지, *고운 중이야	*곱고 있네
	과거-완료	고왔어, 고왔지, 고왔잖아	고왔네
	미래-추측/의지/가능	곱겠어, 곱겠지, 고울 수 있어	곱겠네
의문형	현재	고와? 곱지? 곱니? 곱나? 고울까? 고우랴? *고울래? 고운데? 곱대? 곱다면서? 곱다지?	고운가?
	과거	고왔어? 고왔지? 고왔니? 고왔을까? 고왔대? 고왔다면서?	고왔는가?
	미래	곱겠어? 곱겠지? 곱겠니? *고우리? *고울 거야? *고울 거지? *고울 거니? 고울 수 있겠어?	고울 건가?
명령형		*고와, *곱지, *고우렴, *고우려무나, *고우라니까	*곱게
청유형		*고와, *곱지, *곱자니까	*곱세
감탄형		고와! 곱지! 고우리!	곱군! 곱구먼!

상대존대형_아주낮춤		직설체	회상체
평서형	현재	곱다	곱더라
	현재-진행	*곱고 있다, *고운 중이다	*곱고 있더라
	과거-완료	고왔다	고왔더라
	미래-추측/의지/가능	곱겠다, 고우리다, *고우련다, 고울 거다, 고울 수 있다	곱겠더라
의문형	현재	고우냐?	곱더냐?
	과거	고왔느냐?	고왔더냐?
	미래	곱겠느냐?	곱겠더냐?
명령형		*고와라	
청유형		*곱자	
감탄형		곱구나! 곱다! 곱도다!	곱더구나!

연결형	연결어미	의미기능	연결어미
나열	곱고, 고우며	비교	*곱느니
선택	곱거나, 곱든지, 곱든가	정도	고우리만큼
대립	고와도, 곱지만, 고우나, 고운데, 고우면서도, 곱되, 곱지	조건·가정	고우면, 곱거든, 곱거들랑, 고와야, 곱다면, 고왔던들
동시	고우면서, 고우며	상황제시	고운데, 고우니, *곱다시피
계기	곱고서, 고와서, 곱자, 곱자마자	비유	곱듯이
중단·전환	곱다가	비례	고울수록
양보	고와도, 곱더라도, 고울지라도, 고울지언정, 고운들, 고운데도, 곱기로서니, 고우나마, 고울망정, 고와 보았자	원인·이유	고와서, 고우니까, *곱느라고, 곱기에, 곱길래, 고우니만큼, 고운지라, 고울세라, 고우므로
목적·의도	*고우러, *고우려고, *곱고자	첨가	곱거니와, 고울뿐더러, 고우려니와
결과	곱도록, 곱게끔	습관	곱곤

- 살결이 너무 곱구나! You've got beautiful skin!
- 나는 마음씨가 고운 여자가 좋다. I like a women with a beautiful heart.
- 비단결이 고와서 많이들 샀다. Many people bought the fine silk.

공부하다 [공부하다, koŋbuhada]

'여' 불규칙활용, 타동사

to study, learn, work at (one's studies)

사동형	*공부하히다, 공부하게 하다, 공부하게 만들다	피동형	*공부하히다. 공부하게 되다, 공부해지다

관형사형 : 현재-진행	과거-완료	과거-회상	과거-완료-회상	미래-추측/의지
공부하는	공부한	공부하던	공부했던	공부할

인용형 : 평서	의문	명령	청유	명사형	부사형
공부한다고	공부하느냐고	공부하라고	공부하자고	공부하기, 공부함	공부해, 공부하게

상대존대형_아주높임		직설체	회상체
평서형	현재	공부합니다	공부합디다
	현재-진행	공부하고 있습니다, 공부하는 중입니다	공부하고 있습디다
	과거	공부했습니다	공부했습디다
	과거-경험	공부했었습니다	공부했었습디다
	과거-추측	공부했겠습니다	공부했겠습디다
	미래-추측/의지/가능	공부하겠습니다, 공부하렵니다, 공부할 겁니다, 공부할 수 있습니다	공부하겠습디다
의문형	현재	공부합니까?	공부합디까?
	과거	공부했습니까?	공부했습디까?
	과거-경험	공부했었습니까?	공부했었습디까?
	미래-추측/의지/가능	공부하겠습니까? 공부하렵니까? 공부할 겁니까? 공부하리이까? 공부할 수 있겠습니까?	공부하겠습디까?
명령형		공부하시오, 공부하십시오	
청유형		공부합시다, 공부하십시다	
감탄형		공부하시는구나!	

상대존대형_예사높임		'-어요'체	'-으오'체
평서형	현재	공부해요, 공부하지요, 공부하세요, 공부할래요, 공부할걸요, 공부하는데요, 공부한대요, 공부할게요, 공부하잖아요	공부하오
	현재-진행	공부하고 있어요, 공부하고 있지요, 공부하고 있으세요, 공부하는 중이에요	공부하고 있소
	과거	공부했어요, 공부했지요, 공부했으세요, 공부했잖아요	공부했소
	과거-경험	공부했었어요, 공부했었지요, 공부했었으세요	공부했었소
	과거-추측	공부했겠어요, 공부했겠지요, 공부했겠으세요	공부했겠소
	미래-추측/의지/가능	공부하겠어요, 공부하겠지요, 공부하겠으세요, 공부할 수 있어요	공부하겠소
의문형	현재	공부해요? 공부하지요? 공부하세요? 공부하나요? 공부할까요? 공부할래요? 공부하는가요? 공부하는데요? 공부한대요? 공부한다면서요? 공부한다지요?	공부하오? *공부하소?
	과거	공부했어요? 공부했지요? 공부했으세요?	공부했소?
	과거-경험	공부했었어요? 공부했었지요? 공부했었으세요?	공부했었소?
	미래-추측/의지/가능	공부하겠어요? 공부하겠지요? 공부하겠으세요? 공부하리요? 공부할 거예요? 공부할 거지요? 공부할 수 있겠어요?	공부하겠소?
명령형		공부해요, 공부하지요, 공부하세요, 공부하라니까요	공부하오, 공부하구려
청유형		공부해요, 공부하지요, 공부하세요, 공부하자니까요	공부하오
감탄형		공부하는군요! 공부하리요!	공부하는구려!

상대존대형_예사낮춤		'-어'체	'-네'체
평서형	현재	공부해, 공부하지, 공부할래, 공부할길, 공부하는데, 공부한대, 공부할게, 공부한단다, 공부하마, 공부하잖아	공부하네
	현재-진행	공부하고 있어, 공부하고 있지, 공부하는 중이야	공부하고 있네
	과거-완료	공부했어, 공부했지, 공부했잖아	공부했네
	미래-추측/의지/가능	공부하겠어, 공부하겠지, 공부할 수 있어	공부하겠네
의문형	현재	공부해? 공부하지? 공부하니? 공부하나? 공부할까? 공부하랴? 공부할래? 공부하는데? 공부한대? 공부한다면서? 공부한다지?	공부하는가?
	과거	공부했어? 공부했지? 공부했니? 공부했을까? 공부했대? 공부했다면서?	공부했는가?
	미래	공부하겠어? 공부하겠지? 공부하겠니? 공부하리? 공부할 거야? 공부할 거지? 공부할 거니? 공부할 수 있겠어?	공부할 건가?
명령형		공부해, 공부하지, 공부하렴, 공부하려무나, 공부하라니까	공부하게
청유형		공부해, 공부하지, 공부하자니까	공부하세
감탄형		공부해! 공부하지! 공부하리!	공부하는군! 공부하는구먼!

상대존대형_아주낮춤		직설체	회상체
평서형	현재	공부한다	공부하더라
	현재-진행	공부하고 있다, 공부하는 중이다	공부하고 있더라
	과거-완료	공부했다	공부했더라
	미래-추측/의지/가능	공부하겠다, 공부하리다, 공부하련다, 공부할 거다, 공부할 수 있다	공부하겠더라
의문형	현재	공부하느냐?	공부하더냐?
	과거	공부했느냐?	공부했더냐?
	미래	공부하겠느냐?	공부하겠더냐?
명령형		공부해라	
청유형		공부하자	
감탄형		공부하는구나! 공부한다! 공부하는도다!	공부하더구나!

연결형	연결어미	의미기능	연결어미
나열	공부하고, 공부하며	비교	공부하느니
선택	공부하거나, 공부하든지, 공부하든가	정도	공부하리만큼
대립	공부해도, 공부하지만, 공부하나, 공부하는데, 공부하면서도, 공부하되, 공부하지	조건·가정	공부하면, 공부하거든, 공부하거들랑, 공부해야, 공부한다면, 공부했던들
동시	공부하면서, 공부하며	상황제시	공부하는데, 공부하니, 공부하다시피
계기	공부하고서, 공부해서, 공부하자, 공부하자마자	비유	공부하듯이
중단·전환	공부하다가	비례	공부할수록
양보	공부해도, 공부하더라도, 공부할지라도, 공부할지언정, 공부한들, 공부하는데도, 공부하기로서니, 공부하나마, 공부할망정, 공부해 보았자	원인·이유	공부해서, 공부하니까, 공부하느라고, 공부하기에, 공부하길래, 공부하느니만큼, 공부하는지라, 공부할세라, 공부하므로
목적·의도	공부하러, 공부하려고, 공부하고자	첨가	공부하거니와, 공부할뿐더러, 공부하려니와
결과	공부하도록, 공부하게끔	습관	공부하곤

- 영수는 대학에서 물리학을 공부하고 있다. Youngsu is studying physics in college.
- 한국학을 공부한 소감이 어떠냐? How does it feel to learn Korean studies?
- 그는 역사를 공부하고 나서 철학을 공부했다. He studied philosophy after studying history.

굳다1 [굳따, kudt'a]

'ㄷ' 규칙활용, 형용사

to be firm, be strong ; to be hard ; to be tightfisted

사동형	굳히다, 굳게 하다, 굳게 만들다	피동형	굳히다. 굳게 되다, 굳어지다

관형사형 : 현재-진행	과거-완료	과거-회상	과거-완료-회상	미래-추측/의지
굳은	굳은	굳던	굳었던	굳을

인용형 : 평서	의문	명령	청유	명사형	부사형
굳다고	굳냐고	*굳으라고	*굳자고	굳기, 굳음	굳어, 굳게

상대존대형_아주높임		직설체	회상체
평서형	현재	굳습니다	굳습디다
	현재-진행	*굳고 있습니다, *굳은 중입니다	*굳고 있습디다
	과거	굳었습니다	굳었습디다
	과거-경험	굳었었습니다	굳었었습디다
	과거-추측	굳었겠습니다	굳었겠습디다
	미래-추측/의지/가능	굳겠습니다, *굳으렵니다, 굳을 겁니다, 굳을 수 있습니다	굳겠습디다
의문형	현재	굳습니까?	굳습디까?
	과거	굳었습니까?	굳었습디까?
	과거-경험	굳었었습니까?	굳었었습디까?
	미래-추측/의지/가능	굳겠습니까? *굳으렵니까? *굳을 겁니까? *굳으리이까? 굳을 수 있겠습니까?	굳겠습디까?
명령형		*굳으시오, *굳으십시오	
청유형		*굳읍시다, *굳으십시다	
감탄형		굳으시구나!	

상대존대형_예사높임		'-어요'체	'-으오'체
평서형	현재	굳어요, 굳지요, 굳으세요, *굳을래요, 굳을걸요, 굳은데요, 굳대요, *굳을게요, 굳잖아요	굳으오
	현재-진행	*굳고 있어요, *굳고 있지요, *굳고 있으세요, *굳은 중이에요	*굳고 있소
	과거	굳었어요, 굳었지요, 굳었으세요, 굳었잖아요	굳었소
	과거-경험	굳었었어요, 굳었었지요, 굳었었으세요	굳었었소
	과거-추측	굳었겠어요, 굳었겠지요, 굳었겠으세요	굳었겠소
	미래-추측/의지/가능	굳겠어요, 굳겠지요, 굳겠으세요, 굳을 수 있어요	굳겠소
의문형	현재	굳어요? 굳지요? 굳으세요? 굳나요? *굳을까요? *굳을래요? *굳은가요? 굳은데요? 굳대요? 굳다면서요? 굳다지요?	굳으오? 굳소?
	과거	굳었어요? 굳었지요? 굳었으세요?	굳었소?
	과거-경험	굳었었어요? 굳었었지요? 굳었었으세요?	굳었었소?
	미래-추측/의지/가능	굳겠어요? 굳겠지요? 굳겠으세요? 굳으리요? *굳을 거예요? *굳을 거지요? 굳을 수 있겠어요?	굳겠소?
명령형		*굳어요, *굳지요, *굳으세요, *굳으라니까요	*굳으오, *굳구려
청유형		*굳어요, *굳지요, *굳으세요, *굳자니까요	*굳으오
감탄형		굳군요! 굳으리요!	굳구려!

상대존대형_예사낮춤		'-어'체	'-네'체
평서형	현재	굳어, 굳지, *굳을래, 굳을걸, 굳은데, 굳대, *굳을게, 굳단다, *굳으마, 굳잖아	굳네
	현재-진행	*굳고 있어, *굳고 있지, *굳은 중이야	
	과거-완료	굳었어, 굳었지, 굳었잖아	굳었네
	미래-추측/의지/가능	굳겠어, 굳겠지, 굳을 수 있어	굳겠네
의문형	현재	굳어? 굳지? 굳니? 굳나? 굳을까? 굳으랴? *굳을래? 굳은데? 굳대? 굳다면서? 굳다지?	굳은가?
	과거	굳었어? 굳었지? 굳었니? 굳었을까? 굳었대? 굳었다면서?	굳었는가?
	미래	굳겠어? 굳겠지? 굳겠니? 굳으리? *굳을 거야? *굳을 거지? *굳을 거니? 굳을 수 있겠어?	굳을 건가?
명령형		*굳어, *굳지, *굳으렴, *굳으려무나, *굳으라니까	*굳게
청유형		*굳어, *굳지, *굳자니까	*굳세
감탄형		굳어! 굳지! 굳으리!	굳군! 굳구먼!

상대존대형_아주낮춤		직설체	회상체
평서형	현재	굳다	굳더라
	현재-진행	*굳고 있다, *굳은 중이다	*굳고 있더라
	과거-완료	굳었다	굳었더라
	미래-추측/의지/가능	굳겠다, 굳으리다, *굳으련다, 굳을 거다, 굳을 수 있다	굳겠더라
의문형	현재	굳으냐?	굳더냐?
	과거	굳었느냐?	굳었더냐?
	미래	굳겠느냐?	굳겠더냐?
명령형		*굳어라	
청유형		*굳자	
감탄형		굳구나! 굳다! 굳도다!	굳더구나!

연결형	연결어미	의미기능	연결어미
나열	굳고, 굳으며	비교	*굳느니
선택	굳거나, 굳든지, 굳든가	정도	굳으리만큼
대립	굳어도, 굳지만, 굳으나, 굳은데, 굳으면서도, 굳되, 굳지	조건 · 가정	굳으면, 굳거든, 굳거들랑, 굳어야, 굳다면, 굳었던들
동시	굳으면서, 굳으며	상황제시	굳은데, 굳으니, 굳다시피
계기	*굳고서, *굳어서, *굳자, *굳자마자	비유	굳듯이
중단 · 전환	굳다가	비례	굳을수록
양보	굳어도, 굳더라도, 굳을지라도, 굳을지언정, 굳은들, 굳은데도, 굳기로서니, 굳으나마, 굳을망정, 굳어 보았자	원인 · 이유	굳어서, 굳으니까, *굳느라고, 굳기에, 굳길래, 굳으니만큼, 굳은지라, 굳을세라, 굳으므로
목적 · 의도	*굳으러, *굳으려고, *굳고자	첨가	굳거니와, 굳을뿐더러, 굳으려니와
결과	굳도록, 굳게끔	습관	*굳곤

- 그는 의지가 굳은 사람이다. He is a man of strong will
- 그녀는 굳은 신념을 지니고 있다. She got strong convictions.
- 성문이 굳게 닫혀 아무도 들어갈 수 없었다.
  The gate of catsle was closed so that no one could enter.

굽다1 [굽따, kupt'a]

'ㅂ' 규칙활용. 자동사

to bend, curve ; to stoop ; to wind

사동형	굽히다, 굽게 하다, 굽게 만들다		피동형		*굽히다. 굽게 되다, 굽어지다	
관형사형 : 현재-진행		과거-완료		과거-회상	과거-완료-회상	미래-추측/의지
굽는		굽은		굽던	굽었던	굽을

인용형 : 평서	의문	명령	청유	명사형	부사형
굽는다고	굽느냐고	굽으라고	굽자고	굽기, 굽음	굽어, 굽게

상대존대형_아주높임		직설체	회상체
평서형	현재	굽습니다	굽습디다
	현재-진행	굽고 있습니다, 굽는 중입니다	굽고 있습디다
	과거	굽었습니다	굽었습디다
	과거-경험	굽었었습니다	굽었었습디다
	과거-추측	굽었겠습니다	굽었겠습디다
	미래-추측/의지/가능	굽겠습니다, 굽으렵니다, 굽을 겁니다, 굽을 수 있습니다	굽겠습디다
의문형	현재	굽습니까?	굽습디까?
	과거	굽었습니까?	굽었습디까?
	과거-경험	굽었었습니까?	굽었었습디까?
	미래-추측/의지/가능	굽겠습니까? 굽으렵니까? 굽을 섭니까? 굽으리이까? 굽을 수 있겠습니까?	굽겠습디까?
명령형		굽으시오, 굽으십시오	
청유형		굽읍시다, 굽으십시다	
감탄형		굽으시는구나!	

상대존대형_예사높임		'-어요'체	'-으오'체
평서형	현재	굽어요, 굽지요, 굽으세요, 굽을래요, 굽을걸요, 굽는데요, 굽는대요, 굽을게요, 굽잖아요	굽으오
	현재-진행	굽고 있어요, 굽고 있지요, 굽고 있으세요, 굽는 중이에요	굽고 있소
	과거	굽었어요, 굽었지요, 굽었으세요, 굽었잖아요	굽었소
	과거-경험	굽었었어요, 굽었었지요, 굽었었으세요	굽었었소
	과거-추측	굽었겠어요, 굽었겠지요, 굽었겠으세요	굽었겠소
	미래-추측/의지/가능	굽겠어요, 굽겠지요, 굽겠으세요, 굽을 수 있어요	굽겠소
의문형	현재	굽어요? 굽지요? 굽으세요? 굽나요? 굽을까요? 굽을래요? 굽는가요? 굽는데요? 굽는대요? 굽는다면서요? 굽는다지요?	굽으오? 굽소?
	과거	굽었어요? 굽었지요? 굽었으세요?	굽었소?
	과거-경험	굽었었어요? 굽었었지요? 굽었었으세요?	굽었었소?
	미래-추측/의지/가능	굽겠어요? 굽겠지요? 굽겠으세요? 굽으리요? 굽을 거예요? 굽을 거지요? 굽을 수 있겠어요?	굽겠소?
명령형		굽어요, 굽지요, 굽으세요, 굽으라니까요	굽으오, 굽구려
청유형		굽어요, 굽지요, 굽으세요, 굽자니까요	굽으오
감탄형		굽는군요! 굽으리요!	굽는구려!

96

상대존대형_예사낮춤		'-어'체	'-네'체
평서형	현재	굽어, 굽지, 굽을래, 굽을길, 굽는데, 굽는대, 굽을게, 굽는단다, 굽으마, 굽잖아	굽네
	현재-진행	굽고 있어, 굽고 있지, 굽는 중이야	굽고 있네
	과거-완료	굽었어, 굽었지, 굽었잖아	굽었네
	미래-추측/의지/가능	굽겠어, 굽겠지, 굽을 수 있어	굽겠네
의문형	현재	굽어? 굽지? 굽니? 굽나? 굽을까? 굽으랴? 굽을래? 굽는데? 굽는대? 굽는다면서? 굽는다지?	굽는가?
	과거	굽었어? 굽었지? 굽었니? 굽었을까? 굽었대? 굽었다면서?	굽었는가?
	미래	굽겠어? 굽겠지? 굽겠니? 굽으리? 굽을 거야? 굽을 거지? 굽을 거니? 굽을 수 있겠어?	굽을 건가?
명령형		굽어, 굽지, 굽으렴, 굽으려무나, 굽으라니까	굽게
청유형		굽어, 굽지, 굽자니까	굽세
감탄형		굽어! 굽지! 굽으리!	굽는군! 굽는구면!

상대존대형_아주낮춤		직설체	회상체
평서형	현재	굽는다	굽더라
	현재-진행	굽고 있다, 굽는 중이다	굽고 있더라
	과거-완료	굽었다	굽었더라
	미래-추측/의지/가능	굽겠다, 굽으리다, 굽으련다, 굽을 거다, 굽을 수 있다	굽겠더라
의문형	현재	굽느냐?	굽더냐?
	과거	굽었느냐?	굽었더냐?
	미래	굽겠느냐?	굽겠더냐?
명령형		굽어라	
청유형		굽자	
감탄형		굽는구나! 굽는다! 굽는도다!	굽더구나!

연결형	연결어미	의미기능	연결어미
나열	굽고, 굽으며	비교	굽느니
선택	굽거나, 굽든지, 굽든가	정도	굽으리만큼
대립	굽어도, 굽지만, 굽으나, 굽는데, 굽으면서도, 굽되, 굽지	조건·가정	굽으면, 굽거든, 굽거들랑, 굽어야, 굽는다면, 굽었던들
동시	굽으면서, 굽으며	상황제시	굽는데, 굽으니, 굽다시피
계기	굽고서, 굽어서, 굽자, 굽자마자	비유	굽듯이
중단·전환	굽다가	비례	굽을수록
양보	굽어도, 굽더라도, 굽을지라도, 굽을지언정, 굽은들, 굽는데도, 굽기로서니, 굽으나마, 굽을망정, 굽어 보았자	원인·이유	굽어서, 굽으니까, 굽느라고, 굽기에, 굽길래, 굽느니만큼, 굽는지라, 굽을세라, 굽으므로
목적·의도	굽으러, 굽으려고, 굽고자	첨가	굽거니와, 굽을뿐더러, 굽으려니와
결과	굽도록, 굽게끔	습관	굽곤

기본예문

• 우리 할머니는 걸으실 때 허리가 많이 굽으셨다. My grandmother stoops when she walks.

• 어릴 때는 굽은 들길을 많이 걸어 다녔다. I walked many winding paths when I was young.

• 그는 허리가 굽어도 여전히 일을 잘 했다. Although he stooped, he was a good worker.

굽다2 [굽:따, ku:p t'a]

'ㅂ' 불규칙활용, 타동사

to roast, broil, bake ; to toast ; to grill

사동형	*굽히다, 굽게 하다, 굽게 만들다		피동형	굽히다. 굽게 되다, 구워지다	
관형사형 : 현재-진행	과거-완료		과거-회상	과거-완료-회상	미래-추측/의지
굽는	구운		굽던	구웠던	구울

인용형 : 평서	의문	명령	청유	명사형	부사형
굽는다고	굽느냐고	구우라고	굽자고	굽기, 구움	구워, 굽게

상대존대형_아주높임		직설체	회상체
평서형	현재	굽습니다	굽습디다
	현재-진행	굽고 있습니다, 굽는 중입니다	굽고 있습디다
	과거	구웠습니다	구웠습디다
	과거-경험	구웠었습니다	구웠었습디다
	과거-추측	구웠겠습니다	구웠겠습디다
	미래-추측/의지/가능	굽겠습니다, 구우렵니다, 구울 겁니다, 구울 수 있습니다	굽겠습디다
의문형	현재	굽습니까?	굽습디까?
	과거	구웠습니까?	구웠습디까?
	과거-경험	구웠었습니까?	구웠었습디까?
	미래-추측/의지/가능	굽겠습니까? 구우렵니까? 구울 겁니까? 구우리이까? 구울 수 있겠습니까?	굽겠습디까?
명령형		구우시오, 구우십시오	
청유형		구웁시다, 구우십시다	
감탄형		구우시는구나!	

상대존대형_예사높임		'-어요'체	'-으오'체
평서형	현재	구워요, 굽지요, 구우세요, 구울래요, 구울걸요, 굽는데요, 굽는대요, 구울게요, 굽잖아요	구우오
	현재-진행	굽고 있어요, 굽고 있지요, 굽고 있으세요, 굽는 중이에요	굽고 있소
	과거	구웠어요, 구웠지요, 구웠으세요, 구웠잖아요	구웠소
	과거-경험	구웠었어요, 구웠었지요, 구웠었으세요	구웠었소
	과거-추측	구웠겠어요, 구웠겠지요, 구웠겠으세요	구웠겠소
	미래-추측/의지/가능	굽겠어요, 굽겠지요, 굽겠으세요, 구울 수 있어요	굽겠소
의문형	현재	구워요? 굽지요? 구우세요? 굽나요? 구울까요? 구울래요? 굽는가요? 굽는데요? 굽는대요? 굽는다면서요? 굽는다지요?	구우오? 굽소?
	과거	구웠어요? 구웠지요? 구웠으세요?	구웠소?
	과거-경험	구웠었어요? 구웠었지요? 구웠었으세요?	구웠소?
	미래-추측/의지/가능	굽겠어요? 굽겠지요? 굽겠으세요? 구우리요? 구울 거예요? 구울 거지요? 구울 수 있어요?	굽겠소?
명령형		구워요, 굽지요, 구우세요, 구우라니까요	구우오, 굽구려
청유형		구워요, 굽지요, 구우세요, 굽자니까요	구우오
감탄형		굽는군요! 구우리요!	굽는구려!

98

상대존대형_예사낮춤		'-어'체	'-네'체
평서형	현재	구워, 굽지, 구울래, 구울걸, 굽는데, 굽는대, 구울게, 굽는단다, 구우마, 굽잖아	굽네
	현재-진행	굽고 있어, 굽고 있지, 굽는 중이야	굽고 있네
	과거-완료	구웠어, 구웠지, 구웠잖아	구웠네
	미래-추측/의지/가능	굽겠어, 굽겠지, 구울 수 있어	굽겠네
의문형	현재	구워? 굽지? 굽니? 굽나? 구울까? 구우랴? 구울래? 굽는데? 굽는대? 굽는다면서? 굽는다지?	굽는가?
	과거	구웠어? 구웠지? 구웠니? 구웠을까? 구웠대? 구웠다면서?	구웠는가?
	미래	굽겠어? 굽겠지? 굽겠니? 구우리? 구울 거야? 구울 거지? 구울 거니? 구울 수 있겠어?	구울 건가?
명령형		구워, 굽지, 구우렴, 구우려무나, 구우라니까	굽게
청유형		구워, 굽지, 굽자니까	굽세
감탄형		구워! 굽지! 구우리!	굽는군! 굽는구먼!

상대존대형_아주낮춤		직설체	회상체
평서형	현재	굽는다	굽더라
	현재-진행	굽고 있다, 굽는 중이다	굽고 있더라
	과거-완료	구웠다	구웠더라
	미래-추측/의지/가능	굽겠다, 구우리다, 구우련다, 구울 거다, 구울 수 있다	굽겠더라
의문형	현재	굽느냐?	굽더냐?
	과거	구웠느냐?	구웠더냐?
	미래	굽겠느냐?	굽겠더냐?
명령형		구워라	
청유형		굽자	
감탄형		굽는구나! 굽는다! 굽는도다!	굽더구나!

연결형	연결어미	의미기능	연결어미
나열	굽고, 구우며	비교	굽느니
선택	굽거나, 굽든지, 굽든가	정도	구우리만큼
대립	구워도, 굽지만, 구우나, 굽는데, 구우면서도, 굽되, 굽지	조건 · 가정	구우면, 굽거든, 굽거들랑, 구워야, 굽는다면, 구웠던들
동시	구우면서, 구우며	상황제시	굽는데, 구우니, 굽다시피
계기	굽고서, 구워서, 굽자, 굽자마자	비유	굽듯이
중단 · 전환	굽다가	비례	구울수록
양보	구워도, 굽더라도, 구울지라도, 구울지언정, 구운들, 굽는데도, 굽기로서니, 구우나마, 구울망정, 구워 보았자	원인 · 이유	구워서, 구우니까, 굽느라고, 굽기에, 굽길래, 굽느니만큼, 굽는지라, 구울세라, 구우므로
목적 · 의도	구우러, 구우려고, 굽고자	첨가	굽거니와, 구울뿐더러, 구우려니와
결과	굽도록, 굽게끔	습관	굽곤

기본예문

- 쇠고기를 구워 먹자. Let's eat grilled beef.
- 구운 고기는 맛은 좋지만 건강에는 안 좋다.
  Roasted meet tastes good, but it is not good for your health.
- 빵을 구워 내는 솜씨가 대단하다. His baking skill is brilliant.

그렇다 [그러타, kǐrətha]

'ㅎ' 불규칙활용, 형용사

to be like that ; yes ; so

사동형	*그렇히다, 그렇게 하다, 그렇게 만들다		피동형	*그렇히다. 그렇게 되다, 그래지다	
관형사형 : 현재-진행	과거-완료		과거-회상	과거-완료-회상	미래-추측/의지
그런	그런		그렇던	그랬던	그럴

인용형 : 평서	의문	명령	청유	명사형	부사형
그렇다고	그러냐고	*그러라고	*그러자고	그렇기, 그럼	그래, 그렇게

상대존대형_아주높임		직설체	회상체
평서형	현재	그렇습니다	그렇습디다
	현재-진행	*그렇고 있습니다, *그런 중입니다	*그렇고 있습디다
	과거	그랬습니다	그랬습디다
	과거-경험	그랬었습니다	그랬었습디다
	과거-추측	그랬겠습니다	그랬겠습디다
	미래-추측/의지/가능	그렇겠습니다, *그러렵니다, 그럴 겁니다, 그럴 수 있습니다	그렇겠습디다
의문형	현재	그렇습니까?	그렇습디까?
	과거	그랬습니까?	그랬습디까?
	과거-경험	그랬었습니까?	그랬었습디까?
	미래-추측/의지/가능	그렇겠습니까? *그러렵니까? *그럴 겁니까? *그러리이까? 그럴 수 있겠습니까?	그렇겠습디까?
명령형		*그러시오, *그러십시오	
청유형		그럽시다, 그러십시다	
감탄형		그러시구나!	

상대존대형_예사높임		'-어요'체	'-으오'체
평서형	현재	그래요, 그렇지요, 그러세요, *그럴래요, 그럴걸요, 그런데요, 그렇대요, 그럴게요, 그렇잖아요	그러오
	현재-진행	*그렇고 있어요, *그렇고 있지요, *그렇고 있으세요, *그런 중이에요	*그렇고 있소
	과거	그랬어요, 그랬지요, 그랬으세요, 그랬잖아요	그랬소
	과거-경험	그랬었어요, 그랬었지요, 그랬었으세요	그랬었소
	과거-추측	그랬겠어요, 그랬겠지요, 그랬겠으세요	그랬겠소
	미래-추측/의지/가능	그렇겠어요, 그렇겠지요, 그렇겠으세요, 그럴 수 있어요	그렇겠소
의문형	현재	그래요? 그렇지요? 그러세요? 그렇나요? *그럴까요? *그럴래요? *그런가요? 그런데요? 그렇대요? 그렇다면서요? 그렇다지요?	그러오? 그렇소?
	과거	그랬어요? 그랬지요? 그랬으세요?	그랬소?
	과거-경험	그랬었어요? 그랬었지요? 그랬었으세요?	그랬었소?
	미래-추측/의지/가능	그렇겠어요? 그렇겠지요? 그렇겠으세요? 그러리요? *그럴 거예요? *그럴 거지요? 그럴 수 있겠어요?	그렇겠소?
명령형		*그래요, *그렇지요, *그러세요, *그러라니까요	*그러오, *그렇구려
청유형		그래요, *그렇지요, 그러세요, 그렇자니까요	그러오
감탄형		그렇군요! 그러리요!	그렇구려!

상대존대형_예사낮춤		'-어'체	'-네'체
평서형	현재	그래, 그렇지, *그럴래, 그럴걸, 그런데, 그렇대, 그렇게, 그렇단다, *그러마, 그렇잖아	그렇네
	현재-진행	*그렇고 있어, *그렇고 있지, *그런 중이야	*그렇고 있네
	과거-완료	그랬어, 그랬지, 그랬잖아	그랬네
	미래-추측/의지/가능	그렇겠어, 그렇겠지, 그럴 수 있어	그렇겠네
의문형	현재	그래? 그렇지? 그렇니? 그렇나? 그럴까? 그러냐? *그럴래? 그런데? 그렇대? 그렇다면서? 그렇다지?	그런가?
	과거	그랬어? 그랬지? 그랬니? 그랬을까? 그랬대? 그랬다면서?	그랬는가?
	미래	그렇겠어? 그렇겠지? 그렇겠니? 그러리? 그럴 거야? *그럴 거지? *그럴 거니? 그럴 수 있겠어?	그럴 건가?
명령형		*그래, *그렇지, *그러렴, *그러려무나, *그러라니까	*그렇게
청유형		그래, 그렇지, 그렇자니까	그렇세
감탄형		그래! 그렇지! 그러리!	그렇군! 그렇구먼!

상대존대형_아주낮춤		직설체	회상체
평서형	현재	그렇다	그렇더라
	현재-진행	*그렇고 있다, *그런 중이다	*그렇고 있더라
	과거-완료	그랬다	그랬더라
	미래-추측/의지/가능	그렇겠다, 그러리다, *그러련다, 그럴 거다, 그럴 수 있다	그렇겠더라
의문형	현재	그러냐?	그렇더냐?
	과거	그랬느냐?	그렇더냐?
	미래	그렇겠느냐?	그렇겠더냐?
명령형		*그래라	
청유형		그렇자	
감탄형		그렇구나! 그렇다! 그렇도다!	그렇더구나!

연결형	연결어미	의미기능	연결어미
나열	그렇고, 그러며	비교	*그렇느니
선택	그렇거나, 그렇든지, 그렇든가	정도	그러리만큼
대립	그래도, 그렇지만, 그러나, 그런데, 그러면서도, 그렇되, 그렇지	조건·가정	그러면, 그렇거든, 그렇거들랑, 그래야, 그렇다면, 그랬던들
동시	그러면서, 그러며	상황제시	그런데, 그러니, 그렇다시피
계기	그렇고서, 그래서, *그렇자, *그렇자마자	비유	그렇듯이
중단·전환	그렇다가	비례	그럴수록
양보	그래도, 그렇더라도, 그럴지라도, 그럴지언정, 그런들, 그런데도, 그렇기로서니, 그러나마, 그럴망정, 그래 보았자	원인·이유	그래서, 그러니까, *그렇느라고, 그렇기에, 그렇길래, 그러니만큼, 그런지라, 그럴세라, 그러므로
목적·의도	*그러러, *그러려고, *그렇고자	첨가	그렇거니와, 그럴뿐더러, 그러려니와
결과	그렇도록, 그렇게끔	습관	*그렇곤

<table>
<tr><td rowspan="3">기본예문</td></tr>
</table>

기본예문

- 네, 그렇습니다. Yes, it is so.
- 그렇게 하시지요. Let's do it like that.
- 자네 생각이 그렇다면 나도 할 수 없지. If that is your thought, what can I say more.

긋다2 [귿따, kïtt'a]

'ㅅ' 불규칙활용, 타동사

to draw, mark, to strike ; to charge

사동형	*긋히다, 긋게 하다, 긋게 만들다	피동형	*긋히다. 긋게 되다, 그어지다

관형사형 : 현재-진행	과거-완료	과거-회상	과거-완료-회상	미래-추측/의지
긋는	그은	긋던	그었던	그을

인용형 : 평서	의문	명령	청유	명사형	부사형
긋는다고	긋느냐고	그으라고	긋자고	긋기, 그음	그어, 긋게

상대존대형_아주높임		직설체	회상체
평서형	현재	긋습니다	긋습디다
	현재-진행	긋고 있습니다, 긋는 중입니다	긋고 있습디다
	과거	그었습니다	그었습디다
	과거-경험	그었었습니다	그었었습디다
	과거-추측	그었겠습니다	그었겠습디다
	미래-추측/의지/가능	긋겠습니다, 그으렵니다, 그을 겁니다, 그을 수 있습니다	긋겠습디다
의문형	현재	긋습니까?	긋습디까?
	과거	그었습니까?	그었습디까?
	과거-경험	그었었습니까?	그었었습디까?
	미래-추측/의지/가능	긋겠습니까? 그으렵니까? 그을 겁니까? 그으리이까? 그을 수 있겠습니까?	긋겠습디까?
명령형		그으시오, 그으십시오	
청유형		그읍시다, 그으십시다	
감탄형		그으시는구나!	

상대존대형_예사높임		'-어요'체	'-으오'체
평서형	현재	그어요, 긋지요, 그으세요, 그을래요, 그을걸요, 긋는데요, 긋는대요, 그을게요, 긋잖아요	그으오
	현재-진행	긋고 있어요, 긋고 있지요, 긋고 있으세요, 긋는 중이에요	긋고 있소
	과거	그었어요, 그었지요, 그었으세요, 그었잖아요	그었소
	과거-경험	그었었어요, 그었었지요, 그었었으세요	그었었소
	과거-추측	그었겠어요, 그었겠지요, 그었겠으세요	그었겠소
	미래-추측/의지/가능	긋겠어요, 긋겠지요, 긋겠으세요, 그을 수 있어요	긋겠소
의문형	현재	그어요? 긋지요? 그으세요? 긋나요? 그을까요? 그을래요? 긋는가요? 긋는데요? 긋는대요? 긋는다면서요? 긋는다지요?	그으오? 긋소?
	과거	그었어요? 그었지요? 그었으세요?	그었소?
	과거-경험	그었었어요? 그었었지요? 그었었으세요?	그었었소?
	미래-추측/의지/가능	긋겠어요? 긋겠지요? 긋겠으세요? 그으리요? 그을 거예요? 그을 거지요? 그을 수 있겠어요?	긋겠소?
명령형		그어요, 긋지요, 그으세요, 그으라니까요	그으오, 긋구려
청유형		그어요, 긋지요, 그으세요, 긋자니까요	그으오
감탄형		긋는군요! 그으리요!	긋는구려!

상대존대형_예사낮춤		'-어'체	'-네'체
평서형	현재	그어, 긋지, 그을래, 그을걸, 긋는데, 긋는대, 그을게, 긋는단다, 그으마, 긋잖아	긋네
	현재-진행	긋고 있어, 긋고 있지, 긋는 중이야	긋고 있네
	과거-완료	그었어, 그었지, 그었잖아	그었네
	미래-추측/의지/가능	긋겠어, 긋겠지, 그을 수 있어	긋겠네
의문형	현재	그어? 긋지? 긋니? 긋나? 그을까? 그으랴? 그을래? 긋는데? 긋는대? 긋는다면서? 긋는다지?	긋는가?
	과거	그었어? 그었지? 그었니? 그었을까? 그었대? 그었다면서?	그었는가?
	미래	긋겠어? 긋겠지? 긋겠니? 그으리? 그을 거야? 그을 거지? 그을 거니? 그을 수 있겠어?	그을 건가?
명령형		그어, 긋지, 그으렴, 그으려무나, 그으라니까	긋게
청유형		그어, 긋지, 긋자니까	긋세, 그으세
감탄형		그어! 긋지! 그으리!	긋는군! 긋는구먼!

상대존대형_아주낮춤		직설체	회상체
평서형	현재	긋는다	긋더라
	현재-진행	긋고 있다, 긋는 중이다	긋고 있더라
	과거-완료	그었다	그었더라
	미래-추측/의지/가능	긋겠다, 그으리다, 그으련다, 그을 거다, 그을 수 있다	긋겠더라
의문형	현재	긋느냐?	긋더냐?
	과거	그었느냐?	그었더냐?
	미래	긋겠느냐?	긋겠더냐?
명령형		그어라	
청유형		긋자	
감탄형		긋는구나! 긋는다! 긋는도다!	긋더구나!

연결형	연결어미	의미기능	연결어미
나열	긋고, 그으며	비교	긋느니
선택	긋거나, 긋든지, 긋든가	정도	그으리만큼
대립	그어도, 긋지만, 그으나, 긋는데, 그으면서도, 긋되, 긋지	조건 · 가정	그으면, 긋거든, 그거들랑, 그어야, 긋는다면, 그었던들
동시	그으면서, 그으며	상황제시	긋는데, 그으니, 긋다시피
계기	긋고서, 그어서, 긋자, 긋자마자	비유	긋듯이
중단 · 전환	긋다가	비례	그을수록
양보	그어도, 긋더라도, 그을지라도, 그을지언정, 그은들, 긋는데도, 긋기로서니, 그으나마, 그을망정, 그어 보았자	원인 · 이유	그어서, 그으니까, 긋느라고, 긋기에, 긋길래, 긋느니만큼, 긋는지라, 그을세라, 그으므로
목적 · 의도	그으러, 그으려고, 긋고자	첨가	긋거니와, 그을뿐더러, 그으려니와
결과	긋도록, 긋게끔	습관	긋곤

- 그는 붉은 볼펜으로 밑줄을 그었다. He drew a line with a red pen.
- 그 사건은 헌정사에 큰 획을 긋는 중요한 일이다.
  This case is a very important case that changed our constitutional history.
- 그 사람과는 어느 정도 선을 긋고 사는 것이 좋을 듯하다.
  It's good to keep some distance from that person.

기뻐하다 [기뻐하다, kip'əhada]

'여' 불규칙활용, 자타동사

to be pleased, be glad, be delighted ; to be happy

사동형	*기뻐하히다, 기뻐하게 하다, 기뻐하게 만들다		피동형	*기뻐하히다. 기뻐하게 되다, 기뻐지다	

관형사형 : 현재-진행		과거-완료	과거-회상	과거-완료-회상	미래-추측/의지
기뻐하는		기뻐한	기뻐하던	기뻐했던	기뻐할

인용형 : 평서	의문	명령	청유	명사형	부사형
기뻐한다고	기뻐하느냐고	기뻐하라고	기뻐하자고	기뻐하기, 기뻐함	기뻐해, 기뻐하게

상대존대형_아주높임		직설체	회상체
평서형	현재	기뻐합니다	기뻐합디다
	현재-진행	기뻐하고 있습니다, 기뻐하는 중입니다	기뻐하고 있습디다
	과거	기뻐했습니다	기뻐했습디다
	과거-경험	기뻐했었습니다	기뻐했었습디다
	과거-추측	기뻐했겠습니다	기뻐했겠습디다
	미래-추측/의지/가능	기뻐하겠습니다, 기뻐하렵니다, 기뻐할 겁니다, 기뻐할 수 있습니다	기뻐하겠습디다
의문형	현재	기뻐합니까?	기뻐합디까?
	과거	기뻐했습니까?	기뻐했습디까?
	과거-경험	기뻐했었습니까?	기뻐했었습디까?
	미래-추측/의지/가능	기뻐하겠습니까? 기뻐하렵니까? 기뻐할 겁니까? 기뻐하리이까? 기뻐할 수 있겠습니까?	기뻐하겠습디까?
명령형		기뻐하시오, 기뻐하십시오	
청유형		기뻐합시다, 기뻐하십시다	
감탄형		기뻐하시는구나!	

상대존대형_예사높임		'-어요'체	'-으오'체
평서형	현재	기뻐해요, 기뻐하지요, 기뻐하세요, 기뻐할래요, 기뻐할걸요, 기뻐하는데요, 기뻐한대요, 기뻐할게요, 기뻐하잖아요	기뻐하오
	현재-진행	기뻐하고 있어요, 기뻐하고 있지요, 기뻐하고 있으세요, 기뻐하는 중이에요	기뻐하고 있소
	과거	기뻐했어요, 기뻐했지요, 기뻐했으세요, 기뻐했잖아요	기뻐했소
	과거-경험	기뻐했었어요, 기뻐했었지요, 기뻐했었으세요	기뻐했었소
	과거-추측	기뻐했겠어요, 기뻐했겠지요, 기뻐했겠으세요	기뻐했겠소
	미래-추측/의지/가능	기뻐하겠어요, 기뻐하겠지요, 기뻐하겠으세요, 기뻐할 수 있어요	기뻐하겠소
의문형	현재	기뻐해요? 기뻐하지요? 기뻐하세요? 기뻐하나요? 기뻐할까요? 기뻐할래요? 기뻐하는가요? 기뻐하는데요? 기뻐한대요? 기뻐한다면서요? 기뻐한다지요?	기뻐하오? *기뻐하소?
	과거	기뻐했어요? 기뻐했지요? 기뻐했으세요?	기뻐했소?
	과거-경험	기뻐했었어요? 기뻐했었지요? 기뻐했었으세요?	기뻐했었소?
	미래-추측/의지/가능	기뻐하겠어요? 기뻐하겠지요? 기뻐하겠으세요? 기뻐하리요? 기뻐할 거예요? 기뻐할 거지요? 기뻐할 수 있겠어요?	기뻐하겠소?
명령형		기뻐해요, 기뻐하지요, 기뻐하세요, 기뻐하라니까요	기뻐하오, 기뻐하구려
청유형		기뻐해요, 기뻐하지요, 기뻐하세요, 기뻐하자니까요	기뻐하오
감탄형		기뻐하는군요! 기뻐하리요!	기뻐하는구려!

104

상대존대형_예사낮춤		'-어'체	'-네'체
평서형	현재	기뻐해, 기뻐하지, 기뻐할래, 기뻐할걸, 기뻐하는데, 기뻐한대, 기뻐할게, 기뻐하는단다, 기뻐하마, 기뻐하잖아	기뻐하네
	현재-진행	기뻐하고 있어, 기뻐하고 있지, 기뻐하는 중이야	기뻐하고 있네
	과거-완료	기뻐했어, 기뻐했지, 기뻐했잖아	기뻐했네
	미래-추측/의지/가능	기뻐하겠어, 기뻐하겠지, 기뻐할 수 있어	기뻐하겠네
의문형	현재	기뻐해? 기뻐하지? 기뻐하니? 기뻐하나? 기뻐할까? 기뻐하랴? 기뻐할래? 기뻐하는데? 기뻐한대? 기뻐한다면서? 기뻐한다지?	기뻐하는가?
	과거	기뻐했어? 기뻐했지? 기뻐했니? 기뻐했을까? 기뻐했대? 기뻐했다면서?	기뻐했는가?
	미래	기뻐하겠어? 기뻐하겠지? 기뻐하겠니? 기뻐하리? 기뻐할 거야? 기뻐할 거지? 기뻐할 거니? 기뻐할 수 있겠어?	기뻐할 건가?
명령형		기뻐해, 기뻐하지, 기뻐하렴, 기뻐하려무나, 기뻐하라니까	기뻐하게
청유형		기뻐해, 기뻐하지, 기뻐하자니까	기뻐하세
감탄형		기뻐해! 기뻐하지! 기뻐하리!	기뻐하는군! 기뻐하는구면!

상대존대형_아주낮춤		직설체	회상체
평서형	현재	기뻐한다	기뻐하더라
	현재-진행	기뻐하고 있다, 기뻐하는 중이다	기뻐하고 있더라
	과거-완료	기뻐했다	기뻐했더라
	미래-추측/의지/가능	기뻐하겠다, 기뻐하리다, 기뻐하련다, 기뻐할 거다, 기뻐할 수 있다	기뻐하겠더라
의문형	현재	기뻐하느냐?	기뻐하더냐?
	과거	기뻐했느냐?	기뻐했더냐?
	미래	기뻐하겠느냐?	기뻐하겠더냐?
명령형		기뻐해라	
청유형		기뻐하자	
감탄형		기뻐하는구나! 기뻐한다! 기뻐하는도다!	기뻐하더구나!

연결형	연결어미	의미기능	연결어미
나열	기뻐하고, 기뻐하며	비교	기뻐하느니
선택	기뻐하거나, 기뻐하든지, 기뻐하든가	정도	기뻐하리만큼
대립	기뻐해도, 기뻐하지만, 기뻐하나, 기뻐하는데, 기뻐하면서도, 기뻐하되, 기뻐하지	조건·가정	기뻐하면, 기뻐하거든, 기뻐하거들랑, 기뻐해야, 기뻐한다면, 기뻐했던들
동시	기뻐하면서, 기뻐하며	상황제시	기뻐하는데, 기뻐하니, 기뻐하다시피
계기	기뻐하고서, 기뻐해서, 기뻐하자, 기뻐하자마자	비유	기뻐하듯이
중단·전환	기뻐하다가	비례	기뻐할수록
양보	기뻐해도, 기뻐하더라도, 기뻐할지라도, 기뻐할지언정, 기뻐한들, 기뻐하는데도, 기뻐하기로서니, 기뻐하나마, 기뻐할망정, 기뻐해 보았자	원인·이유	기뻐해서, 기뻐하니까, 기뻐하느라고, 기뻐하기에, 기뻐하길래, 기뻐하느니만큼, 기뻐하는지라, 기뻐할세라, 기뻐하므로
목적·의도	기뻐하러, 기뻐하려고, 기뻐하고자	첨가	기뻐하거니와, 기뻐할뿐더러, 기뻐하려니와
결과	기뻐하도록, 기뻐하세끔	습관	기뻐하곤

- 그는 자기의 아이가 태어난 것을 매우 기뻐했다. He was very happy to see his baby born.
- 내게 가장 기뻤던 일은 네가 무사히 유학을 마치고 귀국을 한 것이다.
  The happiest time was when I arrived after finishing my studies.
- 그의 아버지는 그가 합격했다는 소식을 듣고 매우 기뻐하셨다.
  His father was so glad to hear the news that he passed the examination.

기쁘다 [기쁘다[kip'ida] ‘으’ 불규칙활용, 형용사

to be glad, be joyful, to be pleasant ; to be happy

사동형	*기쁘히다, 기쁘게 하다, 기쁘게 만들다	피동형	*기쁘히다. 기쁘게 되다, 기뻐지다

관형사형 : 현재-진행	과거-완료	과거-회상	과거-완료-회상	미래-추측/의지
기쁜	기쁜	기쁘던	기뻤던	기쁠

인용형 : 평서	의문	명령	청유	명사형	부사형
기쁘다고	기쁘냐고	*기쁘라고	*기쁘자고	기쁘기, 기쁨	기뻐, 기쁘게

상대존대형_아주높임		직설체	회상체
평서형	현재	기쁩니다	기쁩디다
	현재-진행	*기쁘고 있습니다, *기쁜 중입니다	*기쁘고 있습디다
	과거	기뻤습니다	기뻤습디다
	과거-경험	기뻤었습니다	기뻤었습디다
	과거-추측	기뻤겠습니다	기뻤겠습디다
	미래-추측/의지/가능	기쁘겠습니다, *기쁘렵니다, 기쁠 겁니다, 기쁠 수 있습니다	기쁘겠습디다
의문형	현재	기쁩니까?	기쁩디까?
	과거	기뻤습니까?	기뻤습디까?
	과거-경험	기뻤었습니까?	기뻤었습디까?
	미래-추측/의지/가능	기쁘겠습니까? *기쁘렵니까? *기쁠 겁니까? *기쁘리이까? 기쁠 수 있겠습니까?	기쁘겠습디까?
명령형		*기쁘시오, *기쁘십시오	
청유형		*기쁩시다, *기쁘십시다	
감탄형		기쁘시구나!	

상대존대형_예사높임		‘-어요’체	‘-으오’체
평서형	현재	기뻐요, 기쁘지요, 기쁘세요, *기쁠래요, 기쁠걸요, 기쁜데요, 기쁘대요, *기쁠게요, 기쁘잖아요	기쁘오
	현재-진행	*기쁘고 있어요, *기쁘고 있지요, *기쁘고 있으세요, *기쁜 중이에요	*기쁘고 있소
	과거	기뻤어요, 기뻤지요, 기뻤으세요, 기뻤잖아요	기뻤소
	과거-경험	기뻤었어요, 기뻤었지요, 기뻤었으세요	기뻤었소
	과거-추측	기뻤겠어요, 기뻤겠지요, 기뻤겠으세요	기뻤겠소
	미래-추측/의지/가능	기쁘겠어요, 기쁘겠지요, 기쁘겠으세요, 기쁠 수 있어요	기쁘겠소
의문형	현재	기뻐요? 기쁘지요? 기쁘세요? 기쁘나요? *기쁠까요? *기쁠래요? 기쁜가요? 기쁜데요? 기쁘대요? 기쁘다면서요? 기쁘다지요?	기쁘오? *기쁘소?
	과거	기뻤어요? 기뻤지요? 기뻤으세요?	기뻤소?
	과거-경험	기뻤었어요? 기뻤었지요? 기뻤었으세요?	기뻤었소?
	미래-추측/의지/가능	기쁘겠어요? 기쁘겠지요? 기쁘겠으세요? 기쁘리요? *기쁠 거예요? *기쁠 거지요? 기쁠 수 있겠어요?	기쁘겠소?
명령형		*기뻐요, *기쁘지요, *기쁘세요, *기쁘라니까요	*기쁘오, *기쁘구려
청유형		*기뻐요, *기쁘지요, *기쁘세요, *기쁘자니까요	*기쁘오
감탄형		기쁘군요! 기쁘리요!	기쁘구려!

상대존대형_예사낮춤		'-어'체	'-네'체
평서형	현재	기뻐, 기쁘지, *기쁠래, 기쁠걸, 기쁜데, 기쁘대, *기쁠게, 기쁘단다, *기쁘마, 기쁘잖아	기쁘네
	현재-진행	*기쁘고 있어, *기쁘고 있지, *기쁜 중이야	*기쁘고 있네
	과거-완료	기뻤어, 기뻤지, 기뻤잖아	기뻤네
	미래-추측/의지/가능	기쁘겠어, 기쁘겠지, 기쁠 수 있어	기쁘겠네
의문형	현재	기뻐? 기쁘지? 기쁘니? 기쁘나? 기쁠까? 기쁘랴? *기쁠래? 기쁜데? 기쁘대? 기쁘다면서? 기쁘다지?	기쁜가?
	과거	기뻤어? 기뻤지? 기뻤니? 기뻤을까? 기뻤대? 기뻤다면서?	기뻤는가?
	미래	기쁘겠어? 기쁘겠지? 기쁘겠니? 기쁘리? *기쁠 거야? *기쁠 거지? *기쁠 거니? 기쁠 수 있겠어?	*기쁠 건가?
명령형		*기뻐, *기쁘지, *기쁘렴, *기쁘려무나, *기쁘라니까	*기쁘게
청유형		*기뻐, *기쁘지, *기쁘자니까	*기쁘세
감탄형		기뻐! 기쁘지! 기쁘리!	기쁘군! 기쁘구먼!

상대존대형_아주낮춤		직설체	회상체
평서형	현재	기쁘다	기쁘더라
	현재-진행	*기쁘고 있다, *기쁜 중이다	*기쁘고 있더라
	과거-완료	기뻤다	기뻤더라
	미래-추측/의지/가능	기쁘겠다, 기쁘리다, *기쁘련다, 기쁠 거다, 기쁠 수 있다	기쁘겠더라
의문형	현재	기쁘냐?	기쁘더냐?
	과거	기뻤느냐?	기뻤더냐?
	미래	기쁘겠느냐?	기쁘겠더냐?
명령형		*기뻐라	
청유형		*기쁘자	
감탄형		기쁘구나! 기쁘다! 기쁘도다!	기쁘더구나!

연결형	연결어미	의미기능	연결어미
나열	기쁘고, 기쁘며	비교	*기쁘느니
선택	기쁘거나, 기쁘든지, 기쁘든가	정도	기쁘리만큼
대립	기뻐도, 기쁘지만, 기쁘나, 기쁜데, 기쁘면서도, 기쁘되, 기쁘지	조건 · 가정	기쁘면, 기쁘거든, 기쁘거들랑, 기뻐야, 기쁘다면, 기뻤던들
동시	기쁘면서, 기쁘며	상황제시	기쁜데, 기쁘니, 기쁘다시피
계기	*기쁘고서, *기뻐서, *기쁘자, *기쁘자마자	비유	기쁘듯이
중단 · 전환	기쁘다가	비례	기쁠수록
양보	기뻐도, 기쁘더라도, 기쁠지라도, 기쁠지언정, 기쁜들, 기쁜데도, 기쁘기로서니, 기쁘나마, 기쁠망정, 기뻐 보았자	원인 · 이유	기뻐서, 기쁘니까, *기쁘느라고, 기쁘기에, 기쁘길래, 기쁘니만큼, 기쁜지라, 기쁠세라, 기쁘므로
목적 · 의도	*기쁘러, *기쁘려고, *기쁘고자	첨가	기쁘거니와, 기쁠뿐더러, 기쁘려니와
결과	기쁘도록, 기쁘게끔	습관	*기쁘곤

- 너를 만나게 돼서 무척 기쁘다. I am very glad to meet you.
- 오늘같이 기쁜 날이 있겠니? There can't be a happier day than today.
- 나는 매우 기뻤지만 기쁜 표정을 짓지 않았다.
  I was very happy but I didn't make a happy face.

길다 [길:다, kil:da]

'ㄹ' 불규칙활용, 형용사

to be long

사동형	길우다, 길게 하다, 길게 만들다			피동형	*길히다. 길게 되다, 길어지다	
관형사형 : 현재-진행		과거-완료	과거-회상		과거-완료-회상	미래-추측/의지
긴		긴	길던		길었던	길

인용형 : 평서	의문	명령	청유	명사형	부사형
길다고	기냐고	*기라고	*길자고	길기, 깖	길어, 길게

상대존대형_아주높임		직설체	회상체
평서형	현재	깁니다	깁디다
	현재-진행	*길고 있습니다, *긴 중입니다	*길고 있습디다
	과거	길었습니다	길었습디다
	과거-경험	길었었습니다	길었었습디다
	과거-추측	길었겠습니다	길었겠습디다
	미래-추측/의지/가능	길겠습니다, *길렵니다, 길 겁니다, 길 수 있습니다	길겠습디다
의문형	현재	깁니까?	깁디까?
	과거	길었습니까?	길었습디까?
	과거-경험	길었었습니까?	길었었습디까?
	미래-추측/의지/가능	길겠습니까? *길렵니까? *길 겁니까? *길리이까? 길 수 있겠습니까?	길겠습디까?
명령형		*기시오, *기십시오	
청유형		*깁시다, *기십시다	
감탄형		기시구나!	

상대존대형_예사높임		'-어요'체	'-으오'체
평서형	현재	길어요, 길지요, 기세요, *길래요, 길걸요, 긴데요, 길대요, *길게요, 길잖아요	길으오/기오
	현재-진행	*길고 있어요, *길고 있지요, *길고 있으세요, *긴 중이에요	*길고 있소
	과거	길었어요, 길었지요, 길었으세요, 길었잖아요	길었소
	과거-경험	길었었어요, 길었었지요, 길었었으세요	길었었소
	과거-추측	길었겠어요, 길었겠지요, 길었겠으세요	길었겠소
	미래-추측/의지/가능	길겠어요, 길겠지요, 길겠으세요, 길 수 있어요	길겠소
의문형	현재	길어요? 길지요? 기세요? 기나요? 길까요? *길래요? 긴가요? 긴데요? 길대요? 길다면서요? 길다지요?	기오? *길소?
	과거	길었어요? 길었지요? 길었으세요?	길었소?
	과거-경험	길었었어요? 길었었지요? 길었었으세요?	길었었소?
	미래-추측/의지/가능	길겠어요? 길겠지요? 길겠으세요? *길으리요? *길 거예요? *길 거지요? 길 수 있겠어요?	길겠소?
명령형		*길어요, *길지요, *기세요, *길라니까요	*길으오, *길구려
청유형		*길어요, *길지요, *기세요, *길자니까요	*길으오
감탄형		길군요! 길리요!	길구려!

상대존대형_예사낮춤		'-어'체	'-네'체
평서형	현재	길어, 길지, *길래, 길걸, 긴데, 길대, *길게, 길단다, *길으마, 길잖아	기네
	현재-진행	*길고 있어, *길고 있지, *긴 중이야	*길고 있네
	과거-완료	길었어, 길었지, 길었잖아	길었네
	미래-추측/의지/가능	길겠어, 길겠지, 길 수 있어	길겠네
의문형	현재	길어? 길지? 기니? 기나? 길까? 길랴? *길래? 긴데? 길대? 길다면서? 길다지?	긴가?
	과거	길었어? 길었지? 길었니? 길었을까? 길었대? 길었다면서?	길었는가?
	미래	길겠어? 길겠지? 길겠니? 길리? 길 거야? 길 거지? 길 거니? 길 수 있겠어?	*길 건가?
명령형		*길어, *길지, *길렴, *길려무나, *길라니까	*길게
청유형		*길어, *길지, *길자니까	*길세
감탄형		길어! 길지! 길리!	길군! 길구긴!

상대존대형_아주낮춤		직설체	회상체
평서형	현재	길다	길더라
	현재-진행	*길고 있다, *긴 중이다	*길고 있더라
	과거-완료	길었다	길었더라
	미래-추측/의지/가능	길겠다, 길리다, *길련다, 길 거다, 길 수 있다	길겠더라
의문형	현재	기냐?	길더냐?
	과거	길었느냐?	길었더냐?
	미래	길겠느냐?	길겠더냐?
명령형		*길어라	
청유형		*길자	
감탄형		길구나! 길다! 길도다!	길더구나!

연결형	연결어미	의미기능	연결어미
나열	길고, 길며	비교	*기느니
선택	길거나, 길든지, 길든가	정도	*길리만큼
대립	길어도, 길지만, 기나, 긴데, 길면서도, 길되, 길지	조건 · 가정	길면, 길거든, 길거들랑, 길어야, 길다면, 길었던들
동시	길면서, *길며	상황제시	긴데, 기니, *길다시피
계기	*길고서, *길어서, *길자, *길자마자	비유	길듯이
중단 · 전환	길다가	비례	길수록
양보	길어도, 길더라도, 길지라도, 길지언정, 긴들, 긴데도, 길기로서니, 기나마, 길망정, 길어 보았자	원인 · 이유	길어서, 기니까, *기느라고, 길기에, 길길래, 기니만큼, 긴지라, 길세라, 길므로
목적 · 의도	*길러, *길려고, *길고자	첨가	길거니와, 길뿐더러, 길려니와
결과	길도록, 길게끔	습관	*길곤

- 한강대교는 매우 길다. The Han River Bridge is very long.
- 그녀는 유난히 긴 속눈썹을 가졌다. She has very long eyelashes.
- 연설이 너무 길어서 지겹다. The speech is boring because it is too long.

깊다 [깁따, kip t'a]

'자음' 규칙활용, 형용사

to be deep ; to be profound ; to be close, be intimate

사동형	*깊히다, 깊게 하다, 깊게 만들다		피동형		*깊히다. 깊게 되다, 깊어지다	

관형사형 : 현재-진행	과거-완료	과거-회상	과거-완료-회상	미래-추측/의지
깊은	깊은	깊던	깊었던	깊을

인용형 : 평서	의문	명령	청유	명사형	부사형
깊다고	깊으냐고	*깊으라고	*깊자고	깊기, 깊음	깊어, 깊게

상대존대형_아주높임		직설체	회상체
평서형	현재	깊습니다	깊습디다
	현재-진행	*깊고 있습니다, *깊은 중입니다	*깊고 있습디다
	과거	깊었습니다	깊었습디다
	과거-경험	깊었었습니다	깊었었습디다
	과거-추측	깊었겠습니다	깊었겠습디다
	미래-추측/의지/가능	깊겠습니다, *깊으렵니다, 깊을 겁니다, 깊을 수 있습니다	깊겠습디다
의문형	현재	깊습니까?	깊습디까?
	과거	깊었습니까?	깊었습디까?
	과거-경험	깊었었습니까?	깊었었습디까?
	미래-추측/의지/가능	깊겠습니까? *깊으렵니까? *깊을 겁니까? *깊으리이까? 깊을 수 있겠습니까?	깊겠습디까?
명령형		*깊으시오, *깊으십시오	
청유형		*깊읍시다, *깊으십시다	
감탄형		깊으시구나!	

상대존대형_예사높임		'-어요'체	'-으오'체
평서형	현재	깊어요, 깊지요, 깊세요, *깊을래요, 깊을걸요, 깊은데요, 깊대요, *깊을게요, 깊잖아요	깊으오
	현재-진행	*깊고 있어요, *깊고 있지요, *깊고 있으세요, *깊은 중이에요	*깊고 있소
	과거	깊었어요, 깊었지요, 깊었세요, 깊었잖아요	깊었소
	과거-경험	깊었었어요, 깊었었지요, 깊었었세요	깊었었소
	과거-추측	깊었겠어요, 깊었겠지요, 깊었겠세요	깊었겠소
	미래-추측/의지/가능	깊겠어요, 깊겠지요, 깊겠세요, 깊을 수 있어요	깊겠소
의문형	현재	깊어요? 깊지요? 깊세요? 깊나요? *깊을까요? *깊을래요? 깊은가요? 깊은데요? 깊대요? 깊다면서요? 깊다지요?	깊으오? 깊소?
	과거	깊었어요? 깊었지요? 깊었세요?	깊었소?
	과거-경험	깊었었어요? 깊었었지요? 깊었었세요?	깊었었소?
	미래-추측/의지/가능	깊겠어요? 깊겠지요? 깊겠세요? 깊으리요? *깊을 거예요? *깊을 거지요? 깊을 수 있겠어요?	깊겠소?
명령형		*깊어요, *깊지요, *깊세요, *깊으라니까요	*깊으오, *깊구려
청유형		*깊어요, *깊지요, *깊세요, *깊자니까요	*깊으오
감탄형		깊군요! 깊으리요!	깊구려!

상대존대형_예사낮춤		'-어'체	'-네'체
평서형	현재	깊어, 깊지, *깊을래, 깊을걸, 깊은데, 깊대, *깊을게, 깊단다, *깊으마, 깊잖아	깊네
	현재-진행	*깊고 있어, *깊고 있지, *깊은 중이야	*깊고 있네
	과거-완료	깊었어, 깊었지, 깊었잖아	깊었네
	미래-추측/의지/가능	깊겠어, 깊겠지, 깊을 수 있어	깊겠네
의문형	현재	깊어? 깊지? 깊니? 깊나? 깊을까? 깊으랴? *깊을래? 깊은데? 깊대? 깊다면서? 깊다지?	깊은가?
	과거	깊었어? 깊었지? 깊었니? 깊었을까? 깊었대? 깊었다면서?	깊었는가?
	미래	깊겠어? 깊겠지? 깊겠니? 깊으리? *깊을 거야? *깊을 거지? *깊을 거니? 깊을 수 있겠어?	깊을 건가?
명령형		*깊어, *깊지, *깊으렴, *깊으려무나, *깊으라니까	*깊게
청유형		*깊어, *깊지, *깊자니까	*깊세
감탄형		깊어! 깊지! 깊으리!	깊군! 깊구먼!

상대존대형_아주낮춤		직설체	회상체
평서형	현재	깊다	깊더라
	현재-진행	*깊고 있다, *깊은 중이다	*깊고 있더라
	과거-완료	깊었다	깊었더라
	미래-추측/의지/가능	깊겠다, 깊으리다, *깊으련다, 깊을 거다, 깊을 수 있다	깊겠더라
의문형	현재	깊으냐?	깊더냐?
	과거	깊었느냐?	깊었더냐?
	미래	깊겠느냐?	깊겠더냐?
명령형		*깊어라	
청유형		*깊자	
감탄형		깊구나! 깊다! 깊도다!	깊더구나!

연결형	연결어미	의미기능	연결어미
나열	깊고, 깊으며	비교	*깊느니
선택	깊거나, 깊든지, 깊은가	정도	깊으리만큼
대립	깊어도, 깊지만, 깊으나, 깊은데, 깊으면서도, 깊되, 깊지	조건 · 가정	깊으면, 깊거든, 깊거들랑, 깊어야, 깊다면, 깊었던들
동시	깊으면서, 깊으며	상황제시	깊은데, 깊으니, 깊다시피
계기	*깊고서, *깊어서, *깊자, *깊자마자	비유	깊듯이
중단 · 전환	깊다가	비례	깊을수록
양보	깊어도, 깊더라도, 깊을지라도, 깊을지언정, 깊은들, 깊은데도, 깊기로서니, 깊으나마, 깊을망정, 깊어 보았자	원인 · 이유	깊어서, 깊으니까, *깊느라고, 깊기에, 깊길래, 깊으니만큼, 깊은지라, 깊을세라, 깊으므로
목적 · 의도	*깊으러, *깊으려고, *깊고자	첨가	깊거니와, 깊을뿐더러, 깊으려니와
결과	깊도록, 깊게끔	습관	*깊곤

- 이 연못은 매우 깊다. This pond is very deep.
- 그녀는 깊은 잠에 빠져 있다. She is in deep sleep.
- 가을이 깊어 가거든 나를 찾아오세요. Come find me in late autumn.

까맣다 [까:마타, ka:matha]

ㅎ 불규칙활용, 형용사

to be black ; to be dark-colored ; to be black-hearted ; to be evil-hearted

사동형	*까맣히다, 까맣게 하다, 까맣게 만들다	피동형	*까맣히다. 까맣게 되다, 까매지다

관형사형 : 현재-진행	과거-완료	과거-회상	과거-완료-회상	미래-추측/의지
까만	까만	까맣던	까맸던	까말

인용형 : 평서	의문	명령	청유	명사형	부사형
까맣다고	까마냐고	*까마라고	*까맣자고	까맣기, 까맘	까매, 까맣게

상대존대형_아주높임		직설체	회상체
평서형	현재	까맣습니다	까맣습디다
	현재-진행	*까맣고 있습니다, *까만 중입니다	*까맣고 있습디다
	과거	까맸습니다	까맸습디다
	과거-경험	까맸었습니다	까맸었습디다
	과거-추측	까맸겠습니다	까맸겠습디다
	미래-추측/의지/가능	까맣겠습니다, *까마렵니다, 까말 겁니다, 까말 수 있습니다	까맣겠습디다
의문형	현재	까맣습니까?	까맣습디까?
	과거	까맸습니까?	까맸습디까?
	과거-경험	까맸었습니까?	까맸었습디까?
	미래-추측/의지/가능	까맣겠습니까? *까마렵니까? *까말 겁니까? *까마리이까? 까말 수 있겠습니까?	까맣겠습디까?
명령형		*까마시오, *까마십시오	
청유형		*까맙시다, *까마십시다	
감탄형		까마시구나!	

상대존대형_예사높임		'-어요'체	'-으오'체
평서형	현재	까매요, 까맣지요, 까마세요, *까말래요, 까말걸요, 까만데요, 까맣대요, *까말게요, 까맣잖아요	까마오
	현재-진행	*까맣고 있어요, *까맣고 있지요, *까맣고 있으세요, *까마만 중이에요	*까맣고 있소
	과거	까맸어요, 까맸지요, 까맸으세요, 까맸잖아요	까맸소
	과거-경험	까맸었어요, 까맸었지요, 까맸었으세요	까맸었소
	과거-추측	까맸겠어요, 까맸겠지요, 까맸겠으세요	까맸겠소
	미래-추측/의지/가능	까맣겠어요, 까맣겠지요, 까맣겠으세요, 까말 수 있어요	까맣겠소
의문형	현재	까매요? 까맣지요? 까마세요? 까맣나요? *까말까요? *까말래요? *까만가요? 까만데요? 까맣대요? 까맣다면서요? 까맣다지요?	까마오? 까맣소?
	과거	까맸어요? 까맸지요? 까맸으세요?	까맸소?
	과거-경험	까맸었어요? 까맸었지요? 까맸었으세요?	까맸었소?
	미래-추측/의지/가능	까맣겠어요? 까맣겠지요? 까맣겠으세요? 까마리요? *까말 거예요? *까말 거지요? 까말 수 있겠어요?	까맣겠소?
명령형		*까매요, *까맣지요, *까마세요, *까마라니까요	*까마오, *까맣구려
청유형		*까매요, *까맣지요, *까마세요, *까맣자니까요	*까마오
감탄형		까맣군요! 까마리요!	까맣구려!

상대존대형_예사낮춤		'-어'체	'-네'체
평서형	현재	까매, 까맣지, *까말래, 까말걸, 까만데, 까맣대, *까말게, 까맣단다, *까마마, 까맣잖아	까맣네
	현재-진행	*까맣고 있어, *까맣고 있지, *까만 중이야	*까맣고 있네
	과거-완료	까맸어, 까맸지, 까맸잖아	까맸네
	미래-추측/의지/가능	까맣겠어, 까맣겠지, 까말 수 있어	까맣겠네
의문형	현재	까매? 까맣지? 까맣니? 까맣나? 까맣까? 까마랴? *까말래? 까만데? 까맣대? 까맣다면서? 까맣다지?	까만가?
	과거	까맸어? 까맸지? 까맸니? 까맸을까? 까맸대? 까맸다면서?	까맸는가?
	미래	까맣겠어? 까맣겠지? 까맣겠니? 까마리? *까말 거야? *까말 거지? *까말 거니? 까말 수 있겠어?	*까말 건가?
명령형		*까매, *까맣지, *까마렴, *까마려무나, *까마라니까	*까맣게
청유형		*까매, *까맣지, *까맣자니까	*까맣세
감탄형		까매! 까맣지! 까마리!	까맣군! 까맣구먼!

상대존대형_아주낮춤		직설체	회상체
평서형	현재	까맣다	까맣더라
	현재-진행	*까맣고 있다, *까만 중이다	*까맣고 있더라
	과거-완료	까맸다	까맸더라
	미래-추측/의지/가능	까맣겠다, 까마리다, *까마련다, 까말 거다, 까말 수 있다	까맣겠더라
의문형	현재	까마냐?	까맣더냐?
	과거	까맸느냐?	까맸더냐?
	미래	까맣겠느냐?	까맣겠더냐?
명령형		*까매라	
청유형		*까맣자	
감탄형		까맣구나! 까맣다! 까맣도다!	까맣더구나!

연결형	연결어미	의미기능	연결어미
나열	까맣고, 까마며	비교	*까맣느니
선택	까맣거나, 까맣든지, 까맣든가	정도	까마리만큼
대립	까매도, 까맣지만, 까마나, 까만데, 까마면서도, 까맣되, 까맣지	조건 · 가정	까마면, 까맣거든, 까맣거들랑, 까매야, 까맣다면, 까맸던들
동시	까마면서, 까마며	상황제시	까만데, 까마니, 까맣다시피
계기	*까맣고서, *까매서, *까맣자, *까맣자마자	비유	까맣듯이
중단 · 전환	까맣다가	비례	까말수록
양보	까매도, 까맣더라도, 까말지라도, 까맣지언정, 까마만들, 까만데도, 까맣기로서니, 까마나마, 까말망정, 까매 보았자	원인 · 이유	까매서, 까마니까, *까맣느라고, 까맣기에, 까맣길래, 까마니만큼, 까만지라, 까말세라, 까마므로
목적 · 의도	*까마러, *까마려고, *까맣고자	첨가	까맣거니와, 까말뿐더러, 까마려니와
결과	까맣도록, 까맣게끔	습관	*까맣곤

- 그는 얼굴이 까맣다. He has dark skin.
- 나는 그와의 약속을 까맣게 잊었다. I totally forgot about the promise I made with him.
- 그 보석은 까맣고 반짝반짝 빛이 났다. That jewelry was black and it was shining.

깨끗하다 [깨끄타다, k'ek'ithada]

'여' 불규칙활용, 형용사

to be clean, be neat, be smart ; to be pure ; to be fair, be just

사동형	*깨끗하히다, 깨끗하게 하다, 깨끗하게 만들다	피동형	*깨끗하히다. 깨끗하게 되다, 깨끗해지다

관형사형 : 현재-진행	과거-완료	과거-회상	과거-완료-회상	미래-추측/의지
깨끗한	깨끗한	깨끗하던	깨끗했던	깨끗할

인용형 : 평서	의문	명령	청유	명사형	부사형
깨끗하다고	깨끗하냐고	*깨끗하라고	*깨끗하자고	깨끗하기, 깨끗함	깨끗해, 깨끗하게

상대존대형_아주높임		직설체	회상체
평서형	현재	깨끗합니다	깨끗합디다
	현재-진행	*깨끗하고 있습니다, *깨끗한 중입니다	*깨끗하고 있습디다
	과거	깨끗했습니다	깨끗했습디다
	과거-경험	깨끗했었습니다	깨끗했었습디다
	과거-추측	깨끗했겠습니다	깨끗했겠습디다
	미래-추측/의지/가능	깨끗하겠습니다, *깨끗하렵니다, 깨끗할 겁니다, 깨끗할 수 있습니다	깨끗하겠습디다
의문형	현재	깨끗합니까?	깨끗합디까?
	과거	깨끗했습니까?	깨끗했습디까?
	과거-경험	깨끗했었습니까?	깨끗했었습디까?
	미래-추측/의지/가능	깨끗하겠습니까? *깨끗하렵니까? *깨끗할 겁니까? *깨끗하리이까? 깨끗할 수 있겠습니까?	깨끗하겠습디까?
명령형		*깨끗하시오, *깨끗하십시오	
청유형		*깨끗합시다, *깨끗하십시다	
감탄형		깨끗하시구나!	

상대존대형_예사높임		'-어요'체	'-으오'체
평서형	현재	깨끗해요, 깨끗하지요, 깨끗하세요, *깨끗할래요, 깨끗할걸요, 깨끗한데요, 깨끗하대요, *깨끗할게요, 깨끗하잖아요	깨끗하오
	현재-진행	*깨끗하고 있어요, *깨끗하고 있지요, *깨끗하고 있으세요, *깨끗한 중이에요	*깨끗하고 있소
	과거	깨끗했어요, 깨끗했지요, 깨끗했으세요, 깨끗했잖아요	깨끗했소
	과거-경험	깨끗했었어요, 깨끗했었지요, 깨끗했었으세요	깨끗했었소
	과거-추측	깨끗했겠어요, 깨끗했겠지요, 깨끗했겠으세요	깨끗했겠소
	미래-추측/의지/가능	깨끗하겠어요, 깨끗하겠지요, 깨끗하겠으세요, 깨끗할 수 있어요	깨끗하겠소
의문형	현재	깨끗해요? 깨끗하지요? 깨끗하세요? 깨끗하나요? *깨끗할까요? *깨끗할래요? *깨끗한가요? 깨끗한데요? 깨끗하대요? 깨끗하다면서요? 깨끗하다지요?	깨끗하오? *깨끗하소?
	과거	깨끗했어요? 깨끗했지요? 깨끗했으세요?	깨끗했소?
	과거-경험	깨끗했었어요? 깨끗했었지요? 깨끗했었으세요?	깨끗했었소?
	미래-추측/의지/가능	깨끗하겠어요? 깨끗하겠지요? 깨끗하겠으세요? 깨끗하리요? *깨끗할 거예요? *깨끗할 거지요? 깨끗할 수 있겠어요?	깨끗하겠소?
명령형		*깨끗해요, *깨끗하지요, *깨끗하세요, *깨끗하라니까요	*깨끗하오,*깨끗하구려
청유형		*깨끗해요, *깨끗하지요, *깨끗하세요, *깨끗하자니까요	*깨끗하오
감탄형		깨끗하군요! 깨끗하리요!	깨끗하구려!

상대존대형_예사낮춤		'-어'체	'-네'체
평서형	현재	깨끗해, 깨끗하지, *깨끗할래, 깨끗할걸, 깨끗한데, 깨끗하대, *깨끗할게, 깨끗하단다, *깨끗하마, 깨끗하잖아	깨끗하네
	현재-진행	*깨끗하고 있어, *깨끗하고 있지, *깨끗한 중이야	*깨끗하고 있네
	과거-완료	깨끗했어, 깨끗했지, 깨끗했잖아	깨끗했네
	미래-추측/의지/가능	깨끗하겠어, 깨끗하겠지, 깨끗할 수 있어	깨끗하겠네
의문형	현재	깨끗해? 깨끗하지? 깨끗하니? 깨끗하나? 깨끗할까? 깨끗하랴? *깨끗할래? 깨끗한데? 깨끗하대? 깨끗하다면서? 깨끗하다지?	깨끗한가?
	과거	깨끗했어? 깨끗했지? 깨끗했니? 깨끗했을까? 깨끗했대? 깨끗했다면서?	깨끗했는가?
	미래	깨끗하겠어? 깨끗하겠지? 깨끗하겠니? 깨끗하리? *깨끗할 거야? *깨끗할 거지? *깨끗할 거니? 깨끗할 수 있겠어?	*깨끗할 건가?
명령형		*깨끗해, *깨끗하지, *깨끗하렴, *깨끗하려무나, *깨끗하라니까	*깨끗하게
청유형		*깨끗해, *깨끗하지, *깨끗하자니까	*깨끗하세
감탄형		깨끗해! 깨끗하지! 깨끗하리!	깨끗하군! 깨끗하구먼!

상대존대형_아주낮춤		직설체	회상체
평서형	현재	깨끗하다	깨끗하더라
	현재-진행	*깨끗하고 있다, *깨끗한 중이다	*깨끗하고 있더라
	과거-완료	깨끗했다	깨끗했더라
	미래-추측/의지/가능	깨끗하겠다, 깨끗하리다, *깨끗하련다, 깨끗할 거다, 깨끗할 수 있다	깨끗하겠더라
의문형	현재	깨끗하냐?	깨끗하더냐?
	과거	깨끗했느냐?	깨끗했더냐?
	미래	깨끗하겠느냐?	깨끗하겠더냐?
명령형		*깨끗해라	
청유형		*깨끗하자	
감탄형		깨끗하구나! 깨끗하다! 깨끗하도다!	깨끗하더구나!

연결형	연결어미	의미기능	연결어미
나열	깨끗하고, 깨끗하며	비교	*깨끗하느니
선택	깨끗하거나, 깨끗하든지, 깨끗하든가	정도	깨끗하리만큼
대립	깨끗해도, 깨끗하지만, 깨끗하나, 깨끗한데, 깨끗하면서도, 깨끗하되, 깨끗하지	조건·가정	깨끗하면, 깨끗하거든, 깨끗하거들랑, 깨끗해야, 깨끗하다면, 깨끗했던들
동시	깨끗하면서, 깨끗하며	상황제시	깨끗한데, 깨끗하니, 깨끗하다시피
계기	*깨끗하고서, *깨끗해서, *깨끗하자, *깨끗하자마자	비유	깨끗하듯이
중단·전환	깨끗하다가	비례	깨끗할수록
양보	깨끗해도, 깨끗하더라도, 깨끗할지라도, 깨끗할지언정, 깨끗한들, 깨끗한데도, 깨끗하기로서니, 깨끗하나마, 깨끗할망정, 깨끗해 보았자	원인·이유	깨끗해서, 깨끗하니까, *깨끗하느라고, 깨끗하기에, 깨끗하길래, 깨끗하니만큼, 깨끗한지라, 깨끗할세라, 깨끗하므로
목적·의도	*깨끗하러, *깨끗하려고, *깨끗하고자	첨가	깨끗하거니와, 깨끗할뿐더러, 깨끗하려니와
결과	깨끗히도록, 깨끗하게끔	습관	*깨끗하곤

- 그 애는 옷이 늘 깨끗하다. That boy's clothes are always clean.
- 깨끗한 물을 마셔야 건강해진다. In order to be healthy, one has to drink clean water.
- 그는 행동이 늘 깨끗해서 누구에게나 사랑 받는다.
  He is loved by everyone because his actions are always neat.

깨다1 [깨ː다, k'eːda]

'애' 규칙활용, 자동사

to wake up ; to become sober ; to become civilized

사동형	깨우다, 깨게 하다, 깨게 만들다			피동형	깨이다. 깨게 되다, 깨지다	
관형사형 : 현재-진행		과거-완료		과거-회상	과거-완료-회상	미래-추측/의지
깨는		깬		깨던	깼던	깰

인용형 : 평서	의문	명령	청유	명사형	부사형
깬다고	깨느냐고	깨라고	깨자고	깨기, 깸	깨, 깨게

상대존대형_아주높임		직설체	회상체
평서형	현재	깹니다	깹디다
	현재-진행	깨고 있습니다, 깨는 중입니다	깨고 있습디다
	과거	깼습니다	깼습디다
	과거-경험	깼었습니다	깼었습디다
	과거-추측	깼겠습니다	깼겠습디다
	미래-추측/의지/가능	깨겠습니다, 깨렵니다, 깰 겁니다, 깰 수 있습니다	깨겠습디다
의문형	현재	깹니까?	깹디까?
	과거	깼습니까?	깼습디까?
	과거-경험	깼었습니까?	깼었습디까?
	미래-추측/의지/가능	깨겠습니까? 깨렵니까? 깰 겁니까? 깨리이까? 깰 수 있겠습니까?	깨겠습디까?
명령형		깨시오, 깨십시오	
청유형		깹시다, 깨십시다	
감탄형		깨시는구나!	

상대존대형_예사높임		'-어요'체	'-으오'체
평서형	현재	깨요, 깨지요, 깨세요, 깰래요, 깰걸요, 깨는데요, 깬대요, 깰게요, 깨잖아요	깨오
	현재-진행	깨고 있어요, 깨고 있지요, 깨고 있으세요, 깨는 중이에요	깨고 있소
	과거	깼어요, 깼지요, 깼으세요, 깼잖아요	깼소
	과거-경험	깼었어요, 깼었지요, 깼었으세요	깼었소
	과거-추측	깼겠어요, 깼겠지요, 깼겠으세요	깼겠소
	미래-추측/의지/가능	깨겠어요, 깨겠지요, 깨겠으세요, 깰 수 있어요	깨겠소
의문형	현재	깨요? 깨지요? 깨세요? 깨나요? 깰래요? 깰래요? 깨는가요? 깨는데요? 깬대요? 깬다면서요? 깬다지요?	깨오? *깨소?
	과거	깼어요? 깼지요? 깼으세요?	깼소?
	과거-경험	깼었어요? 깼었지요? 깼었으세요?	깼었소?
	미래-추측/의지/가능	깨겠어요? 깨겠지요? 깨겠으세요? 깨리요? 깰 거예요? 깰 거지요? 깰 수 있겠어요?	깨겠소?
명령형		깨요, 깨지요, 깨세요, 깨라니까요	깨오, 깨구려
청유형		깨요, 깨지요, 깨세요, 깨자니까요	깨오
감탄형		깨는군요! 깨리요!	깨는구려!

상대존대형_예사낮춤		'-어'체	'-네'체
평서형	현재	깨, 깨지, 깰래, 깰걸, 깨는데, 깬대, 깰게, 깬단다, 깨마, 깨잖아	깨네
	현재-진행	깨고 있어, 깨고 있지, 깨는 중이야	깨고 있네
	과거-완료	깼어, 깼지, 깼잖아	깼네
	미래-추측/의지/가능	깨겠어, 깨겠지, 깰 수 있어	깨겠네
의문형	현재	깨? 깨지? 깨니? 깨나? 깰까? 깨랴? 깰래? 깨는데? 깬대? 깬다면서? 깬다지?	깨는가?
	과거	깼어? 깼지? 깼니? 깼을까? 깼대? 깼다면서?	깼는가?
	미래	깨겠어? 깨겠지? 깨겠니? 깨리? 깰 거야? 깰 거지? 깰 거니? 깰 수 있겠어?	깰 건가?
명령형		깨, 깨지, 깨렴, 깨려무나, 깨라니까	깨게
청유형		깨, 깨지, 깨자니까	깨세
감탄형		깨! 깨지! 깨리!	깨는군! 깨는구먼!

상대존대형_아주낮춤		직설체	회상체
평서형	현재	깬다	깨더라
	현재-진행	깨고 있다, 깨는 중이다	깨고 있더라
	과거-완료	깼다	깼더라
	미래-추측/의지/가능	깨겠다, 깨리다, 깨련다, 깰 거다, 깰 수 있다	깨겠더라
의문형	현재	깨느냐?	깨더냐?
	과거	깼느냐?	깼더냐?
	미래	깨겠느냐?	깨겠더냐?
명령형		깨라	
청유형		깨자	
감탄형		깨는구나! 깬다! 깨는도다!	깨더구나!

연결형	연결어미	의미기능	연결어미
나열	깨고, 깨며	비교	깨느니
선택	깨거나, 깨든지, 깨든가	정도	깨리만큼
대립	깨도, 깨지만, 깨나, 깨는데, 깨면서도, 깨되, 깨지	조건 · 가정	깨면, 깨거든, 깨거들랑, 깨야, 깬다면, 깼던들
동시	깨면서, 깨며	상황제시	깨는데, 깨니, 깨다시피
계기	깨고서, 깨서, 깨자, 깨자마자	비유	깨듯이
중단 · 전환	깨다가	비례	깰수록
양보	깨도, 깨더라도, 깰지라도, 깰지언정, 깬들, 깨는데도, 깨기로서니, 깨나마, 깰망정, 깨보았자	원인 · 이유	깨서, 깨니까, 깨느라고, 깨기에, 깨길래, 깨느니만큼, 깨는지라, 깰세라, 깨므로
목적 · 의도	깨러, 깨려고, 깨고자	첨가	깨거니와, 깰뿐더러, 깨려니와
결과	깨도록, 깨게끔	습관	깨곤

- 그는 자다가 자주 잠을 깬다. He wakes up frequently while asleep.
- 환상에서 깬 기분이 어때? How does it feel to be awake from fantasy?
- 아이들의 잠을 깨우더라도 기분 좋게 깨우세요. Wake the children up in a good maner.

깨닫다 [깨닫따, k'jedadt'a]

'ㄷ' 불규칙활용, 타동사

to realize, perceive, understand ; to be spiritually awakened

사동형	*깨닫히다, 깨닫게 하다, 깨닫게 만들다		피동형	*깨닫히다. 깨닫게 되다, 깨달아지다,	
관형사형 : 현재-진행		과거-완료	과거-회상	과거-완료-회상	미래-추측/의지
깨닫는		깨달은	깨닫던	깨달았던	깨달았던

인용형 : 평서	의문	명령	청유	명사형	부사형
깨닫는다고	깨닫느냐고	깨달으라고	깨닫자고	깨닫기, 깨달음	깨달아, 깨닫게

상대존대형_아주높임		직설체	회상체
평서형	현재	깨닫습니다	깨닫습디다
	현재-진행	깨닫고 있습니다, 깨닫는 중입니다	깨닫고 있습디다
	과거	깨달았습니다	깨달았습디다
	과거-경험	깨달았었습니다	깨달았었습디다
	과거-추측	깨달았겠습니다	깨달았겠습디다
	미래-추측/의지/가능	깨닫겠습니다, 깨달으렵니다, 깨달을 겁니다, 깨달을 수 있습니다	깨닫겠습디다
의문형	현재	깨닫습니까?	깨닫습디까?
	과거	깨달았습니까?	깨달았습디까?
	과거-경험	깨달았었습니까?	깨달았었습디까?
	미래-추측/의지/가능	깨닫겠습니까? 깨달으렵니까? 깨달을 겁니까? 깨달으리이까? 깨달을 수 있겠습니까?	깨닫겠습디까?
명령형		깨달으시오, 깨달으십시오	
청유형		깨달읍시다, 깨달으십시다	
감탄형		깨달으시는구나!	

상대존대형_예사높임		'-어요'체	'-으오'체
평서형	현재	깨달아요, 깨닫지요, 깨달으세요, 깨달을래요, 깨달을걸요, 깨닫는데요, 깨닫는대요, 깨달을게요, 깨닫잖아요	깨달으오
	현재-진행	깨닫고 있어요, 깨닫고 있지요, 깨닫고 있으세요, 깨닫는 중이에요	깨닫고 있소
	과거	깨달았어요, 깨달았지요, 깨달았으세요, 깨달았잖아요	깨달았소
	과거-경험	깨달았었어요, 깨달았었지요, 깨달았었으세요	깨달았었소
	과거-추측	깨달았겠어요, 깨달았겠지요, 깨달았겠으세요	깨달았겠소
	미래-추측/의지/가능	깨닫겠어요, 깨닫겠지요, 깨닫겠으세요, 깨달을 수 있어요	깨닫겠소
의문형	현재	깨달아요? 깨닫지요? 깨달으세요? 깨닫나요? 깨달을까요? 깨달을래요? 깨닫는가요? 깨닫는데요? 깨닫는대요? 깨닫는다면서요? 깨닫는다지요?	깨달으오? 깨닫소?
	과거	깨달았어요? 깨달았지요? 깨달았으세요?	깨달았소?
	과거-경험	깨달았었어요? 깨달았었지요? 깨달았었으세요?	깨달았었소?
	미래-추측/의지/가능	깨닫겠어요? 깨닫겠지요? 깨닫겠으세요? 깨달으리요? 깨달을 거예요? 깨달을 거지요? 깨달을 수 있겠어요?	깨닫겠소?
명령형		깨달아요, 깨닫지요, 깨달으세요, 깨달으라니까요	깨달으오, 깨닫구려
청유형		깨달아요, 깨닫지요, 깨달으세요, 깨닫자니까요	깨달으오
감탄형		깨닫는군요! 깨달으리요!	깨닫는구려!

상대존대형_예사낮춤		'-어'체	'-네'체
평서형	현재	깨달아, 깨닫지, 깨달을래, 깨달을걸, 깨닫는데, 깨닫는대, 깨달을게, 깨닫는단다, 깨달으마, 깨닫잖아	깨닫네
	현재-진행	깨닫고 있어, 깨닫고 있지, 깨닫는 중이야	깨닫고 있네
	과거-완료	깨달았어, 깨달았지, 깨달았잖아	깨달았네
	미래-추측/의지/가능	깨닫겠어, 깨닫겠지, 깨달을 수 있어	깨닫겠네
의문형	현재	깨달아? 깨닫지? 깨닫니? 깨닫나? 깨달을까? 깨달으랴? 깨달을래? 깨닫는데? 깨닫는대? 깨닫는다면서? 깨닫는다지?	깨닫는가?
	과거	깨달았어? 깨달았지? 깨달았니? 깨달았을까? 깨달았대? 깨달았다면서?	깨달았는가?
	미래	깨닫겠어? 깨닫겠지? 깨닫겠니? 깨달으리? 깨달을 거야? 깨달을 거지? 깨달을 거니? 깨달을 수 있겠어?	깨달을 건가?
명령형		깨달아, 깨닫지, 깨달으렴, 깨달으려무나, 깨달으려니까	깨닫게
청유형		깨달아, 깨닫지, 깨닫자니까	깨달으세
감탄형		깨달아! 깨닫지! 깨달으리!	깨닫는군! 깨닫는구먼!

상대존대형_아주낮춤		직설체	회상체
평서형	현재	깨닫는다	깨닫더라
	현재-진행	깨닫고 있다, 깨닫는 중이다	깨닫고 있더라
	과거-완료	깨달았다	깨달았더라
	미래-추측/의지/가능	깨닫겠다, 깨달으리다, 깨달으련다, 깨달을 거다, 깨달을 수 있다	깨닫겠더라
의문형	현재	깨닫느냐?	깨닫더냐?
	과거	깨달았느냐?	깨달았더냐?
	미래	깨닫겠느냐?	깨닫겠더냐?
명령형		깨달아라	
청유형		깨닫자	
감탄형		깨닫는구나! 깨닫는다! 깨닫는도다!	깨닫더구나!

연결형	연결어미	의미기능	연결어미
나열	깨닫고, 깨달으며	비교	깨닫느니
선택	깨닫거나, 깨닫든지, 깨닫든가	정도	깨달으리만큼
대립	깨달아도, 깨닫지만, 깨달으나, 깨닫는데, 깨달으면서도, 깨닫되, 깨닫지	조건 · 가정	깨달으면, 깨닫거든, 깨닫거들랑, 깨달아야, 깨닫는다면, 깨달았던들
동시	깨달으면서, 깨달으며	상황제시	깨닫는데, 깨달으니, 깨닫다시피
계기	깨닫고서, 깨달아서, 깨닫자, 깨닫자마자	비유	깨닫듯이
중단 · 전환	깨닫다가	비례	깨달을수록
양보	깨달아도, 깨닫더라도, 깨달을지라도, 깨달을지언정, 깨달은들, 깨닫는데도, 깨닫기로서니, 깨달으나마, 깨달을망정, 깨달아 보았자	원인 · 이유	깨달아서, 깨달으니까, 깨닫느라고, 깨닫기에, 깨닫길래, 깨닫느니만큼, 깨닫는지라, 깨달을세라, 깨달으므로
목적 · 의도	깨달으러, 깨달으려고, 깨닫고자	첨가	깨닫거니와, 깨달을뿐더러, 깨달으려니와
결과	깨닫도록, 깨닫게끔	습관	깨닫곤

기본예문

- 뒤늦게 잘못을 깨달았다. It was too late when I realized my fault.
- 진리를 깨닫는 게 매우 어렵다. It's very hard to realize the truth.
- 아침에 도를 깨달으면 저녁에 죽어도 한이 없다.
  If I realize the truth in the morning, I shall die without regrets in the evening.

꿰다1 [꿰ː다, k'weːda]

'웨' 규칙활용, 타동사

to thread, run a thread through a needle

사동형	*꿰히다, 꿰게 하다, 꿰게 만들다	피동형	꿰이다. 꿰게 되다, 꿰어지다

관형사형 : 현재-진행	과거-완료	과거-회상	과거-완료-회상	미래-추측/의지
꿰는	꾄	꿰던	꿰었던	꿸

인용형 : 평서	의문	명령	청유	명사형	부사형
꿴다고	꿰느냐고	꿰라고	꿰자고	꿰기, 꿴	꿰어, 꿰게

상대존대형_아주높임		직설체	회상체
평서형	현재	꿰습니다	꿰습디다
	현재-진행	꿰고 있습니다, 꿰는 중입니다	꿰고 있습디다
	과거	꿰었습니다	꿰었습디다
	과거-경험	꿰었었습니다	꿰었었습디다
	과거-추측	꿰었겠습니다	꿰었겠습디다
	미래-추측/의지/가능	꿰겠습니다, 꿰렵니다, 꿸 겁니다, 꿸 수 있습니다	꿰겠습디다
의문형	현재	꿰습니까?	꿰습디까?
	과거	꿰었습니까?	꿰었습디까?
	과거-경험	꿰었었습니까?	꿰었었습디까?
	미래-추측/의지/가능	꿰겠습니까? 꿰렵니까? 꿸 겁니까? 꿰리이까? 꿸 수 있겠습니까?	꿰겠습디까?
명령형		꿰시오, 꿰십시오	
청유형		꿰읍시다, 꿰십시다	
감탄형		꿰시는구나!	

상대존대형_예사높임		'-어요'체	'-으오'체
평서형	현재	꿰어요, 꿰지요, 꿰세요, 꿸래요, 꿸걸요, 꿰는데요, 꿴대요, 꿸게요, 꿰잖아요	꿰오
	현재-진행	꿰고 있어요, 꿰고 있지요, 꿰고 있으세요, 꿰는 중이에요	꿰고 있소
	과거	꿰었어요, 꿰었지요, 꿰었으세요, 꿰었잖아요	꿰었소
	과거-경험	꿰었었어요, 꿰었었지요, 꿰었었으세요	꿰었었소
	과거-추측	꿰었겠어요, 꿰었겠지요, 꿰었겠으세요	꿰었겠소
	미래-추측/의지/가능	꿰겠어요, 꿰겠지요, 꿰겠으세요, 꿸 수 있어요	꿰겠소
의문형	현재	꿰어요? 꿰지요? 꿰세요? 꿰나요? 꿸까요? 꿸래요? 꿰는가요? 꿰는데요? 꿴대요? 꿴다면서요? 꿴다지요?	꿰오? *꿰소?
	과거	꿰었어요? 꿰었지요? 꿰었으세요?	꿰었소?
	과거-경험	꿰었었어요? 꿰었었지요? 꿰었었으세요?	꿰었었소?
	미래-추측/의지/가능	꿰겠어요? 꿰겠지요? 꿰겠으세요? 꿰리요? 꿸 거예요? 꿸 거지요? 꿸 수 있겠어요?	꿰겠소?
명령형		꿰어요, 꿰지요, 꿰세요, 꿰라니까요	꿰오, 꿰구려
청유형		꿰어요, 꿰지요, 꿰세요, 꿰자니까요	꿰오
감탄형		꿰는군요! 꿰리요!	꿰는구려!

상대존대형_예사낮춤		'-어'체	'-네'체
평서형	현재	꿰어, 꿰지, 꿸래, 꿸걸, 꿰는데, 꿴대, 꿸게, 꿴단다, 꿰마, 꿰잖아	꿰네
	현재-진행	꿰고 있어, 꿰고 있지, 꿰는 중이야	꿰고 있네
	과거-완료	꿰었어, 꿰었지, 꿰었잖아	꿰었네
	미래-추측/의지/가능	꿰겠어, 꿰겠지, 꿸 수 있어	꿰겠네
의문형	현재	꿰어? 꿰지? 꿰니? 꿰나? 꿸까? 꿰랴? 꿸래? 꿰는데? 꿴대? 꿴다면서? 꿴다지?	꿰는가?
	과거	꿰었어? 꿰었지? 꿰었니? 꿰었을까? 꿰었대? 꿰었다면서?	꿰었는가?
	미래	꿰겠어? 꿰겠지? 꿰겠니? 꿰리? 꿸 거야? 꿸 거지? 꿸 거니? 꿸 수 있겠어?	꿸 건가?
명령형		꿰어, 꿰지, 꿰렴, 꿰려무나, 꿰라니까	꿰게
청유형		꿰어, 꿰지, 꿰자니까	꿰세
감탄형		꿰어! 꿰지! 꿰리!	꿰는군! 꿰는구먼!

상대존대형_아주낮춤		직설체	회상체
평서형	현재	꿴다	꿰더라
	현재-진행	꿰고 있다, 꿰는 중이다	꿰고 있더라
	과거-완료	꿰었다	꿰었더라
	미래-추측/의지/가능	꿰겠다, 꿰리다, 꿰련다, 꿸 거다, 꿸 수 있다	꿰겠더라
의문형	현재	꿰느냐?	꿰더냐?
	과거	꿰었느냐?	꿰었더냐?
	미래	꿰겠느냐?	꿰겠더냐?
명령형		꿰어라	
청유형		꿰자	
감탄형		꿰는구나! 꿴다! 꿰는도다!	꿰더구나!

연결형	연결어미	의미기능	연결어미
나열	꿰고, 꿰며	비교	꿰느니
선택	꿰거나, 꿰든지, 꿰든가	정도	꿰리만큼
대립	꿰어도, 꿰지만, 꿰나, 꿰는데, 꿰면서도, 꿰되, 꿰지	조건 · 가정	꿰면, 꿰거든, 꿰거들랑, 꿰어야, 꿴다면, 꿰었던들
동시	꿰면서, 꿰며	상황제시	꿰는데, 꿰니, 꿰다시피
계기	꿰고서, 꿰어서, 꿰자, 꿰자마자	비유	꿰듯이
중단 · 전환	꿰다가	비례	꿸수록
양보	꿰어도, 꿰더라도, 꿸지라도, 꿸지언정, 꿴들, 꿰는데도, 꿰기로서니, 꿰나마, 꿸망정, 꿰어 보았자	원인 · 이유	꿰어서, 꿰니까, 꿰느라고, 꿰기에, 꿰길래, 꿰느니만큼, 꿰는지라, 꿸세라, 꿰므로
목적 · 의도	꿰러, 꿰려고, 꿰고자	첨가	꿰거니와, 꿸뿐더러, 꿰려니와
결과	꿰도록, 꿰게끔	습관	꿰곤

기본예문

- 그녀는 바늘에 실을 꿰었다. She passed the thread through the needle.
- 그녀는 바늘에 실을 꿰는 것을 잘 한다. She is good at passing the thread through a needle.
- 바닷가에서는 오징어를 막대기에 꿰어서 말린다.
  By the ocean, we stick squids to a stick to dry them.

끄다 [끄다, k'ïda]

'으' 불규칙활용, 타동사

to extinguish, turn off, switch off ; to pay back

사동형	*끄히다, 끄게 하다, 끄게 만들다		피동형	*끄이다, 끄게 되다, 꺼지다	
관형사형 : 현재-진행		과거-완료	과거-회상	과거-완료-회상	미래-추측/의지
끄는		끈	끄던	껐던	끌

인용형 : 평서	의문	명령	청유	명사형	부사형
끈다고	끄느냐고	끄라고	끄자고	끄기, 끔	꺼, 끄게

상대존대형_아주높임		직설체	회상체
평서형	현재	끕니다	끕디다
	현재-진행	끄고 있습니다, 끄는 중입니다	끄고 있습디다
	과거	껐습니다	껐습디다
	과거-경험	껐었습니다	껐었습디다
	과거-추측	껐겠습니다	껐겠습디다
	미래-추측/의지/가능	끄겠습니다, 끄렵니다, 끌 겁니다, 끌 수 있습니다	끄겠습디다
의문형	현재	끕니까?	끕디까?
	과거	껐습니까?	껐습디까?
	과거-경험	껐었습니까?	껐었습디까?
	미래-추측/의지/가능	끄겠습니까? 끄렵니까? 끌 겁니까? 끄리이까? 끌 수 있겠습니까?	끄겠습디까?
명령형		끄시오, 끄십시오	
청유형		끕시다, 끄십시다	
감탄형		끄시는구나!	

상대존대형_예사높임		'-어요'체	'-으오'체
평서형	현재	꺼요, 끄지요, 끄세요, 끌래요, 끌걸요, 끄는데요, 끈대요, 끌게요, 끄잖아요	끄오
	현재-진행	끄고 있어요, 끄고 있지요, 끄고 있으세요, 끄는 중이에요	끄고 있소
	과거	껐어요, 껐지요, 껐으세요, 껐잖아요	껐소
	과거-경험	껐었어요, 껐었지요, 껐었으세요	껐었소
	과거-추측	껐겠어요, 껐겠지요, 껐겠으세요	껐겠소
	미래-추측/의지/가능	끄겠어요, 끄겠지요, 끄겠으세요, 끌 수 있어요	끄겠소
의문형	현재	꺼요? 끄지요? 끄세요? 끄나요? 끌까요? 끌래요? 끄는가요? 끄는데요? 끈대요? 끈다면서요? 끈다지요?	끄오? *끄소?
	과거	껐어요? 껐지요? 껐으세요?	껐소?
	과거-경험	껐었어요? 껐었지요? 껐었으세요?	껐었소?
	미래-추측/의지/가능	끄겠어요? 끄겠지요? 끄겠으세요? 끄리요? 끌 거예요? 끌 거지요? 끌 수 있겠어요?	끄겠소?
명령형		꺼요, 끄지요, 끄세요, 끄라니까요	끄오, 끄구려
청유형		꺼요, 끄지요, 끄세요, 끄자니까요	끄오
감탄형		끄는군요! 끄리요!	끄는구려!

상대존대형_예사낮춤		'-어'체	'-네'체
평서형	현재	꺼, 끄지, 끌래, 끌걸, 끄는데, 끈대, 끌게, 끈단다, 끄마, 끄잖아	끄네
	현재-진행	끄고 있어, 끄고 있지, 끄는 중이야	끄고 있네
	과거-완료	껐어, 껐지, 껐잖아	껐네
	미래-추측/의지/가능	끄겠어, 끄겠지, 끌 수 있어	끄겠네
의문형	현재	꺼? 끄지? 끄니? 끄나? 끌까? 끄랴? 끌래? 끄는데? 끈대? 끈다면서? 끈다지?	끄는가?
	과거	껐어? 껐지? 껐니? 껐을까? 껐대? 껐다면서?	껐는가?
	미래	끄겠어? 끄겠지? 끄겠니? 끄리? 끌 거야? 끌 거지? 끌 거니? 끌 수 있겠어?	끌 건가?
명령형		꺼, 끄지, 끄렴, 끄려무나, 끄라니까	끄게
청유형		꺼, 끄지, 끄자니까	끄세
감탄형		꺼! 끄지! 끄리!	끄는군! 끄는구먼!

상대존대형_아주낮춤		직설체	회상체
평서형	현재	끈다	끄더라
	현재-진행	끄고 있다, 끄는 중이다	끄고 있더라
	과거-완료	껐다	껐더라
	미래-추측/의지/가능	끄겠다, 끄리다, 끄련다, 끌 거다, 끌 수 있다	끄겠더라
의문형	현재	끄느냐?	끄더냐?
	과거	껐느냐?	껐더냐?
	미래	끄겠느냐?	끄겠더냐?
명령형		꺼라	
청유형		끄자	
감탄형		끄는구나! 끈다! 끄는도다!	끄더구나!

연결형	연결어미	의미기능	연결어미
나열	끄고, 끄며	비교	끄느니
선택	끄거나, 끄든지, 끄든가	정도	끄리만큼
대립	꺼도, 끄지만, 끄나, 끄는데, 끄면서도, 끄되, 끄지	조건 · 가정	끄면, 끄거든, 끄거들랑, 꺼야, 끈다면, 껐던들
동시	끄면서, 끄며	상황제시	끄는데, 끄니, 끄다시피
계기	끄고서, 꺼서, 끄자, 끄자마자	비유	끄듯이
중단 · 전환	끄다가	비례	끌수록
양보	꺼도, 끄더라도, 끌지라도, 끌지언정, 끈들, 끄는데도, 끄기로서니, 끄나마, 끌망정, 꺼 보았자	원인 · 이유	꺼서, 끄니까, 끄느라고, 끄기에, 끄길래, 끄느니만큼, 끄는지라, 끌세라, 끄므로
목적 · 의도	끄러, 끄려고, 끄고자	첨가	끄거니와, 끌뿐더러, 끄려니와
결과	끄도록, 끄게끔	습관	끄곤

- 주민들이 힘을 합해 산불을 빨리 껐다.
  The citizens worked together to extinguish the mountain fire.
- 내리막에서 시동을 끈 상태로 운전을 하지 마세요.
  Do not drive with the car engine turned off on the way down.
- 낮에는 밝으니까 전등을 끄고 있자. Switch off the electric lamp during day time.

나가다 [나가다, nakada]

'거라' 불규칙활용, 자동사

to go out ; to go forth ; to sell ; to go out of one's mind ; to run for

사동형	*나가히다, 나가게 하다, 나가게 만들다	피동형	*나가히다. 나가게 되다, 나가지다

관형사형 : 현재-진행	과거-완료	과거-회상	과거-완료-회상	미래-추측/의지
나가는	나가는	나가던	나갔던	나갈

인용형 : 평서	의문	명령	청유	명사형	부사형
나간다고	나가느냐고	나가라고	나가자고	나가기, 나감	나가, 나가게

상대존대형_아주높임		직설체	회상체
평서형	현재	나갑니다	나갑디다
	현재-진행	나가고 있습니다, 나가는 중입니다	나가고 있습디다
	과거	나갔습니다	나갔습디다
	과거-경험	나갔었습니다	나갔었습디다
	과거-추측	나갔겠습니다	나갔겠습디다
	미래-추측/의지/가능	나가겠습니다, 나가렵니다, 나갈 겁니다, 나갈 수 있습니다	나가겠습디다
의문형	현재	나갑니까?	나갑디까?
	과거	나갔습니까?	나갔습디까?
	과거-경험	나갔었습니까?	나갔었습디까?
	미래-추측/의지/가능	나가겠습니까? 나가렵니까? 나갈 겁니까? 나가리이까? 나갈 수 있 겠습니까?	나가겠습디까?
명령형		나가시오, 나가십시오	
청유형		나갑시다, 나가십시다	
감탄형		나가시는구나!	

[대 어미 - 예사높임]

상대존대형_예사높임		'-어요'체	'-으오'체
평서형	현재	나가요, 나가지요, 나가세요, 나갈래요, 나갈걸요, 나가는데요, 나 간대요, 나갈게요, 나가잖아요	나가오
	현재-진행	나가고 있어요, 나가고 있지요, 나가고 있으세요, 나가는 중이에요	나가고 있소
	과거	나갔어요, 나갔지요, 나갔으세요, 나갔잖아요	나갔소
	과거-경험	나갔었어요, 나갔었지요, 나갔었으세요	나갔었소
	과거-추측	나갔겠어요, 나갔겠지요, 나갔겠으세요	나갔겠소
	미래-추측/의지/가능	나가겠어요, 나가겠지요, 나가겠으세요, 나갈 수 있어요	나가겠소
의문형	현재	나가요? 나가지요? 나가세요? 나가나요? 나갈까요? 나갈래요? 나 가는가요? 나가는데요? 나간대요? 나간다면서요? 나간다지요?	나가오? *나가소?
	과거	나갔어요? 나갔지요? 나갔으세요?	나갔소?
	과거-경험	나갔었어요? 나갔었지요? 나갔었으세요?	나갔었소?
	미래-추측/의지/가능	나가겠어요? 나가겠지요? 나가겠으세요? 나가리요? 나갈 거예요? 나갈 거지요? 나갈 수 있겠어요?	나가겠소?
명령형		나가요, 나가지요, 나가세요, 나가라니까요	나가오, 나가구려
청유형		나가요, 나가지요, 나가세요, 나가자니까요	나가오
감탄형		나가는군요! 나가리요!	나가는구려!

상대존대형_예사낮춤		'-어'체	'-네'체
평서형	현재	나가, 나가지, 나갈래, 나갈걸, 나가는데, 나간대, 나갈게, 나간단다, 나가마, 나가잖아	나가네
	현재-진행	나가고 있어, 나가고 있지, 나가는 중이야	나가고 있네
	과거-완료	나갔어, 나갔지, 나갔잖아	나갔네
	미래-추측/의지/가능	나가겠어, 나가겠지, 나갈 수 있어	나가겠네
의문형	현재	나가? 나가지? 나가니? 나가나? 나갈까? 나가랴? 나갈래? 나가는데? 나간대? 나간다면서? 나간다지?	나가는가?
	과거	나갔어? 나갔지? 나갔니? 나갔을까? 나갔대? 나갔다면서?	나갔는가?
	미래	나가겠어? 나가겠지? 나가겠니? 나가리? 나갈 거야? 나갈 거지? 나갈 거니? 나갈 수 있겠어?	나갈 건가?
명령형		나가, 나가지, 나가렴, 나가려무나, 나가라니까	나가게
청유형		나가, 나가지, 나가자니까	나가세
감탄형		나가! 나가지! 나가리!	나가는군! 나가는 구면!

상대존대형_아주낮춤		직설체	회상체
평서형	현재	나간다	나가더라
	현재-진행	나가고 있다, 나가는 중이다	나가고 있더라
	과거-완료	나갔다	나갔더라
	미래-추측/의지/가능	나가겠다, 나가리다, 나가련다, 나갈 거다, 나갈 수 있다	나가겠더라
의문형	현재	나가느냐?	나가더냐?
	과거	나갔느냐?	나갔더냐?
	미래	나가겠느냐?	나가겠더냐?
명령형		나가라	
청유형		나가자	
감탄형		나가는구나! 나간다! 나가는도다!	나가더구나!

연결형	연결어미	의미기능	연결어미
나열	나가고, 나가며	비교	나가느니
선택	나가거나, 나가든지, 나가든가	정도	나가리만큼
대립	나가도, 나가지만, 나가나, 나가는데, 나가면서도, 나가되, 나가지	조건·가정	나가면, 나가거든, 나가거들랑, 나가야, 나간다면, 나갔던들
동시	나가면서, 나가며	상황제시	나가는데, 나가니, 나가다시피
계기	나가고서, 나가서, 나가자, 나가자마자	비유	나가듯이
중단·전환	나가다가	비례	나갈수록
양보	나가도, 나가더라도, 나갈지라도, 나갈지언정, 나간들, 나가는데도, 나가기로서니, 나가나마, 나갈망정, 나가 보았자	원인·이유	나가서, 나가니까, 나가느라고, 나가기에, 나가길래, 나가느니만큼, 나가는지라, 나갈세라, 나가므로
목적·의도	*나가러, 나가려고, 나가고자	첨가	나가거니와, 나갈뿐더러, 나가려니와
결과	나가도록, 나가게끔	습관	나가곤

- 잠깐 집 밖으로 나갑시다. Lets go out the house for a moment.
- 그는 시장 후보로 나갈 예정이다. He is about to run for mayor.
- 지난달에는 식비가 너무 많이 나가서 적자가 났다.
  Last month, there was a deficit because we spent too much money on food.

나르다 [나르다, narïda]

'르' 불규칙활용, 타동사

to carry, convey, transport

사동형	*나르히다, 나르게 하다, 나르게 만들다	피동형	*나르히다. 나르게 되다, 날라지다

관형사형 : 현재-진행	과거-완료	과거-회상	과거-완료-회상	미래-추측/의지
나르는	나른	나르던	날랐던	나를

인용형 : 평서	의문	명령	청유	명사형	부사형
나른다고	나르느냐고	나르라고	나르자고	나르기, 나름	날라, 나르게

상대존대형_아주높임		직설체	회상체
평서형	현재	나릅니다	나릅디다
	현재-진행	나르고 있습니다, 나르는 중입니다	나르고 있습디다
	과거	날랐습니다	날랐습디다
	과거-경험	날랐었습니다	날랐었습디다
	과거-추측	날랐겠습니다	날랐겠습디다
	미래-추측/의지/가능	나르겠습니다, 나르렵니다, 나를 겁니다, 나를 수 있습니다	나르겠습디다
의문형	현재	나릅니까?	나릅디까?
	과거	날랐습니까?	날랐습디까?
	과거-경험	날랐었습니까?	날랐었습디까?
	미래-추측/의지/가능	나르겠습니까? 나르렵니까? 나를 겁니까? 나르리이까? 나를 수 있겠습니까?	나르겠습디까?
명령형		나르시오, 나르십시오	
청유형		나릅시다, 나르십시다	
감탄형		나르시는구나!	

상대존대형_예사높임		'-어요'체	'-으오'체
평서형	현재	날라요, 나르지요, 나르세요, 나를래요, 나를걸요, 나르는데요, 나른대요, 나를게요, 나르잖아요	나르오
	현재-진행	나르고 있어요, 나르고 있지요, 나르고 있으세요, 나르는 중이에요	나르고 있소
	과거	날랐어요, 날랐지요, 날랐으세요, 날랐잖아요	날랐소
	과거-경험	날랐었어요, 날랐었지요, 날랐었으세요	날랐었소
	과거-추측	날랐겠어요, 날랐겠지요, 날랐겠으세요	날랐겠소
	미래-추측/의지/가능	나르겠어요, 나르겠지요, 나르겠으세요, 나를 수 있어요	나르겠소
의문형	현재	날라요? 나르지요? 나르세요? 나르나요? 나를까요? 나를래요? 나르는가요? 나르는데요? 나른대요? 나른다면서요? 나른다지요?	나르오? *나르소?
	과거	날랐어요? 날랐지요? 날랐으세요?	날랐소?
	과거-경험	날랐었어요? 날랐었지요? 날랐었으세요?	날랐었소?
	미래-추측/의지/가능	나르겠어요? 나르겠지요? 나르겠으세요? 나르리요? 나를 거예요? 나를 거지요? 나를 수 있겠어요?	나르겠소?
명령형		날라요, 나르지요, 나르세요, 나르라니까요	나르오, 나르구려
청유형		날라요, 나르지요, 나르세요, 나르자니까요	나르오
감탄형		나르는군요! 나르리요!	나르는구려!

상대존대형_예사낮춤		'-어'체	'-네'체
평서형	현재	날라, 나르지, 나를래, 나를걸, 나르는데, 나른대, 나를게, 나른단다, 나르마, 나르잖아	나르네
	현재-진행	나르고 있어, 나르고 있지, 나르는 중이야	나르고 있네
	과거-완료	날랐어, 날랐지, 날랐잖아	날랐네
	미래-추측/의지/가능	나르겠어, 나르겠지, 나를 수 있어	나르겠네
의문형	현재	날라? 나르지? 나르니? 나르나? 나를까? 나르랴? 나를래? 나르는데? 나른대? 나른다면서? 나른다지?	나르는가?
	과거	날랐어? 날랐지? 날랐니? 날랐을까? 날랐대? 날랐다면서?	날랐는가?
	미래	나르겠어? 나르겠지? 나르겠니? 나르리? 나를 거야? 나를 거지? 나를 거니? 나를 수 있겠어?	나를 건가?
명령형		날라, 나르지, 나르렴, 나르려무나, 나르라니까	나르게
청유형		날라, 나르지, 나르자니까	나르세
감탄형		날라! 나르지! 나르리!	나르는군! 나르는구면!

상대존대형_아주낮춤		직설체	회상체
평서형	현재	나른다	나르더라
	현재-진행	나르고 있다, 나르는 중이다	나르고 있더라
	과거-완료	날랐다	날랐더라
	미래-추측/의지/가능	나르겠다, 나르리다, 나르련다, 나를 거다, 나를 수 있다	나르겠더라
의문형	현재	나르느냐?	나르더냐?
	과거	날랐느냐?	날랐더냐?
	미래	나르겠느냐?	나르겠더냐?
명령형		날라라	
청유형		나르자	
감탄형		나르는구나! 나른다! 나르는도다!	나르더구나!

연결형	연결어미	의미기능	연결어미
나열	나르고, 나르며	비교	나르느니
선택	나르거나, 나르든지, 나르든가	정도	나르리만큼
대립	날라도, 나르지만, 나르나, 나르는데, 나르면서도, 나르되, 나르지	조건 · 가정	나르면, 나르거든, 나르거들랑, 날라야, 나른다면, 날랐던들
동시	나르면서, 나르며	상황제시	나르는데, 나르니, 나르다시피
계기	나르고서, 날라서, 나르자, 나르자마자	비유	나르듯이
중단 · 전환	나르다가	비례	나를수록
양보	날라도, 나르더라도, 나를지라도, 나를지언정, 나른들, 나르는데도, 나르기로서니, 나르나마, 나를망정, 날라 보았자	원인 · 이유	날라서, 나르니까, 나르노라고, 나르기에, 나르길래, 나르느니만큼, 나르는지라, 나를세라, 나르므로
목적 · 의도	나르러, 나르려고, 나르고자	첨가	나르거니와, 나를뿐더러, 나르려니와
결과	나르도록, 나르게끔	습관	나르곤

<table>
<tr><td rowspan="3">기본예문</td><td>• 트럭으로 이삿짐을 날랐다. We transported the loads by truck.</td></tr>
<tr><td>• 버스로 나른 승객의 수가 얼마입니까? How many people were transported by bus?</td></tr>
<tr><td>• 유리컵을 나를 때는 깨지지 않도록 주의하세요. Be careful when transporting glass cups.</td></tr>
</table>

나쁘다 [나쁘다[nap'ida]

'으' 불규칙활용, 형용사

to be bad ; to be wrong ; to be evil ; to be inferior ; to be harmful ; to be poor

사동형	*나쁘히다, 나쁘게 하다, 나쁘게 만들다		피동형	*나쁘히다, 나쁘게 되다, 나빠지다	

관형사형 : 현재-진행	과거-완료	과거-회상	과거-완료-회상	미래-추측/의지
나쁜	나쁜	나쁘던	나빴던	나쁠

인용형 : 평서	의문	명령	청유	명사형	부사형
나쁘다고	나쁘냐고	*나쁘라고	*나쁘자고	나쁘기, 나쁨	나빠 나쁘게

상대존대형_아주높임		직설체	회상체
평서형	현재	나쁩니다	나쁩디다
	현재-진행	*나쁘고 있습니다, *나쁜 중입니다	*나쁘고 있습디다
	과거	나빴습니다	나빴습디다
	과거-경험	나빴었습니다	나빴었습디다
	과거-추측	나빴겠습니다	나빴겠습디다
	미래-추측/의지/가능	나쁘겠습니다, *나쁘렵니다, 나쁠 겁니다, 나쁠 수 있습니다	나쁘겠습디다
의문형	현재	나쁩니까?	나쁩디까?
	과거	나빴습니까?	나빴습디까?
	과거-경험	나빴었습니까?	나빴었습디까?
	미래-추측/의지/가능	나쁘겠습니까? *나쁘렵니까? *나쁠 겁니까? *나쁘리이까? 나쁠 수 있겠습니까?	나쁘겠습디까?
명령형		*나쁘시오, *나쁘십시오	
청유형		*나쁘읍시다, *나쁘십시다	
감탄형		나쁘시구나!	

상대존대형_예사높임		'-어요'체	'-으오'체
평서형	현재	나빠요, 나쁘지요, 나쁘세요, *나쁠래요, 나쁠걸요, 나쁜데요, 나쁜대요, *나쁠게요, 나쁘잖아요	나쁘오
	현재-진행	*나쁘고 있어요, *나쁘고 있지요, *나쁘고 있으세요, *나쁜 중이에요	*나쁘고 있소
	과거	나빴어요, 나빴지요, 나빴으세요, 나빴잖아요	나빴소
	과거-경험	나빴었어요, 나빴었지요, 나빴었으세요	나빴었소
	과거-추측	나빴겠어요, 나빴겠지요, 나빴겠으세요	나빴겠소
	미래-추측/의지/가능	나쁘겠어요, 나쁘겠지요, 나쁘겠으세요, 나쁠 수 있어요	나쁘겠소
의문형	현재	나빠요? 나쁘지요? 나쁘세요? 나쁘나요? *나쁠까요? *나쁠래요? *나쁜가요? 나쁜데요? 나쁜대요? 나쁘다면서요? 나쁘다지요?	나쁘오? *나쁘소?
	과거	나빴어요? 나빴지요? 나빴으세요?	나빴소?
	과거-경험	나빴었어요? 나빴었지요? 나빴었으세요?	나빴었소?
	미래-추측/의지/가능	나쁘겠어요? 나쁘겠지요? 나쁘겠으세요? 나쁘리요? *나쁠 거예요? *나쁠 거지요? 나쁠 수 있겠어요?	나쁘겠소?
명령형		*나빠요, *나쁘지요, *나쁘세요, *나쁘라니까요	*나쁘오, *나쁘구려
청유형		*나빠요, *나쁘지요, *나쁘세요, *나쁘자니까요	*나쁘오
감탄형		나쁘군요! 나쁘리요!	나쁘구려!

128

상대존대형_예사낮춤		'-어'체	'-네'체
평서형	현재	나빠, 나쁘지, *나쁠래, 나쁠걸, 나쁜데, 나쁘대, *나쁠게, 나쁘단다, *나쁘마, 나쁘잖아	나쁘네
	현재-진행	*나쁘고 있어, *나쁘고 있지, *나쁜 중이야	*나쁘고 있네
	과거-완료	나빴어, 나빴지, 나빴잖아	나빴네
	미래-추측/의지/가능	나쁘겠어, 나쁘겠지, 나쁠 수 있어	나쁘겠네
의문형	현재	나빠? 나쁘지? 나쁘니? 나쁘나? 나쁠까? 나쁘랴? *나쁠래? 나쁜데? 나쁘대? 나쁘다면서? 나쁘다지?	나쁜가?
	과거	나빴어? 나빴지? 나빴니? 나빴을까? 나빴대? 나빴다면서?	나빴는가?
	미래	나쁘겠어? 나쁘겠지? 나쁘겠니? 나쁘리? *나쁠 거야? *나쁠 거지? *나쁠 거니? 나쁠 수 있겠어?	*나쁠 건가?
명령형		*나빠, *나쁘지, *나쁘렴, *나쁘려무나, *나쁘라니까	*나쁘게
청유형		*나빠, *나쁘지, *나쁘자니까	*나쁘세
감탄형		나빠! 나쁘지! 나쁘리!	나쁘군! 나쁘구먼!

상대존대형_아주낮춤		직설체	회상체
평서형	현재	나쁘다	나쁘더라
	현재-진행	*나쁘고 있다, *나쁜 중이다	*나쁘고 있더라
	과거-완료	나빴다	나빴더라
	미래-추측/의지/가능	나쁘겠다, 나쁘리다, *나쁘련다, 나쁠 거다, 나쁠 수 있다	나쁘겠더라
의문형	현재	나쁘냐?	나쁘더냐?
	과거	나빴느냐?	나빴더냐?
	미래	나쁘겠느냐?	나쁘겠더냐?
명령형		*나빠라	
청유형		*나쁘자	
감탄형		나쁘구나! 나쁘다! 나쁘도다!	나쁘더구나!

연결형	연결어미	의미기능	연결어미
나열	나쁘고, 나쁘며	비교	*나쁘느니
선택	나쁘거나, 나쁘든지, 나쁘든가	정도	나쁘리만큼
대립	나빠도, 나쁘지만, 나쁘나, 나쁜데, 나쁘면서도, 나쁘되, 나쁘지	조건·가정	나쁘면, 나쁘거든, 나쁘거들랑, 나빠야, 나쁘다면, 나빴던들
동시	나쁘면서, 나쁘며	상황제시	나쁜데, 나쁘니, 나쁘다시피
계기	*나쁘고서, *나빠서, *나쁘자, *나쁘자마자	비유	나쁘듯이
중단·전환	나쁘다가	비례	나쁠수록
양보	나빠도, 나쁘더라도, 나쁠지라도, 나쁠지언정, 나쁜들, 나쁜데도, 나쁘기로서니, 나쁘나마, 나쁠망정, 나빠 보았자	원인·이유	나빠서, 나쁘니까, *나쁘느라고, 나쁘기에, 나쁘길래, 나쁘니만큼, 나쁜지라, 나쁠세라, 나쁘므로
목적·의도	*나쁘러, *나쁘려고, *나쁘고자	첨가	나쁘거니와, 나쁠뿐더러, 나쁘려니와
결과	나쁘도록, 나쁘게끔	습관	*나쁘곤

- 나는 그의 말을 듣고 매우 기분이 나빴다. I was very unhappy after hearing from him.
- 거짓말을 하는 것은 나쁘다고 아이들에게 가르쳐야 한다.
  We should teach the children that lying is not good.
- 그는 눈이 나빠서 안경을 끼어요. He wears glasses because he has bad eyesight.

날다1 [날다, nalda]

'ㄹ' 불규칙활용, 자동사

to fly ; to go very fast ; to flee, escape

사동형	날리다, 날게 하다, 날게 만들다			피동형	날리다, 날게 되다, [?]날아지다	

관형사형 : 현재-진행	과거-완료	과거-회상	과거-완료-회상	미래-추측/의지
나는	난	날던	날았던	

인용형 : 평서	의문	명령	청유	명사형	부사형
난다고	나느냐고	날으라고	날자고	날기, 낢	날아, 날게

상대존대형_아주높임		직설체	회상체
평서형	현재	납니다	납디다
	현재-진행	날고 있습니다, 나는 중입니다	날고 있습디다
	과거	날았습니다	날았습디다
	과거-경험	날았었습니다	날았었습디다
	과거-추측	날았겠습니다	날았겠습디다
	미래-추측/의지/가능	날겠습니다, 날으렵니다, 날 겁니다, 날 수 있습니다	날겠습디다
의문형	현재	납니까?	납디까?
	과거	날았습니까?	날았습디까?
	과거-경험	날았었습니까?	날았었습디까?
	미래-추측/의지/가능	날겠습니까? 날으렵니까? 날 겁니까? 날으리이까? 날 수 있겠습니까?	날겠습디까?
명령형		날으시오, 날으십시오	
청유형		날읍시다, 날으십시다	
감탄형		날으시는구나!	

상대존대형_예사높임		'-어요'체	'-으오'체
평서형	현재	날아요, 날지요, 날세요, 날래요, 날걸요, 나는데요, 난대요, 날게요, 날잖아요	날으오
	현재-진행	날고 있어요, 날고 있지요, 날고 있으세요, 나는 중이에요	날고 있소
	과거	날았어요, 날았지요, 날았으세요, 날았잖아요	날았소
	과거-경험	날았었어요, 날았었지요, 날았었으세요	날았었소
	과거-추측	날았겠어요, 날았겠지요, 날았겠으세요	날았겠소
	미래-추측/의지/가능	날겠어요, 날겠지요, 날겠으세요, 날 수 있어요	날겠소
의문형	현재	날아요? 날지요? 날세요? 나나요? 날까요? 날래요? 나는가요? 나는데요? 난대요? 난다면서요? 난다지요?	날으오? [*]날소?
	과거	날았어요? 날았지요? 날았으세요?	날았소?
	과거-경험	날았었어요? 날았었지요? 날았었으세요?	날았었소?
	미래-추측/의지/가능	날겠어요? 날겠지요? 날겠으세요? 날으리요? 날 거예요? 날 거지요? 날 수 있겠어요?	날겠소?
명령형		날아요, 날지요, 날세요, 날으라니까요	날으오, 날구려
청유형		날아요, 날지요, 날세요, 날자니까요	날으오
감탄형		나는군요! 날으리요!	나는구려!

상대존대형_예사낮춤		'-어'체	'-네'체
평서형	현재	날아, 날지, 날래, 날걸, 나는데, 난대, 날게, 난단다, 날으마, 날잖아	날네
	현재-진행	날고 있어, 날고 있지, 나는 중이야	날고 있네
	과거-완료	날았어, 날았지, 날았잖아	날았네
	미래-추측/의지/가능	날겠어, 날겠지, 날 수 있어	날겠네
의문형	현재	날아? 날지? 나니? 나나? 날까? 날으랴? 날래? 나는데? 난대? 난다면서? 난다지?	나는가?
	과거	날았어? 날았지? 날았니? 날았을까? 날았대? 날았다면서?	날았는가?
	미래	날겠어? 날겠지? 날겠니? 날으리? 날 거야? 날 거지? 날 거니? 날 수 있겠어?	날 건가?
명령형		날아, 날지, 날으렴, 날으려무나, 날으라니까	날게
청유형		날아, 날지, 날자니까	날세
감탄형		날아! 날지! 날으리!	나는군! 나는구먼!

상대존대형_아주낮춤		직설체	회상체
평서형	현재	난다	날더라
	현재-진행	날고 있다, 나는 중이다	날고 있더라
	과거-완료	날았다	날았더라
	미래-추측/의지/가능	날겠다, 날으리다, 날으련다, 날 거다, 날 수 있다	날겠더라
의문형	현재	나느냐?	날더냐?
	과거	날았느냐?	날았더냐?
	미래	날겠느냐?	날겠더냐?
명령형		날아라	
청유형		날자	
감탄형		나는구나! 나는다! 나는도다!	날더구나!

연결형	연결어미	의미기능	연결어미
나열	날고, 날으며	비교	나느니
선택	날거나, 날든지, 날든가	정도	날으리만큼
대립	날아도, 날지만, 날으나, 나는데, 날으면서도, 날되, 날지	조건 · 가정	날으면, 날거든, 날거들랑, 날아야, 난다면, 날았던들
동시	날으면서, 날으며	상황제시	나는데, 날으니, 날다시피
계기	날고서, 날아서, 날자, 날자마자	비유	날듯이
중단 · 전환	날다가	비례	날수록
양보	날아도, 날더라도, 날지라도, 날지언정, 난들, 나는데도, 날기로서니, 날으나마, 날망정, 날아 보았자	원인 · 이유	날아서, 날으니까, 나느라고, 날기에, 날길래, 나느니만큼, 나는지라, 날세라, 날으므로
목적 · 의도	날으러, 날으려고, 날고자	첨가	날거니와, 날뿐더러, 날으려니와
결과	날도록, 날게끔	습관	날곤

기본예문
- 바람이 불어서 연이 잘 난다. The kite flys well because of the strong wind.
- 나는 새도 떨어뜨린다. A bird that fly can also fall.
- 나비가 훨훨 날아서 도망가 버렸다. The butterfly took off and flew away.

날래다 [날래다, nalreda]

'애' 규칙활용, 형용사

to be quick, be fast

사동형	*날래히다, 날래게 하다, 날래게 만들다	피동형	*날래히다. 날래게 되다, 날래지다

관형사형 : 현재-진행	과거-완료	과거-회상	과거-완료-회상	미래-추측/의지
날랜	날랜	날래던	날랬던	날랠

인용형 : 평서	의문	명령	청유	명사형	부사형
날래다고	날래냐고	*날래라고	*날래자고	날래기, 날램	날래, 날래게

상대존대형_아주높임		직설체	회상체
평서형	현재	날랩니다	날랩디다
	현재-진행	*날래고 있습니다, *날랜 중입니다	*날래고 있습디다
	과거	날랬습니다	날랬습디다
	과거-경험	날랬었습니다	날랬었습디다
	과거-추측	날랬겠습니다	날랬겠습디다
	미래-추측/의지/가능	날래겠습니다, *날래렵니다, 날랠 겁니다, 날랠 수 있습니다	날래겠습디다
의문형	현재	날랩니까?	날랩디까?
	과거	날랬습니까?	날랬습디까?
	과거-경험	날랬었습니까?	날랬었습디까?
	미래-추측/의지/가능	날래겠습니까? *날래렵니까? *날랠 겁니까? *날래리이까? 날랠 수 있겠습니까?	날래겠습디까?
명령형		*날래시오, *날래십시오	
청유형		*날랩시다, *날래십시다	
감탄형		날래시구나!	

상대존대형_예사높임		'-어요'체	'-으오'체
평서형	현재	날래요, 날래지요, 날래세요, *날랠래요, 날랠걸요, 날랜데요, 날래대요, *날랠게요, 날래잖아요	날래오
	현재-진행	*날래고 있어요, *날래고 있지요, *날래고 있으세요, *날랜 중이에요	*날래고 있소
	과거	날랬어요, 날랬지요, 날랬으세요, 날랬잖아요	날랬소
	과거-경험	날랬었어요, 날랬었지요, 날랬었으세요	날랬었소
	과거-추측	날랬겠어요, 날랬겠지요, 날랬겠으세요	날랬겠소
	미래-추측/의지/가능	날래겠어요, 날래겠지요, 날래겠으세요, 날랠 수 있어요	날래겠소
의문형	현재	날래요? 날래지요? 날래세요? 날래나요? *날랠까요? *날랠래요? 날랜가요? 날랜데요? 날래대요? 날래다면서요? 날래다지요?	날래오? *날래소?
	과거	날랬어요? 날랬지요? 날랬으세요?	날랬소?
	과거-경험	날랬었어요? 날랬었지요? 날랬었으세요?	날랬었소?
	미래-추측/의지/가능	날래겠어요? 날래겠지요? 날래겠으세요? 날래리요? *날랠 거예요? *날랠 거지요? 날랠 수 있겠어요?	날래겠소?
명령형		*날래요, *날래지요, *날래세요, *날래라니까요	*날래오, *날래구려
청유형		*날래요, *날래지요, *날래세요, *날래자니까요	*날래오
감탄형		날래군요! 날래리요!	날래구려!

상대존대형_예사낮춤		'-어'체	'-네'체
평서형	현재	날래, 날래지, *날랠래, 날랠걸, 날랜데, 날래대, *날랠게, 날래단다, *날래마, 날래잖아	날래네
	현재-진행	*날래고 있어, *날래고 있지, *날랜 중이야	*날래고 있네
	과거-완료	날랬어, 날랬지, 날랬잖아	날랬네
	미래-추측/의지/가능	날래겠어, 날래겠지, 날랠 수 있어	날래겠네
의문형	현재	날래? 날래지? 날래니? 날래나? 날랠까? 날래랴? *날랠래? 날랜데? 날래대? 날래다면서? 날래다지?	날래가?
	과거	날랬어? 날랬지? 날랬니? 날랬을까? 날랬대? 날랬다면서?	날랬는가?
	미래	날래겠어? 날래겠지? 날래겠니? 날래리? *날랠 거야? *날랠 거지? *날랠 거니? 날랠 수 있겠어?	날랠 건가?
명령형		*날래, *날래지, *날래렴, *날래려무나, *날래라니까	*날래게
청유형		*날래, *날래지, *날래자니까	*날래세
감탄형		날래! 날래지! 날래리!	날래군! 날래구먼!

상대존대형_아주낮춤		직설체	회상체
평서형	현재	날래다	날래더라
	현재-진행	*날래고 있다, *날랜 중이다	*날래고 있더라
	과거-완료	날랬다	날랬더라
	미래-추측/의지/가능	날래겠다, 날래리다, *날래련다, 날랠 거다, 날랠 수 있다	날래겠더라
의문형	현재	날래냐?	날래더냐?
	과거	날랬느냐?	날랬더냐?
	미래	날래겠느냐?	날래겠더냐?
명령형		*날래라	
청유형		*날래자	
감탄형		날래구나! 날래다! 날래도다!	날래더구나!

연결형	연결어미	의미기능	연결어미
나열	날래고, 날래며	비교	*날래느니
선택	날래거나, 날래든지, 날래든가	정도	날래리만큼
대립	날래도, 날래지만, 날래나, 날랜데, 날래면서도, 날래되, 날래지	조건 · 가정	날래면, 날래거든, 날래거들랑, 날래야, 날래다면, 날랬던들
동시	날래면서, 날래며	상황제시	날랜데, 날래니, 날래다시피
계기	*날래고서, *날래서, *날래자, *날래자마자	비유	날래듯이
중단 · 전환	날래다가	비례	날랠수록
양보	날래도, 날래더라도, 날랠지라도, 날랠지언정, 날래은들, 날랜데도, 날래기로서니, 날래나마, 날랠망정, 날래 보았자	원인 · 이유	날래서, 날래니까, *날래느라고, 날래기에, 날래길래, 날래니만큼, 날랜지라, 날랠세라, 날래므로
목적 · 의도	*날래러, *날래려고, *날래고자	첨가	날래거니와, 날랠뿐더러, 날래려니와
결과	날래도록, 날래게끔	습관	*날래곤

- 나는 예전에는 걸음걸이가 날랬었다. I used to walk quickly.
- 그녀가 날랜 솜씨로 빵을 잘라 내고 있다. She is slicing the bread skifully.
- 그는 발걸음이 얼마나 날랜지 따라 가지를 못하겠다.
  He was so fast that I couldn't catch up with him.

남다 [남:따, nam:t'a]

자음 규칙활용, 타동사

to remain ; to linger ; to stay ; to survive

사동형	남기다, 남게 하다, 남게 만들다		피동형	*남히다. 남게 되다, 남아지다	

관형사형 : 현재-진행	과거-완료	과거-회상	과거-완료-회상	미래-추측/의지
남는	남은	남던	남았던	남을

인용형 : 평서	의문	명령	청유	명사형	부사형
남는다고	남느냐고	남으라고	남자고	남기, 남음	남아, 남게

상대존대형_아주높임		직설체	회상체
평서형	현재	남습니다	남습디다
	현재-진행	남고 있습니다, 남는 중입니다	남고 있습디다
	과거	남았습니다	남았습디다
	과거-경험	남았었습니다	남았었습디다
	과거-추측	남았겠습니다	남았겠습디다
	미래-추측/의지/가능	남겠습니다, 남으렵니다, 남을 겁니다, 남을 수 있습니다	남겠습디다
의문형	현재	남습니까?	남습디까?
	과거	남았습니까?	남았습디까?
	과거-경험	남았었습니까?	남았었습디까?
	미래-추측/의지/가능	남겠습니까? 남으렵니까? 남을 겁니까? 남으리이까? 남을 수 있겠습니까?	남겠습디까?
명령형		남으시오, 남으십시오	
청유형		남읍시다, 남으십시다	
감탄형		남으시는구나!	

상대존대형_예사높임		'-어요'체	'-으오'체
평서형	현재	남아요, 남지요, 남으세요, 남을래요, 남을걸요, 남는데요, 남는대요, 남을게요, 남잖아요	남으오
	현재-진행	남고 있어요, 남고 있지요, 남고 있으세요, 남는 중이에요	남고 있소
	과거	남았어요, 남았지요, 남았으세요, 남았잖아요	남았소
	과거-경험	남았었어요, 남았었지요, 남았었으세요	남았었소
	과거-추측	남았겠어요, 남았겠지요, 남았겠으세요	남았겠소
	미래-추측/의지/가능	남겠어요, 남겠지요, 남겠으세요, 남을 수 있어요	남겠소
의문형	현재	남아요? 남지요? 남으세요? 남나요? 남을까요? 남을래요? 남는가요? 남는데요? 남는대요? 남는다면서요? 남는다지요?	남으오? 남소?
	과거	남았어요? 남았지요? 남았으세요?	남았소?
	과거-경험	남았었어요? 남았었지요? 남았었으세요?	남았었소?
	미래-추측/의지/가능	남겠어요? 남겠지요? 남겠으세요? 남으리요? 남을 거예요? 남을 거지요? 남을 수 있겠어요?	남겠소?
명령형		남아요, 남지요, 남으세요, 남으라니까요	남으오, 남구려
청유형		남아요, 남지요, 남으세요, 남자니까요	남으오
감탄형		남는군요! 남으리요!	남는구려!

상대존대형_예사낮춤		'-어'체	'-네'체
평서형	현재	남아, 남지, 남을래, 남을걸, 남는데, 남는대, 남을게, 남는단다, 남으마, 남잖아	남네
	현재-진행	남고 있어, 남고 있지, 남는 중이야	남고 있네
	과거-완료	남았어, 남았지, 남았잖아	남았네
	미래-추측/의지/가능	남겠어, 남겠지, 남을 수 있어	남겠네
의문형	현재	남아? 남지? 남니? 남나? 남을까? 남으랴? 남을래? 남는데? 남는대? 남는다면서? 남는다지?	남는가?
	과거	남았어? 남았지? 남았니? 남았을까? 남았대? 남았다면서?	남았는가?
	미래	남겠어? 남겠지? 남겠니? 남으리? 남을 거야? 남을 거지? 남을 거니? 남을 수 있겠어?	남을 건가?
명령형		남아, 남지, 남으렴, 남으려무나, 남으라니까	남게
청유형		남아, 남지, 남자니까	남세
감탄형		남아! 남지! 남으리!	남는군! 남는구먼!

상대존대형_아주낮춤		직설체	회상체
평서형	현재	남는다	남더라
	현재-진행	남고 있다, 남는 중이다	남고 있더라
	과거-완료	남았다	남았더라
	미래-추측/의지/가능	남겠다, 남으리다, 남으련다, 남을 거다, 남을 수 있다	남겠더라
의문형	현재	남느냐?	남더냐?
	과거	남았느냐?	남았더냐?
	미래	남겠느냐?	남겠더냐?
명령형		남아라	
청유형		남자	
감탄형		남는구나! 남는다! 남는도다!	남더구나!

연결형	연결어미	의미기능	연결어미
나열	남고, 남으며	비교	남느니
선택	남거나, 남든지, 남든가	정도	남으리만큼
대립	남아도, 남지만, 남으나, 남는데, 남으면서도, 남되, 남지	조건 · 가정	남으면, 남거든, 남거들랑, 남아야, 남는다면, 남았던들
동시	남으면서, 남으며	상황제시	남는데, 남으니, 남다시피
계기	남고서, 남아서, 남자, 남자마자	비유	남듯이
중단 · 전환	남다가	비례	남을수록
양보	남아도, 남더라도, 남을지라도, 남을지언정, 남은들, 남는데도, 남기로서니, 남으나마, 남을망정, 남아 보았자	원인 · 이유	남아서, 남으니까, 남느라고, 남기에, 남길래, 남느니만큼, 남는지라, 남을세라, 남으므로
목적 · 의도	남으러, 남으려고, 남고자	첨가	남거니와, 남을뿐더러, 남으려니와
결과	남도록, 남게끔	습관	남곤

기본예문
- 그는 고향에 남아 있다. He remains in his hometown.
- 팔고 남은 수박이 몇 개냐? How many watermelons are left unsold?
- 그녀는 용돈이 남으면 항상 저축을 했다. She always saved what was left of her allowance.

낫다1 [낟:따, nat:t'a]

'ㅅ' 불규칙활용, 형용사

to be better (than), be superior to, be preferable

사동형	*낫히다, 낫게 하다, 낫게 만들다	피동형	*낫히다. 낫게 되다, 나아지다

관형사형 : 현재-진행	과거-완료	과거-회상	과거-완료-회상	미래-추측/의지
나은	나은	낫던	나았던	나을

인용형 : 평서	의문	명령	청유	명사형	부사형
낫는다고	낫느냐고	*나으라고	*낫자고	낫기, 나음	나아, 낫게

상대존대형_아주높임		직설체	회상체
평서형	현재	낫습니다	낫습디다
	현재-진행	*낫고 있습니다, *낫는 중입니다	*낫고 있습디다
	과거	나았습니다	나았습디다
	과거-경험	나았었습니다	나았었습디다
	과거-추측	나았겠습니다	나았겠습디다
	미래-추측/의지/가능	낫겠습니다, 나으렵니다, 나을 겁니다, 나을 수 있습니다	낫겠습디다
의문형	현재	낫습니까?	낫습디까?
	과거	나았습니까?	나았습디까?
	과거-경험	나았었습니까?	나았었습디까?
	미래-추측/의지/가능	낫겠습니까? *나으렵니까? *나을 겁니까? *나으리이까? 나을 수 있겠습니까?	낫겠습디까?
명령형		*나으시오, *나으십시오	
청유형		*나읍시다, *나으십시다	
감탄형		나으시는구나!	

상대존대형_예사높임		'-어요'체	'-으오'체
평서형	현재	나아요, 낫지요, 나으세요, *나을래요, 나을걸요, 나은데요, 낫대요, *나을게요, 낫잖아요	나으오
	현재-진행	*낫고 있어요, *낫고 있지요, *낫고 있으세요, *낫는 중이에요	*낫고 있소
	과거	나았어요, 나았지요, 나았으세요, 나았잖아요	나았소
	과거-경험	나았었어요, 나았었지요, 나았었으세요	나았었소
	과거-추측	나았겠어요, 나았겠지요, 나았겠으세요	나았겠소
	미래-추측/의지/가능	낫겠어요, 낫겠지요, 낫겠으세요, 나을 수 있어요	낫겠소
의문형	현재	나아요? 낫지요? 나으세요? 낫나요? 나을까요? *나을래요? 나은가요? 나은데요? 낫대요? 낫다면서요? 낫다지요?	나으오? 낫소?
	과거	나았어요? 나았지요? 나았으세요?	나았소?
	과거-경험	나았었어요? 나았었지요? 나았었으세요?	나았었소?
	미래-추측/의지/가능	낫겠어요? 낫겠지요? 낫겠으세요? 나으리요? 나을 거예요? *나을 거지요? 나을 수 있겠어요?	낫겠소?
명령형		*나아요, *낫지요, *나으세요, *나으라니까요	*나으오, *낫구려
청유형		*나아요, *낫지요, *나으세요, *낫자니까요	*나으오
감탄형		낫군요! 나으리요!	낫구려!

상대존대형_예사낮춤		'-어'체	'-네'체
평서형	현재	나아, 낫지, *나을래, 나을걸, 나은데, 낫대, *나을게, 낫단다, *나으마, 낫잖아	낫네
	현재-진행	*낫고 있어, *낫고 있지, *나은 중이야	*낫고 있네
	과거-완료	나았어, 나았지, 나았잖아	나았네
	미래-추측/의지/가능	낫겠어, 낫겠지, 나을 수 있어	낫겠네
의문형	현재	나아? 낫지? 낫니? 낫나? 나을까? 나으랴? *나을래? 나은데? 낫대? 낫다면서? 낫다지?	나은가?
	과거	나았어? 나았지? 나았니? 나았을까? 나았대? 나았다면서?	나았는가?
	미래	낫겠어? 낫겠지? 낫겠니? *나으리? *나을 거야? *나을 거지? *나을 거니? 나을 수 있겠어?	*나을 건가?
명령형		*나아, *낫지, *나으렴, *나으려무나, 나으라니까	*낫게
청유형		*나아, *낫지, *낫자니까	*낫세
감탄형		나아! 낫지! 나으리!	낫군! 낫구먼!

상대존대형_아주낮춤		직설체	회상체
평서형	현재	낫다	낫더라
	현재-진행	*낫고 있다, *낫는 중이다	*낫고 있더라
	과거-완료	나았다	나았더라
	미래-추측/의지/가능	낫겠다, 나으리다, *나으련다, 나을 거다, 나을 수 있다	낫겠더라
의문형	현재	나으냐?	낫더냐?
	과거	나았느냐?	나았더냐?
	미래	낫겠느냐?	낫겠더냐?
명령형		*나아라	
청유형		*낫자	
감탄형		낫구나! 낫다! 낫도다!	낫더구나!

연결형	연결어미	의미기능	연결어미
나열	낫고, 나으며	비교	*낫느니/낫다느니
선택	낫거나, 낫든지, 낫든가	정도	나으리만큼
대립	나아도, 낫지만, 나으나, 나은데, 나으면서도, 낫되, 낫지	조건 · 가정	나으면, 낫거든, 낫거들랑, 나아야, 낫다면, 나았던들
동시	나으면서, 나으며	상황제시	나은데, 나으니, *낫다시피
계기	*낫고서, *나아서, *낫자, *낫자마자	비유	낫듯이
중단 · 전환	낫다가	비례	나을수록
양보	나아도, 낫더라도, 나을지라도, 나을지언정, 나은들, 나은데도, 낫기로서니, 나으나마, 나을망정, 나아 보았자	원인 · 이유	나아서, 나으니까, *낫느라고, 낫기에, 낫길래, 나으니만큼, 나은지라, 나을세라, 나으므로
목적 · 의도	*나으러, *나으려고, *낫고자	첨가	낫거니와, 나을뿐더러, 나으려니와
결과	낫도록, 낫게끔	습관	낫곤

기본예문

- 그가 순희보다 인품이 낫다. He has a better character than Sun-Hui.
- 나보다 남을 낫게 여기는 마음을 가지면 좋겠다. It is good to have a humble heart before others.
- 수입이 나보다 나으니만큼 나를 좀 도와 주세요.
  Since your income is better than mine, please help me.

낫다2 [낟:따, nat:t'a]

'ㅅ' 불규칙활용, 자동사

to recover, heal, get well

사동형	낫우다, 낫게 하다, 낫게 만들다		피동형	*낫히다. 낫게 되다, 나아지다	

관형사형 : 현재-진행	과거-완료	과거-회상	과거-완료-회상	미래-추측/의지
낫는	나은	낫던	나았던	나을

인용형 : 평서	의문	명령	청유	명사형	부사형
낫는다고	낫느냐고	나으라고	낫자고	낫기, 나음	나아, 낫게

상대존대형_아주높임		직설체	회상체
평서형	현재	낫습니다	낫습디다
	현재-진행	낫고 있습니다, 낫는 중입니다	낫고 있습디다
	과거	나았습니다	나았습디다
	과거-경험	나았었습니다	나았었습디다
	과거-추측	나았겠습니다	나았겠습디다
	미래-추측/의지/가능	낫겠습니다, 나으렵니다, 나을 겁니다, 나을 수 있습니다	낫겠습디다
의문형	현재	낫습니까?	낫습디까?
	과거	나았습니까?	나았습디까?
	과거-경험	나았었습니까?	나았었습디까?
	미래-추측/의지/가능	낫겠습니까? 나으렵니까? 나을 겁니까? 나으리이까? 나을 수 있겠습니까?	낫겠습디까?
명령형		나으시오, 나으십시오	
청유형		나읍시다, 나으십시다	
감탄형		나으시는구나!	

상대존대형_예사높임		'-어요'체	'-으오'체
평서형	현재	나아요, 낫지요, 나으세요, 나을래요, 나을걸요, 낫는데요, 낫는대요, 나을게요, 낫잖아요	나으오
	현재-진행	낫고 있어요, 낫고 있지요, 낫고 있으세요, 낫는 중이에요	낫고 있소
	과거	나았어요, 나았지요, 나았으세요, 나았잖아요	나았소
	과거-경험	나았었어요, 나았었지요, 나았었으세요	나았었소
	과거-추측	나았겠어요, 나았겠지요, 나았겠으세요	나았겠소
	미래-추측/의지/가능	낫겠어요, 낫겠지요, 낫겠으세요, 나을 수 있어요	낫겠소
의문형	현재	나아요? 낫지요? 나으세요? 낫나요? 나을까요? 나을래요? 낫는가요? 낫는데요? 낫는대요? 낫는다면서요? 낫는다지요?	나으오? 낫소?
	과거	나았어요? 나았지요? 나았으세요?	나았소?
	과거-경험	나았었어요? 나았었지요? 나았었으세요?	나았었소?
	미래-추측/의지/가능	낫겠어요? 낫겠지요? 낫겠으세요? 나으리요? 나을 거예요? 나을 거지요? 나을 수 있겠어요?	낫겠소?
명령형		나아요, 낫지요, 나으세요, 나으라니까요	나으오, 낫구려
청유형		나아요, 낫지요, 나으세요, 낫자니까요	나으오
감탄형		낫는군요! 나으리요!	낫는구려!

상대존대형_예사낮춤		'-어'체	'-네'체
평서형	현재	나아, 낫지, 나을래, 나을걸, 낫는데, 낫는대, 나을게, 낫는단다, 나으마, 낫잖아	낫네
	현재-진행	낫고 있어, 낫고 있지, 낫는 중이야	낫고 있네
	과거-완료	나았어, 나았지, 나았잖아	나았네
	미래-추측/의지/가능	낫겠어, 낫겠지, 나을 수 있어	낫겠네
의문형	현재	나아? 낫지? 낫니? 낫나? 나을까? 나으랴? 나을래? 낫는데? 낫는대? 낫는다면서? 낫는다지?	낫는가?
	과거	나았어? 나았지? 나았니? 나았을까? 나았대? 나았다면서?	나았는가?
	미래	낫겠어? 낫겠지? 낫겠니? 나으리? 나을 거야? 나을 거지? 나을 거니? 나을 수 있겠어?	나을 건가?
명령형		나아, 낫지, 나으렴, 나으려무나, 나으라니까	낫게
청유형		나아, 낫지, 낫자니까	낫세
감탄형		나아! 낫지! 나으리!	낫는군! 낫는구먼!

상대존대형_아주낮춤		직설체	회상체
평서형	현재	낫는다	낫더라
	현재-진행	낫고 있다, 낫는 중이다	낫고 있더라
	과거-완료	나았다	나았더라
	미래-추측/의지/가능	낫겠다, 나으리다, 나으련다, 나을 거다, 나을 수 있다	낫겠더라
의문형	현재	낫느냐?	낫더냐?
	과거	나았느냐?	나았더냐?
	미래	낫겠느냐?	낫겠더냐?
명령형		나아라	
청유형		낫자	
감탄형		낫는구나! 낫는다! 낫는도다!	낫더구나!

연결형	연결어미	의미기능	연결어미
나열	낫고, 나으며	비교	낫느니
선택	낫거나, 낫든지, 낫든가	정도	나으리만큼
대립	나아도, 낫지만, 나으나, 낫는데, 나으면서도, 낫되, 낫지	조건 · 가정	나으면, 낫거든, 낫거들랑, 나아야, 낫는다면, 나았던들
동시	나으면서, 나으며	상황제시	낫는데, 나으니, 낫다시피
계기	낫고서, 나아서, 낫자, 낫자마자	비유	낫듯이
중단 · 전환	낫다가	비례	나을수록
양보	나아도, 낫더라도, 나을지라도, 나을지언정, 나은들, 낫는데도, 낫기로서니, 나으나마, 나을망정, 나아 보았자	원인 · 이유	나아서, 나으니까, 낫느라고, 낫기에, 낫길래, 낫느니만큼, 낫는지라, 나을세라, 나으므로
목적 · 의도	나으러, 나으려고, 낫고자	첨가	낫거니와, 나을뿐더러, 나으려니와
결과	낫도록, 낫게끔	습관	낫곤

- 이제 감기가 다 나았다. My cold got healed.
- 그는 위암에 걸렸다가 나은 경험이 있다.
  He has an experience of fighting off stomach cancer.
- 병이 나으면 앞으로 건강관리를 잘 해야겠다.
  After I recover from my illness, I should take better care of my health.

내리다1 [내리다, nerida]

'이' 규칙활용, 자동사

to come down ; to get off ; to land ; to fall

사동형	*내리히다, 내리게 하다, 내리게 만들다		피동형	*내리히다. 내리게 되다, 내려지다	
관형사형 : 현재-진행	과거-완료		과거-회상	과거-완료-회상	미래-추측/의지
내리는	내린		내리던	내렸던	내릴

인용형 : 평서	의문	명령	청유	명사형	부사형
내린다고	내리느냐고	내리라고	내리자고	내리기, 내림	내려, 내리게

상대존대형_아주높임		직설체	회상체
평서형	현재	내립니다	내립디다
	현재-진행	내리고 있습니다, ·내리는 중입니다	내리고 있습디다
	과거	내렸습니다	내렸습디다
	과거-경험	내렸었습니다	내렸었습디다
	과거-추측	내렸겠습니다	내렸겠습디다
	미래-추측/의지/가능	내리겠습니다, 내리렵니다, 내릴 겁니다, 내릴 수 있습니다	내리겠습디다
의문형	현재	내립니까?	내립디까?
	과거	내렸습니까?	내렸습디까?
	과거-경험	내렸었습니끼?	내렸었습디까?
	미래-추측/의지/가능	내리겠습니까? 내리렵니까? 내릴 겁니까? 내리리이까? 내릴 수 있 겠습니까?	내리겠습디까?
명령형		내리시오, 내리십시오	
청유형		내리십시다, 내리십시다	
감탄형		내리시는구나!	

상대존대형_예사높임		'-어요'체	'-으오'체
평서형	현재	내려요, 내리지요, 내리세요, 내릴래요, 내릴걸요, 내리는데요, 내린대요, 내릴게요, 내리잖아요	내리오
	현재-진행	내리고 있어요, 내리고 있지요, 내리고 있으세요, 내리는 중이에요	내리고 있소
	과거	내렸어요, 내렸지요, 내렸으세요, 내렸잖아요	내렸소
	과거-경험	내렸었어요, 내렸었지요, 내렸었으세요	내렸었소
	과거-추측	내렸겠어요, 내렸겠지요, 내렸겠으세요	내렸겠소
	미래-추측/의지/가능	내리겠어요, 내리겠지요, 내리겠으세요, 내릴 수 있어요	내리겠소
의문형	현재	내려요? 내리지요? 내리세요? 내리나요? 내릴까요? 내릴래요? 내리는가요? 내리는데요? 내린대요? 내린다면서요? 내린다지요?	내리오? *내리소?
	과거	내렸어요? 내렸지요? 내렸으세요?	내렸소?
	과거-경험	내렸었어요? 내렸었지요? 내렸었으세요?	내렸었소?
	미래-추측/의지/가능	내리겠어요? 내리겠지요? 내리겠으세요? 내리리요? 내릴 거예요? 내릴 거지요? 내릴 수 있겠어요?	내리겠소?
명령형		내려요, 내리지요, 내리세요, 내리라니까요	내리오, 내리구려
청유형		내려요, 내리지요, 내리세요, 내리자니까요	내리오
감탄형		내리는군요! 내리리요!	내리는구려!

상대존대형_예사낮춤		'-어'체	'-네'체
평서형	현재	내려, 내리지, 내릴래, 내릴걸, 내리는데, 내린대, 내릴게, 내린단다, 내리마, 내리잖아	내리네
	현재-진행	내리고 있어, 내리고 있지, 내리는 중이야	내리고 있네
	과거-완료	내렸어, 내렸지, 내렸잖아	내렸네
	미래-추측/의지/가능	내리겠어, 내리겠지, 내릴 수 있어	내리겠네
의문형	현재	내려? 내리지? 내리니? 내리나? 내릴까? 내리랴? 내릴래? 내리는데? 내린대? 내린다면서? 내린다지?	내리는가?
	과거	내렸어? 내렸지? 내렸니? 내렸을까? 내렸대? 내렸다면서?	내렸는가?
	미래	내리겠어? 내리겠지? 내리겠니? 내리리? 내릴 거야? 내릴 거지? 내릴 거니? 내릴 수 있겠어?	내릴 건가?
명령형		내려, 내리지, 내리렴, 내리려무나, 내리라니까	내리게
청유형		내려, 내리지, 내리자니까	내리세
감탄형		내려! 내리지! 내리리!	내리는군! 내리는구먼!

상대존대형_아주낮춤		직설체	회상체
평서형	현재	내린다	내리더라
	현재-진행	내리고 있다, 내리는 중이다	내리고 있더라
	과거-완료	내렸다	내렸더라
	미래-추측/의지/가능	내리겠다, 내리리다, 내리련다, 내릴 거다, 내릴 수 있다	내리겠더라
의문형	현재	내리느냐?	내리더냐?
	과거	내렸느냐?	내렸더냐?
	미래	내리겠느냐?	내리겠더냐?
명령형		내려라	
청유형		내리자	
감탄형		내리는구나! 내린다! 내리는도다!	내리더구나!

연결형	연결어미	의미기능	연결어미
나열	내리고, 내리며	비교	내리느니
선택	내리거나, 내리든지, 내리든가	정도	내리리만큼
대립	내려도, 내리지만, 내리나, 내리는데, 내리면서도, 내리되, 내리지	조건 · 가정	내리면, 내리거든, 내리거들랑, 내려야, 내린다면, 내렸던들
동시	내리면서, 내리며	상황제시	내리는데, 내리니, 내리다시피
계기	내리고서, 내려서, 내리자, 내리자마자	비유	내리듯이
중단 · 전환	내리다가	비례	내릴수록
양보	내려도, 내리더라도, 내릴지라도, 내릴지언정, 내린들, 내리는데도, 내리기로서니, 내리나마, 내릴망정, 내려 보았자	원인 · 이유	내려서, 내리니까, 내리느라고, 내리기에, 내리길래, 내리느니만큼, 내리는지라, 내릴세라, 내리므로
목적 · 의도	내리러, 내리려고, 내리고자	첨가	내리거니와, 내릴뿐더러, 내리려니와
결과	내리도록, 내리세끔	습관	내리곤

- 그녀는 방금 비행기에서 내렸다. She just got off the plane.
- 나는 커튼을 내린 어두운 방에서 편히 잠을 잤다. I slept well in a dark room with closed curtains.
- 물가가 내리더라도 낭비는 하지 마세요. Don't waste your money even if the prices fall.

넣다 [너타, nətha]

'ㅎ' 규칙활용, 타동사

to put in, pour in, insert ; to include ; to admit into ; to deposit

사동형	*넣히다, 넣게 하다, 넣게 만들다		피동형	넣이다. 넣게 되다, 넣어지다	

관형사형 : 현재-진행	과거-완료	과거-회상	과거-완료-회상	미래-추측/의지
넣는	넣은	넣던	넣었던	넣을

인용형 : 평서	의문	명령	청유	명사형	부사형
넣는다고	넣느냐고	넣으라고	넣자고	넣기, 넣음	넣어, 넣게

상대존대형_아주높임		직설체	회상체
평서형	현재	넣습니다	넣습디다
	현재-진행	넣고 있습니다, 넣는 중입니다	넣고 있습디다
	과거	넣었습니다	넣었습디다
	과거-경험	넣었었습니다	넣었었습디다
	과거-추측	넣었겠습니다	넣었겠습디다
	미래-추측/의지/가능	넣겠습니다, 넣으렵니다, 넣을 겁니다, 넣을 수 있습니다	넣겠습디다
의문형	현재	넣습니까?	넣습디까?
	과거	넣었습니까?	넣었습디까?
	과거-경험	넣었었습니까?	넣었었습디까?
	미래-추측/의지/가능	넣겠습니까? 넣으렵니까? 넣을 겁니까? 넣으리이까? 넣을 수 있겠습니까?	넣겠습디까?
명령형		넣으시오, 넣으십시오	
청유형		넣읍시다, 넣으십시다	
감탄형		넣으시는구나!	

상대존대형_예사높임		'-어요'체	'-으오'체
평서형	현재	넣어요, 넣지요, 넣으세요, 넣을래요, 넣을걸요, 넣는데요, 넣는대요, 넣을게요, 넣잖아요	넣으오
	현재-진행	넣고 있어요, 넣고 있지요, 넣고 있으세요, 넣는 중이에요	넣고 있소
	과거	넣었어요, 넣었지요, 넣었으세요, 넣었잖아요	넣었소
	과거-경험	넣었었어요, 넣었었지요, 넣었었으세요	넣었었소
	과거-추측	넣었겠어요, 넣었겠지요, 넣었겠으세요	넣었겠소
	미래-추측/의지/가능	넣겠어요, 넣겠지요, 넣겠으세요, 넣을 수 있어요	넣겠소
의문형	현재	넣어요? 넣지요? 넣으세요? 넣나요? 넣을까요? 넣을래요? 넣는가요? 넣는데요? 넣는대요? 넣는다면서요? 넣는다지요?	넣으오? 넣소?
	과거	넣었어요? 넣었지요? 넣었으세요?	넣었소?
	과거-경험	넣었었어요? 넣었었지요? 넣었었으세요?	넣었었소?
	미래-추측/의지/가능	넣겠어요? 넣겠지요? 넣겠으세요? 넣으리요? 넣을 거예요? 넣을 거지요? 넣을 수 있겠어요?	넣겠소?
명령형		넣어요, 넣지요, 넣으세요, 넣으라니까요	넣으오, 넣구려
청유형		넣어요, 넣지요, 넣으세요, 넣자니까요	넣으오
감탄형		넣는군요! 넣으리요!	넣는구려!

142

상대존대형_예사낮춤		'-어'체	'-네'체
평서형	현재	넣어, 넣지, 넣을래, 넣을걸, 넣는데, 넣는대, 넣을게, 넣는단다, 넣으마, 넣잖아	넣네
	현재-진행	넣고 있어, 넣고 있지, 넣는 중이야	넣고 있네
	과거-완료	넣었어, 넣었지, 넣었잖아	넣었네
	미래-추측/의지/가능	넣겠어, 넣겠지, 넣을 수 있어	넣겠네
의문형	현재	넣어? 넣지? 넣니? 넣나? 넣을까? 넣으랴? 넣을래? 넣는데? 넣는대? 넣는다면서? 넣는다지?	넣는가?
	과거	넣었어? 넣었지? 넣었니? 넣었을까? 넣었대? 넣었다면서?	넣었는가?
	미래	넣겠어? 넣겠지? 넣겠니? 넣으리? 넣을 거야? 넣을 거지? 넣을 거니? 넣을 수 있겠어?	넣을 건가?
명령형		넣어, 넣지, 넣으렴, 넣으려무나, 넣으라니까	넣게
청유형		넣어, 넣지, 넣자니까	넣세
감탄형		넣어! 넣지! 넣으리!	넣는군! 넣는구먼!

상대존대형_아주낮춤		직설체	회상체
평서형	현재	넣는다	넣더라
	현재-진행	넣고 있다, 넣는 중이다	넣고 있더라
	과거-완료	넣었다	넣었더라
	미래-추측/의지/가능	넣겠다, 넣으리다, 넣으련다, 넣을 거다, 넣을 수 있다	넣겠더라
의문형	현재	넣느냐?	넣더냐?
	과거	넣었느냐?	넣었더냐?
	미래	넣겠느냐?	넣겠더냐?
명령형		넣어라	
청유형		넣자	
감탄형		넣는구나! 넣는다! 넣는도다!	넣더구나!

연결형	연결어미	의미기능	연결어미
나열	넣고, 넣으며	비교	넣느니
선택	넣거나, 넣든지, 넣든가	정도	넣으리만큼
대립	넣어도, 넣지만, 넣으나, 넣는데, 넣으면서도, 넣되, 넣지	조건·가정	넣으면, 넣거든, 넣거들랑, 넣어야, 넣는다면, 넣었던들
동시	넣으면서, 넣으며	상황제시	넣는데, 넣으니, 넣다시피
계기	넣고서, 넣어서, 넣자, 넣자마자	비유	넣듯이
중단·전환	넣다가	비례	넣을수록
양보	넣어도, 넣더라도, 넣을지라도, 넣을지언정, 넣은들, 넣는데도, 넣기로서니, 넣으나마, 넣을망정, 넣어 보았자	원인·이유	넣어서, 넣으니까, 넣느라고, 넣기에, 넣길래, 넣느니만큼, 넣는지라, 넣을세라, 넣으므로
목적·의도	넣으러, 넣으려고, 넣고자	첨가	넣거니와, 넣을뿐더러, 넣으려니와
결과	넣도록, 넣게끔	습관	넣곤

- 가방 안에 책을 넣어 주세요. Put the book in the bag.
- 그는 적금을 넣은 통장이 대여섯 개나 된다. He has about five to six investment saving.
- 그 아이는 눈에 넣어도 아프지 않을 사람이다. The baby is very precious to me

놀다1 [놀:다, nol:da]

'ㄹ' 불규칙활용, 자동사

to play, enjoy oneself ; to make marry ; to shake

사동형	놀리다, 놀게 하다, 놀게 만들다		피동형	*놀히다. 놀게 되다, ?놀아지다, 놀려지다	

관형사형 : 현재-진행	과거-완료	과거-회상	과거-완료-회상	미래-추측/의지
노는	논	놀던	놀았던	놀

인용형 : 평서	의문	명령	청유	명사형	부사형
논다고	노느냐고	노라고	놀자고	놀기, 놂	놀아, 놀게

상대존대형_아주높임		직설체	회상체
평서형	현재	놉니다	놉디다
	현재-진행	놀고 있습니다, 노는 중입니다	놀고 있습디다
	과거	놀았습니다	놀았습디다
	과거-경험	놀았었습니다	놀았었습디다
	과거-추측	놀았겠습니다	놀았겠습디다
	미래-추측/의지/가능	놀겠습니다, 놀렵니다, 놀 겁니다, 놀 수 있습니다	놀겠습디다
의문형	현재	놉니까?	놉디까?
	과거	놀았습니까?	놀았습디까?
	과거-경험	놀았었습니까?	놀았었습디까?
	미래-추측/의지/가능	놀겠습니까? 놀렵니까? 놀 겁니까? 놀리이까? 놀 수 있겠습니까?	놀겠습디까?
명령형		노시오, 노십시오	
청유형		놉시다, 노십시다	
감탄형		노시는구나!	

상대존대형_예사높임		'-어요'체	'-으오'체
평서형	현재	놀아요, 놀지요, 노세요, 놀래요, 놀걸요, 노는데요, 논대요, 놀게요, 놀잖아요	놀오
	현재-진행	놀고 있어요, 놀고 있지요, 놀고 있으세요, 노는 중이에요	놀고 있소
	과거	놀았어요, 놀았지요, 놀았으세요, 놀았잖아요	놀았소
	과거-경험	놀았었어요, 놀았었지요, 놀았었으세요	놀았었소
	과거-추측	놀았겠어요, 놀았겠지요, 놀았겠으세요	놀았겠소
	미래-추측/의지/가능	놀겠어요, 놀겠지요, 놀겠으세요, 놀 수 있어요	놀겠소
의문형	현재	놀아요? 놀지요? 노세요? 노나요? 놀까요? 놀래요? 노는가요? 노는데요? 논대요? 논다면서요? 논다지요?	노오? *노소?
	과거	놀았어요? 놀았지요? 놀았으세요?	놀았소?
	과거-경험	놀았었어요? 놀았었지요? 놀았었으세요?	놀았었소?
	미래-추측/의지/가능	놀겠어요? 놀겠지요? 놀겠으세요? 놀리요? 놀 거예요? 놀 거지요? 놀 수 있겠어요?	놀겠소?
명령형		놀아요, 놀지요, 노세요, 놀라니까요	노오, 놀구려
청유형		놀아요, 놀지요, 노세요, 놀자니까요	노오
감탄형		노는군요! 놀리요!	노는구려!

상대존대형_예사낮춤		'-어'체	'-네'체
평서형	현재	놀아, 놀지, 놀래, 놀걸, 노는데, 논대, 놀게, 논단다, 놀마, 놀잖아	노네
	현재-진행	놀고 있어, 놀고 있지, 노는 중이야	놀고 있네
	과거-완료	놀았어, 놀았지, 놀았잖아	놀았네
	미래-추측/의지/가능	놀겠어, 놀겠지, 놀 수 있어	놀겠네
의문형	현재	놀아? 놀지? 노니? 노나? 놀까? 놀랴? 놀래? 노는데? 논대? 논다면서? 논다지?	노는가?
	과거	놀았어? 놀았지? 놀았니? 놀았을까? 놀았대? 놀았다면서?	놀았는가?
	미래	놀겠어? 놀겠지? 놀겠니? 놀리? 놀 거야? 놀 거지? 놀 거니? 놀 수 있겠어?	놀 건가?
명령형		놀아, 놀지, 놀렴, 놀려무나, 놀라니까	놀게
청유형		놀아, 놀지, 놀자니까	노세
감탄형		놀아! 놀지! 놀리!	노는군! 노는구먼!

상대존대형_아주낮춤		직설체	회상체
평서형	현재	논다	놀더라
	현재-진행	놀고 있다, 노는 중이다	놀고 있더라
	과거-완료	놀았다	놀았더라
	미래-추측/의지/가능	놀겠다, 놀리다, 놀련다, 놀 거다, 놀 수 있다	놀겠더라
의문형	현재	노느냐?	놀더냐?
	과거	놀았느냐?	놀았더냐?
	미래	놀겠느냐?	놀겠더냐?
명령형		놀아라	
청유형		놀자	
감탄형		노는구나! 논다! 노는도다!	놀더구나!

연결형	연결어미	의미기능	연결어미
나열	놀고, 놀며	비교	노느니
선택	놀거나, 놀든지, 놀든가	정도	놀리만큼
대립	놀아도, 놀지만, 노나, 노는데, 놀면서도, 놀되, 놀지	조건·가정	놀면, 놀거든, 놀거들랑, 놀아야, 논다면, 놀았던들
동시	놀면서, 놀며	상황제시	노는데, 노니, 놀다시피
계기	놀고서, 놀아서, 놀자, 놀자마자	비유	놀듯이
중단·전환	놀다가	비례	놀수록
양보	놀아도, 놀더라도, 놀지라도, 놀지언정, 논들, 노는데도, 놀기로서니, 노나마, 놀망정, 놀아 보았자	원인·이유	놀아서, 노니까, 노느라고, 놀기에, 놀길래, 노느니만큼, 노는지라, 놀세라, 놀므로
목적·의도	놀러, 놀려고, 놀고자	첨가	놀거니와, 놀뿐더러, 놀려니와
결과	놀도록, 놀게끔	습관	놀곤

기본예문

- 너는 하루 종일 놀기만 하는구나. You do is play all day long.
- 빈둥빈둥 노는 놈에게는 밥도 주지 말자. Do not give food to those who just waste time.
- 순진한 여자 그만 가지고 노세요. Please stop fooling around with a naive woman.

145

높다 [놉따, nopt'a]

'자음' 규칙활용, 형용사

to be high, be tall ; be elevated ; to be lofty, be noble ; to be loud

사동형	높이다, 높게 하다, 높게 만들다			피동형	*높히다. 높게 되다, 높아지다	

관형사형 : 현재-진행	과거-완료	과거-회상	과거-완료-회상	미래-추측/의지
높은	높은	높던	높았던	높을

인용형 : 평서	의문	명령	청유	명사형	부사형
높다고	높으냐고	*높으라고	*높자고	높기, 높음	높아, 높게

상대존대형_아주높임		직설체	회상체
평서형	현재	높습니다	높습디다
	현재-진행	*높고 있습니다, *높은 중입니다	*높고 있습디다
	과거	높았습니다	높았습디다
	과거-경험	높았었습니다	높았었습디다
	과거-추측	높았겠습니다	높았겠습디다
	미래-추측/의지/가능	높겠습니다, *높으렵니다, 높을 겁니다, 높을 수 있습니다	높겠습디다
의문형	현재	높습니까?	높습디까?
	과거	높았습니까?	높았습디까?
	과거-경험	높았었습니까?	높았었습디까?
	미래-추측/의지/가능	높겠습니까? *높으렵니까? *높을 겁니까? *높으리이까? 높을 수 있겠습니까?	높겠습디까?
명령형		*높으시오, *높으십시오	
청유형		*높읍시다, *높으십시다	
감탄형		높으시구나!	

상대존대형_예사높임		'-어요'체	'-으오'체
평서형	현재	높아요, 높지요, 높세요, *높을래요, 높을걸요, 높은데요, 높대요, *높을게요, 높잖아요	높으오
	현재-진행	*높고 있어요, *높고 있지요, *높고 있으세요, *높은 중이에요	*높고 있소
	과거	높았어요, 높았지요, 높았으세요, 높았잖아요	높았소
	과거-경험	높았었어요, 높았었지요, 높았었으세요	높았었소
	과거-추측	높았겠어요, 높았겠지요, 높았겠으세요	높았겠소
	미래-추측/의지/가능	높겠어요, 높겠지요, 높겠으세요, 높을 수 있어요	높겠소
의문형	현재	높아요? 높지요? 높으세요? 높나요? *높을까요? *높을래요? 높은가요? 높은데요? 높대요? 높다면서요? 높다지요?	높으오? 높소?
	과거	높았어요? 높았지요? 높았으세요?	높았소?
	과거-경험	높았었어요? 높았었지요? 높았었으세요?	높았었소?
	미래-추측/의지/가능	높겠어요? 높겠지요? 높겠으세요? 높으리요? *높을 거예요? *높을 거지요? 높을 수 있겠어요?	높겠소?
명령형		*높아요, *높지요, *높으세요, *높으라니까요	*높으오, *높구려
청유형		*높아요, *높지요, *높으세요, *높자니까요	*높으오
감탄형		높군요! 높으리요!	높구려!

상대존대형_예사낮춤		'-어'체	'-네'체
평서형	현재	높아, 높지, *높을래, 높을걸, 높은데, 높대, *높을게, 높단다, *높으마, 높잖아	높네
	현재-진행	*높고 있어, *높고 있지, *높은 중이야	*높고 있네
	과거-완료	높았어, 높았지, 높았잖아	높았네
	미래-추측/의지/가능	높겠어, 높겠지, 높을 수 있어	높겠네
의문형	현재	높아? 높지? 높니? 높나? 높을까? 높으랴? *높을래? 높은데? 높대? 높다면서? 높다지?	높은가?
	과거	높았어? 높았지? 높았니? 높았을까? 높았대? 높았다면서?	높았는가?
	미래	높겠어? 높겠지? 높겠니? 높으리? *높을 거야? *높을 거지? *높을 거니? 높을 수 있겠어?	높을 건가?
명령형		*높아, *높지, *높으렴, *높으려무나, *높으라니까	*높게
청유형		*높아, *높지, *높자니까	*높세
감탄형		높아! 높지! 높으리!	높군! 높구먼!

상대존대형_아주낮춤		직설체	회상체
평서형	현재	높다	높더라
	현재-진행	*높고 있다, *높은 중이다	*높고 있더라
	과거-완료	높았다	높았더라
	미래-추측/의지/가능	높겠다, 높으리다, *높으련다, 높을 거다, 높을 수 있다	높겠더라
의문형	현재	높으냐?	높더냐?
	과거	높았느냐?	높았더냐?
	미래	높겠느냐?	높겠더냐?
명령형		*높아라	
청유형		*높자	
감탄형		높구나! 높다! 높도다!	높더구나!

연결형	연결어미	의미기능	연결어미
나열	높고, 높으며	비교	*높느니
선택	높거나, 높든지, 높든가	정도	높으리만큼
대립	높아도, 높지만, 높으나, 높은데, 높으면서도, 높되, 높지	조건·가정	높으면, 높거든, 높거들랑, 높아야, 높다면, 높았던들
동시	높으면서, 높으며	상황제시	높은데, 높으니, 높다시피
계기	*높고서, *높아서, *높자, *높자마자	비유	높듯이
중단·전환	높다가	비례	높을수록
양보	높아도, 높더라도, 높을지라도, 높을지언정, 높은들, 높은데도, 높기로서니, 높으나마, 높을망정, 높아 보았자	원인·이유	높아서, 높으니까, *높느라고, 높기에, 높길래, 높으니만큼, 높은지라, 높을세라, 높으므로
목적·의도	*높으러, *높으려고, *높고자	첨가	높거니와, 높을뿐더러, 높으려니와
결과	높도록, 높게끔	습관	*높곤

• 한국은 요즘 기온이 매우 높다. The temperature in Korea is very high nowadays.

• 높은 산에 올라가니 매우 시원했다. It was very cool on top of the high mountain.

• 산이 높으면 골이 깊은 법이다. When mountains are high, valleys are low.

놓다1 [노타, notha]

'자음' 규칙활용, 타동사

to put, lay down, place ; to release ; to let go ; to set (fire) ; to inject

사동형	놓이다, 놓게 하다, 놓게 만들다			피동형	놓이다. 놓게 되다, 놓아지다	

관형사형 : 현재-진행	과거-완료	과거-회상	과거-완료-회상	미래-추측/의지
놓는	놓은	놓던	놓았던	놓을

인용형 : 평서	의문	명령	청유	명사형	부사형
놓는다고	놓느냐고	놓으라고	놓자고	놓기, 놓음	놓아, 놓게

상대존대형_아주높임		직설체	회상체
평서형	현재	놓습니다	놓습디다
	현재-진행	놓고 있습니다, 놓는 중입니다	놓고 있습디다
	과거	놓았습니다	놓았습디다
	과거-경험	놓았었습니다	놓았었습디다
	과거-추측	놓았겠습니다	놓았겠습디다
	미래-추측/의지/가능	놓겠습니다, 놓으렵니다, 놓을 겁니다, 놓을 수 있습니다	놓겠습디다
의문형	현재	놓습니까?	놓습디까?
	과거	놓았습니까?	놓았습디까?
	과거-경험	놓았었습니까?	놓았었습디까?
	미래-추측/의지/가능	놓겠습니까? 놓으렵니까? 놓을 겁니까? 놓으리이까? 놓을 수 있겠습니까?	놓겠습디까?
명령형		놓으시오, 놓으십시오	
청유형		놓읍시다, 놓으십시다	
감탄형		놓으시는구나!	

상대존대형_예사높임		'-어요'체	'-으오'체
평서형	현재	놓아요, 놓지요, 놓으세요, 놓을래요, 놓을걸요, 놓는데요, 놓는대요, 놓을게요, 놓잖아요	놓으오
	현재-진행	놓고 있어요, 놓고 있지요, 놓고 있으세요, 놓는 중이에요	놓고 있소
	과거	놓았어요, 놓았지요, 놓았으세요, 놓았잖아요	놓았소
	과거-경험	놓았었어요, 놓았었지요, 놓았었으세요	놓았었소
	과거-추측	놓았겠어요, 놓았겠지요, 놓았겠으세요	놓았겠소
	미래-추측/의지/가능	놓겠어요, 놓겠지요, 놓겠으세요, 놓을 수 있어요	놓겠소
의문형	현재	놓아요? 놓지요? 놓으세요? 놓나요? 놓을까요? 놓을래요? 놓는가요? 놓는데요? 놓는대요? 놓는다면서요? 놓는다지요?	놓으오? 놓소?
	과거	놓았어요? 놓았지요? 놓았으세요?	놓았소?
	과거-경험	놓았었어요? 놓았었지요? 놓았었으세요?	놓았었소?
	미래-추측/의지/가능	놓겠어요? 놓겠지요? 놓겠으세요? 놓으리요? 놓을 거예요? 놓을 거지요? 놓을 수 있겠어요?	놓겠소?
명령형		놓아요, 놓지요, 놓으세요, 놓으라니까요	놓으오, 놓구려
청유형		놓아요, 놓지요, 놓으세요, 놓자니까요	놓으오
감탄형		놓는군요! 놓으리요!	놓는구려!

상대존대형_예사낮춤		'-어'체	'-네'체
평서형	현재	놓아, 놓지, 놓을래, 놓을걸, 놓는데, 놓는대, 놓을게, 놓는단다, 놓으마, 놓잖아	놓네
	현재-진행	놓고 있어, 놓고 있지, 놓는 중이야	놓고 있네
	과거-완료	놓았어, 놓았지, 놓았잖아	놓았네
	미래-추측/의지/가능	놓겠어, 놓겠지, 놓을 수 있어	놓겠네
의문형	현재	놓아? 놓지? 놓니? 놓나? 놓을까? 놓으랴? 놓을래? 놓는데? 놓는대? 놓는다면서? 놓는다지?	놓는가?
	과거	놓았어? 놓았지? 놓았니? 놓았을까? 놓았대? 놓았다면서?	놓았는가?
	미래	놓겠어? 놓겠지? 놓겠니? 놓으리? 놓을 거야? 놓을 거지? 놓을 거니? 놓을 수 있겠어?	놓을 건가?
명령형		놓아, 놓지, 놓으렴, 놓으려무나, 놓으라니까	놓게
청유형		놓아, 놓지, 놓자니까	놓세
감탄형		놓아! 놓지! 놓으리!	놓는군! 놓는구먼!

상대존대형_아주낮춤		직설체	회상체
평서형	현재	놓는다	놓더라
	현재-진행	놓고 있다, 놓는 중이다	놓고 있더라
	과거-완료	놓았다	놓았더라
	미래-추측/의지/가능	놓겠다, 놓으리다, 놓으련다, 놓을 거다, 놓을 수 있다	놓겠더라
의문형	현재	놓느냐?	놓더냐?
	과거	놓았느냐?	놓았더냐?
	미래	놓겠느냐?	놓겠더냐?
명령형		놓아라	
청유형		놓자	
감탄형		놓는구나! 놓는다! 놓는도다!	놓더구나!

연결형	연결어미	의미기능	연결어미
나열	놓고, 놓으며	비교	놓느니
선택	놓거나, 놓든지, 놓든가	정도	놓으리만큼
대립	놓아도, 놓지만, 놓으나, 놓는데, 놓으면서도, 놓되, 놓지	조건·가정	놓으면, 놓거든, 놓거들랑, 놓아야, 놓는다면, 놓았던들
동시	놓으면서, 놓으며	상황제시	놓는데, 놓으니, 놓다시피
계기	놓고서, 놓아서, 놓자, 놓자마자	비유	놓듯이
중단·전환	놓다가	비례	놓을수록
양보	놓아도, 놓더라도, 놓을지라도, 놓을지언정, 놓은들, 놓는데도, 놓기로서니, 놓으나마, 놓을망정, 놓아 보았자	원인·이유	놓아서, 놓으니까, 놓느라고, 놓기에, 놓길래, 놓느니만큼, 놓는지라, 놓을세라, 놓으므로
목적·의도	놓으러, 놓으려고, 놓고자	첨가	놓거니와, 놓을뿐더러, 놓으려니와
결과	놓도록, 놓게끔	습관	놓곤

- 그는 컵을 탁자위에 놓았다. He put the cup on the table.
- 침을 놓은 자리가 아직도 아프다. It still hurts where I had acupuncture.
- 이제 농촌에도 수도를 놓아서 살기가 좋다.
  It is good to live in rural areas now because it has water works now.

누렇다 [누러타, nurətha]

'ㅎ' 불규칙활용, 형용사

to be golden yellow, be deep yellow, be ripe yellow

사동형	*누렇히다, 누렇게 하다, 누렇게 만들다	피동형	*누렇히다. 누렇게 되다, 누래지다

관형사형 : 현재-진행	과거-완료	과거-회상	과거-완료-회상	미래-추측/의지
누런	누런	누렇던	누렀던/누랬던	누럴

인용형 : 평서	의문	명령	청유	명사형	부사형
누렇다고	누러냐고	*누러라고	*누렇자고	누렇기, 누럼	누래, 누렇게

상대존대형_아주높임		직설체	회상체
평서형	현재	누렇습니다	누렇습디다
	현재-진행	*누렇고 있습니다, *누런 중입니다	*누렇고 있습디다
	과거	누랬습니다	누랬습디다
	과거-경험	누랬었습니다	누랬었습디다
	과거-추측	누랬겠습니다	누랬겠습디다
	미래-추측/의지/가능	누렇겠습니다, *누러렵니다, 누럴 겁니다, 누럴 수 있습니다	누렇겠습디다
의문형	현재	누렇습니까?	누렇습디까?
	과거	누랬습니까?	누랬습디까?
	과거-경험	누랬었습니까?	누랬었습디까?
	미래-추측/의지/가능	누렇겠습니까? *누르렵니까? *누럴 겁니까? *누러리이까? 누럴 수 있겠습니까?	누렇겠습디까?
명령형		*누러시오, *누러십시오	
청유형		*누럽시다, *누러십시다	
감탄형		누러시구나!	

상대존대형_예사높임		'-어요'체	'-으오'체
평서형	현재	누래요, 누렇지요, 누러세요, *누럴래요, 누럴걸요, 누런데요, 누렇대요, *누럴게요, 누렇잖아요	누렇오
	현재-진행	*누렇고 있어요, *누렇고 있지요, *누렇고 있으세요, *누런 중이에요	*누렇고 있소
	과거	누랬어요, 누랬지요, 누랬으세요, 누랬잖아요	누랬소
	과거-경험	누랬었어요, 누랬었지요, 누랬었으세요	누랬었소
	과거-추측	누랬겠어요, 누랬겠지요, 누랬겠으세요	누랬겠소
	미래-추측/의지/가능	누렇겠어요, 누렇겠지요, 누렇겠으세요, 누럴 수 있어요	누렇겠소
의문형	현재	누래요? 누렇지요? 누렇세요? 누렇나요? *누럴까요? *누럴래요? *누런가요? 누런데요? 누렇대요? 누렇다면서요? 누렇다지요?	누렇오? 누렇소?
	과거	누랬어요? 누랬지요? 누랬으세요?	누랬소?
	과거-경험	누랬었어요? 누랬었지요? 누랬었으세요?	누랬었소?
	미래-추측/의지/가능	누렇겠어요? 누렇겠지요? 누렇겠으세요? 누러리요? *누럴 거예요? *누럴 거지요? 누럴 수 있겠어요?	누렇겠소?
명령형		*누래요, *누렇지요, *누러세요, *누러라니까요	*누러오, *누렇구려
청유형		*누래요, *누렇지요, *누러세요, *누렇자니까요	*누러오
감탄형		누렇군요! 누러리요!	누렇구려!

상대존대형_예사낮춤		'-어'체	'-네'체
평서형	현재	누래, 누렇지, *누럴래, 누럴걸, 누런데, 누렇대, *누럴게, 누렇단다, *누러마, 누렇잖아	누렇네
	현재-진행	*누렇고 있어, *누렇고 있지, *누런 중이야	*누렇고 있네
	과거-완료	누랬어, 누랬지, 누랬잖아	누랬네
	미래-추측/의지/가능	누렇겠어, 누렇겠지, 누럴 수 있어	누렇겠네
의문형	현재	누래? 누렇지? 누러니? 누렇나? 누럴까? 누러랴? *누럴래? 누런데? 누렇대? 누렇다면서? 누렇다지?	누런가?
	과거	누랬어? 누랬지? 누랬니? 누랬을까? 누랬대? 누랬다면서?	누랬는가?
	미래	누렇겠어? 누렇겠지? 누렇겠니? 누러리? 누럴 거야? *누럴 거지? *누럴 거니? 누럴 수 있겠어?	누럴 건가?
명령형		*누래, *누렇지, *누렇렴, *누렇려무나, *누렇라니까	*누렇게
청유형		*누래, *누렇지, *누렇자니까	*누렇세
감탄형		누래! 누렇지! 누렇리!	누렇군! 누렇구먼!

상대존대형_아주낮춤		직설체	회상체
평서형	현재	누렇다	누렇더라
	현재-진행	*누렇고 있다, *누런 중이다	*누렇고 있더라
	과거-완료	누랬다	누랬더라
	미래-추측/의지/가능	누렇겠다, 누러리다, *누러런다, 누럴 거다, 누럴 수 있다	누렇겠더라
의문형	현재	누렇냐?	누렇더냐?
	과거	누랬느냐?	누랬더냐?
	미래	누렇겠느냐?	누렇겠더냐?
명령형		*누래라	
청유형		*누렇자	
감탄형		누렇구나! 누렇다! 누렇도다!	누렇더구나!

연결형	연결어미	의미기능	연결어미
나열	누렇고, 누러며	비교	*누렇느니
선택	누렇거나, 누렇든지, 누렇든가	정도	누러리만큼
대립	누래도, 누렇지만, 누러나, 누런데, 누러면서도, 누렇되, 누렇지	조건 · 가정	누러면, 누렇거든, 누렇거들랑, 누래야, 누렇다면, 누랬던들
동시	누러면서, 누렇며	상황제시	누런데, 누러니, 누렇다시피
계기	*누렇고서, *누래서, *누렇자, *누렇자마자	비유	누렇듯이
중단 · 전환	누렇다가	비례	누럴수록
양보	누래도, 누렇더라도, 누럴지라도, 누럴지언정, 누런들, 누런데도, 누렇기로서니, 누러나마, 누럴망정, 누래 보았자	원인 · 이유	누래서, 누러니까, *누렇느라고, 누렇기에, 누렇길래, 누렇니만큼, 누런지라, 누럴세라, 누러므로
목적 · 의도	*누러러, *누렇려고, *누렇고자	첨가	누렇거니와, 누럴뿐더러, 누러려니와
결과	누렇도록, 누렇게끔	습관	*누렇곤

• 그놈은 싹수가 누렇다. His future is hopeless.

• 가을들판에 곡식이 누렇게 익고 있다. The grains are ripening and turning yellow.

• 그녀는 얼굴이 누렇고 행색이 초라해 보였다.
  Her face was yellow and her appearance didn't look good.

151

눋다 [눋ː따, nud:t'a]

'ㄷ' 불규칙활용, 자동사

to get scorch ; to be scorched, be burned

사동형	*눋히다, 눋게 하다, 눋게 만들다	피동형	*눋히다, 눋게 되다, 눌어지다

관형사형 : 현재-진행	과거-완료	과거-회상	과거-완료-회상	미래-추측/의지
눋는	눌은	눋던	눌었던	눌을

인용형 : 평서	의문	명령	청유	명사형	부사형
눋는다고	눋느냐고	눌으라고	눋자고	눋기, 눌음	눌어, 눋게

상대존대형_아주높임		직설체	회상체
평서형	현재	눋습니다	눋습디다
	현재-진행	눋고 있습니다, 눋는 중입니다	눋고 있습디다
	과거	눌었습니다	눌었습디다
	과거-경험	눌었었습니다	눌었었습디다
	과거-추측	눌었겠습니다	눌었겠습디다
	미래-추측/의지/가능	눋겠습니다, *눌으렵니다, *눌을 겁니다, 눌을 수 있습니다	눋겠습디다
의문형	현재	눋습니까?	눋습디까?
	과거	눌었습니까?	눌었습디까?
	과거-경험	눌었었습니까?	눌었었습디까?
	미래-추측/의지/가능	눋겠습니까? *눌으렵니까? *눌을 겁니까? *눌으리이까? 눌을 수 있겠습니까?	눋겠습디까?
명령형		*눌으시오, *눌으십시오	
청유형		*눋읍시다, *눌으십시다	
감탄형		눌으시는구나!	

상대존대형_예사높임		'-어요'체	'-으오'체
평서형	현재	눌어요, 눋지요, 눌으세요, *눌을래요, 눌을걸요, 눋는데요, 눋는대요, *눌을게요, 눋잖아요	눌으오
	현재-진행	눋고 있어요, 눋고 있지요, 눋고 있으세요, 눋는 중이에요	눋고 있소
	과거	눌었어요, 눌었지요, 눌었으세요, 눌었잖아요	눌었소
	과거-경험	눌었었어요, 눌었었지요, 눌었었으세요	눌었었소
	과거-추측	눌었겠어요, 눌었겠지요, 눌었겠으세요	눌었겠소
	미래-추측/의지/가능	눋겠어요, 눋겠지요, 눋겠으세요, 눌을 수 있어요	눋겠소
의문형	현재	눌어요? 눋지요? 눌으세요? 눋나요? 눌을까요? *눌을래요? 눋는가요? 눋는데요? 눋는대요? 눋는다면서요? 눋는다지요?	눌으오? 눋소?
	과거	눌었어요? 눌었지요? 눌었으세요?	눌었소?
	과거-경험	눌었었어요? 눌었었지요? 눌었었으세요?	눌었었소?
	미래-추측/의지/가능	눋겠어요? 눋겠지요? 눋겠으세요? *눌으리요? *눌을 거예요? *눌을 거지요? 눌을 수 있겠어요?	눋겠소?
명령형		*눌어요, *눋지요, *눌으세요, *눌으라니까요	*눌으오, *눋구려
청유형		*눌어요, *눋지요, *눌으세요, *눋자니까요	*눌으오
감탄형		눋는군요! 눌으리요!	눋는구려!

152

상대존대형_예사낮춤		'-어'체	'-네'체
평서형	현재	눌어, 눋지, 눌을래, 눌을걸, 눋는데, 눋는대, 눌을게, 눋는단다, 눌으마, 눋잖아	눋네
	현재-진행	눋고 있어, 눋고 있지, 눋는 중이야	눋고 있네
	과거-완료	눌었어, 눌었지, 눌었잖아	눌었네
	미래-추측/의지/가능	눋겠어, 눋겠지, 눌을 수 있어	눋겠네
의문형	현재	눌어? 눋지? 눋니? 눋나? 눌을까? 눌으랴? *눌을래? 눋는데? 눋는대? 눋는다면서? 눋는다지?	눋는가?
	과거	눌었어? 눌었지? 눌었니? 눌었을까? 눌었대? 눌었다면서?	눌었는가?
	미래	눋겠어? 눋겠지? 눋겠니? *눌으리? *눌을 거야? *눌을 거지? *눌을 거니? 눌을 수 있겠어?	눌을 건가?
명령형		*눌어, *눋지, *눌으렴, *눌으려무나, *눌으려니까	*눋게
청유형		*눌어, *눋지, *눋자니까	*눋세
감탄형		눌어! 눋지! 눌으리!	눋는군! 눋는구먼!

상대존대형_아주낮춤		직설체	회상체
평서형	현재	눋는다	눋더라
	현재-진행	눋고 있다, 눋는 중이다	눋고 있더라
	과거-완료	눌었다	눌었더라
	미래-추측/의지/가능	눋겠다, *눌으리다, *눌으련다, 눌을 거다, 눌을 수 있다	눋겠더라
의문형	현재	눋느냐?	눋더냐?
	과거	눌었느냐?	눌었더냐?
	미래	눋겠느냐?	눋겠더냐?
명령형		*눌어라	
청유형		*눋자	
감탄형		눋는구나! 눋는다! 눋는도다!	눋더구나!

연결형	연결어미	의미기능	연결어미
나열	눋고, 눌으며	비교	눋느니
선택	눋거나, 눋든지, 눋든가	정도	눌으리만큼
대립	눌어도, 눋지만, 눌으나, 눋는데, 눌으면서도, 눋되, 눋지	조건 · 가정	눌으면, 눋거든, 눋거들랑, 눌어야, 눋는다면, 눌었던들
동시	눌으면서, 눌으며	상황제시	눋는데, 눌으니, 눋다시피
계기	눋고서, 눌어서, 눋자, 눋자마자	비유	눋듯이
중단 · 전환	눋다가	비례	눌을수록
양보	눌어도, 눋더라도, 눌을지라도, 눌을지언정, 눌은들, 눋는데도, 눋기로서니, 눌으나마, 눌을망정, 눌어 보았자	원인 · 이유	눌어서, 눌으니까, 눋느라고, 눋기에, 눋길래, 눋느니만큼, 눋는지라, 눌을세라, 눌으므로
목적 · 의도	눌으러, 눌으려고, 눋고자	첨가	눋거니와, 눌을뿐더러, 눌으려니와
결과	눋도록, 눋게끔	습관	눋곤

기본예문

- 밥이 많이 눌었니? Is the rice scorched enough?
- 보리와 콩이 눌은 숭늉은 구수한 맛을 낸다.
  It tastes pleasant, when scorched rice-tea is scorched with barley and bean.
- 밥이 눌면 누룽지를 만들어 먹자. When the rice is scorched, lets make scorched rice and eat.

눕다 [눕따, nupt'a]

'ㅂ' 불규칙활용, 자동사

to lie down ; to lay oneself down ; to recline

사동형	눕히다, 눕게 하다, 눕게 만들다		피동형	눕히다, 눕게 되다, 누워지다	

관형사형 : 현재-진행	과거-완료	과거-회상	과거-완료-회상	미래-추측/의지
눕는	누운	눕던	누웠던	누울

인용형 : 평서	의문	명령	청유	명사형	부사형
읽는다고	읽느냐고	읽으라고	읽자고	읽기, 읽음	읽어, 읽게

상대존대형_아주높임		직설체	회상체
평서형	현재	눕습니다	눕습디다
	현재-진행	눕고 있습니다, 눕는 중입니다	눕고 있습디다
	과거	누웠습니다	누웠습디다
	과거-경험	누웠었습니다	누웠었습디다
	과거-추측	누웠겠습니다	누웠겠습디다
	미래-추측/의지/가능	눕겠습니다, 누우렵니다, 누울 겁니다, 누울 수 있습니다	눕겠습디다
의문형	현재	눕습니까?	눕습디까?
	과거	누웠습니까?	누웠습디까?
	과거-경험	누웠었습니까?	누웠었습디까?
	미래-추측/의지/가능	눕겠습니까? 누우렵니까? 누울 겁니까? 누우리이까? 누울 수 있겠습니까?	눕겠습디까?
명령형		누우시오, 누우십시오	
청유형		누웁시다, 누우십시다	
감탄형		누우시는구나!	

상대존대형_예사높임		'-어요'체	'-으오'체
평서형	현재	누워요, 눕지요, 누우세요, 누울래요, 누울걸요, 눕는데요, 눕는대요, 누울게요, 눕잖아요	?누우오
	현재-진행	눕고 있어요, 눕고 있지요, 눕고 있으세요, 눕는 중이에요	눕고 있소
	과거	누웠어요, 누웠지요, 누웠으세요, 누웠잖아요	누웠소
	과거-경험	누웠었어요, 누웠었지요, 누웠었으세요	누웠었소
	과거-추측	누웠겠어요, 누웠겠지요, 누웠겠으세요	누웠겠소
	미래-추측/의지/가능	눕겠어요, 눕겠지요, ?눕겠으세요, 누울 수 있어요	눕겠소
의문형	현재	누워요? 눕지요? 누우세요? 눕나요? 누울까요? 누울래요? 눕는가요? 눕는데요? 눕는대요? 눕는다면서요? 눕는다지요?	누우오? 눕소?
	과거	누웠어요? 누웠지요? 누웠으세요?	누웠소?
	과거-경험	누웠었어요? 누웠었지요? 누웠었으세요?	누웠었소?
	미래-추측/의지/가능	눕겠어요? 눕겠지요? 눕겠으세요? 누우리요? 누울 거예요? 누울 거지요? 누울 수 있겠어요?	눕겠소?
명령형		누워요, 눕지요, 누우세요, 누우라니까요	누우오, 눕구려
청유형		누워요, 눕지요, 누우세요, 눕자니까요	누우오
감탄형		눕는군요! 누우리요!	눕는구려!

상대존대형_예사낮춤		'-어'체	'-네'체
평서형	현재	누워, 눕지, 누울래, 누울걸, 눕는데, 눕는대, 누울게, 눕는단다, 누우마, 눕잖아	눕네
	현재-진행	눕고 있어, 눕고 있지, 눕는 중이야	눕고 있네
	과거-완료	누웠어, 누웠지, 누웠잖아	누웠네
	미래-추측/의지/가능	눕겠어, 눕겠지, 누울 수 있어	눕겠네
의문형	현재	누워? 눕지? 눕니? 눕나? 누울까? 누우랴? 누울래? 눕는데? 눕는대? 눕는다면서? 눕는다지?	눕는가?
	과거	누웠어? 누웠지? 누웠니? 누웠을까? 누웠대? 누웠다면서?	누웠는가?
	미래	눕겠어? 눕겠지? 눕겠니? 누우리? 누울 거야? 누울 거지? 누울 거니? 누울 수 있겠어?	누울 건가?
명령형		누워, 눕지, 누우렴, 누우려무나, 누우라니까	눕게
청유형		누워, 눕지, 눕자니까	*눕세, 누우세
감탄형		누워! 눕지! 누우리!	눕는군! 눕는구먼!

상대존대형_아주낮춤		직설체	회상체
평서형	현재	눕는다	눕더라
	현재-진행	눕고 있다, 눕는 중이다	눕고 있더라
	과거-완료	누웠다	누웠더라
	미래-추측/의지/가능	눕겠다, 누우리다, 누우련다, 누울 거다, 누울 수 있다	눕겠더라
의문형	현재	눕느냐?	눕더냐?
	과거	누웠느냐?	누웠더냐?
	미래	눕겠느냐?	눕겠더냐?
명령형		누워라	
청유형		눕자	
감탄형		눕는구나! 눕는다! 눕는도다!	눕더구나!

연결형		연결어미	의미기능	연결어미
나열		눕고, 누우며	비교	눕느니
선택		눕거나, 눕든지, 눕든가	정도	누우리만큼
대립		누워도, 눕지만, 누우나, 눕는데, 누우면서도, 눕되, 눕지	조건·가정	누우면, 눕거든, 눕거들랑, 누워야, 눕는다면, 누웠던들
동시		누우면서, 누우며	상황제시	눕는데, 누우니, 눕다시피
계기		눕고서, 누워서, 눕자, 눕자마자	비유	눕듯이
중단·전환		눕다가	비례	누울수록
양보		누워도, 눕더라도, 누울지라도, 누울지언정, 누운들, 눕는데도, 눕기로서니, 누우나마, 누울망정, 누워 보았자	원인·이유	누워서, 누우니까, 눕느라고, 눕기에, 눕길래, 눕느니만큼, 눕는지라, 누울세라, 누우므로
목적·의도		누우러, 누우려고, 눕고자	첨가	눕거니와, 누울뿐더러, 누우려니와
결과		눕도록, 눕게끔	습관	눕곤

- 하루 종일 방에 누워 있었다. I was lying in the room all day.
- 누워서는 뭐든지 먹지 마라. Do not eat anything while lying down.
- 누우면 죽고 걸으면 산다는 말이 있다.
  Say that you will die if you lie down, but you will live if you keep walking.

느리다 [느리다, nǔrida]

'이' 규칙활용, 형용사

to be slow ; to be tardy

| 사동형 | *느리히다, 느리게 하다, 느리게 만들다 | | 피동형 | *느리히다. 느리게 되다, 느려지다 |

관형사형 : 현재-진행	과거-완료	과거-회상	과거-완료-회상	미래-추측/의지
느리는	느린	느리던	느렸던	느릴

인용형 : 평서	의문	명령	청유	명사형	부사형
느리다고	느리냐고	*느리라고	*느리자고	느리기, 느림	느려, 느리게

상대존대형_아주높임		직설체	회상체
평서형	현재	느립니다	느립디다
	현재-진행	*느리고 있습니다, *느린 중입니다	*느리고 있습디다
	과거	느렸습니다	느렸습디다
	과거-경험	느렸었습니다	느렸었습디다
	과거-추측	느렸겠습니다	느렸겠습디다
	미래-추측/의지/가능	느리겠습니다, *느리렵니다, 느릴 겁니다, 느릴 수 있습니다	느리겠습디다
의문형	현재	느립니까?	느립디까?
	과거	느렸습니까?	느렸습디까?
	과거-경험	느렸었습니까?	느렸었습디까?
	미래-추측/의지/가능	느리겠습니까? *느리렵니까? *느릴 겁니까? *느리리이까? 느릴 수 있겠습니까?	느리겠습디까?
명령형		*느리시오, *느리십시오	
청유형		*느립시다, *느리십시다	
감탄형		느리시구나!	

상대존대형_예사높임		'-어요'체	'-으오'체
평서형	현재	느려요, 느리지요, 느리세요, *느릴래요, 느릴걸요, 느린데요, 느리대요, *느릴게요, 느리잖아요	느리오
	현재-진행	*느리고 있어요, *느리고 있지요, *느리고 있으세요, *느린 중이에요	*느리고 있소
	과거	느렸어요, 느렸지요, 느렸으세요, 느렸잖아요	느렸소
	과거-경험	느렸었어요, 느렸었지요, 느렸었으세요	느렸었소
	과거-추측	느렸겠어요, 느렸겠지요, 느렸겠으세요	느렸겠소
	미래-추측/의지/가능	느리겠어요, 느리겠지요, 느리겠으세요, 느릴 수 있어요	느리겠소
의문형	현재	느려요? 느리지요? 느리세요? 느리나요? *느릴까요? *느릴래요? *느린가요? 느린데요? 느리대요? 느리다면서요? 느리다지요?	느리오? *느리소?
	과거	느렸어요? 느렸지요? 느렸으세요?	느렸소?
	과거-경험	느렸었어요? 느렸었지요? 느렸었으세요?	느렸었소?
	미래-추측/의지/가능	느리겠어요? 느리겠지요? 느리겠으세요? 느리리요? *느릴 거예요? *느릴 거지요? 느릴 수 있겠어요?	느리겠소?
명령형		*느려요, *느리지요, *느리세요, *느리라니까요	*느리오, *느리구려
청유형		*느려요, *느리지요, *느리세요, *느리자니까요	*느리오
감탄형		느리군요! 느리리요!	느리구려!

상대존대형_예사낮춤		'-어'체	'-네'체
평서형	현재	느려, 느리지, *느릴래, 느릴걸, 느린데, 느리대, *느릴게, 느리단다, *느리마, 느리잖아	느리다
	현재-진행	*느리고 있어, *느리고 있지, *느린 중이야	*느리고 있다, *느린 중이다
	과거-완료	느렸어, 느렸지, 느렸잖아	느렸다
	미래-추측/의지/가능	느리겠어, 느리겠지, 느릴 수 있어	느리겠다, 느리리다, *느리련다, 느릴 거다, 느릴 수 있다
의문형	현재	느려? 느리지? 느리니? 느리나? 느릴까? 느리랴? *느릴래? 느린데? 느리대? 느리다면서? 느리다지?	느리냐?
	과거	느렸어? 느렸지? 느렸니? 느렸을까? 느렸대? 느렸다면서?	느렸느냐?
	미래	느리겠어? 느리겠지? 느리겠니? 느리리? *느릴 거야? *느릴 거지? *느릴 거니? *느릴 수 있겠어?	느리겠느냐?
명령형		*느려, *느리지, *느리렴, *느리려무나, *느리라니까	*느려라
청유형		*느려, *느리지, *느리자니까	*느리자
감탄형		느려! 느리지! 느리리!	느리구나! 느리다! 느리도다!

상대존대형_아주낮춤		직설체	회상체
평서형	현재	느리다	느리더라
	현재-진행	*느리고 있다, *느린 중이다	*느리고 있더라
	과거-완료	느렸다	느렸더라
	미래-추측/의지/가능	느리겠다, 느리리다, *느리련다, 느릴 거다, 느릴 수 있다	느리겠더라
의문형	현재	느리냐?	느리더냐?
	과거	느렸느냐?	느렸더냐?
	미래	느리겠느냐?	느리겠더냐?
명령형		*느려라	
청유형		*느리자	
감탄형		느리구나! 느리다! 느리도다!	느리더구나!

연결형	연결어미	의미기능	연결어미
나열	느리고, 느리며	비교	*느리느니
선택	느리거나, 느리든지, 느리든가	정도	느리리만큼
대립	느려도, 느리지만, 느리나, 느린데, 느리면서도, 느리되, 느리지	조건·가정	느리면, 느리거든, 느리거들랑, 느려야, 느리다면, 느렸던들
동시	느리면서, 느리며	상황제시	느린데, 느리니, 느리다시피
계기	*느리고서, *느려서, *느리자, *느리자마자	비유	느리듯이
중단·전환	느리다가	비례	느릴수록
양보	느려도, 느리더라도, 느릴지라도, 느릴지언정, 느리은들, 느린데도, 느리기로서니, 느리나마, 느릴망정, 느려 보았자	원인·이유	느려서, 느리니까, *느리느라고, 느리기에, 느리길래, 느리니만큼, 느린지라, 느릴세라, 느리므로
목적·의도	*느리러, *느리려고, *느리고자	첨가	느리거니와, 느릴뿐더러, 느리려니와
결과	느리도록, 느리게끔	습관	*느리곤

- 그 버스는 속도가 너무 느리다. That bus speed is too slow.
- 저 멀리서 느리고 굵은 아버지의 목소리가 들려왔다.
  I could hear the low and slow voice of my father.
- 그는 일하는 속도가 거북이처럼 느려도 일을 꼼꼼하게 잘 한다.
  He works as slow as a turtle but he also worked very meticulously.

늦다1 [nïtt'a]

규칙활용, 자동사

to be late, be behind, be delayed, be overdue ; to be slow

사동형	*늦히다, 늦게 하다, 늦게 만들다		피동형	*늦히다. 늦게 되다, 늦어지다	

관형사형 : 현재-진행	과거-완료	과거-회상	과거-완료-회상	미래-추측/의지
	늦은	늦은	늦던	늦었던

인용형 : 평서	의문	명령	청유	명사형	부사형
늦는다고	늦느냐고	늦으라고	늦자고	늦기, 늦음	늦어, 늦게

상대존대형_아주높임		직설체	회상체
평서형	현재	늦습니다	늦습디다
	현재-진행	늦고 있습니다, 늦는 중입니다	늦고 있습디다
	과거	늦었습니다	늦었습디다
	과거-경험	늦었었습니다	늦었었습디다
	과거-추측	늦었겠습니다	늦었겠습디다
	미래-추측/의지/가능	늦겠습니다, 늦으럽니다, 늦을 겁니다, 늦을 수 있습니다	늦겠습디다
의문형	현재	늦습니까?	늦습디까?
	과거	늦었습니까?	늦었습디까?
	과거-경험	늦었었습니까?	늦었었습디까?
	미래-추측/의지/가능	늦겠습니까? 늦으럽니까? 늦을 겁니까? 늦으리이까? 늦을 수 있겠습니까?	늦겠습디까?
명령형		늦으시오, 늦으십시오	
청유형		늦읍시다, 늦으십시다	
감탄형		늦으시구나!	

상대존대형_예사높임		'-어요'체	'-으오'체
평서형	현재	늦어요, 늦지요, 늦으세요, 늦을래요, 늦을걸요, 늦은데요, 늦대요, 늦을게요, 늦잖아요	늦으오
	현재-진행	늦고 있어요, 늦고 있지요, 늦고 있으세요, 늦는 중이에요	늦고 있소
	과거	늦었어요, 늦었지요, 늦었으세요, 늦었잖아요	늦었소
	과거-경험	늦었었어요, 늦었었지요, 늦었었으세요	늦었었소
	과거-추측	늦었겠어요, 늦었겠지요, 늦었겠으세요	늦었겠소
	미래-추측/의지/가능	늦겠어요, 늦겠지요, 늦겠으세요, 늦을 수 있어요	늦겠소
의문형	현재	늦어요? 늦지요? 늦으세요? 늦나요? 늦을까요? 늦을래요? 늦는가요? 늦은데요? 늦대요? 늦다면서요? 늦다지요?	늦으오? 늦소?
	과거	늦었어요? 늦었지요? 늦었으세요?	늦었소?
	과거-경험	늦었었어요? 늦었었지요? 늦었었으세요?	늦었었소?
	미래-추측/의지/가능	늦겠어요? 늦겠지요? 늦겠으세요? 늦으리요? 늦을 거예요? 늦을 거지요? 늦을 수 있겠어요?	늦겠소?
명령형		늦어요, 늦지요, 늦으세요, 늦으라니까요	늦으오, 늦구려
청유형		늦어요, 늦지요, 늦으세요, 늦자니까요	늦으오
감탄형		늦군요! 늦으리요!	늦구려!

상대존대형_예사낮춤		'-어'체	'-네'체
평서형	현재	늦어, 늦지, *늦을래, 늦을걸, 늦은데, 늦대, 늦을게, 늦단다, 늦으마, 늦잖아	늦네
	현재-진행	늦고 있어, 늦고 있지, 늦는 중이야	늦고 있네
	과거-완료	늦었어, 늦었지, 늦었잖아	늦었네
	미래-추측/의지/가능	늦겠어, 늦겠지, 늦을 수 있어	늦겠네
의문형	현재	늦어? 늦지? 늦니? 늦나? 늦을까? 늦으랴? 늦을래? 늦은데? 늦대? 늦다면서? 늦다지?	늦은가?
	과거	늦었어? 늦었지? 늦었니? 늦었을까? 늦었대? 늦었다면서?	늦었는가?
	미래	늦겠어? 늦겠지? 늦겠니? 늦으리? *늦을 거야? *늦을 거지? *늦을 거니? 늦을 수 있겠어?	늦을 건가?
명령형		늦어, 늦지, 늦으렴, 늦으려무나, 늦으라니까	늦게
청유형		늦어, 늦지, 늦자니까	늦세
감탄형		늦어! 늦지! 늦으리!	늦군! 늦구먼!

상대존대형_아주낮춤		직설체	회상체
평서형	현재	늦다	늦더라
	현재-진행	늦고 있다, *늦는 중이다	늦고 있더라
	과거-완료	늦었다	늦었더라
	미래-추측/의지/가능	늦겠다, 늦으리다, 늦으련다, 늦을 거다, 늦을 수 있다	늦겠더라
의문형	현재	늦으냐?	늦더냐?
	과거	늦었느냐?	늦었더냐?
	미래	늦겠느냐?	늦겠더냐?
명령형		늦어라	
청유형		늦자	
감탄형		늦구나! 늦다! 늦도다!	늦더구나!

연결형	연결어미	의미기능	연결어미
나열	늦고, 늦으며	비교	늦느니
선택	늦거나, 늦든지, 늦든가	정도	늦으리만큼
대립	늦어도, 늦지만, 늦으나, 늦은데, 늦으면서도, 늦되, 늦지	조건 · 가정	늦으면, 늦거든, 늦거들랑, 늦어야, 늦다면, 늦었던들
동시	늦으면서, 늦으며	상황제시	늦은데, 늦으니, 늦다시피
계기	늦고서, 늦어서, 늦자, 늦자마자	비유	늦듯이
중단 · 전환	늦다가	비례	늦을수록
양보	늦어도, 늦더라도, 늦을지라도, 늦을지언정, 늦은들, 늦은데도, 늦기로서니, 늦으나마, 늦을망정, 늦어 보았자	원인 · 이유	늦어서, 늦으니까, 늦느라고, 늦기에, 늦길래, 늦으니만큼, 늦은지라, 늦을세라, 늦으므로
목적 · 의도	늦으러, 늦으려고, 늦고자	첨가	늦거니와, 늦을뿐더러, 늦으려니와
결과	늦도록, 늦게끔	습관	*늦곤

다니다 [다니다, danida]

'이' 규칙활용, 자동사

to come and go ; to attend ; to visit

사동형	*다니히다, 다니게 하다, 다니게 만들다	피동형	*다니히다. 다니게 되다, 다녀지다

관형사형 : 현재-진행	과거-완료	과거-회상	과거-완료-회상	미래-추측/의지
다니는	다닌	다니던	다녔던	다닐

인용형 : 평서	의문	명령	청유	명사형	부사형
다닌다고	다니느냐고	다니라고	다니자고	다니기, 다님	다녀, 다니게

상대존대형_아주높임		직설체	회상체
평서형	현재	다닙니다	다닙디다
	현재-진행	다니고 있습니다, 다니는 중입니다	다니고 있습디다
	과거	다녔습니다	다녔습디다
	과거-경험	다녔었습니다	다녔었습디다
	과거-추측	다녔겠습니다	다녔겠습디다
	미래-추측/의지/가능	다니겠습니다, 다니렵니다, 다닐 겁니다, 다닐 수 있습니다	다니겠습디다
의문형	현재	다닙니까?	다닙디까?
	과거	다녔습니까?	다녔습디까?
	과거-경험	다녔었습니까?	다녔었습디까?
	미래-추측/의지/가능	다니겠습니까? 다니렵니까? 다닐 겁니까? 다니리이까? 다닐 수 있겠습니까?	다니겠습디까?
명령형		다니시오, 다니십시오	
청유형		다닙시다, 다니십시다	
감탄형		다니시는구나!	

상대존대형_예사높임		'-어요'체	'-으오'체
평서형	현재	다녀요, 다니지요, 다니세요, 다닐래요, 다닐걸요, 다니는데요, 다닌대요, 다닐게요, 다니잖아요	다니오
	현재-진행	다니고 있어요, 다니고 있지요, 다니고 있으세요, 다니는 중이에요	다니고 있소
	과거	다녔어요, 다녔지요, 다녔으세요, 다녔잖아요	다녔소
	과거-경험	다녔었어요, 다녔었지요, 다녔었으세요	다녔었소
	과거-추측	다녔겠어요, 다녔겠지요, 다녔겠으세요	다녔겠소
	미래-추측/의지/가능	다니겠어요, 다니겠지요, 다니겠으세요, 다닐 수 있어요	다니겠소
의문형	현재	다녀요? 다니지요? 다니세요? 다니나요? 다닐까요? 다닐래요? 다니는가요? 다니는데요? 다닌대요? 다닌다면서요? 다닌다지요?	다니오? *다니소?
	과거	다녔어요? 다녔지요? 다녔으세요?	다녔소?
	과거-경험	다녔었어요? 다녔었지요? 다녔었으세요?	다녔었소?
	미래-추측/의지/가능	다니겠어요? 다니겠지요? 다니겠으세요? 다니리요? 다닐 거예요? 다닐 거지요? 다닐 수 있겠어요?	다니겠소?
명령형		다녀요, 다니지요, 다니세요, 다니라니까요	다니오, 다니구려
청유형		다녀요, 다니지요, 다니세요, 다니자니까요	다니오
감탄형		다니는군요! 다니리요!	다니는구려!

상대존대형_예사낮춤		'-어'체	'-네'체
평서형	현재	다녀, 다니지, 다닐래, 다닐걸, 다니는데, 다닌대, 다닐게, 다닌 단다, 다니마, 다니잖아	다니네
	현재-진행	다니고 있어, 다니고 있지, 다니는 중이야	다니고 있네
	과거-완료	다녔어, 다녔지, 다녔잖아	다녔네
	미래-추측/의지/가능	다니겠어, 다니겠지, 다닐 수 있어	다니겠네
의문형	현재	다녀? 다니지? 다니니? 다니냐? 다닐까? 다니랴? 다닐래? 다니 는데? 다닌대? 다닌다면서? 다닌다지?	다니는가?
	과거	다녔어? 다녔지? 다녔니? 다녔을까? 다녔대? 다녔다면서?	다녔는가?
	미래	다니겠어? 다니겠지? 다니겠니? 다니리? 다닐 거야? 다닐 거 지? 다닐 거니? 다닐 수 있겠어?	다닐 건가?
명령형		다녀, 다니지, 다니렴, 다니려무나, 다니라니까	다니게
청유형		다녀, 다니지, 다니자니까	다니세
감탄형		다녀! 다니지! 다니리!	다니는군! 다니는구먼!

상대존대형_아주낮춤		직설체	회상체
평서형	현재	다닌다	다니더라
	현재-진행	다니고 있다, 다니는 중이다	다니고 있더라
	과거-완료	다녔다	다녔더라
	미래-추측/의지/가능	다니겠다, 다니리다, 다니련다, 다닐 거다, 다닐 수 있다	다니겠더라
의문형	현재	다니느냐?	다니더냐?
	과거	다녔느냐?	다녔더냐?
	미래	다니겠느냐?	다니겠더냐?
명령형		다녀라	
청유형		다니자	
감탄형		다니는구나! 다닌다! 다니는도다!	다니더구나!

연결형	연결어미	의미기능	연결어미
나열	다니고, 다니며	비교	다니느니
선택	다니거나, 다니든지, 다니든가	정도	다니리만큼
대립	다녀도, 다니지만, 다니나, 다니는데, 다니면서도, 다니되, 다니지	조건·가정	다니면, 다니거든, 다니거들랑, 다녀야, 다닌다면, 다녔던들
동시	다니면서, 다니며	상황제시	다니는데, 다니니, 다니다시피
계기	다니고서, 다녀서, 다니자, 다니자마자	비유	다니듯이
중단·전환	다니다가	비례	다닐수록
양보	다녀도, 다니더라도, 다닐지라도, 다닐지언 정, 다닌들, 다니는데도, 다니기로서니, 다 니나마, 다닐망정, 다녀 보았자	원인·이유	다녀서, 다니니까, 다니느라고, 다니기에, 다니길래, 다니느니만큼, 다니는지라, 다닐 세라, 다니므로
목적·의도	다니러, 다니려고, 다니고자	첨가	다니거니와, 다닐뿐더러, 다니려니와
결과	다니도록, 다니게끔	습관	다니곤

기본예문
- 그는 매일 병원에 다니고 있다. He goes to the hospital everyday.
- 한국에는 서울과 부산 간을 다니는 고속버스가 있다.
  There is a bus that runs from Seoul to Pusan in Korea.
- 그녀는 고서점에 다니면서 연구자료를 많이 수집했다.
  She collected many research resources by going to old bookstore.

다르다 [다르다, darida]

'르' 불규칙활용, 형용사

to be different ; to be uncommon ; to be unusual ; to be disagree

사동형	*다르히다, 다르게 하다, 다르게 만들다	피동형	*다르히다. 다르게 되다, 달라지다

관형사형 : 현재-진행	과거-완료	과거-회상	과거-완료-회상	미래-추측/의지
다른	다른	다르던	달랐던	다를

인용형 : 평서	의문	명령	청유	명사형	부사형
다르다고	다르냐고	*다르라고	*다르자고	다르기, 다름	달라, 다르게

상대존대형_아주높임		직설체	회상체
평서형	현재	다릅니다	다릅디다
	현재-진행	*다르고 있습니다, *다른 중입니다	*다르고 있습디다
	과거	달랐습니다	달랐습디다
	과거-경험	달랐었습니다	달랐었습디다
	과거-추측	달랐겠습니다	달랐겠습디다
	미래-추측/의지/가능	다르겠습니다, *다르럽니다, 다를 겁니다, 다를 수 있습니다	다르겠습디다
의문형	현재	다릅니까?	다릅디까?
	과거	달랐습니까?	달랐습디까?
	과거-경험	달랐었습니까?	달랐었습디까?
	미래-추측/의지/가능	다르겠습니까? *다르렵니까? *다를 겁니까? *다르리이까? 다를 수 있겠습니까?	다르겠습디까?
명령형		*다르시오, *다르십시오	
청유형		*다릅시다, *다르십시다	
감탄형		*다르시구나!	

상대존대형_예사높임		'-어요'체	'-으오'체
평서형	현재	달라요, 다르지요, 다르세요, *다를래요, 다를걸요, 다른데요, 다르대요, *다를게요, 다르잖아요	다르오
	현재-진행	*다르고 있어요, *다르고 있지요, *다르고 있으세요, *다른 중이에요	*다르고 있소
	과거	달랐어요, 달랐지요, 달랐으세요, 달랐잖아요	달랐소
	과거-경험	달랐었어요, 달랐었지요, 달랐었으세요	달랐었소
	과거-추측	달랐겠어요, 달랐겠지요, 달랐겠으세요	달랐겠소
	미래-추측/의지/가능	다르겠어요, 다르겠지요, 다르겠으세요, 다를 수 있어요	다르겠소
의문형	현재	달라요? 다르지요? 다르세요? 다르나요? 다를까요? *다를래요? 다른가요? 다른데요? 다르대요? 다르다면서요? 다르다지요?	다르오? *다르소?
	과거	달랐어요? 달랐지요? 달랐으세요?	달랐소?
	과거-경험	달랐었어요? 달랐었지요? 달랐었으세요?	달랐었소?
	미래-추측/의지/가능	*다르겠어요? 다르겠지요? 다르겠으세요? 다르리요? *다를 거예요? *다를 거지요? 다를 수 있겠어요?	다르겠소?
명령형		*달라요, *다르지요, *다르세요, *다르라니까요	*다르오, *다르구려
청유형		*달라요, *다르지요, *다르세요, *다르자니까요	*다르오
감탄형		다르군요! 다르리요!	다르구려!

162

상대존대형_예사낮춤		'-어'체	'-네'체
평서형	현재	달라, 다르지, *다를래, 다를걸, 다른데, 다르대, *다를게, 다르단다, *다르마, 다르잖아	다르네
	현재-진행	*다르고 있어, *다르고 있지, *다른 중이야	*다르고 있네
	과거-완료	달랐어, 달랐지, 달랐잖아	달랐네
	미래-추측/의지/가능	다르겠어, 다르겠지, 다를 수 있어	다르겠네
의문형	현재	달라? 다르지? 다르니? 다르냐? 다를까? 다르랴? *다를래? 다른데? 다르대? 다르다면서? 다르다지?	다른가?
	과거	달랐어? 달랐지? 달랐니? 달랐을까? 달랐대? 달랐다면서?	달랐는가?
	미래	다르겠어? 다르겠지? 다르겠니? *다르리? *다를 거야? *다를 거지? *다를 거니? 다를 수 있겠어?	다를 건가?
명령형		*달라, *다르지, *다르렴, *다르려무나, *다르라니까	*다르게
청유형		*달라, *다르지, *다르자니까	*다르세
감탄형		달라! 다르지! 다르리!	다르군! 다르구먼!

상대존대형_아주낮춤		직설체	회상체
평서형	현재	다르다	다르더라
	현재-진행	*다르고 있다, *다른 중이다	*다르고 있더라
	과거-완료	달랐다	달랐더라
	미래-추측/의지/가능	다르겠다, 다르리다, *다르련다, 다를 거다, 다를 수 있다	다르겠더라
의문형	현재	다르냐?	다르더냐?
	과거	달랐느냐?	달랐더냐?
	미래	다르겠느냐?	다르겠더냐?
명령형		*달라라	
청유형		*다르자	
감탄형		다르구나! 다르다! 다르도다!	다르더구나!

연결형	연결어미	의미기능	연결어미
나열	다르고, 다르며	비교	*다르느니
선택	다르거나, 다르든지, 다르든가	정도	다르리만큼
대립	달라도, 다르지만, 다르나, 다른데, 다르면서도, 다르되, 다르지	조건·가정	다르면, 다르거든, 다르거들랑, 달라야, 다르다면, 달랐던들
동시	다르면서, 다르며	상황제시	다른데, 다르니, 다르다시피
계기	*다르고서, *달라서, *다르자, *다르자마자	비유	다르듯이
중단·전환	다르다가	비례	다를수록
양보	달라도, 다르더라도, 다를지라도, 다를지언정, 다른들, 다른데도, 다르기로서니, 다르나마, 다르망정, 달라 보았자	원인·이유	달라서, 다르니까, *다르느라고, 다르기에, 다르길래, 다르니만큼, 다른지라, *다를세라, 다르므로
목적·의도	*다르러, *다르려고, *다르고자	첨가	다르거니와, 다를뿐더러, 다르려니와
결과	다르도록, 다르게끔	습관	다르곤

기본예문
- 동물과 식물은 그 특성이 다르다. The characteristics of plants and animals are different.
- 나는 너와는 다른 생각을 가지고 있다. You and I have different thoughts.
- 민족이 서로 다르더라도 함께 잘 살아야 한다.
  Though we are of different ethnicities, we must live in peace.

ㄷ

닫다 [닫따, dadt'a]

'ㄷ' 규칙활용, 타동사

to shut, to close

사동형	*닫히다, 닫게 하다, 닫게 만들다		피동형	닫히다, 닫기다. 닫게 되다, 닫혀지다	

관형사형 : 현재-진행	과거-완료	과거-회상	과거-완료-회상	미래-추측/의지
닫는	닫은	닫던	닫았던	닫을

인용형 : 평서	의문	명령	청유	명사형	부사형
닫는다고	닫느냐고	닫으라고	닫자고	닫기, 닫음	닫아, 닫게

상대존대형_아주높임		직설체	회상체
평서형	현재	닫습니다	닫습디다
	현재-진행	닫고 있습니다, 닫는 중입니다	닫고 있습디다
	과거	닫았습니다	닫았습디다
	과거-경험	닫았었습니다	닫았었습디다
	과거-추측	닫았겠습니다	닫았겠습디다
	미래-추측/의지/가능	닫겠습니다, 닫으렵니다, 닫을 겁니다, 닫을 수 있습니다	닫겠습디다
의문형	현재	닫습니까?	닫습디까?
	과거	닫았습니까?	닫았습디까?
	과거-경험	닫았었습니까?	닫았었습디까?
	미래-추측/의지/가능	닫겠습니까? 닫으렵니까? 닫을 겁니까? 닫으리이까? 닫을 수 있겠습니까?	닫겠습디까?
명령형		닫으시오, 닫으십시오	
청유형		닫읍시다, 닫으십시다	
감탄형		닫으시는구나!	

상대존대형_예사높임		'-어요'체	'-으오'체
평서형	현재	닫아요, 닫지요, 닫으세요, 닫을래요, 닫을걸요, 닫는데요, 닫는대요, 닫을게요, 닫잖아요	닫으오
	현재-진행	닫고 있어요, 닫고 있지요, 닫고 있으세요, 닫는 중이에요	닫고 있소
	과거	닫았어요, 닫았지요, 닫았으세요, 닫았잖아요	닫았소
	과거-경험	닫았었어요, 닫았었지요, 닫았었으세요	닫았었소
	과거-추측	닫았겠어요, 닫았겠지요, 닫았겠으세요	닫았겠소
	미래-추측/의지/가능	닫겠어요, 닫겠지요, 닫겠으세요, 닫을 수 있어요	닫겠소
의문형	현재	닫아요? 닫지요? 닫으세요? 닫나요? 닫을까요? 닫을래요? 닫는가요? 닫는데요? 닫는대요? 닫는다면서요? 닫는다지요?	닫으오? 닫소?
	과거	닫았어요? 닫았지요? 닫았으세요?	닫았소?
	과거-경험	닫았었어요? 닫았었지요? 닫았었으세요?	닫았었소?
	미래-추측/의지/가능	닫겠어요? 닫겠지요? 닫겠으세요? 닫으리요? 닫을 거예요? 닫을 거지요? 닫을 수 있겠어요?	닫겠소?
명령형		닫아요, 닫지요, 닫으세요, 닫으라니까요	닫으오, 닫구려
청유형		닫아요, 닫지요, 닫으세요, 닫자니까요	닫으오
감탄형		닫는군요! 닫으리요!	닫는구려!

상대존대형_예사낮춤		'-어'체	'-네'체
평서형	현재	닫아, 닫지, 닫을래, 닫을걸, 닫는데, 닫는대, 닫을게, 닫는단다, 닫으마, 닫잖아	닫네
	현재-진행	닫고 있어, 닫고 있지, 닫는 중이야	닫고 있네
	과거-완료	닫았어, 닫았지, 닫았잖아	닫았네
	미래-추측/의지/가능	닫겠어, 닫겠지, 닫을 수 있어	닫겠네
의문형	현재	닫아? 닫지? 닫니? 닫나? 닫을까? 닫으랴? 닫을래? 닫는데? 닫는대? 닫는다면서? 닫는다지?	닫는가?
	과거	닫았어? 닫았지? 닫았니? 닫았을까? 닫았대? 닫았다면서?	닫았는가?
	미래	닫겠어? 닫겠지? 닫겠니? 닫으리? 닫을 거야? 닫을 거지? 닫을 거니? 닫을 수 있겠어?	닫을 건가?
명령형		닫아, 닫지, 닫으렴, 닫으려무나, 닫으라니까	닫게
청유형		닫아, 닫지, 닫자니까	닫세
감탄형		닫아! 닫지! 닫으리!	닫는군! 닫는구먼!

상대존대형_아주낮춤		직설체	회상체
평서형	현재	닫는다	닫더라
	현재-진행	닫고 있다, 닫는 중이다	닫고 있더라
	과거-완료	닫았다	닫았더라
	미래-추측/의지/가능	닫겠다, 닫으리다, 닫으련다, 닫을 거다, 닫을 수 있다	닫겠더라
의문형	현재	닫느냐?	닫더냐?
	과거	닫았느냐?	닫았더냐?
	미래	닫겠느냐?	닫겠더냐?
명령형		닫아라	
청유형		닫자	
감탄형		닫는구나! 닫는다! 닫는도다!	닫더구나!

연결형	연결어미	의미기능	연결어미
나열	닫고, 닫으며	비교	닫느니
선택	닫거나, 닫든지, 닫든가	정도	닫으리만큼
대립	닫아도, 닫지만, 닫으나, 닫는데, 닫으면서도, 닫되, 닫지	조건·가정	닫으면, 닫거든, 닫거들랑, 닫아야, 닫는다면, 닫았던들
동시	닫으면서, 닫으며	상황제시	닫는데, 닫으니, 닫다시피
계기	닫고서, 닫아서, 닫자, 닫자마자	비유	닫듯이
중단·전환	닫다가	비례	닫을수록
양보	닫아도, 닫더라도, 닫을지라도, 닫을지언정, 닫은들, 닫는데도, 닫기로서니, 닫으나마, 닫을망정, 닫아 보았자	원인·이유	닫아서, 닫으니까, 닫느라고, 닫기에, 닫길래, 닫느니만큼, 닫는지라, 닫을세라, 닫으므로
목적·의도	닫으러, 닫으려고, 닫고자	첨가	닫거니와, 닫을뿐더러, 닫으려니와
결과	닫도록, 닫게끔	습관	닫곤

<table>
<tr><td rowspan="3">기
본
예
문</td><td>

• 오늘은 일찍 가게 문을 닫자. Let's close the store early today.

• 영희는 입을 닫은 채 아무 말도 하지 않았다. Young-Hui closed her mouth and said nothing.

• 창문을 잘 닫고 외출하도록 해라.
  Before leaving the house, make sure all the windows are closed.

</td></tr>
</table>

달다1 [달다, dalda]

'ㄹ' 불규칙활용, 형용사

to be sweet, be sugary ; to have sweet sleep

사동형	*달히다, 달게 하다, 달게 만들다	피동형		*달히다. 달게 되다, 달아지다	
관형사형 : 현재-진행	과거-완료	과거-회상		과거-완료-회상	미래-추측/의지
단	단	달던		달았던	달

인용형 : 평서	의문	명령	청유	명사형	부사형
달다고	다냐고	*다라고	*달자고	달기, 닮	달아, 달게

상대존대형_아주높임		직설체	회상체
평서형	현재	답니다	답디다
	현재-진행	*달고 있습니다, *단 중입니다	*달고 있습디다
	과거	달았습니다	달았습디다
	과거-경험	달았었습니다	달았었습디다
	과거-추측	달았겠습니다	달았겠습디다
	미래-추측/의지/가능	달겠습니다, *달렵니다, 달 겁니다, 달 수 있습니다	달겠습디다
의문형	현재	답니까?	답디까?
	과거	달았습니까?	달았습디까?
	과거-경험	달았었습니까?	달았었습디까?
	미래-추측/의지/가능	달겠습니까? *달렵니까? *달 겁니까? *달리이까? 달 수 있겠습니까?	달겠습디까?
명령형		*다시오, *다십시오	
청유형		*답시다, *다십시다	
감탄형		다시구나!	

상대존대형_예사높임		'-어요'체	'-으오'체
평서형	현재	달아요, 달지요, 다세요, *달래요, 달걸요, 단데요, 달대요, *달게요, 달잖아요	다오
	현재-진행	*달고 있어요, *달고 있지요, *달고 있으세요, *단 중이에요	*달고 있소
	과거	달았어요, 달았지요, 달았으세요, 달았잖아요	달았소
	과거-경험	달았었어요, 달았었지요, 달았었으세요	달았었소
	과거-추측	달았겠어요, 달았겠지요, 달았겠으세요	달았겠소
	미래-추측/의지/가능	달겠어요, 달겠지요, 달겠으세요, 달 수 있어요	달겠소
의문형	현재	달아요? 달지요? 다세요? 다나요? *달까요? *달래요? *단가요? 단데요? 달대요? 달다면서요? 달다지요?	다오? *달소?
	과거	달았어요? 달았지요? 달았으세요?	달았소?
	과거-경험	달았었어요? 달았었지요? 달았었으세요?	달았었소?
	미래-추측/의지/가능	달겠어요? 달겠지요? 달겠으세요? 달리요? *달 거예요? *달 거지요? 달 수 있겠어요?	달겠소?
명령형		*달아요, *달지요, *다세요, *달이라니까요	*다오, *달구려
청유형		*달아요, *달지요, *다세요, *달자니까요	*다오
감탄형		달군요! 달리요!	달구려!

상대존대형_예사낮춤		'-어'체	'-네'체
평 서 형	현재	달아, 달지, *달래, 달걸, 단데, 달대, *달게, 달단다, *달마, 달잖아	다네
	현재-진행	*달고 있어, *달고 있지, *단 중이야	*달고 있네
	과거-완료	달았어, 달았지, 달았잖아	달았네
	미래-추측/의지/가능	달겠어, 달겠지, 달 수 있어	달겠네
의 문 형	현재	달아? 달지? 달니? 다나? 달까? 달랴? *달래? 단데? 달대? 달다면서? 달다지?	단가?
	과거	달았어? 달았지? 달았니? 달았을까? 달았대? 달았다면서?	달았는가?
	미래	달겠어? 달겠지? 달겠니? 달리? *달 거야? *달 거지? *달 거니? 달 수 있겠어?	달 건가?
명령형		*달아, *달지, *달렴, *달려무나, *달라니까	*달게
청유형		*달아, *달지, *달자니까	*다세
감탄형		달아! 달지! 달리!	달군! 달구면!

상대존대형_아주낮춤		직설체	회상체
평 서 형	현재	달다	달더라
	현재-진행	*달고 있다, *단 중이다	*달고 있더라
	과거-완료	달았다	달았더라
	미래-추측/의지/가능	달겠다, 달리다, *달련다, 달 거다, 달 수 있다	달겠더라
의 문 형	현재	다냐?	달더냐?
	과거	달았느냐?	달았더냐?
	미래	달겠느냐?	달겠더냐?
명령형		*달아라	
청유형		*달자	
감탄형		달구나! 달다! 달도다!	달더구나!

연결형	연결어미	의미기능	연결어미
나열	달고, 달며	비교	*다느니
선택	달거나, 달든지, 달든가	정도	달리만큼
대립	달아도, 달지만, 다나, 단데, 달면서도, 달되, 달지	조건 · 가정	달면, 달거든, 달거들랑, 달아야, 달다면, 달았던들
동시	달면서, 달며	상황제시	단데, 다니, 달다시피
계기	*달고서, *달아서, *달자, *달자마자	비유	달듯이
중단 · 전환	달다가	비례	달수록
양보	달아도, 달더라도, 달지라도, 달지언정, 단들, 단데도, 달기로서니, 다나마, 달망정, 달아 보았자	원인 · 이유	달아서, 다니까, *다느라고, 달기에, 달길래, 다니만큼, 단지라, 달세라, 달므로
목적 · 의도	*달러, *달려고, *달고자	첨가	달거니와, 달뿐더러, 달려니와
결과	달도록, 달게끔	습관	*달곤

달다2 [달:다, dal:da]

'ㄹ' 불규칙활용, 타동사

to hang out, suspend ; to attach, fix ; to add ; to weight

사동형	*달히다, 달게 하다, 달게 만들다		피동형	달리다. 달게 되다, 달려지다	

관형사형 : 현재-진행	과거-완료	과거-회상	과거-완료-회상	미래-추측/의지
다는	단	달던	달았던	달

인용형 : 평서	의문	명령	청유	명사형	부사형
단다고	다느냐고	다라고	달자고	달기, 닮	달아, 달게

상대존대형_아주높임		직설체	회상체
평서형	현재	답니다	답디다
	현재-진행	달고 있습니다, 다는 중입니다	달고 있습디다
	과거	달았습니다	달았습디다
	과거-경험	달았었습니다	달았었습디다
	과거-추측	달았겠습니다	달았겠습디다
	미래-추측/의지/가능	달겠습니다, 달렵니다, 달 겁니다, 달 수 있습니다	달겠습디다
의문형	현재	답니까?	답디까?
	과거	달았습니까?	달았습디까?
	과거-경험	달았었습니까?	달았었습디까?
	미래-추측/의지/가능	달겠습니까? 달렵니까? 달 겁니까? 다리이까? 달 수 있겠습니까?	달겠습디까?
명령형		다시오, 다십시오	
청유형		답시다, 다십시다	
감탄형		다시는구나!	

상대존대형_예사높임		'-어요'체	'-으오'체
평서형	현재	달아요, 달지요, 다세요, 달래요, 달걸요, 다는데요, 단대요, 달게요, 달잖아요	다오
	현재-진행	달고 있어요, 달고 있지요, 달고 있으세요, 다는 중이에요	달고 있소
	과거	달았어요, 달았지요, 달았으세요, 달았잖아요	달았소
	과거-경험	달았었어요, 달았었지요, 달았었으세요	달았었소
	과거-추측	달았겠어요, 달았겠지요, 달았겠으세요	달았겠소
	미래-추측/의지/가능	달겠어요, 달겠지요, 달겠으세요, 달 수 있어요	달겠소
의문형	현재	달아요? 달지요? 다세요? 다나요? 달까요? 달래요? 다는가요? 다는데요? 단대요? 단다면서요? 단다지요?	다오? *달소?
	과거	달았어요? 달았지요? 달았으세요?	달았소?
	과거-경험	달았었어요? 달았었지요? 달았었으세요?	달았었소?
	미래-추측/의지/가능	달겠어요? 달겠지요? 달겠으세요? 다리요? 달 거예요? 달 거지요? 달 수 있겠어요?	달겠소?
명령형		달아요, 달지요, 다세요, 다라니까요	다오, 달구려
청유형		달아요, 달지요, 다세요, 달자니까요	다오
감탄형		다는군요! 다리요!	다는구려!

상대존대형_예사낮춤		'-어'체	'-네'체
평서형	현재	달아, 달지, 달래, 달걸, 다는데, 단대, 달게, 단단다, 달마, 달잖아	다네
	현재-진행	달고 있어, 달고 있지, 다는 중이야	달고 있네
	과거-완료	달았어, 달았지, 달았잖아	달았네
	미래-추측/의지/가능	달겠어, 달겠지, 달 수 있어	달겠네
의문형	현재	달아? 달지? 다니? 다나? 달까? 다랴? 달래? 다는데? 단대? 단다면서? 단다지?	다는가?
	과거	달았어? 달았지? 달았니? 달았을까? 달았대? 달았다면서?	달았는가?
	미래	달겠어? 달겠지? 달겠니? 다리? 달 거야? 달 거지? 달 거니? 달 수 있겠어?	달 건가?
명령형		달아, 달지, 다렴, 다려무나, 다라니까	달게
청유형		달아, 달지, 달자니까	달세
감탄형		달아! 달지! 다리!	다는군! 다는구먼!

상대존대형_아주낮춤		직설체	회상체
평서형	현재	단다	달더라
	현재-진행	달고 있다, 다는 중이다	달고 있더라
	과거-완료	달았다	달았더라
	미래-추측/의지/가능	달겠다, 다리다, 다련다, 달 거다, 달 수 있다	달겠더라
의문형	현재	다느냐?	달더냐?
	과거	달았느냐?	달았더냐?
	미래	달겠느냐?	달겠더냐?
명령형		달아라	
청유형		달자	
감탄형		다는구나! 단다! 다는도다!	달더구나!

연결형	연결어미	의미기능	연결어미
나열	달고, 달며	비교	다느니
선택	달거나, 달든지, 달든가	정도	다리만큼
대립	달아도, 달지만, 다나, 다는데, 달면서도, 달되, 달지	조건 · 가정	달면, 달거든, 달거들랑, 달아야, 단다면, 달았던들
동시	달면서, 달며	상황제시	다는데, 다니, 달다시피
계기	달고서, 달아서, 달자, 달자마자	비유	달듯이
중단 · 전환	달다가	비례	달수록
양보	달아도, 달더라도, 달지라도, 달지언정, 단들, 다는데도, 달기로서니, 다나마, 달망정, 달아 보았자	원인 · 이유	달아서, 다니까, 다느라고, 달기에, 달길래, 다느니만큼, 다는지라, 달세라, 달므로
목적 · 의도	달러, 달려고, 달고자	첨가	달거니와, 달뿐더러, 달려니와
결과	달도록, 달게끔	습관	달곤

- 국경일에는 태극기를 꼭 달아 주세요.
  On national holidays, please hang the Korean national flag.
- 가슴에 달린 액세서리가 참 예쁘군요. The jewelry on your chest is so pretty.
- 그는 늘 담배를 달고 다니는 편이죠? He usually has cigarettes on him, does he?

담그다

'으' 불규칙활용, 타동사

to soak, pickle, put in ; to preserve with salt ; to perpare (kimchi)

사동형	*담구다, 담그게 하다, 담그게 만들다		피동형	담기다. 담그게 되다, 담가지다, 담기어지다	

관형사형 : 현재-진행		과거-완료		과거-회상	과거-완료-회상	미래-추측/의지
담그는		담근		담그던	담갔던	담글

인용형 : 평서		의문		명령	청유	명사형	부사형
담근다고		담그느냐고		담그라고	담그자고	담그기, 담금	담가, 담그게

상대존대형_아주높임		직설체	회상체
평서형	현재	담급니다	담급디다
	현재-진행	담그고 있습니다, 담그는 중입니다	담그고 있습디다
	과거	담갔습니다	담갔습디다
	과거-경험	담갔었습니다	담갔었습디다
	과거-추측	담갔겠습니다	담갔겠습디다
	미래-추측/의지/가능	담그겠습니다, 담그렵니다, 담글 겁니다, 담글 수 있습니다	담그겠습디다
의문형	현재	담급니까?	담급디까?
	과거	담갔습니까?	담갔습디까?
	과거-경험	담갔었습니까?	담갔었습디까?
	미래-추측/의지/가능	담그겠습니까? 담그렵니까? 담글 겁니까? 담그리이까? 담글 수 있겠습니까?	담그겠습디까?
명령형		담그시오, 담그십시오	
청유형		담그읍시다, 담그십시다	
감탄형		담그시는구나!	

상대존대형_예사높임		'-어요'체	'-으오'체
평서형	현재	담그어요, 담그지요, 담그세요, 담그을래요, 담그을걸요, 담그는데요, 담그는대요, 담그을게요, 담그잖아요	담그오
	현재-진행	담그고 있어요, 담그고 있지요, 담그고 있으세요, 담그는 중이에요	담그고 있소
	과거	담갔어요, 담갔지요, 담갔으세요, 담갔잖아요	담갔소
	과거-경험	담갔었어요, 담갔었지요, 담갔었으세요	담갔었소
	과거-추측	담갔겠어요, 담갔겠지요, 담갔겠으세요	담갔겠소
	미래-추측/의지/가능	담그겠어요, 담그겠지요, 담그겠으세요, 담글 수 있어요	담그겠소
의문형	현재	담그어요? 담그지요? 담그세요? 담그나요? 담그을까요? 담그을래요? 담그는가요? 담그는데요? 담그는대요? 담그는다면서요? 담그는다지요?	담그오? 담그소?
	과거	담갔어요? 담갔지요? 담갔으세요?	담갔소?
	과거-경험	담갔었어요? 담갔었지요? 담갔었으세요?	담갔었소?
	미래-추측/의지/가능	담그겠어요? 담그겠지요? 담그겠으세요? 담그리요? 담글 거예요? 담글 거지요? 담글 수 있겠어요?	담그겠소?
명령형		담그어요, 담그지요, 담그세요, 담그라니까요	담그오, 담그구려
청유형		담그어요, 담그지요, 담그세요, 담그자니까요	담그오
감탄형		담그는군요! 담그리요!	담그는구려!

상대존대형_예사낮춤		'-어'체	'-네'체
평서형	현재	담그어, 담그지, 담그을래, 담그을걸, 담그는데, 담근대, 담그을게, 담근단다, 담그마, 담그잖아	담그네
	현재-진행	담그고 있어, 담그고 있지, 담그는 중이야	담그고 있네
	과거-완료	담겄어, 담겄지, 담겄잖아	담겄네
	미래-추측/의지/가능	담그겠어, 담그겠지, 담글 수 있어	담그겠네
의문형	현재	담그어? 담그지? 담그니? 담그나? 담그을까? 담그랴? 담그을래? 담그는데? 담근대? 담근다면서? 담근다지?	담그는가?
	과거	담겄어? 담겄지? 담겄니? 담겄을까? 담겄대? 담겄다면서?	담겄는가?
	미래	담그겠어? 담그겠지? 담그겠니? 담그리? 담글 거야? 담글 거지? 담글 거니? 담글 수 있겠어?	담글 건가?
명령형		담그어, 담그지, 담그렴, 담그려무나, 담그라니까	담그게
청유형		담그어, 담그지, 담그자니까	담그세
감탄형		담그어! 담그지! 담그리!	담그는군! 담그는구먼!

상대존대형_아주낮춤		직설체	회상체
평서형	현재	담그는다	담그더라
	현재-진행	담그고 있다, 담그는 중이다	담그고 있더라
	과거-완료	담겄다	담겄더라
	미래-추측/의지/가능	담그겠다, 담그리다, 담그련다, 담글 거다, 담글 수 있다	담그겠더라
의문형	현재	담그느냐?	담그더냐?
	과거	담겄느냐?	담겄더냐?
	미래	담그겠느냐?	담그겠더냐?
명령형		담그어라	
청유형		담그자	
감탄형		담그는구나! 담그는다! 담그는도다!	담그더구나!

연결형	연결어미	의미기능	연결어미
나열	담그고, 담그며	비교	담그느니
선택	담그거나, 담그든지, 담그든가	정도	담그리만큼
대립	담그어도, 담그지만, 담그나, 담그는데, 담그면서도, 담그되, 담그지	조건 · 가정	담그면, 담그거든, 담그거들랑, 담그어야, 담그는다면, 담겄던들
동시	담그면서, 담그며	상황제시	담그는데, 담그니, 담그다시피
계기	담그고서, 담그어서, 담그자, 담그자마자	비유	담그듯이
중단 · 전환	담그다가	비례	담그을수록
양보	담그어도, 담그더라도, 담그을지라도, 담그을지언정, 담그은들, 담그는데도, 담그기로서니, 담그나마, 담그을망정, 담그어 보았자	원인 · 이유	담그어서, 담그니까, 담그느라고, 담그기에, 담그길래, 담그느니만큼, 담그는지라, 담그을세라, 담그므로
목적 · 의도	담그러, 담그려고, 담그고자	첨가	담그거니와, 담그을뿐더러, 담그려니와
결과	담그도록, 담그게끔	습관	담그곤

ㄷ

171

덥다 [덥:따, təp:t'a]

'ㅂ' 불규칙활용, 형용사

to feel hot ; to be hot ; to be heated

사동형	*덥히다, 덥게 하다, 덥게 만들다		피동형		*덥히다. 덥게 되다, 더워지다	

관형사형 : 현재-진행	과거-완료	과거-회상	과거-완료-회상	미래-추측/의지
더운	더운	덥던	더웠던	더울

인용형 : 평서	의문	명령	청유	명사형	부사형
덥다고	더우냐고	*더우라고	*덥자고	덥기, 더움	더워, 덥게

상대존대형_아주높임		직설체	회상체
평서형	현재	덥습니다	덥습디다
	현재-진행	*덥고 있습니다, *더운 중입니다	*덥고 있습디다
	과거	더웠습니다	더웠습디다
	과거-경험	더웠었습니다	더웠었습디다
	과거-추측	더웠겠습니다	더웠겠습디다
	미래-추측/의지/가능	덥겠습니다, *더우렵니다, 더울 겁니다, 더울 수 있습니다	덥겠습디다
의문형	현재	덥습니까?	덥습디까?
	과거	더웠습니까?	더웠습디까?
	과거-경험	더웠었습니까?	더웠었습디까?
	미래-추측/의지/가능	덥겠습니까? *더우렵니까? *더울 겁니까? 더우리이까? 더울 수 있겠습니까?	덥겠습디까?
명령형		*더우시오, *더우십시오	
청유형		*더웁시다, *더우십시다	
감탄형		더우시구나!	

상대존대형_예사높임		'-어요'체	'-으오'체
평서형	현재	더워요, 덥지요, 더우세요, *더울래요, 더울걸요, 더운데요, 덥대요, *더울게요, 덥잖아요	더우오
	현재-진행	*덥고 있어요, *덥고 있지요, *덥고 있으세요, *더운 중이에요	*덥고 있소
	과거	더웠어요, 더웠지요, 더웠으세요, 더웠잖아요	더웠소
	과거-경험	더웠었어요, 더웠었지요, 더웠었으세요	더웠었소
	과거-추측	더웠겠어요, 더웠겠지요, 더웠겠으세요	더웠겠소
	미래-추측/의지/가능	덥겠어요, 덥겠지요, 덥겠으세요, 더울 수 있어요	덥겠소
의문형	현재	더워요? 덥지요? 더우세요? 덥나요? *더울까요? *더울래요? *더운가요? 더운데요? 덥대요? 덥다면서요? 덥다지요?	더우오? 덥소?
	과거	더웠어요? 더웠지요? 더웠으세요?	더웠소?
	과거-경험	더웠었어요? 더웠었지요? 더웠었으세요?	더웠었소?
	미래-추측/의지/가능	덥겠어요? 덥겠지요? 덥겠으세요? 더우리요? *더울 거예요? *더울 거지요? 더울 수 있겠어요?	덥겠소?
명령형		*더워요, *덥지요, *더우세요, *더우라니까요	*더우오, *덥구려
청유형		*더워요, *덥지요, *더우세요, *덥자니까요	*더우오
감탄형		덥군요! 더우리요!	덥구려!

상대존대형_예사낮춤		'-어'체	'-네'체
평서형	현재	더워, 덥지, *더울래, 더울걸, 더운데, 덥대, *더울게, 덥단다, *더우마, 덥잖아	덥네
	현재-진행	*덥고 있어, *덥고 있지, *더운 중이야	*덥고 있네
	과거-완료	더웠어, 더웠지, 더웠잖아	더웠네
	미래-추측/의지/가능	덥겠어, 덥겠지, 더울 수 있어	덥겠네
의문형	현재	더워? 덥지? 덥니? 덥나? 더울까? 더우랴? *더울래? 더운데? 덥대? 덥다면서? 덥다지?	더운가?
	과거	더웠어? 더웠지? 더웠니? 더웠을까? 더웠대? 더웠다면서?	더웠는가?
	미래	덥겠어? 덥겠지? 덥겠니? 더우리? *더울 거야? *더울 거지? *더울 거니? 더울 수 있겠어?	더울 건가?
명령형		*더워, *덥지, *더우렴, *더우려무나, *더우라니까	*덥게
청유형		*더워, *덥지, *덥자니까	*덥세
감탄형		더워! 덥지! 더우리!	덥군! 덥구먼!

상대존대형_아주낮춤		직설체	회상체
평서형	현재	덥다	덥더라
	현재-진행	*덥고 있다, *더운 중이다	*덥고 있더라
	과거-완료	더웠다	더웠더라
	미래-추측/의지/가능	덥겠다, 더우리다, *더우련다, 더울 거다, 더울 수 있다	덥겠더라
의문형	현재	더우냐?	덥더냐?
	과거	더웠느냐?	더웠더냐?
	미래	덥겠느냐?	덥겠더냐?
명령형		*더워라	
청유형		*덥자	
감탄형		덥구나! 덥다! 덥도다!	덥더구나!

연결형	연결어미	의미기능	연결어미
나열	덥고, 더우며	비교	*덥느니
선택	덥거나, 덥든지, 덥든가	정도	더우리만큼
대립	더워도, 덥지만, 더우나, 더운데, 더우면서도, 덥되, 덥지	조건 · 가정	더우면, 덥거든, 덥거들랑, 더워야, 덥다면, 더웠던들
동시	더우면서, 더우며	상황제시	더운데, 더우니, 덥다시피
계기	*덥고서, *더워서, *덥자, *덥자마자	비유	덥듯이
중단 · 전환	덥다가	비례	더울수록
양보	더워도, 덥더라도, 더울지라도, 더울지언정, 더운들, 더운데도, 덥기로서니, 더우나마, 더울망정, 더워 보았자	원인 · 이유	더워서, 더우니까, *덥느라고, 덥기에, 덥길래, 더우니만큼, 더운지라, 더울세라, 더우므로
목적 · 의도	*더우러, *더우려고, *덥고자	첨가	덥거니와, 더울뿐더러, 더우려니와
결과	덥도록, 덥게끔	습관	*덥곤

• 한국의 가을 날씨는 덥지 않다. The autumn weather in korea is not hot.
• 더울 때는 아이스크림이 최고다. Icecream is best when the weather is hot.
• 더워도 조금만 참아라. Be patient though it is hot.

데다 [데:다, teːda]

'에' 규칙활용, 자동사

to be burnt, be scalded ; to suffer a burn ; to have a bad bitter experience

사동형	*데히다, 데게 하다, 데게 만들다		피동형	데이다. 데게 되다, 데지다	

관형사형 : 현재-진행	과거-완료	과거-회상	과거-완료-회상	미래-추측/의지
데는	덴	데던	데었던	델

인용형 : 평서	의문	명령	청유	명사형	부사형
덴다고	데느냐고	데라고	데자고	데기, 뎀	데, 데게

상대존대형_아주높임		직설체	회상체
평서형	현재	뎁니다	뎁디다
	현재-진행	데고 있습니다, 데는 중입니다	데고 있습디다
	과거	데었습니다	데었습디다
	과거-경험	데었었습니다	데었었습디다
	과거-추측	데었겠습니다	데었겠습디다
	미래-추측/의지/가능	데겠습니다, 데렵니다, 델 겁니다, 델 수 있습니다	데겠습디다
의문형	현재	뎁니까?	뎁디까?
	과거	데었습니까?	데었습디까?
	과거-경험	데었었습니까?	데었었습디까?
	미래-추측/의지/가능	데겠습니까? 데렵니까? 델 겁니까? 데리이까? 델 수 있겠습니까?	데겠습디까?
명령형		데시오, 데십시오	
청유형		뎁시다, 데십시다	
감탄형		데시는구나!	

상대존대형_예사높임		'-어요'체	'-으오'체
평서형	현재	데요, 데지요, 데세요, 델래요, 델걸요, 데는데요, 덴대요, 델게요, 데잖아요	데오
	현재-진행	데고 있어요, 데고 있지요, 데고 있으세요, 데는 중이에요	데고 있소
	과거	데었어요, 데었지요, 데었으세요, 데었잖아요	데었소
	과거-경험	데었었어요, 데었었지요, 데었었으세요	데었었소
	과거-추측	데었겠어요, 데었겠지요, 데었겠으세요	데었겠소
	미래-추측/의지/가능	데겠어요, 데겠지요, 데겠으세요, 델 수 있어요	데겠소
의문형	현재	데요? 데지요? 데세요? 데나요? 델까요? 델래요? 데는가요? 데는데요? 덴대요? 덴다면서요? 덴다지요?	데오? *데소?
	과거	데었어요? 데었지요? 데었으세요?	데었소?
	과거-경험	데었었어요? 데었었지요? 데었었으세요?	데었었소?
	미래-추측/의지/가능	데겠어요? 데겠지요? 데겠으세요? 데리요? 델 거예요? 델 거지요? 델 수 있겠어요?	데겠소?
명령형		데요, 데지요, 데세요, 데라니까요	데오, 데구려
청유형		데요, 데지요, 데세요, 데자니까요	데오
감탄형		데는군요! 데리요!	데는구려!

174

상대존대형_예사낮춤		'-어'체	'-네'체
평서형	현재	데, 데지, 델래, 델걸, 데는데, 덴대, 델게, 덴단다, 데마, 데잖아	데네
	현재-진행	데고 있어, 데고 있지, 데는 중이야	데고 있네
	과거-완료	데었어, 데었지, 데었잖아	데었네
	미래-추측/의지/가능	데겠어, 데겠지, 델 수 있어	데겠네
의문형	현재	데? 데지? 데니? 데나? 델까? 데랴? 델래? 데는데? 덴대? 덴다면서? 덴다지?	데는가?
	과거	데었어? 데었지? 데었니? 데었을까? 데었대? 데었다면서?	데었는가?
	미래	데겠어? 데겠지? 데겠니? 데리? 델 거야? 델 거지? 델 거니? 델 수 있겠어?	델 건가?
명령형		데, 데지, 데렴, 데려무나, 데라니까	데게
청유형		데, 데지, 데자니까	데세
감탄형		데! 데지! 데리!	데는군! 데는구먼!

상대존대형_아주낮춤		직설체	회상체
평서형	현재	덴다	데더라
	현재-진행	데고 있다, 데는 중이다	데고 있더라
	과거-완료	데었다	데었더라
	미래-추측/의지/가능	데겠다, 데리다, 데련다, 델 거다, 델 수 있다	데겠더라
의문형	현재	데느냐?	데더냐?
	과거	데었느냐?	데었더냐?
	미래	데겠느냐?	데겠더냐?
명령형		데라	
청유형		데자	
감탄형		데는구나! 덴다! 데는도다!	데더구나!

연결형	연결어미	의미기능	연결어미
나열	데고, 데며	비교	데느니
선택	데거나, 데든지, 데든가	정도	데리만큼
대립	데도, 데지만, 데나, 데는데, 데면서도, 데되, 데지	조건·가정	데면, 데거든, 데거들랑, 데야, 덴다면, 데었던들
동시	데면서, 데며	상황제시	데는데, 데니, 데다시피
계기	데고서, 데서, 데자, 데자마자	비유	데듯이
중단·전환	데다가	비례	델수록
양보	데도, 데더라도, 델지라도, 델지언정, 덴들, 데는데도, 데기로서니, 데나마, 델망정, 데보았자	원인·이유	데서, 데니까, 데느라고, 데기에, 데길래, 데느니만큼, 데는지라, 델세라, 데므로
목적·의도	데러, 데려고, 데고자	첨가	데거니와, 델뿐더러, 데려니와
결과	데도록, 데게끔	습관	데곤

- 그녀는 불에 데었다. She suffered a burn.
- 나는 어릴 때 덴 흉터 자국을 수술했다.
  I got a surgery for a burn mark I got when I was a kid.
- 뜨거운 물에 데더라도 놀라지 마세요.
  Don't be surprised even if you are scalded with hot water.

돕다 [돕따, topt'a]

'ㅂ' 불규칙활용, 타동사

to help ; to aid ; to relieve ; to promote ; to contribute

사동형	*돕히다, 돕게 하다, 돕게 만들다	피동형	*돕히다. 돕게 되다, 도와지다

관형사형 : 현재-진행	과거-완료	과거-회상	과거-완료-회상	미래-추측/의지
돕는	도운	돕던	도왔던	도울

인용형 : 평서	의문	명령	청유	명사형	부사형
돕는다고	돕느냐고	도우라고	돕자고	돕기, 도움	도와, 돕게

상대존대형_아주높임		직설체	회상체
평서형	현재	돕습니다	돕습디다
	현재-진행	돕고 있습니다, 돕는 중입니다	돕고 있습디다
	과거	도왔습니다	도왔습디다
	과거-경험	도왔었습니다	도왔었습디다
	과거-추측	도왔겠습니다	도왔겠습디다
	미래-추측/의지/가능	돕겠습니다, 도우렵니다, 도울 겁니다, 도울 수 있습니다	돕겠습디다
의문형	현재	돕습니까?	돕습디까?
	과거	도왔습니까?	도왔습디까?
	과거-경험	도왔었습니까?	도왔었습디까?
	미래-추측/의지/가능	돕겠습니까? 도우렵니까? 도울 겁니까? 도우리이까? 도울 수 있겠습니까?	돕겠습디까?
명령형		도우시오, 도우십시오	
청유형		도웁시다, 도우십시다	
감탄형		도우시는구나!	

상대존대형_예사높임		'-어요'체	'-으오'체
평서형	현재	도와요, 돕지요, 도우세요, 도울래요, 도울걸요, 돕는데요, 돕는대요, 도울게요, 돕잖아요	도우오
	현재-진행	돕고 있어요, 돕고 있지요, 돕고 있으세요, 돕는 중이에요	돕고 있소
	과거	도왔어요, 도왔지요, 도왔으세요, 도왔잖아요	도왔소
	과거-경험	도왔었어요, 도왔었지요, 도왔었으세요	도왔었소
	과거-추측	도왔겠어요, 도왔겠지요, 도왔겠으세요	도왔겠소
	미래-추측/의지/가능	돕겠어요, 돕겠지요, 돕겠으세요, 도울 수 있어요	돕겠소
의문형	현재	도와요? 돕지요? 도우세요? 돕나요? 도울까요? 도울래요? 돕는가요? 돕는데요? 돕는내요? 돕는다면서요? 돕는다지요?	도우오? 돕소?
	과거	도왔어요? 도왔지요? 도왔으세요?	도왔소?
	과거-경험	도왔었어요? 도왔었지요? 도왔었으세요?	도왔었소?
	미래-추측/의지/가능	돕겠어요? 돕겠지요? 돕겠으세요? 도우리요? 도울 거예요? 도울 거지요? 도울 수 있겠어요?	돕겠소?
명령형		도와요, 돕지요, 도우세요, 도우라니까요	도우오, 돕구려
청유형		도와요, 돕지요, 도우세요, 돕자니까요	도우오
감탄형		돕는군요! 도우리요!	돕는구려!

상대존대형_예사낮춤		'-어'체	'-네'체
평서형	현재	도와, 돕지, 도울래, 도울걸, 돕는데, 돕는대, 도울게, 돕는단다, 도우마, 돕잖아	돕네
	현재-진행	돕고 있어, 돕고 있지, 돕는 중이야	돕고 있네
	과거-완료	도왔어, 도왔지, 도왔잖아	도왔네
	미래-추측/의지/가능	돕겠어, 돕겠지, 도울 수 있어	돕겠네
의문형	현재	도와? 돕지? 돕니? 돕나? 도울까? 도우랴? 도울래? 돕는데? 돕는대? 돕는다면서? 돕는다지?	돕는가?
	과거	도왔어? 도왔지? 도왔니? 도왔을까? 도왔대? 도왔다면서?	도왔는가?
	미래	돕겠어? 돕겠지? 돕겠니? 도우리? 도울 거야? 도울 거지? 도울 거니? 도울 수 있겠어?	도울 건가?
명령형		도와, 돕지, 도우렴, 도우려무나, 도우라니까	돕게
청유형		도와, 돕지, 돕자니까	돕세
감탄형		도와! 돕지! 도우리!	돕는군! 돕는구먼!

상대존대형_아주낮춤		직설체	회상체
평서형	현재	돕는다	돕더라
	현재-진행	돕고 있다, 돕는 중이다	돕고 있더라
	과거-완료	도왔다	도왔더라
	미래-추측/의지/가능	돕겠다, 도우리다, 도우련다, 도울 거다, 도울 수 있다	돕겠더라
의문형	현재	돕느냐?	돕더냐?
	과거	도왔느냐?	도왔더냐?
	미래	돕겠느냐?	돕겠더냐?
명령형		도와라	
청유형		돕자	
감탄형		돕는구나! 돕는다! 돕는도다!	돕더구나!

연결형	연결어미	의미기능	연결어미
나열	돕고, 도우며	비교	돕느니
선택	돕거나, 돕든지, 돕든가	정도	도우리만큼
대립	도와도, 돕지만, 도우나, 돕는데, 도우면서도, 돕되, 돕지	조건 · 가정	도우면, 돕거든, 돕거들랑, 도와야, 돕는다면, 도왔던들
동시	도우면서, 도우며	상황제시	돕는데, 도우니, 돕다시피
계기	돕고서, 도와서, 돕자, 돕자마자	비유	돕듯이
중단 · 전환	돕다가	비례	도울수록
양보	도와도, 돕더라도, 도울지라도, 도울지언정, 도운들, 돕는데도, 돕기로서니, 도우나마, 도울망정, 도와 보았자	원인 · 이유	도와서, 도우니까, 돕느라고, 돕기에, 돕길래, 돕느니만큼, 돕는지라, 도울세라, 도우므로
목적 · 의도	도우러, 도우려고, 돕고자	첨가	돕거니와, 도울뿐더러, 도우려니와
결과	돕도록, 돕게끔	습관	돕곤

- 제발 저를 좀 도와주세요. Please help me.
- 도움이 필요한 사람은 반드시 도와 드리세요. Please do help those who need help.
- 남을 도와주면 언젠가는 나도 도움을 받을 수 있다.
  You will get help one day, when you help others today.

되다1 [되:다, dØ:da]

'외' 규칙활용, 형용사

to be hard ; to be tight, be tense ; to be tough ; to be severe

사동형	*되히다, 되게 하다, 되게 만들다	피동형	*되히다. 되게 되다, 돼지다

관형사형 : 현재-진행	과거-완료	과거-회상	과거-완료-회상	미래-추측/의지
된	된	되던	됐던	될

인용형 : 평서	의문	명령	청유	명사형	부사형
되다고	되냐고	*되라고	*되자고	되기, 됨	돼, 되게

상대존대형_아주높임		직설체	회상체
평서형	현재	됩니다	됩디다
	현재-진행	*되고 있습니다, *되는 중입니다	*되고 있습디다
	과거	됐습니다	됐습디다
	과거-경험	됐었습니다	됐었습디다
	과거-추측	됐겠습니다	됐겠습디다
	미래-추측/의지/가능	되겠습니다, *되렵니다, 될 겁니다, 될 수 있습니다	되겠습디다
의문형	현재	됩니까?	됩디까?
	과거	됐습니까?	됐습디까?
	과거-경험	됐었습니까?	됐었습디까?
	미래-추측/의지/가능	되겠습니까? *되렵니까? *될 겁니까? *되리이까? 될 수 있겠습니까?	되겠습디까?
명령형		*되시오, *되십시오	
청유형		*됩시다, *되십시다	
감탄형		되시구나!	

상대존대형_예사높임		'-어요'체	'-으오'체
평서형	현재	돼요, 되지요, 되세요, *될래요, 될걸요, 된데요, 되대요, *될게요, 되잖아요	되오
	현재-진행	*되고 있어요, *되고 있지요, *되고 있으세요, *되는 중이에요	*되고 있소
	과거	됐어요, 됐지요, 됐으세요, 됐잖아요	됐소
	과거-경험	됐었어요, 됐었지요, 됐었으세요	됐었소
	과거-추측	됐겠어요, 됐겠지요, 됐겠으세요	됐겠소
	미래-추측/의지/가능	되겠어요, 되겠지요, 되겠으세요, 될 수 있어요	되겠소
의문형	현재	돼요? 되지요? 되세요? 되나요? *될까요? *될래요? 된가요? 된데요? 되대요? 되다면서요? 되다지요?	되오? *되소?
	과거	됐어요? 됐지요? 됐으세요?	됐소?
	과거-경험	됐었어요? 됐었지요? 됐었으세요?	됐었소?
	미래-추측/의지/가능	되겠어요? 되겠지요? 되겠으세요? 되리요? *될 거예요? *될 거지요? 될 수 있겠어요?	되겠소?
명령형		*돼요, *되지요, *되세요, *되라니까요	*되오, *되구려
청유형		*돼요, *되지요, *되세요, *되자니까요	*되오
감탄형		되군요! 되리요!	되구려!

상대존대형_예사낮춤		'-어'체	'-네'체
평서형	현재	돼, 되지, *될래, 될걸, 된데, 되대, *될게, 되단다, *되마, 되잖아	되네
	현재-진행	*되고 있어, *되고 있지, *되는 중이야	*되고 있네
	과거-완료	됐어, 됐지, 됐잖아	됐네
	미래-추측/의지/가능	되겠어, 되겠지, 될 수 있어	되겠네
의문형	현재	돼? 되지? 되니? 되나? 될까? 되랴? *될래? 된데? 되대? 되다면서? 되다지?	된가?
	과거	됐어? 됐지? 됐니? 됐을까? 됐대? 됐다면서?	됐는가?
	미래	되겠어? 되겠지? 되겠니? 되리? *될 거야? *될 거지? *될 거니? 될 수 있겠어?	될 건가?
명령형		*돼, *되지, *되렴, *되려무나, *되라니까	*되게
청유형		*돼, *되지, *되자니까	*되세
감탄형		돼! 되지! 되리!	되군! 되구먼!

상대존대형_아주낮춤		직설체	회상체
평서형	현재	되다	되더라
	현재-진행	*되고 있다, *되는 중이다	*되고 있더라
	과거-완료	됐다	됐더라
	미래-추측/의지/가능	되겠다, 되리다, *되련다, 될 거다, 될 수 있다	되겠더라
의문형	현재	되냐?	되더냐?
	과거	됐느냐?	됐더냐?
	미래	되겠느냐?	되겠더냐?
명령형		*돼라	
청유형		*되자	
감탄형		되구나! 되다! 되도다!	되더구나!

연결형	연결어미	의미기능	연결어미
나열	되고, 되며	비교	*되느니
선택	되거나, 되든지, 되든가	정도	되리만큼
대립	돼도, 되지만, 되나, 된데, 되면서도, 되되, 되지	조건·가정	되면, 되거든, 되거들랑, 돼야, 되다면, 됐던들
동시	되면서, 되며	상황제시	된데, 되니, 되다시피
계기	*되고서, *돼서, *되자, *되자마자	비유	되듯이
중단·전환	되다가	비례	될수록
양보	돼도, 되더라도, 될지라도, 될지언정, 된들, 된데도, 되기로서니, 되나마, 될망정, 돼 보았자	원인·이유	돼서, 되니까, *되느라고, 되기에, 되길래, 되니만큼, 된지라, 될세라, 되므로
목적·의도	*되러, *되려고, *되고자	첨가	되거니와, 될뿐더러, 되려니와
결과	되도록, 되게끔	습관	*되곤

- 팥죽이 너무 되다. Korean red bean gruel is a very thick gruel.
- 된 밥을 먹는 것은 매우 어렵다. It is very difficult to have hard-boiled rice.
- 일이 그에게 좀 되었던 모양이군요. The work seems to have been a little too hard for him.

되다2 [되다, dØda]

to become ; to turn into ; to consist of ; to succeed

사동형	*되히다, 되게 하다, 되게 만들다		피동형		*되히다, 되게 되다, 돼지다	
관형사형 : 현재-진행		과거-완료	과거-회상		과거-완료-회상	미래-추측/의지
되는		된	되던		됐던	될
인용형 : 평서	의문		명령	청유	명사형	부사형
된다고	되느냐고		되라고	되자고	되기, 됨	되어, 되게

상대존대형_아주높임		직설체	회상체
평서형	현재	됩니다	됩디다
	현재-진행	되고 있습니다, 되는 중입니다	되고 있습디다
	과거	됐습니다	됐습디다
	과거-경험	됐었습니다	됐었습디다
	과거-추측	됐겠습니다	됐겠습디다
	미래-추측/의지/가능	되겠습니다, 되렵니다, 될 겁니다, 될 수 있습니다	되겠습디다
의문형	현재	됩니까?	됩디까?
	과거	됐습니까?	됐습디까?
	과거-경험	됐었습니까?	됐었습디까?
	미래-추측/의지/가능	되겠습니까? 되렵니까? 될 겁니까? 되리이까? 될 수 있겠습니까?	되겠습디까?
명령형		되시오, 되십시오	
청유형		됩시다, 되십시다	
감탄형		되시는구나!	

상대존대형_예사높임		'-어요'체	'-으오'체
평서형	현재	돼요, 되지요, 되세요, 될래요, 될걸요, 되는데요, 된대요, 될게요, 되잖아요	되오
	현재-진행	되고 있어요, 되고 있지요, 되고 있으세요, 되는 중이에요	되고 있소
	과거	됐어요, 됐지요, 됐으세요, 됐잖아요	됐소
	과거-경험	됐었어요, 됐었지요, 됐었으세요	됐었소
	과거-추측	됐겠어요, 됐겠지요, 됐겠으세요	됐겠소
	미래-추측/의지/가능	되겠어요, 되겠지요, 되겠으세요, 될 수 있어요	되겠소
의문형	현재	돼요? 되지요? 되세요? 되나요? 될까요? 될래요? 되는가요? 되는데요? 된대요? 된다면서요? 된다지요?	되오? *되소?
	과거	됐어요? 됐지요? 됐으세요?	됐소?
	과거-경험	됐었어요? 됐었지요? 됐었으세요?	됐었소?
	미래-추측/의지/가능	되겠어요? 되겠지요? 되겠으세요? 되리요? 될 거예요? 될 거지요? 될 수 있겠어요?	되겠소?
명령형		돼요, 되지요, 되세요, 되라니까요	되오, 되구려
청유형		돼요, 되지요, 되세요, 되자니까요	되오
감탄형		되는군요! 되리요!	되는구려!

180

상대존대형_예사낮춤		'-어'체	'-네'체
평서형	현재	돼, 되지, 될래, 될걸, 되는데, 된대, 될게, 된단다, 되마, 되잖아	되네
	현재-진행	되고 있어, 되고 있지, 되는 중이야	되고 있네
	과거-완료	됐어, 됐지, 됐잖아	됐네
	미래-추측/의지/가능	되겠어, 되겠지, 될 수 있어	되겠네
의문형	현재	돼? 되지? 되니? 되나? 될까? 되랴? 될래? 되는데? 된대? 된다면서? 된다지?	되는가?
	과거	됐어? 됐지? 됐니? 됐을까? 됐대? 됐다면서?	됐는가?
	미래	되겠어? 되겠지? 되겠니? 되리? 될 거야? 될 거지? 될 거니? 될 수 있겠어?	될 건가?
명령형		돼, 되지, 되렴, 되려무나, 되라니까	되게
청유형		돼, 되지, 되자니까	되세
감탄형		돼! 되지! 되리!	되는군! 되는구먼!

상대존대형_아주낮춤		직설체	회상체
평서형	현재	된다	되더라
	현재-진행	되고 있다, 되는 중이다	되고 있더라
	과거-완료	됐다	됐더라
	미래-추측/의지/가능	되겠다, 되리다, 되련다, 될 거다, 될 수 있다	되겠더라
의문형	현재	되느냐?	되더냐?
	과거	됐느냐?	됐더냐?
	미래	되겠느냐?	되겠더냐?
명령형		돼라	
청유형		되자	
감탄형		되는구나! 된다! 되는도다!	되더구나!

연결형	연결어미	의미기능	연결어미
나열	되고, 되며	비교	되느니
선택	되거나, 되든지, 되든가	정도	되리만큼
대립	돼도, 되지만, 되나, 되는데, 되면서도, 되되, 되지	조건 · 가정	되면, 되거든, 되거들랑, 돼야, 된다면, 됐던들
동시	되면서, 되며	상황제시	되는데, 되니, 되다시피
계기	되고서, 돼서, 되자, 되자마자	비유	되듯이
중단 · 전환	되다가	비례	될수록
양보	돼도, 되더라도, 될지라도, 될지언정, 된들, 되는데도, 되기로서니, 되나마, 될망정, 돼 보았자	원인 · 이유	돼서, 되니까, 되느라고, 되기에, 되길래, 되느니만큼, 되는지라, 될세라, 되므로
목적 · 의도	되러, 되려고, 되고자	첨가	되거니와, 될뿐더러, 되려니와
결과	되도록, 되게끔	습관	되곤

- 그는 출발할 준비가 다 됐다. He is ready to start.
- 흙벽돌로 된 집에 살면 건강이 좋아진다. Makes you healthier living in a brick house.
- 부자가 되더라도 가난했던 때를 잊지 마세요.
  Although you have become rich now, remember the times when you were poor.

두다1 [두다, duda]

'우' 규칙활용, 타동사

to put, place ; to keep ; to leave, station ; to move (a chessman)

사동형	*두히다, 두게 하다, 두게 만들다		피동형		*두히다, 두게 되다, 두어지다	
관형사형 : 현재-진행		과거-완료	과거-회상		과거-완료-회상	미래-추측/의지
두는		둔	두던		두었던	둘

인용형 : 평서	의문	명령	청유	명사형	부사형
둔다고	두느냐고	두라고	두자고	두기, 둠	두어, 두게

상대존대형_아주높임		직설체	회상체
평서형	현재	둡니다	둡디다
	현재-진행	두고 있습니다, 두는 중입니다	두고 있습디다
	과거	두었습니다	두었습디다
	과거-경험	두었었습니다	두었었습디다
	과거-추측	두었겠습니다	두었겠습디다
	미래-추측/의지/가능	두겠습니다, 두렵니다, 둘 겁니다, 둘 수 있습니다	두겠습디다
의문형	현재	둡니까?	둡디까?
	과거	두었습니까?	두었습디까?
	과거-경험	두었었습니까?	두었었습디까?
	미래-추측/의지/가능	두겠습니까? 두렵니까? 둘 겁니까? 두리이까? 둘 수 있겠습니까?	두겠습디까?
명령형		두시오, 두십시오	
청유형		둡시다, 두십시다	
감탄형		두시는구나!	

상대존대형_예사높임		'-어요'체	'-으오'체
평서형	현재	두어요, 두지요, 두세요, 둘래요, 둘걸요, 두는데요, 둔대요, 둘게요, 두잖아요	두오
	현재-진행	두고 있어요, 두고 있지요, 두고 있으세요, 두는 중이에요	두고 있소
	과거	두었어요, 두었지요, 두었으세요, 두었잖아요	두었소
	과거-경험	두었었어요, 두었었지요, 두었었으세요	두었었소
	과거-추측	두었겠어요, 두었겠지요, 두었겠으세요	두었겠소
	미래-추측/의지/가능	두겠어요, 두겠지요, 두겠으세요, 둘 수 있어요	두겠소
의문형	현재	두어요? 두지요? 두세요? 두나요? 둘까요? 둘래요? 두는가요? 두는데요? 둔대요? 둔다면서요? 둔다지요?	두오? *두소?
	과거	두었어요? 두었지요? 두었으세요?	두었소?
	과거-경험	두었었어요? 두었었지요? 두었었으세요?	두었었소?
	미래-추측/의지/가능	두겠어요? 두겠지요? 두겠으세요? 두리요? 둘 거예요? 둘 거지요? 둘 수 있겠어요?	두겠소?
명령형		두어요, 두지요, 두세요, 두라니까요	두오, 두구려
청유형		두어요, 두지요, 두세요, 두자니까요	두오
감탄형		두는군요! 두리요!	두는구려!

상대존대형_예사낮춤		'-어'체	'-네'체
평서형	현재	두어, 두지, 둘래, 둘걸, 두는데, 둔대, 둘게, 둔단다, 두마, 두잖아	두네
	현재-진행	두고 있어, 두고 있지, 두는 중이야	두고 있네
	과거-완료	두었어, 두었지, 두었잖아	두었네
	미래-추측/의지/가능	두겠어, 두겠지, 둘 수 있어	두겠네
의문형	현재	두어? 두지? 두니? 두나? 둘까? 두랴? 둘래? 두는데? 둔대? 둔다면서? 둔다지?	두는가?
	과거	두었어? 두었지? 두었니? 두었을까? 두었대? 두었다면서?	두었는가?
	미래	두겠어? 두겠지? 두겠니? 두리? 둘 거야? 둘 거지? 둘 거니? 둘 수 있겠어?	둘 건가?
명령형		두어, 두지, 두렴, 두려무나, 두라니까	두게
청유형		두어, 두지, 두자니까	두세
감탄형		두어! 두지! 두리!	두는군! 두는구면!

상대존대형_아주낮춤		직설체	회상체
평서형	현재	둔다	두더라
	현재-진행	두고 있다, 두는 중이다	두고 있더라
	과거-완료	두었다	두었더라
	미래-추측/의지/가능	두겠다, 두리라, 두련다, 둘 거다, 둘 수 있다	두겠더라
의문형	현재	두느냐?	두더냐?
	과거	두었느냐?	두었더냐?
	미래	두겠느냐?	두겠더냐?
명령형		두어라	
청유형		두자	
감탄형		두는구나! 둔다! 두는도다!	두더구나!

연결형	연결어미	의미기능	연결어미
나열	두고, 두며	비교	두느니
선택	두거나, 두든지, 두든가	정도	두리만큼
대립	두어도, 두지만, 두나, 두는데, 두면서도, 두되, 두지	조건·가정	두면, 두거든, 두거들랑, 두어야, 둔다면, 두었던들
동시	두면서, 두며	상황제시	두는데, 두니, 두다시피
계기	두고서, 두어서, 두자, 두자마자	비유	두듯이
중단·전환	두다가	비례	둘수록
양보	두어도, 두더라도, 둘지라도, 둘지언정, 둔들, 두는데도, 두기로서니, 두나마, 둘망정, 두어 보았자	원인·이유	두어서, 두니까, 두느라고, 두기에, 두길래, 두느니만큼, 두는지라, 둘세라, 두므로
목적·의도	두러, 두려고, 두고자	첨가	두거니와, 둘뿐더러, 두려니와
결과	두도록, 두게끔	습관	두곤

- 그녀는 컵을 탁자위에 두었다. She left the cup on the table.
- 분과 위원회를 몇 개 두는 것이 어떻겠습니까?
  How about holding a few more separate commitees?
- 당신은 똑똑한 아들을 둬서 좋겠습니다. You are so lucky to have such a smart son.

둥글다 [둥글다, duŋkïlda]

'ㄹ' 불규칙활용, 형용사

to be round ; be circular ; to be globular

| 사동형 | *둥글히다, 둥글게 하다, 둥글게 만들다 | | 피동형 | *둥글히다. 둥글게 되다, 둥글어지다 | |

관형사형 : 현재-진행	과거-완료	과거-회상	과거-완료-회상	미래-추측/의지
둥근	둥근	둥글던	둥글었던	둥글

인용형 : 평서	의문	명령	청유	명사형	부사형
둥글다고	둥그냐고	*둥그라고	*둥글자고	둥글기, 둥긂	둥글어, 둥글게

상대존대형_아주높임		직설체	회상체
평서형	현재	둥급니다	둥급디다
	현재-진행	*둥글고 있습니다, *둥근 중입니다	*둥글고 있습디다
	과거	둥글었습니다	둥글었습디다
	과거-경험	둥글었었습니다	둥글었었습디다
	과거-추측	둥글었겠습니다	둥글었겠습디다
	미래-추측/의지/가능	둥글겠습니다, *둥글럽니다, 둥글 겁니다, 둥글 수 있습니다	둥글겠습디다
의문형	현재	둥급니까?	둥급디까?
	과거	둥글었습니까?	둥글었습디까?
	과거-경험	둥글었었습니까?	둥글었었습디까?
	미래-추측/의지/가능	둥글겠습니까? *둥글럽니까? *둥글 겁니까? *둥글리이까? 둥글 수 있겠습니까?	둥글겠습디까?
명령형		*둥그시오, *둥그십시오	
청유형		*둥급시다, *둥그십시다	
감탄형		둥그시구나!	

상대존대형_예사높임		'-어요'체	'-으오'체
평서형	현재	둥글어요, 둥글지요, 둥글세요, *둥글래요, 둥글걸요, 둥근데요, 둥글대요, *둥글게요, 둥글잖아요	둥글으오/둥그오
	현재-진행	*둥글고 있어요, *둥글고 있지요, *둥글고 있으세요, *둥근 중이에요	*둥글고 있소
	과거	둥글었어요, 둥글었지요, 둥글었으세요, 둥글었잖아요	둥글었소
	과거-경험	둥글었었어요, 둥글었었지요, 둥글었었으세요	둥글었소
	과거-추측	둥글었겠어요, 둥글었겠지요, 둥글었겠으세요	둥글었겠소
	미래-추측/의지/가능	둥글겠어요, 둥글겠지요, 둥글겠으세요, 둥글 수 있어요	둥글겠소
의문형	현재	둥글어요? 둥글지요? 둥글세요? 둥글나요? *둥글까요? *둥글래요? *둥근가요? 둥근데요? 둥글대요? 둥글다면시요? 둥글지요?	둥글오? 둥글소?
	과거	둥글었어요? 둥글었지요? 둥글었으세요?	둥글었소?
	과거-경험	둥글었었어요? 둥글었었지요? 둥글었었으세요?	둥글었소?
	미래-추측/의지/가능	둥글겠어요? 둥글겠지요? 둥글겠으세요? 둥글리요? *둥글 거예요? *둥글 거지요? 둥글 수 있겠어요?	둥글겠소?
명령형		*둥글어요, *둥글지요, *둥그세요, *둥글이라니까요	*둥글으오, *둥글구려
청유형		*둥글어요, *둥글지요, *둥그세요, *둥글자니까요	*둥글으오
감탄형		둥글군요! 둥글리요!	둥글구려!

상대존대형_예사낮춤		'-어'체	'-네'체
평서형	현재	둥글어, 둥글지, *둥글래, 둥글걸, 둥근데, 둥글대, *둥글게, 둥글단다, *둥글마, 둥글잖아	둥글네
	현재-진행	*둥글고 있어, *둥글고 있지, *둥근 중이야	*둥글고 있네
	과거-완료	둥글었어, 둥글었지, 둥글었잖아	둥글었네
	미래-추측/의지/가능	둥글겠어, 둥글겠지, 둥글 수 있어	둥글겠네
의문형	현재	둥글어? 둥글지? 둥그니? 둥그나? 둥글까? 둥글랴? *둥글래? 둥근데? 둥글대? 둥글다면서? 둥글다지?	둥근가?
	과거	둥글었어? 둥글었지? 둥글었니? 둥글었을까? 둥글었대? 둥글었다면서?	둥글었는가?
	미래	둥글겠어? 둥글겠지? 둥글겠니? 둥글리? *둥글 거야? *둥글 거지? *둥글 거니? 둥글 수 있겠어?	둥글 건가?
명령형		*둥글어, *둥글지, *둥글렴, *둥글려무나, *둥글라니까	*둥글게
청유형		*둥글어, *둥글지, *둥글자니까	*둥그세
감탄형		둥글어! 둥글지! 둥글리!	둥글군! 둥글구먼!

상대존대형_아주낮춤		직설체	회상체
평서형	현재	둥글다	둥글더라
	현재-진행	*둥글고 있다, *둥근 중이다	*둥글고 있더라
	과거-완료	둥글었다	둥글었더라
	미래-추측/의지/가능	둥글겠다, 둥글리다, *둥글련다, 둥글 거다, 둥글 수 있다	둥글겠더라
의문형	현재	둥글냐?	둥글더냐?
	과거	둥글었느냐?	둥글었더냐?
	미래	둥글겠느냐?	둥글겠더냐?
명령형		*둥글어라	
청유형		*둥글자	
감탄형		둥글구나! 둥글다! 둥글도다!	둥글더구나!

연결형	연결어미	의미기능	연결어미
나열	둥글고, 둥글며	비교	*둥그느니
선택	둥글거나, 둥글든지, 둥글든가	정도	둥글리만큼
대립	둥글어도, 둥글지만, 둥그나, 둥근데, 둥글면서도, 둥글되, 둥글지	조건 · 가정	둥글면, 둥글거든, 둥글거들랑, 둥글어야, 둥글다면, 둥글었던들
동시	둥글면서, 둥글며	상황제시	둥근데, 둥그니, 둥글다시피
계기	*둥글고서, *둥글어서, *둥글자, *둥글자마자	비유	둥글듯이
중단 · 전환	둥글다가	비례	둥글수록
양보	둥글어도, 둥글더라도, 둥글지라도, 둥글지언정, 둥글든들, 둥근데도, 둥글기로서니, 둥그나마, 둥글망정, 둥글어 보았자	원인 · 이유	둥글어서, 둥그니까, *둥그느라고, 둥글기에, 둥글길래, 둥글니만큼, 둥근지라, 둥그세라, 둥글므로
목적 · 의도	*둥글러, *둥글려고, *둥글고자	첨가	둥글거니와, 둥글뿐더러, 둥글려니와
결과	둥글도록, 둥글게끔	습관	*둥글곤

- 둥글게 원을 그려라. Draw a round circle.
- 둥근 달이 떴구나. A round moon is up.
- 그는 둥글고 넓은 이마를 가졌다. He has a round and wide forehead.

드물다 [드물다, dïmulda]

'ㄹ' 불규칙활용, 형용사

to be rare ; to be unusual, be uncommon ; to be few ; to be few and far

사동형	*드물히다, 드물게 하다, 드물게 만들다		피동형	*드물히다. 드물게 되다, 드물어지다	

관형사형 : 현재-진행	과거-완료	과거-회상	과거-완료-회상	미래-추측/의지
드문	드문	드물던	드물었던	드물

인용형 : 평서	의문	명령	청유	명사형	부사형
드물다고	드무냐고	*드무라고	*드물자고	드물기, 드묾	드물어, 드물게

상대존대형_아주높임			직설체	회상체
평서형	현재		드뭅니다	드뭅디다
	현재-진행		*드물고 있습니다, *드문 중입니다	*드물고 있습디다
	과거		드물었습니다	드물었습디다
	과거-경험		드물었었습니다	드물었었습디다
	과거-추측		드물었겠습니다	드물었겠습디다
	미래-추측/의지/가능		드물겠습니다, *드물렵니다, 드물 겁니다, 드물 수 있습니다	드물겠습디다
의문형	현재		드뭅니까?	드뭅디까?
	과거		드물었습니까?	드물었습디까?
	과거-경험		드물었었습니까?	드물었었습디까?
	미래-추측/의지/가능		드물겠습니까? *드물렵니까? *드물 겁니까? *드물리이까? 드물 수 있겠습니까?	드물겠습디까?
명령형			*드무시오, *드무십시오	
청유형			*드뭅시다, *드무십시다	
감탄형			드무시구나!	

상대존대형_예사높임			'-어요'체	'-으오'체
평서형	현재		드물어요, 드물지요, 드무세요, *드물래요, 드물걸요, 드문데요, 드물대요, *드물게요, 드물잖아요	드물으오/드무오
	현재-진행		*드물고 있어요, *드물고 있지요, *드물고 있으세요, *드문 중이에요	*드물고 있소
	과거		드물었어요, 드물었지요, 드물었으세요, 드물었잖아요	드물었소
	과거-경험		드물었었어요, 드물었었지요, 드물었었으세요	드물었었소
	과거-추측		드물었겠어요, 드물었겠지요, 드물었겠으세요	드물었겠소
	미래-추측/의지/가능		드물겠어요, 드물겠지요, 드물겠으세요, 드물 수 있어요	드물겠소
의문형	현재		드물어요? 드물지요? 드무세요? 드무나요? *드물까요? *드물래요? *드문가요? *드문데요? 드물대요? 드물다면서요? 드물다지요?	드물으오? *드물소?
	과거		드물었어요? 드물었지요? 드물었으세요?	드물었소?
	과거-경험		드물었었어요? 드물었었지요? 드물었었으세요?	드물었었소?
	미래-추측/의지/가능		드물겠어요? 드물겠지요? 드물겠으세요? 드물리요? *드물 거예요? *드물 거지요? 드물 수 있겠어요?	드물겠소?
명령형			*드물어요, *드물지요, *드무세요, *드물라니까요	*드물으오, *드물구려
청유형			*드물어요, *드물지요, *드무세요, *드물자니까요	*드물으오
감탄형			드물군요! 드물리요!	드물구려!

186

상대존대형_예사낮춤		'-어'체	'-네'체
평서형	현재	드물어, 드물지, *드물래, 드물걸, 드문데, 드물대, *드물게, 드물단다, *드물마, 드물잖아	드무네
	현재-진행	*드물고 있어, *드물고 있지, *드문 중이야	*드물고 있네
	과거-완료	드물었어, 드물었지, 드물었잖아	드물었네
	미래-추측/의지/가능	드물겠어, 드물겠지, 드물 수 있어	드물겠네
의문형	현재	드물어? 드물지? 드무니? 드무나? 드물까? 드물랴? *드물래? 드문데? 드물대? 드물다면서? 드물다지?	드문가?
	과거	드물었어? 드물었지? 드물었니? 드물었을까? 드물었대? 드물었다면서?	드물었는가?
	미래	드물겠어? 드물겠지? 드물겠니? 드물리? 드물 거야? 드물 거지? *드물 거니? 드물 수 있겠어?	드물 건가?
명령형		*드물어, *드물지, *드물렴, *드물려무나, *드물라니까	*드물게
청유형		*드물어, *드물지, *드물자니까	*드무세
감탄형		드물어! 드물지! 드물리!	드물군! 드물구면!

상대존대형_아주낮춤		직설체	회상체
평서형	현재	드물다	드물더라
	현재-진행	*드물고 있다, *드문 중이다	*드물고 있더라
	과거-완료	드물었다	드물었더라
	미래-추측/의지/가능	드물겠다, 드물리다, *드물련다, 드물 거다, 드물 수 있다	드물겠더라
의문형	현재	드무냐?	드물더냐?
	과거	드물었느냐?	드물었더냐?
	미래	드물겠느냐?	드물겠더냐?
명령형		*드물어라	
청유형		*드물자	
감탄형		드물구나! 드물다! 드물도다!	드물더구나!

연결형	연결어미	의미기능	연결어미
나열	드물고, 드물며	비교	*드무느니
선택	드물거나, 드물든지, 드물든가	정도	드물리만큼
대립	드물어도, 드물지만, 드무나, 드문데, 드물면서도, 드물되, 드물지	조건 · 가정	드물면, 드물거든, 드물거들랑, 드물어야, 드물다면, 드물었던들
동시	드물면서, 드물며	상황제시	드문데, 드무니, 드물다시피
계기	*드물고서, *드물어서, *드물자, *드물자마자	비유	드물듯이
중단 · 전환	드물다가	비례	드물수록
양보	드물어도, 드물더라도, 드물지라도, 드물지언정, 드문들, 드문데도, 드물기로서니, 드무나마, 드물망정, 드물어 보았자	원인 · 이유	드물어서, 드무니까, *드무느라고, 드물기에, 드물길래, 드무니만큼, 드문지라, 드물세라, 드물므로
목적 · 의도	*드물러, *드물려고, *드물고자	첨가	드물거니와, 드물뿐더러, 드물려니와
결과	드물도록, 드물게끔	습관	*드물곤

듣다2 [듣따, dïdt'a]

ㄷ 불규칙활용, 타동사

to hear, listen to ; to praise ; to obey, follow

사동형	*듣히다, 듣게 하다, 듣게 만들다	피동형	들리다. 듣게 되다, ²들어지다, 들려지다

관형사형 : 현재-진행	과거-완료	과거-회상	과거-완료-회상	미래-추측/의지
듣는	들은	듣던	들었던	들을

인용형 : 평서	의문	명령	청유	명사형	부사형
듣는다고	듣느냐고	들으라고	듣자고	듣기, 들음	들어, 듣게

상대존대형_아주높임		직설체	회상체
평서형	현재	듣습니다	듣습디다
	현재-진행	듣고 있습니다, 듣는 중입니다	듣고 있습디다
	과거	들었습니다	들었습디다
	과거-경험	들었었습니다	들었었습디다
	과거-추측	들었겠습니다	들었겠습디다
	미래-추측/의지/가능	듣겠습니다, 들으렵니다, 들을 겁니다, 들을 수 있습니다	듣겠습디다
의문형	현재	듣습니까?	듣습디까?
	과거	들었습니까?	들었습디까?
	과거-경험	들었었습니까?	들었었습디까?
	미래-추측/의지/가능	듣겠습니까? 들으렵니까? 들을 겁니까? 들으리이까? 들을 수 있겠습니까?	듣겠습디까?
명령형		들으시오, 들으십시오	
청유형		들읍시다, 들으십시다	
감탄형		들으시는구나!	

상대존대형_예사높임		'-어요'체	'-으오'체
평서형	현재	들어요, 듣지요, 들으세요, 들을래요, 들을걸요, 듣는데요, 듣는대요, 들을게요, 듣잖아요	들으오
	현재-진행	듣고 있어요, 듣고 있지요, 듣고 있으세요, 듣는 중이에요	듣고 있소
	과거	들었어요, 들었지요, 들었으세요, 들었잖아요	들었소
	과거-경험	들었었어요, 들었었지요, 들었었으세요	들었었소
	과거-추측	들었겠어요, 들었겠지요, 들었겠으세요	들었겠소
	미래-추측/의지/가능	듣겠어요, 듣겠지요, 듣겠으세요, 들을 수 있어요	듣겠소
의문형	현재	들어요? 듣지요? 들으세요? 듣나요? 들을까요? 들을래요? 듣는가요? 듣는데요? 듣는대요? 듣는다면서요? 듣는다지요?	들으오? 듣소?
	과거	들었어요? 들었지요? 들었으세요?	들었소?
	과거-경험	들었었어요? 들었었지요? 들었었으세요?	들었었소?
	미래-추측/의지/가능	듣겠어요? 듣겠지요? 듣겠으세요? 들으리요? 들을 거예요? 들을 거지요? 들을 수 있겠어요?	듣겠소?
명령형		들어요, 듣지요, 들으세요, 들으라니까요	들으오, 듣구려
청유형		들어요, 듣지요, 들으세요, 듣자니까요	들으오
감탄형		듣는군요! 들으리요!	듣는구려!

상대존대형_예사낮춤		'-어'체	'-네'체
평서형	현재	들어, 듣지, 들을래, 들을걸, 듣는데, 듣는대, 들을게, 듣는단다, 들으마, 듣잖아	듣네
	현재-진행	듣고 있어, 듣고 있지, 듣는 중이야	듣고 있네
	과거-완료	들었어, 들었지, 들었잖아	들었네
	미래-추측/의지/가능	듣겠어, 듣겠지, 들을 수 있어	듣겠네
의문형	현재	들어? 듣지? 듣니? 듣나? 들을까? 들으랴? 들을래? 듣는데? 듣는대? 듣는다면서? 듣는다지?	듣는가?
	과거	들었어? 들었지? 들었니? 들었을까? 들었대? 들었다면서?	들었는가?
	미래	듣겠어? 듣겠지? 듣겠니? 들으리? 들을 거야? 들을 거지? 들을 거니? 들을 수 있겠어?	들을 건가?
명령형		들어, 듣지, 들으렴, 들으려무나, 들으라니까	듣게
청유형		들어, 듣지, 듣자니까	듣세
감탄형		들어! 듣지! 들으리!	듣는군! 듣는구면!

상대존대형_아주낮춤		직설체	회상체
평서형	현재	듣는다	듣더라
	현재-진행	듣고 있다, 듣는 중이다	듣고 있더라
	과거-완료	들었다	들었더라
	미래-추측/의지/가능	듣겠다, 들으리다, 들으련다, 들을 거다, 들을 수 있다	듣겠더라
의문형	현재	듣느냐?	듣더냐?
	과거	들었느냐?	들었더냐?
	미래	듣겠느냐?	듣겠더냐?
명령형		들어라	
청유형		듣자	
감탄형		듣는구나! 듣는다! 듣는도다!	듣더구나!

연결형	연결어미	의미기능	연결어미
나열	듣고, 들으며	비교	듣느니
선택	듣거나, 듣든지, 듣든가	정도	들으리만큼
대립	들어도, 듣지만, 들으나, 듣는데, 들으면서도, 듣되, 듣지	조건 · 가정	들으면, 듣거든, 듣거들랑, 들어야, 듣는다면, 들었던들
동시	들으면서, 들으며	상황제시	듣는데, 들으니, 듣다시피
계기	듣고서, 들어서, 듣자, 듣자마자	비유	듣듯이
중단 · 전환	듣다가	비례	들을수록
양보	들어도, 듣더라도, 들을지라도, 들을지언정, 들은들, 듣는데도, 듣기로서니, 들으나마, 들을망정, 들어 보았자	원인 · 이유	들어서, 들으니까, 듣느라고, 듣기에, 듣길래, 듣느니만큼, 듣는지라, 들을세라, 들으므로
목적 · 의도	들으러, 들으려고, 듣고자	첨가	듣거니와, 들을뿐더러, 들으려니와
결과	듣도록, 듣게끔	습관	듣곤

기본예문

- 영수가 시험에 합격했다는 소식을 들었다. I heard the news that Young-Su passed the test.
- 그 사람에 대한 소식은 전혀 들은 적이 없다. I never heard any news of that person.
- 들으면 병이요 안 들으면 약이다. Better to not hear and not worry that to hear and worry.

들다3 [들다, tǐlda]

'ㄹ' 불규칙활용, 타동사

to raise, lift ; to hold sth in one's hand ; to eat, drink

사동형	들리다, 들게 하다, 들게 만들다			피동형	들리다, 들게 되다, 들어지다	

관형사형 : 현재-진행	과거-완료	과거-회상	과거-완료-회상	미래-추측/의지
드는	든	들던	들었던	들

인용형 : 평서	의문	명령	청유	명사형	부사형
든다고	드느냐고	들라고	들자고	들기, 들음	들어, 들게

상대존대형_아주높임		직설체	회상체
평서형	현재	듭니다	듭디다
	현재-진행	들고 있습니다, 드는 중입니다	들고 있습디다
	과거	들었습니다	들었습디다
	과거-경험	들었었습니다	들었었습디다
	과거-추측	들었겠습니다	들었겠습디다
	미래-추측/의지/가능	들겠습니다, 들렵니다, 들 겁니다, 들 수 있습니다	들겠습디다
의문형	현재	듭니까?	듭디까?
	과거	들었습니까?	들었습디까?
	과거-경험	들었었습니까?	들었었습디까?
	미래-추측/의지/가능	들겠습니까? 들렵니까? 들 겁니까? 들리이까? 들 수 있겠습니까?	들겠습디까?
명령형		드시오, 드십시오	
청유형		듭시다, 드십시다	
감탄형		드시는구나!	

상대존대형_예사높임		'-어요'체	'-으오'체
평서형	현재	들어요, 들지요, 드세요, 들래요, 들걸요, 드는데요, 든대요, 들게요, 들잖아요	들으오
	현재-진행	들고 있어요, 들고 있지요, 들고 있으세요, 드는 중이에요	들고 있소
	과거	들었어요, 들었지요, 들었으세요, 들었잖아요	들었소
	과거-경험	들었었어요, 들었었지요, 들었었으세요	들었었소
	과거-추측	들었겠어요, 들었겠지요, 들었겠으세요	들었겠소
	미래-추측/의지/가능	들겠어요, 들겠지요, 들겠으세요, 들 수 있어요	들겠소
의문형	현재	들어요? 들지요? 드세요? 드나요? 들까요? 들래요? 드는가요? 드는데요? 든대요? 든다면서요? 든다지요?	드오? *드소?
	과거	들었어요? 들었지요? 들었으세요?	들었소?
	과거-경험	들었었어요? 들었었지요? 들었었으세요?	들었었소?
	미래-추측/의지/가능	들겠어요? 들겠지요? 들겠으세요? 들리요? 들 거예요? 들 거지요? 들 수 있겠어요?	들겠소?
명령형		들어요, 들지요, 드세요, 들라니까요	드오, 들구려
청유형		들어요, 들지요, 드세요, 들자니까요	드오
감탄형		드는군요! 드리요!	들구려!

상대존대형_예사낮춤		'-어'체	'-네'체
평서형	현재	들어, 들지, 들래, 들걸, 드는데, 든대, 들게, 든단다, 들마, 들잖아	들네
	현재-진행	들고 있어, 들고 있지, 드는 중이야	들고 있네
	과거-완료	들었어, 들었지, 들었잖아	들었네
	미래-추측/의지/가능	들겠어, 들겠지, 들 수 있어	들겠네
의문형	현재	들어? 들지? 들니? 드나? 들까? 들랴? 들래? 드는데? 든대? 든다면서? 든다지?	드는가?
	과거	들었어? 들었지? 들었니? 들었을까? 들었대? 들었다면서?	들었는가?
	미래	들겠어? 들겠지? 들겠니? 들리? 들 거야? 들 거지? 들 거니? 들 수 있겠어?	들 건가?
명령형		들어, 들지, 들렴, 들려무나, 들라니까	들게
청유형		들어, 들지, 들자니까	들세
감탄형		들어! 들지! 드리!	드는군! 드는구먼!

상대존대형_아주낮춤		직설체	회상체
평서형	현재	든다	들더라
	현재-진행	들고 있다, 드는 중이다	들고 있더라
	과거-완료	들었다	들었더라
	미래-추측/의지/가능	들겠다, 들리다, 들련다, 들 거다, 들 수 있다	들겠더라
의문형	현재	드느냐?	들더냐?
	과거	들었느냐?	들었더냐?
	미래	들겠느냐?	들겠더냐?
명령형		들어라	
청유형		들자	
감탄형		드는구나! 든다! 드는도다!	들더구나!

연결형	연결어미	의미기능	연결어미
나열	들고, 들며	비교	들느니
선택	들거나, 들든지, 들든가	정도	들리만큼
대립	들어도, 들지만, 드나, 드는데, 들면서도, 들되, 들지	조건 · 가정	들면, 들거든, 들거들랑, 들어야, 든다면, 들었던들
동시	들면서, 들며	상황제시	드는데, 드니, 들다시피
계기	들고서, 들어서, 들자, 들자마자	비유	들듯이
중단 · 전환	들다가	비례	들수록
양보	들어도, 들더라도, 들지라도, 들지언정, 든들, 드데도, 들기로서니, 드나마, 들망정, 들어 보았자	원인 · 이유	들어서, 드니까, 드느라고, 들기에, 들길래, 드느니만큼, 드는지라, 들세라, 들므로
목적 · 의도	들러, 들려고, 들고자	첨가	들거니와, 들뿐더러, 들려니와
결과	들도록, 들게끔	습관	들곤

기본예문

- 답을 아는 사람은 손을 드세요. Raise your hand, if you know the answer.
- 핸드폰을 든 저 사람이 누구죠? Who is that man holding his cellphone in his hand?
- 예를 들어서 설명을 좀 해 주세요. Please explain with examples.

따르다1 [따르다, t'arida]

'으' 불규칙활용, 자타동사

to accompany, follow ; to obey ; to agree ; to act on

사동형	*따르히다, 따르게 하다, 따르게 만들다		피동형	딸리다, 따르게 되다, 따라지다	
관형사형 : 현재-진행	과거-완료		과거-회상	과거-완료-회상	미래-추측/의지
따르는	따른		따르던	따랐던	따를

인용형 : 평서	의문	명령	청유	명사형	부사형
따른다고	따르느냐고	따르라고	따르자고	따르기, 따름	따라, 따르게

상대존대형_아주높임		직설체	회상체
평서형	현재	따릅니다	따릅디다
	현재-진행	따르고 있습니다, 따르는 중입니다	따르고 있습디다
	과거	따랐습니다	따랐습디다
	과거-경험	따랐었습니다	따랐었습디다
	과거-추측	따랐겠습니다	따랐겠습디다
	미래-추측/의지/가능	따르겠습니다, 따르렵니다, 따를 겁니다, 따를 수 있습니다	따르겠습디다
의문형	현재	따릅니까?	따릅디까?
	과거	따랐습니까?	따랐습디까?
	과거-경험	따랐었습니까?	따랐었습디까?
	미래-추측/의지/가능	따르겠습니까? 따르렵니까? 따를 겁니까? 따르리이까? 따를 수 있겠습니까?	따르겠습디까?
명령형		따르시오, 따르십시오	
청유형		따릅시다, 따르십시다	
감탄형		따르시는구나!	

상대존대형_예사높임		'-어요'체	'-으오'체
평서형	현재	따라요, 따르지요, 따르세요, 따를래요, 따를걸요, 따르는데요, 따른대요, 따를게요, 따르잖아요	따르오
	현재-진행	따르고 있어요, 따르고 있지요, 따르고 있으세요, 따르는 중이에요	따르고 있소
	과거	따랐어요, 따랐지요, 따랐으세요, 따랐잖아요	따랐소
	과거-경험	따랐었어요, 따랐었지요, 따랐었으세요	따랐었소
	과거-추측	따랐겠어요, 따랐겠지요, 따랐겠으세요	따랐겠소
	미래-추측/의지/가능	따르겠어요, 따르겠지요, 따르겠으세요, 따를 수 있어요	따르겠소
의문형	현재	따라요? 따르지요? 따르세요? 따르나요? 따를까요? 따를래요? 따르는가요? 따르는데요? 따른대요? 따른다면서요? 따른다지요?	따르오? *따르소?
	과거	따랐어요? 따랐지요? 따랐으세요?	따랐소?
	과거-경험	따랐었어요? 따랐었지요? 따랐었으세요?	따랐소?
	미래-추측/의지/가능	따르겠어요? 따르겠지요? 따르겠으세요? 따르리요? 따를 거예요? 따를 거지요? 따를 수 있겠어요?	따르겠소?
명령형		따라요, 따르지요, 따르세요, 따르라니까요	따르오, 따르구려
청유형		따라요, 따르지요, 따르세요, 따르자니까요	따르오
감탄형		따르는군요! 따르리요!	따르는구려!

상대존대형_예사낮춤		'-어'체	'-네'체
평서형	현재	따라, 따르지, 따를래, 따를걸, 따르는데, 따른대, 따를게, 따른단다, 따르마, 따르잖아	따르네
	현재-진행	따르고 있어, 따르고 있지, 따르는 중이야	따르고 있네
	과거-완료	따랐어, 따랐지, 따랐잖아	따랐네
	미래-추측/의지/가능	따르겠어, 따르겠지, 따를 수 있어	따르겠네
의문형	현재	따라? 따르지? 따르니? 따르나? 따를까? 따르랴? 따를래? 따르는데? 따른대? 따른다면서? 따른다지?	따르는가?
	과거	따랐어? 따랐지? 따랐니? 따랐을까? 따랐대? 따랐다면서?	따랐는가?
	미래	따르겠어? 따르겠지? 따르겠니? 따르리? 따를 거야? 따를 거지? 따를 거니? 따를 수 있겠어?	따를 건가?
명령형		따라, 따르지, 따르렴, 따르려무나, 따르라니까	따르게
청유형		따라, 따르지, 따르자니까	따르세
감탄형		따라! 따르지! 따르리!	따르는군! 따르는구먼!

상대존대형_아주낮춤		직설체	회상체
평서형	현재	따른다	따르더라
	현재-진행	따르고 있다, 따르는 중이다	따르고 있더라
	과거-완료	따랐다	따랐더라
	미래-추측/의지/가능	따르겠다, 따르리다, 따르련다, 따를 거다, 따를 수 있다	따르겠더라
의문형	현재	따르느냐?	따르더냐?
	과거	따랐느냐?	따랐더냐?
	미래	따르겠느냐?	따르겠더냐?
명령형		따라라	
청유형		따르자	
감탄형		따르는구나! 따른다! 따르는도다!	따르더구나!

연결형	연결어미	의미기능	연결어미
나열	따르고, 따르며	비교	따르느니
선택	따르거나, 따르든지, 따르든가	정도	따르니만큼
대립	따라도, 따르지만, 따르나, 따르는데, 따르면서도, 따르되, 따르지	조건·가정	따르면, 따르거든, 따르거들랑, 따라야, 따른다면, 따랐던들
동시	따르면서, 따르며	상황제시	따르는데, 따르니, 따르다시피
계기	따르고서, 따라서, 따르자, 따르자마자	비유	따르듯이
중단·전환	따르다가	비례	따를수록
양보	따라도, 따르더라도, 따를지라도, 따를지언정, 따른들, 따르는데도, 따르기로서니, 따르나마, 따를망정, 따라 보았자	원인·이유	따라서, 따르니까, 따르느라고, 따르기에, 따르길래, 따르느니만큼, 따르는지라, 따를세라, 따르므로
목적·의도	따르러, 따르려고, 따르고자	첨가	따르거니와, 따를뿐더러, 따르려니와
결과	따르도록, 따르게끔	습관	따르곤

기본예문

• 이젠 그냥 제 뜻을 따라 주세요. Please follow my opinion now.

• 나는 당신의 뜻을 따를 수 없네요. I cannot follow your decision.

• 친구를 따라 시장에 갔다. I went to the market with my friend.

떨다1 [떨:다, t'əl:da]

'ㄹ' 불규칙활용, 자타동사

to tremble, quake, shake ; to thrill, vibrate ; to shudder

사동형	떨구다, 떨게 하다, 떨게 만들다		피동형	떨리다. 떨게 되다, 떨어지다	
관형사형 : 현재-진행	과거-완료		과거-회상	과거-완료-회상	미래-추측/의지
떠는	떤		떨던	떨었던	떨

인용형 : 평서	의문	명령	청유	명사형	부사형
떤다고	떠느냐고	떨라고	떨자고	떨기, 떨음	떨어, 떨게

상대존대형_아주높임		직설체	회상체
평서형	현재	떱니다	떱디다
	현재-진행	떨고 있습니다, 떠는 중입니다	떨고 있습디다
	과거	떨었습니다	떨었습디다
	과거-경험	떨었었습니다	떨었었습디다
	과거-추측	떨었겠습니다	떨었겠습디다
	미래-추측/의지/가능	떨겠습니다, 떨렵니다, 떨 겁니다, 떨 수 있습니다	떨겠습디다
의문형	현재	떱니까?	떱디까?
	과거	떨었습니까?	떨었습디까?
	과거-경험	떨었었습니까?	떨었었습디까?
	미래-추측/의지/가능	떨겠습니까? 떨렵니까? 떨 겁니까? 떨리이까? 떨 수 있겠습니까?	떨겠습디까?
명령형		떠시오, 떠십시오	
청유형		떱시다, 떠십시다	
감탄형		떠시는구나!	

상대존대형_예사높임		'-어요'체	'-으오'체
평서형	현재	떨어요, 떨지요, 떠세요, 떨래요, 떨걸요, 떠는데요, 떤대요, 떨게요, 떨잖아요	떠오
	현재-진행	떨고 있어요, 떨고 있지요, 떨고 있으세요, 떠는 중이에요	떨고 있소
	과거	떨었어요, 떨었지요, 떨었으세요, 떨었잖아요	떨었소
	과거-경험	떨었었어요, 떨었었지요, 떨었었으세요	떨었었소
	과거-추측	떨었겠어요, 떨었겠지요, 떨었겠으세요	떨었겠소
	미래-추측/의지/가능	떨겠어요, 떨겠지요, 떨겠으세요, 떨 수 있어요	떨겠소
의문형	현재	떨어요? 떨지요? 떠세요? 떨나요? 떨까요? 떨래요? 떨는가요? 떠는데요? 떤대요? 떤다면서요? 떤다지요?	떠오? *떨소?
	과거	떨었어요? 떨었지요? 떨었으세요?	떨었소?
	과거-경험	떨었었어요? 떨었었지요? 떨었었으세요?	떨었었소?
	미래-추측/의지/가능	떨겠어요? 떨겠지요? 떨겠으세요? 떨리요? 떨 거예요? 떨 거지요? 떨 수 있겠어요?	떨겠소?
명령형		떨어요, 떨지요, 떠세요, 떨라니까요	떠오, 떨구려
청유형		떨어요, 떨지요, 떠세요, 떨자니까요	떠오
감탄형		떠는군요! 떨리요!	떠는구려!

상대존대형_예사낮춤		'-어'체	'-네'체
평 서 형	현재	떨어, 떨지, 떨래, 떨걸, 떠는데, 떤대, 떨게, 떨단다, 떨마, 떨잖아	떠네
	현재-진행	떨고 있어, 떨고 있지, 떠는 중이야	떨고 있네
	과거-완료	떨었어, 떨었지, 떨었잖아	떨었네
	미래-추측/의지/가능	떨겠어, 떨겠지, 떨 수 있어	떨겠네
의 문 형	현재	떨어? 떨지? 떨니? 떨나? 떨까? 떨랴? 떨래? 떠는데? 떤대? 떤다면서? 떤지?	떠는가?
	과거	떨었어? 떨었지? 떨었니? 떨었을까? 떨었대? 떨었다면서?	떨었는가?
	미래	떨겠어? 떨겠지? 떨겠니? 떨리? 떨 거야? 떨 거지? 떨 거니? 떨 수 있겠어?	떨 건가?
명령형		떨어, 떨지, 떨렴, 떨려무나, 떨라니까	떨게
청유형		떨어, 떨지, 떨자니까	떠세
감탄형		떨어! 떨지! 떨리!	떠는군! 떠는구면!

상대존대형_아주낮춤		직설체	회상체
평 서 형	현재	떤다	떨더라
	현재-진행	떨고 있다, 떠는 중이다	떨고 있더라
	과거-완료	떨었다	떨었더라
	미래-추측/의지/가능	떨겠다, 떨리다, 떨련다, 떨 거다, 떨 수 있다	떨겠더라
의 문 형	현재	떠느냐?	떨더냐?
	과거	떨었느냐?	떨었더냐?
	미래	떨겠느냐?	떨겠더냐?
명령형		떨어라	
청유형		떨자	
감탄형		떠는구나! 떤다! 떠는도다!	떨더구나!

연결형	연결어미	의미기능	연결어미
나열	떨고, 떨며	비교	떠느니
선택	떨거나, 떨든지, 떨든가	정도	떨리만큼
대립	떨어도, 떨지만, 떠나, 떠는데, 떨면서도, 떨되, 떨지	조건·가정	떨면, 떨거든, 떨거들랑, 떨어야, 떤다면, 떨었던들
동시	떨면서, 떨며	상황제시	떠는데, 떠니, 떨다시피
계기	떨고서, 떨어서, 떨자, 떨자마자	비유	떨듯이
중단·전환	떨다가	비례	떨수록
양보	떨어도, 떨더라도, 떨지라도, 떨지언정, 떤들, 떠는데도, 떨기로서니, 떠나마, 떨망정, 떨어 보았자	원인·이유	떨어서, 떠니까, 떠느라고, 떨기에, 떨길래, 떠느니만큼, 떠는지라, 떠세라, 떨므로
목적·의도	떨러, 떨려고, 떨고자	첨가	떨거니와, 떨뿐더러, 떨려니와
결과	떨도록, 떨게끔	습관	떨곤

뜨겁다 [뜨겁따, t'ïkəpt'a]

'ㅂ' 불규칙활용, 형용사

to be hot ; to be heated ; to be burning

사동형	*뜨겁히다, 뜨겁게 하다, 뜨겁게 만들다		피동형	*뜨겁히다. 뜨겁게 되다, 뜨거워지다	

관형사형 : 현재-진행	과거-완료	과거-회상	과거-완료-회상	미래-추측/의지
뜨거운	뜨거운	뜨겁던	뜨거웠던	뜨거울

인용형 : 평서	의문	명령	청유	명사형	부사형
뜨겁다고	뜨거우냐고	*뜨거우라고	*뜨겁자고	뜨겁기, 뜨거움	뜨거워, 뜨겁게

상대존대형_아주높임		직설체	회상체
평서형	현재	뜨겁습니다	뜨겁습디다
	현재-진행	*뜨겁고 있습니다, *뜨거운 중입니다	*뜨겁고 있습디다
	과거	뜨거웠습니다	뜨거웠습디다
	과거-경험	뜨거웠었습니다	뜨거웠었습디다
	과거-추측	뜨거웠겠습니다	뜨거웠겠습디다
	미래-추측/의지/가능	뜨겁겠습니다, *뜨거우럽니다, 뜨거울 겁니다, 뜨거울 수 있습니다	뜨겁겠습디다
의문형	현재	뜨겁습니까?	뜨겁습디까?
	과거	뜨거웠습니까?	뜨거웠습디까?
	과거-경험	뜨거웠었습니까?	뜨거웠었습디까?
	미래-추측/의지/가능	뜨겁겠습니까? *뜨거우럽니까? *뜨거울 겁니까? 뜨거우리이까? 뜨거울 수 있겠습니까?	뜨겁겠습디까?
명령형		*뜨거우시오, *뜨거우십시오	
청유형		*뜨거웁시다, *뜨거우십시다	
감탄형		뜨거우시구나!	

상대존대형_예사높임		'-어요'체	'-으오'체
평서형	현재	뜨거워요, 뜨겁지요, 뜨거우세요, *뜨거울래요, 뜨거울걸요, 뜨거운데요, 뜨겁대요, *뜨거울게요, 뜨겁잖아요	뜨거우오
	현재-진행	*뜨겁고 있어요, *뜨겁고 있지요, *뜨겁고 있으세요, *뜨거운 중이에요	*뜨겁고 있소
	과거	뜨거웠어요, 뜨거웠지요, 뜨거웠으세요, 뜨거웠잖아요	뜨거웠소
	과거-경험	뜨거웠었어요, 뜨거웠었지요, 뜨거웠었으세요	뜨거웠었소
	과거-추측	뜨거웠겠어요, 뜨거웠겠지요, 뜨거웠겠으세요	뜨거웠겠소
	미래-추측/의지/가능	뜨겁겠어요, 뜨겁겠지요, 뜨겁겠으세요, 뜨거울 수 있어요	뜨겁겠소
의문형	현재	뜨거워요? 뜨겁지요? 뜨거우세요? 뜨겁나요? *뜨거울까요? *뜨거울래요? *뜨거운가요? 뜨거운데요? 뜨겁대요? 뜨겁다면서요? 뜨겁다지요?	뜨거우오? 뜨겁소?
	과거	뜨거웠어요? 뜨거웠지요? 뜨거웠으세요?	뜨거웠소?
	과거-경험	뜨거웠었어요? 뜨거웠었지요? 뜨거웠었으세요?	뜨거웠었소?
	미래-추측/의지/가능	뜨겁겠어요? 뜨겁겠지요? 뜨겁겠으세요? 뜨거우리요? *뜨거울 거예요? *뜨거울 거지요? 뜨거울 수 있겠어요?	뜨겁겠소?
명령형		*뜨거워요, *뜨겁지요, *뜨거우세요, *뜨거우라니까요	*뜨거우오, *뜨겁구려
청유형		*뜨거워요, *뜨겁지요, *뜨거우세요, *뜨겁자니까요	*뜨거우오
감탄형		뜨겁군요! 뜨거우리요!	뜨겁구려!

상대존대형_예사낮춤		'-어'체	'-네'체
평서형	현재	뜨거워, 뜨겁지, *뜨거울래, 뜨거울걸, 뜨거운데, 뜨겁대, *뜨거울게, 뜨겁단다, *뜨거우마, 뜨겁잖아	뜨겁네
	현재-진행	*뜨겁고 있어, *뜨겁고 있지, *뜨거운 중이야	*뜨겁고 있네
	과거-완료	뜨거웠어, 뜨거웠지, 뜨거웠잖아	뜨거웠네
	미래-추측/의지/가능	뜨겁겠어, 뜨겁겠지, 뜨거울 수 있어	뜨겁겠네
의문형	현재	뜨거워? 뜨겁지? 뜨겁니? 뜨겁나? 뜨거울까? 뜨거우랴? *뜨거울래? 뜨거운데? 뜨겁대? 뜨겁다면서? 뜨겁다지?	뜨거운가?
	과거	뜨거웠어? 뜨거웠지? 뜨거웠니? 뜨거웠을까? 뜨거웠대? 뜨거웠다면서?	뜨거웠는가?
	미래	뜨겁겠어? 뜨겁겠지? 뜨겁겠니? 뜨거우리? *뜨거울 거야? *뜨거울 거지? *뜨거울 거니? 뜨거울 수 있겠어?	뜨거울 건가?
명령형		*뜨거워, *뜨겁지, *뜨거우렴, *뜨거우려무나, *뜨거우라니까	*뜨겁게
청유형		*뜨거워, *뜨겁지, *뜨겁자니까	*뜨겁세
감탄형		뜨거워! 뜨겁지! 뜨거우리!	뜨겁군! 뜨겁구먼!

상대존대형_아주낮춤		직설체	회상체
평서형	현재	뜨겁다	뜨겁더라
	현재-진행	*뜨겁고 있다, *뜨거운 중이다	*뜨겁고 있더라
	과거-완료	뜨거웠다	뜨거웠더라
	미래-추측/의지/가능	뜨겁겠다, 뜨거우리다, *뜨거우련다, 뜨거울 거다, 뜨거울 수 있다	뜨겁겠더라
의문형	현재	뜨거우냐?	뜨겁더냐?
	과거	뜨거웠느냐?	뜨거웠더냐?
	미래	뜨겁겠느냐?	뜨겁겠더냐?
명령형		*뜨거워라	
청유형		*뜨겁자	
감탄형		뜨겁구나! 뜨겁다! 뜨겁도다!	뜨겁더구나!

연결형	연결어미	의미기능	연결어미
나열	뜨겁고, 뜨거우며	비교	*뜨겁느니
선택	뜨겁거나, 뜨겁든지, 뜨겁든가	정도	뜨거우리만큼
대립	뜨거워도, 뜨겁지만, 뜨거우나, 뜨거운데, 뜨거우면서도, 뜨겁되, 뜨겁지	조건 · 가정	뜨거우면, 뜨겁거든, 뜨겁거들랑, 뜨거워야, 뜨겁다면, 뜨거웠던들
동시	뜨거우면서, 뜨거우며	상황제시	뜨거운데, 뜨거우니, 뜨겁다시피
계기	*뜨겁고서, *뜨거워서, *뜨겁자, *뜨겁자마자	비유	뜨겁듯이
중단 · 전환	뜨겁다가	비례	뜨거울수록
양보	뜨거워도, 뜨겁더라도, 뜨거울지라도, 뜨거울지언정, 뜨거운들, 뜨거운데도, 뜨겁기로서니, 뜨거우나마, 뜨거울망정, 뜨거워 보았자	원인 · 이유	뜨거워서, 뜨거우니까, *뜨겁느라고, 뜨겁기에, 뜨겁길래, 뜨거우니만큼, 뜨거운지라, 뜨거울세라, 뜨거우므로
목적 · 의도	*뜨거우러, *뜨거우려고, *뜨겁고자	첨가	뜨겁거니와, 뜨거울뿐더러, 뜨거우려니와
결과	뜨겁도록, 뜨겁게끔	습관	*뜨겁곤

• 쇠고기국이 너무 뜨겁다. The beef soup is too hot.

• 뜨거운 물로 목욕을 하면 건강에 좋다. It's good to take a bath in hot water.

• 방이 뜨거워서 잘 수가 없다. I can't sleep because the room is too hot.

뜨다1 [뜨다, t'ïda]

'으' 불규칙활용, 형용사

to be slow, be slow-footed ; to be dull ; to be blunt

사동형	*뜨히다, 뜨게 하다, 뜨게 만들다		피동형		*뜨히다, 뜨게 되다, 떠지다	

관형사형 : 현재-진행	과거-완료	과거-회상	과거-완료-회상	미래-추측/의지
뜬	뜬	뜨던	떴던	뜰

인용형 : 평서	의문	명령	청유	명사형	부사형
뜨다고	뜨냐고	*뜨라고	*뜨자고	뜨기, 뜸	떠, 뜨게

상대존대형_아주높임		직설체	회상체
평서형	현재	뜹니다	뜹디다
	현재-진행	*뜨고 있습니다, *뜨는 중입니다	*뜨고 있습디다
	과거	떴습니다	떴습디다
	과거-경험	떴었습니다	떴었습디다
	과거-추측	떴겠습니다	떴겠습디다
	미래-추측/의지/가능	뜨겠습니다, *뜨렵니다, 뜰 겁니다, 뜰 수 있습니다	뜨겠습디다
의문형	현재	뜹니까?	뜹디까?
	과거	떴습니까?	떴습디까?
	과거-경험	떴었습니까?	떴었습디까?
	미래-추측/의지/가능	뜨겠습니까? *뜨렵니까? *뜰 겁니까? *뜨리이까? 뜰 수 있겠습니까?	뜨겠습디까?
명령형		*뜨시오, *뜨십시오	
청유형		*뜹시다, *뜨십시다	
감탄형		뜨시구나!	

상대존대형_예사높임		'-어요'체	'-으오'체
평서형	현재	떠요, 뜨지요, 뜨세요, *뜰래요, 뜰걸요, 뜬데요, 뜨대요, *뜰게요, 뜨잖아요	뜨오
	현재-진행	*뜨고 있어요, *뜨고 있지요, *뜨고 있으세요, *뜨는 중이에요	*뜨고 있소
	과거	떴어요, 떴지요, 떴으세요, 떴잖아요	떴소
	과거-경험	떴었어요, 떴었지요, 떴었으세요	떴었소
	과거-추측	떴겠어요, 떴겠지요, 떴겠으세요	떴겠소
	미래-추측/의지/가능	뜨겠어요, 뜨겠지요, 뜨겠으세요, 뜰 수 있어요	뜨겠소
의문형	현재	떠요? 뜨지요? 뜨세요? 뜨나요? *뜰까요? *뜰래요? *뜬가요? 뜬데요? 뜨대요? 뜨다면서요? 뜨다지요?	뜨오? *뜨소?
	과거	떴어요? 떴지요? 떴으세요?	떴소?
	과거-경험	떴었어요? 떴었지요? 떴었으세요?	떴었소?
	미래-추측/의지/가능	뜨겠어요? 뜨겠지요? 뜨겠으세요? 뜨리요? *뜰 거예요? *뜰 거지요? 뜰 수 있겠어요?	뜨겠소?
명령형		*떠요, *뜨지요, *뜨세요, *뜨라니까요	*뜨오, *뜨구려
청유형		*떠요, *뜨지요, *뜨세요, *뜨자니까요	*뜨오
감탄형		뜨군요! 뜨리요!	뜨구려!

상대존대형_예사낮춤		'-어'체	'-네'체
평서형	현재	떠, 뜨지, *뜰래, 뜰걸, 뜬데, 뜨대, *뜰게, 뜬단다, *뜨마, 뜨잖아	뜨네
	현재-진행	*뜨고 있어, *뜨고 있지, *뜨는 중이야	*뜨고 있네
	과거-완료	떴어, 떴지, 떴잖아	떴네
	미래-추측/의지/가능	뜨겠어, 뜨겠지, 뜰 수 있어	뜨겠네
의문형	현재	떠? 뜨지? 뜨니? 뜨나? 뜰까? 뜨랴? *뜰래? 뜬데? 뜨대? 뜨다면서? 뜨다지?	뜬가?
	과거	떴어? 떴지? 떴니? 떴을까? 떴대? 떴다면서?	떴는가?
	미래	뜨겠어? 뜨겠지? 뜨겠니? 뜨리? 뜰 거야? *뜰 거지? *뜰 거니? 뜰 수 있겠어?	뜰 건가?
명령형		*떠, *뜨지, *뜨렴, *뜨려무나, *뜨라니까	*뜨게
청유형		*떠, *뜨지, *뜨자니까	*뜨세
감탄형		떠! 뜨지! 뜨리!	뜨군! 뜨구면!

상대존대형_아주낮춤		직설체	회상체
평서형	현재	뜨다	뜨더라
	현재-진행	*뜨고 있다, *뜨는 중이다	*뜨고 있더라
	과거-완료	떴다	떴더라
	미래-추측/의지/가능	뜨겠다, 뜨리다, *뜨련다, 뜰 거다, 뜰 수 있다	뜨겠더라
의문형	현재	뜨냐?	뜨더냐?
	과거	떴느냐?	떴더냐?
	미래	뜨겠느냐?	뜨겠더냐?
명령형		*떠라	
청유형		*뜨자	
감탄형		뜨구나! 뜨다! 뜨도다!	뜨더구나!

연결형	연결어미	의미기능	연결어미
나열	뜨고, 뜨며	비교	*뜨느니
선택	뜨거나, 뜨든지, 뜨든가	정도	뜨리만큼
대립	떠도, 뜨지만, 뜨나, 뜬데, 뜨면서도, 뜨되, 뜨지	조건 · 가정	뜨면, 뜨거든, 뜨거들랑, 떠야, 뜨다면, 떴던들
동시	뜨면서, 뜨며	상황제시	뜬데, 뜨니, 뜨다시피
계기	*뜨고서, *떠서, *뜨자, *뜨자마자	비유	뜨듯이
중단 · 전환	뜨다가	비례	뜰수록
양보	떠도, 뜨더라도, 뜰지라도, 뜰지언정, 뜬들, 뜬데도, 뜨기로서니, 뜨나마, 뜰망정, 떠 보았자	원인 · 이유	떠서, 뜨니까, *뜨느라고, 뜨기에, 뜨길래, 뜨니만큼, 뜬지라, 뜰세라, 뜨므로
목적 · 의도	*뜨러, *뜨려고, *뜨고자	첨가	뜨거니와, 뜰뿐더러, 뜨려니와
결과	뜨도록, 뜨게끔	습관	*뜨곤

기본예문

- 그는 걸음이 참 뜨다. He is very slow-footed.
- 그녀는 입이 뜬 사람이다. She is a man of few word.
- 이 시계는 10분이 뜬 것을 보니 고장이 났나 보다.
  This watch is not working well, because it is ten minutes slow.

뜨다2 [뜨다, t'ïda]

으 불규칙활용, 자동사

to float ; to rise ; to be apart from ; to get loose

사동형	띄우다, 뜨게 하다, 뜨게 만들다	피동형	뜨이다, 뜨게 되다, 뜨여지다

관형사형 : 현재-진행	과거-완료	과거-회상	과거-완료-회상	미래-추측/의지
뜨는	뜬	뜨던	떴던	뜰

인용형 : 평서	의문	명령	청유	명사형	부사형
뜬다고	뜨느냐고	뜨라고	뜨자고	뜨기, 뜸	떠, 뜨게

상대존대형_아주높임		직설체	회상체
평서형	현재	뜹니다	뜹디다
	현재-진행	뜨고 있습니다, 뜨는 중입니다	뜨고 있습디다
	과거	떴습니다	떴습디다
	과거-경험	떴었습니다	떴었습디다
	과거-추측	떴겠습니다	떴겠습디다
	미래-추측/의지/가능	뜨겠습니다, 뜨렵니다, 뜰 겁니다, 뜰 수 있습니다	뜨겠습디다
의문형	현재	뜹니까?	뜹디까?
	과거	떴습니까?	떴습디까?
	과거-경험	떴었습니까?	떴었습디까?
	미래-추측/의지/가능	뜨겠습니까? 뜨렵니까? 뜰 겁니까? 뜨리이까? 뜰 수 있겠습니까?	뜨겠습디까?
명령형		뜨시오, 뜨십시오	
청유형		뜹시다, 뜨십시다	
감탄형		뜨시는구나!	

상대존대형_예사높임		'-어요'체	'-으오'체
평서형	현재	떠요, 뜨지요, 뜨세요, 뜰래요, 뜰걸요, 뜨는데요, 뜬대요, 뜰게요, 뜨잖아요	뜨오
	현재-진행	뜨고 있어요, 뜨고 있지요, 뜨고 있으세요, 뜨는 중이에요	뜨고 있소
	과거	떴어요, 떴지요, 떴으세요, 떴잖아요	떴소
	과거-경험	떴었어요, 떴었지요, 떴었으세요	떴었소
	과거-추측	떴겠어요, 떴겠지요, 떴겠으세요	떴겠소
	미래-추측/의지/가능	뜨겠어요, 뜨겠지요, 뜨겠으세요, 뜰 수 있어요	뜨겠소
의문형	현재	떠요? 뜨지요? 뜨세요? 뜨나요? 뜰까요? 뜰래요? 뜨는가요? 뜨는데요? 뜬대요? 뜬다면서요? 뜬다지요?	뜨오? *뜨소?
	과거	떴어요? 떴지요? 떴으세요?	떴소?
	과거-경험	떴었어요? 떴었지요? 떴었으세요?	떴었소?
	미래-추측/의지/가능	뜨겠어요? 뜨겠지요? 뜨겠으세요? 뜨리요? 뜰 거예요? 뜰 거지요? 뜰 수 있겠어요?	뜨겠소?
명령형		떠요, 뜨지요, 뜨세요, 뜨라니까요	뜨오, 뜨구려
청유형		떠요, 뜨지요, 뜨세요, 뜨자니까요	뜨오
감탄형		뜨는군요! 뜨리요!	뜨는구려!

상대존대형_예사낮춤		'-어'체	'-네'체
평서형	현재	떠, 뜨지, 뜰래, 뜰걸, 뜨는데, 뜬대, 뜰게, 뜬단다, 뜨마, 뜨잖아	뜨네
	현재-진행	뜨고 있어, 뜨고 있지, 뜨는 중이야	뜨고 있네
	과거-완료	떴어, 떴지, 떴잖아	떴네
	미래-추측/의지/가능	뜨겠어, 뜨겠지, 뜰 수 있어	뜨겠네
의문형	현재	떠? 뜨지? 뜨니? 뜨나? 뜰까? 뜨랴? 뜰래? 뜨는데? 뜬대? 뜬다면서? 뜬다지?	뜨는가?
	과거	떴어? 떴지? 떴니? 떴을까? 떴대? 떴다면서?	떴는가?
	미래	뜨겠어? 뜨겠지? 뜨겠니? 뜨리? 뜰 거야? 뜰 거지? 뜰 거니? 뜰 수 있겠어?	뜰 건가?
명령형		떠, 뜨지, 뜨렴, 뜨려무나, 뜨라니까	뜨게
청유형		떠, 뜨지, 뜨자니까	뜨세
감탄형		떠! 뜨지! 뜨리!	뜨는군! 뜨는구먼!

상대존대형_아주낮춤		직설체	회상체
평서형	현재	뜬다	뜨더라
	현재-진행	뜨고 있다, 뜨는 중이다	뜨고 있더라
	과거-완료	떴다	떴더라
	미래-추측/의지/가능	뜨겠다, 뜨리다, 뜨련다, 뜰 거다, 뜰 수 있다	뜨겠더라
의문형	현재	뜨느냐?	뜨더냐?
	과거	떴느냐?	떴더냐?
	미래	뜨겠느냐?	뜨겠더냐?
명령형		떠라	
청유형		뜨자	
감탄형		뜨는구나! 뜬다! 뜨는도다!	뜨더구나!

연결형	연결어미	의미기능	연결어미
나열	뜨고, 뜨며	비교	뜨느니
선택	뜨거나, 뜨든지, 뜨든가	정도	뜨리만큼
대립	떠도, 뜨지만, 뜨나, 뜨는데, 뜨면서도, 뜨되, 뜨지	조건·가정	뜨면, 뜨거든, 뜨거들랑, 떠야, 뜬다면, 떴던들
동시	뜨면서, 뜨며	상황제시	뜨는데, 뜨니, 뜨다시피
계기	뜨고서, 떠서, 뜨자, 뜨자마자	비유	뜨듯이
중단·전환	뜨다가	비례	뜰수록
양보	떠도, 뜨더라도, 뜰지라도, 뜰지언정, 뜬들, 뜨는데도, 뜨기로서니, 뜨나마, 뜰망정, 떠보았자	원인·이유	떠서, 뜨니까, 뜨느라고, 뜨기에, 뜨길래, 뜨느니만큼, 뜨는지라, 뜰세라, 뜨므로
목적·의도	뜨러, 뜨려고, 뜨고자	첨가	뜨거니와, 뜰뿐더러, 뜨려니와
결과	뜨도록, 뜨게끔	습관	뜨곤

기본예문

- 배가 바다위에 떠 있다. The boat is floating on the sea.
- 하늘에 떠 있는 구름이 매우 아름답다. The clouds floating in the sky are very beautiful.
- 해는 동쪽에서 떠서 서쪽으로 진다. The sun rises from the east and sets to the west.

띠다 [띠다, t'ïjda]

'의' 규칙활용, 자동사

to catch sight, be seen ; to be opened, awake ; to be prominent

사동형	*띠히다, 띠게 하다, 띠게 만들다	피동형	띠다. 띠게 되다, 띠어지다

관형사형 : 현재-진행	과거-완료	과거-회상	과거-완료-회상	미래-추측/의지
띠는	띤	띠던	띠었던	띨

인용형 : 평서	의문	명령	청유	명사형	부사형
띤다고	띠느냐고	띠라고	띠자고	띠기, 띰	띠어, 띠게

상대존대형_아주높임		직설체	회상체
평서형	현재	띱니다	띱디다
	현재-진행	띠고 있습니다, 띠는 중입니다	띠고 있습디다
	과거	띠었습니다	띠었습디다
	과거-경험	띠었었습니다	띠었었습디다
	과거-추측	띠었겠습니다	띠었겠습디다
	미래-추측/의지/가능	띠겠습니다, 띠렵니다, 띨 겁니다, 띨 수 있습니다	띠겠습디다
의문형	현재	띱니까?	띱디까?
	과거	띠었습니까?	띠었습디까?
	과거-경험	띠었었습니까?	띠었었습디까?
	미래-추측/의지/가능	띠겠습니까? 띠렵니까? 띨 겁니까? 띠리이까? 띨 수 있겠습니까?	띠겠습디까?
명령형		띠시오, 띠십시오	
청유형		띱시다, 띠십시다	
감탄형		띠시는구나!	

상대존대형_예사높임		'-어요'체	'-으오'체
평서형	현재	띠어요, 띠지요, 띠세요, 띨래요, 띨걸요, 띠는데요, 띤대요, 띨게요, 띠잖아요	띠오
	현재-진행	띠고 있어요, 띠고 있지요, 띠고 있으세요, 띠는 중이에요	띠고 있소
	과거	띠었어요, 띠었지요, 띠었으세요, 띠었잖아요	띠었소
	과거-경험	띠었었어요, 띠었었지요, 띠었었으세요	띠었었소
	과거-추측	띠었겠어요, 띠었겠지요, 띠었겠으세요	띠었겠소
	미래-추측/의지/가능	띠겠어요, 띠겠지요, 띠겠으세요, 띨 수 있어요	띠겠소
의문형	현재	띠어요? 띠지요? 띠세요? 띠나요? 띨까요? 띨래요? 띠는가요? 띠는데요? 띤대요? 띤다면서요? 띤다지요?	띠오? *띠소?
	과거	띠었어요? 띠었지요? 띠었으세요?	띠었소?
	과거-경험	띠었었어요? 띠었었지요? 띠었었으세요?	띠었었소?
	미래-추측/의지/가능	띠겠어요? 띠겠지요? 띠겠으세요? 띠리요? 띨 거예요? 띨 거지요? 띨 수 있겠어요?	띠겠소?
명령형		띠어요, 띠지요, 띠세요, 띠라니까요	띠오, 띠구려
청유형		띠어요, 띠지요, 띠세요, 띠자니까요	띠오
감탄형		띠는군요! 띠리요!	띠는구려!

202

상대존대형_예사낮춤		'-어'체	'-네'체
평서형	현재	띄어, 띄지, 띌래, 띌걸, 띄는데, 띈대, 띌게, 띈단다, 띄마, 띄잖아	띄네
	현재-진행	띄고 있어, 띄고 있지, 띄는 중이야	띄고 있네
	과거-완료	띄었어, 띄었지, 띄었잖아	띄었네
	미래-추측/의지/가능	띄겠어, 띄겠지, 띌 수 있어	띄겠네
의문형	현재	띄어? 띄지? 띄니? 띄나? 띌까? 띄랴? 띌래? 띄는데? 띈대? 띈다면서? 띈다지?	띄는가?
	과거	띄었어? 띄었지? 띄었니? 띄었을까? 띄었대? 띄었다면서?	띄었는가?
	미래	띄겠어? 띄겠지? 띄겠니? 띄리? 띌 거야? 띌 거지? 띌 거니? 띌 수 있겠어?	띌 건가?
명령형		띄어, 띄지, 띄렴, 띄려무나, 띄라니까	띄게
청유형		띄어, 띄지, 띄자니까	띄세
감탄형		띄어! 띄지! 띄리!	띄는군! 띄는구먼!

상대존대형_아주낮춤		직설체	회상체
평서형	현재	띈다	띄더라
	현재-진행	띄고 있다, 띄는 중이다	띄고 있더라
	과거-완료	띄었다	띄었더라
	미래-추측/의지/가능	띄겠다, 띄리라, 띄련다, 띌 거다, 띌 수 있다	띄겠더라
의문형	현재	띄느냐?	띄더냐?
	과거	띄었느냐?	띄었더냐?
	미래	띄겠느냐?	띄겠더냐?
명령형		띄어라	
청유형		띄자	
감탄형		띄는구나! 띈다! 띄는도다!	띄더구나!

연결형	연결어미	의미기능	연결어미
나열	띄고, 띄며	비교	띄느니
선택	띄거나, 띄든지, 띄든가	정도	띄리만큼
대립	띄어도, 띄지만, 띄나, 띄는데, 띄면서도, 띄되, 띄지	조건·가정	띄면, 띄거든, 띄거들랑, 띄어야, 띈다면, 띄었던들
동시	띄면서, 띄며	상황제시	띄는데, 띄니, 띄다시피
계기	띄고서, 띄어서, 띄자, 띄자마자	비유	띄듯이
중단·전환	띄다가	비례	띌수록
양보	띄어도, 띄더라도, 띌지라도, 띌지언정, 띈들, 띄는데도, 띄기로서니, 띄나마, 띌망정, 띄어 보았자	원인·이유	띄어서, 띄니까, 띄느라고, 띄기에, 띄길래, 띄느니만큼, 띄는지라, 띌세라, 띄므로
목적·의도	띄러, 띄려고, 띄고자	첨가	띄거니와, 띌뿐더러, 띄려니와
결과	띄도록, 띄게끔	습관	띄곤

- 그는 아침 일찍 눈의 띄었다. He opened his eyes early in the morning.
- 눈에 잘 띄게 게시를 해 주세요. Please post it where it can easily attract attention.
- 그녀는 눈에 띄도록 건강해졌다. She become recognizably healthy.

마르다 [마르다, marïda]

'르' 불규칙활용, 자동사

to dry ; to wither ; to become thin ; to be thirsty ; to run out

사동형	말리다, 마르게 하다, 마르게 만들다		피동형	말리다, 마르게 되다, 말라지다	

관형사형 : 현재-진행	과거-완료	과거-회상	과거-완료-회상	미래-추측/의지
마르는	마른	마르던	말랐던	마를

인용형 : 평서	의문	명령	청유	명사형	부사형
마른다고	마르느냐고	마르라고	마르자고	마르기, 마름	말라, 마르게

상대존대형_아주높임		직설체	회상체
평서형	현재	마릅니다	마릅디다
	현재-진행	마르고 있습니다, 마르는 중입니다	마르고 있습디다
	과거	말랐습니다	말랐습디다
	과거-경험	말랐었습니다	말랐었습디다
	과거-추측	말랐겠습니다	말랐겠습디다
	미래-추측/의지/가능	마르겠습니다, *마르렵니다, 마를 겁니다, 마를 수 있습니다	마르겠습디다
의문형	현재	마릅니까?	마릅디까?
	과거	말랐습니까?	말랐습디까?
	과거-경험	말랐었습니까?	말랐었습디까?
	미래-추측/의지/가능	마르겠습니까? *마르렵니까? *마를 겁니까? 마르리이까? 마를 수 있겠습니까?	마르겠습디까?
명령형		*마르시오, *마르십시오	
청유형		*마릅시다, *마르십시다	
감탄형		마르시는구나!	

상대존대형_예사높임		'-어요'체	'-으오'체
평서형	현재	말라요, 마르지요, 마르세요, *마를래요, 마를걸요, 마르는데요, 마른대요, *마를게요, 마르잖아요	마르오
	현재-진행	마르고 있어요, 마르고 있지요, 마르고 있으세요, 마르는 중이에요	마르고 있소
	과거	말랐어요, 말랐지요, 말랐으세요, 말랐잖아요	말랐소
	과거-경험	말랐었어요, 말랐었지요, 말랐었으세요	말랐었소
	과거-추측	말랐겠어요, 말랐겠지요, 말랐겠으세요	말랐겠소
	미래-추측/의지/가능	마르겠어요, 마르겠지요, 마르겠으세요, 마를 수 있어요	마르겠소
의문형	현재	말라요? 마르지요? 마르세요? 마르나요? 마를까요? *마를래요? 마르는가요? 마르는데요? 마른대요? 마른다면서요? 마른다지요?	마르오? *마르소?
	과거	말랐어요? 말랐지요? 말랐으세요?	말랐소?
	과거-경험	말랐었어요? 말랐었지요? 말랐었으세요?	말랐었소?
	미래-추측/의지/가능	마르겠어요? 마르겠지요? 마르겠으세요? 마르리요? *마를 거예요? *마를 거지요? 마를 수 있겠어요?	마르겠소?
명령형		*말라요, *마르지요, *마르세요, *마르라니까요	*마르오, *마르구려
청유형		*말라요, *마르지요, *마르세요, *마르자니까요	*마르오
감탄형		마르는군요! 마르리요!	마르는구려!

상대존대형_예사낮춤		'-어'체	'-네'체
평서형	현재	말라, 마르지, 마를래, 마를걸, 마르는데, 마른대, 마를게, 마른단다, 마르마, 마르잖아	마르네
	현재-진행	마르고 있어, 마르고 있지, 마르는 중이야	마르고 있네
	과거-완료	말랐어, 말랐지, 말랐잖아	말랐네
	미래-추측/의지/가능	마르겠어, 마르겠지, 마를 수 있어	마르겠네
의문형	현재	말라? 마르지? 마르니? 마르나? 마를까? 마르랴? *마를래? 마르는데? 마른대? 마른다면서? 마른다지?	마르는가?
	과거	말랐어? 말랐지? 말랐니? 말랐을까? 말랐대? 말랐다면서?	말랐는가?
	미래	마르겠어? 마르겠지? 마르겠니? 마르리? *마를 거야? *마를 거지? *마를 거니? 마를 수 있겠어?	마를 건가?
명령형		*말라, *마르지, *마르렴, *마르려무나, *마르라니까	*마르게
청유형		*말라, *마르지, *마르자니까	*마르세
감탄형		말라! 마르지! 마르리!	마르는군! 마르는구먼!

상대존대형_아주낮춤		직설체	회상체
평서형	현재	마른다	마르더라
	현재-진행	마르고 있다, 마르는 중이다	마르고 있더라
	과거-완료	말랐다	말랐더라
	미래-추측/의지/가능	마르겠다, 마르리다, *마르련다, 마를 거다, 마를 수 있다	마르겠더라
의문형	현재	마르느냐?	마르더냐?
	과거	말랐느냐?	말랐더냐?
	미래	마르겠느냐?	마르겠더냐?
명령형		*말라라	
청유형		*마르자	
감탄형		마르는구나! 마른다! 마르는도다!	마르더구나!

연결형	연결어미	의미기능	연결어미
나열	마르고, 마르며	비교	마르느니
선택	마르거나, 마르든지, 마르든가	정도	마르니만큼
대립	말라도, 마르지만, 마르나, 마르는데, 마르면서도, 마르되, 마르지	조건 · 가정	마르면, 마르거든, 마르거들랑, 말라야, 마른다면, 말랐던들
동시	마르면서, 마르며	상황제시	마르는데, 마르니, 마르다시피
계기	마르고서, 말라서, 마르자, 마르자마자	비유	마르듯이
중단 · 전환	마르다가	비례	마를수록
양보	말라도, 마르더라도, 마를지라도, 마를지언정, 마른들, 마르는데도, 마르기로서니, 마르나마, 마를망정, 말라 보았자	원인 · 이유	말라서, 마르니까, 마르느라고, 마르기에, 마르길래, 마르느니만큼, 마르는지라, 마를세라, 마르므로
목적 · 의도	*마르러, 마르려고, 마르고자	첨가	마르거니와, 마를뿐더러, 마르려니와
결과	마르도록, 마르게끔	습관	마르곤

• 강에 물이 다 말랐다. The river water is all dried up.
• 말랐던 우물에서 물이 솟았다. Water gused out from a dry well.
• 목이 마르면 물을 마시세요. Drink water when thirsty.

만나다 [만나다, mannada]

'아' 규칙활용, 타동사

to meet, encounter, find

사동형	*만나히다, 만나게 하다, 만나게 만들다	피동형	*만나히다. 만나게 되다, 만나지다

관형사형 : 현재-진행	과거-완료	과거-회상	과거-완료-회상	미래-추측/의지
만나는	만난	만나던	만났던	만날

인용형 : 평서	의문	명령	청유	명사형	부사형
만난다고	만나느냐고	만나라고	만나자고	만나기, 만남	만나, 만나게

상대존대형_아주높임		직설체	회상체
평서형	현재	만납니다	만납디다
	현재-진행	만나고 있습니다, 만나는 중입니다	만나고 있습디다
	과거	만났습니다	만났습디다
	과거-경험	만났었습니다	만났었습디다
	과거-추측	만났겠습니다	만났겠습디다
	미래-추측/의지/가능	만나겠습니다, 만나렵니다, 만날 겁니다, 만날 수 있습니다	만나겠습디다
의문형	현재	만납니까?	만납디까?
	과거	만났습니까?	만났습디까?
	과거-경험	만났었습니까?	만났었습디까?
	미래-추측/의지/가능	만나겠습니까? 만나렵니까? 만날 겁니까? 만나리이까? 만날 수 있겠습니까?	만나겠습디까?
명령형		만나시오, 만나십시오	
청유형		만납시다, 만나십시다	
감탄형		만나시는구나!	

상대존대형_예사높임		'-어요'체	'-으오'체
평서형	현재	만나요, 만나지요, 만나세요, 만날래요, 만날걸요, 만나는데요, 만난대요, 만날게요, 만나잖아요	만나오
	현재-진행	만나고 있어요, 만나고 있지요, 만나고 있으세요, 만나는 중이에요	만나고 있소
	과거	만났어요, 만났지요, 만났으세요, 만났잖아요	만났소
	과거-경험	만났었어요, 만났었지요, 만났었으세요	만났었소
	과거-추측	만났겠어요, 만났겠지요, 만났겠으세요	만났겠소
	미래-추측/의지/가능	만나겠어요, 만나겠지요, 만나겠으세요, 만날 수 있어요	만나겠소
의문형	현재	만나요? 만나지요? 만나세요? 만나니요? 만날까요? 만날래요? 만나는가요? 만나는데요? 만난대요? 만난다면서요? 만난다지요?	만나오? *만나소?
	과거	만났어요? 만났지요? 만났으세요?	만났소?
	과거-경험	만났었어요? 만났었지요? 만났었으세요?	만났었소?
	미래-추측/의지/가능	만나겠어요? 만나겠지요? 만나겠으세요? 만나리요? 만날 거예요? 만날 거지요? 만날 수 있겠어요?	만나겠소?
명령형		만나요, 만나지요, 만나세요, 만나라니까요	만나오, 만나구려
청유형		만나요, 만나지요, 만나세요, 만나자니까요	만나오
감탄형		만나는군요! 만나리요!	만나는구려!

상대존대형_예사낮춤		'-어'체	'-네'체
평서형	현재	만나, 만나지, 만날래, 만날걸, 만나는데, 만난대, 만날게, 만난단다, 만나마, 만나잖아	만나네
	현재-진행	만나고 있어, 만나고 있지, 만나는 중이야	만나고 있네
	과거-완료	만났어, 만났지, 만났잖아	만났네
	미래-추측/의지/가능	만나겠어, 만나겠지, 만날 수 있어	만나겠네
의문형	현재	만나? 만나지? 만나니? 만나나? 만날까? 만나랴? 만날래? 만나는데? 만난대? 만난다면서? 만난다지?	만나는가?
	과거	만났어? 만났지? 만났니? 만났을까? 만났대? 만났다면서?	만났는가?
	미래	만나겠어? 만나겠지? 만나겠니? 만나리? 만날 거야? 만날 거지? 만날 거니? 만날 수 있겠어?	만날 건가?
명령형		만나, 만나지, 만나렴, 만나려무나, 만나라니까	만나게
청유형		만나, 만나지, 만나자니까	만나세
감탄형		만나! 만나지! 만나리!	만나는군! 만나는구면!

상대존대형_아주낮춤		직설체	회상체
평서형	현재	만난다	만나더라
	현재-진행	만나고 있다, 만나는 중이다	만나고 있더라
	과거-완료	만났다	만났더라
	미래-추측/의지/가능	만나겠다, 만나리다, 만나련다, 만날 거다, 만날 수 있다	만나겠더라
의문형	현재	만나느냐?	만나더냐?
	과거	만났느냐?	만났더냐?
	미래	만나겠느냐?	만나겠더냐?
명령형		만나라	
청유형		만나자	
감탄형		만나는구나! 만난다! 만나는도다!	만나더구나!

연결형	연결어미	의미기능	연결어미
나열	만나고, 만나며	비교	만나느니
선택	만나거나, 만나든지, 만나든가	정도	만나리만큼
대립	만나도, 만나지만, 만나나, 만나는데, 만나면서도, 만나되, 만나지	조건 · 가정	만나면, 만나거든, 만나거들랑, 만나야, 만난다면, 만났던들
동시	만나면서, 만나며	상황제시	만나는데, 만나니, 만나다시피
계기	만나고서, 만나서, 만나자, 만나자마자	비유	만나듯이
중단 · 전환	만나다가	비례	만날수록
양보	만나도, 만나더라도, 만날지라도, 만날지언정, 만난들, 만나는데도, 만나기로서니, 만나나마, 만날망정, 만나 보았자	원인 · 이유	만나서, 만나니까, 만나느라고, 만나기에, 만나길래, 만나느니만큼, 만나는지라, 만날세라, 만나므로
목적 · 의도	만나러, 만나려고, 만나고자	첨가	만나거니와, 만날뿐더러, 만나려니와
결과	만나도록, 만나게끔	습관	만나곤

- 나는 그녀를 서울역에서 만났다. I met her at the Seoul Station.
- 학교에서 돌아오다가 소나기를 만나 옷이 다 젖었다.
  On the way from school, all my clothes got soaked because of the rain shower.
- 여자는 좋은 신랑 만나면 행복할 수 있다.
  A woman can be happy, when she finds a good groom.

만들다1 [만들다, mandïlda]

'ㄹ' 불규칙활용, 타동사

to make ; to create ; to write ; to coin ; to constitute ; to cook

사동형	*만들히다, 만들게 하다, 만들게 만들다	피동형	*만들히다. 만들게 되다, 만들어지다

관형사형 : 현재-진행	과거-완료	과거-회상	과거-완료-회상	미래-추측/의지
만드는	만든	만들던	만들었던	만들

인용형 : 평서	의문	명령	청유	명사형	부사형
만든다고	만드느냐고	만들라고	만들자고	만들기, 만듦	만들어, 만들게

상대존대형_아주높임		직설체	회상체
평서형	현재	만듭니다	만듭디다
	현재-진행	만들고 있습니다, 만드는 중입니다	만들고 있습디다
	과거	만들었습니다	만들었습디다
	과거-경험	만들었었습니다	만들었었습디다
	과거-추측	만들었겠습니다	만들었겠습디다
	미래-추측/의지/가능	만들겠습니다, 만들렵니다, 만들 겁니다, 만들 수 있습니다	만들겠습디다
의문형	현재	만듭니까?	만듭디까?
	과거	만들었습니까?	만들었습디까?
	과거-경험	만들었었습니까?	만들었었습디까?
	미래-추측/의지/가능	만들겠습니까? 만들렵니까? 만들 겁니까? 만들리이까? 만들 수 있겠습니까?	만들겠습디까?
명령형		만드시오, 만드십시오	
청유형		만듭시다, 만드십시다	
감탄형		만드시는구나!	

상대존대형_예사높임		'-어요'체	'-으오'체
평서형	현재	만들어요, 만들지요, 만드세요, 만들래요, 만들걸요, 만드는데요, 만드는대요, 만들게요, 만들잖아요	만드오
	현재-진행	만들고 있어요, 만들고 있지요, 만들고 있으세요, 만드는 중이에요	만들고 있소
	과거	만들었어요, 만들었지요, 만들었으세요, 만들었잖아요	만들었소
	과거-경험	만들었었어요, 만들었었지요, 만들었었으세요	만들었었소
	과거-추측	만들었겠어요, 만들었겠지요, 만들었겠으세요	만들었겠소
	미래-추측/의지/가능	만들겠어요, 만들겠지요, 만들겠으세요, 만들 수 있어요	만들겠소
의문형	현재	마들어요? 만들지요? 만드세요? 만드니요? 만들까요? 만들래요? 만드는가요? 만드는데요? 만드는대요? 만든다면서요? 만든다지요?	만드오? *만들소?
	과거	만들었어요? 만들었지요? 만들었으세요?	만들었소?
	과거-경험	만들었었어요? 만들었었지요? ?만들었었으세요?	만들었었소?
	미래-추측/의지/가능	만들겠어요? 만들겠지요? 만들겠으세요? 만들리요? 만들 거예요? 만들 거지요? 만들 수 있겠어요?	만들겠소?
명령형		만들어요, 만들지요, 만드세요, 만들라니까요	만드오, 만들구려
청유형		만들어요, 만들지요, 만드세요, 만들자니까요	만드오
감탄형		만드는군요! 만들리요!	만드는구려!

상대존대형_예사낮춤		'-어'체	'-네'체
평서형	현재	만들어, 만들지, 만들래, 만들걸, 만드는데, 만든대, 만들게, 만든단다, 만들마, 만들잖아	만드네
	현재-진행	만들고 있어, 만들고 있지, 만드는 중이야	만들고 있네
	과거-완료	만들었어, 만들었지, 만들었잖아	만들었네
	미래-추측/의지/가능	만들겠어, 만들겠지, 만들 수 있어	만들겠네
의문형	현재	만들어? 만들지? 만드니? 만드나? 만들까? 만들랴? 만들래? 만드는데? 만든대? 만든다면서? 만든다지?	만드는가?
	과거	만들었어? 만들었지? 만들었니? 만들었을까? 만들었대? 만들었다면서?	만들었는가?
	미래	만들겠어? 만들겠지? 만들겠니? 만들리? 만들 거야? 만들 거지? 만들 거니? 만들 수 있겠어?	만들 건가?
명령형		만들어, 만들지, 만들렴, 만들려무나, 만들라니까	만들게
청유형		만들어, 만들지, 만들자니까	만드세
감탄형		만들어! 만들지! 만들리!	만드는군! 만드는구먼!

상대존대형_아주낮춤		직설체	회상체
평서형	현재	만든다	만들더라
	현재-진행	만들고 있다, 만드는 중이다	만들고 있더라
	과거-완료	만들었다	만들었더라
	미래-추측/의지/가능	만들겠다, 만들리다, 만들련다, 만들 거다, 만들 수 있다	만들겠더라
의문형	현재	만드느냐?	만들더냐?
	과거	만들었느냐?	만들었더냐?
	미래	만들겠느냐?	만들겠더냐?
명령형		만들어라	
청유형		만들자	
감탄형		만드는구나! 만든다! 만드는도다!	만들더구나!

연결형	연결어미	의미기능	연결어미
나열	만들고, 만들며	비교	만드느니
선택	만들거나, 만들든지, 만들든가	정도	만들리만큼
대립	만들어도, 만들지만, 만드나, 만드는데, 만들면서도, 만들되, 만들지	조건·가정	만들면, 만들거든, 만들거들랑, 만들어야, 만든다면, 만들었든들
동시	만들면서, 만들며	상황제시	만드는데, 만드니, 만들다시피
계기	만들고서, 만들어서, 만들자, 만들자마자	비유	만들듯이
중단·전환	만들다가	비례	만들수록
양보	만들어도, 만들더라도, 만들지라도, 만들지언정, 만든들, 만드는데도, 만들기로서니, 만드나마, 만들망정, 만들어 보았자	원인·이유	만들어서, 만드니까, 만드느라고, 만들기에, 만들길래, 만드느니만큼, 만드는지라, 만들세라, 만들므로
목적·의도	만들러, 만들려고, 만들고자	첨가	만들거니와, 만들뿐더러, 만들려니와
결과	만들도록, 만들게끔	습관	만들곤

기본예문
- 황무지를 옥토로 만들자. Let's make a waste land into a fertile land.
- 네가 만든 영화 제목이 뭐니? What is the title of the movie you made?
- 일부러 문제를 만들어서 친구를 괴롭히지 마라.
  Do not bother your friends by making more troubles.

만지다 [만지다, mancida]

to touch, finger ; to brush ; to handle

사동형	*만지히다, 만지게 하다, 만지게 만들다	피동형	만지다. 만지게 되다, 만져지다

관형사형 : 현재-진행	과거-완료	과거-회상	과거-완료-회상	미래-추측/의지
만지는	만진	만지던	만졌던	만질

인용형 : 평서	의문	명령	청유	명사형	부사형
만진다고	만지느냐고	만지라고	만지자고	만지기, 만짐	만져, 만지게

상대존대형_아주높임		직설체	회상체
평서형	현재	만집니다	만집디다
	현재-진행	만지고 있습니다, 만지는 중입니다	만지고 있습디다
	과거	만졌습니다	만졌습디다
	과거-경험	만졌었습니다	만졌었습디다
	과거-추측	만졌겠습니다	만졌겠습디다
	미래-추측/의지/가능	만지겠습니다, 만지렵니다, 만질 겁니다, 만질 수 있습니다	만지겠습디다
의문형	현재	만집니까?	만집디까?
	과거	만졌습니까?	만졌습디까?
	과거-경험	만졌었습니까?	만졌었습디까?
	미래-추측/의지/가능	만지겠습니까? 만지렵니까? 만질 겁니까? 만지리이까? 만질 수 있겠습니까?	만지겠습디까?
명령형		만지시오, 만지십시오	
청유형		만집시다, 만지십시다	
감탄형		만지시는구나!	

상대존대형_예사높임		'-어요'체	'-으오'체
평서형	현재	만져요, 만지지요, 만지세요, 만질래요, 만질걸요, 만지는데요, 만진대요, 만질게요, 만지잖아요	만지오
	현재-진행	만지고 있어요, 만지고 있지요, 만지고 있으세요, 만지는 중이에요	만지고 있소
	과거	만졌어요, 만졌지요, 만졌으세요, 만졌잖아요	만졌소
	과거-경험	만졌었어요, 만졌었지요, 만졌었으세요	만졌었소
	과거-추측	만졌겠어요, 만졌겠지요, 만졌겠으세요	만졌겠소
	미래-추측/의지/가능	만지겠어요, 만지겠지요, 만지겠으세요, 만질 수 있어요	만지겠소
의문형	현재	만져요? 만지지요? 만지세요? 만지나요? 만질까요? 만질래요? 만지는가요? 만지는데요? 만진대요? 만진다면서요? 만진다지요?	만지오? *만지소?
	과거	만졌어요? 만졌지요? 만졌으세요?	만졌소?
	과거-경험	만졌었어요? 만졌었지요? 만졌었으세요?	만졌었소?
	미래-추측/의지/가능	만지겠어요? 만지겠지요? 만지겠으세요? 만지리요? 만질 거예요? 만질 거지요? 만질 수 있겠어요?	만지겠소?
명령형		만져요, 만지지요, 만지세요, 만지라니까요	만지오, 만지구려
청유형		만져요, 만지지요, 만지세요, 만지자니까요	만지오
감탄형		만지는군요! 만지리요!	만지는구려!

상대존대형_예사낮춤		'-어'체	'-네'체
평서형	현재	만져, 만지지, 만질래, 만질걸, 만지는데, 만지대, 만질게, 만진단다, 만지마, 만지잖아	만지네
	현재-진행	만지고 있어, 만지고 있지, 만지는 중이야	만지고 있네
	과거-완료	만졌어, 만졌지, 만졌잖아	만졌네
	미래-추측/의지/가능	만지겠어, 만지겠지, 만질 수 있어	만지겠네
의문형	현재	만져? 만지지? 만지니? 만지나? 만질까? 만지랴? 만질래? 만지는데? 만진대? 만진다면서? 만진다지?	만지는가?
	과거	만졌어? 만졌지? 만졌니? 만졌을까? 만졌대? 만졌다면서?	만졌는가?
	미래	만지겠어? 만지겠지? 만지겠니? 만지리? 만질 거야? 만질 거지? 만질 거니? 만질 수 있겠어?	만질 건가?
명령형		만져, 만지지, 만지렴, 만지려무나, 만지라니까	만지게
청유형		만져, 만지지, 만지자니까	만지세
감탄형		만져! 만지지! 만지리!	만지는군! 만지는구먼!

상대존대형_아주낮춤		직설체	회상체
평서형	현재	만진다	만지더라
	현재-진행	만지고 있다, 만지는 중이다	만지고 있더라
	과거-완료	만졌다	만졌더라
	미래-추측/의지/가능	만지겠다, 만지리다, 만지련다, 만질 거다, 만질 수 있다	만지겠더라
의문형	현재	만지느냐?	만지더냐?
	과거	만졌느냐?	만졌더냐?
	미래	만지겠느냐?	만지겠더냐?
명령형		만져라	
청유형		만지자	
감탄형		만지는구나! 만진다! 만지는도다!	만지더구나!

연결형	연결어미	의미기능	연결어미
나열	만지고, 만지며	비교	만지느니
선택	만지거나, 만지든지, 만지든가	정도	만지리만큼
대립	만져도, 만지지만, 만지나, 만지는데, 만지면서도, 만지되, 만지지	조건·가정	만지면, 만지거든, 만지거들랑, 만져야, 만진다면, 만졌던들
동시	만지면서, 만지며	상황제시	만지는데, 만지니, 만지다시피
계기	만지고서, 만져서, 만지자, 만지자마자	비유	만지듯이
중단·전환	만지다가	비례	만질수록
양보	만져도, 만지더라도, 만질지라도, 만질지언정, 만진들, 만지는데도, 만지기로서니, 만지나마, 만질망정, 만져 보았자	원인·이유	만져서, 만지니까, 만지느라고, 만지기에, 만지길래, 만지느니만큼, 만지는지라, 만질세라, 만지므로
목적·의도	만지러, 만지려고, 만지고자	첨가	만지거니와, 만질뿐더러, 만지려니와
결과	만지도록, 만지게끔	습관	만지곤

기본예문
- 이 그림은 절대 만지지 마세요. Please never touch this picture.
- 여기 컴퓨터 좀 만질 줄 아는 분 없습니까? Who can handle this computer?
- 요즘은 사업이 잘 돼서 목돈을 좀 만지고 산다.
  I make some money nowaday because business is good.

많다 [만ː타, manːtʰa]

'자음' 규칙활용, 형용사

to be many ; to be much ; to be plenty ; to be frequent, be often

사동형	*많히다, 많게 하다, 많게 만들다		피동형	*많히다. 많게 되다, 많아지다	

관형사형 : 현재-진행	과거-완료	과거-회상	과거-완료-회상	미래-추측/의지
많은	많은	많던	많았던	많을

인용형 : 평서	의문	명령	청유	명사형	부사형
많다고	많으냐고	*많으라고	*많자고	많기, 많음	많아, 많게

상대존대형_아주높임		직설체	회상체
평서형	현재	많습니다	많습디다
	현재-진행	*많고 있습니다, *많은 중입니다	*많고 있습디다
	과거	많았습니다	많았습디다
	과거-경험	많았었습니다	많았었습디다
	과거-추측	많았겠습니다	많았겠습디다
	미래-추측/의지/가능	많겠습니다, *많으렵니다, 많을 겁니다, 많을 수 있습니다	많겠습디다
의문형	현재	많습니까?	많습디까?
	과거	많았습니까?	많았습디까?
	과거-경험	많았었습니까?	많았었습디까?
	미래-추측/의지/가능	많겠습니까? *많으렵니까? *많을 겁니까? *많으리이까? 많을 수 있겠습니까?	많겠습디까?
명령형		*많으시오, *많으십시오	
청유형		*많읍시다, *많으십시다	
감탄형		많으시구나!	

상대존대형_예사높임		'-어요'체	'-으오'체
평서형	현재	많아요, 많지요, 많으세요, *많을래요, 많을걸요, 많은데요, 많대요, *많을게요, 많잖아요	많으오
	현재-진행	*많고 있어요, *많고 있지요, *많고 있으세요, *많은 중이에요	*많고 있소
	과거	많았어요, 많았지요, 많았으세요, 많았잖아요	많았소
	과거-경험	많았었어요, 많았었지요, 많았었으세요	많았었소
	과거-추측	많았겠어요, 많았겠지요, 많았겠으세요	많았겠소
	미래-추측/의지/가능	많겠어요, 많겠지요, 많겠으세요, 많을 수 있어요	많겠소
의문형	현재	많아요? 많지요? 많으세요? 많나요? *많을까요? *많을래요? *많은가요? 많은데요? 많대요? 많다면서요? 많다지요?	많으오? 많소?
	과거	많았어요? 많았지요? 많았으세요?	많았소?
	과거-경험	많았었어요? 많았었지요? 많았었으세요?	많았었소?
	미래-추측/의지/가능	많겠어요? 많겠지요? 많겠으세요? 많으리요? *많을 거예요? *많을 거지요? 많을 수 있겠어요?	많겠소?
명령형		*많아요, *많지요, *많으세요, *많으라니까요	*많으오, *많구려
청유형		*많아요, *많지요, *많으세요, *많자니까요	*많으오
감탄형		많군요! 많으리요!	많구려!

상대존대형_예사낮춤		'-어'체	'-네'체
평서형	현재	많아, 많지, *많을래, 많을걸, 많은데, 많대, *많을게, 많단다, *많으마, 많잖아	많네
	현재-진행	*많고 있어, *많고 있지, *많은 중이야	*많고 있네
	과거-완료	많았어, 많았지, 많았잖아	많았네
	미래-추측/의지/가능	많겠어, 많겠지, 많을 수 있어	많겠네
의문형	현재	많아? 많지? 많니? 많나? 많을까? 많으랴? *많을래? 많은데? 많대? 많다면서? 많다지?	많은가?
	과거	많았어? 많았지? 많았니? 많았을까? 많았대? 많았다면서?	많았는가?
	미래	많겠어? 많겠지? 많겠니? 많으리? *많을 거야? *많을 거지? *많을 거니? 많을 수 있겠어?	많을 건가?
명령형		*많아, *많지, *많으렴, *많으려무나, *많으라니까	*많게
청유형		*많아, *많지, *많자니까	*많세
감탄형		많아! 많지! 많으리!	많군! 많구먼!

상대존대형_아주낮춤		직설체	회상체
평서형	현재	많다	많더라
	현재-진행	*많고 있다, *많은 중이다	*많고 있더라
	과거-완료	많았다	많았더라
	미래-추측/의지/가능	많겠다, 많으리다, *많으련다, 많을 거다, 많을 수 있다	많겠더라
의문형	현재	많으냐?	많더냐?
	과거	많았느냐?	많았더냐?
	미래	많겠느냐?	많겠더냐?
명령형		*많아라	
청유형		*많자	
감탄형		많구나! 많다! 많도다!	많더구나!

연결형	연결어미	의미기능	연결어미
나열	많고, 많으며	비교	*많느니
선택	많거나, 많든지, 많든가	정도	많으리만큼
대립	많아도, 많지만, 많으나, 많은데, 많으면서도, 많되, 많지	조건·가정	*많으면, 많거든, 많거들랑, 많아야, 많다면, 많았던들
동시	많으면서, 많으며	상황제시	많은데, 많으니, 많다시피
계기	*많고서, *많아서, *많자, *많자마자	비유	많듯이
중단·전환	많다가	비례	많을수록
양보	많아도, 많더라도, 많을지라도, 많을지언정, 많은들, 많은데도, 많기로서니, 많으나마, 많을망정, 많아 보았자	원인·이유	많아서, 많으니까, *많느라고, 많기에, 많길래, 많으니만큼, 많은지라, 많을세라, 많으므로
목적·의도	*많으러, *많으려고, *많고자	첨가	많거니와, 많을뿐더러, 많으려니와
결과	많도록, 많게끔	습관	*많곤

기본예문

- 그는 돈이 매우 많다. He has lots of money.
- 출석한 사람이 많은 편입니까? Were there many present at the meeting?
- 자비심은 많으면 많을수록 좋다. The more mercy one has the better.

말다3 [말:다, mal:da]

'ㄹ' 불규칙활용, 타동사

to stop, cease ; to give up ; to leave off work

사동형	말리다, 말게 하다, 말게 만들다			피동형	*말히다. 말게 되다, 말아지다	

관형사형 : 현재-진행	과거-완료	과거-회상	과거-완료-회상	미래-추측/의지
만	만	말던	말았던	말

인용형 : 평서	의문	명령	청유	명사형	부사형
만다고	마느냐고	말라고	말자고	말기, 맒	말아, 말게

상대존대형_아주높임		직설체	회상체
평서형	현재	맙니다	맙디다
	현재-진행	말고 있습니다, 만 중입니다	말고 있습디다
	과거	말았습니다	말았습디다
	과거-경험	말았었습니다	말았었습디다
	과거-추측	말았겠습니다	말았겠습디다
	미래-추측/의지/가능	말겠습니다, 말렵니다, 말 겁니다, 말 수 있습니다	말겠습디다
의문형	현재	맙니까?	맙디까?
	과거	말았습니까?	말았습디까?
	과거-경험	말았었습니까?	말았었습디까?
	미래-추측/의지/가능	말겠습니까? 말렵니까? 말 겁니까? 말리이까? 말 수 있겠습니까?	말겠습디까?
명령형		마시오, 마십시오	
청유형		맙시다, 마십시다	
감탄형		마시는구나!	

상대존대형_예사높임		'-어요'체	'-으오'체
평서형	현재	말아요, 말지요, 마세요, 말래요, 말걸요, 마는데요, 만대요, 말게요, 말잖아요	말오
	현재-진행	말고 있어요, 말고 있지요, 말고 있으세요, 마는 중이에요	말고 있소
	과거	말았어요, 말았지요, 말았으세요, 말았잖아요	말았소
	과거-경험	말았었어요, 말았었지요, 말았었으세요	말았었소
	과거-추측	말았겠어요, 말았겠지요, 말았겠으세요	말았겠소
	미래-추측/의지/가능	말겠어요, 말겠지요, 말겠으세요, 말 수 있어요	말겠소
의문형	현재	말아요? 말지요? 마세요? 마나요? 말까요? 말래요? 마는가요? 마는데요? 만대요? 만다면서요? 만다지요?	마오? *말소?
	과거	말았어요? 말았지요? 말았으세요?	말았소?
	과거-경험	말았었어요? 말았었지요? 말았었으세요?	말았었소?
	미래-추측/의지/가능	말겠어요? 말겠지요? 말겠으세요? 말리요? 말 거예요? 말 거지요? 말 수 있겠어요?	말겠소?
명령형		말아요, 말지요, 마세요, 말라니까요	마오, 말구려
청유형		말아요, 말지요, 마세요, 말자니까요	마오
감탄형		마는군요! 말리요!	마는구려!

상대존대형_예사낮춤		'-어'체	'-네'체
평서형	현재	말아/마, 말지, 말래, 말걸, 마는데, 만대, 말게, 만단다, 말마, 말잖아	말네
	현재-진행	말고 있어, 말고 있지, 마는 중이야	말고 있네
	과거-완료	말았어, 말았지, 말았잖아	말았네
	미래-추측/의지/가능	말겠어, 말겠지, 말 수 있어	말겠네
의문형	현재	말아?/마? 말지? 마니? 마나? 말까? 말랴? 말래? 마는데? 만대? 만다면서? 만다지?	만가?
	과거	말았어? 말았지? 말았니? 말았을까? 말았대? 말았다면서?	말았는가?
	미래	말겠어? 말겠지? 말겠니? 말리? 말 거야? 말 거지? 말 거니? 말 수 있겠어?	말 건가?
명령형		말아/마, 말지, 말렴, 말려무나, 말라니까	말게
청유형		말아/마, 말지, 말자니까	마세
감탄형		말아/마! 말지! 말리!	마는군! 마는구먼!

상대존대형_아주낮춤		직설체	회상체
평서형	현재	만다	말더라
	현재-진행	말고 있다, 마는 중이다	말고 있더라
	과거-완료	말았다	말았더라
	미래-추측/의지/가능	말겠다, 말리다, 말련다, 말 거다, 말 수 있다	말겠더라
의문형	현재	마느냐?	말더냐?
	과거	말았느냐?	말았더냐?
	미래	말겠느냐?	말겠더냐?
명령형		말아라, 마라	
청유형		말자	
감탄형		마는구나! 만다! 마는도다!	말더구나!

연결형		연결어미	의미기능	연결어미
나열		말고, 말며	비교	마느니
선택		말거나, 말든지, 말든가	정도	말리만큼
대립		말아도, 말지만, 마나, 마는데, 말면서도, 말되, 말지	조건 · 가정	말면, 말거든, 말거들랑, 말아야, 만다면, 말았던들
동시		말면서, 말며	상황제시	마는데, 마니, 말다시피
계기		말고서, 말아서, 말자, 말자마자	비유	말듯이
중단 · 전환		말다가	비례	말수록
양보		말아도, 말더라도, 말지라도, 말지언정, 만들, 마는데도, 말기로서니, 마나마, 말망정, 말아 보았자	원인 · 이유	말아서, 마니까, 마느라고, 말기에, 말길래, 마느니만큼, 마는지라, 말세라, 말므로
목적 · 의도		말러, 말려고, 말고자	첨가	말거니와, 말뿐더러, 말려니와
결과		말도록, 말게끔	습관	말곤

말하다 [말:하다, mal:hada]

'여' 불규칙활용, 타동사

to speak, talk, say ; to remark, explain, state

사동형	*말하히다, 말하게 하다, 말하게 만들다		피동형		*말하히다. 말하게 되다, 말해지다	

관형사형 : 현재-진행	과거-완료	과거-회상	과거-완료-회상	미래-추측/의지
말하는	말한	말하던		말했던

인용형 : 평서	의문	명령	청유	명사형	부사형
말한다고	말하느냐고	말하라고	말하자고	말하기, 말함	말해, 말하게

상대존대형_아주높임		직설체	회상체
평서형	현재	말합니다	말합디다
	현재-진행	말하고 있습니다, 말하는 중입니다	말하고 있습디다
	과거	말했습니다	말했습디다
	과거-경험	말했었습니다	말했었습디다
	과거-추측	말했겠습니다	말했겠습디다
	미래-추측/의지/가능	말하겠습니다, 말하렵니다, 말할 겁니다, 말할 수 있습니다	말하겠습디다
의문형	현재	말합니까?	말합디까?
	과거	말했습니까?	말했습디까?
	과거-경험	말했었습니까?	말했었습디까?
	미래-추측/의지/가능	말하겠습니까? 말하렵니까? 말할 겁니까? 말하리이까? 말할 수 있겠습니까?	말하겠습디까?
명령형		말하시오, 말하십시오	
청유형		말합시다, 말하십시다	
감탄형		말하시는구나!	

상대존대형_예사높임		'-어요'체	'-으오'체
평서형	현재	말해요, 말하지요, 말하세요, 말할래요, 말할걸요, 말하는데요, 말한대요, 말할게요, 말하잖아요	말하오
	현재-진행	말하고 있어요, 말하고 있지요, 말하고 있으세요, 말하는 중이에요	말하고 있소
	과거	말했어요, 말했지요, 말했으세요, 말했잖아요	말했소
	과거-경험	말했었어요, 말했었지요, 말했었으세요	말했었소
	과거-추측	말했겠어요, 말했겠지요, 말했겠으세요	말했겠소
	미래-추측/의지/가능	말하겠어요, 말하겠지요, 말하겠으세요, 말할 수 있어요	말하겠소
의문형	현재	말해요? 말하지요? 말하세요? 말하나요? 말할까요? 말할래요? 말하는가요? 말하는데요? 말한대요? 말한다면서요? 말한다지요?	말하오? *말하소?
	과거	말했어요? 말했지요? 말했으세요?	말했소?
	과거-경험	말했었어요? 말했었지요? 말했었으세요?	말했었소?
	미래-추측/의지/가능	말하겠어요? 말하겠지요? 말하겠으세요? 말하리요? 말할 거예요? 말할 거지요? 말할 수 있겠어요?	말하겠소?
명령형		말해요, 말하지요, 말하세요, 말하라니까요	말하오, 말하구려
청유형		말해요, 말하지요, 말하세요, 말하자니까요	말하오
감탄형		말하는군요! 말하리요!	말하는구려!

상대존대형_예사낮춤		'-어'체	'-네'체
평서형	현재	말해, 말하지, 말할래, 말할걸, 말하는데, 말한대, 말할게, 말한단다, 말하마, 말하잖아	말하네
	현재-진행	말하고 있어, 말하고 있지, 말하는 중이야	말하고 있네
	과거-완료	말했어, 말했지, 말했잖아	말했네
	미래-추측/의지/가능	말하겠어, 말하겠지, 말할 수 있어	말하겠네
의문형	현재	말해? 말하지? 말하니? 말하나? 말할까? 말하랴? 말할래? 말하는데? 말한대? 말한다면서? 말한다지?	말하는가?
	과거	말했어? 말했지? 말했니? 말했을까? 말했대? 말했다면서?	말했는가?
	미래	말하겠어? 말하겠지? 말하겠니? 말하리? 말할 거야? 말할 거지? 말할 거니? 말할 수 있겠어?	말할 건가?
명령형		말해, 말하지, 말하렴, 말하려무나, 말하라니까	말하게
청유형		말해, 말하지, 말하자니까	말하세
감탄형		말해! 말하지! 말하리!	말하는군! 말하는구먼!

상대존대형_아주낮춤		직설체	회상체
평서형	현재	말한다	말하더라
	현재-진행	말하고 있다, 말하는 중이다	말하고 있더라
	과거-완료	말했다	말했더라
	미래-추측/의지/가능	말하겠다, 말하리다, 말하련다, 말할 거다, 말할 수 있다	말하겠더라
의문형	현재	말하느냐?	말하더냐?
	과거	말했느냐?	말했더냐?
	미래	말하겠느냐?	말하겠더냐?
명령형		말해라	
청유형		말하자	
감탄형		말하는구나! 말한다! 말하는도다!	말하더구나!

연결형	연결어미	의미기능	연결어미
나열	말하고, 말하며	비교	말하느니
선택	말하거나, 말하든지, 말하든가	정도	말하리만큼
대립	말해도, 말하지만, 말하나, 말하는데, 말하면서도, 말하되, 말하지	조건 · 가정	말하면, 말하거든, 말하거들랑, 말해야, 말한다면, 말했던들
동시	말하면서, 말하며	상황제시	말하는데, 말하니, 말하다시피
계기	말하고서, 말해서, 말하자, 말하자마자	비유	말하듯이
중단 · 전환	말하다가	비례	말할수록
양보	말해도, 말하더라도, 말할지라도, 말할지언정, 말한들, 말하는데도, 말하기로서니, 말하나마, 말할망정, 말해 보았자	원인 · 이유	말해서, 말하니까, 말하느라고, 말하기에, 말하길래, 말하느니만큼, 말하는지라, 말할세라, 말하므로
목적 · 의도	말하러, 말하려고, 말하고자	첨가	말하거니와, 말할뿐더러, 말하려니와
결과	말하도록, 말하게끔	습관	말하곤

기본예문
- 그는 늘 한국어로 말한다. He always speaks in korean.
- 그가 말하는 대로 하렴. Do as he says so.
- 누구에게도 그것을 말하면 안 된다. Don't tell that to anyone.

매다1 [매다, meda]

'애' 규칙활용, 타동사

to bind, tie, fasten a belt ; to chain, lash ; to wear

사동형	*매히다, 매게 하다, 매게 만들다		피동형	매이다. 매게 되다, 매어지다	
관형사형 : 현재-진행		과거-완료	과거-회상	과거-완료-회상	미래-추측/의지
맨		맨	매던	매었던	맬

인용형 : 평서	의문	명령	청유	명사형	부사형
맨다고	매느냐고	매라고	매자고	매기, 맴	매어, 매게

상대존대형_아주높임		직설체	회상체
평서형	현재	맵니다	맵디다
	현재-진행	매고 있습니다, 매는 중입니다	매고 있습디다
	과거	매었습니다	매었습디다
	과거-경험	매었었습니다	매었었습디다
	과거-추측	매었겠습니다	매었겠습디다
	미래-추측/의지/가능	매겠습니다, 매렵니다, 맬 겁니다, 맬 수 있습니다	매겠습디다
의문형	현재	맵니까?	맵디까?
	과거	매었습니까?	매었습디까?
	과거-경험	매었었습니까?	매었었습디까?
	미래-추측/의지/가능	매겠습니까? 매렵니까? 맬 겁니까? 매리이까? 맬 수 있겠습니까?	매겠습디까?
명령형		매시오, 매십시오	
청유형		맵시다, 매십시다	
감탄형		매시는구나!	

상대존대형_예사높임		'-어요'체	'-으오'체
평서형	현재	매어요, 매지요, 매세요, 맬래요, 맬걸요, 매는데요, 맨대요, 맬게요, 매잖아요	매오
	현재-진행	매고 있어요, 매고 있지요, 매고 있으세요, 매는 중이에요	매고 있소
	과거	매었어요, 매었지요, 매었으세요, 매었잖아요	매었소
	과거-경험	매었었어요, 매었었지요, 매었었으세요	매었었소
	과거-추측	매었겠어요, 매었겠지요, 매었겠으세요	매었겠소
	미래-추측/의지/가능	매겠어요, 매겠지요, 매겠으세요, 맬 수 있어요	매겠소
의문형	현재	매어요? 매지요? 매세요? 매나요? 맬까요? 맬래요? 매는가요? 매는데요? 맨대요? 맨다면서요? 맨다지요?	매오? 매소?
	과거	매었어요? 매었지요? 매었으세요?	매었소?
	과거-경험	매었었어요? 매었었지요? 매었었으세요?	매었었소?
	미래-추측/의지/가능	매겠어요? 매겠지요? 매겠으세요? 매리요? 맬 거예요? 맬 거지요? 맬 수 있겠어요?	매겠소?
명령형		매어요, 매지요, 매세요, 매라니까요	매오, 매구려
청유형		매어요, 매지요, 매세요, 매자니까요	매오
감탄형		매는군요! 매리요!	매는구려!

상대존대형_예사낮춤		'-어'체	'-네'체
평서형	현재	매어, 매지, 맬래, 맬걸, 매는데, 맨대, 맬게, 맨단다, 매마, 매잖아	매네
	현재-진행	매고 있어, 매고 있지, 맨 중이야	매고 있네
	과거-완료	매었어, 매었지, 매었잖아	매었네
	미래-추측/의지/가능	매겠어, 매겠지, 맬 수 있어	매겠네
의문형	현재	매어? 매지? 매니? 매나? 맬까? 매랴? 맬래? 매는데? 맨대? 맨다면서? 맨다지?	매는가?
	과거	매었어? 매었지? 매었니? 매었을까? 매었대? 매었다면서?	매었는가?
	미래	매겠어? 매겠지? 매겠니? 매리? 맬 거야? 맬 거지? 맬 거니? 맬 수 있겠어?	맬 건가?
명령형		매어, 매지, 매렴, 매려무나, 매라니까	매게
청유형		매어, 매지, 매자니까	매세
감탄형		매어! 매지! 매리!	매는군! 매는구먼!

상대존대형_아주낮춤		직설체	회상체
평서형	현재	맨다	매더라
	현재-진행	매고 있다, 맨 중이다	매고 있더라
	과거-완료	매었다	매었더라
	미래-추측/의지/가능	매겠다, 매리다, 매련다, 맬 거다, 맬 수 있다	매겠더라
의문형	현재	매느냐?	매더냐?
	과거	매었느냐?	매었더냐?
	미래	매겠느냐?	매겠더냐?
명령형		매어라	
청유형		매자	
감탄형		매는구나! 맨다! 매는도다!	매더구나!

연결형	연결어미	의미기능	연결어미
나열	매고, 매며	비교	매느니
선택	매거나, 매든지, 매든가	정도	매리만큼
대립	매어도, 매지만, 매나, 매는데, 매면서도, 매되, 매지	조건·가정	매면, 매거든, 매거들랑, 매어야, 맨다면, 매었던들
동시	매면서, 매며	상황제시	매는데, 매니, 매다시피
계기	매고서, 매어서, 매자, 매자마자	비유	매듯이
중단·전환	매다가	비례	맬수록
양보	매어도, 매더라도, 맬지라도, 맬지언정, 맨들, 매는데도, 매기로서니, 매나마, 맬망정, 매어 보았자	원인·이유	매어서, 매니까, 매느라고, 매기에, 매길래, 매느니만큼, 매는지라, 맬세라, 매므로
목적·의도	매러, 매려고, 매고자	첨가	매거니와, 맬뿐더러, 매려니와
결과	매도록, 매게끔	습관	매곤

- 그는 넥타이를 매었다. He wore a tie.
- 그는 매었던 허리띠를 풀었다. He unfastened his belt.
- 나는 밧줄을 매어서 그네를 만들었다. I made a swing by tieing ropes.

맵다 [맵따, mept'a]

'ㅂ' 불규칙활용, 형용사

to be hot, be spicy ; to be severe, be strict

사동형	*맵히다, 맵게 하다, 맵게 만들다		피동형	*맵히다. 맵게 되다, 매워지다	
관형사형 : 현재-진행	과거-완료	과거-회상	과거-완료-회상		미래-추측/의지
매운	매운	맵던	매웠던		매울
인용형 : 평서	의문	명령	청유	명사형	부사형
맵다고	매우냐고	매우라고	맵자고	맵기, 매움	매워, 맵게

상대존대형_아주높임		직설체	회상체
평서형	현재	맵습니다	맵습디다
	현재-진행	*맵고 있습니다, *매운 중입니다	*맵고 있습디다
	과거	매웠습니다	매웠습디다
	과거-경험	매웠었습니다	매웠었습디다
	과거-추측	매웠겠습니다	매웠겠습디다
	미래-추측/의지/가능	맵겠습니다, *매우렵니다, 매울 겁니다, 매울 수 있습니다	맵겠습디다
의문형	현재	맵습니까?	맵습디까?
	과거	매웠습니까?	매웠습디까?
	과거-경험	매웠었습니까?	매웠었습디까?
	미래-추측/의지/가능	맵겠습니까? *매우렵니까? *매울 겁니까? 매우리이까? 매울 수 있겠습니까?	맵겠습디까?
명령형		*매우시오, *매우십시오	
청유형		*매웁시다, *매우십시다	
감탄형		매우시구나!	

상대존대형_예사높임		'-어요'체	'-으오'체
평서형	현재	매워요, 맵지요, 매우세요, *매울래요, 매울걸요, 매운데요, 맵대요, *매울게요, 맵잖아요	매우오
	현재-진행	*맵고 있어요, *맵고 있지요, *맵고 있으세요, *매운 중이에요	*맵고 있소
	과거	매웠어요, 매웠지요, 매웠으세요, 매웠잖아요	매웠소
	과거-경험	매웠었어요, 매웠었지요, 매웠었으세요	매웠었소
	과거-추측	매웠겠어요, 매웠겠지요, 매웠겠으세요	매웠겠소
	미래-추측/의지/가능	맵겠어요, 맵겠지요, 맵겠으세요, 매울 수 있어요	맵겠소
의문형	현재	매워요? 맵지요? 매우세요? 맵나요? *매울까요? *매울래요? *매운가요? 매운데요? 맵대요? 맵다면서요? 맵다지요?	매우오? 맵소?
	과거	매웠어요? 매웠지요? 매웠으세요?	매웠소?
	과거-경험	매웠었어요? 매웠었지요? 매웠었으세요?	매웠었소?
	미래-추측/의지/가능	맵겠어요? 맵겠지요? 맵겠으세요? 매우리요? *매울 거예요? *매울 거지요? 매울 수 있겠어요?	맵겠소?
명령형		*매워요, *맵지요, *매우세요, *매우라니까요	*매우오, *맵구려
청유형		*매워요, *맵지요, *매우세요, *맵자니까요	*매우오
감탄형		맵군요! 매우리요!	맵구려!

상대존대형_예사낮춤		'-어'체	'-네'체
평서형	현재	매워, 맵지, *매울래, 매울걸, 매운데, 맵대, *매울게, 맵단다, *매우마, 맵잖아	맵네
	현재-진행	*맵고 있어, *맵고 있지, *매운 중이야	*맵고 있네
	과거-완료	매웠어, 매웠지, 매웠잖아	매웠네
	미래-추측/의지/가능	맵겠어, 맵겠지, 매울 수 있어	맵겠네
의문형	현재	매워? 맵지? 맵니? 맵나? 매울까? 매우랴? *매울래? 매운데? 맵대? 맵다면서? 맵다지?	매운가?
	과거	매웠어? 매웠지? 매웠니? 매웠을까? 매웠대? 매웠다면서?	매웠는가?
	미래	맵겠어? 맵겠지? 맵겠니? 매우리? *매울 거야? *매울 거지? *매울 거니? 매울 수 있겠어?	매울 건가?
명령형		*매워, *맵지, *매우렴, *매우려무나, *매우라니까	*맵게
청유형		*매워, *맵지, *맵자니까	*맵세
감탄형		매워! 맵지! 매우리!	맵군! 맵구먼!

상대존대형_아주낮춤		직설체	회상체
평서형	현재	맵다	맵더라
	현재-진행	*맵고 있다, *매운 중이다	*맵고 있더라
	과거-완료	매웠다	매웠더라
	미래-추측/의지/가능	맵겠다, 매우리다, *매우련다, 매울 거다, 매울 수 있다	맵겠더라
의문형	현재	매우냐?	맵더냐?
	과거	매웠느냐?	매웠더냐?
	미래	맵겠느냐?	맵겠더냐?
명령형		*매워라	
청유형		*맵자	
감탄형		맵구나! 맵다! 맵도다!	맵더구나!

연결형	연결어미	의미기능	연결어미
나열	맵고, 매우며	비교	*맵느니
선택	맵거나, 맵든지, 맵든가	정도	매우리만큼
대립	매워도, 맵지만, 매우나, 매운데, 매우면서도, 맵되, 맵지	조건·가정	매우면, 맵거든, 맵거들랑, 매워야, 맵다면, 매웠던들
동시	매우면서, 매우며	상황제시	매운데, 매우니, 맵다시피
계기	*맵고서, *매워서, *맵자, *맵자마자	비유	맵듯이
중단·전환	맵다가	비례	매울수록
양보	매워도, 맵더라도, 매울지라도, 매울지언정, 매운들, 매운데도, 맵기로서니, 매우나마, 매울망정, 매워 보았자	원인·이유	매워서, 매우니까, *맵느라고, 맵기에, 맵길래, 매우니만큼, 매운지라, 매울세라, 매우므로
목적·의도	*매우러, *매우려고, *맵고자	첨가	맵거니와, 매울뿐더러, 매우려니와
결과	맵도록, 맵게끔	습관	*맵곤

기본예문

- 한국의 고추는 매우 맵다. Korean red pepper is very spicy.
- 매운 소스 좀 주십시오. Please, pass me the hot sauce.
- 고추는 매워야 제맛이다. Peppers taste good when spicy.

멀다1 [멀:다, məl:da]

'ㄹ' 불규칙활용, 형용사

to be far, be remote, be distant

사동형	멀히다, 멀게 하다, 멀게 만들다		피동형		*멀히다. 멀게 되다, 멀어지다	

관형사형 : 현재-진행	과거-완료	과거-회상	과거-완료-회상	미래-추측/의지
먼	먼	멀던	멀었던	멀

인용형 : 평서	의문	명령	청유	명사형	부사형
멀다고	머냐고	*머라고	*멀자고	멀기, 멂	멀어, 멀게

상대존대형_아주높임		직설체	회상체
평서형	현재	멉니다 .	멉디다
	현재-진행	*멀고 있습니다, *먼 중입니다	*멀고 있습디다
	과거	멀었습니다	멀었습디다
	과거-경험	멀었었습니다	멀었었습디다
	과거-추측	멀었겠습니다	멀었겠습디다
	미래-추측/의지/가능	멀겠습니다, *멀렵니다, 멀 겁니다, 멀 수 있습니다	멀겠습디다
의문형	현재	멉니까?	멉디까?
	과거	멀었습니까?	멀었습디까?
	과거-경험	멀었었습니까?	멀었었습디까?
	미래-추측/의지/가능	멀겠습니까? *멀렵니까? *멀 겁니까? *멀리이까? 멀 수 있겠습니까?	멀겠습디까?
명령형		*머시오, *머십시오	
청유형		*멉시다, *머십시다	
감탄형		머시구나!	

상대존대형_예사높임		'-어요'체	'-으오'체
평서형	현재	멀어요, 멀지요, 머세요, *멀래요, 멀걸요, 먼데요, 멀대요, *멀게요, 멀잖아요	멀으오/머오
	현재-진행	*멀고 있어요, *멀고 있지요, *멀고 있으세요, *먼 중이에요	*멀고 있소
	과거	멀었어요, 멀었지요, 멀었으세요, 멀었잖아요	멀었소
	과거-경험	멀었었어요, 멀었었지요, 멀었었으세요	멀었었소
	과거-추측	멀었겠어요, 멀었겠지요, 멀었겠으세요	멀었겠소
	미래-추측/의지/가능	멀겠어요, 멀겠지요, 멀겠으세요, 멀 수 있어요	멀겠소
의문형	현재	멀어요? 멀지요? 머세요? 머냐요? 멀까요? *멀래요? 먼가요? 먼데요? 멀대요? 멀다면서요? 멀다지요?	머오? *멀소?
	과거	멀었어요? 멀었지요? 멀었으세요?	멀었소?
	과거-경험	멀었었어요? 멀었었지요? 멀었었으세요?	멀었었소?
	미래-추측/의지/가능	멀겠어요? 멀겠지요? 멀겠으세요? *멀으리요? *멀 거예요? *멀 거지요? 멀 수 있겠어요?	멀겠소?
명령형		*멀어요, *멀지요, *머세요, *멀라니까요	*멀으오, *멀구려
청유형		*멀어요, *멀지요, *머세요, *멀자니까요	*멀으오
감탄형		멀군요! 멀리요!	멀구려!

상대존대형_예사낮춤		'-어'체	'-네'체
평서형	현재	멀어, 멀지, *멀래, 멀걸, 먼데, 멀대, *멀게, 멀단다, *멀으마, 멀잖아	머네
	현재-진행	*멀고 있어, *멀고 있지, *먼 중이야	*멀고 있네
	과거-완료	멀었어, 멀었지, 멀었잖아	멀었네
	미래-추측/의지/가능	멀겠어, 멀겠지, 멀 수 있어	멀겠네
의문형	현재	멀어? 멀지? 머니? 머나? 멀까? 멀랴? *멀래? 먼데? 멀대? 멀다면서? 멀다지?	먼가?
	과거	멀었어? 멀었지? 멀었니? 멀었을까? 멀었대? 멀었다면서?	멀었는가?
	미래	멀겠어? 멀겠지? 멀겠니? *멀리? *멀 거야? *멀 거지? *멀 거니? 멀 수 있겠어?	*멀 건가?
명령형		*멀어, *멀지, *멀렴, *멀려무나, *멀라니까	*멀게
청유형		*멀어, *멀지, *멀자니까	*멀세
감탄형		멀어! 멀지! 멀리!	멀군! 멀구면!

상대존대형_아주낮춤		직설체	회상체
평서형	현재	멀다	멀더라
	현재-진행	*멀고 있다, *먼 중이다	*멀고 있더라
	과거-완료	멀었다	멀었더라
	미래-추측/의지/가능	멀겠다, 멀리다, *멀련다, 멀 거다, 멀 수 있다	멀겠더라
의문형	현재	머냐?	멀더냐?
	과거	멀었느냐?	멀었더냐?
	미래	멀겠느냐?	멀겠더냐?
명령형		*멀어라	
청유형		*멀자	
감탄형		멀구나! 멀다! 멀도다!	멀더구나!

연결형	연결어미	의미기능	연결어미
나열	멀고, 멀며	비교	*머느니
선택	멀거나, 멀든지, 멀든가	정도	*멀리만큼
대립	멀어도, 멀지만, 머나, 먼데, 멀면서도, 멀되, 멀지	조건·가정	멀면, 멀거든, 멀거들랑, 멀어야, 멀다면, 멀었던들
동시	멀면서, *멀며	상황제시	먼데, 머니, *멀다시피
계기	*멀고서, *멀어서, *멀자, *멀자마자	비유	멀듯이
중단·전환	멀다가	비례	멀수록
양보	멀어도, 멀더라도, 멀지라도, 멀지언정, 먼들, 먼데도, 멀기로서니, 머나마, 멀망정, 멀어 보았자	원인·이유	멀어서, 머니까, *머느라고, 멀기에, 멀길래, 머니만큼, 먼지라, 멀세라, 멀므로
목적·의도	*멀러, *멀려고, *멀고자	첨가	멀거니와, 멀뿐더러, 멀려니와
결과	멀도록, 멀게끔	습관	*멀곤

- 서울에서 뉴욕까지는 거리가 매우 멀다.
  From Seoul to New York is very far apart.
- 그녀와 나는 먼 친척이다. She is a very far relative of mine.
- 너는 하루가 멀다고 찾아오는구나. You can't wait a day to come back here again.

멈추다 [멈추다, məmchuda]

'우' 규칙활용, 타동사

to stop, cease, halt ; to discontinue

사동형	*멈추히다, 멈추게 하다, 멈추게 만들다		피동형	*멈추히다. 멈추게 되다, 멈춰지다	
관형사형 : 현재-진행	**과거-완료**	**과거-회상**		**과거-완료-회상**	**미래-추측/의지**
멈추는	멈춘	멈추던		멈추었던	멈출

인용형 : 평서	의문	명령	청유	명사형	부사형
멈춘다고	멈추느냐고	멈추라고	멈추자고	멈추기, 멈춤	멈춰, 멈추게

상대존대형_아주높임		직설체	회상체
평서형	현재	멈춥니다	멈춥디다
	현재-진행	멈추고 있습니다, 멈추는 중입니다	멈추고 있습디다
	과거	멈추었습니다	멈추었습디다
	과거-경험	멈추었었습니다	멈추었었습디다
	과거-추측	멈추었겠습니다	멈추었겠습디다
	미래-추측/의지/가능	멈추겠습니다, 멈추렵니다, 멈출 겁니다, 멈출 수 있습니다	멈추겠습디다
의문형	현재	멈춥니까?	멈춥디까?
	과거	멈추었습니까?	멈추었습디까?
	과거-경험	멈추었었습니까?	멈추었었습디까?
	미래-추측/의지/가능	멈추겠습니까? 멈추렵니까? 멈출 겁니까? 멈추리이까? 멈출 수 있겠습니까?	멈추겠습디까?
명령형		멈추시오, 멈추십시오	
청유형		멈춥시다, 멈추십시다	
감탄형		멈추시는구나!	

상대존대형_예사높임		'-어요'체	'-으오'체
평서형	현재	멈춰요, 멈추지요, 멈추세요, 멈출래요, 멈출걸요, 멈추는데요, 멈춘대요, 멈출게요, 멈추잖아요	멈추오
	현재-진행	멈추고 있어요, 멈추고 있지요, 멈추고 있세요, 멈추는 중이에요	멈추고 있소
	과거	멈추었어요, 멈추었지요, 멈추었으세요, 멈추었잖아요	멈추었소
	과거-경험	멈추었었어요, 멈추었었지요, 멈추었었으세요	멈추었었소
	과거-추측	멈추었겠어요, 멈추었겠지요, 멈추었겠으세요	멈추었겠소
	미래-추측/의지/가능	멈추겠어요, 멈추겠지요, 멈추겠으세요, 멈출 수 있어요	멈추겠소
의문형	현재	멈춰요? 멈추지요? 멈추세요? 멈추나요? 멈출까요? 멈출래요? 멈추는가요? 멈추는데요? 멈춘대요? 멈춘다면서요? 멈춘다지요?	멈추오? *멈추소?
	과거	멈추었어요? 멈추었지요? 멈추었으세요?	멈추었소?
	과거-경험	멈추었었어요? 멈추었었지요? 멈추었었으세요?	멈추었었소?
	미래-추측/의지/가능	멈추겠어요? 멈추겠지요? 멈추겠으세요? 멈추리요? 멈출 거예요? 멈출 거지요? 멈출 수 있겠어요?	멈추겠소?
명령형		멈춰요, 멈추지요, 멈추세요, 멈추라니까요	멈추오, 멈추구려
청유형		멈춰요, 멈추지요, 멈추세요, 멈추자니까요	멈추오
감탄형		멈추는군요! 멈추리요!	멈추는구려!

상대존대형_예사낮춤		'-어'체	'-네'체
평서형	현재	멈춰, 멈추지, 멈출래, 멈출걸, 멈추는데, 멈춘대, 멈출게, 멈춘단다, 멈추마, 멈추잖아	멈추네
	현재-진행	멈추고 있어, 멈추고 있지, 멈추는 중이야	멈추고 있네
	과거-완료	멈추었어, 멈추었지, 멈추었잖아	멈추었네
	미래-추측/의지/가능	멈추겠어, 멈추겠지, 멈출 수 있어	멈추겠네
의문형	현재	멈춰? 멈추지? 멈추니? 멈추나? 멈출까? 멈추랴? 멈출래? 멈추는데? 멈춘대? 멈춘다면서? 멈춘다지?	멈추는가?
	과거	멈추었어? 멈추었지? 멈추었니? 멈추었을까? 멈추었대? 멈추었다면서?	멈추었는가?
	미래	멈추겠어? 멈추겠지? 멈추겠니? 멈추리? 멈출 거야? 멈출 거지? 멈출 거니? 멈출 수 있겠어?	멈출 건가?
명령형		멈춰, 멈추지, 멈추렴, 멈추려무나, 멈추라니까	멈추게
청유형		멈춰, 멈추지, 멈추자니까	멈추세
감탄형		멈춰! 멈추지! 멈추리!	멈추는군! 멈추는구먼!

상대존대형_아주낮춤		직설체	회상체
평서형	현재	멈춘다	멈추더라
	현재-진행	멈추고 있다, 멈추는 중이다	멈추고 있더라
	과거-완료	멈추었다	멈추었더라
	미래-추측/의지/가능	멈추겠다, 멈추리다, 멈추련다, 멈출 거다, 멈출 수 있다	멈추겠더라
의문형	현재	멈추느냐?	멈추더냐?
	과거	멈추었느냐?	멈추었더냐?
	미래	멈추겠느냐?	멈추겠더냐?
명령형		멈춰라	
청유형		멈추자	
감탄형		멈추는구나! 멈춘다! 멈추는도다!	멈추더구나!

연결형	연결어미	의미기능	연결어미
나열	멈추고, 멈추며	비교	멈추느니
선택	멈추거나, 멈추든지, 멈추든가	정도	멈추리만큼
대립	멈춰도, 멈추지만, 멈추나, 멈추는데, 멈추면서도, 멈추되, 멈추지	조건 · 가정	멈추면, 멈추거든, 멈추거들랑, 멈춰야, 멈춘다면, 멈추었던들
동시	멈추면서, 멈추며	상황제시	멈추는데, 멈추니, 멈추다시피
계기	멈추고서, 멈춰서, 멈추자, 멈추자마자	비유	멈추듯이
중단 · 전환	멈추다가	비례	멈출수록
양보	멈춰도, 멈추더라도, 멈출지라도, 멈출지언정, 멈춘들, 멈추는데도, 멈추기로서니, 멈추나마, 멈출망정, 멈춰 보았자	원인 · 이유	멈춰서, 멈추니까, 멈추느라고, 멈추기에, 멈추길래, 멈추느니만큼, 멈추는지라, 멈출세라, 멈추므로
목적 · 의도	멈추러, 멈추려고, 멈추고자	첨가	멈추거니와, 멈출뿐더러, 멈추려니와
결과	멈추도록, 멈추게끔	습관	멈추곤

- 잠깐만 멈추세요. Please stop for a moment.
- 차가 브레이크를 밟아도 멈추지 않았다.
  Though we pressed on the break, the car wouldn't stop.
- 눈이 멈추지 않고 내렸다. It snowed without a break.

메다2 [메다, meda]

'에' 규칙활용 자타동사

to shoulder ; to carry (on the shoulders) ; to wear

사동형	*메히다, 메게 하다, 메게 만들다			피동형	메이다. 메게 되다, 메지다	
관형사형 : 현재-진행		과거-완료	과거-회상		과거-완료-회상	미래-추측/의지
메는		멘	메던		메었던	멜

인용형 : 평서	의문	명령	청유	명사형	부사형
멘다고	메느냐고	메라고	메자고	메기, 멤	매, 메게

상대존대형_아주높임		직설체	회상체
평서형	현재	멥니다	멥디다
	현재-진행	메고 있습니다, 메는 중입니다	메고 있습디다
	과거	메었습니다	메었습디다
	과거-경험	메었었습니다	메었었습디다
	과거-추측	메었겠습니다	메었겠습디다
	미래-추측/의지/가능	메겠습니다, 메렵니다, 멜 겁니다, 멜 수 있습니다	메겠습디다
의문형	현재	멥니까?	멥디까?
	과거	메었습니까?	메었습디까?
	과거-경험	메었었습니까?	메었었습디까?
	미래-추측/의지/가능	메겠습니까? 메렵니까? 멜 겁니까? 메리이까? 멜 수 있겠습니까?	메겠습디까?
명령형		메시오, 메십시오	
청유형		멥시다, 메십시다	
감탄형		메시는구나!	

상대존대형_예사높임		'-어요'체	'-으오'체
평서형	현재	메요, 메지요, 메세요, 멜래요, 멜걸요, 메는데요, 멘대요, 멜게요, 메잖아요	메오
	현재-진행	메고 있어요, 메고 있지요, 메고 있으세요, 메는 중이에요	메고 있소
	과거	메었어요, 메었지요, 메었으세요, 메었잖아요	메었소
	과거-경험	메었었어요, 메었었지요, 메었었으세요	메었었소
	과거-추측	메었겠어요, 메었겠지요, 메었겠으세요	메었겠소
	미래-추측/의지/가능	메겠어요, 메겠지요, 메겠으세요, 멜 수 있어요	메겠소
의문형	현재	메요? 메지요? 메세요? 메나요? 멜까요? 멜래요? 메는가요? 메는데요? 멘대요? 멘다면서요? 멘다지요?	메오? *메소?
	과거	메었어요? 메었지요? 메었으세요?	메었소?
	과거-경험	메었었어요? 메었었지요? 메었었으세요?	메었었소?
	미래-추측/의지/가능	메겠어요? 메겠지요? 메겠으세요? 메리요? 멜 거예요? 멜 거지요? 멜 수 있겠어요?	메겠소?
명령형		메요, 메지요, 메세요, 메라니까요	메오, 메구려
청유형		메요, 메지요, 메세요, 메자니까요	메오
감탄형		메는군요! 메리요!	메는구려!

상대존대형_예사낮춤		'-어'체	'-네'체
평서형	현재	메, 메지, 멜래, 멜걸, 메는데, 멘대, 멜게, 멘단다, 메마, 메잖아	메네
	현재-진행	메고 있어, 메고 있지, 메는 중이야	메고 있네
	과거-완료	메었어, 메었지, 메었잖아	메었네
	미래-추측/의지/가능	메겠어, 메겠지, 멜 수 있어	메겠네
의문형	현재	메? 메지? 메니? 메나? 멜까? 메랴? 멜래? 메는데? 멘대? 멘다면서? 멘다지?	메는가?
	과거	메었어? 메었지? 메었니? 메었을까? 메었대? 메었다면서?	메었는가?
	미래	메겠어? 메겠지? 메겠니? 메리? 멜 거야? 멜 거지? 멜 거니? 멜 수 있겠어?	멜 건가?
명령형		메, 메지, 메렴, 메려무나, 메라니까	메게
청유형		메, 메지, 메자니까	메세
감탄형		메! 메지! 메리!	메는군! 메는구먼!

상대존대형_아주낮춤		직설체	회상체
평서형	현재	멘다	메더라
	현재-진행	메고 있다, 메는 중이다	메고 있더라
	과거-완료	메었다	메었더라
	미래-추측/의지/가능	메겠다, 메리라, 메련다, 멜 거다, 멜 수 있다	메겠더라
의문형	현재	메느냐?	메더냐?
	과거	메었느냐?	메었더냐?
	미래	메겠느냐?	메겠더냐?
명령형		메라	
청유형		메자	
감탄형		메는구나! 멘다! 메는도다!	메더구나!

연결형	연결어미	의미기능	연결어미
나열	메고, 메며	비교	메느니
선택	메거나, 메든지, 메든가	정도	메리만큼
대립	메도, 메지만, 메나, 메는데, 메면서도, 메되, 메지	조건·가정	메면, 메거든, 메거들랑, 메야, 멘다면, 메었던들
동시	메면서, 메며	상황제시	메는데, 메니, 메다시피
계기	메고서, 메서, 메자, 메자마자	비유	메듯이
중단·전환	메다가	비례	멜수록
양보	메도, 메더라도, 멜지라도, 멜지언정, 멘들, 메는데도, 메기로서니, 메나마, 멜망정, 메보았자	원인·이유	메서, 메니까, 메느라고, 메기에, 메길래, 메느니만큼, 메는지라, 멜세라, 메므로
목적·의도	메러, 메려고, 메고자	첨가	메거니와, 멜뿐더러, 메려니와
결과	메도록, 메게끔	습관	메곤

- 그는 어깨에 가방을 메고 있다. He is wearing the bag on his shoulder.
- 그녀가 메고 있는 것이 뭐예요? What is it that she is shouldering?
- 그는 총을 메고 걸었다. He walked with a gun on his shoulder.

모르다 [모르다, morĭda]

'르' 불규칙활용, 타동사

to do not know ; to do not understand ; to do not feel ; to do not remember

사동형	*모르히다, 모르게 하다, 모르게 만들다		피동형	*모르히다, 모르게 되다, 몰라지다	

관형사형 : 현재-진행	과거-완료	과거-회상	과거-완료-회상	미래-추측/의지
모르는	모르는	모르던	몰랐던	모를

인용형 : 평서	의문	명령	청유	명사형	부사형
모른다고	모르느냐고	모르라고	모르자고	모르기, 모름	몰라, 모르게

상대존대형_아주높임		직설체	회상체
평서형	현재	모릅니다	모릅디다
	현재-진행	모르고 있습니다, *모르는 중입니다	모르고 있습디다
	과거	몰랐습니다	몰랐습디다
	과거-경험	몰랐었습니다	몰랐었습디다
	과거-추측	몰랐겠습니다	몰랐겠습디다
	미래-추측/의지/가능	모르겠습니다, *모르렵니다, 모를 겁니다, 모를 수 있습니다	모르겠습디다
의문형	현재	모릅니까?	모릅디까?
	과거	몰랐습니까?	몰랐습디까?
	과거-경험	몰랐었습니까?	몰랐었습디까?
	미래-추측/의지/가능	모르겠습니까? *모르렵니까? *모를 겁니까? 모르리이까? 모를 수 있겠습니까?	모르겠습디까?
명령형		모르시오, 모르십시오	
청유형		모릅시다, 모르십시다	
감탄형		모르시는구나!	

상대존대형_예사높임		'-어요'체	'-으오'체
평서형	현재	몰라요, 모르지요, 모르세요, *모를래요, 모를걸요, 모르는데요, 모른대요, *모를게요, 모르잖아요	모르오
	현재-진행	모르고 있어요, 모르고 있지요, 모르고 있으세요, *모르는 중이에요	모르고 있소
	과거	몰랐어요, 몰랐지요, 몰랐으세요, 몰랐잖아요	몰랐소
	과거-경험	몰랐었어요, 몰랐었지요, 몰랐었으세요	몰랐었소
	과거-추측	몰랐겠어요, 몰랐겠지요, 몰랐겠으세요	몰랐겠소
	미래-추측/의지/가능	모르겠어요, 모르겠지요, 모르겠으세요, 모를 수 있어요	모르겠소
의문형	현재	몰라요? 모르지요? 모르세요? 모르나요? 모를까요? *모를래요? 모르는가요? 모르는데요? 모른대요? 모른다면서요? 모른다지요?	모르오? *모르소?
	과거	몰랐어요? 몰랐지요? 몰랐으세요?	몰랐소?
	과거-경험	몰랐었어요? 몰랐었지요? 몰랐었으세요?	몰랐었소?
	미래-추측/의지/가능	모르겠어요? 모르겠지요? 모르겠으세요? 모르리요? *모를 거예요? *모를 거지요? 모를 수 있겠어요?	모르겠소?
명령형		몰라요, 모르지요, 모르세요, 모르라니까요	모르오, 모르구려
청유형		몰라요, 모르지요, 모르세요, 모르자니까요	모르오
감탄형		모르는군요! 모르리요!	모르는구려!

상대존대형_예사낮춤		'-어'체	'-네'체
평서형	현재	몰라, 모르지, *모를래, 모를걸, 모르는데, 모른대, 모를게, 모른단다, 모르마, 모르잖아	모르네
	현재-진행	모르고 있어, 모르고 있지, *모르는 중이야	모르고 있네
	과거-완료	몰랐어, 몰랐지, 몰랐잖아	몰랐네
	미래-추측/의지/가능	모르겠어, 모르겠지, 모를 수 있어	모르겠네
의문형	현재	몰라? 모르지? 모르니? 모르나? 모를까? 모르랴? 모를래? 모르는데? 모른대? 모른다면서? 모른다지?	모르는가?
	과거	몰랐어? 몰랐지? 몰랐니? 몰랐을까? 몰랐대? 몰랐다면서?	몰랐는가?
	미래	모르겠어? 모르겠지? 모르겠니? 모르리? *모를 거야? *모를 거지? *모를 거니? 모를 수 있겠어?	모를 건가?
명령형		몰라, 모르지, 모르렴, 모르려무나, 모르라니까	모르게
청유형		몰라, 모르지, 모르자니까	모르세
감탄형		몰라! 모르지! 모르리!	모르는군! 모르는구먼!

상대존대형_아주낮춤		직설체	회상체
평서형	현재	모른다	모르더라
	현재-진행	모르고 있다, *모르는 중이다	모르고 있더라
	과거-완료	몰랐다	몰랐더라
	미래-추측/의지/가능	모르겠다, 모르리다, *모르련다, 모를 거다, 모를 수 있다	모르겠더라
의문형	현재	모르느냐?	모르더냐?
	과거	몰랐느냐?	몰랐더냐?
	미래	모르겠느냐?	모르겠더냐?
명령형		몰라라	
청유형		모르자	
감탄형		모르는구나! 모른다! 모르는도다!	모르더구나!

연결형	연결어미	의미기능	연결어미
나열	모르고, 모르며	비교	모르느니
선택	모르거나, 모르든지, 모르든가	정도	모르니만큼
대립	몰라도, 모르지만, 모르나, 모르는데, 모르면서도, 모르되, 모르지	조건·가정	모르면, 모르거든, 모르거들랑, 몰라야, 모른다면, 몰랐던들
동시	모르면서, 모르며	상황제시	모르는데, 모르니, 모르다시피
계기	모르고서, 몰라서, 모르자, *모르자마자	비유	모르듯이
중단·전환	모르다가	비례	모를수록
양보	몰라도, 모르더라도, 모를지라도, 모를지언정, 모른들, 모르는데도, 모르기로서니, 모르나마, 모를망정, 몰라 보았자	원인·이유	몰라서, 모르니까, 모르느라고, 모르기에, 모르길래, 모르느니만큼, 모르는지라, 모를세라, 모르므로
목적·의도	*모르러, 모르려고, 모르고자	첨가	모르거니와, 모를뿐더러, 모르려니와
결과	모르도록, 모르게끔	습관	모르곤

- 우리 할아버지는 컴퓨터를 사용할 줄 모른다.
  My grandfather does not know how to use a computer.
- 모르는 낱말이 나오면 늘 사전을 찾아보아라.
  Always search the dictionary when there is a word you don't know.
- 그가 러시아어를 모르기 때문에 영어로 물어 보았다.
  I asked in English because he didn't understand Russian.

모으다 [모으다, moïda]

'으' 불규칙활용, 타동사

to gather, collect ; to concentrate ; to accumulate ; to pile up

사동형	*모으히다, 모으게 하다, 모으게 만들다		피동형	*모으히다. 모으게 되다, 모아지다	
관형사형 : 현재-진행		과거-완료	과거-회상	과거-완료-회상	미래-추측/의지
모으는		모은	모으던	모았던	모을

인용형 : 평서	의문	명령	청유	명사형	부사형
모은다고	모으느냐고	모으라고	모으자고	모으기, 모음	모아, 모으게

상대존대형_아주높임		직설체	회상체
평서형	현재	모읍니다	모읍디다
	현재-진행	모으고 있습니다, 모으는 중입니다	모으고 있습디다
	과거	모았습니다	모았습디다
	과거-경험	모았었습니다	모았었습디다
	과거-추측	모았겠습니다	모았겠습디다
	미래-추측/의지/가능	모으겠습니다, 모으렵니다, 모을 겁니다, 모을 수 있습니다	모으겠습디다
의문형	현재	모읍니까?	모읍디까?
	과거	모았습니까?	모았습디까?
	과거-경험	모았었습니까?	모았었습디까?
	미래-추측/의지/가능	모으겠습니까? 모으렵니까? 모을 겁니까? 모으리이까? 모을 수 있겠습니까?	모으겠습디까?
명령형		모으시오, 모으십시오	
청유형		모읍시다, 모으십시다	
감탄형		모으시는구나!	

상대존대형_예사높임		'-어요'체	'-으오'체
평서형	현재	모아요, 모으지요, 모으세요, 모을래요, 모을걸요, 모으는데요, 모은대요, 모을게요, 모으잖아요	모으오
	현재-진행	모으고 있어요, 모으고 있지요, 모으고 있으세요, 모으는 중이에요	모으고 있소
	과거	모았어요, 모았지요, 모았으세요, 모았잖아요	모았소
	과거-경험	모았었어요, 모았었지요, 모았었으세요	모았었소
	과거-추측	모았겠어요, 모았겠지요, 모았겠으세요	모았겠소
	미래-추측/의지/가능	모으겠어요, 모으겠지요, 모으겠으세요, 모을 수 있어요	모으겠소
의문형	현재	모아요? 모으지요? 모으세요? 모으나요? 모을까요? 모을래요? 모으는가요? 모으는데요? 모은대요? 모은다면서요? 모은다지요?	모으오? *모으소?
	과거	모았어요? 모았지요? 모았으세요?	모았소?
	과거-경험	모았었어요? 모았었지요? 모았었으세요?	모았었소?
	미래-추측/의지/가능	모으겠어요? 모으겠지요? 모으겠으세요? 모으리요? 모을 거예요? 모을 거지요? 모을 수 있겠어요?	모으겠소?
명령형		모아요, 모으지요, 모으세요, 모으라니까요	모으오, 모으구려
청유형		모아요, 모으지요, 모으세요, 모으자니까요	모으오
감탄형		모으는군요! 모으리요!	모으는구려!

상대존대형_예사낮춤		'-어'체	'-네'체
평서형	현재	모아, 모으지, 모을래, 모을걸, 모으는데, 모은대, 모을게, 모은 단다, 모으마, 모으잖아	모으네
	현재-진행	모으고 있어, 모으고 있지, 모으는 중이야	모으고 있네
	과거-완료	모았어, 모았지, 모았잖아	모았네
	미래-추측/의지/가능	모으겠어, 모으겠지, 모을 수 있어	모으겠네
의문형	현재	모아? 모으지? 모으니? 모으나? 모을까? 모으랴? 모을래? 모으는데? 모은대? 모은다면서? 모은다지?	모으는가?
	과거	모았어? 모았지? 모았니? 모았을까? 모았대? 모았다면서?	모았는가?
	미래	모으겠어? 모으겠지? 모으겠니? 모으리? 모을 거야? 모을 거지? 모을 거니? 모을 수 있겠어?	모을 건가?
명령형		모아, 모으지, 모으렴, 모으려무나, 모으라니까	모으게
청유형		모아, 모으지, 모으자니까	모으세
감탄형		모아! 모으지! 모으리!	모으는군! 모으는구먼!

상대존대형_아주낮춤		직설체	회상체
평서형	현재	모은다	모으더라
	현재-진행	모으고 있다, 모으는 중이다	모으고 있더라
	과거-완료	모았다	모았더라
	미래-추측/의지/가능	모으겠다, 모으리다, 모으련다, 모을 거다, 모을 수 있다	모으겠더라
의문형	현재	모으느냐?	모으더냐?
	과거	모았느냐?	모았더냐?
	미래	모으겠느냐?	모으겠더냐?
명령형		모아라	
청유형		모으자	
감탄형		모으는구나! 모은다! 모으는도다!	모으더구나!

연결형	연결어미	의미기능	연결어미
나열	모으고, 모으며	비교	모으느니
선택	모으거나, 모으든지, 모으든가	정도	모으리만큼
대립	모아도, 모으지만, 모으나, 모으는데, 모으면서도, 모으되, 모으지	조건 · 가정	모으면, 모으거든, 모으거들랑, 모아야, 모은다면, 모았던들
동시	모으면서, 모으며	상황제시	모으는데, 모으니, 모으다시피
계기	모으고서, 모아서, 모으자, 모으자마자	비유	모으듯이
중단 · 전환	모으다가	비례	모을수록
양보	모아도, 모으더라도, 모을지라도, 모을지언정, 모은들, 모으는데도, 모으기로서니, 모으나마, 모을망정, 모아 보았자	원인 · 이유	모아서, 모으니까, 모으느라고, 모으기에, 모으길래, 모으느니만큼, 모으는지라, 모을세라, 모으므로
목적 · 의도	모으러, 모으려고, 모으고자	첨가	모으거니와, 모을뿐더러, 모으려니와
결과	모으도록, 모으게끔	습관	모으곤

- 그는 동전을 저금통에 매일 모아 왔다. He collected coins in his piggy bank everyday.
- 나의 취미는 우표를 모으는 것이다. My hobby is to collect stamps.
- 티끌 모아 태산을 이룬다는 속담이 있다.
  There is a saying that mountain are built by collected dust.

231

못하다 [모:타다, mo:tʰada]

'여' 불규칙활용, 타동사

can not ; to be impossible, fail to ; to be inferior, be worse than ; to not be good

사동형	*못하히다, 못하게 하다, 못하게 만들다		피동형		*못하히다. 못하게 되다, 못해지다	
관형사형 : 현재-진행		과거-완료	과거-회상	과거-완료-회상		미래-추측/의지
못하는		못한	못하던	못했던		못할

인용형 : 평서	의문	명령	청유	명사형	부사형
못한다고	못하느냐고	못하라고	못하자고	못하기, 못함	못해, 못하게

상대존대형_아주높임		직설체	회상체
평서형	현재	못합니다	못합디다
	현재-진행	못하고 있습니다, 못하는 중입니다	못하고 있습디다
	과거	못했습니다	못했습디다
	과거-경험	못했었습니다	못했었습디다
	과거-추측	못했겠습니다	못했겠습디다
	미래-추측/의지/가능	못하겠습니다, *못하렵니다, 못할 겁니다, 못할 수 있습니다	못하겠습디다
의문형	현재	못합니까?	못합디까?
	과거	못했습니까?	못했습디까?
	과거-경험	못했었습니까?	못했었습디까?
	미래-추측/의지/가능	못하겠습니까? *못하렵니까? *못할 겁니까? 못하리이까? 못할 수 있겠습니까?	못하겠습디까?
명령형		*못하시오, *못하십시오	
청유형		못합시다, 못하십시다	
감탄형		못하시는구나!	

상대존대형_예사높임		'-어요'체	'-으오'체
평서형	현재	못해요, 못하지요, 못하세요, 못할래요, 못할걸요, 못하는데요, 못한대요, 못할게요, 못하잖아요	못하오
	현재-진행	못하고 있어요, 못하고 있지요, 못하고 있으세요, 못하는 중이에요	못하고 있소
	과거	못했어요, 못했지요, 못했으세요, 못했잖아요	못했소
	과거-경험	못했었어요, 못했었지요, 못했었으세요	못했었소
	과거-추측	못했겠어요, 못했겠지요, 못했겠으세요	못했겠소
	미래-추측/의지/가능	못하겠어요, 못하겠지요, 못하겠으세요, 못할 수 있어요	못하겠소
의문형	현재	못해요? 못하지요? 못하세요? 못하나요? 못할까요? 못할래요? 못하는가요? 못하는데요? 못한대요? 못한다면서요? 못한다지요?	못하오? *못하소?
	과거	못했어요? 못했지요? 못했으세요?	못했소?
	과거-경험	못했었어요? 못했었지요? 못했었으세요?	못했었소?
	미래-추측/의지/가능	못하겠어요? 못하겠지요? 못하겠으세요? 못하리요? 못할 거예요? 못할 거지요? 못할 수 있겠어요?	못하겠소?
명령형		못해요, 못하지요, 못하세요, 못하라니까요	못하오, 못하구려
청유형		못해요, 못하지요, 못하세요, 못동자니까요	못하오
감탄형		못하는군요! 못하리요!	못하는구려!

232

상대존대형_예사낮춤		'-어'체	'-네'체
평서형	현재	못해, 못하지, 못할래, 못할걸, 못하는데, 못한대, 못할게, 못한단다, 못하마, 못하잖아	못하네
	현재-진행	못하고 있어, 못하고 있지, 못하는 중이야	못하고 있네
	과거-완료	못했어, 못했지, 못했잖아	못했네
	미래-추측/의지/가능	못하겠어, 못하겠지, 못할 수 있어	못하겠네
의문형	현재	못해? 못하지? 못하니? 못하나? 못할까? 못하랴? 못할래? 못하는데? 못한대? 못한다면서? 못한다지?	못하는가?
	과거	못했어? 못했지? 못했니? 못했을까? 못했대? 못했다면서?	못했는가?
	미래	못하겠어? 못하겠지? 못하겠니? 못하리? 못할 거야? 못할 거지? 못할 거니? 못할 수 있겠어?	못할 건가?
명령형		못해, 못하지, 못하렴, 못하려무나, 못하라니까	못하게
청유형		못해, 못하지, 못하자니까	못하세
감탄형		못해! 못하지! 못하리!	못하는군! 못하는구먼!

상대존대형_아주낮춤		직설체	회상체
평서형	현재	못한다	못하더라
	현재-진행	못하고 있다, 못하는 중이다	못하고 있더라
	과거-완료	못했다	못했더라
	미래-추측/의지/가능	못하겠다, 못하리다, 못하련다, 못할 거다, 못할 수 있다	못하겠더라
의문형	현재	못하느냐?	못하더냐?
	과거	못했느냐?	못했더냐?
	미래	못하겠느냐?	못하겠더냐?
명령형		못해라	
청유형		못하자	
감탄형		못하는구나! 못한다! 못하는도다!	못하더구나!

연결형	연결어미	의미기능	연결어미
나열	못하고, 못하며	비교	못하느니
선택	못하거나, 못하든지, 못하든가	정도	못하리만큼
대립	못해도, 못하지만, 못하나, 못하는데, 못하면서도, 못하되, 못하지	조건·가정	못하면, 못하거든, 못하거들랑, 못해야, 못한다면, 못했던들
동시	못하면서, 못하며	상황제시	못하는데, 못하니, 못하다시피
계기	못하고서, 못해서, 못하자, 못하자마자	비유	못하듯이
중단·전환	못하다가	비례	못할수록
양보	못해도, 못하더라도, 못할지라도, 못할지언정, 못한은들, 못하는데도, 못하기로서니, 못하나마, 못할망정, 못해 보았자	원인·이유	못해서, 못하니까, 못하느라고, 못하기에, 못하길래, 못하느니만큼, 못하는지라, 못할세라, 못하므로
목적·의도	*못하리, 못하려고, 못하고자	첨가	못하거니와, 못할뿐더러, 못하려니와
결과	못하도록, 못하게끔	습관	못하곤

기본예문

- 그는 농구를 잘 못한다. He is not good at baseketball.
- 수학을 잘 못하는 학생들을 위해 보충수업을 실시했다.
  We made an extra class for those who are failing at math.
- 축구를 잘 하지는 못해도 즐기는 편이다. Though I am not good at soccer, I enjoy it.

무디다 [무디다, mudida]

'이' 규칙활용, 형용사

to be dull ; to be blunt ; to be slow ; to be slow-witted

사동형	*무디히다, 무디게 하다, 무디게 만들다		피동형	*무디히다. 무디게 되다, 무디어지다	
관형사형 : 현재-진행		과거-완료	과거-회상	과거-완료-회상	미래-추측/의지
*무디는		무딘	무디던	무디었던	무딜

인용형 : 평서	의문	명령	청유	명사형	부사형
무디다고	무디냐고	*무디라고	*무디자고	무디기, 무딤	무뎌, 무디게

상대존대형_아주높임		직설체	회상체
평서형	현재	무딥니다	무딥디다
	현재-진행	*무디고 있습니다, *무디는 중입니다	*무디고 있습디다
	과거	무디었습니다	무디었습디다
	과거-경험	무디었었습니다	무디었었습디다
	과거-추측	무디었겠습니다	무디었겠습디다
	미래-추측/의지/가능	무디겠습니다, *무디렵니다, 무딜 겁니다, 무딜 수 있습니다	무디겠습디다
의문형	현재	무딥니까?	무딥디까?
	과거	무디었습니까?	무디었습디까?
	과거-경험	무디었었습니까?	무디었었습디까?
	미래-추측/의지/가능	무디겠습니까? *무디렵니까? *무딜 겁니까? *무디리이까? 무딜 수 있겠습니까?	무디겠습디까?
명령형		*무디시오, *무디십시오	
청유형		*무디읍시다, *무디십시다	
감탄형		무디시구나!	

상대존대형_예사높임		'-어요'체	'-으오'체
평서형	현재	무디어요, 무디지요, 무디세요, *무딜래요, 무딜걸요, 무딘데요, 무디대요, *무딜게요, 무딜잖아요	무디오
	현재-진행	*무디고 있어요, *무디고 있지요, *무디고 있으세요, *무디는 중이에요	*무디고 있소
	과거	무디었어요, 무디었지요, 무디었으세요, 무디었잖아요	무디었소
	과거-경험	무디었었어요, 무디었었지요, 무디었었으세요	무디었었소
	과거-추측	무디었겠어요, 무디었겠지요, 무디었겠으세요	무디었겠소
	미래-추측/의지/가능	무디겠어요, 무디겠지요, 무디겠으세요, 무딜 수 있어요	무디겠소
의문형	현재	무디어요? 무디지요? 무디세요? 무디나요? *무딜까요? *무딜래요? *무딘가요? 무딘데요? 무디대요? 무디다면서요? 무디다지요?	무디오? *무디소?
	과거	무디었어요? 무디었지요? 무디었으세요?	무디었소?
	과거-경험	무디었었어요? 무디었었지요? 무디었었으세요?	무디었었소?
	미래-추측/의지/가능	무디겠어요? 무디겠지요? 무디겠으세요? 무디리요? *무딜 거예요? *무딜 거지요? 무딜 수 있겠어요?	무디겠소?
명령형		*무디어요, *무디지요, *무디세요, *무디라니까요	*무디오, *무디구려
청유형		*무디어요, *무디지요, *무디세요, *무디자니까요	*무디오
감탄형		무디군요! 무디리요!	무디구려!

234

상대존대형_예사낮춤		'-어'체	'-네'체
평서형	현재	무디어, 무디지, *무딜래, 무딜걸, 무딘데, 무디대, *무딜게, 무디단다, *무디마, 무디잖아	무디네
	현재-진행	*무디고 있어, *무디고 있지, *무디는 중이야	*무디고 있네
	과거-완료	무디었어, 무디었지, 무디었잖아	무디었네
	미래-추측/의지/가능	무디겠어, 무디겠지, 무딜 수 있어	무디겠네
의문형	현재	무디어? 무디지? 무디니? 무디나? 무딜까? 무디랴? *무딜래? 무딘데? 무디대? 무디다면서? 무디다지?	무딘가?
	과거	무디었어? 무디었지? 무디었니? 무디었을까? 무디었대? 무디었다면서?	무디었는가?
	미래	무디겠어? 무디겠지? 무디겠니? 무디리? *무딜 거야? *무딜 거지? *무딜 거니? 무딜 수 있겠어?	무딜 건가?
명령형		*무디어, *무디지, *무디렴, *무디려무나, *무디라니까	*무디게
청유형		*무디어, *무디지, *무디자니까	*무디세
감탄형		무디어! 무디지! 무디리!	무디군! 무디구먼!

상대존대형_아주낮춤		직설체	회상체
평서형	현재	무디다	무디더라
	현재-진행	*무디고 있다, *무디는 중이다	*무디고 있더라
	과거-완료	무디었다	무디었더라
	미래-추측/의지/가능	무디겠다, 무디리다, *무디련다, 무딜 거다, 무딜 수 있다	무디겠더라
의문형	현재	무디냐?	무디더냐?
	과거	무디었느냐?	무디었더냐?
	미래	무디겠느냐?	무디겠더냐?
명령형		*무디어라	
청유형		*무디자	
감탄형		무디구나! 무디다! 무디도다!	무디더구나!

연결형	연결어미	의미기능	연결어미
나열	무디고, 무디며	비교	*무디느니
선택	무디거나, 무디든지, 무디든가	정도	무디리만큼
대립	무디어도, 무디지만, 무디나, 무딘데, 무디면서도, 무디되, 무디지	조건 · 가정	무디면, 무디거든, 무디거들랑, 무디어야, 무디다면, 무디었던들
동시	무디면서, 무디며	상황제시	무딘데, 무디니, 무디다시피
계기	*무디고서, *무디어서, *무디자, *무디자마자	비유	무디듯이
중단 · 전환	무디다가	비례	무딜수록
양보	무디어도, 무디더라도, 무딜지라도, 무딜지언정, 무디은들, 무딘데도, 무디기로서니, 무디나마, 무딜망정, 무디어 보았자	원인 · 이유	무디어서, 무디니까, *무디느라고, 무디기에, 무디길래, 무디니만큼, 무딘지라, 무딜세라, 무디므로
목적 · 의도	*무디러, *무디려고, *무디고자	첨가	무디거니와, 무딜뿐더러, 무디려니와
결과	무디도록, 무디게끔	습관	*무디곤

- 이 면도기는 날이 무디다. The shaving razor is blunt.
- 눈치가 무딘 사람과 함께 일을 하는 것은 매우 어렵다.
  It is very difficult to work with a slow-witted person.
- 그는 늘 말을 무디게 했다. He always talked bluntly.

무섭다 [무섭따, musəpt'a]

'ㅂ' 불규칙활용, 형용사

to be fearful, be deadful, be terrible ; to be frightened

사동형	*무섭히다, 무섭게 하다, 무섭게 만들다	피동형	*무섭히다. 무섭게 되다, 무서워지다

관형사형 : 현재-진행	과거-완료	과거-회상	과거-완료-회상	미래-추측/의지
무서운	무서운	무섭던	무서웠던	무서울

인용형 : 평서	의문	명령	청유	명사형	부사형
무섭다고	무서우냐고	무서우라고	무섭자고	무섭기, 무서움	무서워, 무섭게

상대존대형_아주높임		직설체	회상체
평서형	현재	무섭습니다	무섭습디다
	현재-진행	*무섭고 있습니다, *무서운 중입니다	*무섭고 있습디다
	과거	무서웠습니다	무서웠습디다
	과거-경험	무서웠었습니다	무서웠었습디다
	과거-추측	무서웠겠습니다	무서웠겠습디다
	미래-추측/의지/가능	무섭겠습니다, *무서우렵니다, 무서울 겁니다, 무서울 수 있습니다	무섭겠습디다
의문형	현재	무섭습니까?	무섭습디까?
	과거	무서웠습니까?	무서웠습디까?
	과거-경험	무서웠었습니까?	무서웠었습디까?
	미래-추측/의지/가능	무섭겠습니까? *무서우렵니까? *무서울 겁니까? *무서우리이까? 무서울 수 있겠습니까?	무섭겠습디까?
명령형		*무서우시오, *무서우십시오	
청유형		*무서웁시다, *무서우십시다	
감탄형		무서우시구나!	

상대존대형_예사높임		'-어요'체	'-으오'체
평서형	현재	무서워요, 무섭지요, 무서우세요, *무서울래요, 무서울걸요, 무섭데요, 무서운데요, 무섭대요, *무서울게요, 무섭잖아요	무서우오
	현재-진행	*무섭고 있어요, *무섭고 있지요, *무섭고 있으세요, *무서운 중이에요	*무섭고 있소
	과거	무서웠어요, 무서웠지요, 무서웠으세요, 무서웠잖아요	무서웠소
	과거-경험	무서웠었어요, 무서웠었지요, 무서웠었으세요	무서웠었소
	과거-추측	무서웠겠어요, 무서웠겠지요, 무서웠겠으세요	무서웠겠소
	미래-추측/의지/가능	무섭겠어요, 무섭겠지요, 무섭겠으세요, 무서울 수 있어요	무섭겠소
의문형	현재	무서워요? 무섭지요? 무서우세요? 무섭나요? 무서울까요? *무서울래요? 무서운가요? 무서운데요? 무섭대요? 무섭다면서요? 무섭다지요?	무서우오? 무섭소?
	과거	무서웠어요? 무서웠지요? 무서웠으세요?	무서웠소?
	과거-경험	무서웠었어요? 무서웠었지요? 무서웠었으세요?	무서웠었소?
	미래-추측/의지/가능	무섭겠어요? 무섭겠지요? 무섭겠으세요? 무서우리요? *무서울 거예요? *무서울 거지요? 무서울 수 있겠어요?	무섭겠소?
명령형		*무서워요, *무섭지요, *무서우세요, *무서우라니까요	*무서우오, *무섭구려
청유형		*무서워요, *무섭지요, *무서우세요, *무섭자니까요	*무서우오
감탄형		무섭군요! 무서우리요!	무섭구려!

상대존대형_예사낮춤		'-어'체	'-네'체
평서형	현재	무서워, 무섭지, *무서울래, 무서울걸, 무서운데, 무섭대, *무서울게, 무섭단다, *무서우마, 무섭잖아	무섭네
	현재-진행	*무섭고 있어, *무섭고 있지, *무서운 중이야	*무섭고 있네
	과거-완료	무서웠어, 무서웠지, 무서웠잖아	무서웠네
	미래-추측/의지/가능	무섭겠어, 무섭겠지, 무서울 수 있어	무섭겠네
의문형	현재	무서워? 무섭지? 무섭니? 무섭나? 무서울까? 무서우랴? *무서울래? 무서운데? 무섭대? 무섭다면서? 무섭다지?	무서운가?
	과거	무서웠어? 무서웠지? 무서웠니? 무서웠을까? 무서웠대? 무서웠다면서?	무서웠는가?
	미래	무섭겠어? 무섭겠지? 무섭겠니? *무서우리? *무서울 거야? *무서울 거지? *무서울 거니? 무서울 수 있겠어?	*무서울 건가?
명령형		*무서워, *무섭지, *무서우렴, *무서우려무나, *무서우라니까	*무섭게
청유형		*무서워, *무섭지, *무섭자니까	*무섭세
감탄형		무서워! 무섭지! 무서우리!	무섭군! 무섭구먼!

상대존대형_아주낮춤		직설체	회상체
평서형	현재	무섭다	무섭더라
	현재-진행	*무섭고 있다, *무서운 중이다	*무섭고 있더라
	과거-완료	무서웠다	무서웠더라
	미래-추측/의지/가능	무섭겠다, 무서우리다, *무서우련다, 무서울 거다, 무서울 수 있다	무섭겠더라
의문형	현재	무서우냐?	무섭더냐?
	과거	무서웠느냐?	무서웠더냐?
	미래	무섭겠느냐?	무섭겠더냐?
명령형		*무서워라	
청유형		*무섭자	
감탄형		무섭구나! 무섭다! 무섭도다!	무섭더구나!

연결형	연결어미	의미기능	연결어미
나열	무섭고, 무서우며	비교	*무섭느니/무섭다느니
선택	무섭거나, 무섭든지, 무섭든가	정도	무서우리만큼
대립	무서워도, 무섭지만, 무서우나, 무서운데, 무서우면서도, 무섭되, 무섭지	조건 · 가정	무서우면, 무섭거든, 무섭거들랑, 무서워야, 무섭다면, 무서웠던들
동시	무서우면서, 무서우며	상황제시	무서운데, 무서우니, 무섭다시피
계기	*무섭고서, 무서워서, *무섭자, *무섭자마자	비유	무섭듯이
중단 · 전환	무섭다가	비례	무서울수록
양보	무서워도, 무섭더라도, 무서울지라도, 무서울지언정, 무서운들, 무서운데도, 무섭기로서니, 무서우나마, 무서울망정, 무서워 보았자	원인 · 이유	무서워서, 무서우니까, *무서우느라고, 무섭기에, 무섭길래, 무서우니만큼, 무서운지라, 무서울세라, 무서우므로
목적 · 의도	*무서우러, *무서우려고, *무섭고자	첨가	무섭거니와, 무서울뿐더러, 무서우려니와
결과	무섭도록, 무섭게끔	습관	무섭곤

- 그 사람은 성질이 무섭다. He has bad temper.
- 무서웠던 기억이 떠올라 몸을 떨었다. I shivered because I was reminded of a scary memory.
- 강도가 무서우면 밤늦게 다니지 마세요. Do not be outdoors, if you are afraid of robbers.

묶다 [묵따, mukt'a]

'자음' 규칙활용, 타동사

to bind, tie, fasten ; to chain

사동형	묶기다, 묶게 하다, 묶게 만들다		피동형	묶히다. 묶게 되다, 묶어지다, 묶겨지다	
관형사형 : 현재-진행		과거-완료	과거-회상	과거-완료-회상	미래-추측/의지
묶는		묶은	묶던	묶었던	묶을

인용형 : 평서		의문	명령	청유	명사형	부사형
무섭다고		무서우냐고	무서우라고	무섭자고	무섭기, 무서움	무서워, 무섭게

상대존대형_아주높임			직설체	회상체
평서형	현재		묶습니다	묶습디다
	현재-진행		묶고 있습니다, 묶는 중입니다	묶고 있습디다
	과거		묶었습니다	묶었습디다
	과거-경험		묶었었습니다	묶었었습디다
	과거-추측		묶었겠습니다	묶었겠습디다
	미래-추측/의지/가능		묶겠습니다, 묶으렵니다, 묶을 겁니다, 묶을 수 있습니다	묶겠습디다
의문형	현재		묶습니까?	묶습디까?
	과거		묶었습니까?	묶었습디까?
	과거-경험		묶었었습니까?	묶었었습디까?
	미래-추측/의지/가능		묶겠습니까? 묶으렵니까? 묶을 겁니까? 묶으리이까? 묶을 수 있겠습니까?	묶겠습디까?
명령형			묶으시오, 묶으십시오	
청유형			묶읍시다, 묶으십시다	
감탄형			묶으시는구나!	

상대존대형_예사높임			'-어요'체	'-으오'체
평서형	현재		묶어요, 묶지요, 묶으세요, 묶을래요, 묶을걸요, 묶는데요, 묶는대요, 묶을게요, 묶잖아요	묶으오
	현재-진행		묶고 있어요, 묶고 있지요, 묶고 있으세요, 묶는 중이에요	묶고 있소
	과거		묶었어요, 묶었지요, 묶었으세요, 묶었잖아요	묶었소
	과거-경험		묶었었어요, 묶었었지요, 묶었었으세요	묶었었소
	과거-추측		묶었겠어요, 묶었겠지요, 묶었겠으세요	묶었겠소
	미래-추측/의지/가능		묶겠어요, 묶겠지요, 묶겠으세요, 묶을 수 있어요	묶겠소
의문형	현재		묶어요? 묶지요? 묶으세요? 묶나요? 묶을까요? 묶을래요? 묶는가요? 묶는데요? 묶는대요? 묶는다면서요? 묶는다지요?	묶으오? 묶소?
	과거		묶었어요? 묶었지요? 묶었으세요?	묶었소?
	과거-경험		묶었었어요? 묶었었지요? 묶었었으세요?	묶었었소?
	미래-추측/의지/가능		묶겠어요? 묶겠지요? 묶겠으세요? 묶으리요? 묶을 거예요? 묶을 거지요? 묶을 수 있겠어요?	묶겠소?
명령형			묶어요, 묶지요, 묶으세요, 묶으라니까요	묶으오, 묶구려
청유형			묶어요, 묶지요, 묶으세요, 묶자니까요	묶으오
감탄형			묶는군요! 묶으리요!	묶는구려!

상대존대형_예사낮춤		'-어'체	'-네'체
평서형	현재	묶어, 묶지, 묶을래, 묶을걸, 묶는데, 묶는대, 묶을게, 묶는단다, 묶으마, 묶잖아	묶네
	현재-진행	묶고 있어, 묶고 있지, 묶는 중이야	묶고 있네
	과거-완료	묶었어, 묶었지, 묶었잖아	묶었네
	미래-추측/의지/가능	묶겠어, 묶겠지, 묶을 수 있어	묶겠네
의문형	현재	묶어? 묶지? 묶니? 묶나? 묶을까? 묶으랴? 묶을래? 묶는데? 묶는대? 묶는다면서? 묶는다지?	묶는가?
	과거	묶었어? 묶었지? 묶었니? 묶었을까? 묶었대? 묶었다면서?	묶었는가?
	미래	묶겠어? 묶겠지? 묶겠니? 묶으리? 묶을 거야? 묶을 거지? 묶을 거니? 묶을 수 있겠어?	묶을 건가?
명령형		묶어, 묶지, 묶으렴, 묶으려무나, 묶으라니까	묶게
청유형		묶어, 묶지, 묶자니까	묶세
감탄형		묶어! 묶지! 묶으리!	묶는군! 묶는구면!

상대존대형_아주낮춤		직설체	회상체
평서형	현재	묶는다	묶더라
	현재-진행	묶고 있다, 묶는 중이다	묶고 있더라
	과거-완료	묶었다	묶었더라
	미래-추측/의지/가능	묶겠다, 묶으리다, 묶으련다, 묶을 거다, 묶을 수 있다	묶겠더라
의문형	현재	묶느냐?	묶더냐?
	과거	묶었느냐?	묶었더냐?
	미래	묶겠느냐?	묶겠더냐?
명령형		묶어라	
청유형		묶자	
감탄형		묶는구나! 묶는다! 묶는도다!	묶더구나!

연결형	연결어미	의미기능	연결어미
나열	묶고, 묶으며	비교	묶느니
선택	묶거나, 묶든지, 묶든가	정도	묶으리만큼
대립	묶어도, 묶지만, 묶으나, 묶는데, 묶으면서도, 묶되, 묶지	조건 · 가정	묶으면, 묶거든, 묶거들랑, 묶어야, 묶는다면, 묶었던들
동시	묶으면서, 묶으며	상황제시	묶는데, 묶으니, 묶다시피
계기	묶고서, 묶어서, 묶자, 묶자마자	비유	묶듯이
중단 · 전환	묶다가	비례	묶을수록
양보	묶어도, 묶더라도, 묶을지라도, 묶을지언정, 묶은들, 묶는데도, 묶기로서니, 묶으나마, 묶을망정, 묶어 보았자	원인 · 이유	묶어서, 묶으니까, 묶느라고, 묶기에, 묶길래, 묶느니만큼, 묶는지라, 묶을세라, 묶으므로
목적 · 의도	묶으러, 묶으려고, 묶고자	첨가	묶거니와, 묶을뿐더러, 묶으려니와
결과	묶도록, 묶게끔	습관	묶곤

- 그는 손발이 묶여 있었다. His hands and legs are tied together.
- 꽃다발 한 묶음을 그녀에게 선물했다. I gave her a bundle of flower as a gift.
- 여성들을 너무 가정에 묶어 두지 마세요. Do not tie a woman too much to the family.

묻다1 [묻따, mudt'a]

'자음' 규칙활용, 자동사

to stick (to), adhere (to) ; to be stuck to ; to be stained with

사동형	묻히다, 묻게 하다, 묻게 만들다			피동형	묻히다. 묻게 되다, 묻어지다, 묻혀지다	

관형사형 : 현재-진행	과거-완료	과거-회상	과거-완료-회상	미래-추측/의지
묻는	묻은	묻던	묻었던	묻을

인용형 : 평서	의문	명령	청유	명사형	부사형
묻는다고	묻느냐고	묻으라고	묻자고	묻기, 묻음	묻어, 묻게

상대존대형_아주높임		직설체	회상체
평서형	현재	묻습니다	묻습디다
	현재-진행	묻고 있습니다, 묻는 중입니다	묻고 있습디다
	과거	묻었습니다	묻었습디다
	과거-경험	묻었었습니다	묻었었습디다
	과거-추측	묻었겠습니다	묻었겠습디다
	미래-추측/의지/가능	묻겠습니다, 묻으렵니다, 묻을 겁니다, 묻을 수 있습니다	묻겠습디다
의문형	현재	묻습니까?	묻습디까?
	과거	묻었습니까?	묻었습디까?
	과거-경험	묻었었습니까?	묻었었습디까?
	미래-추측/의지/가능	묻겠습니까? 묻으렵니까? 묻을 겁니까? 묻으리이까? 묻을 수 있겠습니까?	묻겠습디까?
명령형		묻으시오, 묻으십시오	
청유형		묻읍시다, 묻으십시다	
감탄형		묻으시는구나!	

상대존대형_예사높임		'-어요'체	'-으오'체
평서형	현재	묻어요, 묻지요, 묻으세요, 묻을래요, 묻을걸요, 묻는데요, 묻는대요, 묻을게요, 묻잖아요	묻으오
	현재-진행	묻고 있어요, 묻고 있지요, 묻고 있으세요, 묻는 중이에요	묻고 있소
	과거	묻었어요, 묻었지요, 묻었으세요, 묻었잖아요	묻었소
	과거-경험	묻었었어요, 묻었었지요, 묻었었으세요	묻었었소
	과거-추측	묻었겠어요, 묻었겠지요, 묻었겠으세요	묻었겠소
	미래-추측/의지/가능	묻겠어요, 묻겠지요, 묻겠으세요, 묻을 수 있어요	묻겠소
의문형	현재	묻어요? 묻지요? 묻으세요? 묻나요? 묻을까요? 묻을래요? 묻는가요? 묻는데요? 묻는대요? 묻는다면서요? 묻는다지요?	묻으오? 묻소?
	과거	묻었어요? 묻었지요? 묻었으세요?	묻었소?
	과거-경험	묻었었어요? 묻었었지요? 묻었었으세요?	묻었었소?
	미래-추측/의지/가능	묻겠어요? 묻겠지요? 묻겠으세요? 묻으리요? 묻을 거예요? 묻을 거지요? 묻을 수 있겠어요?	묻겠소?
명령형		묻어요, 묻지요, 묻으세요, 묻으라니까요	묻으오, 묻구려
청유형		묻어요, 묻지요, 묻으세요, 묻자니까요	묻으오
감탄형		묻는군요! 묻으리요!	묻는구려!

상대존대형_예사낮춤		'-어'체	'-네'체
평서형	현재	묻어, 묻지, 묻을래, 묻을걸, 묻는데, 묻는대, 묻을게, 묻는단다, 묻으마, 묻잖아	묻네
	현재-진행	묻고 있어, 묻고 있지, 묻는 중이야	묻고 있네
	과거-완료	묻었어, 묻었지, 묻었잖아	묻었네
	미래-추측/의지/가능	묻겠어, 묻겠지, 묻을 수 있어	묻겠네
의문형	현재	묻어? 묻지? 묻니? 묻나? 묻을까? 묻으랴? 묻을래? 묻는데? 묻는대? 묻는다면서? 묻는다지?	묻는가?
	과거	묻었어? 묻었지? 묻었니? 묻었을까? 묻었대? 묻었다면서?	묻었는가?
	미래	묻겠어? 묻겠지? 묻겠니? 묻으리? 묻을 거야? 묻을 거지? 묻을 거니? 묻을 수 있겠어?	묻을 건가?
명령형		묻어, 묻지, 묻으렴, 묻으려무나, 묻으라니까	묻게
청유형		묻어, 묻지, 묻자니까	묻세
감탄형		묻어! 묻지! 묻으리!	묻는군! 묻는구먼!

상대존대형_아주낮춤		직설체	회상체
평서형	현재	묻는다	묻더라
	현재-진행	묻고 있다, 묻는 중이다	묻고 있더라
	과거-완료	묻었다	묻었더라
	미래-추측/의지/가능	묻겠다, 묻으리다, 묻으련다, 묻을 거다, 묻을 수 있다	묻겠더라
의문형	현재	묻느냐?	묻더냐?
	과거	묻었느냐?	묻었더냐?
	미래	묻겠느냐?	묻겠더냐?
명령형		묻어라	
청유형		묻자	
감탄형		묻는구나! 묻는다! 묻는도다!	묻더구나!

연결형	연결어미	의미기능	연결어미
나열	묻고, 묻으며	비교	묻느니
선택	묻거나, 묻든지, 묻든가	정도	묻으리만큼
대립	묻어도, 묻지만, 묻으나, 묻는데, 묻으면서도, 묻되, 묻지	조건 · 가정	묻으면, 묻거든, 묻거들랑, 묻어야, 묻는다면, 묻었던들
동시	묻으면서, 묻으며	상황제시	묻는데, 묻으니, 묻다시피
계기	묻고서, 묻어서, 묻자, 묻자마자	비유	묻듯이
중단 · 전환	묻다가	비례	묻을수록
양보	묻어도, 묻더라도, 묻을지라도, 묻을지언정, 묻은들, 묻는데도, 묻기로서니, 묻으나마, 묻을망정, 묻어 보았자	원인 · 이유	묻어서, 묻으니까, 묻느라고, 묻기에, 묻길래, 묻느니만큼, 묻는지라, 묻을세라, 묻으므로
목적 · 의도	묻으러, 묻으려고, 묻고자	첨가	묻거니와, 묻을뿐더러, 묻으려니와
결과	묻도록, 묻게끔	습관	묻곤

묻다2 [묻ː따, mud:t'a]

'ㅂ' 불규칙활용, 타동사

to ask, question ; to inquire of ; to charge of

사동형	*묻히다, 묻게 하다, 묻게 만들다		피동형		*묻히다. 묻게 되다, 물어지다	

관형사형 : 현재-진행	과거-완료	과거-회상	과거-완료-회상	미래-추측/의지
묻는	물은	묻던	물었던	물을

인용형 : 평서	의문	명령	청유	명사형	부사형
묻는다고	묻느냐고	물으라고	묻자고	묻기, 물음	물어, 묻게

상대존대형_아주높임		직설체	회상체
평서형	현재	묻습니다	묻습디다
	현재-진행	묻고 있습니다, 묻는 중입니다	묻고 있습디다
	과거	물었습니다	물었습디다
	과거-경험	물었었습니다	물었었습디다
	과거-추측	물었겠습니다	물었겠습디다
	미래-추측/의지/가능	묻겠습니다, 물으렵니다, 물을 겁니다, 물을 수 있습니다	묻겠습디다
의문형	현재	묻습니까?	묻습디까?
	과거	물었습니까?	물었습디까?
	과거-경험	물었었습니까?	물었었습디까?
	미래-추측/의지/가능	묻겠습니까? 물으렵니까? 물을 겁니까? 물으리이까? 물을 수 있겠습니까?	묻겠습디까?
명령형		물으시오, 물으십시오	
청유형		물읍시다, 물으십시다	
감탄형		물으시는구나!	

상대존대형_예사높임		'-어요'체	'-으오'체
평서형	현재	물어요, 묻지요, 물으세요, 물을래요, 물을걸요, 묻는데요, 묻는대요, 물을게요, 묻잖아요	물으오
	현재-진행	묻고 있어요, 묻고 있지요, 묻고 있으세요, 묻는 중이에요	묻고 있소
	과거	물었어요, 물었지요, 물었으세요, 물었잖아요	물었소
	과거-경험	물었었어요, 물었었지요, 물었었으세요	물었었소
	과거-추측	물었겠어요, 물었겠지요, 물었겠으세요	물었겠소
	미래-추측/의지/가능	묻겠어요, 묻겠지요, 묻겠으세요, 물을 수 있어요	묻겠소
의문형	현재	물어요? 묻지요? 물으세요? 묻나요? 물을까요? 물을래요? 묻는가요? 묻는데요? 묻는대요? 묻는다면서요? 묻는다지요?	물으오? 묻소?
	과거	물었어요? 물었지요? 물었으세요?	물었소?
	과거-경험	물었었어요? 물었었지요? 물었었으세요?	물었었소?
	미래-추측/의지/가능	묻겠어요? 묻겠지요? 묻겠으세요? 물으리요? 물을 거예요? 물을 거지요? 물을 수 있겠어요?	묻겠소?
명령형		물어요, 묻지요, 물으세요, 물으라니까요	물으오, 묻구려
청유형		물어요, 묻지요, 물으세요, 묻자니까요	물으오
감탄형		묻는군요! 물으리요!	묻는구려!

상대존대형_예사낮춤		'-어'체	'-네'체
평서형	현재	물어, 묻지, 물을래, 물을걸, 묻는데, 묻는대, 물을게, 묻는단다, 물으마, 묻잖아	묻네
	현재-진행	묻고 있어, 묻고 있지, 묻는 중이야	묻고 있네
	과거-완료	물었어, 물었지, 물었잖아	물었네
	미래-추측/의지/가능	묻겠어, 묻겠지, 물을 수 있어	묻겠네
의문형	현재	물어? 묻지? 묻니? 묻나? 물을까? 물으랴? 물을래? 묻는데? 묻는대? 묻는다면서? 묻는다지?	묻는가?
	과거	물었어? 물었지? 물었니? 물었을까? 물었대? 물었다면서?	물었는가?
	미래	묻겠어? 묻겠지? 묻겠니? 물으리? 물을 거야? 물을 거지? 물을 거니? 물을 수 있겠어?	물을 건가?
명령형		물어, 묻지, 물으렴, 물으려무나, 물으라니까	묻게
청유형		물어, 묻지, 묻자니까	*묻세, 물으세
감탄형		물어! 묻지! 물으리!	묻는군! 묻는구먼!

상대존대형_아주낮춤		직설체	회상체
평서형	현재	묻는다	묻더라
	현재-진행	묻고 있다, 묻는 중이다	묻고 있더라
	과거-완료	물었다	물었더라
	미래-추측/의지/가능	묻겠다, 물으리다, 물으련다, 물을 거다, 물을 수 있다	묻겠더라
의문형	현재	묻느냐?	묻더냐?
	과거	물었느냐?	물었더냐?
	미래	묻겠느냐?	묻겠더냐?
명령형		물어라	
청유형		묻자	
감탄형		묻는구나! 묻는다! 묻는도다!	묻더구나!

연결형	연결어미	의미기능	연결어미
나열	묻고, 물으며	비교	묻느니
선택	묻거나, 묻든지, 묻든가	정도	물으리만큼
대립	물어도, 묻지만, 물으나, 묻는데, 물으면서도, 묻되, 묻지	조건·가정	물으면, 묻거든, 묻거들랑, 물어야, 묻는다면, 물었던들
동시	물으면서, 물으며	상황제시	묻는데, 물으니, 묻다시피
계기	묻고서, 물어서, 묻자, 묻자마자	비유	묻듯이
중단·전환	묻다가	비례	물을수록
양보	물어도, 묻더라도, 물을지라도, 물을지언정, 물은들, 묻는데도, 묻기로서니, 물으나마, 물을망정, 물어 보았자	원인·이유	물어서, 물으니까, 묻느라고, 묻기에, 묻길래, 묻느니만큼, 묻는지라, 물을세라, 물으므로
목적·의도	물으러, 물으려고, 묻고자	첨가	묻거니와, 물을뿐더러, 물으려니와
결과	묻도록, 묻게끔	습관	묻곤

- 친구에게 이 문제의 풀이과정을 물어 보았다.
  I asked my friends the solving process to the question.
- 네가 물은 질문의 내용을 잘 이해하지 못하겠구나.
  You didn't understand the meaning of the question, did you?
- 그 사람에 대한 소식을 물었으나 아무도 모르고 있었다. I asked his whereabout but no one knew.

물다1 [물다, mulda]

'ㄹ' 불규칙활용, 타동사

to bite ; to hold in the mouth ; to gear with

사동형	물리다, 물게 하다, 물게 만들다	피동형	물리다, 물게 되다 '물어지다

관형사형 : 현재-진행	과거-완료	과거-회상	과거-완료-회상	미래-추측/의지
무는	문	물던	물었던	물

인용형 : 평서	의문	명령	청유	명사형	부사형
문다고	무느냐고	무라고	물자고	물기, 물음	물어, 물게

상대존대형_아주높임		직설체	회상체
평서형	현재	뭅니다	뭅디다
	현재-진행	물고 있습니다, 무는 중입니다	물고 있습디다
	과거	물었습니다	물었습디다
	과거-경험	물었었습니다	물었었습디다
	과거-추측	물었겠습니다	물었겠습디다
	미래-추측/의지/가능	물겠습니다, 무렵니다, 물 겁니다, 물 수 있습니다	물겠습디다
의문형	현재	뭅니까?	뭅디까?
	과거	물었습니까?	물었습디까?
	과거-경험	물었었습니까?	물었었습디까?
	미래-추측/의지/가능	물겠습니까? 무렵니까? 물 겁니까? 무리이까? 물 수 있겠습니까?	물겠습디까?
명령형		무시오, 무십시오	
청유형		물읍시다, 무십시다	
감탄형		무시는구나!	

상대존대형_예사높임		'-어요'체	'-으오'체
평서형	현재	물어요, 물지요, 무세요, 물래요, 무는데요, 문대요, 문대요, 물게요, 물잖아요	무오
	현재-진행	물고 있어요, 물고 있지요, 물고 있으세요, 무는 중이에요	물고 있소
	과거	물었어요, 물었지요, 물었으세요, 물었잖아요	물었소
	과거-경험	물었었어요, 물었었지요, 물었었으세요	물었었소
	과거-추측	물었겠어요, 물었겠지요, 물었겠으세요	물었겠소
	미래-추측/의지/가능	물겠어요, 물겠지요, 물겠으세요, 물 수 있어요	물겠소
의문형	현재	물어요? 물지요? 무세요? 무나요? 물까요? 물래요? 무는가요? 무는데요? 문대요? 문다면서요? 문다지요?	무오? *물소?
	과거	물었어요? 물었지요? 물었으세요?	물었소?
	과거-경험	물었었어요? 물었었지요? 물었었으세요?	물었었소?
	미래-추측/의지/가능	물겠어요? 물겠지요? 물겠으세요? 무리요? 물 거예요? 물 거지요? 물 수 있겠어요?	물겠소?
명령형		물어요, 물지요, 무세요, 무라니까요	무오, 물구려
청유형		물어요, 물지요, 무세요, 물자니까요	무오
감탄형		무는군요! 무리요!	무는구려!

상대존대형_예사낮춤		'-어'체	'-네'체
평서형	현재	물어, 물지, 물래, 물걸, 무는데, 문대, 물게, 문단다, 무마, 물잖아	무네
	현재-진행	물고 있어, 물고 있지, 무는 중이야	물고 있네
	과거-완료	물었어, 물었지, 물었잖아	물었네
	미래-추측/의지/가능	물겠어, 물겠지, 물 수 있어	물겠네
의문형	현재	물어? 물지? 무니? 무나? 물까? 무랴? 물래? 무는데? 문대? 문다면서? 문다지?	무는가?
	과거	물었어? 물었지? 물었니? 물었을까? 물었대? 물었다면서?	물었는가?
	미래	물겠어? 물겠지? 물겠니? 무리? 물 거야? 물 거지? 물 거니? 물 수 있겠어?	물 건가?
명령형		물어, 물지, 무렴, 무려무나, 무라니까	물게
청유형		물어, 물지, 물자니까	무세
감탄형		물어! 물지! 무리!	무는군! 무는구면!

상대존대형_아주낮춤		직설체	회상체
평서형	현재	문다	물더라
	현재-진행	물고 있다, 무는 중이다	물고 있더라
	과거-완료	물었다	물었더라
	미래-추측/의지/가능	물겠다, 무리다, 무련다, 물 거다, 물 수 있다	물겠더라
의문형	현재	무느냐?	물더냐?
	과거	물었느냐?	물었더냐?
	미래	물겠느냐?	물겠더냐?
명령형		물어라	
청유형		물자	
감탄형		무는구나! 문다! 무는도다!	물더구나!

연결형	연결어미	의미기능	연결어미
나열	물고, 물며	비교	무느니
선택	물거나, 물든지, 물든가	정도	무리만큼
대립	물어도, 물지만, 무나, 무는데, 물면서도, 물되, 물지	조건 · 가정	물면, 물거든, 물거들랑, 물어야, 문다면, 물었던들
동시	물면서, 물며	상황제시	무는데, 무니, 물다시피
계기	물고서, 물어서, 물자, 물자마자	비유	물듯이
중단 · 전환	물다가	비례	물수록
양보	물어도, 물더라도, 물지라도, 물지언정, 문들, 무는데도, 물기로서니, 무나마, 물망정, 물어 보았자	원인 · 이유	물어서, 무니까, 무느라고, 물기에, 물길래, 무느니만큼, 무는지라, 물세라, 물므로
목적 · 의도	물러, 물려고, 물고자	첨가	물거니와, 물뿐더러, 물려니와
결과	물도록, 물게끔	습관	물곤

기본예문

- 쥐가 고양이를 물었다. The rat bit the cat.
- 담배를 문 채로 돌아다니지 마세요. Do not walk with a cigarette in your mouth.
- 모기가 물어서 밤새도록 고생했다. I suffered all night because of the mosquito bite.

미안하다 [미안하다, mianhada]

'여' 불규칙활용, 형용사

to be sorry ; to be uneasy ; to be regret

사동형	*미안하히다, 미안하게 하다, 미안하게 만들다	피동형	*미안하히다. 미안하게 되다, 미안해지다

관형사형 : 현재-진행	과거-완료	과거-회상	과거-완료-회상	미래-추측/의지
미안한	미안한	미안하던	미안했던	미안할

인용형 : 평서	의문	명령	청유	명사형	부사형
미안하다고	미안하냐고	*미안하라고	*미안하자고	미안하기, 미안함	미안해, 미안하게

상대존대형_아주높임		직설체	회상체
평서형	현재	미안합니다	미안합디다
	현재-진행	*미안하고 있습니다, *미안한 중입니다	*미안하고 있습디다
	과거	미안했습니다	미안했습디다
	과거-경험	미안했었습니다	미안했었습디다
	과거-추측	미안했겠습니다	미안했겠습디다
	미래-추측/의지/가능	미안하겠습니다, *미안하렵니다, 미안할 겁니다, 미안할 수 있습니다	미안하겠습디다
의문형	현재	미안합니까?	미안합디까?
	과거	미안했습니까?	미안했습디까?
	과거-경험	미안했었습니까?	미안했었습디까?
	미래-추측/의지/가능	미안하겠습니까? *미안하렵니까? *미안할 겁니까? *미안하리이까? 미안할 수 있겠습니까?	미안하겠습디까?
명령형		*미안하시오, *미안하십시오	
청유형		*미안하읍시다, *미안하십시다	
감탄형		미안하시구나!	

상대존대형_예사높임		'-어요'체	'-으오'체
평서형	현재	미안해요, 미안하지요, 미안하세요, *미안할래요, 미안할걸요, 미안한데요, 미안하대요, *미안할게요, 미안하잖아요	미안하오
	현재-진행	*미안하고 있어요, *미안하고 있지요, *미안하고 있으세요, *미안한 중이에요	*미안하고 있소
	과거	미안했어요, 미안했지요, 미안했으세요, 미안했잖아요	미안했소
	과거-경험	미안했었어요, 미안했었지요, 미안했었으세요	미안했었소
	과거-추측	미안했겠어요, 미안했겠지요, 미안했겠으세요	미안했겠소
	미래-추측/의지/가능	미안하겠어요, 미안하겠지요, 미안하겠으세요, 미안할 수 있어요	미안하겠소
의문형	현재	미안해요? 미안하지요? 미안하세요? 미안하나요? *미안할까요? *미안할래요? 미안한가요? 미안한데요? 미안하대요? 미안하다면서요? 미안하다지요?	미안하오? *미안하소?
	과거	미안했어요? 미안했지요? 미안했으세요?	미안했소?
	과거-경험	미안했었어요? 미안했었지요? 미안했었으세요?	미안했었소?
	미래-추측/의지/가능	미안하겠어요? 미안하겠지요? 미안하겠으세요? 미안하리요? *미안할 거예요? *미안할 거지요? 미안할 수 있겠어요?	미안하겠소?
명령형		*미안해요, *미안하지요, *미안하세요, *미안하라니까요	*미안하오, *미안하구려
청유형		*미안해요, *미안하지요, *미안하세요, *미안하자니까요	*미안하오
감탄형		미안하군요! 미안하리요!	미안하구려!

상대존대형_예사낮춤		'-어'체	'-네'체
평서형	현재	미안해, 미안하지, *미안할래, 미안할걸, 미안한데, 미안하대, *미안할게, 미안하단다, *미안하마, 미안하잖아	미안하네
	현재-진행	*미안하고 있어, *미안하고 있지, *미안한 중이야	*미안하고 있네
	과거-완료	미안했어, 미안했지, 미안했잖아	미안했네
	미래-추측/의지/가능	미안하겠어, 미안하겠지, 미안할 수 있어	미안하겠네
의문형	현재	미안해? 미안하지? 미안하니? 미안하나? 미안할까? 미안하랴? *미안할래? 미안한데? 미안하대? 미안하다면서? 미안하다지?	미안한가?
	과거	미안했어? 미안했지? 미안했니? 미안했을까? 미안했대? 미안했다면서?	미안했는가?
	미래	미안하겠어? 미안하겠지? 미안하겠니? 미안하리? *미안할 거야? *미안할 거지? *미안할 거니? 미안할 수 있겠어?	*미안할 건가?
명령형		*미안해, *미안하지, *미안하렴, *미안하려무나, *미안하라니까	*미안하게
청유형		*미안해, *미안하지, *미안하자니까	*미안하세
감탄형		미안해! 미안하지! 미안하리!	미안하군! 미안하구먼!

상대존대형_아주낮춤		직설체	회상체
평서형	현재	미안하다	미안하더라
	현재-진행	*미안하고 있다, *미안한 중이다	*미안하고 있더라
	과거-완료	미안했다	미안했더라
	미래-추측/의지/가능	미안하겠다, 미안하리다, *미안하련다, 미안할 거다, 미안할 수 있다	미안하겠더라
의문형	현재	미안하냐?	미안하더냐?
	과거	미안했느냐?	미안했더냐?
	미래	미안하겠느냐?	미안하겠더냐?
명령형		*미안해라	
청유형		*미안하자	
감탄형		미안하구나! 미안하다! 미안하도다!	미안하더구나!

연결형	연결어미	의미기능	연결어미
나열	미안하고, 미안하며	비교	*미안하느니
선택	미안하거나, 미안하든지, 미안하든가	정도	미안하리만큼
대립	미안해도, 미안하지만, 미안하나, 미안한데, 미안하면서도, 미안하되, 미안하지	조건 · 가정	미안하면, 미안하거든, 미안하거들랑, 미안해야, 미안하다면, 미안했던들
동시	미안하면서, 미안하며	상황제시	미안한데, 미안하니, 미안하다시피
계기	*미안하고서, *미안해서, *미안하자, *미안하자마자	비유	미안하듯이
중단 · 전환	미안하다가	비례	미안할수록
양보	미안해도, 미안하더라도, 미안할지라도, 미안할지언정, 미안한들, 미안한데도, 미안하기로서니, 미안하나마, 미안할망정, 미안해 보았자	원인 · 이유	미안해서, 미안하니까, *미안하느라고, 미안하기에, 미안하길래, 미안하니만큼, 미안한지라, 미안할세라, 미안하므로
목적 · 의도	*미안하러, *미안하려고, *미안하고자	첨가	미안하거니와, 미안할뿐더러, 미안하려니와
결과	미안하도록, 미안하게끔	습관	*미안하곤

- 약속을 못 지켜서 미안하다. I'm sorry I couldn't keep the promise.
- 거짓말을 한 것이 미안했던지 그는 내게 용서를 빌었다.
  He came to ask for forgiveness because he was sorry.
- 미안해서 너를 볼 낯이 없구나. I'm so sorry that I can't even look at you.

믿다 [믿따, midt'a]

'ㄷ' 규칙활용, 타동사

to believe, credit ; to trust ; to be sure of ; to have faith

사동형	*믿히다, 믿게 하다, 믿게 만들다		피동형	믿기다. 믿게 되다, 믿어지다	
관형사형 : 현재-진행	과거-완료		과거-회상	과거-완료-회상	미래-추측/의지
믿는	믿은		믿던	믿었던	믿을

인용형 : 평서	의문	명령	청유	명사형	부사형
믿는다고	믿느냐고	믿으라고	믿자고	믿기, 믿음	믿어, 믿게

상대존대형_아주높임		직설체	회상체
평서형	현재	믿습니다	믿습디다
	현재-진행	믿고 있습니다, 믿는 중입니다	믿고 있습디다
	과거	믿었습니다	믿었습디다
	과거-경험	믿었었습니다	믿었었습디다
	과거-추측	믿었겠습니다	믿었겠습디다
	미래-추측/의지/가능	믿겠습니다, 믿으렵니다, 믿을 겁니다, 믿을 수 있습니다	믿겠습디다
의문형	현재	믿습니까?	믿습디까?
	과거	믿었습니까?	믿었습디까?
	과거-경험	믿었었습니까?	믿었었습디까?
	미래-추측/의지/가능	믿겠습니까? 믿으렵니까? 믿을 겁니까? 믿으리이까? 믿을 수 있겠습니까?	믿겠습디까?
명령형		믿으시오, 믿으십시오	
청유형		믿읍시다, 믿으십시다	
감탄형		믿으시는구나!	

상대존대형_예사높임		'-어요'체	'-으오'체
평서형	현재	믿어요, 믿지요, 믿으세요, 믿을래요, 믿을걸요, 믿는데요, 믿는대요, 믿을게요, 믿잖아요	믿으오
	현재-진행	믿고 있어요, 믿고 있지요, 믿고 있으세요, 믿는 중이에요	믿고 있소
	과거	믿었어요, 믿었지요, 믿었으세요, 믿었잖아요	믿었소
	과거-경험	믿었었어요, 믿었었지요, 믿었었으세요	믿었었소
	과거-추측	믿었겠어요, 믿었겠지요, 믿었겠으세요	믿었겠소
	미래-추측/의지/가능	믿겠어요, 믿겠지요, 믿겠으세요, 믿을 수 있어요	믿겠소
의문형	현재	믿어요? 믿지요? 믿으세요? 믿나요? 믿을까요? 믿을래요? 믿는가요? 믿는데요? 믿는대요? 믿는다면서요? 믿는다지요?	믿으오? 믿소?
	과거	믿었어요? 믿었지요? 믿었으세요?	믿었소?
	과거-경험	믿었었어요? 믿었었지요? 믿었었으세요?	믿었었소?
	미래-추측/의지/가능	믿겠어요? 믿겠지요? 믿겠으세요? 믿으리요? 믿을 거예요? 믿을 거지요? 믿을 수 있겠어요?	믿겠소?
명령형		믿어요, 믿지요, 믿으세요, 믿으라니까요	믿으오, 믿구려
청유형		믿어요, 믿지요, 믿으세요, 믿자니까요	믿으오
감탄형		믿는군요! 믿으리요!	믿는구려!

상대존대형_예사낮춤		'-어'체	'-네'체
평서형	현재	믿어, 믿지, 믿을래, 믿을걸, 믿는데, 믿는대, 믿을게, 믿는단다, 믿으마, 믿잖아	믿네
	현재-진행	믿고 있어, 믿고 있지, 믿는 중이야	믿고 있네
	과거-완료	믿었어, 믿었지, 믿었잖아	믿었네
	미래-추측/의지/가능	믿겠어, 믿겠지, 믿을 수 있어	믿겠네
의문형	현재	믿어? 믿지? 믿니? 믿나? 믿을까? 믿으랴? 믿을래? 믿는데? 믿는대? 믿는다면서? 믿는다지?	믿는가?
	과거	믿었어? 믿었지? 믿었니? 믿었을까? 믿었대? 믿었다면서?	믿었는가?
	미래	믿겠어? 믿겠지? 믿겠니? 믿으리? 믿을 거야? 믿을 거지? 믿을 거니? 믿을 수 있겠어?	믿을 건가?
명령형		믿어, 믿지, 믿으렴, 믿으려무나, 믿으라니까	믿게
청유형		믿어, 믿지, 믿자니까	믿세
감탄형		믿어! 믿지! 믿으리!	믿는군! 믿는구먼!

상대존대형_아주낮춤		직설체	회상체
평서형	현재	믿는다	믿더라
	현재-진행	믿고 있다, 믿는 중이다	믿고 있더라
	과거-완료	믿었다	믿었더라
	미래-추측/의지/가능	믿겠다, 믿으리다, 믿으련다, 믿을 거다, 믿을 수 있다	믿겠더라
의문형	현재	믿느냐?	믿더냐?
	과거	믿었느냐?	믿었더냐?
	미래	믿겠느냐?	믿겠더냐?
명령형		믿어라	
청유형		믿자	
감탄형		믿는구나! 믿는다! 믿는도다!	믿더구나!

연결형	연결어미	의미기능	연결어미
나열	믿고, 믿으며	비교	믿느니
선택	믿거나, 믿든지, 믿든가	정도	믿으리만큼
대립	믿어도, 믿지만, 믿으나, 믿는데, 믿으면서도, 믿되, 믿지	조건·가정	믿으면, 믿거든, 믿거들랑, 믿어야, 믿는다면, 믿었던들
동시	믿으면서, 믿으며	상황제시	믿는데, 믿으니, 믿다시피
계기	믿고서, 믿어서, 믿자, 믿자마자	비유	믿듯이
중단·전환	믿다가	비례	믿을수록
양보	믿어도, 믿더라도, 믿을지라도, 믿을지언정, 믿은들, 믿는데도, 믿기로서니, 믿으나마, 믿을망정, 믿어 보았자	원인·이유	믿어서, 믿으니까, 믿느라고, 믿기에, 믿길래, 믿느니만큼, 믿는지라, 믿을세라, 믿으므로
목적·의도	믿으러, 믿으려고, 믿고자	첨가	믿거니와, 믿을뿐더러, 믿으려니와
결과	믿도록, 믿게끔	습관	믿곤

<table>
<tr><td rowspan="3">기본예문</td><td>• 어머니는 아들의 말을 믿었다. The mother believed what the son said.</td></tr>
<tr><td>• 믿는 도끼에 발등 찍힌다. In trust is treason.</td></tr>
<tr><td>• 그는 사람을 너무 잘 믿어서 탈이다. His weakness is easily trusting others.</td></tr>
</table>

밉다 [밉따, mipt'a]

'ㅂ' 불규칙활용, 형용사

to be hateful, be spiteful

사동형	*밉히다, 밉게 하다, 밉게 만들다		피동형	*밉히다. 밉게 되다, 미워지다	

관형사형 : 현재-진행	과거-완료	과거-회상	과거-완료-회상	미래-추측/의지
미운	미운	밉던	미웠던	미울

인용형 : 평서	의문	명령	청유	명사형	부사형
밉다고	미우냐고	*미우라고	*밉자고	밉기, 미움	미워, 밉게

상대존대형_아주높임		직설체	회상체
평서형	현재	밉습니다	밉습디다
	현재-진행	*밉고 있습니다, *미운 중입니다	*밉고 있습디다
	과거	미웠습니다	미웠습디다
	과거-경험	미웠었습니다	미웠었습디다
	과거-추측	미웠겠습니다	미웠겠습디다
	미래-추측/의지/가능	밉겠습니다, *미우렵니다, 미울 겁니다, 미울 수 있습니다	밉겠습디다
의문형	현재	밉습니까?	밉습디까?
	과거	미웠습니까?	미웠습디까?
	과거-경험	미웠었습니까?	미웠었습디까?
	미래-추측/의지/가능	밉겠습니까? *미우렵니까? *미울 겁니까? 미우리이까? 미울 수 있겠습니까?	밉겠습디까?
명령형		*미우시오, *미우십시오	
청유형		*미웁시다, *미우십시다	
감탄형		미우시구나!	

상대존대형_예사높임		'-어요'체	'-으오'체
평서형	현재	미워요, 밉지요, 미우세요, *미울래요, 미울걸요, 미운데요, 밉대요, *미울게요, 밉잖아요	미우오
	현재-진행	*밉고 있어요, *밉고 있지요, *밉고 있으세요, *미운 중이에요	*밉고 있소
	과거	미웠어요, 미웠지요, 미웠으세요, 미웠잖아요	미웠소
	과거-경험	미웠었어요, 미웠었지요, 미웠었으세요	미웠었소
	과거-추측	미웠겠어요, 미웠겠지요, 미웠겠으세요	미웠겠소
	미래-추측/의지/가능	밉겠어요, 밉겠지요, 밉겠으세요, 미울 수 있어요	밉겠소
의문형	현재	미워요? 밉지요? 미우세요? 밉나요? *미울까요? *미울래요? *미운가요? 미운데요? 밉대요? 밉다면서요? 밉다지요?	미우오? 밉소?
	과거	미웠어요? 미웠지요? 미웠으세요?	미웠소?
	과거-경험	미웠었어요? 미웠었지요? 미웠었으세요?	미웠었소?
	미래-추측/의지/가능	밉겠어요? 밉겠지요? 밉겠으세요? 미우리요? *미울 거예요? *미울 거지요? 미울 수 있겠어요?	밉겠소?
명령형		*미워요, *밉지요, *미우세요, *미우라니까요	*미우오, *밉구려
청유형		*미워요, *밉지요, *미우세요, *밉자니까요	*미우오
감탄형		밉군요! 미우리요!	밉구려!

상대존대형_예사낮춤		'-어'체	'-네'체
평서형	현재	미워, 밉지, *미울래, 미울걸, 미운데, 밉대, *미울게, 밉단다, *미우마, 밉잖아	밉네
	현재-진행	*밉고 있어, *밉고 있지, *미운 중이야	*밉고 있네
	과거-완료	미웠어, 미웠지, 미웠잖아	미웠네
	미래-추측/의지/가능	밉겠어, 밉겠지, 미울 수 있어	밉겠네
의문형	현재	미워? 밉지? 밉니? 밉나? 미울까? 미우랴? *미울래? 미운데? 밉대? 밉다면서? 밉다지?	미운가?
	과거	미웠어? 미웠지? 미웠니? 미웠을까? 미웠대? 미웠다면서?	미웠는가?
	미래	밉겠어? 밉겠지? 밉겠니? 미우리? *미울 거야? *미울 거지? *미울 거니? 미울 수 있겠어?	미울 건가?
명령형		*미워, *밉지, *미우렴, *미우려무나, *미우라니까	*밉게
청유형		*미워, *밉지, *밉자니까	*밉세
감탄형		미워! 밉지! 미우리!	밉군! 밉구먼!

상대존대형_아주낮춤		직설체	회상체
평서형	현재	밉다	밉더라
	현재-진행	*밉고 있다, *미운 중이다	*밉고 있더라
	과거-완료	미웠다	미웠더라
	미래-추측/의지/가능	밉겠다, 미우리다, *미우련다, 미울 거다, 미울 수 있다	밉겠더라
의문형	현재	미우냐?	밉더냐?
	과거	미웠느냐?	미웠더냐?
	미래	밉겠느냐?	밉겠더냐?
명령형		*미워라	
청유형		*밉자	
감탄형		밉구나! 밉다! 밉도다!	밉더구나!

연결형	연결어미	의미기능	연결어미
나열	밉고, 미우며	비교	*밉느니
선택	밉거나, 밉든지, 밉든가	정도	미우리만큼
대립	미워도, 밉지만, 미우나, 미운데, 미우면서도, 밉되, 밉지	조건·가정	미우면, 밉거든, 밉거들랑, 미워야, 밉다면, 미웠던들
동시	미우면서, 미우며	상황제시	미운데, 미우니, 밉다시피
계기	*밉고서, *미워서, *밉자, *밉자마자	비유	밉듯이
중단·전환	밉다가	비례	미울수록
양보	미워도, 밉더라도, 미울지라도, 미울지언정, 미운들, 미운데도, 밉기로서니, 미우나마, 미울망정, 미워 보았자	원인·이유	미워서, 미우니까, *밉느라고, 밉기에, 밉길래, 미우니만큼, 미운지라, 미울세라, 미우므로
목적·의도	*미우러, *미우려고, *밉고자	첨가	밉거니와, 미울뿐더러, 미우려니와
결과	밉도록, 밉게끔	습관	*밉곤

바꾸다 [바꾸다, pak'uda]

'우' 규칙활용, 타동사

to change ; to exchange, trade ; to reform ; to replace

사동형	*바꾸히다, 바꾸게 하다, 바꾸게 만들다		피동형	바뀌다, 바꾸게 되다, 바뀌지다	

관형사형 : 현재-진행	과거-완료	과거-회상	과거-완료-회상	미래-추측/의지
바꾸는	바꾼	바꾸던	바꿨던	바꿀

인용형 : 평서	의문	명령	청유	명사형	부사형
바꾼다고	바꾸느냐고	바꾸라고	바꾸자고	바꾸기, 바꿈	바꾸어, 바꾸게

상대존대형_아주높임		직설체	회상체
평서형	현재	바꿉니다	바꿉디다
	현재-진행	바꾸고 있습니다, 바꾸는 중입니다	바꾸고 있습디다
	과거	바꿨습니다	바꿨습디다
	과거-경험	바꿨었습니다	바꿨었습디다
	과거-추측	바꿨겠습니다	바꿨겠습디다
	미래-추측/의지/가능	바꾸겠습니다, 바꾸렵니다, 바꿀 겁니다, 바꿀 수 있습니다	바꾸겠습디다
의문형	현재	바꿉니까?	바꿉디까?
	과거	바꿨습니까?	바꿨습디까?
	과거-경험	바꿨었습니까?	바꿨었습디까?
	미래-추측/의지/가능	바꾸겠습니까? 바꾸렵니까? 바꿀 겁니까? 바꾸리이까? 바꿀 수 있겠습니까?	바꾸겠습디까?
명령형		바꾸시오, 바꾸십시오	
청유형		바꿉시다, 바꾸십시다	
감탄형		바꾸시는구나!	

상대존대형_예사높임		'-어요'체	'-으오'체
평서형	현재	바꿔요, 바꾸지요, 바꾸세요, 바꿀래요, 바꿀걸요, 바꾸는데요, 바꾼대요, 바꿀게요, 바꾸잖아요	바꾸오
	현재-진행	바꾸고 있어요, 바꾸고 있지요, 바꾸고 있으세요, 바꾸는 중이에요	바꾸고 있소
	과거	바꿨어요, 바꿨지요, 바꿨으세요, 바꿨잖아요	바꿨소
	과거-경험	바꿨었어요, 바꿨었지요, 바꿨었으세요	바꿨었소
	과거-추측	바꿨겠어요, 바꿨겠지요, 바꿨겠으세요	바꿨겠소
	미래-추측/의지/가능	바꾸겠어요, 바꾸겠지요, 바꾸겠으세요, 바꿀 수 있어요	바꾸겠소
의문형	현재	바꿔요? 바꾸지요? 바꾸세요? 바꾸나요? 바꿀까요? 바꿀래요? 바꾸는가요? 바꾸는데요? 바꾼대요? 바꾼다면서요? 바꾼다지요?	바꾸오? *바꾸소?
	과거	바꿨어요? 바꿨지요? 바꿨으세요?	바꿨소?
	과거-경험	바꿨었어요? 바꿨었지요? 바꿨었으세요?	바꿨었소?
	미래-추측/의지/가능	바꾸겠어요? 바꾸겠지요? 바꾸겠으세요? 바꾸리요? 바꿀 거예요? 바꿀 거지요? 바꿀 수 있겠어요?	바꾸겠소?
명령형		바꿔요, 바꾸지요, 바꾸세요, 바꾸라니까요	바꾸오, 바꾸구려
청유형		바꿔요, 바꾸지요, 바꾸세요, 바꾸자니까요	바꾸오
감탄형		바꾸는군요! 바꾸리요!	바꾸는구려!

상대존대형_예사낮춤		'-어'체	'-네'체
평서형	현재	바꿔, 바꾸지, 바꿀래, 바꿀걸, 바꾸는데, 바꾼대, 바꿀게, 바꾼단다, 바꾸마, 바꾸잖아	바꾸네
	현재-진행	바꾸고 있어, 바꾸고 있지, 바꾸는 중이야	바꾸고 있네
	과거-완료	바꿨어, 바꿨지, 바꿨잖아	바꿨네
	미래-추측/의지/가능	바꾸겠어, 바꾸겠지, 바꿀 수 있어	바꾸겠네
의문형	현재	바꿔? 바꾸지? 바꾸니? 바꾸나? 바꿀까? 바꾸랴? 바꿀래? 바꾸는데? 바꾼대? 바꾼다면서? 바꾼다지?	바꾸는가?
	과거	바꿨어? 바꿨지? 바꿨니? 바꿨을까? 바꿨대? 바꿨다면서?	바꿨는가?
	미래	바꾸겠어? 바꾸겠지? 바꾸겠니? 바꾸리? 바꿀 거야? 바꿀 거지? 바꿀 거니? 바꿀 수 있겠어?	바꿀 건가?
명령형		바꿔, 바꾸지, 바꾸렴, 바꾸려무나, 바꾸라니까	바꾸게
청유형		바꿔, 바꾸지, 바꾸자니까	바꾸세
감탄형		바꿔! 바꾸지! 바꾸리!	바꾸는군! 바꾸는구먼!

상대존대형_아주낮춤		직설체	회상체
평서형	현재	바꾼다	바꾸더라
	현재-진행	바꾸고 있다, 바꾸는 중이다	바꾸고 있더라
	과거-완료	바꿨다	바꿨더라
	미래-추측/의지/가능	바꾸겠다, 바꾸리다, 바꾸련다, 바꿀 거다, 바꿀 수 있다	바꾸겠더라
의문형	현재	바꾸느냐?	바꾸더냐?
	과거	바꿨느냐?	바꿨더냐?
	미래	바꾸겠느냐?	바꾸겠더냐?
명령형		바꿔라	
청유형		바꾸자	
감탄형		바꾸는구나! 바꾼다! 바꾸는도다!	바꾸더구나!

연결형	연결어미	의미기능	연결어미
나열	바꾸고, 바꾸며	비교	바꾸느니
선택	바꾸거나, 바꾸든지, 바꾸든가	정도	바꾸리만큼
대립	바꿔도, 바꾸지만, 바꾸나, 바꾸는데, 바꾸면서도, 바꾸되, 바꾸지	조건 · 가정	바꾸면, 바꾸거든, 바꾸거들랑, 바꿔야, 바꾼다면, 바꿨던들
동시	바꾸면서, 바꾸며	상황제시	바꾸는데, 바꾸니, 바꾸다시피
계기	바꾸고서, 바꿔서, 바꾸자, 바꾸자마자	비유	바꾸듯이
중단 · 전환	바꾸다가	비례	바꿀수록
양보	바꿔도, 바꾸더라도, 바꿀지라도, 바꿀지언정, 바꾼들, 바꾸는데도, 바꾸기로서니, 바꾸나마, 바꿀망정, 바꿔 보았자	원인 · 이유	바꿔서, 바꾸니까, 바꾸느라고, 바꾸기에, 바꾸길래, 바꾸느니만큼, 바꾸는지라, 바꿀세라, 바꾸므로
목적 · 의도	바꾸러, 바꾸려고, 바꾸고자	첨가	바꾸거니와, 바꿀뿐더러, 바꾸려니와
결과	바꾸도록, 바꾸게끔	습관	바꾸곤

- 그가 텔레비전 채널을 바꾸었다. He changed the television channel.
- 지난달에 바꾸었던 달러를 어디에 두었니? Where did you put the exchanged dollar last month?
- 계획을 자주 바꾸면 목적을 달성하기 어렵다.
  It is hard to accomplish anything if you keep on changing plans.

바르다2 [바르다, parïda]

'르' 규칙활용, 형용사

to be straight, be right ; to be honest ; to be sunny

사동형	*바르히다, 바르게 하다, 바르게 만들다	피동형	*바르히다. 바르게 되다, 발라지다

관형사형 : 현재-진행	과거-완료	과거-회상	과거-완료-회상	미래-추측/의지
바른	바른	바르던	발랐던	바를

인용형 : 평서	의문	명령	청유	명사형	부사형
바르다고	바르냐고	*바르라고	*바르자고	바르기, 바름	발라, 바르게

상대존대형_아주높임		직설체	회상체
평서형	현재	바릅니다	바릅디다
	현재-진행	*바르고 있습니다, *바르는 중입니다	*바르고 있습디다
	과거	발랐습니다	발랐습디다
	과거-경험	발랐었습니다	발랐었습디다
	과거-추측	발랐겠습니다	발랐겠습디다
	미래-추측/의지/가능	바르겠습니다, *바르렵니다, 바를 겁니다, 바를 수 있습니다	바르겠습디다
의문형	현재	바릅니까?	바릅디까?
	과거	발랐습니까?	발랐습디까?
	과거-경험	발랐었습니까?	발랐었습디까?
	미래-추측/의지/가능	바르겠습니까? *바르렵니까? *바를 겁니까? *바르리이까? 바를 수 있겠습니까?	바르겠습디까?
명령형		*바르시오, *바르십시오	
청유형		*바르읍시다, *바르십시다	
감탄형		바르시구나!	

상대존대형_예사높임		'-어요'체	'-으오'체
평서형	현재	발라요, 바르지요, 바르세요, *바를래요, 바를걸요, 바른데요, 바르대요, *바를게요, 바르잖아요	바르오
	현재-진행	*바르고 있어요, *바르고 있지요, *바르고 있세요, *바르는 중이에요	*바르고 있소
	과거	발랐어요, 발랐지요, 발랐으세요, 발랐잖아요	발랐소
	과거-경험	발랐었어요, 발랐었지요, 발랐었으세요	발랐었소
	과거-추측	발랐겠어요, 발랐겠지요, 발랐겠으세요	발랐겠소
	미래-추측/의지/가능	바르겠어요, 바르겠지요, 바르겠으세요, 바를 수 있어요	바르겠소
의문형	현재	발라요? 바르지요? 바르세요? 바르나요? *바를까요? *바를래요? 바른가요? 바른데요? 바르대요? 바르다면서요? 바르다지요?	바르오? *바르소?
	과거	발랐어요? 발랐지요? 발랐으세요?	발랐소?
	과거-경험	발랐었어요? 발랐었지요? 발랐었으세요?	발랐었소?
	미래-추측/의지/가능	바르겠어요? 바르겠지요? 바르겠으세요? 바르리요? *바를 거예요? *바를 거지요? 바를 수 있겠어요?	바르겠소?
명령형		*발라요, *바르지요, *바르세요, *바르라니까요	*바르오, *바르구려
청유형		*발라요, *바르지요, *바르세요, *바르자니까요	*바르오
감탄형		바르군요! 바르리요!	바르구려!

상대존대형_예사낮춤		'-어'체	'-네'체
평서형	현재	발라, 바르지, *바를래, 바를걸, 바른데, 바르대, *바를게, 바르단다, *바르마, *바르잖아	바르네
	현재-진행	*바르고 있어, *바르고 있지, *바르는 중이야	*바르고 있네
	과거-완료	발랐어, 발랐지, 발랐잖아	발랐네
	미래-추측/의지/가능	바르겠어, 바르겠지, 바를 수 있어	바르겠네
의문형	현재	발라? 바르지? 바르니? 바르나? 바를까? 바르랴? *바를래? 바른데? 바르대? 바르다면서? 바르다지?	바른가?
	과거	발랐어? 발랐지? 발랐니? 발랐을까? 발랐대? 발랐다면서?	발랐는가?
	미래	바르겠어? 바르겠지? 바르겠니? 바르리? *바를 거야? *바를 거지? *바를 거니? 바를 수 있겠어?	*바를 건가?
명령형		*발라, *바르지, *바르렴, *바르려무나, *바르라니까	*바르게
청유형		*발라, *바르지, *바르자니까	*바르세
감탄형		발라! 바르지! 바르리!	바르군! 바르구먼!

상대존대형_아주낮춤		직설체	회상체
평서형	현재	바르다	바르더라
	현재-진행	*바르고 있다, *바르는 중이다	*바르고 있더라
	과거-완료	발랐다	발랐더라
	미래-추측/의지/가능	바르겠다, 바르리다, *바르련다, 바를 거다, 바를 수 있다	바르겠더라
의문형	현재	바르냐?	바르더냐?
	과거	발랐느냐?	발랐더냐?
	미래	바르겠느냐?	바르겠더냐?
명령형		*발라라	
청유형		*바르자	
감탄형		바르구나! 바르다! 바르도다!	바르더구나!

연결형	연결어미	의미기능	연결어미
나열	바르고, 바르며	비교	*바르느니
선택	바르거나, 바르든지, 바르든가	정도	바르리만큼
대립	발라도, 바르지만, 바르나, 바른데, 바르면서도, 바르되, 바르지	조건 · 가정	바르면, 바르거든, 바르거들랑, 발라야, 바르다면, 발랐던들
동시	바르면서, 바르며	상황제시	바른데, 바르니, 바르다시피
계기	*바르고서, *발라서, *바르자, *바르자마자	비유	바르듯이
중단 · 전환	바르다가	비례	바를수록
양보	발라도, 바르더라도, 바를지라도, 바를지언정, 바른들, 바른데도, 바르기로서니, 바르나마, 바를망정, 발라 보았자	원인 · 이유	발라서, 바르니까, *바르느라고, 바르기에, 바르길래, 바르니만큼, 바른지라, 바를세라, 바르므로
목적 · 의도	*바르러, *바르려고, *바르고자	첨가	바르거니와, 바를뿐더러, 바르려니와
결과	바르도록, 바르게끔	습관	*바르곤

- 그 사람은 생각이 바르다. His thoughts are right.
- 바른 자세로 앉으세요. Sit in a right position.
- 한복을 바르게 입는 법을 배웠다.
  I learned how to wear Korean traditional clothes properly.

바쁘다 [바쁘다[pap'ida]]

'으' 불규칙활용, 형용사

to be busy ; to be urgent, be immediate ; to be not free

사동형	*바쁘히다, 바쁘게 하다, 바쁘게 만들다		피동형		*바쁘히다. 바쁘게 되다, 바빠지다	
관형사형 : 현재-진행		과거-완료		과거-회상	과거-완료-회상	미래-추측/의지
바쁜		바쁜		바쁘던	바빴던	바쁠

인용형 : 평서	의문	명령	청유	명사형	부사형
바쁘다고	바쁘냐고	*바쁘라고	*바쁘자고	바쁘기, 바쁨	바빠, 바쁘게

상대존대형_아주높임		직설체	회상체
평서형	현재	바쁩니다	바쁘디다
	현재-진행	*바쁘고 있습니다, *바쁜 중입니다	*바쁘고 있습디다
	과거	바빴습니다	바빴습디다
	과거-경험	바빴었습니다	바빴었습디다
	과거-추측	바빴겠습니다	바빴겠습디다
	미래-추측/의지/가능	바빴겠습니다, *바쁘렵니다, 바쁠 겁니다, 바쁠 수 있습니다	바쁘겠습디다
의문형	현재	바쁩니까?	바쁘디까?
	과거	바빴습니까?	바빴습디까?
	과거-경험	바빴었습니까?	바빴었습디까?
	미래-추측/의지/가능	바쁘겠습니까? *바쁘렵니까? *바쁠 겁니까? *바쁘리이까? 바쁠 수 있겠습니까?	바쁘겠습디까?
명령형		*바쁘시오, *바쁘십시오	
청유형		*바쁩시다, *바쁘십시다	
감탄형		바쁘시구나!	

상대존대형_예사높임		'-어요'체	'-으오'체
평서형	현재	바빠요, 바쁘지요, 바쁘세요, *바쁠래요, 바쁠걸요, 바쁜데요, 바쁘대요, *바쁘게요, 바쁘잖아요	바쁘오
	현재-진행	*바쁘고 있어요, *바쁘고 있지요, *바쁘고 있으세요, *바쁜 중이에요	*바쁘고 있소
	과거	바빴어요, 바빴지요, 바빴으세요, 바빴잖아요	바빴소
	과거-경험	바빴었어요, 바빴었지요, 바빴었으세요	바빴었소
	과거-추측	바빴겠어요, 바빴겠지요, 바빴겠으세요	바빴겠소
	미래-추측/의지/가능	바쁘겠어요, 바쁘겠지요, 바쁘겠으세요, 바쁠 수 있어요	바쁘겠소
의문형	현재	바빠요? 바쁘지요? 바쁘세요? 바쁘나요? *바쁠까요? *바쁠래요? *바쁜가요? 바쁜데요? 바쁘대요? 바쁘다면서요? 바쁘다지요?	바쁘오? *바쁘소?
	과거	바빴어요? 바빴지요? 바빴으세요?	바빴소?
	과거-경험	바빴었어요? 바빴었지요? 바빴었으세요?	바빴었소?
	미래-추측/의지/가능	바쁘겠어요? 바쁘겠지요? 바쁘겠으세요? 바쁘리요? *바쁠 거예요? *바쁠 거지요? 바쁠 수 있겠어요?	바쁘겠소?
명령형		*바빠요, *바쁘지요, *바쁘세요, *바쁘라니까요	*바쁘오, *바쁘구려
청유형		*바빠요, *바쁘지요, *바쁘세요, *바쁘자니까요	*바쁘오
감탄형		바쁘군요! 바쁘리요!	바쁘구려!

상대존대형_예사낮춤		'-어'체	'-네'체
평서형	현재	바빠, 바쁘지, *바쁠래, 바쁠걸, 바쁜데, 바쁘대, *바쁠게, 바쁘단다, *바쁘마, 바쁘잖아	바쁘네
	현재-진행	*바쁘고 있어, *바쁘고 있지, *바쁜 중이야	*바쁘고 있네
	과거-완료	바빴어, 바빴지, 바빴잖아	바빴네
	미래-추측/의지/가능	바쁘겠어, 바쁘겠지, 바쁠 수 있어	바쁘겠네
의문형	현재	바빠? 바쁘지? 바쁘니? 바쁘나? 바쁠까? 바쁘랴? *바쁠래? 바쁜데? 바쁘대? 바쁘다면서? 바쁘다지?	바쁜가?
	과거	바빴어? 바빴지? 바빴니? 바빴을까? 바빴대? 바빴다면서?	바빴는가?
	미래	바쁘겠어? 바쁘겠지? 바쁘겠니? 바쁘리? *바쁠 거야? *바쁠 거지? *바쁠 거니? 바쁠 수 있겠어?	*바쁠 건가?
명령형		*바빠, *바쁘지, *바쁘렴, *바쁘려무나, *바쁘라니까	*바쁘게
청유형		*바빠, *바쁘지, *바쁘자니까	*바쁘세
감탄형		바빠! 바쁘지! 바쁘리!	바쁘군! 바쁘구먼!

상대존대형_아주낮춤		직설체	회상체
평서형	현재	바쁘다	바쁘더라
	현재-진행	*바쁘고 있다, *바쁜 중이다	*바쁘고 있더라
	과거-완료	바빴다	바빴더라
	미래-추측/의지/가능	바쁘겠다, 바쁘리다, *바쁘련다, 바쁠 거다, 바쁠 수 있다	바쁘겠더라
의문형	현재	바쁘냐?	바쁘더냐?
	과거	바빴느냐?	바빴더냐?
	미래	바쁘겠느냐?	바쁘겠더냐?
명령형		*바빠라	
청유형		*바쁘자	
감탄형		바쁘구나! 바쁘다! 바쁘도다!	바쁘더구나!

연결형	연결어미	의미기능	연결어미
나열	바쁘고, 바쁘며	비교	*바쁘느니
선택	바쁘거나, 바쁘든지, 바쁘든가	정도	바쁘리만큼
대립	바빠도, 바쁘지만, 바쁘나, 바쁜데, 바쁘면서도, 바쁘되, 바쁘지	조건·가정	바쁘면, 바쁘거든, 바쁘거들랑, 바빠야, 바쁘다면, 바빴던들
동시	바쁘면서, 바쁘며	상황제시	바쁜데, 바쁘니, 바쁘다시피
계기	*바쁘고서, *바빠서, *바쁘자, *바쁘자마자	비유	바쁘듯이
중단·전환	바쁘다가	비례	바쁠수록
양보	바빠도, 바쁘더라도, 바쁠지라도, 바쁠지언정, 바쁜들, 바쁜데도, 바쁘기로서니, 바쁘나마, 바쁠망정, 바빠 보았자	원인·이유	바빠서, 바쁘니까, *바쁘느라고, 바쁘기에, 바쁘길래, 바쁘니만큼, 바쁜지라, 바쁠세라, 바쁘므로
목적·의도	*바쁘러, *바쁘려고, *바쁘고자	첨가	바쁘거니와, 바쁠뿐더러, 바쁘려니와
결과	바쁘도록, 바쁘게끔	습관	*바쁘곤

- 그는 공부하느라 바쁘다. He is busy studying.
- 바쁜 일과에 쫓겨서 밥도 제대로 못 먹고 있다.
  I couldn't eat properly because of busy days.
- 요즘은 너무 바빠서 너를 만날 수가 없다. I can't see you because I am too busy.

반갑다 [반갑따, pankapt'a]

'ㅂ' 불규칙활용, 형용사

to be glad ; to be joyful, be happy ; to be welcome

사동형	*반갑히다, 반갑게 하다, 반갑게 만들다	피동형	*반갑히다. 반갑게 되다, 반가워지다

관형사형 : 현재-진행	과거-완료	과거-회상	과거-완료-회상	미래-추측/의지
반가운	반가운	반갑던	반가웠던	반가울

인용형 : 평서	의문	명령	청유	명사형	부사형
반갑다고	반가우냐고	*반가우라고	*반갑자고	반갑기, 반가움	반가워, 반갑게

상대존대형_아주높임		직설체	회상체
평서형	현재	반갑습니다	반갑습디다
	현재-진행	*반갑고 있습니다, *반가운 중입니다	*반갑고 있습디다
	과거	반가웠습니다	반가웠습디다
	과거-경험	반가웠었습니다	반가웠었습디다
	과거-추측	반가웠겠습니다	반가웠겠습디다
	미래-추측/의지/가능	반갑겠습니다, *반가우렵니다, 반가울 겁니다, 반가울 수 있습니다	반갑겠습디다
의문형	현재	반갑습니까?	반갑습디까?
	과거	반가웠습니까?	반가웠습디까?
	과거-경험	반가웠었습니까?	반가웠었습디까?
	미래-추측/의지/가능	반갑겠습니까? *반가우렵니까? *반가울 겁니까? 반가우리이까? 반가울 수 있겠습니까?	반갑겠습디까?
명령형		*반가우시오, *반가우십시오	
청유형		*반가웁시다, *반가우십시다	
감탄형		반가우시구나!	

상대존대형_예사높임		'-어요'체	'-으오'체
평서형	현재	반가워요, 반갑지요, 반가우세요, *반가울래요, 반가울걸요, 반가운데요, 반갑대요, *반가울게요, 반갑잖아요	반가우오
	현재-진행	*반갑고 있어요, *반갑고 있지요, *반갑고 있으세요, *반가운 중이에요	*반갑고 있소
	과거	반가웠어요, 반가웠지요, 반가웠으세요, 반가웠잖아요	반가웠소
	과거-경험	반가웠었어요, 반가웠었지요, 반가웠었으세요	반가웠었소
	과거-추측	반가웠겠어요, 반가웠겠지요, 반가웠겠으세요	반가웠겠소
	미래-추측/의지/가능	반갑겠어요, 반갑겠지요, 반갑겠으세요, 반가울 수 있어요	반갑겠소
의문형	현재	반가워요? 반갑지요? 반가우세요? 반갑나요? *반가울까요? *반가울래요? *반가운가요? 반가운데요? 반갑대요? 반갑다면서요? 반갑다지요?	반가우오? 반갑소?
	과거	반가웠어요? 반가웠지요? 반가웠으세요?	반가웠소?
	과거-경험	반가웠었어요? 반가웠었지요? 반가웠었으세요?	반가웠었소?
	미래-추측/의지/가능	반갑겠어요? 반갑겠지요? 반갑겠으세요? 반가우리요? *반가울 거예요? *반가울 거지요? 반가울 수 있겠어요?	반갑겠소?
명령형		*반가워요, *반갑지요, *반가우세요, *반가우라니까요	*반가우오, *반갑구려
청유형		*반가워요, *반갑지요, *반가우세요, *반갑자니까요	*반가우오
감탄형		반갑군요! 반가우리요!	반갑구려!

상대존대형_예사낮춤		'-어'체	'-네'체
평서형	현재	반가워, 반갑지, *반가울래, 반가울걸, 반가운데, 반갑대, *반가울게, 반갑단다, *반가우마, 반갑잖아	반갑네
	현재-진행	*반갑고 있어, *반갑고 있지, *반가운 중이야	*반갑고 있네
	과거-완료	반가웠어, 반가웠지, 반가웠잖아	반가웠네
	미래-추측/의지/가능	반갑겠어, 반갑겠지, 반가울 수 있어	반갑겠네
의문형	현재	반가워? 반갑지? 반갑니? 반갑나? 반가울까? 반가우랴? *반가울래? 반가운데? 반갑대? 반갑다면서? 반갑다지?	반가운가?
	과거	반가웠어? 반가웠지? 반가웠니? 반가웠을까? 반가웠대? 반가웠다면서?	반가웠는가?
	미래	반갑겠어? 반갑겠지? 반갑겠니? 반가우리? 반가울 거야? *반가울 거지? *반가울 거니? 반가울 수 있겠어?	반가울 건가?
명령형		*반가워, *반갑지, *반가우렴, *반가우려무나, *반가우라니까	*반갑게
청유형		*반가워, *반갑지, *반갑자니까	*반갑세
감탄형		반가워! 반갑지! 반가우리!	반갑군! 반갑구먼!

상대존대형_아주낮춤		직설체	회상체
평서형	현재	반갑다	반갑더라
	현재-진행	*반갑고 있다, *반가운 중이다	*반갑고 있더라
	과거-완료	반가웠다	반가웠더라
	미래-추측/의지/가능	반갑겠다, 반가우리다, *반가우련다, 반가울 거다, 반가울 수 있다	반갑겠더라
의문형	현재	반가우냐?	반갑더냐?
	과거	반가웠느냐?	반가웠더냐?
	미래	반갑겠느냐?	반갑겠더냐?
명령형		*반가워라	
청유형		*반갑자	
감탄형		반갑구나! 반갑다! 반갑도다!	반갑더구나!

연결형	연결어미	의미기능	연결어미
나열	반갑고, 반가우며	비교	*반갑느니
선택	반갑거나, 반갑든지, 반갑든가	정도	반가우리만큼
대립	반가워도, 반갑지만, 반가우나, 반가운데, 반가우면서도, 반갑되, 반갑지	조건·가정	반가우면, 반갑거든, 반갑거들랑, 반가워야, 반갑다면, 반가웠던들
동시	반가우면서, 반가우며	상황제시	반가운데, 반가우니, 반갑다시피
계기	*반갑고서, *반가워서, *반갑자, *반갑자마자	비유	반갑듯이
중단·전환	반갑다가	비례	반가울수록
양보	반가워도, 반갑더라도, 반가울지라도, 반가울지언정, 반가운들, 반가운데도, 반갑기로서니, 반가우나마, 반가울망정, 반가워 보았자	원인·이유	반가워서, 반가우니까, *반갑느라고, 반갑기에, 반갑길래, 반가우니만큼, 반가운지라, 반가울세라, 반가우므로
목적·의도	*반가우러, *반가우려고, *반갑고자	첨가	반갑거니와, 반가울뿐더러, 반가우려니와
결과	반갑도록, 반갑게끔	습관	*반갑곤

<table>
<tr><td rowspan="3">기본예문</td></tr>
</table>

기본예문
- 20년 만에 만난 아우가 너무나 반가웠다. I was glad to meet my brother in 20 years.
- 그는 반갑게 우리를 맞아 주었다. He gladly welcomed us.
- 만나서 반갑습니다. Nice to meet you.

259

배우다 [배우다, pɛuda]

'우' 규칙활용, 타동사

to learn, take lessons, study, practice ; to be taught

사동형	*배우히다, 배우게 하다, 배우게 만들다	피동형	*배우히다, 배우게 되다, ?배워지다

관형사형 : 현재-진행	과거-완료	과거-회상	과거-완료-회상	미래-추측/의지
배우는	배운	배우던	배웠던	배울

인용형 : 평서	의문	명령	청유	명사형	부사형
배운다고	배우느냐고	배우라고	배우자고	배우기, 배움	배워, 배우게

상대존대형_아주높임		직설체	회상체
평서형	현재	배웁니다	배웁디다
	현재-진행	배우고 있습니다, 배우는 중입니다	배우고 있습디다
	과거	배웠습니다	배웠습디다
	과거-경험	배웠었습니다	배웠었습디다
	과거-추측	배웠겠습니다	배웠겠습디다
	미래-추측/의지/가능	배우겠습니다, 배우렵니다, 배울 겁니다, 배울 수 있습니다	배우겠습디다
의문형	현재	배웁니까?	배웁디까?
	과거	배웠습니까?	배웠습디까?
	과거-경험	배웠었습니까?	배웠었습디까?
	미래-추측/의지/가능	배우겠습니까? 배우렵니까? 배울 겁니까? 배우리이까? 배울 수 있겠습니까?	배우겠습디까?
명령형		배우시오, 배우십시오	
청유형		배웁시다, 배우십시다	
감탄형		배우시는구나!	

상대존대형_예사높임		'-어요'체	'-으오'체
평서형	현재	배워요, 배우지요, 배우세요, 배울래요, 배울걸요, 배우는데요, 배운대요, 배울게요, 배우잖아요	배우오
	현재-진행	배우고 있어요, 배우고 있지요, 배우고 있으세요, 배우는 중이에요	배우고 있소
	과거	배웠어요, 배웠지요, 배웠으세요, 배웠잖아요	배웠소
	과거-경험	배웠었어요, 배웠었지요, 배웠었으세요	배웠었소
	과거-추측	배웠겠어요, 배웠겠지요, 배웠겠으세요	배웠겠소
	미래-추측/의지/가능	배우겠어요, 배우겠지요, 배우겠으세요, 배울 수 있어요	배우겠소
의문형	현재	배워요? 배우지요? 배우세요? 배우나요? 배울까요? 배울래요? 배우는가요? 배우는데요? 배운대요? 배운다면서요? 배운다지요?	배우오? *배우소?
	과거	배웠어요? 배웠지요? 배웠으세요?	배웠소?
	과거-경험	배웠었어요? 배웠었지요? 배웠었으세요?	배웠었소?
	미래-추측/의지/가능	배우겠어요? 배우겠지요? 배우겠으세요? 배우리요? 배울 거예요? 배울 거지요? 배울 수 있겠어요?	배우겠소?
명령형		배워요, 배우지요, 배우세요, 배우라니까요	배우오, 배우구려
청유형		배워요, 배우지요, 배우세요, 배우자니까요	배우오
감탄형		배우는군요! 배우리요!	배우는구려!

상대존대형_예사낮춤		'-어'체	'-네'체
평서형	현재	배워, 배우지, 배울래, 배울걸, 배우는데, 배운대, 배울게, 배운단다, 배우마, 배우잖아	배우네
	현재-진행	배우고 있어, 배우고 있지, 배우는 중이야	배우고 있네
	과거-완료	배웠어, 배웠지, 배웠잖아	배웠네
	미래-추측/의지/가능	배우겠어, 배우겠지, 배울 수 있어	배우겠네
의문형	현재	배워? 배우지? 배우니? 배우나? 배울까? 배우랴? 배울래? 배우는데? 배운대? 배운다면서? 배운다지?	배우는가?
	과거	배웠어? 배웠지? 배웠니? 배웠을까? 배웠대? 배웠다면서?	배웠는가?
	미래	배우겠어? 배우겠지? 배우겠니? 배우리? 배울 거야? 배울 거지? 배울 거니? 배울 수 있겠어?	배울 건가?
명령형		배워, 배우지, 배우렴, 배우려무나, 배우라니까	배우게
청유형		배워, 배우지, 배우자니까	배우세
감탄형		배워! 배우지! 배우리!	배우는군! 배우는구면!

상대존대형_아주낮춤		직설체	회상체
평서형	현재	배운다	배우더라
	현재-진행	배우고 있다, 배우는 중이다	배우고 있더라
	과거-완료	배웠다	배웠더라
	미래-추측/의지/가능	배우겠다, 배우리다, 배우련다, 배울 거다, 배울 수 있다	배우겠더라
의문형	현재	배우느냐?	배우더냐?
	과거	배웠느냐?	배웠더냐?
	미래	배우겠느냐?	배우겠더냐?
명령형		배워라	
청유형		배우자	
감탄형		배우는구나! 배운다! 배우는도다!	배우더구나!

연결형	연결어미	의미기능	연결어미
나열	배우고, 배우며	비교	배우느니
선택	배우거나, 배우든지, 배우든가	정도	배우리만큼
대립	배워도, 배우지만, 배우나, 배우는데, 배우면서도, 배우되, 배우지	조건 · 가정	배우면, 배우거든, 배우거들랑, 배워야, 배운다면, 배웠던들
동시	배우면서, 배우며	상황제시	배우는데, 배우니, 배우다시피
계기	배우고서, 배워서, 배우자, 배우자마자	비유	배우듯이
중단 · 전환	배우다가	비례	배울수록
양보	배워도, 배우더라도, 배울지라도, 배울지언정, 배운들, 배우는데도, 배우기로서니, 배우나마, 배울망정, 배워 보았자	원인 · 이유	배워서, 배우니까, 배우느라고, 배우기에, 배우길래, 배우느니만큼, 배우는지라, 배울세라, 배우므로
목적 · 의도	배우러, 배우려고, 배우고자	첨가	배우거니와, 배울뿐더러, 배우려니와
결과	배우도록, 배우게끔	습관	배우곤

기본예문
- 그는 한동대에서 한국어를 배우고 있다. He is learning Korean in Handong Univ.
- 어제 배운 것을 복습해 봅시다. Let's review what we learned yesterday.
- 그녀는 피아노를 배우려고 독일로 유학을 떠났다.
  She has gone to Germany to take piano lessons.

버리다1 [버리다, pərida]

'이' 규칙활용, 타동사

to get rid of, throw away ; to abandon ; to give up, sacrifice ; to spoil

사동형	*버리히다, 버리게 하다, 버리게 만들다	피동형	버리히다. 버리게 되다, 버려지다

관형사형 : 현재-진행	과거-완료	과거-회상	과거-완료-회상	미래-추측/의지
버리는	버린	버리던	버렸던	버릴

인용형 : 평서	의문	명령	청유	명사형	부사형
배운다고	배우느냐고	배우라고	배우자고	배우기, 배움	배워, 배우게

상대존대형_아주높임		직설체	회상체
평서형	현재	버립니다	버립디다
	현재-진행	버리고 있습니다, 버리는 중입니다	버리고 있습디다
	과거	버렸습니다	버렸습디다
	과거-경험	버렸었습니다	버렸었습디다
	과거-추측	버렸겠습니다	버렸겠습디다
	미래-추측/의지/가능	버리겠습니다, 버리렵니다, 버릴 겁니다, 버릴 수 있습니다	버리겠습디다
의문형	현재	버립니까?	버립디까?
	과거	버렸습니까?	버렸습디까?
	과거-경험	버렸었습니까?	버렸었습디까?
	미래-추측/의지/가능	버리겠습니까? 버리렵니까? 버릴 겁니까? 버리리이까? 버릴 수 있겠습니까?	버리겠습디까?
명령형		버리시오, 버리십시오	
청유형		버립시다, 버리십시다	
감탄형		버리시는구나!	

상대존대형_예사높임		'-어요'체	'-으오'체
평서형	현재	버려요, 버리지요, 버리세요, 버릴래요, 버릴걸요, 버리는데요, 버린대요, 버릴게요, 버리잖아요	버리오
	현재-진행	버리고 있어요, 버리고 있지요, 버리고 있으세요, 버리는 중이에요	버리고 있소
	과거	버렸어요, 버렸지요, 버렸으세요, 버렸잖아요	버렸소
	과거-경험	버렸었어요, 버렸었지요, 버렸었으세요	버렸었소
	과거-추측	버렸겠어요, 버렸겠지요, 버렸겠으세요	버렸겠소
	미래-추측/의지/가능	버리겠어요, 버리겠지요, 버리겠으세요, 버릴 수 있어요	버리겠소
의문형	현재	버려요? 버리지요? 버리세요? 버리나요? 버릴까요? 버릴래요? 버리는가요? 버리는데요? 버린대요? 버린다면서요? 버린다지요?	버리오? *버리소?
	과거	버렸어요? 버렸지요? 버렸으세요?	버렸소?
	과거-경험	버렸었어요? 버렸었지요? 버렸었으세요?	버렸었소?
	미래-추측/의지/가능	버리겠어요? 버리겠지요? 버리겠으세요? 버리리요? 버릴 거예요? 버릴 거지요? 버릴 수 있겠어요?	버리겠소?
명령형		버려요, 버리지요, 버리세요, 버리라니까요	버리오, 버리구려
청유형		버려요, 버리지요, 버리세요, 버리자니까요	버리오
감탄형		버리는군요! 버리리요!	버리는구려!

상대존대형_예사낮춤		'-어'체	'-네'체
평서형	현재	버려, 버리지, 버릴래, 버릴걸, 버리는데, 버린대, 버릴게, 버린단다, 버리마, 버리잖아	버리네
	현재-진행	버리고 있어, 버리고 있지, 버리는 중이야	버리고 있네
	과거-완료	버렸어, 버렸지, 버렸잖아	버렸네
	미래-추측/의지/가능	버리겠어, 버리겠지, 버릴 수 있어	버리겠네
의문형	현재	버려? 버리지? 버리니? 버리나? 버릴까? 버리랴? 버릴래? 버리는데? 버린대? 버린다면서? 버린다지?	버리는가?
	과거	버렸어? 버렸지? 버렸니? 버렸을까? 버렸대? 버렸다면서?	버렸는가?
	미래	버리겠어? 버리겠지? 버리겠니? 버리리? 버릴 거야? 버릴 거지? 버릴 거니? 버릴 수 있겠어?	버릴 건가?
명령형		버려, 버리지, 버리렴, 버리려무나, 버리라니까	버리게
청유형		버려, 버리지, 버리자니까	버리세
감탄형		버려! 버리지! 버리리!	버리는군! 버리는구먼!

상대존대형_아주낮춤		직설체	회상체
평서형	현재	버린다	버리더라
	현재-진행	버리고 있다, 버리는 중이다	버리고 있더라
	과거-완료	버렸다	버렸더라
	미래-추측/의지/가능	버리겠다, 버리리다, 버리련다, 버릴 거다, 버릴 수 있다	버리겠더라
의문형	현재	버리느냐?	버리더냐?
	과거	버렸느냐?	버렸더냐?
	미래	버리겠느냐?	버리겠더냐?
명령형		버려라	
청유형		버리자	
감탄형		버리는구나! 버린다! 버리는도다!	버리더구나!

연결형	연결어미	의미기능	연결어미
나열	버리고, 버리며	비교	버리느니
선택	버리거나, 버리든지, 버리든가	정도	버리리만큼
대립	버려도, 버리지만, 버리나, 버리는데, 버리면서도, 버리되, 버리지	조건 · 가정	버리면, 버리거든, 버리거들랑, 버려야, 버린다면, 버렸던들
동시	버리면서, 버리며	상황제시	버리는데, 버리니, 버리다시피
계기	버리고서, 버려서, 버리자, 버리자마자	비유	버리듯이
중단 · 전환	버리다가	비례	버릴수록
양보	버려도, 버리더라도, 버릴지라도, 버릴지언정, 버린들, 버리는데도, 버리기로서니, 버리나마, 버릴망정, 버려 보았자	원인 · 이유	버려서, 버리니까, 버리느라고, 버리기에, 버리길래, 버리느니만큼, 버리는지라, 버릴세라, 버리므로
목적 · 의도	버리러, 버리려고, 버리고자	첨가	버리거니와, 버릴뿐더러, 버리려니와
결과	버리도록, 버리게끔	습관	버리곤

기본예문

- 매를 아끼면 자식을 버린다. Spare the rod, spoil the child.
- 그는 친구를 위해 목숨을 버린 사람이다. He gave up his life for his friend.
- 교실에 쓰레기를 버리면 안 됩니다. You shouldn't throw garbage in the classroom.

벗다 [벋따, bətt'a]

'ㅅ' 규칙활용, 타동사

to undress, take off clothes, put off ; to strip(oneself of) ; to get rid of ; to pay off

사동형	벗기다, 벗게 하다, 벗게 만들다	피동형	벗기다. 벗게 되다, 벗어지다, 벗겨지다

관형사형 : 현재-진행	과거-완료	과거-회상	과거-완료-회상	미래-추측/의지
벗는	벗은	벗던	벗었던	벗을

인용형 : 평서	의문	명령	청유	명사형	부사형
벗는다고	벗느냐고	벗으라고	벗자고	벗기, 벗음	벗어, 벗게

상대존대형_아주높임		직설체	회상체
평서형	현재	벗습니다	벗습디다
	현재-진행	벗고 있습니다, 벗는 중입니다	벗고 있습디다
	과거	벗었습니다	벗었습디다
	과거-경험	벗었었습니다	벗었었습디다
	과거-추측	벗었겠습니다	벗었겠습디다
	미래-추측/의지/가능	벗겠습니다, 벗으렵니다, 벗을 겁니다, 벗을 수 있습니다	벗겠습디다
의문형	현재	벗습니까?	벗습디까?
	과거	벗었습니까?	벗었습디까?
	과거-경험	벗었었습니까?	벗었었습디까?
	미래-추측/의지/가능	벗겠습니까? 벗으렵니까? 벗을 겁니까? 벗으리이까? 벗을 수 있겠습니까?	벗겠습디까?
명령형		벗으시오, 벗으십시오	
청유형		벗읍시다, 벗으십시다	
감탄형		벗으시는구나!	

상대존대형_예사높임		'-어요'체	'-으오'체
평서형	현재	벗어요, 벗지요, 벗으세요, 벗을래요, 벗을걸요, 벗는데요, 벗는대요, 벗을게요, 벗잖아요	벗으오
	현재-진행	벗고 있어요, 벗고 있지요, 벗고 있으세요, 벗는 중이에요	벗고 있소
	과거	벗었어요, 벗었지요, 벗었으세요, 벗었잖아요	벗었소
	과거-경험	벗었었어요, 벗었었지요, 벗었었으세요	벗었었소
	과거-추측	벗었겠어요, 벗었겠지요, 벗었겠으세요	벗었겠소
	미래-추측/의지/가능	벗겠어요, 벗겠지요, 벗겠으세요, 벗을 수 있어요	벗겠소
의문형	현재	벗어요? 벗지요? 벗으세요? 벗나요? 벗을까요? 벗을래요? 벗는가요? 벗는데요? 벗는대요? 벗는다면서요? 벗는다지요?	벗으오? 벗소?
	과거	벗었어요? 벗었지요? 벗었으세요?	벗었소?
	과거-경험	벗었었어요? 벗었었지요? 벗었었으세요?	벗었었소?
	미래-추측/의지/가능	벗겠어요? 벗겠지요? 벗겠으세요? 벗으리요? 벗을 거예요? 벗을 거지요? 벗을 수 있겠어요?	벗겠소?
명령형		벗어요, 벗지요, 벗으세요, 벗으라니까요	벗으오, 벗구려
청유형		벗어요, 벗지요, 벗으세요, 벗자니까요	벗으오
감탄형		벗는군요! 벗으리요!	벗는구려!

상대존대형_예사낮춤		'-어'체	'-네'체
평서형	현재	벗어, 벗지, 벗을래, 벗을걸, 벗는데, 벗는대, 벗을게, 벗는단다, 벗으마, 벗잖아	벗네
	현재-진행	벗고 있어, 벗고 있지, 벗는 중이야	벗고 있네
	과거-완료	벗었어, 벗었지, 벗었잖아	벗었네
	미래-추측/의지/가능	벗겠어, 벗겠지, 벗을 수 있어	벗겠네
의문형	현재	벗어? 벗지? 벗니? 벗나? 벗을까? 벗으랴? 벗을래? 벗는데? 벗는대? 벗는다면서? 벗는다지?	벗는가?
	과거	벗었어? 벗었지? 벗었니? 벗었을까? 벗었대? 벗었다면서?	벗었는가?
	미래	벗겠어? 벗겠지? 벗겠니? 벗으리? 벗을 거야? 벗을 거지? 벗을 거니? 벗을 수 있겠어?	벗을 건가?
명령형		벗어, 벗지, 벗으렴, 벗으려무나, 벗으려니까	벗게
청유형		벗어, 벗지, 벗자니까	벗세
감탄형		벗어! 벗지! 벗으리!	벗는군! 벗는구먼!

상대존대형_아주낮춤		직설체	회상체
평서형	현재	벗는다	벗더라
	현재-진행	벗고 있다, 벗는 중이다	벗고 있더라
	과거-완료	벗었다	벗었더라
	미래-추측/의지/가능	벗겠다, 벗으리다, 벗으련다, 벗을 거다, 벗을 수 있다	벗겠더라
의문형	현재	벗느냐?	벗더냐?
	과거	벗었느냐?	벗었더냐?
	미래	벗겠느냐?	벗겠더냐?
명령형		벗어라	
청유형		벗자	
감탄형		벗는구나! 벗는다! 벗는도다!	벗더구나!

연결형	연결어미	의미기능	연결어미
나열	벗고, 벗으며	비교	벗느니
선택	벗거나, 벗든지, 벗든가	정도	벗으리만큼
대립	벗어도, 벗지만, 벗으나, 벗는데, 벗으면서도, 벗되, 벗지	조건 · 가정	벗으면, 벗거든, 벗거들랑, 벗어야, 벗는다면, 벗었던들
동시	벗으면서, 벗으며	상황제시	벗는데, 벗으니, 벗다시피
계기	벗고서, 벗어서, 벗자, 벗자마자	비유	벗듯이
중단 · 전환	벗다가	비례	벗을수록
양보	벗어도, 벗더라도, 벗을지라도, 벗을지언정, 벗은들, 벗는데도, 벗기로서니, 벗으나마, 벗을망정, 벗어 보았자	원인 · 이유	벗어서, 벗으니까, 벗느라고, 벗기에, 벗길래, 벗느니만큼, 벗는지라, 벗을세라, 벗으므로
목적 · 의도	벗으러, 벗으려고, 벗고자	첨가	벗거니와, 벗을뿐더러, 벗으려니와
결과	벗도록, 벗게끔	습관	벗곤

기본예문

- 그는 집으로 돌아와서는 늘 외출복과 양말을 벗었다.
  He always put off his clothes and sock after returning home.
- 은행 빚을 모두 벗은 친구가 요즘은 어떻게 사는지 궁금하다.
  I wonder how my friend is living after paying all his dabts to the bank.
- 누명을 벗고 나서야 마음이 홀가분해졌다. I was relieved after my accusation got cleared.

베다2 [베:다, peːda]

'에' 규칙활용, 타동사

to cut, chop, mow, slice

사동형	*베히다, 베게 하다, 베게 만들다		피동형	베이다, 베게 되다, 베어지다	
관형사형 : 현재-진행		과거-완료	과거-회상	과거-완료-회상	미래-추측/의지
베는		벤	베던	베었던	벨
인용형 : 평서	의문		명령	청유	명사형	부사형
벤다고	베느냐고		베라고	베자고	베기, 벰	베어, 베게

상대존대형_아주높임		직설체	회상체
평서형	현재	벱니다	벱디다
	현재-진행	베고 있습니다, 베는 중입니다	베고 있습디다
	과거	베었습니다	베었습디다
	과거-경험	베었었습니다	베었었습디다
	과거-추측	베었겠습니다	베었겠습디다
	미래-추측/의지/가능	베겠습니다, 베렵니다, 벨 겁니다, 벨 수 있습니다	베겠습디다
의문형	현재	벱니까?	벱디까?
	과거	베었습니까?	베었습디까?
	과거-경험	베었었습니까?	베었었습디까?
	미래-추측/의지/가능	베겠습니까? 베렵니까? 벨 겁니까? 베리이까? 벨 수 있겠습니까?	베겠습디까?
명령형		베시오, 베십시오	
청유형		벱시다, 베십시다	
감탄형		베시는구나!	

상대존대형_예사높임		'-어요'체	'-으오'체
평서형	현재	베어요, 베지요, 베세요, 벨래요, 벨걸요, 베는데요, 벤대요, 벨게요, 베잖아요	베오
	현재-진행	베고 있어요, 베고 있지요, 베고 있으세요, 베는 중이에요	베고 있소
	과거	베었어요, 베었지요, 베었으세요, 베었잖아요	베었소
	과거-경험	베었었어요, 베었었지요, 베었었으세요	베었었소
	과거-추측	베었겠어요, 베었겠지요, 베었겠으세요	베었겠소
	미래-추측/의지/가능	베겠어요, 베겠지요, 베겠으세요, 벨 수 있어요	베겠소
의문형	현재	베어요? 베지요? 베세요? 베나요? 벨까요? 벨래요? 베는가요? 베는데요? 벤대요? 벤다면서요? 벤다지요?	베오? *베소?
	과거	베었어요? 베었지요? 베었으세요?	베었소?
	과거-경험	베었었어요? 베었었지요? 베었었으세요?	베었었소?
	미래-추측/의지/가능	베겠어요? 베겠지요? 베겠으세요? 베리요? 벨 거예요? 벨 거지요? 벨 수 있겠어요?	베겠소?
명령형		베어요, 베지요, 베세요, 베라니까요	베오, 베구려
청유형		베어요, 베지요, 베세요, 베자니까요	베오
감탄형		베는군요! 베리요!	베는구려!

266

상대존대형_예사낮춤		'-어'체	'-네'체
평서형	현재	베어, 베지, 벨래, 벨걸, 베는데, 벤대, 벨게, 벤단다, 베마, 베잖아	베네
	현재-진행	베고 있어, 베고 있지, 베는 중이야	베고 있네
	과거-완료	베었어, 베었지, 베었잖아	베었네
	미래-추측/의지/가능	베겠어, 베겠지, 벨 수 있어	베겠네
의문형	현재	베어? 베지? 베니? 베나? 벨까? 베랴? 벨래? 베는데? 벤대? 벤다면서? 벤다지?	베는가?
	과거	베었어? 베었지? 베었니? 베었을까? 베었대? 베었다면서?	베었는가?
	미래	베겠어? 베겠지? 베겠니? 베리? 벨 거야? 벨 거지? 벨 거니? 벨 수 있겠어?	벨 건가?
명령형		베어, 베지, 베렴, 베려무나, 베라니까	베게
청유형		베어, 베지, 베자니까	베세
감탄형		베어! 베지! 베리!	베는군! 베는구먼!

상대존대형_아주낮춤		직설체	회상체
평서형	현재	벤다	베더라
	현재-진행	베고 있다, 베는 중이다	베고 있더라
	과거-완료	베었다	베었더라
	미래-추측/의지/가능	베겠다, 베리다, 베련다, 벨 거다, 벨 수 있다	베겠더라
의문형	현재	베느냐?	베더냐?
	과거	베었느냐?	베었더냐?
	미래	베겠느냐?	베겠더냐?
명령형		베어라	
청유형		베자	
감탄형		베는구나! 벤다! 베는도다!	베더구나!

연결형	연결어미	의미기능	연결어미
나열	베고, 베며	비교	베느니
선택	베거나, 베든지, 베든가	정도	베리만큼
대립	베어도, 베지만, 베나, 베는데, 베면서도, 베되, 베지	조건·가정	베면, 베거든, 베거들랑, 베어야, 벤다면, 베었던들
동시	베면서, 베며	상황제시	베는데, 베니, 베다시피
계기	베고서, 베어서, 베자, 베자마자	비유	베듯이
중단·전환	베다가	비례	벨수록
양보	베어도, 베더라도, 벨지라도, 벨지언정, 벤들, 베는데도, 베기로서니, 베나마, 벨망정, 베어 보았자	원인·이유	베어서, 베니까, 베느라고, 베기에, 베길래, 베느니만큼, 베는지라, 벨세라, 베므로
목적·의도	베러, 베려고, 베고자	첨가	베거니와, 벨뿐더러, 베려니와
결과	베도록, 베게끔	습관	베곤

보다 [보다, poda]

to see, look at ; to inspect, observe ; to look after ; to go through

사동형	보이다, 보게 하다, 보게 만들다		피동형	보이다. 보게 되다, 보여지다	
관형사형 : 현재-진행		과거-완료	과거-회상	과거-완료-회상	미래-추측/의지
보는		본	보던	보았던	볼

인용형 : 평서	의문	명령	청유	명사형	부사형
본다고	보느냐고	보라고	보자고	보기, 봄	보아, 보게

상대존대형_아주높임		직설체	회상체
평서형	현재	봅니다	봅디다
	현재-진행	보고 있습니다, 보는 중입니다	보고 있습디다
	과거	보았습니다	보았습디다
	과거-경험	보았었습니다	보았었습디다
	과거-추측	보았겠습니다	보았겠습디다
	미래-추측/의지/가능	보겠습니다, 보렵니다, 볼 겁니다, 볼 수 있습니다	보겠습디다
의문형	현재	봅니까?	봅디까?
	과거	보았습니까?	보았습디까?
	과거-경험	보았었습니까?	보았었습디까?
	미래-추측/의지/가능	보겠습니까? 보렵니까? 볼 겁니까? 보리이까? 볼 수 있겠습니까?	보겠습디까?
명령형		보시오, 보십시오	
청유형		봅시다, 보십시다	
감탄형		보시는구나!	

상대존대형_예사높임		'-어요'체	'-으오'체
평서형	현재	보아요, 보지요, 보세요, 볼래요, 볼걸요, 보는데요, 본대요, 볼게요, 보잖아요	보오
	현재-진행	보고 있어요, 보고 있지요, 보고 있으세요, 보는 중이에요	보고 있소
	과거	보았어요, 보았지요, 보았으세요, 보았잖아요	보았소
	과거-경험	보았었어요, 보았었지요, 보았었으세요	보았었소
	과거-추측	보았겠어요, 보았겠지요, 보았겠으세요	보았겠소
	미래-추측/의지/가능	보겠어요, 보겠지요, 보겠으세요, 볼 수 있어요	보겠소
의문형	현재	보아요? 보지요? 보세요? 보나요? 볼까요? 볼래요? 보는가요? 보는데요? 본대요? 본다면서요? 본다지요?	보오? *보소?
	과거	보았어요? 보았지요? 보았으세요?	보았소?
	과거-경험	보았었어요? 보았었지요? 보았었으세요?	보았었소?
	미래-추측/의지/가능	보겠어요? 보겠지요? 보겠으세요? 보리요? 볼 거예요? 볼 거지요? 볼 수 있겠어요?	보겠소?
명령형		보아요, 보지요, 보세요, 보라니까요	보오, 보구려
청유형		보아요, 보지요, 보세요, 보자니까요	보오
감탄형		보는군요! 보리요!	보는구려!

상대존대형_예사낮춤		'-어'체	'-네'체
평서형	현재	보아, 보지, 볼래, 볼걸, 보는데, 본대, 볼게, 본단다, 보마, 보잖아	보네
	현재-진행	보고 있어, 보고 있지, 보는 중이야	보고 있네
	과거-완료	보았어, 보았지, 보았잖아	보았네
	미래-추측/의지/가능	보겠어, 보겠지, 볼 수 있어	보겠네
의문형	현재	보아? 보지? 보니? 보나? 볼까? 보랴? 볼래? 보는데? 본대? 본다면서? 본다지?	보는가?
	과거	보았어? 보았지? 보았니? 보았을까? 보았대? 보았다면서?	보았는가?
	미래	보겠어? 보겠지? 보겠니? 보리? 볼 거야? 볼 거지? 볼 거니? 볼 수 있겠어?	볼 건가?
명령형		보아, 보지, 보렴, 보려무나, 보라니까	보게
청유형		보아, 보지, 보자니까	보세
감탄형		보아! 보지! 보리!	보는군! 보는구면!

상대존대형_아주낮춤		직설체	회상체
평서형	현재	본다	보더라
	현재-진행	보고 있다, 보는 중이다	보고 있더라
	과거-완료	보았다	보았더라
	미래-추측/의지/가능	보겠다, 보리다, 보련다, 볼 거다, 볼 수 있다	보겠더라
의문형	현재	보느냐?	보더냐?
	과거	보았느냐?	보았더냐?
	미래	보겠느냐?	보겠더냐?
명령형		보아라	
청유형		보자	
감탄형		보는구나! 본다! 보는도다!	보더구나!

연결형	연결어미	의미기능	연결어미
나열	보고, 보며	비교	보느니
선택	보거나, 보든지, 보든가	정도	보리만큼
대립	보아도, 보지만, 보나, 보는데, 보면서도, 보되, 보지	조건·가정	보면, 보거든, 보거들랑, 보아야, 본다면, 보았던들
동시	보면서, 보며	상황제시	보는데, 보니, 보다시피
계기	보고서, 보아서, 보자, 보자마자	비유	보듯이
중단·전환	보다가	비례	볼수록
양보	보아도, 보더라도, 볼지라도, 볼지언정, 본들, 보는데도, 보기로서니, 보나마, 볼망정, 보아 보았자	원인·이유	보아서, 보니까, 보느라고, 보기에, 보길래, 보느니만큼, 보는지라, 볼세라, 보므로
목적·의도	보러, 보려고, 보고자	첨가	보거니와, 볼뿐더러, 보려니와
결과	보도록, 보게끔	습관	보곤

- 여기를 보세요. Please look here.
- 한국에는 볼 것이 참 많이 있습니다. There are lots of things to see in Korea.
- 나는 어제 시험을 보느라고 무척 고생을 했다. I suffered taking the test yesterday.

뵙다 [뵙따, pøpt'a]

'ㅂ' 불규칙활용, 타동사

to meet, see, look at

사동형	*뵙히다, 뵙게 하다, 뵙게 만들다		피동형	*뵙히다. 뵙게 되다, *뵈어지다	

관형사형 : 현재-진행	과거-완료	과거-회상	과거-완료-회상	미래-추측/의지
뵙는	뵌	뵙던	뵈었던	뵐

인용형 : 평서	의문	명령	청유	명사형	부사형
뵙는다고	뵈느냐고	뵈라고	뵙자고	뵙기, 뵘	뵈어, 뵙게

상대존대형_아주높임		직설체	회상체
평서형	현재	뵙습니다	뵙습디다
	현재-진행	뵙고 있습니다, 뵙는 중입니다	뵙고 있습디다
	과거	뵈었습니다	뵈었습디다
	과거-경험	뵈었었습니다	뵈었었습디다
	과거-추측	뵈었겠습니다	뵈었겠습디다
	미래-추측/의지/가능	뵙겠습니다, 뵈렵니다, 뵐 겁니다, 뵐 수 있습니다	뵙겠습디다
의문형	현재	뵙습니까?	뵙습디까?
	과거	뵈었습니까?	뵈었습디까?
	과거-경험	뵈었었습니까?	뵈었었습디까?
	미래-추측/의지/가능	뵙겠습니까? 뵈렵니까? 뵐 겁니까? 뵈리이까? 뵐 수 있겠습니까?	뵙겠습디까?
명령형		뵈시오, 뵈십시오	
청유형		뵙시다, 뵈십시다	
감탄형		뵈시는구나!	

상대존대형_예사높임		'-어요'체	'-으오'체
평서형	현재	뵈어요, 뵙지요, 뵈세요, 뵐래요, 뵐걸요, 뵙는데요, 뵙는대요, 뵐게요, 뵙잖아요	뵈오
	현재-진행	뵙고 있어요, 뵙고 있지요, 뵙고 있으세요, 뵙는 중이에요	뵙고 있소
	과거	뵈었어요, 뵈었지요, 뵈었으세요, 뵈었잖아요	뵈었소
	과거-경험	뵈었었어요, 뵈었었지요, 뵈었었으세요	뵈었었소
	과거-추측	뵈었겠어요, 뵈었겠지요, 뵈었겠으세요	뵈었겠소
	미래-추측/의지/가능	뵙겠어요, 뵙겠지요, 뵙겠으세요, 뵐 수 있어요	뵙겠소
의문형	현재	뵈어요? 뵙지요? 뵈세요? 뵙나요? 뵐까요? 뵐래요? 뵙는가요? 뵙는데요? 뵙는대요? 뵙는다면서요? 뵙는다지요?	뵈오? 뵙소?
	과거	뵈었어요? 뵈었지요? 뵈었으세요?	뵈었소?
	과거-경험	뵈었었어요? 뵈었었지요? 뵈었었으세요?	뵈었소?
	미래-추측/의지/가능	뵙겠어요? 뵙겠지요? 뵙겠으세요? 뵈리요? 뵐 거예요? 뵐 거지요? 뵐 수 있어요?	뵙겠소?
명령형		뵈어요, 뵙지요, 뵈세요, 뵈라니까요	뵈오, 뵙구려
청유형		뵈어요, 뵙지요, 뵈세요, 뵙자니까요	뵈오
감탄형		뵙는군요! 뵈리요!	뵙는구려!

상대존대형_예사낮춤		'-어'체	'-네'체
평서형	현재	뵈어, 뵙지, 뵐래, 뵐걸, 뵙는데, 뵙는대, 뵐게, 뵙는단다, 뵈마, 뵙잖아	뵙네
	현재-진행	뵙고 있어, 뵙고 있지, 뵙는 중이야	뵙고 있네
	과거-완료	뵈었어, 뵈었지, 뵈었잖아	뵈었네
	미래-추측/의지/가능	뵙겠어, 뵙겠지, 뵐 수 있어	뵙겠네
의문형	현재	뵈어? 뵙지? 뵙니? 뵙나? 뵐까? 뵈랴? 뵐래? 뵙는데? 뵙는대? 뵙는다면서? 뵙는다지?	뵙는가?
	과거	뵈었어? 뵈었지? 뵈었니? 뵈었을까? 뵈었대? 뵈었다면서?	뵈었는가?
	미래	뵙겠어? 뵙겠지? 뵙겠니? 뵈리? 뵐 거야? 뵐 거지? 뵐 거니? 뵐 수 있겠어?	뵐 건가?
명령형		뵈어, 뵙지, 뵈렴, 뵈려무나, 뵈라니까	뵙게
청유형		뵈어, 뵙지, 뵙자니까	뵙세
감탄형		뵈어! 뵙지! 뵈리!	뵙는군! 뵙는구먼!

상대존대형_아주낮춤		직설체	회상체
평서형	현재	뵙는다	뵙더라
	현재-진행	뵙고 있다, 뵙는 중이다	뵙고 있더라
	과거-완료	뵈었다	뵈었더라
	미래-추측/의지/가능	뵙겠다, 뵈리다, 뵈련다, 뵐 거다, 뵐 수 있다	뵙겠더라
의문형	현재	뵙느냐?	뵙더냐?
	과거	뵈었느냐?	뵈었더냐?
	미래	뵙겠느냐?	뵙겠더냐?
명령형		뵈어라	
청유형		뵙자	
감탄형		뵙는구나! 뵙는다! 뵙는도다!	뵙더구나!

연결형	연결어미	의미기능	연결어미
나열	뵙고, 뵈며	비교	뵙느니
선택	뵙거나, 뵙든지, 뵙든가	정도	뵈리만큼
대립	뵈어도, 뵙지만, 뵈으나, 뵙는데, 뵈면서도, 뵙되, 뵙지	조건 · 가정	뵈면, 뵙거든, 뵙거들랑, 뵈어야, 뵙는다면, 뵈었던들
동시	뵈면서, 뵈며	상황제시	뵙는데, 뵈니, 뵙다시피
계기	뵙고서, 뵈어서, 뵙자, 뵙자마자	비유	뵙듯이
중단 · 전환	뵙다가	비례	뵐수록
양보	뵈어도, 뵙더라도, 뵐지라도, 뵐지언정, 뵌들, 뵙는데도, 뵙기로서니, 뵈나마, 뵐망정, 뵈어 보았자	원인 · 이유	뵈어서, 뵈니까, 뵙느라고, 뵙기에, 뵙길래, 뵙느니만큼, 뵙는지라, 뵐세라, 뵈므로
목적 · 의도	뵈러, 뵈려고, 뵙고자	첨가	뵙거니와, 뵐뿐더러, 뵈려니와
결과	뵙도록, 뵙게끔	습관	뵙곤

- 그럼, 내일 뵙겠습니다. See you tomorrow then.
- 지난 번 회의 때 뵌 기억이 있어요. I remember seeing you at last meeting.
- 작은아버지를 뵈면 늘 돌아가신 아버지 생각이 난다.
  Everytime I see my uncle, it reminds me of my father.

부르다1 [부르다, puɾida]

'르' 규칙활용, 형용사

to be full ; to be pregnant ; to be swollen

| 사동형 | *부르히다, 부르게 하다, 부르게 만들다 | | 피동형 | | *불리다. 부르게 되다, 불러지다 | |

관형사형 : 현재-진행	과거-완료	과거-회상	과거-완료-회상	미래-추측/의지
부른	부른	부르던	불렀던	부를

인용형 : 평서	의문	명령	청유	명사형	부사형
부르다고	부르냐고	*부르라고	*부르자고	부르기, 부름	불러, 부르게

상대존대형_아주높임		직설체	회상체
평서형	현재	부릅니다	부릅디다
	현재-진행	*부르고 있습니다, *부르는 중입니다	*부르고 있습디다
	과거	불렀습니다	불렀습디다
	과거-경험	불렀었습니다	불렀었습디다
	과거-추측	불렀겠습니다	불렀겠습디다
	미래-추측/의지/가능	부르겠습니다, *부르렵니다, 부를 겁니다, 부를 수 있습니다	부르겠습디다
의문형	현재	부릅니까?	부릅디까?
	과거	불렀습니까?	불렀습디까?
	과거-경험	불렀었습니까?	불렀었습디까?
	미래-추측/의지/가능	부르겠습니까? *부르렵니까? *부를 겁니까? *부르리이까? 부를 수 있겠습니까?	부르겠습디까?
명령형		*부르시오, *부르십시오	
청유형		*부릅시다, *부르십시다	
감탄형		부르시구나!	

상대존대형_예사높임		'-어요'체	'-으오'체
평서형	현재	불러요, 부르지요, 부르세요, *부를래요, 부를걸요, 부른데요, 부르대요, *부를게요, 부르잖아요	부르오
	현재-진행	*부르고 있어요, *부르고 있지요, *부르고 있으세요, *부르는 중이에요	*부르고 있소
	과거	불렀어요, 불렀지요, 불렀으세요, 불렀잖아요	불렀소
	과거-경험	불렀었어요, 불렀었지요, 불렀었으세요	불렀었소
	과거-추측	불렀겠어요, 불렀겠지요, 불렀겠으세요	불렀겠소
	미래-추측/의지/가능	부르겠어요, 부르겠지요, 부르겠으세요, 부를 수 있어요	부르겠소
의문형	현재	불러요? 부르지요? 부르세요? 부르나요? *부를까요? *부를래요? *부른가요? 부른데요? 부르대요? 부르다면서요? 부르다지요?	부르오? *부르소?
	과거	불렀어요? 불렀지요? 불렀으세요?	불렀소?
	과거-경험	불렀었어요? 불렀었지요? 불렀었으세요?	불렀었소?
	미래-추측/의지/가능	부르겠어요? 부르겠지요? 부르겠으세요? 부르리요? *부를 거예요? *부를 거지요? 부를 수 있겠어요?	부르겠소?
명령형		*불러요, *부르지요, *부르세요, *부르라니까요	*부르오, *부르구려
청유형		*불러요, *부르지요, *부르세요, *부르자니까요	*부르오
감탄형		부르군요! 부르리요!	부르구려!

상대존대형_예사낮춤		'-어'체	'-네'체
평서형	현재	불러, 부르지, *부를래, 부를걸, 부른데, 부르대, *부를게, 부른단다, *부르마, 부르잖아	부르다
	현재-진행	*부르고 있어, *부르고 있지, *부르는 중이야	*부르고 있다, *부르는 중이다
	과거-완료	불렀어, 불렀지, 불렀잖아	불렀다
	미래-추측/의지/가능	부르겠어, 부르겠지, 부를 수 있어	부르겠다, 부르리다, *부르련다, 부를 거다, 부를 수 있다
의문형	현재	불러? 부르지? 부르니? 부르나? 부를까? 부르랴? *부를래? 부른데? 부르대? 부르다면서? 부르다지?	부르냐?
	과거	불렀어? 불렀지? 불렀니? 불렀을까? 불렀대? 불렀다면서?	불렀느냐?
	미래	부르겠어? 부르겠지? 부르겠니? 부르리? *부를 거야? *부를 거지? *부를 거니? 부를 수 있겠어?	부르겠느냐?
명령형		*불러, *부르지, *부르렴, *부르려무나, *부르라니까	*불러라
청유형		*불러, *부르지, *부르자니까	*부르자
감탄형		불러! 부르지! 부르리!	부르구나! 부르다! 부르도다!

상대존대형_아주낮춤		직설체	회상체
평서형	현재	부른다	부르더라
	현재-진행	부르고 있다, 부르는 중이다	부르고 있더라
	과거-완료	불렀다	불렀더라
	미래-추측/의지/가능	부르겠다, 부르리다, 부르련다, 부를 거다, 부를 수 있다	부르겠더라
의문형	현재	부르느냐?	부르더냐?
	과거	불렀느냐?	불렀더냐?
	미래	부르겠느냐?	부르겠더냐?
명령형		불러라	
청유형		부르자	
감탄형		부르는구나! 부른다! 부르는도다!	부르더구나!

연결형	연결어미	의미기능	연결어미
나열	부르고, 부르며	비교	*부르느니
선택	부르거나, 부르든지, 부르든가	정도	부르리만큼
대립	불러도, 부르지만, 부르나, 부른데, 부르면서도, 부르되, 부르지	조건 · 가정	부르면, 부르거든, 부르거들랑, 불러야, 부르다면, 불렀던들
동시	부르면서, 부르며	상황제시	부른데, 부르니, 부르다시피
계기	*부르고서, *불러서, *부르자, *부르자마자	비유	부르듯이
중단 · 전환	부르다가	비례	부를수록
양보	불러도, 부르더라도, 부를지라도, 부를지언정, 부른들, 부른데도, 부르기로서니, 부르나마, 부를망정, 불러 보았자	원인 · 이유	불러서, 부르니까, *부르느라고, 부르기에, 부르길래, 부르니만큼, 부른지라, 부를세라, 부르므로
목적 · 의도	*부르러, *부르려고, *부르고자	첨가	부르거니와, 부를뿐더러, 부르려니와
결과	부르도록, 부르게끔	습관	*부르곤

기본예문

- 여섯 달이 되자 아내의 배가 점점 불러 왔다.
  On the sixth month, her stomach expanded gradually.
- 배 부른 소리 그만 하세요. Don't talk in delirium.
- 배가 불러서 더 이상 못 먹겠다. I am too full to eat anymore.

부르다2 [부르다, purïda]

'르' 불규칙동사, 타동사

to call ; to name ; to invite ; to offer ; to sing

사동형	*부르히다, 부르게 하다, 부르게 만들다		피동형		*불리다. 부르게 되다, 불려지다	
관형사형 : 현재+진행		과거-완료		과거-회상	과거-완료-회상	미래-추측/의지
부르는		부른		부르던	불렀던	부를
인용형 : 평서	의문		명령	청유	명사형	부사형
부른다고	부르느냐고		부르라고	부르자고	부르기, 부름	불러, 부르게

상대존대형_아주높임		직설체	회상체
평서형	현재	부릅니다	부릅디다
	현재-진행	부르고 있습니다, 부르는 중입니다	부르고 있습디다
	과거	불렀습니다	불렀습디다
	과거-경험	불렀었습니다	불렀었습디다
	과거-추측	불렀겠습니다	불렀겠습디다
	미래-추측/의지/가능	부르겠습니다, 부르렵니다, 부를 겁니다, 부를 수 있습니다	부르겠습디다
의문형	현재	부릅니까?	부릅디까?
	과거	불렀습니까?	불렀습디까?
	과거-경험	불렀었습니까?	불렀었습디까?
	미래-추측/의지/가능	부르겠습니까? 부르렵니까? 부를 겁니까? 부르리이까? 부를 수 있겠습니까?	부르겠습디까?
명령형		부르시오, 부르십시오	
청유형		부르읍시다, 부르십시다	
감탄형		부르시는구나!	

상대존대형_예사높임		'-어요'체	'-으오'체
평서형	현재	불러요, 부르지요, 부르세요, 부를래요, 부를걸요, 부르는데요, 부른대요, 부를게요, 부르잖아요	부르오
	현재-진행	부르고 있어요, 부르고 있지요, 부르고 있으세요, 부르는 중이에요	부르고 있소
	과거	불렀어요, 불렀지요, 불렀으세요, 불렀잖아요	불렀소
	과거-경험	불렀었어요, 불렀었지요, 불렀었으세요	불렀었소
	과거-추측	불렀겠어요, 불렀겠지요, 불렀겠으세요	불렀겠소
	미래-추측/의지/가능	부르겠어요, 부르겠지요, 부르겠으세요, 부를 수 있어요	부르겠소
의문형	현재	불러요? 부르지요? 부르세요? 부르나요? 부를까요? 부를래요? 부르는가요? 부르는데요? 부른대요? 부른다면서요? 부른다지요?	부르오? *부르소?
	과거	불렀어요? 불렀지요? 불렀으세요?	불렀소?
	과거-경험	불렀었어요? 불렀었지요? 불렀었으세요?	불렀었소?
	미래-추측/의지/가능	부르겠어요? 부르겠지요? 부르겠으세요? 부르리요? 부를 거예요? 부를 거지요? 부를 수 있겠어요?	부르겠소?
명령형		불러요, 부르지요, 부르세요, 부르라니까요	부르오, 부르구려
청유형		불러요, 부르지요, 부르세요, 부르자니까요	부르오
감탄형		부르는군요! 부르리요!	부르는구려!

상대존대형_예사낮춤		'-어'체	'-네'체
평서형	현재	불러, 부르지, 부를래, 부를걸, 부르는데, 부른대, 부를게, 부른단다, 부르마, 부르잖아	부르네
	현재-진행	부르고 있어, 부르고 있지, 부르는 중이야	부르고 있네
	과거-완료	불렀어, 불렀지, 불렀잖아	불렀네
	미래-추측/의지/가능	부르겠어, 부르겠지, 부를 수 있어	부르겠네
의문형	현재	불러? 부르지? 부르니? 부르나? 부를까? 부르랴? 부를래? 부르는데? 부른대? 부른다면서? 부른다지?	부르는가?
	과거	불렀어? 불렀지? 불렀니? 불렀을까? 불렀대? 불렀다면서?	불렀는가?
	미래	부르겠어? 부르겠지? 부르겠니? 부르리? 부를 거야? 부를 거지? 부를 거니? 부를 수 있겠어?	부를 건가?
명령형		불러, 부르지, 부르렴, 부르려무나, 부르라니까	부르게
청유형		불러, 부르지, 부르자니까	부르세
감탄형		불러! 부르지! 부르리!	부르는군! 부르는구먼!

상대존대형_아주낮춤		직설체	회상체
평서형	현재	부른다	부르더라
	현재-진행	부르고 있다, 부르는 중이다	부르고 있더라
	과거-완료	불렀다	불렀더라
	미래-추측/의지/가능	부르겠다, 부르리다, 부르련다, 부를 거다, 부를 수 있다	부르겠더라
의문형	현재	부르느냐?	부르더냐?
	과거	불렀느냐?	불렀더냐?
	미래	부르겠느냐?	부르겠더냐?
명령형		불러라	
청유형		부르자	
감탄형		부르는구나! 부른다! 부르는도다!	부르더구나!

연결형	연결어미	의미기능	연결어미
나열	부르고, 부르며	비교	부르느니
선택	부르거나, 부르든지, 부르든가	정도	부르리만큼
대립	불러도, 부르지만, 부르나, 부르는데, 부르면서도, 부르되, 부르지	조건 · 가정	부르면, 부르거든, 부르거들랑, 불러야, 부른다면, 불렀던들
동시	부르면서, 부르며	상황제시	부르는데, 부르니, 부르다시피
계기	부르고서, 불러서, 부르자, 부르자마자	비유	부르듯이
중단 · 전환	부르다가	비례	부를수록
양보	불러도, 부르더라도, 부를지라도, 부를지언정, 부른들, 부르는데도, 부르기로서니, 부르나마, 부를망정, 불러 보았자	원인 · 이유	불러서, 부르니까, 부르느라고, 부르기에, 부르길래, 부르느니만큼, 부르는지라, 부를세라, 부르므로
목적 · 의도	부르러, 부르려고, 부르고자	첨가	부르거니와, 부를뿐더러, 부르려니와
결과	부르도록, 부르게끔	습관	부르곤

기본예문
- 밖에서 누군가가 나를 불렀다. Someone called me from outside.
- 한국 민요를 잘 부르는 사람 없니? Isn't there anyone who can sing Korean folksongs well?
- 너무 비싼 값을 부르는 바람에 다들 놀랐다.
  Everyone was surprised because of the expensive price.

부수다 [부수다, pusuda]

'우' 규칙활용, 타동사

to break, smash, destroy, demolish ; to win

사동형	*부수히다, 부수게 하다, 부수게 만들다		피동형	*부수히다. 부수게 되다, 부숴지다	

관형사형 : 현재-진행	과거-완료	과거-회상	과거-완료-회상	미래-추측/의지
부수는	부순	부수던	부쉈던	부술

인용형 : 평서	의문	명령	청유	명사형	부사형
부순다고	부수느냐고	부수라고	부수자고	부수기, 부숨	부숴, 부수게

상대존대형_아주높임		직설체	회상체
평서형	현재	부숩니다	부숩디다
	현재-진행	부수고 있습니다, 부수는 중입니다	부수고 있습디다
	과거	부쉈습니다	부쉈습디다
	과거-경험	부쉈었습니다	부쉈었습디다
	과거-추측	부쉈겠습니다	부쉈겠습디다
	미래-추측/의지/가능	부수겠습니다, 부수렵니다, 부술 겁니다, 부술 수 있습니다	부수겠습디다
의문형	현재	부숩니까?	부숩디까?
	과거	부쉈습니까?	부쉈습디까?
	과거-경험	부쉈었습니까?	부쉈었습디까?
	미래-추측/의지/가능	부수겠습니까? 부수렵니까? 부술 겁니까? 부수리이까? 부술 수 있겠습니까?	부수겠습디까?
명령형		부수시오, 부수십시오	
청유형		부숩시다, 부수십시다	
감탄형		부수시는구나!	

상대존대형_예사높임		'-어요'체	'-으오'체
평서형	현재	부숴요, 부수지요, 부수세요, 부술래요, 부술걸요, 부수는데요, 부순대요, 부술게요, 부수잖아요	부수오
	현재-진행	부수고 있어요, 부수고 있지요, 부수고 있으세요, 부수는 중이에요	부수고 있소
	과거	부쉈어요, 부쉈지요, 부쉈으세요, 부쉈잖아요	부쉈소
	과거-경험	부쉈었어요, 부쉈었지요, 부쉈었으세요	부쉈었소
	과거-추측	부쉈겠어요, 부쉈겠지요, 부쉈겠으세요	부쉈겠소
	미래-추측/의지/가능	부수겠어요, 부수겠지요, 부수겠으세요, 부술 수 있어요	부수겠소
의문형	현재	부숴요? 부수지요? 부수세요? 부수나요? 부술까요? 부술래요? 부수는가요? 부수는데요? 부순대요? 부순다면서요? 부순다지요?	부수오? *부수소?
	과거	부쉈어요? 부쉈지요? 부쉈으세요?	부쉈소?
	과거-경험	부쉈었어요? 부쉈었지요? 부쉈었으세요?	부쉈었소?
	미래-추측/의지/가능	부수겠어요? 부수겠지요? 부수겠으세요? 부수리요? 부술 거예요? 부술 거지요? 부술 수 있겠어요?	부수겠소?
명령형		부숴요, 부수지요, 부수세요, 부수라니까요	부수오, 부수구려
청유형		부숴요, 부수지요, 부수세요, 부수자니까요	부수오
감탄형		부수는군요! 부수리요!	부수는구려!

상대존대형_예사낮춤		'-어'체	'-네'체
평서형	현재	부숴, 부수지, 부술래, 부술걸, 부수는데, 부순대, 부술게, 부순단다, 부수마, 부수잖아	부수네
	현재-진행	부수고 있어, 부수고 있지, 부수는 중이야	부수고 있네
	과거-완료	부쉈어, 부쉈지, 부쉈잖아	부쉈네
	미래-추측/의지/가능	부수겠어, 부수겠지, 부술 수 있어	부수겠네
의문형	현재	부숴? 부수지? 부수니? 부수나? 부술까? 부수랴? 부술래? 부수는데? 부순대? 부순다면서? 부순다지?	부수는가?
	과거	부쉈어? 부쉈지? 부쉈니? 부쉈을까? 부쉈대? 부쉈다면서?	부쉈는가?
	미래	부수겠어? 부수겠지? 부수겠니? 부수리? 부술 거야? 부술 거지? 부술 거니? 부술 수 있겠어?	부술 건가?
명령형		부숴, 부수지, 부수렴, 부수려무나, 부수라니까	부수게
청유형		부숴, 부수지, 부수자니까	부수세
감탄형		부숴! 부수지! 부수리!	부수는군! 부수는구먼!

상대존대형_아주낮춤		직설체	회상체
평서형	현재	부순다	부수더라
	현재-진행	부수고 있다, 부수는 중이다	부수고 있더라
	과거-완료	부쉈다	부쉈더라
	미래-추측/의지/가능	부수겠다, 부수리다, 부수련다, 부술 거다, 부술 수 있다	부수겠더라
의문형	현재	부수느냐?	부수더냐?
	과거	부쉈느냐?	부쉈더냐?
	미래	부수겠느냐?	부수겠더냐?
명령형		부숴라	
청유형		부수자	
감탄형		부수는구나! 부순다! 부수는도다!	부수더구나!

연결형	연결어미	의미기능	연결어미
나열	부수고, 부수며	비교	부수느니
선택	부수거나, 부수든지, 부수든가	정도	부수리만큼
대립	부숴도, 부수지만, 부수나, 부수는데, 부수면서도, 부수되, 부수지	조건·가정	부수면, 부수거든, 부수거들랑, 부숴야, 부순다면, 부쉈던들
동시	부수면서, 부수며	상황제시	부수는데, 부수니, 부수다시피
계기	부수고서, 부숴서, 부수자, 부수자마자	비유	부수듯이
중단·전환	부수다가	비례	부술수록
양보	부숴도, 부수더라도, 부술지라도, 부술지언정, 부순들, 부수는데도, 부수기로서니, 부수나마, 부술망정, 부숴 보았자	원인·이유	부숴서, 부수니까, 부수느라고, 부수기에, 부수길래, 부수느니만큼, 부수는지라, 부술세라, 부수므로
목적·의도	부수러, 부수려고, 부수고자	첨가	부수거니와, 부술뿐더러, 부수려니와
결과	부수도록, 부수게끔	습관	부수곤

- 도자기가 부숴지지 않도록 주의해 주세요. Please be cautious not to break the ceramics.
- 상대팀을 이번에는 꼭 부수겠다는 각오가 대단했다.
  It was admirable to see you try to win the opponent.
- 고장이 난 기계를 부수더라도 쓸 만한 것은 잘 골라 둡시다.
  Let's pick out the useful ones though you may break the broken machines in the process.

붓다1 [붇따, putt'a]

'ㅅ' 불규칙활용, 자동사

to swell up, blout (out) ; to tumefy ; to get angry

사동형		*붓히다, 붓게 하다, 붓게 만들다		피동형		*붓히다. 붓게 되다, 부어지다	

관형사형 : 현재-진행	과거-완료	과거-회상	과거-완료-회상	미래-추측/의지
붓는	부은	붓던	부었던	부을

인용형 : 평서	의문	명령	청유	명사형	부사형
붓는다고	붓느냐고	부으라고	붓자고	붓기, 부음	부어, 붓게

상대존대형_아주높임			직설체	회상체
평서형		현재	붓습니다	붓디다
		현재-진행	붓고 있습니다, 붓는 중입니다	붓고 있습디다
		과거	부었습니다	부었습디다
		과거-경험	부었었습니다	부었었습디다
		과거-추측	부었겠습니다	부었겠습디다
		미래-추측/의지/가능	붓겠습니다, 부으렵니다, 부을 겁니다, 부을 수 있습니다	붓겠습디다
의문형		현재	붓습니까?	붓습디까?
		과거	부었습니까?	부었습디까?
		과거-경험	부었었습니까?	부었었습디까?
		미래-추측/의지/가능	붓겠습니까? 부으렵니까? 부을 겁니까? 부으리이까? 부을 수 있겠습니까?	붓겠습디까?
명령형			부으시오, 부으십시오	
청유형			부읍시다, 부으십시다	
감탄형			부으시는구나!	

상대존대형_예사높임			'-어요'체	'-으오'체
평서형		현재	부어요, 붓지요, 부으세요, 부을래요, 부을걸요, 붓는데요, 붓는대요, 부을게요, 붓잖아요	부으오
		현재-진행	붓고 있어요, 붓고 있지요, 붓고 있으세요, 붓는 중이에요	붓고 있소
		과거	부었어요, 부었지요, 부었으세요, 부었잖아요	부었소
		과거-경험	부었었어요, 부었었지요, 부었었으세요	부었었소
		과거-추측	부었겠어요, 부었겠지요, 부었겠으세요	부었겠소
		미래-추측/의지/가능	붓겠어요, 붓겠지요, 붓겠으세요, 부을 수 있어요	붓겠소
의문형		현재	부어요? 붓지요? 부으세요? 붓나요? 부을까요? 부을래요? 붓는가요? 붓는데요? 붓는대요? 붓는다면서요? 붓는다지요?	부으오? 붓소?
		과거	부었어요? 부었지요? 부었으세요?	부었소?
		과거-경험	부었었어요? 부었었지요? 부었었으세요?	부었었소?
		미래-추측/의지/가능	붓겠어요? 붓겠지요? 붓겠으세요? *부으리요? 부을 거예요? 부을 거지요? 부을 수 있겠어요?	붓겠소?
명령형			부어요, 붓지요, 부으세요, 부으라니까요	부으오, 붓구려
청유형			부어요, 붓지요, 부으세요, 붓자니까요	부으오
감탄형			붓는군요! 부으리요!	붓는구려!

상대존대형_예사낮춤		'-어'체	'-네'체
평서형	현재	부어, 붓지, 부을래, 부을걸, 붓는데, 붓는대, 부을게, 붓는단다, 부으마, 붓잖아	붓네
	현재-진행	붓고 있어, 붓고 있지, 붓는 중이야	붓고 있네
	과거-완료	부었어, 부었지, 부었잖아	부었네
	미래-추측/의지/가능	붓겠어, 붓겠지, 부을 수 있어	붓겠네
의문형	현재	부어? 붓지? 붓니? 붓나? 부을까? 부으랴? 부을래? 붓는데? 붓는대? 붓는다면서? 붓는다지?	붓는가?
	과거	부었어? 부었지? 부었니? 부었을까? 부었대? 부었다면서?	부었는가?
	미래	붓겠어? 붓겠지? 붓겠니? *부으리? 부을 거야? 부을 거지? 부을 거니? 부을 수 있겠어?	부을 건가?
명령형		부어, 붓지, 부으렴, 부으려무나, 부으려니까	붓게
청유형		부어, 붓지, 붓자니까	붓세
감탄형		부어! 붓지! 부으리!	붓는군! 붓는구먼!

상대존대형_아주낮춤		직설체	회상체
평서형	현재	붓는다	붓더라
	현재-진행	붓고 있다, 붓는 중이다	붓고 있더라
	과거-완료	부었다	부었더라
	미래-추측/의지/가능	붓겠다, 부으리다, 부으련다, 부을 거다, 부을 수 있다	붓겠더라
의문형	현재	붓느냐?	붓더냐?
	과거	부었느냐?	부었더냐?
	미래	붓겠느냐?	붓겠더냐?
명령형		부어라	
청유형		붓자	
감탄형		붓는구나! 붓는다! 붓는도다!	붓더구나!

연결형	연결어미	의미기능	연결어미
나열	붓고, 부으며	비교	붓느니
선택	붓거나, 붓든지, 붓든가	정도	부으리만큼
대립	부어도, 붓지만, 부으나, 붓는데, 부으면서도, 붓되, 붓지	조건·가정	부으면, 붓거든, 붓거들랑, 부어야, 붓는다면, 부었던들
동시	부으면서, 부으며	상황제시	붓는데, 부으니, 붓다시피
계기	붓고서, 부어서, 붓자, 붓자마자	비유	붓듯이
중단·전환	붓다가	비례	부을수록
양보	부어도, 붓더라도, 부을지라도, 부을지언정, 부은들, 붓는데도, 붓기로서니, 부으나마, 부을망정, 부어 보았자	원인·이유	부어서, 부으니까, 붓느라고, 붓기에, 붓길래, 붓느니만큼, 붓는지라, 부을세라, 부으므로
목적·의도	부으러, 부으려고, 붓고자	첨가	붓거니와, 부을뿐더러, 부으려니와
결과	붓도록, 붓게끔	습관	붓곤

기본예문

- 많이 울어서 얼굴이 퉁퉁 부었다. My face has swollen because I cried a lot.
- 부었던 상처가 가라앉았다. The swollen wound became normal again.
- 임파선이 부어서 몹시 아프다. It hurt so much because my lymph nodes are swollen.

비꼬다 [비꼬다, pik'oda]

'오' 규칙활용, 타동사

to twist ; to give a sarcastic remarks

사동형	*비꼬히다, 비꼬게 하다, 비꼬게 만들다	피동형	비꼬이다. 비꼬게 되다, 비꼬아지다

관형사형 : 현재-진행	과거-완료	과거-회상	과거-완료-회상	미래-추측/의지
비꼬는	비꼰	비꼬던	비꼬았던	비꼴

인용형 : 평서	의문	명령	청유	명사형	부사형
비꼰다고	비꼬느냐고	비꼬라고	비꼬자고	비꼬기, 비꼼	비꼬아, 비꼬게

상대존대형_아주높임		직설체	회상체
평서형	현재	비꼽니다	비꼽디다
	현재-진행	비꼬고 있습니다, 비꼬는 중입니다	비꼬고 있습디다
	과거	비꼬았습니다	비꼬았습디다
	과거-경험	비꼬았었습니다	비꼬았었습디다
	과거-추측	비꼬았겠습니다	비꼬았겠습디다
	미래-추측/의지/가능	비꼬겠습니다, 비꼬렵니다, 비꼴 겁니다, 비꼴 수 있습니다	비꼬겠습디다
의문형	현재	비꼽니까?	비꼽디까?
	과거	비꼬았습니까?	비꼬았습디까?
	과거-경험	비꼬았었습니까?	비꼬았었습디까?
	미래-추측/의지/가능	비꼬겠습니까? 비꼬렵니까? 비꼴 겁니까? 비꼬리이까? 비꼴 수 있겠습니까?	비꼬겠습디까?
명령형		비꼬시오, 비꼬십시오	
청유형		비꼽시다, 비꼬십시다	
감탄형		비꼬시는구나!	

상대존대형_예사높임		'-어요'체	'-으오'체
평서형	현재	비꼬아요, 비꼬지요, 비꼬세요, 비꼴래요, 비꼴걸요, 비꼬는데요, 비꼰대요, 비꼴게요, 비꼬잖아요	비꼬오
	현재-진행	비꼬고 있어요, 비꼬고 있지요, 비꼬고 있세요, 비꼬는 중이에요	비꼬고 있소
	과거	비꼬았어요, 비꼬았지요, 비꼬았으세요, 비꼬았잖아요	비꼬았소
	과거-경험	비꼬았었어요, 비꼬았었지요, 비꼬았었으세요	비꼬았었소
	과거-추측	비꼬았겠어요, 비꼬았겠지요, 비꼬았겠으세요	비꼬았겠소
	미래-추측/의지/가능	비꼬겠어요, 비꼬겠지요, 비꼬겠으세요, 비꼴 수 있어요	비꼬겠소
의문형	현재	비꼬아요? 비꼬지요? 비꼬세요? 비꼬나요? 비꼴까요? 비꼴래요? 비꼬는가요? 비꼬는데요? 비꼰대요? 비꼰다면서요? 비꼰다지요?	비꼬오? *비꼬소?
	과거	비꼬았어요? 비꼬았지요? 비꼬았으세요?	비꼬았소?
	과거-경험	비꼬았었어요? 비꼬았었지요? 비꼬았었으세요?	비꼬았었소?
	미래-추측/의지/가능	비꼬겠어요? 비꼬겠지요? 비꼬겠으세요? 비꼬리요? 비꼴 거예요? 비꼴 거지요? 비꼴 수 있겠어요?	비꼬겠소?
명령형		비꼬아요, 비꼬지요, 비꼬세요, 비꼬라니까요	비꼬오, 비꼬구려
청유형		비꼬아요, 비꼬지요, 비꼬세요, 비꼬자니까요	비꼽오
감탄형		비꼬는군요! 비꼬리요!	비꼬는구려!

상대존대형_예사낮춤		'-어'체	'-네'체
평서형	현재	비꼬아, 비꼬지, 비꼴래, 비꼴걸, 비꼬는데, 비꼰대, 비꼴게, 비꼰단다, 비꼬마, 비꼬잖아	비꼬네
	현재-진행	비꼬고 있어, 비꼬고 있지, 비꼬는 중이야	비꼬고 있네
	과거-완료	비꼬았어, 비꼬았지, 비꼬았잖아	비꼬았네
	미래-추측/의지/가능	비꼬겠어, 비꼬겠지, 비꼴 수 있어	비꼬겠네
의문형	현재	비꼬아? 비꼬지? 비꼬니? 비꼬나? 비꼴까? 비꼬랴? 비꼴래? 비꼬는데? 비꼰대? 비꼰다면서? 비꼰다지?	비꼬는가?
	과거	비꼬았어? 비꼬았지? 비꼬았니? 비꼬았을까? 비꼬았대? 비꼬았다면서?	비꼬았는가?
	미래	비꼬겠어? 비꼬겠지? 비꼬겠니? 비꼬리? 비꼴 거야? 비꼴 거지? 비꼴 거니? 비꼴 수 있겠어?	비꼴 건가?
명령형		비꼬아, 비꼬지, 비꼬렴, 비꼬려무나, 비꼬라니까	비꼬게
청유형		비꼬아, 비꼬지, 비꼬자니까	비꼬세
감탄형		비꼬아! 비꼬지! 비꼬리!	비꼬는군! 비꼬는구먼!

상대존대형_아주낮춤		직설체	회상체
평서형	현재	비꼰다	비꼬더라
	현재-진행	비꼬고 있다, 비꼬는 중이다	비꼬고 있더라
	과거-완료	비꼬았다	비꼬았더라
	미래-추측/의지/가능	비꼬겠다, 비꼬리다, 비꼬련다, 비꼴 거다, 비꼴 수 있다	비꼬겠더라
의문형	현재	비꼬느냐?	비꼬더냐?
	과거	비꼬았느냐?	비꼬았더냐?
	미래	비꼬겠느냐?	비꼬겠더냐?
명령형		비꼬아라	
청유형		비꼬자	
감탄형		비꼬는구나! 비꼰다! 비꼬는도다!	비꼬더구나!

연결형	연결어미	의미기능	연결어미
나열	비꼬고, 비꼬며	비교	비꼬느니
선택	비꼬거나, 비꼬든지, 비꼬든가	정도	비꼬리만큼
대립	비꼬아도, 비꼬지만, 비꼬나, 비꼬는데, 비꼬면서도, 비꼬되, 비꼬지	조건 · 가정	비꼬면, 비꼬거든, 비꼬거들랑, 비꼬아야, 비꼰다면, 비꼬았던들
동시	비꼬면서, 비꼬며	상황제시	비꼬는데, 비꼬니, 비꼬다시피
계기	비꼬고서, 비꼬아서, 비꼬자, 비꼬자마자	비유	비꼬듯이
중단 · 전환	비꼬다가	비례	비꼴수록
양보	비꼬아도, 비꼬더라도, 비꼴지라도, 비꼴지언정, 비꼰들, 비꼬는데도, 비꼬기로서니, 비꼬나마, 비꼴망정, 비꼬아 보았자	원인 · 이유	비꼬아서, 비꼬니까, 비꼬느라고, 비꼬기에, 비꼬길래, 비꼬느니만큼, 비꼬는지라, 비꼴세라, 비꼬므로
목적 · 의도	비꼬러, 비꼬려고, 비꼬고자	첨가	비꼬거니와, 비꼴뿐더러, 비꼬려니와
결과	비꼬도록, 비꼬게끔	습관	비꼬곤

기본예문

- 그렇게 비꼬지 마세요. Don't be sarcastic.
- 비꼬는 말을 들으면 기분이 나쁘다. Listening to sarcastic remarks doesn't feel good.
- 그녀는 늘 비꼬아 말하는 버릇이 있다. She has a habit of giving sarcastic remarks.

비다 [비:다, pi:da]

'이' 규칙활용, 자동사

to be empty, be vacant ; to be unoccupied ; to be hollow

사동형	*비히다, 비게 하다, 비게 만들다			피동형	*비히다. 비게 되다, 비어지다	
관형사형 : 현재-진행		과거-완료		과거-회상	과거-완료-회상	미래-추측/의지
비는		빈		비던	비었던	빌

인용형 : 평서		의문	명령	청유	명사형	부사형
빈다고		비느냐고	비라고	비자고	비기, 빔	비어, 비게

상대존대형_아주높임		직설체	회상체
평서형	현재	빕니다	빕디다
	현재-진행	비고 있습니다, 비는 중입니다	비고 있습디다
	과거	비었습니다	비었습디다
	과거-경험	비었었습니다	비었었습디다
	과거-추측	비었겠습니다	비었겠습디다
	미래-추측/의지/가능	비겠습니다, *비렵니다, 빌 겁니다, 빌 수 있습니다	비겠습디다
의문형	현재	빕니까?	빕디까?
	과거	비었습니까?	비었습디까?
	과거-경험	비었었습니까?	비었었습디까?
	미래-추측/의지/가능	비겠습니까? 비렵니까? 빌 겁니까? 비리이까? 빌 수 있겠습니까?	비겠습디까?
명령형		*비시오, *비십시오	
청유형		*빕시다, *비십시다	
감탄형		비시는구나!	

상대존대형_예사높임		'-어요'체	'-으오'체
평서형	현재	비어요, 비지요, 비세요, *빌래요, 빌걸요, 비는데요, 빈대요, *빌게요, 비잖아요	비오
	현재-진행	비고 있어요, 비고 있지요, 비고 있으세요, 비는 중이에요	비고 있소
	과거	비었어요, 비었지요, 비었으세요, 비었잖아요	비었소
	과거-경험	비었었어요, 비었었지요, 비었었으세요	비었었소
	과거-추측	비었겠어요, 비었겠지요, 비었겠으세요	비었겠소
	미래-추측/의지/가능	비겠어요, 비겠지요, 비겠으세요, 빌 수 있어요	비겠소
의문형	현재	비어요? 비지요? 비세요? 비나요? 빌까요? 빌래요? 비는가요? 비는데요? 빈대요? 빈다면서요? 빈다지요?	비오? *비소?
	과거	비었어요? 비었지요? 비었으세요?	비었소?
	과거-경험	비었었어요? 비었었지요? 비었었으세요?	비었었소?
	미래-추측/의지/가능	비겠어요? 비겠지요? 비겠으세요? 비리요? *빌 거예요? *빌 거지요? 빌 수 있겠어요?	비겠소?
명령형		*비어요, *비지요, *비세요, *비라니까요	*비오, *비구려
청유형		*비어요, *비지요, *비세요, *비자니까요	*비오
감탄형		비는군요! 비리요!	비는구려!

상대존대형_예사낮춤		'-어'체	'-네'체
평서형	현재	비어, 비지, *빌래, 빌걸, 비는데, 빈대, *빌게, 빈단다, *비마, 비잖아	비네
	현재-진행	비고 있어, 비고 있지, 비는 중이야	비고 있네
	과거-완료	비었어, 비었지, 비었잖아	비었네
	미래-추측/의지/가능	비겠어, 비겠지, 빌 수 있어	비겠네
의문형	현재	비어? 비지? 비니? 비나? 빌까? 비랴? *빌래? 비는데? 빈대? 빈다면서? 빈다지?	비는가?
	과거	비었어? 비었지? 비었니? 비었을까? 비었대? 비었다면서?	비었는가?
	미래	비겠어? 비겠지? 비겠니? 비리? *빌 거야? *빌 거지? *빌 거니? *빌 수 있겠어?	빌 건가?
명령형		*비어, *비지, *비렴, *비려무나, *비라니까	*비게
청유형		*비어, *비지, *비자니까	*비세
감탄형		비어! 비지! 비리!	비는군! 비는구먼!

상대존대형_아주낮춤		직설체	회상체
평서형	현재	빈다	비더라
	현재-진행	비고 있다, 비는 중이다	비고 있더라
	과거-완료	비었다	비었더라
	미래-추측/의지/가능	비겠다, 비리다, *비련다, 빌 거다, 빌 수 있다	비겠더라
의문형	현재	비느냐?	비더냐?
	과거	비었느냐?	비었더냐?
	미래	비겠느냐?	비겠더냐?
명령형		*비어라	
청유형		*비자	
감탄형		비는구나! 빈다! 비는도다!	비더구나!

연결형	연결어미	의미기능	연결어미
나열	비고, 비며	비교	비느니
선택	비거나, 비든지, 비든가	정도	비리만큼
대립	비어도, 비지만, 비나, 비는데, 비면서도, 비되, 비지	조건·가정	비면, 비거든, 비거들랑, 비어야, 빈다면, 비었던들
동시	비면서, 비며	상황제시	비는데, 비니, 비다시피
계기	비고서, 비어서, 비자, 비자마자	비유	비듯이
중단·전환	비다가	비례	빌수록
양보	비어도, 비더라도, 빌지라도, 빌지언정, 빈들, 비는데도, 비기로서니, 비나마, 빌망정, 비어 보았자	원인·이유	비어서, 비니까, 비느라고, 비기에, 비길래, 비느니만큼, 비는지라, 빌세라, 비므로
목적·의도	*비러, *비려고, *비고자	첨가	비거니와, 빌뿐더러, 비려니와
결과	비도록, 비게끔	습관	비곤

기본예문

• 이 집은 오랫동안 비어 있다. This house was empty for a long time.

• 혹시 빈 방 있습니까? Do you have an empty room?

• 속이 비어서 배가 매우 고프다. I'm very hungry because my stomach is empty.

비싸다 [비싸다, pis'ada]

'아' 규칙활용, 형용사

to be expansive, be dear, be costly, be high price

사동형	*비싸히다, 비싸게 하다, 비싸게 만들다	피동형	*비싸히다. 비싸게 되다, 비싸지다

관형사형 : 현재-진행	과거-완료	과거-회상	과거-완료-회상	미래-추측/의지
비싼	비싼	비싸던	비쌌던	비쌀

인용형 : 평서	의문	명령	청유	명사형	부사형
비싸다고	비싸냐고	*비싸라고	*비싸자고	비싸기, 비쌈	비싸, 비싸게

상대존대형_아주높임		직설체	회상체
평서형	현재	비쌉니다	비쌉디다
	현재-진행	*비싸고 있습니다, *비싼 중입니다	*비싸고 있습디다
	과거	비쌌습니다	비쌌습디다
	과거-경험	비쌌었습니다	비쌌었습디다
	과거-추측	비쌌겠습니다	비쌌겠습디다
	미래-추측/의지/가능	비싸겠습니다, *비싸렵니다, 비쌀 겁니다, 비쌀 수 있습니다	비싸겠습디다
의문형	현재	비쌉니까?	비쌉디까?
	과거	비쌌습니까?	비쌌습디까?
	과거-경험	비쌌었습니까?	비쌌었습디까?
	미래-추측/의지/가능	비싸겠습니까? *비싸렵니까? *비쌀 겁니까? *비싸리이까? 비쌀 수 있겠습니까?	비싸겠습디까?
명령형		*비싸시오, *비싸십시오	
청유형		*비쌉시다, *비싸십시다	
감탄형		비싸시구나!	

상대존대형_예사높임		'-어요'체	'-으오'체
평서형	현재	비싸요, 비싸지요, 비싸세요, *비쌀래요, 비쌀걸요, 비싼데요, 비싸대요, *비쌀게요, 비싸잖아요	비싸오
	현재-진행	*비싸고 있어요, *비싸고 있지요, *비싸고 있으세요, *비싼 중이에요	*비싸고 있소
	과거	비쌌어요, 비쌌지요, 비쌌으세요, 비쌌잖아요	비쌌소
	과거-경험	비쌌었어요, 비쌌었지요, 비쌌었으세요	비쌌었소
	과거-추측	비쌌겠어요, 비쌌겠지요, 비쌌겠으세요	비쌌겠소
	미래-추측/의지/가능	비싸겠어요, 비싸겠지요, 비싸겠으세요, 비쌀 수 있어요	비싸겠소
의문형	현재	비싸요? 비싸지요? 비싸세요? 비싸나요? *비쌀까요? *비쌀래요? *비싼가요? 비싼데요? 비싸대요? 비싸다면서요? 비싸다지요?	비싸오? *비싸소?
	과거	비쌌어요? 비쌌지요? 비쌌으세요?	비쌌소?
	과거-경험	비쌌었어요? 비쌌었지요? 비쌌었으세요?	비쌌었소?
	미래-추측/의지/가능	비싸겠어요? 비싸겠지요? 비싸겠으세요? 비싸리요? *비쌀 거예요? *비쌀 거지요? 비쌀 수 있겠어요?	비싸겠소?
명령형		*비싸요, *비싸지요, *비싸세요, *비싸라니까요	*비싸오, *비싸구려
청유형		*비싸요, *비싸지요, *비싸세요, *비싸자니까요	*비싸오
감탄형		비싸군요! 비싸리요!	비싸구려!

상대존대형_예사낮춤		'-어'체	'-네'체
평서형	현재	비싸, 비싸지, *비쌀래, 비쌀걸, 비싼데, 비싸대, *비쌀게, 비싸단다, *비쌀마, 비싸잖아	비싸네
	현재-진행	*비싸고 있어, *비싸고 있지, *비싼 중이야	*비싸고 있네
	과거-완료	비쌌어, 비쌌지, 비쌌잖아	비쌌네
	미래-추측/의지/가능	비싸겠어, 비싸겠지, 비쌀 수 있어	비싸겠네
의문형	현재	비싸? 비싸지? 비싸니? 비싸나? 비쌀까? 비싸랴? *비쌀래? 비싼데? 비싸대? 비싸다면서? 비싸다지?	비싼가?
	과거	비쌌어? 비쌌지? 비쌌니? 비쌌을까? 비쌌대? 비쌌다면서?	비쌌는가?
	미래	비싸겠어? 비싸겠지? 비싸겠니? 비싸리? *비쌀 거야? *비쌀 거지? *비쌀 거니? 비쌀 수 있겠어?	비쌀 건가?
명령형		*비싸, *비싸지, *비싸렴, *비싸려무나, *비싸라니까	*비싸게
청유형		*비싸, *비싸지, *비싸자니까	*비싸세
감탄형		비싸! 비싸지! 비싸리!	비싸군! 비싸구먼!

상대존대형_아주낮춤		직설체	회상체
평서형	현재	비싸다	비싸더라
	현재-진행	*비싸고 있다, *비싼 중이다	*비싸고 있더라
	과거-완료	비쌌다	비쌌더라
	미래-추측/의지/가능	비싸겠다, 비싸리다, *비싸련다, 비쌀 거다, 비쌀 수 있다	비싸겠더라
의문형	현재	비싸냐?	비싸더냐?
	과거	비쌌느냐?	비쌌더냐?
	미래	비싸겠느냐?	비싸겠더냐?
명령형		*비싸라	
청유형		*비싸자	
감탄형		비싸구나! 비싸다! 비싸도다!	비싸더구나!

연결형	연결어미	의미기능	연결어미
나열	비싸고, 비싸며	비교	*비싸느니
선택	비싸거나, 비싸든지, 비싸든가	정도	비싸리만큼
대립	비싸도, 비싸지만, 비싸나, 비싼데, 비싸면서도, 비싸되, 비싸지	조건·가정	비싸면, 비싸거든, 비싸거들랑, 비싸야, 비싸다면, 비쌌던들
동시	비싸면서, 비싸며	상황제시	비싼데, 비싸니, 비싸다시피
계기	*비싸고서, *비싸서, *비싸자, *비싸자마자	비유	비싸듯이
중단·전환	비싸다가	비례	비쌀수록
양보	비싸도, 비싸더라도, 비쌀지라도, 비쌀지언정, 비싼들, 비싼데도, 비싸기로서니, 비싸나마, 비쌀망정, 비싸 보았자	원인·이유	비싸서, 비싸니까, *비싸느라고, 비싸기에, 비싸길래, 비싸니만큼, 비싼지라, 비쌀세라, 비싸므로
목적·의도	*비싸러, *비싸려고, *비싸고자	첨가	비싸거니와, 비쌀뿐더러, 비싸려니와
결과	비싸도록, 비싸게끔	습관	*비싸곤

- 이 수박은 값이 너무 비싸다. This watermelon is too expensive.
- 나는 값이 너무 비싼 옷은 사 입을 수가 없다. I can't buy clothes that are too expensive.
- 가격이 좀 비싸더라도 품질이 좋으면 사겠다.
  If the quality is good, I would buy it even if it's a little expensive.

빌리다 [빌리다, pilrida]

'이' 규칙활용, 타동사

to borrow, get (the loan), rent

사동형	*빌리히다, 빌리게 하다, 빌리게 만들다	피동형	*빌리히다. 빌리게 되다, 빌려지다

관형사형 : 현재-진행	과거-완료	과거-회상	과거-완료-회상	미래-추측/의지
빌리는	빌린	빌리던	빌렸던	빌릴

인용형 : 평서	의문	명령	청유	명사형	부사형
빌린다고	빌리느냐고	빌리라고	빌리자고	빌리기, 빌림	빌려, 빌리게

상대존대형_아주높임		직설체	회상체
평서형	현재	빌립니다	빌립디다
	현재-진행	빌리고 있습니다, 빌리는 중입니다	빌리고 있습디다
	과거	빌렸습니다	빌렸습디다
	과거-경험	빌렸었습니다	빌렸었습디다
	과거-추측	빌렸겠습니다	빌렸겠습디다
	미래-추측/의지/가능	빌리겠습니다, 빌리렵니다, 빌릴 겁니다, 빌릴 수 있습니다	빌리겠습디다
의문형	현재	빌립니까?	빌립디까?
	과거	빌렸습니까?	빌렸습디까?
	과거-경험	빌렸었습니까?	빌렸었습디까?
	미래-추측/의지/가능	빌리겠습니까? 빌리렵니까? 빌릴 겁니까? 빌리리이까? 빌릴 수 있겠습니까?	빌리겠습디까?
명령형		빌리시오, 빌리십시오	
청유형		빌립시다, 빌리십시다	
감탄형		빌리시는구나!	

상대존대형_예사높임		'-어요'체	'-으오'체
평서형	현재	빌려요, 빌리지요, 빌리세요, 빌릴래요, 빌릴걸요, 빌리는데요, 빌린대요, 빌릴게요, 빌리잖아요	빌리오
	현재-진행	빌리고 있어요, 빌리고 있지요, 빌리고 있으세요, 빌리는 중이에요	빌리고 있소
	과거	빌렸어요, 빌렸지요, 빌렸으세요, 빌렸잖아요	빌렸소
	과거-경험	빌렸었어요, 빌렸었지요, 빌렸었으세요	빌렸었소
	과거-추측	빌렸겠어요, 빌렸겠지요, 빌렸겠으세요	빌렸겠소
	미래-추측/의지/가능	빌리겠어요, 빌리겠지요, 빌리겠으세요, 빌릴 수 있어요	빌리겠소
의문형	현재	빌려요? 빌리지요? 빌리세요? 빌리나요? 빌릴까요? 빌릴래요? 빌리는가요? 빌리는데요? 빌린대요? 빌린다면서요? 빌린다지요?	빌리오? *빌리소?
	과거	빌렸어요? 빌렸지요? 빌렸으세요?	빌렸소?
	과거-경험	빌렸었어요? 빌렸었지요? 빌렸었으세요?	빌렸었소?
	미래-추측/의지/가능	빌리겠어요? 빌리겠지요? 빌리겠으세요? 빌리리요? 빌릴 거예요? 빌릴 거지요? 빌릴 수 있겠어요?	빌리겠소?
명령형		빌려요, 빌리지요, 빌리세요, 빌리라니까요	빌리오, 빌리구려
청유형		빌려요, 빌리지요, 빌리세요, 빌리자니까요	빌리오
감탄형		빌리는군요! 빌리리요!	빌리는구려!

상대존대형_예사낮춤		'-어'체	'-네'체
평서형	현재	빌려, 빌리지, 빌릴래, 빌릴걸, 빌리는데, 빌린대, 빌릴게, 빌린단다, 빌리마, 빌리잖아	빌리네
	현재-진행	빌리고 있어, 빌리고 있지, 빌리는 중이야	빌리고 있네
	과거-완료	빌렸어, 빌렸지, 빌렸잖아	빌렸네
	미래-추측/의지/가능	빌리겠어, 빌리겠지, 빌릴 수 있어	빌리겠네
의문형	현재	빌려? 빌리지? 빌리니? 빌리나? 빌릴까? 빌리랴? 빌릴래? 빌리는데? 빌린대? 빌린다면서? 빌린다지?	빌리는가?
	과거	빌렸어? 빌렸지? 빌렸니? 빌렸을까? 빌렸대? 빌렸다면서?	빌렸는가?
	미래	빌리겠어? 빌리겠지? 빌리겠니? 빌리리? 빌릴 거야? 빌릴 거지? 빌릴 거니? 빌릴 수 있겠어?	빌릴 건가?
명령형		빌려, 빌리지, 빌리렴, 빌리려무나, 빌리라니까	빌리게
청유형		빌려, 빌리지, 빌리자니까	빌리세
감탄형		빌려! 빌리지! 빌리리!	빌리는군! 빌리는구먼!

상대존대형_아주낮춤		직설체	회상체
평서형	현재	빌린다	빌리더라
	현재-진행	빌리고 있다, 빌리는 중이다	빌리고 있더라
	과거-완료	빌렸다	빌렸더라
	미래-추측/의지/가능	빌리겠다, 빌리리다, 빌리련다, 빌릴 거다, 빌릴 수 있다	빌리겠더라
의문형	현재	빌리느냐?	빌리더냐?
	과거	빌렸느냐?	빌렸더냐?
	미래	빌리겠느냐?	빌리겠더냐?
명령형		빌려라	
청유형		빌리자	
감탄형		빌리는구나! 빌린다! 빌리는도다!	빌리더구나!

연결형	연결어미	의미기능	연결어미
나열	빌리고, 빌리며	비교	빌리느니
선택	빌리거나, 빌리든지, 빌리든가	정도	빌리리만큼
대립	빌려도, 빌리지만, 빌리나, 빌리는데, 빌리면서도, 빌리되, 빌리지	조건 · 가정	빌리면, 빌리거든, 빌리거들랑, 빌려야, 빌린다면, 빌렸던들
동시	빌리면서, 빌리며	상황제시	빌리는데, 빌리니, 빌리다시피
계기	빌리고서, 빌려서, 빌리자, 빌리자마자	비유	빌리듯이
중단 · 전환	빌리다가	비례	빌릴수록
양보	빌려도, 빌리더라도, 빌릴지라도, 빌릴지언정, 빌린들, 빌리는데도, 빌리기로서니, 빌리나마, 빌릴망정, 빌려 보았자	원인 · 이유	빌려서, 빌리니까, 빌리느라고, 빌리기에, 빌리길래, 빌리느니만큼, 빌리는지라, 빌릴세라, 빌리므로
목적 · 의도	빌리러, 빌리려고, 빌리고자	첨가	빌리거니와, 빌릴뿐더러, 빌리려니와
결과	빌리도록, 빌리게끔	습관	빌리곤

기본예문
- 나는 친구에게 돈을 빌렸다. I borrowed money from a friend.
- 그는 은행에서 빌린 돈을 모두 갚았다. He paid the bank for the loan.
- 차를 빌리려고 렌터카센터에 갔다. I went to the car rental shop to rent a car.

빗다 [빋따, pitt'a]

'ㅅ' 규칙활용, 타동사

to comb

사동형	빗기다, 빗게 하다, 빗게 만들다		피동형	*빗히다. 빗게 되다, 빗어지다	
관형사형 : 현재-진행		과거-완료	과거-회상	과거-완료-회상	미래-추측/의지
빗는		빗은	빗던	빗었던	빗을

인용형 : 평서		의문	명령	청유	명사형	부사형
빗는다고		빗느냐고	빗으라고	빗자고	빗기, 빗음	빗어, 빗게

상대존대형_아주높임			직설체	회상체
평서형	현재		빗습니다	빗습디다
	현재-진행		빗고 있습니다, 빗는 중입니다	빗고 있습디다
	과거		빗었습니다	빗었습디다
	과거-경험		빗었었습니다	빗었었습디다
	과거-추측		빗었겠습니다	빗었겠습디다
	미래-추측/의지/가능		빗겠습니다, 빗으렵니다, 빗을 겁니다, 빗을 수 있습니다	빗겠습디다
의문형	현재		빗습니까?	빗습디까?
	과거		빗었습니까?	빗었습디까?
	과거-경험		빗었었습니까?	빗었었습디까?
	미래-추측/의지/가능		빗겠습니까? 빗으렵니까? 빗을 겁니까? 빗으리이까? 빗을 수 있겠습니까?	빗겠습디까?
명령형			빗으시오, 빗으십시오	
청유형			빗읍시다, 빗으십시다	
감탄형			빗으시는구나!	

상대존대형_예사높임			'-어요'체	'-으오'체
평서형	현재		빗어요, 빗지요, 빗으세요, 빗을래요, 빗을걸요, 빗는데요, 빗는대요, 빗을게요, 빗잖아요	빗으오
	현재-진행		빗고 있어요, 빗고 있지요, 빗고 있으세요, 빗는 중이에요	빗고 있소
	과거		빗었어요, 빗었지요, 빗었으세요, 빗었잖아요	빗었소
	과거-경험		빗었었어요, 빗었었지요, 빗었었으세요	빗었었소
	과거-추측		빗었겠어요, 빗었겠지요, 빗었겠으세요	빗었겠소
	미래-추측/의지/가능		빗겠어요, 빗겠지요, 빗겠으세요, 빗을 수 있어요	빗겠소
의문형	현재		빗어요? 빗지요? 빗으세요? 빗나요? 빗을까요? 빗을래요? 빗는가요? 빗는데요? 빗는대요? 빗는다면서요? 빗는다지요?	빗으오? 빗소?
	과거		빗었어요? 빗었지요? 빗었으세요?	빗었소?
	과거-경험		빗었었어요? 빗었었지요? 빗었었으세요?	빗었었소?
	미래-추측/의지/가능		빗겠어요? 빗겠지요? 빗겠으세요? 빗으리요? 빗을 거예요? 빗을 거지요? 빗을 수 있겠어요?	빗겠소?
명령형			빗어요, 빗지요, 빗으세요, 빗으라니까요	빗으오, 빗구려
청유형			빗어요, 빗지요, 빗으세요, 빗자니까요	빗으오
감탄형			빗는군요! 빗으리요!	빗는구려!

상대존대형_예사낮춤		'-어'체	'-네'체
평서형	현재	빗어, 빗지, 빗을래, 빗을걸, 빗는데, 빗는대, 빗을게, 빗는단다, 빗으마, 빗잖아	빗네
	현재-진행	빗고 있어, 빗고 있지, 빗는 중이야	빗고 있네
	과거-완료	빗었어, 빗었지, 빗었잖아	빗었네
	미래-추측/의지/가능	빗겠어, 빗겠지, 빗을 수 있어	빗겠네
의문형	현재	빗어? 빗지? 빗니? 빗나? 빗을까? 빗으랴? 빗을래? 빗는데? 빗는대? 빗는다면서? 빗는다지?	빗는가?
	과거	빗었어? 빗었지? 빗었니? 빗었을까? 빗었대? 빗었다면서?	빗었는가?
	미래	빗겠어? 빗겠지? 빗겠니? 빗으리? 빗을 거야? 빗을 거지? 빗을 거니? 빗을 수 있겠어?	빗을 건가?
명령형		빗어, 빗지, 빗으렴, 빗으려무나, 빗으라니까	빗게
청유형		빗어, 빗지, 빗자니까	빗세
감탄형		빗어! 빗지! 빗으리!	빗는군! 빗는구먼!

상대존대형_아주낮춤		직설체	회상체
평서형	현재	빗는다	빗더라
	현재-진행	빗고 있다, 빗는 중이다	빗고 있더라
	과거-완료	빗었다	빗었더라
	미래-추측/의지/가능	빗겠다, 빗으리다, 빗으련다, 빗을 거다, 빗을 수 있다	빗겠더라
의문형	현재	빗느냐?	빗더냐?
	과거	빗었느냐?	빗었더냐?
	미래	빗겠느냐?	빗겠더냐?
명령형		빗어라	
청유형		빗자	
감탄형		빗는구나! 빗는다! 빗는도다!	빗더구나!

연결형	연결어미	의미기능	연결어미
나열	빗고, 빗으며	비교	빗느니
선택	빗거나, 빗든지, 빗든가	정도	빗으리만큼
대립	빗어도, 빗지만, 빗으나, 빗는데, 빗으면서도, 빗되, 빗지	조건 · 가정	빗으면, 빗거든, 빗거들랑, 빗어야, 빗는다면, 빗었던들
동시	빗으면서, 빗으며	상황제시	빗는데, 빗으니, 빗다시피
계기	빗고서, 빗어서, 빗자, 빗자마자	비유	빗듯이
중단 · 전환	빗다가	비례	빗을수록
양보	빗어도, 빗더라도, 빗을지라도, 빗을지언정, 빗은들, 빗는데도, 빗기로서니, 빗으나마, 빗을망정, 빗어 보았자	원인 · 이유	빗어서, 빗으니까, 빗느라고, 빗기에, 빗길래, 빗느니만큼, 빗는지라, 빗을세라, 빗으므로
목적 · 의도	빗으러, 빗으려고, 빗고자	첨가	빗거니와, 빗을뿐더러, 빗으려니와
결과	빗도록, 빗게끔	습관	빗곤

기본예문

- 영희는 머리를 곱게 빗었다. Young Hui combed her hair.
- 머리를 잘 빗기기가 너무 어렵다. It's hard to comb the hair well.
- 그녀는 머리를 빗자마자 화장을 시작했다.
  She started doing her makeup right after combing her hair.

빠르다 [빠르다, p'arĭda]

'르' 규칙활용, 형용사

to be fast, be speedy, be quick ; to be early, be soon

사동형	*빠르히다, 빠르게 하다, 빠르게 만들다	피동형	*빠르히다. 빠르게 되다, 빨라지다

관형사형 : 현재-진행	과거-완료	과거-회상	과거-완료-회상	미래-추측/의지
빠른	빠른	빠르던	빨랐던	빠를

인용형 : 평서	의문	명령	청유	명사형	부사형
빠르다고	빠르냐고	*빠르라고	*빠르자고	빠르기, 빠름	빨라, 빠르게

상대존대형_아주높임		직설체	회상체
평서형	현재	빠릅니다	빠릅디다
	현재-진행	*빠르고 있습니다, *빠른 중입니다	*빠르고 있습디다
	과거	빨랐습니다	빨랐습디다
	과거-경험	빨랐었습니다	빨랐었습디다
	과거-추측	빨랐겠습니다	빨랐겠습디다
	미래-추측/의지/가능	빠르겠습니다, *빠르렵니다, 빠를 겁니다, 빠를 수 있습니다	빠르겠습디다
의문형	현재	빠릅니까?	빠릅디까?
	과거	빨랐습니까?	빨랐습디까?
	과거-경험	빨랐었습니까?	빨랐었습디까?
	미래-추측/의지/가능	빠르겠습니까? *빠르렵니까? *빠를 겁니까? *빠르리이까? 빠를 수 있겠습니까?	빠르겠습디까?
명령형		*빠르시오, *빠르십시오	
청유형		*빠릅시다, *빠르십시다	
감탄형		빠르시구나!	

상대존대형_예사높임		'-어요'체	'-으오'체
평서형	현재	빨라요, 빠르지요, 빠르세요, *빠를래요, 빠를걸요, 빠른데요, 빠르대요, *빠를게요, 빠르잖아요	빠르오
	현재-진행	*빠르고 있어요, *빠르고 있지요, *빠르고 있으세요, *빠른 중이에요	*빠르고 있소
	과거	빨랐어요, 빨랐지요, 빨랐으세요, 빨랐잖아요	빨랐소
	과거-경험	빨랐었어요, 빨랐었지요, 빨랐었으세요	빨랐었소
	과거-추측	빨랐겠어요, 빨랐겠지요, 빨랐겠으세요	빨랐겠소
	미래-추측/의지/가능	빠르겠어요, 빠르겠지요, 빠르겠으세요, 빠를 수 있어요	빠르겠소
의문형	현재	빨라요? 빠르지요? 빠르세요? 빠르나요? *빠를까요? *빠를래요? *빠른가요? 빠른데요? 빠르대요? 빠르다면서요? 빠르다지요?	빠르오? *빠르소?
	과거	빨랐어요? 빨랐지요? 빨랐으세요?	빨랐소?
	과거-경험	빨랐었어요? 빨랐었지요? 빨랐었으세요?	빨랐었소?
	미래-추측/의지/가능	빠르겠어요? 빠르겠지요? 빠르겠으세요? 빠르리요? *빠를 거예요? *빠를 거지요? 빠를 수 있겠어요?	빠르겠소?
명령형		*빨라요, *빠르지요, *빠르세요, *빠르라니까요	*빠르오, *빠르구려
청유형		*빨라요, *빠르지요, *빠르세요, *빠르자니까요	*빠르오
감탄형		빠르군요! 빠르리요!	빠르구려!

상대존대형_예사낮춤		'-어'체	'-네'체
평서형	현재	빠르다, 빠르지, *빠를래, 빠를걸, 빠른데, 빠르대, *빠를게, 빠르단다, *빠르마, 빠르잖아	빠르네
	현재-진행	*빠르고 있어, *빠르고 있지, *빠른 중이야	*빠르고 있네, *빠르는 중이네
	과거-완료	빨랐어, 빨랐지, 빨랐잖아	빨랐네
	미래-추측/의지/가능	빠르겠어, 빠르겠지, 빠를 수 있어	빠르겠네, 빠르리다, *빠르려네, 빠를 거네, 빠를 수 있네
의문형	현재	빠르나? 빠르지? 빠르니? 빠르나? 빠를까? 빠르랴? *빠를래? 빠른데? 빠르대? 빠르다면서? 빠르다지?	빠른가?
	과거	빨랐어? 빨랐지? 빨랐니? 빨랐을까? 빨랐대? 빨랐다면서?	빨랐는가?
	미래	빠르겠어? 빠르겠지? 빠르겠니? 빠르리? *빠를 거야? *빠를 거지? *빠를 거니? 빠를 수 있겠어?	빠르겠는가?
명령형		*빨라, *빠르지, *빠르렴, *빠르려무나, *빠르라니까	*빠르게
청유형		*빨라, *빠르지, *빠르자니까	*빠르세
감탄형		빠르네! 빠르지! 빠르리!	빠르네!

상대존대형_아주낮춤		직설체	회상체
평서형	현재	빠르다	빠르더라
	현재-진행	*빠르고 있다, *빠르는 중이다	*빠르고 있더라
	과거-완료	빨랐다	빨랐더라
	미래-추측/의지/가능	빠르겠다, 빠르리다, *빠르련다, 빠를 거다, 빠를 수 있다	빠르겠더라
의문형	현재	빠르냐?	빠르더냐?
	과거	빨랐느냐?	빨랐더냐?
	미래	빠르겠느냐?	빠르겠더냐?
명령형		*빨라라	
청유형		*빠르자	
감탄형		빠르구나! 빠르다! 빠르도다!	빠르더구나!

연결형		연결어미	의미기능	연결어미
나열		빠르고, 빠르며	비교	*빠르느니
선택		빠르거나, 빠르든지, 빠르든가	정도	빠르리만큼
대립		빨라도, 빠르지만, 빠르나, 빠른데, 빠르면서도, 빠르되, 빠르지	조건 · 가정	빠르면, 빠르거든, 빠르거들랑, 빨라야, 빠르다면, 빨랐던들
동시		빠르면서, 빠르며	상황제시	빠른데, 빠르니, 빠르다시피
계기		*빠르고서, *빨라서, *빠르자, *빠르자마자	비유	빠르듯이
중단 · 전환		빠르다가	비례	빠를수록
양보		빨라도, 빠르더라도, 빠를지라도, 빠르지언정, 빠른들, 빠른데도, 빠르기로서니, 빠르나마, 빠르망정, 빨라 보았자	원인 · 이유	빨라서, 빠르니까, *빠르느라고, 빠르기에, 빠르길래, 빠르니만큼, 빠른지라, 빠를세라, 빠르므로
목적 · 의도		*빠르러, *빠르려고, *빠르고자	첨가	빠르거니와, 빠를뿐더러, 빠르려니와
결과		빠르도록, 빠르게끔	습관	*빠르곤

- 호랑이가 코끼리보다 빠르다. A tiger is faster than an elephant.
- 두통에 효과가 빠른 약이 많다. There are lots of effective pain killers for headache.
- 사과는 빠르면 빠를수록 좋다. Making apologies as soon as possible is better.

빨갛다 [빨가타, p'algatha]

ㅎ 규칙활용, 형용사

to be red, be crimson, be vermillion, be scarlet

사동형	*빨갛히다, 빨갛게 하다, 빨갛게 만들다	피동형	*빨갛히다. 빨갛게 되다, 빨개지다		

관형사형 : 현재-진행	과거-완료	과거-회상	과거-완료-회상	미래-추측/의지
빨간	빨간	빨갛던	빨갰던	빨갈

인용형 : 평서	의문	명령	청유	명사형	부사형
빨갛다고	빨갛냐고	*빨가라고	*빨갛자고	빨갛기, 빨감	빨개, 빨갛게

상대존대형_아주높임		직설체	회상체
평서형	현재	빨갛습니다	빨갛습디다
	현재-진행	*빨갛고 있습니다, *빨간 중입니다	*빨갛고 있습디다
	과거	빨갰습니다	빨갰습디다
	과거-경험	빨갰었습니다	빨갰었습디다
	과거-추측	빨갰겠습니다	빨갰겠습디다
	미래-추측/의지/가능	빨갛겠습니다, *빨가렵니다, 빨갈 겁니다, 빨갈 수 있습니다	빨갛겠습디다
의문형	현재	빨갛습니까?	빨갛습디까?
	과거	빨갰습니까?	빨갰습디까?
	과거-경험	빨갰었습니까?	빨갰었습디까?
	미래-추측/의지/가능	빨갛겠습니까? *빨가렵니까? *빨갈 겁니까? *빨가리이까? 빨갈 수 있겠습니까?	빨갛겠습디까?
명령형		*빨가시오, *빨가십시오	
청유형		*빨갑시다, *빨가십시다	
감탄형		빨가시구나!	

상대존대형_예사높임		'-어요'체	'-으오'체
평서형	현재	빨개요, 빨갛지요, 빨가세요, *빨갈래요, 빨갈걸요, 빨간데요, 빨갛대요, *빨갈게요, 빨갛잖아요	빨가오
	현재-진행	*빨갛고 있어요, *빨갛고 있지요, *빨갛고 있으세요, *빨간 중이에요	*빨갛고 있소
	과거	빨갰어요, 빨갰지요, 빨갰으세요, 빨갰잖아요	빨갰소
	과거-경험	빨갰었어요, 빨갰었지요, 빨갰었으세요	빨갰었소
	과거-추측	빨갰겠어요, 빨갰겠지요, 빨갰겠으세요	빨갰겠소
	미래-추측/의지/가능	빨갛겠어요, 빨갛겠지요, 빨갛겠으세요, 빨갈 수 있어요	빨갛겠소
의문형	현재	빨개요? 빨갛지요? 빨가세요? 빨갛나요? *빨갈까요? *빨갈래요? *빨간가요? 빨간데요? 빨갛대요? 빨갛다면서요? 빨갛다지요?	빨가오? 빨갛소?
	과거	빨갰어요? 빨갰지요? 빨갰으세요?	빨갰소?
	과거-경험	빨갰었어요? 빨갰었지요? 빨갰었으세요?	빨갰었소?
	미래-추측/의지/가능	빨갛겠어요? 빨갛겠지요? 빨갛겠으세요? 빨가리요? *빨갈 거예요? *빨갈 거지요? 빨갈 수 있겠어요?	빨갛겠소?
명령형		*빨개요, *빨갛지요, *빨가세요, *빨가라니까요	*빨가오, *빨갛구려
청유형		*빨개요, *빨갛지요, *빨갛으세요, *빨갛자니까요	*빨가오
감탄형		빨갛군요! 빨가리요!	빨갛구려!

상대존대형_예사낮춤		'-어'체	'-네'체
평서형	현재	빨개, 빨갛지, *빨갈래, 빨갈걸, 빨간데, 빨갛대, *빨갈게, 빨갛단다, *빨가마, 빨갛잖아	빨갛네
	현재-진행	*빨갛고 있어, *빨갛고 있지, *빨간 중이야	*빨갛고 있네
	과거-완료	빨갰어, 빨갰지, 빨갰잖아	빨갰네
	미래-추측/의지/가능	빨갛겠어, 빨갛겠지, 빨갈 수 있어	빨갛겠네
의문형	현재	빨개? 빨갛지? 빨갛니? 빨갛나? 빨갈까? 빨가리? *빨갈래? 빨간데? 빨갛대? 빨갛다면서? 빨갛다지?	빨간가?
	과거	빨갰어? 빨갰지? 빨갰니? 빨갰을까? 빨갰대? 빨갰다면서?	빨갰는가?
	미래	빨갛겠어? 빨갛겠지? 빨갛겠니? 빨가리? *빨갈 거야? *빨갈 거지? *빨갈 거니? 빨갈 수 있겠어?	빨갈 건가?
명령형		*빨개, *빨갛지, *빨가렴, *빨가려무나, *빨가라니까	*빨갛게
청유형		*빨개, *빨갛지, *빨갛자니까	*빨갛세
감탄형		빨개! 빨갛지! 빨가리!	빨갛군! 빨갛구먼!

상대존대형_아주낮춤		직설체	회상체
평서형	현재	빨갛다	빨갛더라
	현재-진행	*빨갛고 있다, *빨간 중이다	*빨갛고 있더라
	과거-완료	빨갰다	빨갰더라
	미래-추측/의지/가능	빨갛겠다, 빨가리다, *빨가련다, 빨갈 거다, 빨갈 수 있다	빨갛겠더라
의문형	현재	빨가냐?	빨갛더냐?
	과거	빨갰느냐?	빨갰더냐?
	미래	빨갛겠느냐?	빨갛겠더냐?
명령형		*빨개라	
청유형		*빨갛자	
감탄형		빨갛구나! 빨갛다! 빨갛도다!	빨갛더구나!

연결형	연결어미	의미기능	연결어미
나열	빨갛고, 빨갛며	비교	*빨갛느니
선택	빨갛거나, 빨갛든지, 빨갛든가	정도	빨가리만큼
대립	빨개도, 빨갛지만, 빨갛으나, 빨간데, 빨가면서도, 빨갛되, 빨갛지	조건·가정	빨가면, 빨갛거든, 빨갛거들랑, 빨개야, 빨갛다면, 빨갰던들
동시	빨가면서, 빨가며	상황제시	빨간데, 빨가니, 빨갛다시피
계기	*빨갛고서, *빨개서, *빨갛자, *빨갛자마자	비유	빨갛듯이
중단·전환	빨갛다가	비례	빨갈수록
양보	빨개도, 빨갛더라도, 빨갈지라도, 빨갈지언정, 빨간들, 빨간데도, 빨갛기로서니, 빨가나마, 빨갈망정, 빨개 보았자	원인·이유	빨개서, 빨가니까, *빨갛느라고, 빨갛기에, 빨갛길래, 빨가니만큼, 빨간지라, 빨갈세라, 빨가므로
목적·의도	*빨가러, *빨가려고, *빨갛고자	첨가	빨갛거니와, 빨갈뿐더러, 빨가려니와
결과	빨갛도록, 빨갛게끔	습관	*빨갛곤

- 원숭이 엉덩이는 빨갛다. A monkey's buttocks is red.
- 고추가 빨갛게 잘 익었다. The pepper is ripe red.
- 그녀는 얼굴이 빨개지자마자 곧 울음을 터트렸다.
  Right after her face got red, she burst into tears.

빼다 [빼:다, p'e:da]

'애' 규칙활용, 타동사

to pull out ; to deduct ; to remove ; to shirk ; to loose ; to substract

사동형	*빼히다, 빼게 하다, 빼게 만들다		피동형	사동형*빼히다. 빼게 되다, 빼지다	

관형사형 : 현재-진행	과거-완료	과거-회상	과거-완료-회상	미래-추측/의지
빼는	뺀	빼던	뺐던	뺄

인용형 : 평서	의문	명령	청유	명사형	부사형
뺀다고	빼느냐고	빼라고	빼자고	빼기, 뺌	빼, 빼게

상대존대형_아주높임		직설체	회상체
평서형	현재	뺍니다	뺍디다
	현재-진행	빼고 있습니다, 빼는 중입니다	빼고 있습디다
	과거	뺐습니다	뺐습디다
	과거-경험	뺐었습니다	뺐었습디다
	과거-추측	뺐겠습니다	뺐겠습디다
	미래-추측/의지/가능	빼겠습니다, 빼렵니다, 뺄 겁니다, 뺄 수 있습니다	빼겠습디다
의문형	현재	뺍니까?	뺍디까?
	과거	뺐습니까?	뺐습디까?
	과거-경험	뺐었습니까?	뺐었습디까?
	미래-추측/의지/가능	빼겠습니까? 빼렵니까? 뺄 겁니까? 빼리이까? 뺄 수 있겠습니까?	빼겠습디까?
명령형		빼시오, 빼십시오	
청유형		뺍시다, 빼십시다	
감탄형		빼시는구나!	

상대존대형_예사높임		'-어요'체	'-으오'체
평서형	현재	빼요, 빼지요, 빼세요, 뺄래요, 뺄걸요, 빼는데요, 뺀대요, 뺄게요, 빼잖아요	빼오
	현재-진행	빼고 있어요, 빼고 있지요, 빼고 있으세요, 빼는 중이에요	빼고 있소
	과거	뺐어요, 뺐지요, 뺐으세요, 뺐잖아요	뺐소
	과거-경험	뺐었어요, 뺐었지요, 뺐었으세요	뺐었소
	과거-추측	뺐겠어요, 뺐겠지요, 뺐겠으세요	뺐겠소
	미래-추측/의지/가능	빼겠어요, 빼겠지요, 빼겠으세요, 뺄 수 있어요	빼겠소
의문형	현재	빼요? 빼지요? 빼세요? 빼나요? 뺄까요? 뺄래요? 빼는가요? 빼는데요? 뺀대요? 뺀다면서요? 뺀다지요?	빼오? *빼소?
	과거	뺐어요? 뺐지요? 뺐으세요?	뺐소?
	과거-경험	뺐었어요? 뺐었지요? 뺐었으세요?	뺐었소?
	미래-추측/의지/가능	빼겠어요? 빼겠지요? 빼겠으세요? 빼리요? 뺄 거예요? 뺄 거지요? 뺄 수 있겠어요?	빼겠소?
명령형		빼요, 빼지요, 빼세요, 빼라니까요	빼오, 빼구려
청유형		빼요, 빼지요, 빼세요, 빼자니까요	빼오
감탄형		빼는군요! 빼리요!	빼는구려!

294

상대존대형_예사낮춤		'-어'체	'-네'체
평서형	현재	빼, 빼지, 뺄래, 뺄걸, 빼는데, 뺀대, 뺄게, 뺀단다, 빼마, 빼잖아	빼네
	현재-진행	빼고 있어, 빼고 있지, 빼는 중이야	빼고 있네
	과거-완료	뺐어, 뺐지, 뺐잖아	뺐네
	미래-추측/의지/가능	빼겠어, 빼겠지, 뺄 수 있어	빼겠네
의문형	현재	빼? 빼지? 빼니? 빼나? 뺄까? 빼랴? 뺄래? 빼는데? 뺀대? 뺀다면서? 뺀다지?	빼는가?
	과거	뺐어? 뺐지? 뺐니? 뺐을까? 뺐대? 뺐다면서?	뺐는가?
	미래	빼겠어? 빼겠지? 빼겠니? 빼리? 뺄 거야? 뺄 거지? 뺄 거니? 뺄 수 있겠어?	뺄 건가?
명령형		빼, 빼지, 빼렴, 빼려무나, 빼라니까	빼게
청유형		빼, 빼지, 빼자니까	빼세
감탄형		빼! 빼지! 빼리!	빼는군! 빼는구먼!

상대존대형_아주낮춤		직설체	회상체
평서형	현재	뺀다	빼더라
	현재-진행	빼고 있다, 빼는 중이다	빼고 있더라
	과거-완료	뺐다	뺐더라
	미래-추측/의지/가능	빼겠다, 빼리다, 빼련다, 뺄 거다, 뺄 수 있다	빼겠더라
의문형	현재	빼느냐?	빼더냐?
	과거	뺐느냐?	뺐더냐?
	미래	빼겠느냐?	빼겠더냐?
명령형		빼라	
청유형		빼자	
감탄형		빼는구나! 뺀다! 빼는도다!	빼더구나!

연결형	연결어미	의미기능	연결어미
나열	빼고, 빼며	비교	빼느니
선택	빼거나, 빼든지, 빼든가	정도	빼리만큼
대립	빼도, 빼지만, 빼나, 빼는데, 빼면서도, 빼되, 빼지	조건 · 가정	빼면, 빼거든, 빼거들랑, 빼야, 뺀다면, 뺐던들
동시	빼면서, 빼며	상황제시	빼는데, 빼니, 빼다시피
계기	빼고서, 빼서, 빼자, 빼자마자	비유	빼듯이
중단 · 전환	빼다가	비례	뺄수록
양보	빼도, 빼더라도, 뺄지라도, 뺄지언정, 뺀들, 빼는데도, 빼기로서니, 빼나마, 뺄망정, 빼보았자	원인 · 이유	빼서, 빼니까, 빼느라고, 빼기에, 빼길래, 빼느니만큼, 빼는지라, 뺄세라, 빼므로
목적 · 의도	빼러, 빼려고, 빼고자	첨가	빼거니와, 뺄뿐더러, 빼려니와
결과	빼도록, 빼게끔	습관	빼곤

기본예문

- 그는 칼집에서 칼을 뺐다. He pulled the knife out of the sheath.
- 살을 빼는 좋은 방법 없어요? Isn't there a good way to loose weight?
- 7에서 5를 빼면 2가 남는다. Subtracting 5 from 7 remains 2.

빼앗다 [p'eatt'a]

'ㅅ' 규칙활용, 타동사

to take sth by force ; to deduct, subtract, remove, extract

사동형	*빼앗히다, 빼앗게 하다, 빼앗게 만들다		피동형		빼앗기다. 빼앗게 되다, 빼앗아지다	
관형사형 : 현재-진행		과거-완료	과거-회상		과거-완료-회상	미래-추측/의지
빼앗는		빼앗은	빼앗던		빼앗았던	빼앗을

인용형 : 평서	의문	명령	청유	명사형	부사형
빼앗는다고	빼앗느냐고	빼앗으라고	빼앗자고	빼앗기, 빼앗음	빼앗아, 빼앗게

상대존대형_아주높임		직설체	회상체
평서형	현재	빼앗습니다	빼앗습디다
	현재-진행	빼앗고 있습니다, 빼앗는 중입니다	빼앗고 있습디다
	과거	빼앗았습니다	빼앗았습디다
	과거-경험	빼앗았었습니다	빼앗았었습디다
	과거-추측	빼앗았겠습니다	빼앗았겠습디다
	미래-추측/의지/가능	빼앗겠습니다, 빼앗으렵니다, 빼앗을 겁니다, 빼앗을 수 있습니다	빼앗겠습디다
의문형	현재	빼앗습니까?	빼앗습디까?
	과거	빼앗았습니까?	빼앗았습디까?
	과거-경험	빼앗았었습니까?	빼앗았었습디까?
	미래-추측/의지/가능	빼앗겠습니까? 빼앗으렵니까? 빼앗을 겁니까? 빼앗으리이까? 빼앗을 수 있겠습니까?	빼앗겠습디까?
명령형		빼앗으시오, 빼앗으십시오	
청유형		빼앗읍시다, 빼앗으십시다	
감탄형		빼앗으시는구나!	

상대존대형_예사높임		'-어요'체	'-으오'체
평서형	현재	빼앗아요, 빼앗지요, 빼앗으세요, 빼앗을래요, 빼앗을걸요, 빼앗는데요, 빼앗는대요, 빼앗을게요, 빼앗잖아요	빼앗으오
	현재-진행	빼앗고 있어요, 빼앗고 있지요, 빼앗고 있으세요, 빼앗는 중이에요	빼앗고 있소
	과거	빼앗았어요, 빼앗았지요, 빼앗았으세요, 빼앗았잖아요	빼앗았소
	과거-경험	빼앗았었어요, 빼앗았었지요, 빼앗았었으세요	빼앗았었소
	과거-추측	빼앗았겠어요, 빼앗았겠지요, 빼앗았겠으세요	빼앗았겠소
	미래-추측/의지/가능	빼앗겠어요, 빼앗겠지요, 빼앗겠으세요, 빼앗을 수 있어요	빼앗겠소
의문형	현재	빼앗아요? 빼앗지요? 빼앗으세요? 빼앗나요? 빼앗을까요? 빼앗을래요? 빼앗는가요? 빼앗는데요? 빼앗는대요? 빼앗는다면서요? 빼앗는다지요?	빼앗으오? 빼앗소?
	과거	빼앗았어요? 빼앗았지요? 빼앗았으세요?	빼앗았소?
	과거-경험	빼앗았었어요? 빼앗았었지요? 빼앗았었으세요?	빼앗았었소?
	미래-추측/의지/가능	빼앗겠어요? 빼앗겠지요? 빼앗겠으세요? 빼앗으리요? 빼앗을 거예요? 빼앗을 거지요? 빼앗을 수 있겠어요?	빼앗겠소?
명령형		빼앗아요, 빼앗지요, 빼앗으세요, 빼앗으라니까요	빼앗으오, 빼앗구려
청유형		빼앗아요, 빼앗지요, 빼앗으세요, 빼앗자니까요	빼앗으오
감탄형		빼앗는군요! 빼앗으리요!	빼앗는구려!

상대존대형_예사낮춤		'-어'체	'-네'체
평서형	현재	빼앗아, 빼앗지, 빼앗을래, 빼앗을걸, 빼앗는데, 빼앗는대, 빼앗을게, 빼앗는단다, 빼앗으마, 빼앗잖아	빼앗네
	현재-진행	빼앗고 있어, 빼앗고 있지, 빼앗는 중이야	빼앗고 있네
	과거-완료	빼앗았어, 빼앗았지, 빼앗았잖아	빼앗았네
	미래-추측/의지/가능	빼앗겠어, 빼앗겠지, 빼앗을 수 있어	빼앗겠네
의문형	현재	빼앗아? 빼앗지? 빼앗니? 빼앗나? 빼앗을까? 빼앗으랴? 빼앗을래? 빼앗는데? 빼앗는대? 빼앗는다면서? 빼앗는다지?	빼앗는가?
	과거	빼앗았어? 빼앗았지? 빼앗았니? 빼앗았을까? 빼앗았대? 빼앗았다면서?	빼앗았는가?
	미래	빼앗겠어? 빼앗겠지? 빼앗겠니? 빼앗으리? 빼앗을 거야? 빼앗을 거지? 빼앗을 거니? 빼앗을 수 있겠어?	빼앗을 건가?
명령형		빼앗아, 빼앗지, 빼앗으렴, 빼앗으려무나, 빼앗으라니까	빼앗게
청유형		빼앗아, 빼앗지, 빼앗자니까	빼앗세
감탄형		빼앗아! 빼앗지! 빼앗으리!	빼앗는군! 빼앗는구먼!

상대존대형_아주낮춤		직설체	회상체
평서형	현재	빼앗는다	빼앗더라
	현재-진행	빼앗고 있다, 빼앗는 중이다	빼앗고 있더라
	과거-완료	빼앗았다	빼앗았더라
	미래-추측/의지/가능	빼앗겠다, 빼앗으리다, 빼앗으련다, 빼앗을 거다, 빼앗을 수 있다	빼앗겠더라
의문형	현재	빼앗느냐?	빼앗더냐?
	과거	빼앗았느냐?	빼앗았더냐?
	미래	빼앗겠느냐?	빼앗겠더냐?
명령형		빼앗아라	
청유형		빼앗자	
감탄형		빼앗는구나! 빼앗는다! 빼앗는도다!	빼앗더구나!

연결형	연결어미	의미기능	연결어미
나열	빼앗고, 빼앗으며	비교	빼앗느니
선택	빼앗거나, 빼앗든지, 빼앗든가	정도	빼앗으리만큼
대립	빼앗아도, 빼앗지만, 빼앗으나, 빼앗는데, 빼앗으면서도, 빼앗으되, 빼앗지	조건 · 가정	빼앗으면, 빼앗거든, 빼앗거들랑, 빼앗아야, 빼앗는다면, 빼앗았던들
동시	빼앗으면서, 빼앗으며	상황제시	빼앗는데, 빼앗으니, 빼앗다시피
계기	빼앗고서, 빼앗아서, 빼앗자, 빼앗자마자	비유	빼앗듯이
중단 · 전환	빼앗다가	비례	빼앗을수록
양보	빼앗아도, 빼앗더라도, 빼앗을지라도, 빼앗을지언정, 빼앗은들, 빼앗는데도, 빼앗기로서니, 빼앗으나마, 빼앗을망정, 빼앗아 보았자	원인 · 이유	빼앗아서, 빼앗으니까, 빼앗느라고, 빼앗기에, 빼앗길래, 빼앗느니만큼, 빼앗는지라, 빼앗을세라, 빼앗으므로
목적 · 의도	빼앗으러, 빼앗으려고, 빼앗고자	첨가	빼앗거니와, 빼앗을뿐더러, 빼앗으려니와
결과	빼앗도록, 빼앗게끔	습관	빼앗곤

기본예문
- 강도가 나의 돈을 빼앗았다. A mugger took my money.
- 네가 빼앗긴 돈이 얼마나 되니? How much money was taken from you?
- 남의 권리를 함부로 빼앗으면 안 된다. We should not take away others' rights.

사다 [사다, sada]

'아' 규칙활용, 타동사

to buy, purchase ; to invite ; to appreciate, to give (a person) credit for

사동형	*사히다, 사게 하다, 사게 만들다		피동형		*사히다. 사게 되다, 사지다	

관형사형 : 현재-진행	과거-완료	과거-회상	과거-완료-회상	미래-추측/의지
사는	산	사던	샀던	살

인용형 : 평서	의문	명령	청유	명사형	부사형
산다고	사느냐고	사라고	사자고	사기, 삼	사, 사게

상대존대형_아주높임		직설체	회상체
평서형	현재	삽니다	삽디다
	현재-진행	사고 있습니다, 사는 중입니다	사고 있습디다
	과거	샀습니다	샀습디다
	과거-경험	샀었습니다	샀었습디다
	과거-추측	샀겠습니다	샀겠습디다
	미래-추측/의지/가능	사겠습니다, 사렵니다, 살 겁니다, 살 수 있습니다	사겠습디다
의문형	현재	삽니까?	삽디까?
	과거	샀습니까?	샀습디까?
	과거-경험	샀었습니까?	샀었습디까?
	미래-추측/의지/가능	사겠습니까? 사렵니까? 살 겁니까? 사리이까? 살 수 있겠습니까?	사겠습디까?
명령형		사시오, 사십시오	
청유형		삽시다, 사십시다	
감탄형		사시는구나!	

상대존대형_예사높임		'-어요'체	'-으오'체
평서형	현재	사요, 사지요, 사세요, 살래요, 살걸요, 사는데요, 산대요, 살게요, 사잖아요	사오
	현재-진행	사고 있어요, 사고 있지요, 사고 있으세요, 사는 중이에요	사고 있소
	과거	샀어요, 샀지요, 샀으세요, 샀잖아요	샀소
	과거-경험	샀었어요, 샀었지요, 샀었으세요	샀었소
	과거-추측	샀겠어요, 샀겠지요, 샀겠으세요	샀겠소
	미래-추측/의지/가능	사겠어요, 사겠지요, 사겠으세요, 살 수 있어요	사겠소
의문형	현재	사요? 사지요? 사세요? 사나요? 살까요? 살래요? 사는가요? 사는데요? 산대요? 산다면서요? 산다지요?	사오? *사소?
	과거	샀어요? 샀지요? 샀으세요?	샀소?
	과거-경험	샀었어요? 샀었지요? 샀었으세요?	샀었소?
	미래-추측/의지/가능	사겠어요? 사겠지요? 사겠으세요? 사리요? 살 거예요? 살 거지요? 살 수 있겠어요?	사겠소?
명령형		사요, 사지요, 사세요, 사라니까요	사오, 사구려
청유형		사요, 사지요, 사세요, 사자니까요	사오
감탄형		사는군요! 사리요!	사는구려!

상대존대형_예사낮춤		'-어'체	'-네'체
평서형	현재	사, 사지, 살래, 살걸, 사는데, 산대, 살게, 산단다, 사마, 사잖아	사네
	현재-진행	사고 있어, 사고 있지, 사는 중이야	사고 있네
	과거-완료	샀어, 샀지, 샀잖아	샀네
	미래-추측/의지/가능	사겠어, 사겠지, 살 수 있어	사겠네
의문형	현재	사? 사지? 사니? 사나? 살까? 사랴? 살래? 사는데? 산대? 산다면서? 산다지?	사는가?
	과거	샀어? 샀지? 샀니? 샀을까? 샀대? 샀다면서?	샀는가?
	미래	사겠어? 사겠지? 사겠니? 사리? 살 거야? 살 거지? 살 거니? 살 수 있겠어?	살 건가?
명령형		사, 사지, 사렴, 사려무나, 사라니까	사게
청유형		사, 사지, 사자니까	사세
감탄형		사! 사지! 사리!	사는군! 사는구먼!

상대존대형_아주낮춤		직설체	회상체
평서형	현재	산다	사더라
	현재-진행	사고 있다, 사는 중이다	사고 있더라
	과거-완료	샀다	샀더라
	미래-추측/의지/가능	사겠다, 사리다, 사련다, 살 거다, 살 수 있다	사겠더라
의문형	현재	사느냐?	사더냐?
	과거	샀느냐?	샀더냐?
	미래	사겠느냐?	사겠더냐?
명령형		사라	
청유형		사자	
감탄형		사는구나! 사는다! 사는도다!	사더구나!

연결형	연결어미	의미기능	연결어미
나열	사고, 사며	비교	사느니
선택	사거나, 사든지, 사든가	정도	사리만큼
대립	사도, 사지만, 사나, 사는데, 사면서도, 사되, 사지	조건·가정	사면, 사거든, 사거들랑, 사야, 산다면, 샀던들
동시	사면서, 사며	상황제시	사는데, 사니, 사다시피
계기	사고서, 사서, 사자, 사자마자	비유	사듯이
중단·전환	사다가	비례	살수록
양보	사도, 사더라도, 살지라도, 살지언정, 산들, 사는데도, 사기로서니, 사나마, 살망정, 사 보았자	원인·이유	사서, 사니까, 사느라고, 사기에, 사길래, 사느니만큼, 사는지라, 살세라, 사므로
목적·의도	사러, 사려고, 사고자	첨가	사거니와, 살뿐더러, 사려니와
결과	사도록, 사게끔	습관	사곤

ㅅ

기본예문
- 그는 어제 카드로 책을 샀다. He bought a book with a credit card yesterday.
- 동정을 살 만한 일을 하지 않는 게 좋다. Do not do things that buy sympathy.
- 그녀는 친구의 환심을 사려고 노력을 많이 했다. She tried hard to buy her friend's favor.

사랑스럽다 [사랑스럽따, saraŋsïrept'a]

'ㅂ' 불규칙활용, 형용사

to be lovable, be lovely, be charming

사동형	*사랑스럽히다, 사랑스럽게 하다, *사랑스럽게 만들다		피동형	*사랑스럽히다. 사랑스럽게 되다, 사랑스러워지다	

관형사형 : 현재-진행	과거-완료	과거-회상	과거-완료-회상	미래-추측/의지
사랑스러운	사랑스러운	사랑스럽던	사랑스러웠던	사랑스러울

인용형 : 평서	의문	명령	청유	명사형	부사형
사랑스럽다고	사랑스러우냐고	*사랑스러우라고	사랑스럽자고	사랑스럽기, 사랑스러움	사랑스러워, 사랑스럽게

상대존대형_아주높임		직설체	회상체
평서형	현재	사랑스럽습니다	사랑스럽습디다
	현재-진행	*사랑스럽고 있습니다, *사랑스러운 중입니다	*사랑스럽고 있습디다
	과거	사랑스러웠습니다.	사랑스러웠습디다
	과거-경험	사랑스러웠었습니다	사랑스러웠었습디다
	과거-추측	사랑스러웠겠습니다	사랑스러웠겠습디다
	미래-추측/의지/가능	사랑스럽겠습니다, *사랑스러우렵니다, 사랑스러울 겁니다, 사랑스러울 수 있습니다	사랑스럽겠습디다
의문형	현재	사랑스럽습니까?	사랑스럽습디까?
	과거	사랑스러웠습니까?	사랑스러웠습디까?
	과거-경험	사랑스러웠었습니까?	사랑스러웠었습디까?
	미래-추측/의지/가능	사랑스럽겠습니까? *사랑스러우렵니까? *사랑스러울 겁니까? *사랑스러우리이까? 사랑스러울 수 있겠습니까?	사랑스럽겠습디까?
명령형		*사랑스러우시오, *사랑스러우십시오	
청유형		*사랑스러우십시다, *사랑스러우십시다	
감탄형		사랑스러우시구나!	

상대존대형_예사높임		'-어요'체	'-으오'체
평서형	현재	사랑스러워요, 사랑스럽지요, 사랑스러우세요, *사랑스러울래요, 사랑스러울걸요, 사랑스러운데요, 사랑스럽대요, 사랑스러울게요, 사랑스럽잖아요	사랑스러우오
	현재-진행	*사랑스럽고 있어요, *사랑스럽고 있지요, *사랑스럽고 있으세요, *사랑스러운 중이에요	*사랑스럽고 있소
	과거	사랑스러웠어요, 사랑스러웠지요, 사랑스러웠으세요, 사랑스러웠잖아요	사랑스러웠소
	과거-경험	사랑스러웠었어요, 사랑스러웠었지요, 사랑스러웠었으세요	사랑스러웠었소
	과거-추측	사랑스러웠겠어요, 사랑스러웠겠지요, 사랑스러웠겠으세요	사랑스러웠겠소
	미래-추측/의지/가능	사랑스럽겠어요, 사랑스럽겠지요, 사랑스럽겠으세요, 사랑스러울 수 있어요	사랑스럽겠소
의문형	현재	사랑스러워요? 사랑스럽지요? 사랑스러우세요? 사랑스럽나요? 사랑스러울까요? *사랑스러울래요? *사랑스러운가요? 사랑스러운데요? 사랑스럽대요? 사랑스럽다면서요? 사랑스럽다지요?	사랑스러우오? 사랑스럽소?
	과거	사랑스러웠어요? 사랑스러웠지요? 사랑스러웠으세요?	사랑스러웠소?
	과거-경험	사랑스러웠었어요? 사랑스러웠었지요? 사랑스러웠었으세요?	사랑스러웠었소?
	미래-추측/의지/가능	사랑스럽겠어요? 사랑스럽겠지요? 사랑스럽겠으세요? 사랑스러우리요? *사랑스러울 거예요? *사랑스러울 거지요? 사랑스러울 수 있겠어요?	사랑스럽겠소?
명령형		*사랑스러워요, *사랑스럽지요, *사랑스러우세요, *사랑스러우라니까요	*사랑스러우오, *사랑스럽구려
청유형		*사랑스러워요, *사랑스럽지요, *사랑스러우세요, *사랑스럽자니까요	*사랑스러우오
감탄형		사랑스럽군요! 사랑스러우리요!	사랑스럽구려!

상대존대형_예사낮춤		'-어'체	'-네'체
평서형	현재	사랑스러워, 사랑스럽지, *사랑스러울래, 사랑스러울걸, 사랑스러운데, 사랑스럽대, *사랑스러울게, 사랑스럽단다, *사랑스러우마, 사랑스럽잖아	사랑스럽네
	현재-진행	*사랑스럽고 있어, *사랑스럽고 있지, *사랑스러운 중이야	*사랑스럽고 있네
	과거-완료	사랑스러웠어, 사랑스러웠지, 사랑스러웠잖아	사랑스러웠네
	미래-추측/의지/가능	사랑스럽겠어, 사랑스럽겠지, 사랑스러울 수 있어	사랑스럽겠네
의문형	현재	사랑스러워? 사랑스럽지? 사랑스럽니? 사랑스럽나? 사랑스러울까? 사랑스러우랴? *사랑스러울래? 사랑스러운데? 사랑스럽대? 사랑스럽다면서? 사랑스럽다지?	사랑스러운가?
	과거	사랑스러웠어? 사랑스러웠지? 사랑스러웠니? 사랑스러웠을까? 사랑스러웠대? 사랑스러웠다면서?	사랑스러웠는가?
	미래	사랑스럽겠어? 사랑스럽겠지? 사랑스럽겠니? 사랑스러우리? *사랑스러울 거야? *사랑스러울 거지? *사랑스러울 거니? 사랑스러울 수 있겠어?	*사랑스러울 건가?
명령형		*사랑스러워, *사랑스럽지, *사랑스러우렴, *사랑스러우려무나, *사랑스러우라니까	*사랑스럽게
청유형		*사랑스러워, *사랑스럽지, *사랑스럽자니까	*사랑스럽세
감탄형		사랑스러워! 사랑스럽지! 사랑스러우리!	사랑스럽군! 사랑스럽구먼!

상대존대형_아주낮춤		직설체	회상체
평서형	현재	사랑스럽다	사랑스럽더라
	현재-진행	*사랑스럽고 있다, *사랑스러운 중이다	*사랑스럽고 있더라
	과거-완료	사랑스러웠다	사랑스러웠더라
	미래-추측/의지/가능	사랑스럽겠다, 사랑스러우리다, *사랑스러우련다, 사랑스러울 거다, 사랑스러울 수 있다	사랑스럽겠더라
의문형	현재	사랑스러우냐?	사랑스럽더냐?
	과거	사랑스러웠느냐?	사랑스러웠더냐?
	미래	사랑스럽겠느냐?	사랑스럽겠더냐?
명령형		*사랑스러워라	
청유형		*사랑스럽자	
감탄형		사랑스럽구나! 사랑스럽다! 사랑스럽도다!	사랑스럽더구나!

연결형	연결어미	의미기능	연결어미
나열	사랑스럽고, 사랑스러우며	비교	*사랑스럽느니/사랑스럽다니니
선택	사랑스럽거나, 사랑스럽든지, 사랑스럽든가	정도	사랑스러우리만큼
대립	사랑스러워도, 사랑스럽지만, 사랑스러우나, 사랑스러운데, 사랑스러우면서도, 사랑스럽되, 사랑스럽지	조건·가정	사랑스러우면, 사랑스럽거든, 사랑스럽거들랑, 사랑스러워야, 사랑스럽다면, 사랑스러웠던들
동시	사랑스러우면서, 사랑스러우며	상황제시	사랑스러운데, 사랑스러우니, *사랑스럽다시피
계기	*사랑스럽고서, *사랑스러워서, *사랑스럽자, *사랑스럽자마자	비유	사랑스럽듯이
중단·전환	사랑스럽다가	비례	사랑스러울수록
양보	사랑스러워도, 사랑스럽더라도, 사랑스러울지라도, 사랑스러울지언정, 사랑스러운들, 사랑스러운데도, 사랑스럽기로서니, 사랑스러우나마, 사랑스러울망정, 사랑스러워 보았자	원인·이유	사랑스러워서, 사랑스러우니까, *사랑스럽느라고, 사랑스럽기에, 사랑스럽길래, 사랑스러우니만큼, 사랑스러운지라, 사랑스러울세라, 사랑스러우므로
목적·의도	*사랑스러우러, *사랑스러우리고, *사랑스럽고자	첨가	사랑스럽거니와, 사랑스러울뿐더러, 사랑스러우려니와
결과	사랑스럽도록, 사랑스럽게끔	습관	사랑스럽곤

- 그녀는 매우 사랑스럽다. She is very lovely.
- 사랑스러운 영희의 얼굴이 떠올랐다. It reminded me of Young Hui's lovely face.
- 자식은 모두 사랑스럽고 귀여운 법이다. Every child is cute and lovely.

사랑하다 [사랑하다, saraŋhada]

'여' 불규칙활용, 타동사

to love, be fond of, give one's heart to

사동형	*사랑하히다, 사랑하게 하다, 사랑하게 만들다	피동형	*사랑하히다. 사랑하게 되다, 사랑해지다

관형사형 : 현재-진행	과거-완료	과거-회상	과거-완료-회상	미래-추측/의지
사랑하는	사랑한	사랑하던	사랑했던	사랑할

인용형 : 평서	의문	명령	청유	명사형	부사형
사랑한다고	사랑하느냐고	사랑하라고	사랑하자고	사랑하기, 사랑함	사랑해, 사랑하게

상대존대형_아주높임		직설체	회상체
평서형	현재	사랑합니다	사랑합디다
	현재-진행	사랑하고 있습니다, 사랑하는 중입니다	사랑하고 있습디다
	과거	사랑했습니다	사랑했습디다
	과거-경험	사랑했었습니다	사랑했었습디다
	과거-추측	사랑했겠습니다	사랑했겠습디다
	미래-추측/의지/가능	사랑하겠습니다, 사랑하렵니다, 사랑할 겁니다, 사랑할 수 있습니다	사랑하겠습디다
의문형	현재	사랑합니까?	사랑합디까?
	과거	사랑했습니까?	사랑했습디까?
	과거-경험	사랑했었습니까?	사랑했었습디까?
	미래-추측/의지/가능	사랑하겠습니까? 사랑하렵니까? 사랑할 겁니까? 사랑하리이까? 사랑할 수 있겠습니까?	사랑하겠습디까?
명령형		사랑하시오, 사랑하십시오	
청유형		사랑하옵시다, 사랑하십시다	
감탄형		사랑하시는구나!	

상대존대형_예사높임		'-어요'체	'-으오'체
평서형	현재	사랑해요, 사랑하지요, 사랑하세요, 사랑할래요, 사랑할걸요, 사랑하는데요, 사랑한대요, 사랑할게요, 사랑하잖아요	사랑하오
	현재-진행	사랑하고 있어요, 사랑하고 있지요, 사랑하고 있으세요, 사랑하는 중이에요	사랑하고 있소
	과거	사랑했어요, 사랑했지요, 사랑했으세요, 사랑했잖아요	사랑했소
	과거-경험	사랑했었어요, 사랑했었지요, 사랑했었으세요	사랑했었소
	과거-추측	사랑했겠어요, 사랑했겠지요, 사랑했겠으세요	사랑했겠소
	미래-추측/의지/가능	사랑하겠어요, 사랑하겠지요, 사랑하겠으세요, 사랑할 수 있어요	사랑하겠소
의문형	현재	사랑해요? 사랑하지요? 사랑하세요? 사랑하나요? 사랑할까요? 사랑할래요? 사랑하는가요? 사랑하는데요? 사랑한대요? 사랑한다면서요? 사랑한다지요?	사랑하오? *사랑하소?
	과거	사랑했어요? 사랑했지요? 사랑했으세요?	사랑했소?
	과거-경험	사랑했었어요? 사랑했었지요? 사랑했었으세요?	사랑했었소?
	미래-추측/의지/가능	사랑하겠어요? 사랑하겠지요? 사랑하겠으세요? 사랑하리요? 사랑할 거예요? 사랑할 거지요? 사랑할 수 있겠어요?	사랑하겠소?
명령형		사랑해요, 사랑하지요, 사랑하세요, 사랑하라니까요	사랑하오, 사랑하구려
청유형		사랑해요, 사랑하지요, 사랑하세요, 사랑하자니까요	사랑하오
감탄형		사랑하는군요! 사랑하리요!	사랑하는구려!

상대존대형_예사낮춤		'-어'체	'-네'체
평서형	현재	사랑해, 사랑하지, 사랑할래, 사랑할걸, 사랑하는데, 사랑한대, 사랑할게, 사랑한단다, 사랑하마, 사랑하잖아	사랑하네
	현재-진행	사랑하고 있어, 사랑하고 있지, 사랑하는 중이야	사랑하고 있네
	과거-완료	사랑했어, 사랑했지, 사랑했잖아	사랑했네
	미래-추측/의지/가능	사랑하겠어, 사랑하겠지, 사랑할 수 있어	사랑하겠네
의문형	현재	사랑해? 사랑하지? 사랑하니? 사랑하나? 사랑할까? 사랑하랴? 사랑할래? 사랑하는데? 사랑한대? 사랑한다면서? 사랑한다지?	사랑하는가?
	과거	사랑했어? 사랑했지? 사랑했니? 사랑했을까? 사랑했대? 사랑했다면서?	사랑했는가?
	미래	사랑하겠어? 사랑하겠지? 사랑하겠니? 사랑하리? 사랑할 거야? 사랑할 거지? 사랑할 거니? 사랑할 수 있겠어?	사랑할 건가?
명령형		사랑해, 사랑하지, 사랑하렴, 사랑하려무나, 사랑하라니까	사랑하게
청유형		사랑해, 사랑하지, 사랑하자니까	사랑하세
감탄형		사랑해! 사랑하지! 사랑하리!	사랑하는군! 사랑하는구먼!

상대존대형_아주낮춤		직설체	회상체
평서형	현재	사랑한다	사랑하더라
	현재-진행	사랑하고 있다, 사랑하는 중이다	사랑하고 있더라
	과거-완료	사랑했다	사랑했더라
	미래-추측/의지/가능	사랑하겠다, 사랑하리다, 사랑하련다, 사랑할 거다, 사랑할 수 있다	사랑하겠더라
의문형	현재	사랑하느냐?	사랑하더냐?
	과거	사랑했느냐?	사랑했더냐?
	미래	사랑하겠느냐?	사랑하겠더냐?
명령형		사랑해라	
청유형		사랑하자	
감탄형		사랑하는구나! 사랑한다! 사랑하는도다!	사랑하더구나!

연결형	연결어미	의미기능	연결어미
나열	사랑하고, 사랑하며	비교	사랑하느니
선택	사랑하거나, 사랑하든지, 사랑하든가	정도	사랑하리만큼
대립	사랑해도, 사랑하지만, 사랑하나, 사랑하는데, 사랑하면서도, 사랑하되, 사랑하지	조건 · 가정	사랑하면, 사랑하거든, 사랑하거들랑, 사랑해야, 사랑한다면, 사랑했던들
동시	사랑하면서, 사랑하며	상황제시	사랑하는데, 사랑하니, 사랑하다시피
계기	사랑하고서, 사랑해서, 사랑하자, 사랑하자마자	비유	사랑하듯이
중단 · 전환	사랑하다가	비례	사랑할수록
양보	사랑해도, 사랑하더라도, 사랑할지라도, 사랑할지언정, 사랑한들, 사랑하는데도, 사랑하기로서니, 사랑하나마, 사랑할망정, 사랑해 보았자	원인 · 이유	사랑해서, 사랑하니까, 사랑하느라고, 사랑하기에, 사랑하길래, 사랑하느니만큼, 사랑하는지라, 사랑할세라, 사랑하므로
목적 · 의도	사랑하러, 사랑하려고, 사랑하고자	첨가	사랑하거니와, 사랑할뿐더러, 사랑하려니와
결과	사랑하도록, 사랑하게끔	습관	사랑하곤

기본예문
- 그는 순희를 사랑하고 있다. He loves Shun-Hui.
- 사랑하는 사람과 이별하는 것은 슬픈 일이다. It is a sad thing to separate with your love one.
- 사랑하는데도 한 번도 사랑한다고 말한 적이 없다.
  He never expressed his love though he was in love.

살다 [살:다, sal:da]

'ㄹ' 불규칙활용, 자동사

to live, stay, dwell ; to be freeed from check ; to be safe

사동형	살리다, 살게 하다, 살게 만들다		피동형	*살히다, 살게 되다, 살아지다	
관형사형 : 현재-진행	과거-완료		과거-회상	과거-완료-회상	미래-추측/의지
사는	산		살던	살았던	살

인용형 : 평서	의문	명령	청유	명사형	부사형
산다고	사느냐고	사라고	살자고	살기, 삶	살아, 살게

상대존대형_아주높임		직설체	회상체
평서형	현재	삽니다	삽디다
	현재-진행	살고 있습니다, 사는 중입니다	살고 있습디다
	과거	살았습니다	살았습디다
	과거-경험	살았었습니다	살았었습디다
	과거-추측	살았겠습니다	살았겠습디다
	미래-추측/의지/가능	살겠습니다, 살렵니다, 살 겁니다, 살 수 있습니다	살겠습디다
의문형	현재	삽니까?	삽디까?
	과거	살았습니까?	살았습디까?
	과거-경험	살았었습니까?	살았었습디까?
	미래-추측/의지/가능	살겠습니까? 살렵니까? 살 겁니까? 살리이까? 살 수 있겠습니까?	살겠습디까?
명령형		사시오, 사십시오	
청유형		삽시다, 사십시다	
감탄형		사시는구나!	

상대존대형_예사높임		'-어요'체	'-으오'체
평서형	현재	살아요, 살지요, 사세요, 살래요, 살걸요, 사는데요, 산대요, 살게요, 살잖아요	살오
	현재-진행	살고 있어요, 살고 있지요, 살고 있으세요, 사는 중이에요	살고 있소
	과거	살았어요, 살았지요, 살았으세요, 살았잖아요	살았소
	과거-경험	살았었어요, 살았었지요, 살았었으세요	살았었소
	과거-추측	살았겠어요, 살았겠지요, 살았겠으세요	살았겠소
	미래-추측/의지/가능	살겠어요, 살겠지요, 살겠으세요, 살 수 있어요	살겠소
의문형	현재	살아요? 살지요? 사세요? 사나요? 살까요? 살래요? 사는가요? 사는데요? 산대요? 산다면서요? 산다지요?	사오? *살소?
	과거	살았어요? 살았지요? 살았으세요?	살았소?
	과거-경험	살았었어요? 살았었지요? 살았었으세요?	살았었소?
	미래-추측/의지/가능	살겠어요? 살겠지요? 살겠으세요? 살리요? 살 거예요? 살 거지요? 살 수 있겠어요?	살겠소?
명령형		살아요, 살지요, 사세요, 살이라니까요	사오, 살구려
청유형		살아요, 살지요, 사세요, 살자니까요	사오
감탄형		사는군요! 살리요!	사는구려!

상대존대형_예사낮춤		'-어'체	'-네'체
평서형	현재	살아, 살지, 살래, 살걸, 사는데, 산대, 살게, 산단다, 살마, 살잖아	사네
	현재-진행	살고 있어, 살고 있지, 사는 중이야	살고 있네
	과거-완료	살았어, 살았지, 살았잖아	살았네
	미래-추측/의지/가능	살겠어, 살겠지, 살 수 있어	살겠네
의문형	현재	살아? 살지? 사니? 사나? 살까? 살랴? 살래? 산대? 사는데? 산다면서? 산다지?	사는가?
	과거	살았어? 살았지? 살았니? 살았을까? 살았대? 살았다면서?	살았는가?
	미래	살겠어? 살겠지? 살겠니? 살리? 살 거야? 살 거지? 살 거니? 살 수 있겠어?	살 건가?
명령형		살아, 살지, 살렴, 살려무나, 살라니까	살게
청유형		살아, 살지, 살자니까	사세
감탄형		살아! 살지! 살리!	사는군! 사는구먼!

상대존대형_아주낮춤		직설체	회상체
평서형	현재	산다	살더라
	현재-진행	살고 있다, 사는 중이다	살고 있더라
	과거-완료	살았다	살았더라
	미래-추측/의지/가능	살겠다, 살리다, 살련다, 살 거다, 살 수 있다	살겠더라
의문형	현재	사냐?	살더냐?
	과거	살았느냐?	살았더냐?
	미래	살겠느냐?	살겠더냐?
명령형		살아라	
청유형		살자	
감탄형		사는구나! 산다! 사는도다!	살더구나!

연결형	연결어미	의미기능	연결어미
나열	살고, 살며	비교	사느니
선택	살거나, 살든지, 살든가	정도	살만큼
대립	살아도, 살지만, 사나, 사는데, 살면서도, 살되, 살지	조건·가정	살면, 살거든, 살거들랑, 살아야, 산다면, 살았던들
동시	살면서, 살며	상황제시	사는데, 사니, 살다시피
계기	살고서, 살아서, 살자, 살자마자	비유	살듯이
중단·전환	살다가	비례	살수록
양보	살아도, 살더라도, 살지라도, 살지언정, 산들, 사는데도, 살기로서니, 사나마, 살망정, 살아 보았자	원인·이유	살아서, 사니까, 사느라고, 살기에, 살길래, 사느니만큼, 사는지라, 살세라, 살므로
목적·의도	살러, 살려고, 살고자	첨가	살거니와, 살뿐더러, 살려니와
결과	살도록, 살게끔	습관	살곤

- 그는 20년째 대구에 살고 있다. He has been living in Dae-gu for 20 years.
- 산 사람 입에 거미줄 치랴! Everyday brings its bread with it.
- 그녀는 영원히 내 가슴 속에 살아 있을 것이다. She will always be in my heart.

to leak out ; to shine through ; to slip out ; to become know

사동형	*새히다, 새게 하다, 새게 만들다		피동형		*새히다. 새게 되다, 새지다	

관형사형 : 현재-진행		과거-완료		과거-회상	과거-완료-회상	미래-추측/의지
새는		샌		새던	샜던	샐

인용형 : 평서		의문	명령	청유	명사형	부사형
샌다고		새느냐고	새라고	새자고	새기, 샘	새, 세게

상대존대형_아주높임		직설체	회상체
평서형	현재	샙니다	샙디다
	현재-진행	새고 있습니다, 새는 중입니다	새고 있습디다
	과거	샜습니다	샜습디다
	과거-경험	샜었습니다	샜었습디다
	과거-추측	샜겠습니다	샜겠습디다
	미래-추측/의지/가능	새겠습니다, 새렵니다, 샐 겁니다, 샐 수 있습니다	새겠습디다
의문형	현재	샙니까?	샙디까?
	과거	샜습니까?	샜습디까?
	과거-경험	샜었습니까?	샜었습디까?
	미래-추측/의지/가능	새겠습니까? 새렵니까? 샐 겁니까? 새리이까? 샐 수 있겠습니까?	새겠습디까?
명령형		새시오, 새십시오	
청유형		샙시다, 새십시다	
감탄형		새시는구나!	

상대존대형_예사높임		'-어요'체	'-으오'체
평서형	현재	새요, 새지요, 새세요, 샐래요, 샐걸요, 새는데요, 샌대요, 샐게요, 새잖아요	새오
	현재-진행	새고 있어요, 새고 있지요, 새고 있으세요, 새는 중이에요	새고 있소
	과거	샜어요, 샜지요, 샜으세요, 샜잖아요	샜소
	과거-경험	샜었어요, 샜었지요, 샜었으세요	샜었소
	과거-추측	샜겠어요, 샜겠지요, 샜겠으세요	샜겠소
	미래-추측/의지/가능	새겠어요, 새겠지요, 새겠으세요, 샐 수 있어요	새겠소
의문형	현재	새요? 새지요? 새세요? 새나요? 샐까요? 샐래요? 새는가요? 새는데요? 샌대요? 샌다면서요? 샌다지요?	새오? *새소?
	과거	샜어요? 샜지요? 샜으세요?	샜소?
	과거-경험	샜었어요? 샜었지요? 샜었으세요?	샜었소?
	미래-추측/의지/가능	새겠어요? 새겠지요? 새겠으세요? 새리요? 샐 거예요? 샐 거지요? 샐 수 있겠어요?	새겠소?
명령형		새요, 새지요, 새세요, 새라니까요	새오, 새구려
청유형		새요, 새지요, 새세요, 새자니까요	새오
감탄형		새는군요! 새리요!	새는구려!

상대존대형_예사낮춤		'-어'체	'-네'체
평서형	현재	새, 새지, 샐래, 샐걸, 새는데, 샌대, 샐게, 샌단다, 새마, 새잖아	새네
	현재-진행	새고 있어, 새고 있지, 새는 중이야	새고 있네
	과거-완료	샜어, 샜지, 샜잖아	샜네
	미래-추측/의지/가능	새겠어, 새겠지, 샐 수 있어	새겠네
의문형	현재	새? 새지? 새니? 새나? 샐까? 새랴? 샐래? 새는데? 샌대? 샌다면서? 샌다지?	새는가?
	과거	샜어? 샜지? 샜니? 샜을까? 샜대? 샜다면서?	샜는가?
	미래	새겠어? 새겠지? 새겠니? 새리? 샐 거야? 샐 거지? 샐 거니? 샐 수 있겠어?	샐 건가?
명령형		새, 새지, 새렴, 새려무나, 새라니까	새게
청유형		새, 새지, 새자니까	새세
감탄형		새! 새지! 새리!	새는군! 새는구먼!

상대존대형_아주낮춤		직설체	회상체
평서형	현재	샌다	새더라
	현재-진행	새고 있다, 새는 중이다	새고 있더라
	과거-완료	샜다	샜더라
	미래-추측/의지/가능	새겠다, 새리다, 새련다, 샐 거다, 샐 수 있다	새겠더라
의문형	현재	새느냐?	새더냐?
	과거	샜느냐?	샜더냐?
	미래	새겠느냐?	새겠더냐?
명령형		새라	
청유형		새자	
감탄형		새는구나! 샌다! 새는도다!	새더구나!

연결형	연결어미	의미기능	연결어미
나열	새고, 새며	비교	새느니
선택	새거나, 새든지, 새든가	정도	새리만큼
대립	새도, 새지만, 새나, 새는데, 새면서도, 새되, 새지	조건·가정	새면, 새거든, 새거들랑, 새야, 샌다면, 샜던들
동시	새면서, 새며	상황제시	새는데, 새니, 새다시피
계기	새고서, 새서, 새자, 새자마자	비유	새듯이
중단·전환	새다가	비례	샐수록
양보	새도, 새더라도, 샐지라도, 샐지언정, 샌들, 새는데도, 새기로서니, 새나마, 샐망정, 새 보았자	원인·이유	새서, 새니까, 새느라고, 새기에, 새길래, 새느니만큼, 새는지라, 샐세라, 새므로
목적·의도	새러, 새려고, 새고자	첨가	새거니와, 샐뿐더러, 새려니와
결과	새도록, 새게끔	습관	새곤

기본예문

- 자전거 튜브에서 바람이 새고 있다. There is a air leaking from the bicycle wheel.
- 지붕이 새는 곳은 오늘 고쳤다. I fixed the leaking roof today.
- 이야기가 딴 길로 새 나가지 않도록 주의하세요. Be aware to be on the topic.

서다 [서다, səda]

'어' 규칙활용, 자동사

to stand ; to stop ; to stand out (sharply) ; to make up one's mind

사동형	세우다, 서게 하다, 서게 만들다		피동형	*서히다. 서게 되다, 서여지다, 세워지다	

관형사형 : 현재-진행	과거-완료	과거-회상	과거-완료-회상	미래-추측/의지
서는	선	서던	섰던	설

인용형 : 평서	의문	명령	청유	명사형	부사형
선다고	서느냐고	서라고	서자고	서기, 섬	서, 서게

상대존대형_아주높임		직설체	회상체
평서형	현재	섭니다	섭디다
	현재-진행	서고 있습니다, 서는 중입니다	서고 있습디다
	과거	섰습니다	섰습디다
	과거-경험	섰었습니다	섰었습디다
	과거-추측	섰겠습니다	섰겠습디다
	미래-추측/의지/가능	서겠습니다, 서렵니다, 설 겁니다, 설 수 있습니다	서겠습디다
의문형	현재	섭니까?	섭디까?
	과거	섰습니까?	섰습디까?
	과거-경험	섰었습니까?	섰었습디까?
	미래-추측/의지/가능	서겠습니까? 서렵니까? 설 겁니까? 서리이까? 설 수 있겠습니까?	서겠습디까?
명령형		서시오, 서십시오	
청유형		섭시다, 서십시다	
감탄형		서시는구나!	

상대존대형_예사높임		'-어요'체	'-으오'체
평서형	현재	서요, 서지요, 서세요, 설래요, 설걸요, 서는데요, 선대요, 설게요, 서잖아요	서오
	현재-진행	서고 있어요, 서고 있지요, 서고 있으세요, 서는 중이에요	서고 있소
	과거	섰어요, 섰지요, 섰으세요, 섰잖아요	섰소
	과거-경험	섰었어요, 섰었지요, 섰었으세요	섰었소
	과거-추측	섰겠어요, 섰겠지요, 섰겠으세요	섰겠소
	미래-추측/의지/가능	서겠어요, 서겠지요, 서겠으세요, 설 수 있어요	서겠소
의문형	현재	서요? 서지요? 서세요? 서나요? 설까요? 설래요? 서는가요? 서는데요? 선대요? 선다면서요? 선다지요?	서오? *서소?
	과거	섰어요? 섰지요? 섰으세요?	섰소?
	과거-경험	섰었어요? 섰었지요? 섰었으세요?	섰었소?
	미래-추측/의지/가능	서겠어요? 서겠지요? 서겠으세요? 서리요? 설 거예요? 설 거지요? 설 수 있겠어요?	서겠소?
명령형		서요, 서지요, 서세요, 서라니까요	서오, 서구려
청유형		서요, 서지요, 서세요, 서자니까요	서오
감탄형		서는군요! 서리요!	서는구려!

상대존대형_예사낮춤		'-어'체	'-네'체
평서형	현재	서, 서지, 설래, 설걸, 서는데, 선대, 설게, 선단다, 서마, 서잖아	서네
	현재-진행	서고 있어, 서고 있지, 서는 중이야	서고 있네
	과거-완료	섰어, 섰지, 섰잖아	섰네
	미래-추측/의지/가능	서겠어, 서겠지, 설 수 있어	서겠네
의문형	현재	서? 서지? 서니? 서나? 설까? 서랴? 설래? 서는데? 선대? 선다면서? 선다지?	서는가?
	과거	섰어? 섰지? 섰니? 섰을까? 섰대? 섰다면서?	섰는가?
	미래	서겠어? 서겠지? 서겠니? 서리? 설 거야? 설 거지? 설 거니? 설 수 있겠어?	설 건가?
명령형		서, 서지, 서렴, 서려무나, 서라니까	서게
청유형		서, 서지, 서자니까	서세
감탄형		서! 서지! 서리!	서는군! 서는구면!

상대존대형_아주낮춤		직설체	회상체
평서형	현재	선다	서더라
	현재-진행	서고 있다, 서는 중이다	서고 있더라
	과거-완료	섰다	섰더라
	미래-추측/의지/가능	서겠다, 서리다, 서련다, 설 거다, 설 수 있다	서겠더라
의문형	현재	서느냐?	서더냐?
	과거	섰느냐?	섰더냐?
	미래	서겠느냐?	서겠더냐?
명령형		서라	
청유형		서자	
감탄형		서는구나! 서는다! 서는도다!	서더구나!

연결형	연결어미	의미기능	연결어미
나열	서고, 서며	비교	서느니
선택	서거나, 서든지, 서든가	정도	서리만큼
대립	서도, 서지만, 서나, 서는데, 서면서도, 서되, 서지	조건 · 가정	서면, 서거든, 서거들랑, 서야, 선다면, 섰던들
동시	서면서, 서며	상황제시	서는데, 서니, 서다시피
계기	서고서, 서서, 서자, 서자마자	비유	서듯이
중단 · 전환	서다가	비례	설수록
양보	서도, 서더라도, 설지라도, 설지언정, 선들, 서는데도, 서기로서니, 서나마, 설망정, 서 보았자	원인 · 이유	서서, 서니까, 서느라고, 서기에, 서길래, 서느니만큼, 서는지라, 설세라, 서므로
목적 · 의도	서러, 서려고, 서고자	첨가	서거니와, 설뿐더러, 서려니와
결과	서도록, 서게끔	습관	서곤

서툴다 [서툴다, səthulda]

'ㄹ' 불규칙활용, 형용사

to be unskilled ; to be poor ; to be clumsy

사동형	*서투르히다, 서툴게 하다, 서툴게 만들다	피동형	*서투르히다. 서툴게 되다, 서툴러지다

관형사형 : 현재-진행	과거-완료	과거-회상	과거-완료-회상	미래-추측/의지
서툰	서툰	서툴었던	서툴었었던	서툴

인용형 : 평서	의문	명령	청유	명사형	부사형
서툴다고	서투냐고	*서투라고	*서툴자고	서툴기, 서툶	서툴러, 서툴게

상대존대형_아주높임		직설체	회상체
평서형	현재	서툽니다	서툽디다
	현재-진행	*서툴고 있습니다, *서툰 중입니다	*서툴고 있습디다
	과거	서툴었습니다	서툴었습디다
	과거-경험	서툴었었습니다	서툴었었습디다
	과거-추측	서툴었겠습니다	서툴었겠습디다
	미래-추측/의지/가능	서툴겠습니다, *서툴렵니다, 서툴 겁니다, 서툴 수 있습니다	서툴겠습디다
의문형	현재	서툽니까?	서툽디까?
	과거	서툴었습니까?	서툴었습디까?
	과거-경험	서툴었었습니까?	서툴었었습디까?
	미래-추측/의지/가능	서툴겠습니까? *서투렵니까? *서툴 겁니까? *서투리이까? 서툴 수 있겠습니까?	서툴겠습디까?
명령형		*서투시오, *서투십시오	
청유형		*서툽시다, *서투십시다	
감탄형		서투시구나!	

상대존대형_예사높임		'-어요'체	'-으오'체
평서형	현재	서툴러요, 서툴지요, 서투세요, *서툴래요, 서툴걸요, 서툰데요, 서툴대요, *서툴게요, 서툴잖아요	서투오
	현재-진행	*서툴고 있어요, *서툴고 있지요, *서툴고 있으세요, *서투른 중이에요	*서툴고 있소
	과거	서툴었어요, 서툴었지요, 서툴었으세요, 서툴었잖아요	서툴었소
	과거-경험	서툴었었어요, 서툴었었지요, 서툴었었으세요	서툴었었소
	과거-추측	서툴었겠어요, 서툴었겠지요, 서툴었겠으세요	서툴었겠소
	미래-추측/의지/가능	서툴겠어요, 서툴겠지요, 서툴겠으세요, 서툴 수 있어요	서툴겠소
의문형	현재	서툴러요? 서툴지요? 서투세요? 서투나요? *서툴까요? *서툴래요? 서툰가요? 서툰데요? 서툴대요? 서툴다면서요? 서툴다지요?	서투오? *서툴소?
	과거	서툴었어요? 서툴었지요? 서툴었으세요?	서툴었소?
	과거-경험	서툴었었어요? 서툴었었지요? 서툴었었으세요?	서툴었었소?
	미래-추측/의지/가능	서툴겠어요? 서툴겠지요? 서툴겠으세요? 서투리요? *서툴 거예요? *서툴 거지요? 서툴 수 있겠어요?	서툴겠소?
명령형		*서툴러요, *서툴지요, *서투세요, *서투라니까요	*서투오, *서툴구려
청유형		*서툴러요, *서툴지요, *서투세요, *서투자니까요	*서투오
감탄형		서툴군요! 서툴리요!	서툴구려!

상대존대형_예사낮춤		'-어'체	'-네'체
평서형	현재	서툴러, 서툴지, *서툴래, 서툴걸, 서툰데, 서툴대, *서툴게, 서툴단다, *서툴마, 서툴잖아	서투네
	현재-진행	*서툴고 있어, *서툴고 있지, *서툰 중이야	*서툴고 있네
	과거-완료	서툴렀어, 서툴렀지, 서툴렀잖아	서툴었네
	미래-추측/의지/가능	서툴겠어, 서툴겠지, 서툴 수 있어	서툴겠네
의문형	현재	서툴러? 서툴지? 서투니? 서투나? 서툴까? 서툴랴? *서툴래? 서툰데? 서툴대? 서툴다면서? 서툴다지?	서툰가?
	과거	서툴었어? 서툴었지? 서툴었니? 서툴었을까? 서툴었대? 서툴었다면서?	서툴었는가?
	미래	서툴겠어? 서툴겠지? 서툴겠니? 서툴리? *서툴 거야? 서툴 거지? *서툴 거니? 서툴 수 있겠어?	서툴 건가?
명령형		*서툴러, *서툴지, *서투렴, *서투려무나, *서투라니까	*서툴게
청유형		*서툴러, *서툴지, *서툴자니까	*서툴세
감탄형		서툴러! 서툴지! 서툴리!	서툴군! 서툴구먼!

상대존대형_아주낮춤		직설체	회상체
평서형	현재	서툴다	서툴더라
	현재-진행	*서툴고 있다, *서툰 중이다	*서툴고 있더라
	과거-완료	서툴었다	서툴었더라
	미래-추측/의지/가능	서툴겠다, 서툴리다, *서툴련다, 서툴 거다, 서툴 수 있다	서툴겠더라
의문형	현재	서투냐?	서툴더냐?
	과거	서툴었느냐?	서툴었더냐?
	미래	서툴겠느냐?	서툴겠더냐?
명령형		*서툴러라	
청유형		*서툴자	
감탄형		서툴구나! 서툴다! 서툴도다!	서툴더구나!

연결형	연결어미	의미기능	연결어미
나열	서툴고, 서툴며	비교	*서투느니
선택	서툴거나, 서툴든지, 서툴든가	정도	서투리만큼
대립	서툴러도, 서툴지만, 서투나, 서툰데, 서툴면서도, 서툴되, 서툴지	조건 · 가정	서툴면, 서툴거든, 서툴거들랑, 서툴러야, 서툴다면, 서툴렀던들
동시	서툴면서, 서툴며	상황제시	서툰데, 서투니, 서툴다시피
계기	*서툴고서, *서툴러서, *서툴자, *서툴자마자	비유	서툴듯이
중단 · 전환	서툴다가	비례	서툴수록
양보	서툴러도, 서툴더라도, 서툴지라도, 서툴지언정, 서툰들, 서툰데도, 서툴기로서니, 서투나마, 서툴망정, 서툴러 보았자	원인 · 이유	서툴러서, 서투니까, *서투느라고, 서툴기에, 서툴길래, 서투니만큼, 서툰지라, 서툴세라, 서투므로
목적 · 의도	*서툴러, *서툴려고, *서툴고자	첨가	서툴거니와, 서툴뿐더러, 서투려니와
결과	서툴도록, 서툴게끔	습관	*서툴곤

- 저는 한국어가 서툽니다. I am not fluent with Korean.
- 서툰 수작 부리지 마세요. Don't be foolish action.
- 좀 서툴기는 하지만 제가 운전을 할까요? Though I'm not familiar with it, may I drive?

311

세다1 [세:다, se:da]

'에' 규칙활용, 형용사

to be strong, be powerful ; to be unlucky

사동형	*세히다, 세게 하다, 세게 만들다		피동형	*세히다. 세게 되다, 세지다	

관형사형 : 현재-진행	과거-완료	과거-회상	과거-완료-회상	미래-추측/의지
센	센	세던	셌던	셀

인용형 : 평서	의문	명령	청유	명사형	부사형
세다고	세냐고	*세라고	*세자고	세기, 셈	세어, 세게

상대존대형_아주높임		직설체	회상체
평서형	현재	셉니다	셉디다
	현재-진행	*세고 있습니다, *세는 중입니다	세고 있습디다
	과거	셌습니다	셌습디다
	과거-경험	셌었습니다	셌었습디다
	과거-추측	셌겠습니다	셌겠습디다
	미래-추측/의지/가능	세겠습니다, *세렵니다, 셀 겁니다, 셀 수 있습니다	세겠습디다
의문형	현재	셉니까?	셉디까?
	과거	셌습니까?	셌습디까?
	과거-경험	셌었습니까?	셌었습디까?
	미래-추측/의지/가능	세겠습니까? *세렵니까? *셀 겁니까? *세리이까? 셀 수 있겠습니까?	세겠습디까?
명령형		*세시오, *세십시오	
청유형		*셉시다, *세십시다	
감탄형		세시는구나!	

상대존대형_예사높임		'-어요'체	'-으오'체
평서형	현재	세요, 세지요, 세세요, *셀래요, 셀걸요, 센데요, 세대요, *셀게요, 세잖아요	세오
	현재-진행	세고 있어요, 세고 있지요, 세고 있으세요, 세는 중이에요	세고 있소
	과거	셌어요, 셌지요, 셌으세요, 셌잖아요	셌소
	과거-경험	셌었어요, 셌었지요, 셌었으세요	셌었소
	과거-추측	셌겠어요, 셌겠지요, 셌겠으세요	셌겠소
	미래-추측/의지/가능	세겠어요, 세겠지요, 세겠으세요, 셀 수 있어요	세겠소
의문형	현재	세요? 세지요? 세세요? 세나요? 셀까요? *셀래요? 센가요? 센데요? 세대요? 세다면서요? 세다지요?	세오? *세소?
	과거	셌어요? 셌지요? 셌으세요?	셌소?
	과거-경험	셌었어요? 셌었지요? 셌었으세요?	셌었소?
	미래-추측/의지/가능	세겠어요? 세겠지요? 세겠으세요? 세리요? *셀 거예요? *셀 거지요? 셀 수 있겠어요?	세겠소?
명령형		*세요, *세지요, *세세요, *세라니까요	*세오, *세구려
청유형		*세요, *세지요, *세세요, *세자니까요	*세오
감탄형		세군요! 세리요!	세구려!

상대존대형_예사낮춤		'-어'체	'-네'체
평서형	현재	세, 세지, 셀래, 셀걸, 센데, 세대, *셀게, 세단다, *세마, 세잖아	세네
	현재-진행	*세고 있어, *세고 있지, *세는 중이야	*세고 있네
	과거-완료	셌어, 셌지, 셌잖아	셌네
	미래-추측/의지/가능	세겠어, 세겠지, 셀 수 있어	세겠네
의문형	현재	세? 세지? 세니? 세냐? *셀까? 세랴? *셀래? 센데? 세대? 세다면서? 세다지?	세는가?
	과거	셌어? 셌지? 셌니? 셌을까? 셌대? 셌다면서?	셌는가?
	미래	세겠어? 세겠지? 세겠니? 세리? 셀 거야? 셀 거지? 셀 거니? 셀 수 있겠어?	셀 건가?
명령형		*세, *세지, *세렴, *세려무나, *세라니까	*세게
청유형		*세, *세지, *세자니까	*세세
감탄형		세! 세지! 세리!	세는군! 세는구먼!

상대존대형_아주낮춤		직설체	회상체
평서형	현재	센다	세더라
	현재-진행	세고 있다, 세는 중이다	세고 있더라
	과거-완료	셌다	셌더라
	미래-추측/의지/가능	세겠다, 세리다, 세련다, 셀 거다, 셀 수 있다	세겠더라
의문형	현재	세느냐?	세더냐?
	과거	셌느냐?	셌더냐?
	미래	세겠느냐?	세겠더냐?
명령형		*세라	
청유형		*세자	
감탄형		세는구나! 센다! 세는도다!	세더구나!

연결형	연결어미	의미기능	연결어미
나열	세고, 세며	비교	세느니
선택	세거나, 세든지, 세든가	정도	세리만큼
대립	세도, 세지만, 세나, 센데, 세면서도, 세되, 세지	조건·가정	세면, 세거든, 세거들랑, 세야, 센다면, 셌던들
동시	세면서, 세며	상황제시	센데, 세니, 세다시피
계기	세고서, 세서, 세자, 세자마자	비유	세듯이
중단·전환	세다가	비례	셀수록
양보	세도, 세더라도, 셀지라도, 셀지언정, 센들, 세는데도, 세기로서니, 세나마, 셀망정, 세보았자	원인·이유	세서, 세니까, 세느라고, 세기에, 세길래, 세느니만큼, 세는지라, 셀세라, 세므로
목적·의도	세러, 세려고, 세고자	첨가	세거니와, 셀뿐더러, 세려니와
결과	세도록, 세게끔	습관	세곤

- 그는 힘이 세다. He is strong.
- 이 세상엔 팔자가 센 사람도 있고 팔자가 좋은 사람도 있다.
  There are people who are strong and who are lucky in this world.
- 그녀는 술이 세서 잘 취하지 않는다. She doesn't get drunk easily.

세다3 [세:다, se:da]

'에' 규칙활용, 타동사

to ccount, calculate, enumerate, nember

사동형	*세히다, 세게 하다, 세게 만들다		피동형	*세히다. 세게 되다, 세지다	

관형사형 : 현재-진행		과거-완료		과거-회상		과거-완료-회상		미래-추측/의지
세는		센		세던		셌던		셀

인용형 : 평서	의문	명령	청유	명사형	부사형
센다고	세느냐고	세라고	세자고	세기, 셈	세어, 세게

상대존대형_아주높임		직설체	회상체
평서형	현재	셉니다	셉디다
	현재-진행	세고 있습니다, 세는 중입니다	세고 있습디다
	과거	셌습니다	셌습디다
	과거-경험	셌었습니다	셌었습디다
	과거-추측	셌겠습니다	셌겠습디다
	미래-추측/의지/가능	세겠습니다, 세렵니다, 셀 겁니다, 셀 수 있습니다	세겠습디다
의문형	현재	셉니까?	셉디까?
	과거	셌습니까?	셌습디까?
	과거-경험	셌었습니까?	셌었습디까?
	미래-추측/의지/가능	세겠습니까? 세렵니까? 셀 겁니까? 세리이까? 셀 수 있겠습니까?	세겠습디까?
명령형		세시오, 세십시오	
청유형		셉시다, 세십시다	
감탄형		세시는구나!	

상대존대형_예사높임		'-어요'체	'-으오'체
평서형	현재	세요, 세지요, 세세요, 셀래요, 셀걸요, 세는데요, 센대요, 셀게요, 세잖아요	세오
	현재-진행	세고 있어요, 세고 있지요, 세고 있으세요, 세는 중이에요	세고 있소
	과거	셌어요, 셌지요, 셌으세요, 셌잖아요	셌소
	과거-경험	셌었어요, 셌었지요, 셌었으세요	셌었소
	과거-추측	셌겠어요, 셌겠지요, 셌겠으세요	셌겠소
	미래-추측/의지/가능	세겠어요, 세겠지요, 세겠으세요, 셀 수 있어요	세겠소
의문형	현재	세요? 세지요? 세세요? 세나요? 셀까요? 셀래요? 세는가요? 세는데요? 센대요? 센다면서요? 센다지요?	세오? *세소?
	과거	셌어요? 셌지요? 셌으세요?	셌소?
	과거-경험	셌었어요? 셌었지요? 셌었으세요?	셌었소?
	미래-추측/의지/가능	세겠어요? 세겠지요? 세겠으세요? 세리요? 셀 거예요? 셀 거지요? 셀 수 있겠어요?	세겠소?
명령형		세요, 세지요, 세세요, 세라니까요	세오, 세구려
청유형		세요, 세지요, 세세요, 세자니까요	세오
감탄형		세는군요! 세리요!	세는구려!

상대존대형_예사낮춤		'-어'체	'-네'체
평서형	현재	세, 세지, 셀래, 셀걸, 세는데, 센대, 셀게, 센단다, 세마, 세잖아	세네
	현재-진행	세고 있어, 세고 있지, 세는 중이야	세고 있네
	과거-완료	셌어, 셌지, 셌잖아	셌네
	미래-추측/의지/가능	세겠어, 세겠지, 셀 수 있어	세겠네
의문형	현재	세? 세지? 세니? 세나? 셀까? 세랴? 셀래? 세는데? 센대? 센다면서? 센다지?	세는가?
	과거	셌어? 셌지? 셌니? 셌을까? 셌대? 셌다면서?	셌는가?
	미래	세겠어? 세겠지? 세겠니? 세리? 셀 거야? 셀 거지? 셀 거니? 셀 수 있겠어?	셀 건가?
명령형		세, 세지, 세렴, 세려무나, 세라니까	세게
청유형		세, 세지, 세자니까	세세
감탄형		세! 세지! 세리!	세는군! 세는구먼!

상대존대형_아주낮춤		직설체	회상체
평서형	현재	센다	세더라
	현재-진행	세고 있다, 세는 중이다	세고 있더라
	과거-완료	셌다	셌더라
	미래-추측/의지/가능	세겠다, 세리다, 세련다, 셀 거다, 셀 수 있다	세겠더라
의문형	현재	세느냐?	세더냐?
	과거	셌느냐?	셌더냐?
	미래	세겠느냐?	세겠더냐?
명령형		세라	
청유형		세자	
감탄형		세는구나! 센다! 세는도다!	세더구나!

연결형	연결어미	의미기능	연결어미
나열	세고, 세며	비교	세느니
선택	세거나, 세든지, 세든가	정도	세리만큼
대립	세도, 세지만, 세나, 세는데, 세면서도, 세되, 세지	조건·가정	세면, 세거든, 세거들랑, 세야, 센다면, 셌던들
동시	세면서, 세며	상황제시	세는데, 세니, 세다시피
계기	세고서, 세서, 세자, 세자마자	비유	세듯이
중단·전환	세다가	비례	셀수록
양보	세도, 세더라도, 셀지라도, 셀지언정, 센들, 세는데도, 세기로서니, 세나마, 셀망정, 세보았자	원인·이유	세서, 세니까, 세느라고, 세기에, 세길래, 세느니만큼, 세는지라, 셀세라, 세므로
목적·의도	세러, 세려고, 세고자	첨가	세거니와, 셀뿐더러, 세려니와
결과	세도록, 세게끔	습관	세곤

기본예문

- 돈이 얼마 남았는지 세어 보아라. Count to see how much it is.
- 셀 수 없을 만큼 많은 사람이 모였다. There are countless people.
- 네가 열까지 세면 내가 시험을 시작할게. I will start the test after you count till ten.

솟다 [솓따, sott'a]

to rise, tower over, soar ; to gush out, spring forth

사동형	솟구다, 솟게 하다, 솟게 만들다		피동형	*솟히다. 솟게 되다, 솟아지다	

관형사형 : 현재-진행	과거-완료	과거-회상	과거-완료-회상	미래-추측/의지
솟는	솟은	솟던	솟았던	솟을

인용형 : 평서	의문	명령	청유	명사형	부사형
솟는다고	솟느냐고	솟으라고	솟자고	솟기, 솟음	솟아, 솟게

상대존대형_아주높임		직설체	회상체
평서형	현재	솟습니다	솟습디다
	현재-진행	솟고 있습니다, 솟는 중입니다	솟고 있습디다
	과거	솟았습니다	솟았습디다
	과거-경험	솟았었습니다	솟았었습디다
	과거-추측	솟았겠습니다	솟았겠습디다
	미래-추측/의지/가능	솟겠습니다, 솟으렵니다, 솟을 겁니다, 솟을 수 있습니다	솟겠습디다
의문형	현재	솟습니까?	솟습디까?
	과거	솟았습니까?	솟았습디까?
	과거-경험	솟았었습니까?	솟았었습디까?
	미래-추측/의지/가능	솟겠습니까? 솟으렵니까? 솟을 겁니까? 솟으리이까? 솟을 수 있겠습니까?	솟겠습디까?
명령형		솟으시오, 솟으십시오	
청유형		솟읍시다, 솟으십시다	
감탄형		솟으시는구나!	

상대존대형_예사높임		'-어요'체	'-으오'체
평서형	현재	솟아요, 솟지요, 솟으세요, 솟을래요, 솟을걸요, 솟는데요, 솟는대요, 솟을게요, 솟잖아요	솟으오
	현재-진행	솟고 있어요, 솟고 있지요, 솟고 있으세요, 솟는 중이에요	솟고 있소
	과거	솟았어요, 솟았지요, 솟았으세요, 솟았잖아요	솟았소
	과거-경험	솟았었어요, 솟았었지요, 솟았었으세요	솟았었소
	과거-추측	솟았겠어요, 솟았겠지요, 솟았겠으세요	솟았겠소
	미래-추측/의지/가능	솟겠어요, 솟겠지요, 솟겠으세요, 솟을 수 있어요	솟겠소
의문형	현재	솟아요? 솟지요? 솟으세요? 솟나요? 솟을까요? 솟을래요? 솟는가요? 솟는데요? 솟는대요? 솟는다면서요? 솟는다지요?	솟으오? 솟소?
	과거	솟았어요? 솟았지요? 솟았으세요?	솟았소?
	과거-경험	솟았었어요? 솟았었지요? 솟았었으세요?	솟았었소?
	미래-추측/의지/가능	솟겠어요? 솟겠지요? 솟겠으세요? 솟으리요? 솟을 거예요? 솟을 거지요? 솟을 수 있겠어요?	솟겠소?
명령형		솟아요, 솟지요, 솟으세요, 솟으라니까요	솟으오, 솟구려
청유형		솟아요, 솟지요, 솟으세요, 솟자니까요	솟으오
감탄형		솟는군요! 솟으리요!	솟는구려!

316

상대존대형_예사낮춤		'-어'체	'-네'체
평서형	현재	솟아, 솟지, 솟을래, 솟을걸, 솟는데, 솟는대, 솟을게, 솟는단다, 솟으마, 솟잖아	솟네
	현재-진행	솟고 있어, 솟고 있지, 솟는 중이야	솟고 있네
	과거-완료	솟았어, 솟았지, 솟았잖아	솟았네
	미래-추측/의지/가능	솟겠어, 솟겠지, 솟을 수 있어	솟겠네
의문형	현재	솟아? 솟지? 솟니? 솟나? 솟을까? 솟으랴? 솟을래? 솟는데? 솟는대? 솟는다면서? 솟는다지?	솟는가?
	과거	솟았어? 솟았지? 솟았니? 솟았을까? 솟았대? 솟았다면서?	솟았는가?
	미래	솟겠어? 솟겠지? 솟겠니? 솟으리? 솟을 거야? 솟을 거지? 솟을 거니? 솟을 수 있겠어?	솟을 건가?
명령형		솟아, 솟지, 솟으렴, 솟으려무나, 솟으라니까	솟게
청유형		솟아, 솟지, 솟자니까	솟세
감탄형		솟아! 솟지! 솟으리!	솟는군! 솟는구먼!

상대존대형_아주낮춤		직설체	회상체
평서형	현재	솟는다	솟더라
	현재-진행	솟고 있다, 솟는 중이다	솟고 있더라
	과거-완료	솟았다	솟았더라
	미래-추측/의지/가능	솟겠다, 솟으리다, 솟으련다, 솟을 거다, 솟을 수 있다	솟겠더라
의문형	현재	솟느냐?	솟더냐?
	과거	솟았느냐?	솟았더냐?
	미래	솟겠느냐?	솟겠더냐?
명령형		솟아라	
청유형		솟자	
감탄형		솟는구나! 솟는다! 솟는도다!	솟더구나!

연결형	연결어미	의미기능	연결어미
나열	솟고, 솟으며	비교	솟느니
선택	솟거나, 솟든지, 솟든가	정도	솟으리만큼
대립	솟아도, 솟지만, 솟으나, 솟는데, 솟으면서도, 솟되, 솟지	조건 · 가정	솟으면, 솟거든, 솟거들랑, 솟아야, 솟는다면, 솟았던들
동시	솟으면서, 솟으며	상황제시	솟는데, 솟으니, 솟다시피
계기	솟고서, 솟아서, 솟자, 솟자마자	비유	솟듯이
중단 · 전환	솟다가	비례	솟을수록
양보	솟아도, 솟더라도, 솟을지라도, 솟을지언정, 솟은들, 솟는데도, 솟기로서니, 솟으나마, 솟을망정, 솟아 보았자	원인 · 이유	솟아서, 솟으니까, 솟느라고, 솟기에, 솟길래, 솟느니만큼, 솟는지라, 솟을세라, 솟으므로
목적 · 의도	솟으러, 솟으려고, 솟고자	첨가	솟거니와, 솟을뿐더러, 솟으려니와
결과	솟도록, 솟게끔	습관	솟곤

기본예문

- 해가 솟는다. The sun rises.
- 종달새가 하늘 높이 솟는다. A skylark soars to the sky.
- 어머니는 불길이 솟는데도 자기 아이를 구하려고 불길로 뛰어 들었다.
  The mother, although the fire was blazing, jumped into the flames in order to save her baby.

숨다 [숨:따, sum:t'a]

'자음' 규칙활용, 자동사

to hide, conceal oneself ; to seek refuge ; to live in seclusion

사동형	숨기다, 숨게 하다, 숨게 만들다		피동형		*숨히다. 숨게 되다, 숨어지다	
관형사형 : 현재-진행		과거-완료		과거-회상	과거-완료-회상	미래-추측/의지
숨는		숨은		숨던	숨었던	숨을

인용형 : 평서	의문	명령	청유	명사형	부사형
숨는다고	숨느냐고	숨으라고	숨자고	숨기, 숨음	숨어, 숨게

상대존대형_아주높임		직설체	회상체
평서형	현재	숨습니다	숨습디다
	현재-진행	숨고 있습니다, 숨는 중입니다	숨고 있습디다
	과거	숨었습니다	숨었습디다
	과거-경험	숨었었습니다	숨었었습디다
	과거-추측	숨었겠습니다	숨었겠습디다
	미래-추측/의지/가능	숨겠습니다, 숨으렵니다, 숨을 겁니다, 숨을 수 있습니다	숨겠습디다
의문형	현재	숨습니까?	숨습디까?
	과거	숨었습니까?	숨었습디까?
	과거-경험	숨었었습니까?	숨었었습디까?
	미래-추측/의지/가능	숨겠습니까? 숨으렵니까? 숨을 겁니까? 숨으리이까? 숨을 수 있겠습니까?	숨겠습디까?
명령형		숨으시오, 숨으십시오	
청유형		숨읍시다, 숨으십시다	
감탄형		숨으시는구나!	

상대존대형_예사높임		'-어요'체	'-으오'체
평서형	현재	숨어요, 숨지요, 숨으세요, 숨을래요, 숨을걸요, 숨는데요, 숨는대요, 숨을게요, 숨잖아요	숨으오
	현재-진행	숨고 있어요, 숨고 있지요, 숨고 있으세요, 숨는 중이에요	숨고 있소
	과거	숨었어요, 숨었지요, 숨었으세요, 숨었잖아요	숨었소
	과거-경험	숨었었어요, 숨었었지요, 숨었었으세요	숨었었소
	과거-추측	숨었겠어요, 숨었겠지요, 숨었겠으세요	숨었겠소
	미래-추측/의지/가능	숨겠어요, 숨겠지요, 숨겠으세요, 숨을 수 있어요	숨겠소
의문형	현재	숨어요? 숨지요? 숨으세요? 숨나요? 숨을까요? 숨을래요? 숨는가요? 숨는데요? 숨는대요? 숨는다면서요? 숨는다지요?	숨으오? 숨소?
	과거	숨었어요? 숨었지요? 숨었으세요?	숨었소?
	과거-경험	숨었었어요? 숨었었지요? 숨었었으세요?	숨었었소?
	미래-추측/의지/가능	숨겠어요? 숨겠지요? 숨겠으세요? 숨으리요? 숨을 거예요? 숨을 거지요? 숨을 수 있겠어요?	숨겠소?
명령형		숨어요, 숨지요, 숨으세요, 숨으라니까요	숨으오, 숨구려
청유형		숨어요, 숨지요, 숨으세요, 숨자니까요	숨으오
감탄형		숨는군요! 숨으리요!	숨는구려!

상대존대형_예사낮춤		'-어'체	'-네'체
평서형	현재	숨어, 숨지, 숨을래, 숨을걸, 숨는데, 숨는대, 숨을게, 숨는단다, 숨으마, 숨잖아	숨네
	현재-진행	숨고 있어, 숨고 있지, 숨는 중이야	숨고 있네
	과거-완료	숨었어, 숨었지, 숨었잖아	숨었네
	미래-추측/의지/가능	숨겠어, 숨겠지, 숨을 수 있어	숨겠네
의문형	현재	숨어? 숨지? 숨니? 숨나? 숨을까? 숨으랴? 숨을래? 숨는데? 숨는대? 숨는다면서? 숨는다지?	숨는가?
	과거	숨었어? 숨었지? 숨었니? 숨었을까? 숨었대? 숨었다면서?	숨었는가?
	미래	숨겠어? 숨겠지? 숨겠니? 숨으리? 숨을 거야? 숨을 거지? 숨을 거니? 숨을 수 있겠어?	숨을 건가?
명령형		숨어, 숨지, 숨으렴, 숨으려무나, 숨으라니까	숨게
청유형		숨어, 숨지, 숨자니까	숨세
감탄형		숨어! 숨지! 숨으리!	숨는군! 숨는구면!

상대존대형_아주낮춤		직설체	회상체
평서형	현재	숨는다	숨더라
	현재-진행	숨고 있다, 숨는 중이다	숨고 있더라
	과거-완료	숨었다	숨었더라
	미래-추측/의지/가능	숨겠다, 숨으리다, 숨으련다, 숨을 거다, 숨을 수 있다	숨겠더라
의문형	현재	숨느냐?	숨더냐?
	과거	숨었느냐?	숨었더냐?
	미래	숨겠느냐?	숨겠더냐?
명령형		숨어라	
청유형		숨자	
감탄형		숨는구나! 숨는다! 숨는도다!	숨더구나!

연결형	연결어미	의미기능	연결어미
나열	숨고, 숨으며	비교	숨느니
선택	숨거나, 숨든지, 숨든가	정도	숨으리만큼
대립	숨어도, 숨지만, 숨으나, 숨는데, 숨으면서도, 숨되, 숨지	조건 · 가정	숨으면, 숨거든, 숨거들랑, 숨어야, 숨는다면, 숨었던들
동시	숨으면서, 숨으며	상황제시	숨는데, 숨으니, 숨다시피
계기	숨고서, 숨어서, 숨자, 숨자마자	비유	숨듯이
중단 · 전환	숨다가	비례	숨을수록
양보	숨어도, 숨더라도, 숨을지라도, 숨을지언정, 숨은들, 숨는데도, 숨기로서니, 숨으나마, 숨을망정, 숨어 보았자	원인 · 이유	숨어서, 숨으니까, 숨느라고, 숨기에, 숨길래, 숨느니만큼, 숨는지라, 숨을세라, 숨으므로
목적 · 의도	숨으러, 숨으려고, 숨고자	첨가	숨거니와, 숨을뿐더러, 숨으려니와
결과	숨도록, 숨게끔	습관	숨곤

기본예문

- 그는 보석을 비밀 금고에 숨겼다. He hid the jewels in his secret safe.
- 구름 뒤에 숨었던 달이 나타났다. The moon, which was hiding behind the clouds, showed itself.
- 네가 어디에 숨더라도 찾아낼 수 있다. No matter where you hide, I can still find you.

'위' 규칙활용, 자동사

to rest ; to stay away

사동형	*쉬히다, 쉬게 하다, 쉬게 만들다		피동형	*쉬히다, 쉬게 되다, 쉬어지다	
관형사형 : 현재-진행		과거-완료	과거-회상	과거-완료-회상	미래-추측/의지
쉬는		쉰	쉬던	쉬었던	쉴

인용형 : 평서	의문	명령	청유	명사형	부사형
쉰다고	쉬느냐고	쉬라고	쉬자고	쉬기, 쉼	쉬어, 쉬게

상대존대형_아주높임		직설체	회상체
평서형	현재	쉽니다	쉽디다
	현재-진행	쉬고 있습니다, 쉬는 중입니다	쉬고 있습디다
	과거	쉬었습니다	쉬었습디다
	과거-경험	쉬었었습니다	쉬었었습디다
	과거-추측	쉬었겠습니다	쉬었겠습디다
	미래-추측/의지/가능	쉬겠습니다, 쉬렵니다, 쉴 겁니다, 쉴 수 있습니다	쉬겠습디다
의문형	현재	쉽니까?	쉽디까?
	과거	쉬었습니까?	쉬었습디까?
	과거-경험	쉬었었습니까?	쉬었었습디까?
	미래-추측/의지/가능	쉬겠습니까? 쉬렵니까? 쉴 겁니까? 쉬리이까? 쉴 수 있겠습니까?	쉬겠습디까?
명령형		쉬시오, 쉬십시오	
청유형		쉬읍시다, 쉬십시다	
감탄형		쉬시는구나!	

상대존대형_예사높임		'-어요'체	'-으오'체
평서형	현재	쉬어요, 쉬지요, 쉬세요, 쉴래요, 쉴걸요, 쉬는데요, 쉰대요, 쉴게요, 쉬잖아요	쉬오
	현재-진행	쉬고 있어요, 쉬고 있지요, 쉬고 있으세요, 쉬는 중이에요	쉬고 있소
	과거	쉬었어요, 쉬었지요, 쉬었으세요, 쉬었잖아요	쉬었소
	과거-경험	쉬었었어요, 쉬었었지요, 쉬었었으세요	쉬었었소
	과거-추측	쉬었겠어요, 쉬었겠지요, 쉬었겠으세요	쉬었겠소
	미래-추측/의지/가능	쉬겠어요, 쉬겠지요, 쉬겠으세요, 쉴 수 있어요	쉬겠소
의문형	현재	쉬어요? 쉬지요? 쉬세요? 쉬나요? 쉴까요? 쉴래요? 쉬는가요? 쉬는데요? 쉰대요? 쉰다면서요? 쉰다지요?	쉬오? *쉬소?
	과거	쉬었어요? 쉬었지요? 쉬었으세요?	쉬었소?
	과거-경험	쉬었었어요? 쉬었었지요? 쉬었었으세요?	쉬었었소?
	미래-추측/의지/가능	쉬겠어요? 쉬겠지요? 쉬겠으세요? 쉬리요? 쉴 거예요? 쉴 거지요? 쉴 수 있겠어요?	쉬겠소?
명령형		쉬어요, 쉬지요, 쉬세요, 쉬라니까요	쉬오, 쉬구려
청유형		쉬어요, 쉬지요, 쉬세요, 쉬자니까요	쉬오
감탄형		쉬는군요! 쉬리요!	쉬는구려!

상대존대형_예사낮춤		'-어'체	'-네'체
평서형	현재	쉬어, 쉬지, 쉴래, 쉴걸, 쉬는데, 쉰대, 쉴게, 쉰단다, 쉬마, 쉬잖아	쉬네
	현재-진행	쉬고 있어, 쉬고 있지, 쉬는 중이야	쉬고 있네
	과거-완료	쉬었어, 쉬었지, 쉬었잖아	쉬었네
	미래-추측/의지/가능	쉬겠어, 쉬겠지, 쉴 수 있어	쉬겠네
의문형	현재	쉬어? 쉬지? 쉬니? 쉬나? 쉴까? 쉬랴? 쉴래? 쉬는데? 쉰대? 쉰다면서? 쉰다지?	쉬는가?
	과거	쉬었어? 쉬었지? 쉬었니? 쉬었을까? 쉬었대? 쉬었다면서?	쉬었는가?
	미래	쉬겠어? 쉬겠지? 쉬겠니? 쉬리? 쉴 거야? 쉴 거지? 쉴 거니? 쉴 수 있겠어?	쉴 건가?
명령형		쉬어, 쉬지, 쉬렴, 쉬려무나, 쉬라니까	쉬게
청유형		쉬어, 쉬지, 쉬자니까	쉬세
감탄형		쉬어! 쉬지! 쉬리!	쉬는군! 쉬는구먼!

상대존대형_아주낮춤		직설체	회상체
평서형	현재	쉰다	쉬더라
	현재-진행	쉬고 있다, 쉬는 중이다	쉬고 있더라
	과거-완료	쉬었다	쉬었더라
	미래-추측/의지/가능	쉬겠다, 쉬리다, 쉬련다, 쉴 거다, 쉴 수 있다	쉬겠더라
의문형	현재	쉬느냐?	쉬더냐?
	과거	쉬었느냐?	쉬었더냐?
	미래	쉬겠느냐?	쉬겠더냐?
명령형		쉬어라	
청유형		쉬자	
감탄형		쉬는구나! 쉰다! 쉬는도다!	쉬더구나!

연결형	연결어미	의미기능	연결어미
나열	쉬고, 쉬며	비교	쉬느니
선택	쉬거나, 쉬든지, 쉬든가	정도	쉬리만큼
대립	쉬어도, 쉬지만, 쉬나, 쉬는데, 쉬면서도, 쉬되, 쉬지	조건·가정	쉬면, 쉬거든, 쉬거들랑, 쉬어야, 쉰다면, 쉬었던들
동시	쉬면서, 쉬며	상황제시	쉬는데, 쉬니, 쉬다시피
계기	쉬고서, 쉬어서, 쉬자, 쉬자마자	비유	쉬듯이
중단·전환	쉬다가	비례	쉴수록
양보	쉬어도, 쉬더라도, 쉴지라도, 쉴지언정, 쉰들, 쉬는데도, 쉬기로서니, 쉬나마, 쉴망정, 쉬어 보았자	원인·이유	쉬어서, 쉬니까, 쉬느라고, 쉬기에, 쉬길래, 쉬느니만큼, 쉬는지라, 쉴세라, 쉬므로
목적·의도	쉬러, 쉬려고, 쉬고자	첨가	쉬거니와, 쉴뿐더러, 쉬려니와
결과	쉬도록, 쉬게끔	습관	쉬곤

기본예문
- 그가 소파에 누워서 쉬고 있습니다. He is resting in the sofa lying down.
- 지금은 쉬는 시간이에요. Now is the resting time.
- 그녀는 학교를 쉬었다가 다시 복학했다. She got back to school after resting.

쉽다 [쉽:따, syp:t'a]

'ㅂ' 불규칙활용, 형용사

to be easy, be plain ; to be apt to tend to

사동형	*쉽히다, 쉽게 하다, 쉽게 만들다	피동형	*쉽히다. 쉽게 되다, 쉬워지다

관형사형 : 현재-진행	과거-완료	과거-회상	과거-완료-회상	미래-추측/의지
쉬운	쉬운	쉽던	쉬웠던	쉬울

인용형 : 평서	의문	명령	청유	명사형	부사형
쉽다고	쉬우냐고	*쉬우라고	*쉽자고	쉽기, 쉬움	쉬워, 쉽게

상대존대형_아주높임		직설체	회상체
평서형	현재	쉽습니다	쉽습디다
	현재-진행	*쉽고 있습니다, *쉬운 중입니다	*쉽고 있습디다
	과거	쉬웠습니다	쉬웠습디다
	과거-경험	쉬웠었습니다	쉬웠었습디다
	과거-추측	쉬웠겠습니다	쉬웠겠습디다
	미래-추측/의지/가능	쉽겠습니다, *쉬우렵니다, 쉬울 겁니다, 쉬울 수 있습니다	쉽겠습디다
의문형	현재	쉽습니까?	쉽습디까?
	과거	쉬웠습니까?	쉬웠습디까?
	과거-경험	쉬웠었습니까?	쉬웠었습디까?
	미래-추측/의지/가능	쉽겠습니까? *쉬우렵니까? *쉬울 겁니까? 쉬우리이까? 쉬울 수 있겠습니까?	쉽겠습디까?
명령형		*쉬우시오, *쉬우십시오	
청유형		*쉬웁시다, *쉬우십시다	
감탄형		쉬우시구나!	

상대존대형_예사높임		'-어요'체	'-으오'체
평서형	현재	쉬워요, 쉽지요, 쉬우세요, *쉬울래요, 쉬울걸요, 쉬운데요, 쉽대요, *쉬울게요, 쉽잖아요	쉬우오
	현재-진행	*쉽고 있어요, *쉽고 있지요, *쉽고 있으세요, *쉬운 중이에요	*쉽고 있소
	과거	쉬웠어요, 쉬웠지요, 쉬웠으세요, 쉬웠잖아요	쉬웠소
	과거-경험	쉬웠었어요, 쉬웠었지요, 쉬웠었으세요	쉬웠었소
	과거-추측	쉬웠겠어요, 쉬웠겠지요, 쉬웠겠으세요	쉬웠겠소
	미래-추측/의지/가능	쉽겠어요, 쉽겠지요, 쉽겠으세요, 쉬울 수 있어요	쉽겠소
의문형	현재	쉬워요? 쉽지요? 쉬우세요? 쉽나요? *쉬울까요? *쉬울래요? *쉬운가요? 쉬운데요? 쉽대요? 쉽다면서요? 쉽다지요?	쉬우오? 쉽소?
	과거	쉬웠어요? 쉬웠지요? 쉬웠으세요?	쉬웠소?
	과거-경험	쉬웠었어요? 쉬웠었지요? 쉬웠었으세요?	쉬웠었소?
	미래-추측/의지/가능	쉽겠어요? 쉽겠지요? 쉽겠으세요? 쉬우리요? *쉬울 거예요? *쉬울 거지요? 쉬울 수 있겠어요?	쉽겠소?
명령형		*쉬워요, *쉽지요, *쉬우세요, *쉬우라니까요	*쉬우오, *쉽구려
청유형		*쉬워요, *쉽지요, *쉬우세요, *쉽자니까요	*쉬우오
감탄형		쉽군요! 쉬우리요!	쉽구려!

상대존대형_예사낮춤		'-어'체	'-네'체
평서형	현재	쉬워, 쉽지, *쉬울래, 쉬울걸, 쉬운데, 쉽대, *쉬울게, 쉽단다, *쉬우마, 쉽잖아	쉽네
	현재-진행	*쉽고 있어, *쉽고 있지, *쉬운 중이야	*쉽고 있네
	과거-완료	쉬웠어, 쉬웠지, 쉬웠잖아	쉬웠네
	미래-추측/의지/가능	쉽겠어, 쉽겠지, 쉬울 수 있어	쉽겠네
의문형	현재	쉬워? 쉽지? 쉽니? 쉽나? 쉬울까? 쉬우랴? *쉬울래? 쉬운데? 쉽대? 쉽다면서? 쉽다지?	쉬운가?
	과거	쉬웠어? 쉬웠지? 쉬웠니? 쉬웠을까? 쉬웠대? 쉬웠다면서?	쉬웠는가?
	미래	쉽겠어? 쉽겠지? 쉽겠니? 쉬우리? *쉬울 거야? *쉬울 거지? *쉬울 거니? 쉬울 수 있겠어?	쉬울 건가?
명령형		*쉬워, *쉽지, *쉬우렴, *쉬우려무나, *쉬우라니까	*쉽게
청유형		*쉬워, *쉽지, *쉽자니까	*쉽세
감탄형		쉬워! 쉽지! 쉬우리!	쉽군! 쉽구먼!

상대존대형_아주낮춤		직설체	회상체
평서형	현재	쉽다	쉽더라
	현재-진행	*쉽고 있다, *쉬운 중이다	*쉽고 있더라
	과거-완료	쉬웠다	쉬웠더라
	미래-추측/의지/가능	쉽겠다, 쉬우리다, *쉬우련다, 쉬울 거다, 쉬울 수 있다	쉽겠더라
의문형	현재	쉬우냐?	쉽더냐?
	과거	쉬웠느냐?	쉬웠더냐?
	미래	쉽겠느냐?	쉽겠더냐?
명령형		*쉬워라	
청유형		*쉽자	
감탄형		쉽구나! 쉽다! 쉽도다!	쉽더구나!

연결형	연결어미	의미기능	연결어미
나열	쉽고, 쉬우며	비교	*쉽느니/쉽다느니
선택	쉽거나, 쉽든지, 쉽든가	정도	쉬우리만큼
대립	쉬워도, 쉽지만, 쉬우나, 쉬운데, 쉬우면서도, 쉽되, 쉽지	조건·가정	쉬우면, 쉽거든, 쉽거들랑, 쉬워야, 쉽다면, 쉬웠던들
동시	쉬우면서, 쉬우며	상황제시	쉬운데, 쉬우니, 쉽다시피
계기	*쉽고서, *쉬워서, *쉽자, *쉽자마자	비유	쉽듯이
중단·전환	쉽다가	비례	쉬울수록
양보	쉬워도, 쉽더라도, 쉬울지라도, 쉬울지언정, 쉬운들, 쉬운데도, 쉽기로서니, 쉬우나마, 쉬울망정, 쉬워 보았자	원인·이유	쉬워서, 쉬우니까, *쉽느라고, 쉽기에, 쉽길래, 쉬우니만큼, 쉬운지라, 쉬울세라, 쉬우므로
목적·의도	*쉬우러, *쉬우려고, *쉽고자	첨가	쉽거니와, 쉬울뿐더러, 쉬우려니와
결과	쉽도록, 쉽게끔	습관	*쉽곤

기본예문

- 예의를 잘 지키는 것은 쉽지 않습니다. It's hard to have in good manner.
- 깨지기 쉬운 물건이니 주의해 주세요. It's fragile, be cautious.
- 아무리 그 일이 쉬워 보여도 얕보지는 말아라.
  Though you think the work is so easy, take it seriously.

슬프다 [슬프다, sïlphïda]

'으' 불규칙활용, 형용사

to be sad, be sorrowful ; to be unhappy

사동형	*슬프히다, 슬프게 하다, 슬프게 만들다		피동형		*슬프히다. 슬프게 되다, 슬퍼지다	
관형사형 : 현재-진행		과거-완료	과거-회상		과거-완료-회상	미래-추측/의지
슬픈		슬픈	슬프던		슬펐던	슬플

인용형 : 평서		의문	명령	청유	명사형	부사형
슬프다고		슬프냐고	*슬프라고	*슬프자고	슬프기, 슬픔	슬퍼, 슬프게

상대존대형_아주높임		직설체	회상체
평서형	현재	슬픕니다	슬픕디다
	현재-진행	*슬프고 있습니다, *슬픈 중입니다	*슬프고 있습디다
	과거	슬펐습니다	슬펐습디다
	과거-경험	슬펐었습니다	슬펐었습디다
	과거-추측	슬펐겠습니다	슬펐겠습디다
	미래-추측/의지/가능	슬프겠습니다, *슬프렵니다, 슬플 겁니다, 슬플 수 있습니다	슬프겠습디다
의문형	현재	슬픕니까?	슬픕디까?
	과거	슬펐습니까?	슬펐습디까?
	과거-경험	슬펐었습니까?	슬펐었습디까?
	미래-추측/의지/가능	슬프겠습니까? *슬프렵니까? *슬플 겁니까? *슬프리이까? 슬플 수 있겠습니까?	슬프겠습디까?
명령형		*슬프시오, *슬프십시오	
청유형		*슬픕시다, *슬프십시다	
감탄형		슬프시구나!	

상대존대형_예사높임		'-어요'체	'-으오'체
평서형	현재	슬퍼요, 슬프지요, 슬프세요, *슬플래요, 슬플걸요, 슬픈데요, 슬프대요, *슬플게요, 슬프잖아요	슬프오
	현재-진행	*슬프고 있어요, *슬프고 있지요, *슬프고 있으세요, *슬픈 중이에요	*슬프고 있소
	과거	슬펐어요, 슬펐지요, 슬펐으세요, 슬펐잖아요	슬펐소
	과거-경험	슬펐었어요, 슬펐었지요, 슬펐었으세요	슬펐었소
	과거-추측	슬펐겠어요, 슬펐겠지요, 슬펐겠으세요	슬펐겠소
	미래-추측/의지/가능	슬프겠어요, 슬프겠지요, 슬프겠으세요, 슬플 수 있어요	슬프겠소
의문형	현재	슬퍼요? 슬프지요? 슬프세요? 슬프나요? 슬플까요? *슬플래요? 슬픈가요? 슬픈데요? 슬프대요? 슬프다면서요? 슬프다지요?	슬프오? *슬프소?
	과거	슬펐어요? 슬펐지요? 슬펐으세요?	슬펐소?
	과거-경험	슬펐었어요? 슬펐었지요? 슬펐었으세요?	슬펐었소?
	미래-추측/의지/가능	슬프겠어요? 슬프겠지요? 슬프겠으세요? 슬프리요? *슬플 거예요? *슬플 거지요? 슬플 수 있어요?	슬프겠소?
명령형		*슬퍼요, *슬프지요, *슬프세요, *슬프라니까요	*슬프오, *슬프구려
청유형		*슬퍼요, *슬프지요, *슬프세요, *슬프자니까요	*슬프오
감탄형		슬프군요! 슬프리요!	슬프구려!

상대존대형_예사낮춤		'-어'체	'-네'체
평서형	현재	슬퍼, 슬프지, *슬플래, 슬플걸, 슬픈데, 슬프대, *슬플게, 슬프단다, *슬프마, 슬프잖아	슬프네
	현재-진행	*슬프고 있어, *슬프고 있지, *슬픈 중이야	*슬프고 있네
	과거-완료	슬펐어, 슬펐지, 슬펐잖아	슬펐네
	미래-추측/의지/가능	슬프겠어, 슬프겠지, 슬플 수 있어	슬프겠네
의문형	현재	슬퍼? 슬프지? 슬프니? 슬프나? 슬플까? 슬프랴? *슬플래? 슬픈데? 슬프대? 슬프다면서? 슬프다지?	슬픈가?
	과거	슬펐어? 슬펐지? 슬펐니? 슬펐을까? 슬펐대? 슬펐다면서?	슬펐는가?
	미래	슬프겠어? 슬프겠지? 슬프겠니? 슬프리? *슬플 거야? *슬플 거지? *슬플 거니? 슬플 수 있겠어?	*슬플 건가?
명령형		*슬퍼, *슬프지, *슬프렴, *슬프려무나, *슬프라니까	*슬프게
청유형		*슬퍼, *슬프지, *슬프자니까	*슬프세
감탄형		*슬퍼! *슬프지! *슬프리!	슬프군! 슬프구먼!

상대존대형_아주낮춤		직설체	회상체
평서형	현재	슬프다	슬프더라
	현재-진행	*슬프고 있다, *슬픈 중이다	*슬프고 있더라
	과거-완료	슬펐다	슬펐더라
	미래-추측/의지/가능	슬프겠다, *슬프리다, *슬프련다, 슬플 거다, 슬플 수 있다	슬프겠더라
의문형	현재	슬프냐?	슬프더냐?
	과거	슬펐느냐?	슬펐더냐?
	미래	슬프겠느냐?	슬프겠더냐?
명령형		*슬퍼라	
청유형		*슬프자	
감탄형		*슬프구나! 슬프다! 슬프도다!	슬프더구나!

연결형	연결어미	의미기능	연결어미
나열	슬프고, 슬프며	비교	*슬프느니/슬프다느니
선택	슬프거나, 슬프든지, 슬프든가	정도	슬프리만큼
대립	슬퍼도, 슬프지만, 슬프나, 슬픈데, 슬프면서도, 슬프되, 슬프지	조건 · 가정	슬프면, 슬프거든, 슬프거들랑, 슬퍼야, 슬프다면, 슬펐던들
동시	슬프면서, 슬프며	상황제시	슬픈데, 슬프니, 슬프다시피
계기	*슬프고서, *슬퍼서, *슬프자, *슬프자마자	비유	슬프듯이
중단 · 전환	슬프다가	비례	슬플수록
양보	슬퍼도, 슬프더라도, 슬플지라도, 슬플지언정, 슬픈들, 슬픈데도, 슬프기로서니, 슬프나마, 슬플망정, 슬퍼 보았자	원인 · 이유	슬퍼서, 슬프니까, *슬프느라고, 슬프기에, 슬프길래, *슬프니만큼, 슬프지라, 슬플세라, 슬프므로
목적 · 의도	*슬프러, *슬프려고, *슬프고자	첨가	슬프거니와, 슬플뿐더러, 슬프려니와
결과	슬프도록, 슬프게끔	습관	슬프곤

- 나는 그가 한국을 떠났다는 소식을 듣고 매우 슬펐다.
  I was very sad when I heard that he left Korea.
- 인생을 돌아보면, 슬펐던 때도 있었고 기뻤던 때도 있었다.
  If I look back, there were times of happiness and sadness.
- 슬퍼도 울지 마세요. Though you may be sad, don't cry.

신다 [신따, sint'a]

규칙활용, 타동사

to put on, wear

사동형	신기다, 신게 하다, 신게 만들다		피동형	신히다. 신게 되다, 신어지다, 신겨지다	
관형사형 : 현재-진행	과거-완료		과거-회상	과거-완료-회상	미래-추측/의지
신는	신은		신던	신었던	신을

인용형 : 평서	의문		명령	청유	명사형	부사형
신는다고	신느냐고		신으라고	신자고	신기, 신음	신어, 신게

상대존대형_아주높임		직설체	회상체
평서형	현재	신습니다	신습디다
	현재-진행	신고 있습니다, 신는 중입니다	신고 있습디다
	과거	신었습니다	신었습디다
	과거-경험	신었었습니다	신었었습디다
	과거-추측	신었겠습니다	신었겠습디다
	미래-추측/의지/가능	신겠습니다, 신으렵니다, 신을 겁니다, 신을 수 있습니다	신겠습디다
의문형	현재	신습니까?	신습디까?
	과거	신었습니까?	신었습디까?
	과거-경험	신었었습니까?	신었었습디까?
	미래-추측/의지/가능	신겠습니까? 신으렵니까? 신을 겁니까? 신으리이까? 신을 수 있겠습니까?	신겠습디까?
명령형		신으시오, 신으십시오	
청유형		신읍시다, 신으십시다	
감탄형		신으시는구나!	

상대존대형_예사높임		'-어요'체	'-으오'체
평서형	현재	신어요, 신지요, 신세요, 신을래요, 신을걸요, 신는데요, 신는대요, 신을게요, 신잖아요	신으오
	현재-진행	신고 있어요, 신고 있지요, 신고 있으세요, 신는 중이에요	신고 있소
	과거	신었어요, 신었지요, 신었으세요, 신었잖아요	신었소
	과거-경험	신었었어요, 신었었지요, 신었었으세요	신었었소
	과거-추측	신었겠어요, 신었겠지요, 신었겠으세요	신었겠소
	미래-추측/의지/가능	신겠어요, 신겠지요, 신겠으세요, 신을 수 있어요	신겠소
의문형	현재	신어요? 신지요? 신세요? 신나요? 신을까요? 신을래요? 신는가요? 신는데요? 신는대요? 신는다면서요? 신는다지요?	신으오? 신소?
	과거	신었어요? 신었지요? 신었으세요?	신었소?
	과거-경험	신었었어요? 신었었지요? 신었었으세요?	신었었소?
	미래-추측/의지/가능	신겠어요? 신겠지요? 신겠으세요? 신으리요? 신을 거예요? 신을 거지요? 신을 수 있겠어요?	신겠소?
명령형		신어요, 신지요, 신으세요, 신으라니까요	신으오, 신구려
청유형		신어요, 신지요, 신으세요, 신자니까요	신으오
감탄형		신는군요! 신으리요!	신는구려!

상대존대형_예사낮춤		'-어'체	'-네'체
평서형	현재	신어, 신지, 신을래, 신을걸, 신는데, 신는대, 신을게, 신는단다, 신으마, 신잖아	신네
	현재-진행	신고 있어, 신고 있지, 신는 중이야	신고 있네
	과거-완료	신었어, 신었지, 신었잖아	신었네
	미래-추측/의지/가능	신겠어, 신겠지, 신을 수 있어	신겠네
의문형	현재	신어? 신지? 신니? 신나? 신을까? 신으랴? 신을래? 신는데? 신는대? 신는다면서? 신는다지?	신는가?
	과거	신었어? 신었지? 신었니? 신었을까? 신었대? 신었다면서?	신었는가?
	미래	신겠어? 신겠지? 신겠니? 신으리? 신을 거야? 신을 거지? 신을 거니? 신을 수 있겠어?	신을 건가?
명령형		신어, 신지, 신으렴, 신으려무나, 신으라니까	신게
청유형		신어, 신지, 신자니까	신세
감탄형		신어! 신지! 신으리!	신는군! 신는구먼!

상대존대형_아주낮춤		직설체	회상체
평서형	현재	신는다	신더라
	현재-진행	신고 있다, 신는 중이다	신고 있더라
	과거-완료	신었다	신었더라
	미래-추측/의지/가능	신겠다, 신으리다, 신으련다, 신을 거다, 신을 수 있다	신겠더라
의문형	현재	신느냐?	신더냐?
	과거	신었느냐?	신었더냐?
	미래	신겠느냐?	신겠더냐?
명령형		신어라	
청유형		신자	
감탄형		신는구나! 신는다! 신는도다!	신더구나!

연결형	연결어미	의미기능	연결어미
나열	신고, 신으며	비교	신느니
선택	신거나, 신든지, 신든가	정도	신으리만큼
대립	신어도, 신지만, 신으나, 신는데, 신으면서도, 신되, 신지	조건·가정	신으면, 신거든, 신거들랑, 신어야, 신는다면, 신었던들
동시	신으면서, 신으며	상황제시	신는데, 신으니, 신다시피
계기	신고서, 신어서, 신자, 신자마자	비유	신듯이
중단·전환	신다가	비례	신을수록
양보	신어도, 신더라도, 신을지라도, 신을지언정, 신은들, 신는데도, 신기로서니, 신으나마, 신을망정, 신어 보았자	원인·이유	신어서, 신으니까, 신느라고, 신기에, 신길래, 신느니만큼, 신는지라, 신을세라, 신으므로
목적·의도	신으러, 신으려고, 신고자	첨가	신거니와, 신을뿐더러, 신으려니와
결과	신도록, 신게끔	습관	신곤

- 그녀는 겨울에는 부츠를 주로 신는다. She wears her boot mostly at winter.
- 양말을 신지 않은 분은 손을 들어 주세요. Raise your hand if you didn't wear socks.
- 그는 낡은 운동화를 신어도 결코 기가 죽지 않았다.
  He never lost his self-esteem by wearing worn shoes.

싣다 [실:따, sid:t'a]

'ㄷ' 불규칙활용, 타동사

to load, ship ; to record, carry

사동형	실리다, 싣게 하다, 싣게 만들다		피동형	실리다. 싣게 되다, 실어지다	

관형사형 : 현재-진행	과거-완료	과거-회상	과거-완료-회상	미래-추측/의지
싣는	실은	싣던	실었던	실을

인용형 : 평서	의문	명령	청유	명사형	부사형
싣는다고	싣느냐고	실으라고	싣자고	싣기, 실음	실어, 싣게

상대존대형_아주높임		직설체	회상체
평서형	현재	싣습니다	싣습디다
	현재-진행	싣고 있습니다, 싣는 중입니다	싣고 있습디다
	과거	실었습니다	실었습디다
	과거-경험	실었었습니다	실었었습디다
	과거-추측	실었겠습니다	실었겠습디다
	미래-추측/의지/가능	싣겠습니다, 실으렵니다, 실을 겁니다, 실을 수 있습니다	싣겠습디다
의문형	현재	싣습니까?	싣습디까?
	과거	실었습니까?	실었습디까?
	과거-경험	실었었습니까?	실었었습디까?
	미래-추측/의지/가능	싣겠습니까? 실으렵니까? 실을 겁니까? 실으리이까? 실을 수 있겠습니까?	싣겠습디까?
명령형		실으시오, 실으십시오	
청유형		실읍시다, 실으십시다	
감탄형		실으시는구나!	

상대존대형_예사높임		'-어요'체	'-으오'체
평서형	현재	실어요, 싣지요, 실으세요, 실을래요, 실을걸요, 싣는데요, 싣는대요, 실을게요, 싣잖아요	실으오
	현재-진행	싣고 있어요, 싣고 있지요, 싣고 있으세요, 싣는 중이에요	싣고 있소
	과거	실었어요, 실었지요, 실었으세요, 실었잖아요	실었소
	과거-경험	실었었어요, 실었었지요, 실었었으세요	실었었소
	과거-추측	실었겠어요, 실었겠지요, 실었겠으세요	실었겠소
	미래-추측/의지/가능	싣겠어요, 싣겠지요, 싣겠으세요, 실을 수 있어요	싣겠소
의문형	현재	실어요? 싣지요? 실으세요? 싣나요? 실을까요? 실을래요? 싣는가요? 싣는데요? 싣는대요? 싣는다면서요? 싣는다지요?	실으오? 싣소?
	과거	실었어요? 실었지요? 실었으세요?	실었소?
	과거-경험	실었었어요? 실었었지요? 실었었으세요?	실었었소?
	미래-추측/의지/가능	싣겠어요? 싣겠지요? 싣겠으세요? 실으리요? 실을 거예요? 실을 거지요? 실을 수 있겠어요?	싣겠소?
명령형		실어요, 싣지요, 실으세요, 실으라니까요	실으오, 싣구려
청유형		실어요, 싣지요, 실으세요, 싣자니까요	실으오
감탄형		싣는군요! 실으리요!	싣는구려!

상대존대형_예사낮춤		'-어'체	'-네'체
평서형	현재	실어, 싣지, 실을래, 실을걸, 싣는데, 싣는대, 실을게, 싣는단다, 실으마, 싣잖아	싣네
	현재-진행	싣고 있어, 싣고 있지, 싣는 중이야	싣고 있네
	과거-완료	실었어, 실었지, 실었잖아	실었네
	미래-추측/의지/가능	싣겠어, 싣겠지, 실을 수 있어	싣겠네
의문형	현재	실어? 싣지? 싣니? 싣나? 실을까? 실으랴? 실을래? 싣는데? 싣는대? 싣는다면서? 싣는다지?	싣는가?
	과거	실었어? 실었지? 실었니? 실었을까? 실었대? 실었다면서?	실었는가?
	미래	싣겠어? 싣겠지? 싣겠니? 실으리? 실을 거야? 실을 거지? 실을 거니? 실을 수 있겠어?	실을 건가?
명령형		실어, 싣지, 실으렴, 실으려무나, 실으라니까	싣게
청유형		실어, 싣지, 싣자니까	싣세
감탄형		실어! 싣지! 실으리!	싣는군! 싣는구먼!

상대존대형_아주낮춤		직설체	회상체
평서형	현재	싣는다	싣더라
	현재-진행	싣고 있다, 싣는 중이다	싣고 있더라
	과거-완료	실었다	실었더라
	미래-추측/의지/가능	싣겠다, 실으리다, 실으련다, 실을 거다, 실을 수 있다	싣겠더라
의문형	현재	싣느냐?	싣더냐?
	과거	실었느냐?	실었더냐?
	미래	싣겠느냐?	싣겠더냐?
명령형		실어라	
청유형		싣자	
감탄형		싣는구나! 싣는다! 싣는도다!	싣더구나!

연결형	연결어미	의미기능	연결어미
나열	싣고, 실으며	비교	싣느니
선택	싣거나, 싣든지, 싣든가	정도	실으리만큼
대립	실어도, 싣지만, 실으나, 싣는데, 실으면서도, 싣되, 싣지	조건 · 가정	실으면, 싣거든, 싣거들랑, 실어야, 싣는다면, 실었던들
동시	실으면서, 실으며	상황제시	싣는데, 실으니, 싣다시피
계기	싣고서, 실어서, 싣자, 싣자마자	비유	싣듯이
중단 · 전환	싣다가	비례	실을수록
양보	실어도, 싣더라도, 실을지라도, 실을지언정, 실은들, 싣는데도, 싣기로서니, 실으나마, 실을망정, 실어 보았자	원인 · 이유	실어서, 실으니까, 싣느라고, 싣기에, 싣길래, 싣느니만큼, 싣는지라, 실을세라, 실으므로
목적 · 의도	실으러, 실으려고, 싣고자	첨가	싣거니와, 실을뿐더러, 실으려니와
결과	싣도록, 싣게끔	습관	싣곤

- 트럭에 이삿짐을 가득 실었다. I loaded lots of supplies in the truck.
- 마음을 가득 실은 편지를 보내왔다. I sent a letter filled with my dearest feelings.
- 이번 호에는 새터민에 대한 특집기사를 실었으면 좋겠다.
  I hope to put saitemin on this special article.

심하다 [심ː하다, sim:hada]

'여' 불규칙활용, 형용사

to be serious, be extreme ; to be severe, be hard

사동형	*심하히다, 심하게 하다, 심하게 만들다	피동형	*심하히다. 심하게 되다, 심해지다

관형사형 : 현재-진행	과거-완료	과거-회상	과거-완료-회상	미래-추측/의지
심한	심한	심하던	심했던	심할

인용형 : 평서	의문	명령	청유	명사형	부사형
심하다고	심하냐고	*심하라고	*심하자고	심하기, 심함	심해, 심하게

상대존대형_아주높임		직설체	회상체
평서형	현재	심합니다	심합디다
	현재-진행	*심하고 있습니다, *심한 중입니다	*심하고 있습디다
	과거	심했습니다	심했습디다
	과거-경험	심했었습니다	심했었습디다
	과거-추측	심했겠습니다	심했겠습디다
	미래-추측/의지/가능	심하겠습니다, *심하렵니다, 심할 겁니다, 심할 수 있습니다	심하겠습디다
의문형	현재	심합니까?	심합디까?
	과거	심했습니까?	심했습디까?
	과거-경험	심했었습니까?	심했었습디까?
	미래-추측/의지/가능	심하겠습니까? *심하렵니까? *심할 겁니까? *심하리이까? 심할 수 있겠습니까?	심하겠습디까?
명령형		*심하시오, *심하십시오	
청유형		*심합시다, *심하십시다	
감탄형		심하시구나!	

상대존대형_예사높임		'-어요'체	'-으오'체
평서형	현재	심해요, 심하지요, 심하세요, *심할래요, 심할걸요, 심한데요, 심하대요, *심할게요, 심하잖아요	심하오
	현재-진행	*심하고 있어요, *심하고 있지요, *심하고 있으세요, *심하는 중이에요	*심하고 있소
	과거	심했어요, 심했지요, 심했으세요, 심했잖아요	심했소
	과거-경험	심했었어요, 심했었지요, 심했었으세요	심했었소
	과거-추측	심했겠어요, 심했겠지요, 심했겠으세요	심했겠소
	미래-추측/의지/가능	심하겠어요, 심하겠지요, 심하겠으세요, 심할 수 있어요	심하겠소
의문형	현재	심해요? 심하지요? 심하세요? 심하나요? *심할까요? *심할래요? *심한가요? 심한데요? 심하대요? 심하다면서요? 심하다지요?	심하오? 심하소?
	과거	심했어요? 심했지요? 심했으세요?	심했소?
	과거-경험	심했었어요? 심했었지요? 심했었으세요?	심했었소?
	미래-추측/의지/가능	심하겠어요? 심하겠지요? 심하겠으세요? 심하리요? *심할 거예요? *심할 거지요? 심할 수 있겠어요?	심하겠소?
명령형		*심해요, *심하지요, *심하세요, *심하라니까요	*심하오, *심하구려
청유형		*심해요, *심하지요, *심하세요, *심하자니까요	*심하오
감탄형		심하군요! 심하리요!	심하구려!

상대존대형_예사낮춤		'-어'체	'-네'체
평서형	현재	심해, 심하지, *심할래, 심할걸, 심한데, 심하대, *심할게, 심한단다, *심하마, 심하잖아	심하네
	현재-진행	*심하고 있어, *심하고 있지, *심하는 중이야	*심하고 있네
	과거-완료	심했어, 심했지, 심했잖아	심했네
	미래-추측/의지/가능	심하겠어, 심하겠지, 심할 수 있어	심하겠네
의문형	현재	심해? 심하지? 심하니? 심하나? 심할까? 심하랴? *심할래? 심한데? 심하대? 심하다면서? 심하다지?	심한가?
	과거	심했어? 심했지? 심했니? 심했을까? 심했대? 심했다면서?	심했는가?
	미래	심하겠어? 심하겠지? 심하겠니? 심하리? *심할 거야? *심할 거지? *심할 거니? 심할 수 있겠어?	*심할 건가?
명령형		*심해, *심하지, *심하렴, *심하려무나, *심하라니까	*심하게
청유형		*심해, *심하지, *심하자니까	*심하세
감탄형		심해! 심하지! 심하리!	심하군! 심하구먼!

상대존대형_아주낮춤		직설체	회상체
평서형	현재	심하다	심하더라
	현재-진행	*심하고 있다, *심하는 중이다	*심하고 있더라
	과거-완료	심했다	심했더라
	미래-추측/의지/가능	심하겠다, 심하리다, *심하련다, 심할 거다, 심할 수 있다	심하겠더라
의문형	현재	심하냐?	심하더냐?
	과거	심했느냐?	심했더냐?
	미래	심하겠느냐?	심하겠더냐?
명령형		*심해라	
청유형		*심하자	
감탄형		심하구나! 심하다! 심하도다!	심하더구나!

연결형	연결어미	의미기능	연결어미
나열	심하고, 심하며	비교	*심하느니
선택	심하거나, 심하든지, 심하든가	정도	심하리만큼
대립	심해도, 심하지만, 심하나, 심한데, 심하면서도, 심하되, 심하지	조건·가정	심하면, 심하거든, 심하거들랑, 심해야, 심하다면, 심했던들
동시	심하면서, 심하며	상황제시	심한데, 심하니, 심하다시피
계기	*심하고서, *심해서, *심하자, *심하자마자	비유	심하듯이
중단·전환	심하다가	비례	심할수록
양보	심해도, 심하더라도, 심할지라도, 심할지언정, 심한들, 심한데도, 심하기로서니, 심하나마, 심할망정, 심해 보았자	원인·이유	심해서, 심하니까, *심하느라고, 심하기에, 심하길래, 심하니만큼, 심한지라, 심할세라, 심하므로
목적·의도	*심하러, *심하려고, *심하고자	첨가	심하거니와, 심할뿐더러, 심하려니와
결과	심하도록, 심하게끔	습관	*심하곤

ㅅ

기본예문

- 그는 음주가 너무 심하다. His drinking is too severe.
- 추위가 심한 지역에서는 건강관리에 특별히 신경을 써야 한다.
  You should be more careful with your health in severely cold areas.
- 이 도자기는 훼손이 너무 심해서 복원하기가 힘들다.
  This ceramic's damage is too severe to restore it.

싸다1 [싸다, s'ada]

'아' 규칙활용, 형용사

to be cheap ; be inexpensive

사동형	*싸히다, 싸게 하다, 싸게 만들다		피동형	*싸히다. 싸게 되다, 싸지다	

관형사형 : 현재-진행	과거-완료	과거-회상	과거-완료-회상	미래-추측/의지
싸는	싼	싸던	쌌던	쌀

인용형 : 평서	의문	명령	청유	명사형	부사형
싸다고	싸냐고	*싸라고	*싸자고	싸기, 쌈	싸, 싸게

상대존대형_아주높임		직설체	회상체
평서형	현재	쌉니다	쌉디다
	현재-진행	*싸고 있습니다, *싼 중입니다	*싸고 있습디다
	과거	쌌습니다	쌌습디다
	과거-경험	쌌었습니다	쌌었습디다
	과거-추측	쌌겠습니다	쌌겠습디다
	미래-추측/의지/가능	싸겠습니다, *싸렵니다, 쌀 겁니다, 쌀 수 있습니다	싸겠습디다
의문형	현재	쌉니까?	쌉디까?
	과거	쌌습니까?	쌌습디까?
	과거-경험	쌌었습니까?	쌌었습디까?
	미래-추측/의지/가능	싸겠습니까? *싸렵니까? *쌀 겁니까? *싸리이까? 쌀 수 있겠습니까?	싸겠습디까?
명령형		*싸시오, *싸십시오	
청유형		*쌉시다, *싸십시다	
감탄형		싸시구나!	

상대존대형_예사높임		'-어요'체	'-으오'체
평서형	현재	싸요, 싸지요, 싸세요, *쌀래요, 쌀걸요, 싼데요, 싸대요, *쌀게요, 싸잖아요	싸오
	현재-진행	*싸고 있어요, *싸고 있지요, *싸고 있으세요, *싼 중이에요	*싸고 있소
	과거	쌌어요, 쌌지요, 쌌으세요, 쌌잖아요	쌌소
	과거-경험	쌌었어요, 쌌었지요, 쌌었으세요	쌌었소
	과거-추측	쌌겠어요, 쌌겠지요, 쌌겠으세요	쌌겠소
	미래-추측/의지/가능	싸겠어요, 싸겠지요, 싸겠으세요, 쌀 수 있어요	싸겠소
의문형	현재	싸요? 싸지요? 싸세요? 싸나요? *쌀까요? *쌀래요? *싼가요? 싼데요? 싸대요? 싸다면서요? 싸다지요?	싸오? *싸소?
	과거	쌌어요? 쌌지요? 쌌으세요?	쌌소?
	과거-경험	쌌었어요? 쌌었지요? 쌌었으세요?	쌌었소?
	미래-추측/의지/가능	싸겠어요? 싸겠지요? 싸겠으세요? 싸리요? *쌀 거예요? *쌀 거지요? 쌀 수 있겠어요?	싸겠소?
명령형		*싸요, *싸지요, *싸세요, *싸라니까요	*싸오, *싸구려
청유형		*싸요, *싸지요, *싸세요, *싸자니까요	*싸오
감탄형		싸군요! 싸리요!	싸구려!

상대존대형_예사낮춤		'-어'체	'-네'체
평서형	현재	싸, 싸지, *쌀래, 쌀걸, 싼데, 싸대, *쌀게, 싸단다, *싸마, 싸잖아	싸네
	현재-진행	*싸고 있어, *싸고 있지, *싼 중이야	*싸고 있네
	과거-완료	쌌어, 쌌지, 쌌잖아	쌌네
	미래-추측/의지/가능	싸겠어, 싸겠지, 쌀 수 있어	싸겠네
의문형	현재	싸? 싸지? 싸니? 싸나? 쌀까? 싸랴? *쌀래? 싼데? 싸대? 싸다면서? 싸다지?	싼가?
	과거	쌌어? 쌌지? 쌌니? 쌌을까? 쌌대? 쌌다면서?	쌌는가?
	미래	싸겠어? 싸겠지? 싸겠니? 싸리? *쌀 거야? *쌀 거지? *쌀 거니? 쌀 수 있겠어?	쌀 건가?
명령형		*싸, *싸지, *싸렴, *싸려무나, *싸라니까	*싸게
청유형		*싸, *싸지, *싸자니까	*싸세
감탄형		싸! 싸지! 싸리!	싸군! 싸구먼!

상대존대형_아주낮춤		직설체	회상체
평서형	현재	싸다	싸더라
	현재-진행	*싸고 있다, *싼 중이다	*싸고 있더라
	과거-완료	쌌다	쌌더라
	미래-추측/의지/가능	싸겠다, 싸리라, *싸련다, 쌀 거다, 쌀 수 있다	싸겠더라
의문형	현재	싸냐?	싸더냐?
	과거	쌌느냐?	쌌더냐?
	미래	싸겠느냐?	싸겠더냐?
명령형		*싸라	
청유형		*싸자	
감탄형		싸구나! 싸다! 싸도다!	싸더구나!

연결형	연결어미	의미기능	연결어미
나열	싸고, 싸며	비교	*싸느니
선택	싸거나, 싸든지, 싸든가	정도	싸리만큼
대립	싸도, 싸지만, 싸나, 싼데, 싸면서도, 싸되, 싸지	조건·가정	싸면, 싸거든, 싸길랑, 싸야, 싸다면, 쌌던들
동시	싸면서, 싸며	상황제시	싼데, 싸니, 싸다시피
계기	*싸고서, *싸서, *싸자, *싸자마자	비유	싸듯이
중단·전환	싸다가	비례	쌀수록
양보	싸도, 싸더라도, 쌀지라도, 쌀지언정, 싸은들, 싼데도, 싸기로서니, 싸나마, 쌀망정, 싸보았자	원인·이유	싸서, 싸니까, *싸느라고, 싸기에, 싸길래, 싸니만큼, 싼지라, 쌀세라, 싸므로
목적·의도	*싸러, *싸려고, *싸고자	첨가	싸거니와, 쌀뿐더러, 싸려니와
결과	싸도록, 싸게끔	습관	*싸곤

- 동대문시장은 물건 값이 매우 싸다.
  Merchandise at Dong-Dea Moon Market are very cheap.
- 나는 그것을 싸게 샀다. I got this at a bargain.
- 땅값이 싸더라도 흉년에는 사지 마라.
  Though the estate may be cheap, do not purchase it at a year of famine.

싸다3 [싸다, s'ada]

'아' 규칙활용, 타동사

to wrap up, bundle (clothes), pack ; to cover with

사동형	*싸히다, 싸게 하다, 싸게 만들다		피동형	*싸히다. 싸게 되다, 싸지다	
관형사형 : 현재-진행		과거-완료	과거-회상	과거-완료-회상	미래-추측/의지
싸는		싼	싸던	쌌던	쌀

인용형 : 평서	의문	명령	청유	명사형	부사형
싼다고	싸느냐고	싸라고	싸자고	싸기, 쌈	싸, 싸게

상대존대형_아주높임		직설체	회상체
평서형	현재	쌉니다	쌉디다
	현재-진행	싸고 있습니다, 싸는 중입니다	싸고 있습디다
	과거	쌌습니다	쌌습디다
	과거-경험	쌌었습니다	쌌었습디다
	과거-추측	쌌겠습니다	쌌겠습디다
	미래-추측/의지/가능	싸겠습니다, 싸렵니다, 쌀 겁니다, 쌀 수 있습니다	싸겠습디다
의문형	현재	쌉니까?	쌉디까?
	과거	쌌습니까?	쌌습디까?
	과거-경험	쌌었습니까?	쌌었습디까?
	미래-추측/의지/가능	싸겠습니까? 싸렵니까? 쌀 겁니까? 싸리이까? 쌀 수 있겠습니까?	싸겠습디까?
명령형		싸시오, 싸십시오	
청유형		쌉시다, 싸십시다	
감탄형		싸시는구나!	

상대존대형_예사높임		'-어요'체	'-으오'체
평서형	현재	싸요, 싸지요, 싸세요, 쌀래요, 쌀걸요, 싸는데요, 싼대요, 쌀게요, 싸잖아요	싸오
	현재-진행	싸고 있어요, 싸고 있지요, 싸고 있으세요, 싸는 중이에요	싸고 있소
	과거	쌌어요, 쌌지요, 쌌으세요, 쌌잖아요	쌌소
	과거-경험	쌌었어요, 쌌었지요, 쌌었으세요	쌌었소
	과거-추측	쌌겠어요, 쌌겠지요, 쌌겠으세요	쌌겠소
	미래-추측/의지/가능	싸겠어요, 싸겠지요, 싸겠으세요, 쌀 수 있어요	싸겠소
의문형	현재	싸요? 싸지요? 싸세요? 싸나요? 쌀까요? 쌀래요? 싸는가요? 싸는데요? 싼대요? 싼다면서요? 싼다지요?	싸오? *싸소?
	과거	쌌어요? 쌌지요? 쌌으세요?	쌌소?
	과거-경험	쌌었어요? 쌌었지요? 쌌었으세요?	쌌었소?
	미래-추측/의지/가능	싸겠어요? 싸겠지요? 싸겠으세요? 싸리요? 쌀 거예요? 쌀 거지요? 쌀 수 있겠어요?	싸겠소?
명령형		싸요, 싸지요, 싸세요, 싸라니까요	싸오, 싸구려
청유형		싸요, 싸지요, 싸세요, 싸자니까요	싸오
감탄형		싸는군요! 싸리요!	싸는구려!

상대존대형_예사낮춤		'-어'체	'-네'체
평서형	현재	싸, 싸지, 쌀래, 쌀걸, 싸는데, 싼대, 쌀게, 싼단다, 싸마, 싸잖아	싸네
	현재-진행	싸고 있어, 싸고 있지, 싸는 중이야	싸고 있네
	과거-완료	쌌어, 쌌지, 쌌잖아	쌌네
	미래-추측/의지/가능	싸겠어, 싸겠지, 쌀 수 있어	싸겠네
의문형	현재	싸? 싸지? 싸니? 싸나? 쌀까? 싸랴? 쌀래? 싸는데? 싼대? 싼다면서? 싼다지?	싸는가?
	과거	쌌어? 쌌지? 쌌니? 쌌을까? 쌌대? 쌌다면서?	쌌는가?
	미래	싸겠어? 싸겠지? 싸겠니? 싸리? 쌀 거야? 쌀 거지? 쌀 거니? 쌀 수 있겠어?	쌀 건가?
명령형		싸, 싸지, 싸렴, 싸려무나, 싸라니까	싸게
청유형		싸, 싸지, 싸자니까	싸세
감탄형		싸! 싸지! 싸리!	싸는군! 싸는구면!

상대존대형_아주낮춤		직설체	회상체
평서형	현재	싼다	싸더라
	현재-진행	싸고 있다, 싸는 중이다	싸고 있더라
	과거-완료	쌌다	쌌더라
	미래-추측/의지/가능	싸겠다, 싸리다, 싸련다, 쌀 거다, 쌀 수 있다	싸겠더라
의문형	현재	싸느냐?	싸더냐?
	과거	쌌느냐?	쌌더냐?
	미래	싸겠느냐?	싸겠더냐?
명령형		싸라	
청유형		싸자	
감탄형		싸는구나! 싸는다! 싸는도다!	싸더구나!

연결형	연결어미	의미기능	연결어미
나열	싸고, 싸며	비교	싸느니
선택	싸거나, 싸든지, 싸든가	정도	싸리만큼
대립	싸도, 싸지만, 싸나, 싸는데, 싸면서도, 싸되, 싸지	조건 · 가정	싸면, 싸거든, 싸거들랑, 싸야, 싼다면, 쌌던들
동시	싸면서, 싸며	상황제시	싸는데, 싸니, 싸다시피
계기	싸고서, 싸서, 싸자, 싸자마자	비유	싸듯이
중단 · 전환	싸다가	비례	쌀수록
양보	싸도, 싸더라도, 쌀지라도, 쌀지언정, 싼들, 싸는데도, 싸기로서니, 싸나마, 쌀망정, 싸보았자	원인 · 이유	싸서, 싸니까, 싸느라고, 싸기에, 싸길래, 싸느니만큼, 싸는지라, 쌀세라, 싸므로
목적 · 의도	싸러, 싸려고, 싸고자	첨가	싸거니와, 쌀뿐더러, 싸려니와
결과	싸도록, 싸게끔	습관	싸곤

- 이것을 보자기에 싸 주세요. Please wrap this in a wrapping cloth.
- 종이에 싼 채로 주셔도 됩니다. You can give it to me wrapped in paper.
- 그는 도시락을 싸서 학교에 갔다. He packed his lunch box to school.

싸우다 [싸우다, s'auda]

to fight, argue, quarrel, dispute ; to make war ; to struggle

사동형	*싸우히다, 싸우게 하다, 싸우게 만들다		피동형		*싸우히다. 싸우게 되다, 싸워지다	

관형사형 : 현재-진행	과거-완료	과거-회상	과거-완료-회상	미래-추측/의지
싸우는	싸운	싸우던	싸웠던	싸울

인용형 : 평서	의문	명령	청유	명사형	부사형
싸운다고	싸우느냐고	싸우라고	싸우자고	싸우기, 싸움	싸워, 싸우게

상대존대형_아주높임		직설체	회상체
평서형	현재	싸웁니다	싸웁디다
	현재-진행	싸우고 있습니다, 싸우는 중입니다	싸우고 있습디다
	과거	싸웠습니다	싸웠습디다
	과거-경험	싸웠었습니다	싸웠었습디다
	과거-추측	싸웠겠습니다	싸웠겠습디다
	미래-추측/의지/가능	싸우겠습니다, 싸우렵니다, 싸울 겁니다, 싸울 수 있습니다	싸우겠습디다
의문형	현재	싸웁니까?	싸웁디까?
	과거	싸웠습니까?	싸웠습디까?
	과거-경험	싸웠었습니까?	싸웠었습디까?
	미래-추측/의지/가능	싸우겠습니까? 싸우렵니까? 싸울 겁니까? 싸우리이까? 싸울 수 있겠습니까?	싸우겠습디까?
명령형		싸우시오, 싸우십시오	
청유형		싸웁시다, 싸우십시다	
감탄형		싸우시는구나!	

상대존대형_예사높임		'-어요'체	'-으오'체
평서형	현재	싸워요, 싸우지요, 싸우세요, 싸울래요, 싸울걸요, 싸우는데요, 싸운대요, 싸울게요, 싸우잖아요	싸우오
	현재-진행	싸우고 있어요, 싸우고 있지요, 싸우고 있으세요, 싸우는 중이에요	싸우고 있소
	과거	싸웠어요, 싸웠지요, 싸웠으세요, 싸웠잖아요	싸웠소
	과거-경험	싸웠었어요, 싸웠었지요, 싸웠었으세요	싸웠었소
	과거-추측	싸웠겠어요, 싸웠겠지요, 싸웠겠으세요	싸웠겠소
	미래-추측/의지/가능	싸우겠어요, 싸우겠지요, 싸우겠으세요, 싸울 수 있어요	싸우겠소
의문형	현재	싸워요? 싸우지요? 싸우세요? 싸우나요? 싸울까요? 싸울래요? 싸우는가요? 싸우는데요? 싸운대요? 싸운다면서요? 싸운다지요?	싸우오? *싸우소?
	과거	싸웠어요? 싸웠지요? 싸웠으세요?	싸웠소?
	과거-경험	싸웠었어요? 싸웠었지요? 싸웠었으세요?	싸웠었소?
	미래-추측/의지/가능	싸우겠어요? 싸우겠지요? 싸우겠으세요? 싸우리요? 싸울 거예요? 싸울 거지요? 싸울 수 있겠어요?	싸우겠소?
명령형		싸워요, 싸우지요, 싸우세요, 싸우라니까요	싸우오, 싸우구려
청유형		싸워요, 싸우지요, 싸우세요, 싸우자니까요	싸우오
감탄형		싸우는군요! 싸우리요!	싸우는구려!

상대존대형_예사낮춤		'-어'체	'-네'체
평서형	현재	싸워, 싸우지, 싸울래, 싸울걸, 싸우는데, 싸운대, 싸울게, 싸운단다, 싸우마, 싸우잖아	싸우네
	현재-진행	싸우고 있어, 싸우고 있지, 싸우는 중이야	싸우고 있네
	과거-완료	싸웠어, 싸웠지, 싸웠잖아	싸웠네
	미래-추측/의지/가능	싸우겠어, 싸우겠지, 싸울 수 있어	싸우겠네
의문형	현재	싸워? 싸우지? 싸우니? 싸우나? 싸울까? 싸우랴? 싸울래? 싸우는데? 싸운대? 싸운다면서? 싸운다지?	싸우는가?
	과거	싸웠어? 싸웠지? 싸웠니? 싸웠을까? 싸웠대? 싸웠다면서?	싸웠는가?
	미래	싸우겠어? 싸우겠지? 싸우겠니? 싸우리? 싸울 거야? 싸울 거지? 싸울 거니? 싸울 수 있겠어?	싸울 건가?
명령형		싸워, 싸우지, 싸우렴, 싸우려무나, 싸우라니까	싸우게
청유형		싸워, 싸우지, 싸우자니까	싸우세
감탄형		싸워! 싸우지! 싸우리!	싸우는군! 싸우는구먼!

상대존대형_아주낮춤		직설체	회상체
평서형	현재	싸운다	싸우더라
	현재-진행	싸우고 있다, 싸우는 중이다	싸우고 있더라
	과거-완료	싸웠다	싸웠더라
	미래-추측/의지/가능	싸우겠다, 싸우리다, 싸우련다, 싸울 거다, 싸울 수 있다	싸우겠더라
의문형	현재	싸우느냐?	싸우더냐?
	과거	싸웠느냐?	싸웠더냐?
	미래	싸우겠느냐?	싸우겠더냐?
명령형		싸워라	
청유형		싸우자	
감탄형		싸우는구나! 싸운다! 싸우는도다!	싸우더구나!

연결형	연결어미	의미기능	연결어미
나열	싸우고, 싸우며	비교	싸우느니
선택	싸우거나, 싸우든지, 싸우든가	정도	싸우리만큼
대립	싸워도, 싸우지만, 싸우나, 싸우는데, 싸우면서도, 싸우되, 싸우지	조건·가정	싸우면, 싸우거든, 싸우거들랑, 싸워야, 싸운다면, 싸웠던들
동시	싸우면서, 싸우며	상황제시	싸우는데, 싸우니, 싸우다시피
계기	싸우고서, 싸워서, 싸우자, 싸우자마자	비유	싸우듯이
중단·전환	싸우다가	비례	싸울수록
양보	싸워도, 싸우더라도, 싸울지라도, 싸울지언정, 싸운들, 싸우는데도, 싸우기로서니, 싸우나마, 싸울망정, 싸워 보았자	원인·이유	싸워서, 싸우니까, 싸우느라고, 싸우기에, 싸우길래, 싸우느니만큼, 싸우는지라, 싸울세라, 싸우므로
목적·의도	싸우러, 싸우려고, 싸우고자	첨가	싸우거니와, 싸울뿐더러, 싸우려니와
결과	싸우도록, 싸우게끔	습관	싸우곤

- 나는 하찮은 일로 아내와 싸웠다. My wife and I argued over a trivial matter.
- 자유민주주의를 수호하기 위해 싸울 사람은 많이 있다.
  There are a lot of people who will fight to safeguard liberal democracy
- 아무리 열심히 싸워도 적군을 이길 수 없었다.
  We were not able to defeat the enemy no matter how hard we fought.

쌓다1 [싸타, s'atha]

'ㅎ' 규칙활용, 타동사

to file up, stack ; to build ; to accumulate ; to store up

사동형	*쌓히다, 쌓게 하다, 쌓게 만들다		피동형		쌓이다. 쌓게 되다, 쌓아지다	
관형사형 : 현재-진행		과거-완료		과거-회상	과거-완료-회상	미래-추측/의지
쌓는		쌓은		쌓던	쌓았던	쌓을

인용형 : 평서	의문	명령	청유	명사형	부사형
쌓는다고	쌓느냐고	쌓으라고	쌓자고	쌓기, 쌓음	쌓아, 쌓게

상대존대형_아주높임		직설체	회상체
평서형	현재	쌓습니다	쌓습디다
	현재-진행	쌓고 있습니다, 쌓는 중입니다	쌓고 있습디다
	과거	쌓았습니다	쌓았습디다
	과거-경험	쌓았었습니다	쌓았었습디다
	과거-추측	쌓았겠습니다	쌓았겠습디다
	미래-추측/의지/가능	쌓겠습니다, 쌓으렵니다, 쌓을 겁니다, 쌓을 수 있습니다	쌓겠습디다
의문형	현재	쌓습니까?	쌓습디까?
	과거	쌓았습니까?	쌓았습디까?
	과거-경험	쌓았었습니까?	쌓았었습디까?
	미래-추측/의지/가능	쌓겠습니까? 쌓으렵니까? 쌓을 겁니까? 쌓으리이까? 쌓을 수 있겠습니까?	쌓겠습디까?
명령형		쌓으시오, 쌓으십시오	
청유형		쌓읍시다, 쌓으십시다	
감탄형		쌓으시는구나!	

상대존대형_예사높임		'-어요'체	'-으오'체
평서형	현재	쌓아요, 쌓지요, 쌓으세요, 쌓을래요, 쌓을걸요, 쌓는데요, 쌓는대요, 쌓을게요, 쌓잖아요	쌓으오
	현재-진행	쌓고 있어요, 쌓고 있지요, 쌓고 있으세요, 쌓는 중이에요	쌓고 있소
	과거	쌓았어요, 쌓았지요, 쌓았으세요, 쌓았잖아요	쌓았소
	과거-경험	쌓았었어요, 쌓았었지요, 쌓았었으세요	쌓았었소
	과거-추측	쌓았겠어요, 쌓았겠지요, 쌓았겠으세요	쌓았겠소
	미래-추측/의지/가능	쌓겠어요, 쌓겠지요, 쌓겠으세요, 쌓을 수 있어요	쌓겠소
의문형	현재	쌓아요? 쌓지요? 쌓으세요? 쌓나요? 쌓을까요? 쌓을래요? 쌓는가요? 쌓는데요? 쌓는대요? 쌓는다면서요? 쌓는다지요?	쌓으오? 쌓소?
	과거	쌓았어요? 쌓았지요? 쌓았으세요?	쌓았소?
	과거-경험	쌓았었어요? 쌓았었지요? 쌓았었으세요?	쌓았었소?
	미래-추측/의지/가능	쌓겠어요? 쌓겠지요? 쌓겠으세요? 쌓으리요? 쌓을 거예요? 쌓을 거지요? 쌓을 수 있겠어요?	쌓겠소?
명령형		쌓아요, 쌓지요, 쌓으세요, 쌓으라니까요	쌓으오, 쌓구려
청유형		쌓아요, 쌓지요, 쌓으세요, 쌓자니까요	쌓으오
감탄형		쌓는군요! 쌓으리요!	쌓는구려!

상대존대형_예사낮춤		'-어'체	'-네'체
평서형	현재	쌓아, 쌓지, 쌓을래, 쌓을걸, 쌓는데, 쌓는대, 쌓을게, 쌓는단다, 쌓으마, 쌓잖아	쌓네
	현재-진행	쌓고 있어, 쌓고 있지, 쌓는 중이야	쌓고 있네
	과거-완료	쌓았어, 쌓았지, 쌓았잖아	쌓았네
	미래-추측/의지/가능	쌓겠어, 쌓겠지, 쌓을 수 있어	쌓겠네
의문형	현재	쌓아? 쌓지? 쌓니? 쌓나? 쌓을까? 쌓으랴? 쌓을래? 쌓는데? 쌓는대? 쌓는다면서? 쌓는다지?	쌓는가?
	과거	쌓았어? 쌓았지? 쌓았니? 쌓았을까? 쌓았대? 쌓았다면서?	쌓았는가?
	미래	쌓겠어? 쌓겠지? 쌓겠니? 쌓으리? 쌓을 거야? 쌓을 거지? 쌓을 거니? 쌓을 수 있겠어?	쌓을 건가?
명령형		쌓아, 쌓지, 쌓으렴, 쌓으려무나, 쌓으라니까	쌓게
청유형		쌓아, 쌓지, 쌓자니까	쌓세
감탄형		쌓아! 쌓지! 쌓으리!	쌓는군! 쌓는구면!

상대존대형_아주낮춤		직설체	회상체
평서형	현재	쌓는다	쌓더라
	현재-진행	쌓고 있다, 쌓는 중이다	쌓고 있더라
	과거-완료	쌓았다	쌓았더라
	미래-추측/의지/가능	쌓겠다, 쌓으리다, 쌓으련다, 쌓을 거다, 쌓을 수 있다	쌓겠더라
의문형	현재	쌓느냐?	쌓더냐?
	과거	쌓았느냐?	쌓았더냐?
	미래	쌓겠느냐?	쌓겠더냐?
명령형		쌓아라	
청유형		쌓자	
감탄형		쌓는구나! 쌓는다! 쌓는도다!	쌓더구나!

연결형	연결어미	의미기능	연결어미
나열	쌓고, 쌓으며	비교	쌓느니
선택	쌓거나, 쌓든지, 쌓든가	정도	쌓으리만큼
대립	쌓아도, 쌓지만, 쌓으나, 쌓는데, 쌓으면서도, 쌓되, 쌓지	조건 · 가정	쌓으면, 쌓거든, 쌓거들랑, 쌓아야, 쌓는다면, 쌓았던들
동시	쌓으면서, 쌓으며	상황제시	쌓는데, 쌓으니, 쌓다시피
계기	쌓고서, 쌓아서, 쌓자, 쌓자마자	비유	쌓듯이
중단 · 전환	쌓다가	비례	쌓을수록
양보	쌓아도, 쌓더라도, 쌓을지라도, 쌓을지언정, 쌓은들, 쌓는데도, 쌓기로서니, 쌓으나마, 쌓을망정, 쌓아 보았자	원인 · 이유	쌓아서, 쌓으니까, 쌓느라고, 쌓기에, 쌓길래, 쌓느니만큼, 쌓는지라, 쌓을세라, 쌓으므로
목적 · 의도	쌓으러, 쌓으려고, 쌓고자	첨가	쌓거니와, 쌓을뿐더러, 쌓으려니와
결과	쌓도록, 쌓게끔	습관	쌓곤

기본예문

- 그는 찬장에 접시를 가지런하게 쌓아 놓았다. He neatly stacked the plates in the pantry chest.
- 마당에 가득 쌓인 눈을 하루 종일 치웠다. I cleaned the piled snow off the yard all day.
- 벽돌을 쌓아서 창고를 지었다. He built a garage by stacking the bricks.

쏘다 [쏘:다, s'oːda]

'오' 규칙활용, 타동사

to shoot ; to sting ; to blow (a person) up

사동형	*쏘히다, 쏘게 하다, 쏘게 만들다		피동형	쏘이다. 쏘게 되다, 쏘아지다, 쏘여지다

관형사형 : 현재-진행	과거-완료	과거-회상	과거-완료-회상	미래-추측/의지
쏘는	쏜	쏘던	쏘았던	쏠

인용형 : 평서	의문	명령	청유	명사형	부사형
쏜다고	쏘느냐고	쏘라고	쏘자고	쏘기, 쏨	쏘아, 쏘게

상대존대형_아주높임		직설체	회상체
평서형	현재	쏩니다	쏩디다
	현재-진행	쏘고 있습니다, 쏘는 중입니다	쏘고 있습디다
	과거	쏘았습니다	쏘았습디다
	과거-경험	쏘았었습니다	쏘았었습디다
	과거-추측	쏘았겠습니다	쏘았겠습디다
	미래-추측/의지/가능	쏘겠습니다, 쏘렵니다, 쏠 겁니다, 쏠 수 있습니다	쏘겠습디다
의문형	현재	쏩니까?	쏩디까?
	과거	쏘았습니까?	쏘았습디까?
	과거-경험	쏘았었습니까?	쏘았었습디까?
	미래-추측/의지/가능	쏘겠습니까? 쏘렵니까? 쏠 겁니까? 쏘리이까? 쏠 수 있겠습니까?	쏘겠습디까?
명령형		쏘시오, 쏘십시오	
청유형		쏩시다, 쏘십시다	
감탄형		쏘시는구나!	

상대존대형_예사높임		'-어요'체	'-으오'체
평서형	현재	쏘아요, 쏘지요, 쏘세요, 쏠래요, 쏠걸요, 쏘는데요, 쏜대요, 쏠게요, 쏘잖아요	쏘오
	현재-진행	쏘고 있어요, 쏘고 있지요, 쏘고 있으세요, 쏘는 중이에요	쏘고 있소
	과거	쏘았어요, 쏘았지요, 쏘았으세요, 쏘았잖아요	쏘았소
	과거-경험	쏘았었어요, 쏘았었지요, 쏘았었으세요	쏘았었소
	과거-추측	쏘았겠어요, 쏘았겠지요, 쏘았겠으세요	쏘았겠소
	미래-추측/의지/가능	쏘겠어요, 쏘겠지요, 쏘겠으세요, 쏠 수 있어요	쏘겠소
의문형	현재	쏘아요? 쏘지요? 쏘세요? 쏘나요? 쏠까요? 쏠래요? 쏘는가요? 쏘는데요? 쏜대요? 쏜다면서요? 쏜다지요?	쏘오? *쏘소?
	과거	쏘았어요? 쏘았지요? 쏘았으세요?	쏘았소?
	과거-경험	쏘았었어요? 쏘았었지요? 쏘았었으세요?	쏘았었소?
	미래-추측/의지/가능	쏘겠어요? 쏘겠지요? 쏘겠으세요? 쏘리요? 쏠 거예요? 쏠 거지요? 쏠 수 있겠어요?	쏘겠소?
명령형		쏘아요, 쏘지요, 쏘세요, 쏘라니까요	쏘오, 쏘구려
청유형		쏘아요, 쏘지요, 쏘세요, 쏘자니까요	쏘오
감탄형		쏘는군요! 쏘리요!	쏘는구려!

상대존대형_예사낮춤		'-어'체	'-네'체
평서형	현재	쏘아, 쏘지, 쏠래, 쏠걸, 쏘는데, 쏜대, 쏠게, 쏜단다, 쏘마, 쏘잖아	쏘네
	현재-진행	쏘고 있어, 쏘고 있지, 쏘는 중이야	쏘고 있네
	과거-완료	쏘았어, 쏘았지, 쏘았잖아	쏘았네
	미래-추측/의지/가능	쏘겠어, 쏘겠지, 쏠 수 있어	쏘겠네
의문형	현재	쏘아? 쏘지? 쏘니? 쏘나? 쏠까? 쏘랴? 쏠래? 쏘는데? 쏜대? 쏜다면서? 쏜다지?	쏘는가?
	과거	쏘았어? 쏘았지? 쏘았니? 쏘았을까? 쏘았대? 쏘았다면서?	쏘았는가?
	미래	쏘겠어? 쏘겠지? 쏘겠니? 쏘리? 쏠 거야? 쏠 거지? 쏠 거니? 쏠 수 있겠어?	쏠 건가?
명령형		쏘아, 쏘지, 쏘렴, 쏘려무나, 쏘라니까	쏘게
청유형		쏘아, 쏘지, 쏘자니까	쏘세
감탄형		쏘아! 쏘지! 쏘리!	쏘는군! 쏘는구먼!

상대존대형_아주낮춤		직설체	회상체
평서형	현재	쏜다	쏘더라
	현재-진행	쏘고 있다, 쏘는 중이다	쏘고 있더라
	과거-완료	쏘았다	쏘았더라
	미래-추측/의지/가능	쏘겠다, 쏘리다, 쏘련다, 쏠 거다, 쏠 수 있다	쏘겠더라
의문형	현재	쏘느냐?	쏘더냐?
	과거	쏘았느냐?	쏘았더냐?
	미래	쏘겠느냐?	쏘겠더냐?
명령형		쏘아라	
청유형		쏘자	
감탄형		쏘는구나! 쏜다! 쏘는도다!	쏘더구나!

연결형	연결어미	의미기능	연결어미
나열	쏘고, 쏘며	비교	쏘느니
선택	쏘거나, 쏘든지, 쏘든가	정도	쏘리만큼
대립	쏘아도, 쏘지만, 쏘나, 쏘는데, 쏘면서도, 쏘되, 쏘지	조건 · 가정	쏘면, 쏘거든, 쏘거들랑, 쏘아야, 쏜다면, 쏘았던들
동시	쏘면서, 쏘며	상황제시	쏘는데, 쏘니, 쏘다시피
계기	쏘고서, 쏘아서, 쏘자, 쏘자마자	비유	쏘듯이
중단 · 전환	쏘다가	비례	쏠수록
양보	쏘아도, 쏘더라도, 쏠지라도, 쏠지언정, 쏜들, 쏘는데도, 쏘기로서니, 쏘나마, 쏠망정, 쏘아 보았자	원인 · 이유	쏘아서, 쏘니까, 쏘느라고, 쏘기에, 쏘길래, 쏘느니만큼, 쏘는지라, 쏠세라, 쏘므로
목적 · 의도	쏘러, 쏘려고, 쏘고자	첨가	쏘거니와, 쏠뿐더러, 쏘려니와
결과	쏘도록, 쏘게끔	습관	쏘곤

기본예문

- 그는 소총으로 적을 쏘았다. He shot the enemy with the gun.
- 벌에게 쏘인 데가 너무 아프다. It hurts where the bee stung.
- 나는 총을 쏘면서 앞으로 나아갔다. I marched forward while shooting.

쓰다1 [쓰다s'ida]

'으' 불규칙활용, 형용사

to be bitter, to be hard ; to feel unpleasant

사동형	*쓰히다, 쓰게 하다, 쓰게 만들다	피동형	*쓰히다. 쓰게 되다, 써지다

관형사형 : 현재-진행	과거-완료	과거-회상	과거-완료-회상	미래-추측/의지
쓴	쓴	쓰던	썼던	쓸

인용형 : 평서	의문	명령	청유	명사형	부사형
쓰다고	쓰냐고	*쓰라고	*쓰자고	쓰기, 씀	써서, 쓰게

상대존대형_아주높임		직설체	회상체
평서형	현재	씁니다	씁디다
	현재-진행	*쓰고 있습니다, *쓴 중입니다	*쓰고 있습디다
	과거	썼습니다	썼습디다
	과거-경험	썼었습니다	썼었습디다
	과거-추측	썼겠습니다	썼겠습디다
	미래-추측/의지/가능	쓰겠습니다, *쓰렵니다, 쓸 겁니다, 쓸 수 있습니다	쓰겠습디다
의문형	현재	씁니까?	씁디까?
	과거	썼습니까?	썼습디까?
	과거-경험	썼었습니까?	썼었습디까?
	미래-추측/의지/가능	쓰겠습니까? *쓰렵니까? *쓸 겁니까? *쓰리이까? 쓸 수 있겠습니까?	쓰겠습디까?
명령형		*쓰시오, *쓰십시오	
청유형		*쓰읍시다, *쓰십시다	
감탄형		쓰시구나!	

상대존대형_예사높임		'-어요'체	'-으오'체
평서형	현재	써요, 쓰지요, 쓰세요, *쓸래요, 쓸걸요, 쓴데요, 쓰대요, *쓸게요, 쓰잖아요	쓰오
	현재-진행	*쓰고 있어요, *쓰고 있지요, *쓰고 있세요, *쓰는 중이에요	*쓰고 있소
	과거	썼어요, 썼지요, 썼으세요, 썼잖아요	썼소
	과거-경험	썼었어요, 썼었지요, 썼었으세요	썼었소
	과거-추측	썼겠어요, 썼겠지요, 썼겠으세요	썼겠소
	미래-추측/의지/가능	쓰겠어요, 쓰겠지요, 쓰겠으세요, 쓸 수 있어요	쓰겠소
의문형	현재	써요? 쓰지요? 쓰세요? 쓰나요? *쓸까요? *쓸래요? 쓴가요? 쓴데요? 쓰대요? 쓰다면서요? 쓰다지요?	쓰오? *쓰소?
	과거	썼어요? 썼지요? 썼으세요?	썼소?
	과거-경험	썼었어요? 썼었지요? 썼었으세요?	썼었소?
	미래-추측/의지/가능	쓰겠어요? 쓰겠지요? 쓰겠으세요? 쓰리요? *쓸 거예요? *쓸 거지요? 쓸 수 있겠어요?	쓰겠소?
명령형		*써요, *쓰지요, *쓰세요, *쓰라니까요	*쓰오, *쓰구려
청유형		*써요, *쓰지요, *쓰세요, *쓰자니까요	*쓰오
감탄형		쓰군요! 쓰리요!	쓰구려!

상대존대형_예사낮춤		'-어'체	'-네'체
평서형	현재	써, 쓰지, *쓸래, 쓸걸, 쓴데, 쓰대, *쓸게, 쓴단다, *쓰마, 쓰잖아	쓰네
	현재-진행	*쓰고 있어, *쓰고 있지, *쓴 중이야	*쓰고 있네
	과거-완료	썼어, 썼지, 썼잖아	썼네
	미래-추측/의지/가능	쓰겠어, 쓰겠지, 쓸 수 있어	쓰겠네
의문형	현재	써? 쓰지? 쓰니? 쓰나? 쓸까? 쓰랴? *쓸래? 쓴데? 쓰대? 쓰다면서? 쓰다지?	쓴가?
	과거	썼어? 썼지? 썼니? 썼을까? 썼대? 썼다면서?	썼는가?
	미래	쓰겠어? 쓰겠지? 쓰겠니? 쓰리? *쓸 거야? *쓸 거지? *쓸 거니? 쓸 수 있겠어?	*쓸 건가?
명령형		*써, *쓰지, *쓰렴, *쓰려무나, *쓰라니까	*쓰게
청유형		*써, *쓰지, *쓰자니까	*쓰세
감탄형		써! 쓰지! 쓰리!	쓰군! 쓰구먼!

상대존대형_아주낮춤		직설체	회상체
평서형	현재	쓰다	쓰더라
	현재-진행	*쓰고 있다, *쓰는 중이다	*쓰고 있더라
	과거-완료	썼다	썼더라
	미래-추측/의지/가능	쓰겠다, 쓰리다, *쓰련다, 쓸 거다, 쓸 수 있다	쓰겠더라
의문형	현재	쓰냐?	쓰더냐?
	과거	썼느냐?	썼더냐?
	미래	쓰겠느냐?	쓰겠더냐?
명령형		*써라	
청유형		*쓰자	
감탄형		쓰구나! 쓰다! 쓰도다!	쓰더구나!

연결형	연결어미	의미기능	연결어미
나열	쓰고, 쓰며	비교	*쓰느니
선택	쓰거나, 쓰든지, 쓰든가	정도	쓰리만큼
대립	써도, 쓰지만, 쓰나, 쓴데, 쓰면서도, 쓰되, 쓰지	조건 · 가정	쓰면, 쓰거든, 쓰거들랑, 써야, 쓰다면, 썼던들
동시	쓰면서, 쓰며	상황제시	쓴데, 쓰니, 쓰다시피
계기	*쓰고서, *써서, *쓰자, *쓰자마자	비유	쓰듯이
중단 · 전환	쓰다가	비례	쓸수록
양보	써도, 쓰더라도, 쓸지라도, 쓸지언정, 쓴들, 쓴데도, 쓰기로서니, 쓰나마, 쓸망정, 써 보았자	원인 · 이유	써서, 쓰니까, *쓰느라고, 쓰기에, 쓰길래, 쓰니만큼, 쓴지라, 쓸세라, 쓰므로
목적 · 의도	*쓰러, *쓰려고, *쓰고자	첨가	쓰거니와, 쓸뿐더러, 쓰려니와
결과	쓰도록, 쓰게끔	습관	*쓰곤

- 한약은 매우 쓰다. Korean traditional medicine is very bitter.
- 쓴 약이 몸에는 좋다. Bitter medicine is good for your health.
- 이 약은 역하고 써서 못 먹겠다. This medicine is detestable and bitter that I can't take it.

쓰다2 [쓰다, s'ïda]

'으' 불규칙활용, 타동사

to write, compose (a poem), pen (a story)

사동형	쓰이다, 쓰게 하다, 쓰게 만들다		피동형	쓰이다. 쓰게 되다, 쓰여지다	

관형사형 : 현재-진행	과거-완료	과거-회상	과거-완료-회상	미래-추측/의지
쓰는	쓴	쓰던	썼던	쓸

인용형 : 평서	의문	명령	청유	명사형	부사형
쓴다고	쓰느냐고	쓰라고	쓰자고	쓰기, 씀	써서, 쓰게

상대존대형_아주높임		직설체	회상체
평서형	현재	씁니다	씁디다
	현재-진행	쓰고 있습니다, 쓰는 중입니다	쓰고 있습디다
	과거	썼습니다	썼습디다
	과거-경험	썼었습니다	썼었습디다
	과거-추측	썼겠습니다	썼겠습디다
	미래-추측/의지/가능	쓰겠습니다, 쓰렵니다, 쓸 겁니다, 쓸 수 있습니다	쓰겠습디다
의문형	현재	씁니까?	씁디까?
	과거	썼습니까?	썼습디까?
	과거-경험	썼었습니까?	썼었습디까?
	미래-추측/의지/가능	쓰겠습니까? 쓰렵니까? 쓸 겁니까? 쓰리이까? 쓸 수 있겠습니까?	쓰겠습디까?
명령형		쓰시오, 쓰십시오	
청유형		씁시다, 쓰십시다	
감탄형		쓰시는구나!	

상대존대형_예사높임		'-어요'체	'-으오'체
평서형	현재	써요, 쓰지요, 쓰세요, 쓸래요, 쓸걸요, 쓰는데요, 쓴대요, 쓸게요, 쓰잖아요	쓰오
	현재-진행	쓰고 있어요, 쓰고 있지요, 쓰고 있으세요, 쓰는 중이에요	쓰고 있소
	과거	썼어요, 썼지요, 썼으세요, 썼잖아요	썼소
	과거-경험	썼었어요, 썼었지요, 썼었으세요	썼었소
	과거-추측	썼겠어요, 썼겠지요, 썼겠으세요	썼겠소
	미래-추측/의지/가능	쓰겠어요, 쓰겠지요, 쓰겠으세요, 쓸 수 있어요	쓰겠소
의문형	현재	써요? 쓰지요? 쓰세요? 쓰나요? 쓸까요? 쓸래요? 쓰는가요? 쓰는데요? 쓴대요? 쓴다면서요? 쓴다지요?	쓰오? *쓰소?
	과거	썼어요? 썼지요? 썼으세요?	썼소?
	과거-경험	썼었어요? 썼었지요? 썼었으세요?	썼었소?
	미래-추측/의지/가능	쓰겠어요? 쓰겠지요? 쓰겠으세요? 쓰리요? 쓸 거예요? 쓸 거지요? 쓸 수 있겠어요?	쓰겠소?
명령형		써요, 쓰지요, 쓰세요, 쓰라니까요	쓰오, 쓰구려
청유형		써요, 쓰지요, 쓰세요, 쓰자니까요	쓰오
감탄형		쓰는군요! 쓰리요!	쓰는구려!

상대존대형_예사낮춤		'-어'체	'-네'체
평서형	현재	써, 쓰지, 쓸래, 쓸걸, 쓰는데, 쓴대, 쓸게, 쓴단다, 쓰마, 쓰잖아	쓰네
	현재-진행	쓰고 있어, 쓰고 있지, 쓰는 중이야	쓰고 있네
	과거-완료	썼어, 썼지, 썼잖아	썼네
	미래-추측/의지/가능	쓰겠어, 쓰겠지, 쓸 수 있어	쓰겠네
의문형	현재	써? 쓰지? 쓰니? 쓰나? 쓸까? 쓰랴? 쓸래? 쓰는데? 쓴대? 쓴다면서? 쓴다지?	쓰는가?
	과거	썼어? 썼지? 썼니? 썼을까? 썼대? 썼다면서?	썼는가?
	미래	쓰겠어? 쓰겠지? 쓰겠니? 쓰리? 쓸 거야? 쓸 거지? 쓸 거니? 쓸 수 있겠어?	쓸 건가?
명령형		써, 쓰지, 쓰렴, 쓰려무나, 쓰라니까	쓰게
청유형		써, 쓰지, 쓰자니까	쓰세
감탄형		써! 쓰지! 쓰리!	쓰는군! 쓰는구면!

상대존대형_아주낮춤		직설체	회상체
평서형	현재	쓴다	쓰더라
	현재-진행	쓰고 있다, 쓰는 중이다	쓰고 있더라
	과거-완료	썼다	썼더라
	미래-추측/의지/가능	쓰겠다, 쓰리다, 쓰련다, 쓸 거다, 쓸 수 있다	쓰겠더라
의문형	현재	쓰느냐?	쓰더냐?
	과거	썼느냐?	썼더냐?
	미래	쓰겠느냐?	쓰겠더냐?
명령형		써라	
청유형		쓰자	
감탄형		쓰는구나! 쓴다! 쓰는도다!	쓰더구나!

연결형	연결어미	의미기능	연결어미
나열	쓰고, 쓰며	비교	쓰느니
선택	쓰거나, 쓰든지, 쓰든가	정도	쓰리만큼
대립	써도, 쓰지만, 쓰나, 쓰는데, 쓰면서도, 쓰되, 쓰지	조건·가정	쓰면, 쓰거든, 쓰거들랑, 써야, 쓴다면, 썼던들
동시	쓰면서, 쓰며	상황제시	쓰는데, 쓰니, 쓰다시피
계기	쓰고서, 써서, 쓰자, 쓰자마자	비유	쓰듯이
중단·전환	쓰다가	비례	쓸수록
양보	써도, 쓰더라도, 쓸지라도, 쓸지언정, 쓴들, 쓰는데도, 쓰기로서니, 쓰나마, 쓸망정, 써 보았자	원인·이유	써서, 쓰니까, 쓰느라고, 쓰기에, 쓰길래, 쓰느니만큼, 쓰는지라, 쓸세라, 쓰므로
목적·의도	쓰러, 쓰려고, 쓰고자	첨가	쓰거니와, 쓸뿐더러, 쓰려니와
결과	쓰도록, 쓰게끔	습관	쓰곤

기본예문

- 그녀는 소설을 잘 쓴다. She is good at writing novel.
- 당신이 쓴 시를 좀 보여 주세요. Show me the poem that you wrote.
- 어떤 기사를 쓰더라도 양심을 갖고 써야 한다.
  No matter what kind of article you write, you should write it in good conscience.

씹다 [씹따, s'ipt'a]

'ㅂ' 규칙활용, 타동사

to chew ; to masticate ; to speak ill of ; to criticize ; to blame

사동형	씹히다, 씹게 하다, 씹게 만들다			피동형	씹히다. 씹게 되다, 씹어지다, 씹혀지다	

관형사형 : 현재-진행	과거-완료	과거-회상	과거-완료-회상	미래-추측/의지
씹는	씹은	씹던	씹었던	씹을

인용형 : 평서	의문	명령	청유	명사형	부사형
씹는다고	씹느냐고	씹으라고	씹자고	씹기, 씹음	씹어, 씹게

상대존대형_아주높임		직설체	회상체
평서형	현재	씹습니다	씹습디다
	현재-진행	씹고 있습니다, 씹는 중입니다	씹고 있습디다
	과거	씹었습니다	씹었습디다
	과거-경험	씹었었습니다	씹었었습디다
	과거-추측	씹었겠습니다	씹었겠습디다
	미래-추측/의지/가능	씹겠습니다, 씹으렵니다, 씹을 겁니다, 씹을 수 있습니다	씹겠습디다
의문형	현재	씹습니까?	씹습디까?
	과거	씹었습니까?	씹었습디까?
	과거-경험	씹었었습니까?	씹었었습디까?
	미래-추측/의지/가능	씹겠습니까? 씹으렵니까? 씹을 겁니까? 씹으리이까? 씹을 수 있겠습니까?	씹겠습디까?
명령형		씹으시오, 씹으십시오	
청유형		씹읍시다, 씹으십시다	
감탄형		씹으시는구나!	

상대존대형_예사높임		'-어요'체	'-으오'체
평서형	현재	씹어요, 씹지요, 씹으세요, 씹을래요, 씹을걸요, 씹는데요, 씹는대요, 씹을게요, 씹잖아요	씹으오
	현재-진행	씹고 있어요, 씹고 있지요, 씹고 있으세요, 씹는 중이에요	씹고 있소
	과거	씹었어요, 씹었지요, 씹었으세요, 씹었잖아요	씹었소
	과거-경험	씹었었어요, 씹었었지요, 씹었었으세요	씹었었소
	과거-추측	씹었겠어요, 씹었겠지요, 씹었겠으세요	씹었겠소
	미래-추측/의지/가능	씹겠어요, 씹겠지요, 씹겠으세요, 씹을 수 있어요	씹겠소
의문형	현재	씹어요? 씹지요? 씹으세요? 씹나요? 씹을까요? 씹을래요? 씹는가요? 씹는데요? 씹는대요? 씹는다면서요? 씹는다지요?	씹으오? 씹소?
	과거	씹었어요? 씹었지요? 씹었으세요?	씹었소?
	과거-경험	씹었었어요? 씹었었지요? 씹었었으세요?	씹었었소?
	미래-추측/의지/가능	씹겠어요? 씹겠지요? 씹겠으세요? 씹으리요? 씹을 거예요? 씹을 거지요? 씹을 수 있겠어요?	씹겠소?
명령형		씹어요, 씹지요, 씹으세요, 씹으라니까요	씹으오, 씹구려
청유형		씹어요, 씹지요, 씹으세요, 씹자니까요	씹으오
감탄형		씹는군요! 씹으리요!	씹는구려!

상대존대형_예사낮춤		'-어'체	'-네'체
평서형	현재	씹어, 씹지, 씹을래, 씹을걸, 씹는데, 씹는대, 씹을게, 씹는단다, 씹으마, 씹잖아	씹네
	현재-진행	씹고 있어, 씹고 있지, 씹는 중이야	씹고 있네
	과거-완료	씹었어, 씹었지, 씹었잖아	씹었네
	미래-추측/의지/가능	씹겠어, 씹겠지, 씹을 수 있어	씹겠네
의문형	현재	씹어? 씹지? 씹니? 씹나? 씹을까? 씹으랴? 씹을래? 씹는데? 씹는대? 씹는다면서? 씹는다지?	씹는가?
	과거	씹었어? 씹었지? 씹었니? 씹었을까? 씹었대? 씹었다면서?	씹었는가?
	미래	씹겠어? 씹겠지? 씹겠니? 씹으리? 씹을 거야? 씹을 거지? 씹을 거니? 씹을 수 있겠어?	씹을 건가?
명령형		씹어, 씹지, 씹으렴, 씹으려무나, 씹으라니까	씹게
청유형		씹어, 씹지, 씹자니까	씹세
감탄형		씹어! 씹지! 씹으리!	씹는군! 씹는구먼!

상대존대형_아주낮춤		직설체	회상체
평서형	현재	씹는다	씹더라
	현재-진행	씹고 있다, 씹는 중이다	씹고 있더라
	과거-완료	씹었다	씹었더라
	미래-추측/의지/가능	씹겠다, 씹으리다, 씹으련다, 씹을 거다, 씹을 수 있다	씹겠더라
의문형	현재	씹느냐?	씹더냐?
	과거	씹었느냐?	씹었더냐?
	미래	씹겠느냐?	씹겠더냐?
명령형		씹어라	
청유형		씹자	
감탄형		씹는구나! 씹는다! 씹는도다!	씹더구나!

연결형	연결어미	의미기능	연결어미
나열	씹고, 씹으며	비교	씹느니
선택	씹거나, 씹든지, 씹든가	정도	씹으리만큼
대립	씹어도, 씹지만, 씹으나, 씹는데, 씹으면서도, 씹되, 씹지	조건 · 가정	씹으면, 씹거든, 씹거들랑, 씹어야, 씹는다면, 씹었던들
동시	씹으면서, 씹으며	상황제시	씹는데, 씹으니, 씹다시피
계기	씹고서, 씹어서, 씹자, 씹자마자	비유	씹듯이
중단 · 전환	씹다가	비례	씹을수록
양보	씹어도, 씹더라도, 씹을지라도, 씹을지언정, 씹은들, 씹는데도, 씹기로서니, 씹으나마, 씹을망정, 씹어 보았자	원인 · 이유	씹어서, 씹으니까, 씹느라고, 씹기에, 씹길래, 씹느니만큼, 씹는지라, 씹을세라, 씹으므로
목적 · 의도	씹으러, 씹으려고, 씹고자	첨가	씹거니와, 씹을뿐더러, 씹으려니와
결과	씹도록, 씹게끔	습관	씹곤

기본예문
- 그는 껌을 씹고 있다. He is chewing a gum.
- 그는 불고기를 잘 씹어 먹게 했다. He chewed the beef well and ate it.
- 사과는 씹으면 씹을수록 맛이 난다. The more you bite an apple the more tasty it gets.

씻다 [씯따, s'itt'a]

'ㅅ' 규칙활용, 타동사

to wash ; to cleanse ; to rinse ; to wipe out

사동형	씻기다, 씻게 하다, 씻게 만들다		피동형	씻기다. 씻게 되다, 씻어지다, 씻혀지다

관형사형 : 현재-진행	과거-완료	과거-회상	과거-완료-회상	미래-추측/의지
씻는	씻은	씻던	씻었던	씻을

인용형 : 평서	의문	명령	청유	명사형	부사형
씻는다고	씻느냐고	씻으라고	씻자고	씻기, 씻음	씻어, 씻게

상대존대형_아주높임		직설체	회상체
평서형	현재	씻습니다	씻습디다
	현재-진행	씻고 있습니다, 씻는 중입니다	씻고 있습디다
	과거	씻었습니다	씻었습디다
	과거-경험	씻었었습니다	씻었었습디다
	과거-추측	씻었겠습니다	씻었겠습디다
	미래-추측/의지/가능	씻겠습니다, 씻으렵니다, 씻을 겁니다, 씻을 수 있습니다	씻겠습디다
의문형	현재	씻습니까?	씻습디까?
	과거	씻었습니까?	씻었습디까?
	과거-경험	씻었었습니까?	씻었었습디까?
	미래-추측/의지/가능	씻겠습니까? 씻으렵니까? 씻을 겁니까? 씻으리이까? 씻을 수 있겠습니까?	씻겠습디까?
명령형		씻으시오, 씻으십시오	
청유형		씻읍시다, 씻으십시다	
감탄형		씻으시는구나!	

상대존대형_예사높임		'-어요'체	'-으오'체
평서형	현재	씻어요, 씻지요, 씻으세요, 씻을래요, 씻을걸요, 씻는데요, 씻는대요, 씻을게요, 씻잖아요	씻으오
	현재-진행	씻고 있어요, 씻고 있지요, 씻고 있으세요, 씻는 중이에요	씻고 있소
	과거	씻었어요, 씻었지요, 씻었으세요, 씻었잖아요	씻었소
	과거-경험	씻었었어요, 씻었었지요, 씻었었으세요	씻었었소
	과거-추측	씻었겠어요, 씻었겠지요, 씻었겠으세요	씻었겠소
	미래-추측/의지/가능	씻겠어요, 씻겠지요, 씻겠으세요, 씻을 수 있어요	씻겠소
의문형	현재	씻어요? 씻지요? 씻으세요? 씻나요? 씻을까요? 씻을래요? 씻는가요? 씻는데요? 씻는대요? 씻는다면서요? 씻는다지요?	씻으오? 씻소?
	과거	씻었어요? 씻었지요? 씻었으세요?	씻었소?
	과거-경험	씻었었어요? 씻었었지요? 씻었었으세요?	씻었었소?
	미래-추측/의지/가능	씻겠어요? 씻겠지요? 씻겠으세요? 씻으리요? 씻을 거예요? 씻을 거지요? 씻을 수 있겠어요?	씻겠소?
명령형		씻어요, 씻지요, 씻으세요, 씻으라니까요	씻으오, 씻구려
청유형		씻어요, 씻지요, 씻으세요, 씻자니까요	씻으오
감탄형		씻는군요! 씻으리요!	씻는구려!

348

상대존대형_예사낮춤		'-어'체	'-네'체
평서형	현재	씻어, 씻지, 씻을래, 씻을걸, 씻는데, 씻는대, 씻을게, 씻는단다, 씻으마, 씻잖아	씻네
	현재-진행	씻고 있어, 씻고 있지, 씻는 중이야	씻고 있네
	과거-완료	씻었어, 씻었지, 씻었잖아	씻었네
	미래-추측/의지/가능	씻겠어, 씻겠지, 씻을 수 있어	씻겠네
의문형	현재	씻어? 씻지? 씻니? 씻나? 씻을까? 씻으랴? 씻을래? 씻는데? 씻는대? 씻는다면서? 씻는다지?	씻는가?
	과거	씻었어? 씻었지? 씻었니? 씻었을까? 씻었대? 씻었다면서?	씻었는가?
	미래	씻겠어? 씻겠지? 씻겠니? 씻으리? 씻을 거야? 씻을 거지? 씻을 거니? 씻을 수 있겠어?	씻을 건가?
명령형		씻어, 씻지, 씻으렴, 씻으려무나, 씻으라니까	씻게
청유형		씻어, 씻지, 씻자니까	씻세
감탄형		씻어! 씻지! 씻으리!	씻는군! 씻는구면!

상대존대형_아주낮춤		직설체	회상체
평서형	현재	씻는다	씻더라
	현재-진행	씻고 있다, 씻는 중이다	씻고 있더라
	과거-완료	씻었다	씻었더라
	미래-추측/의지/가능	씻겠다, 씻으리다, 씻으련다, 씻을 거다, 씻을 수 있다	씻겠더라
의문형	현재	씻느냐?	씻더냐?
	과거	씻었느냐?	씻었더냐?
	미래	씻겠느냐?	씻겠더냐?
명령형		씻어라	
청유형		씻자	
감탄형		씻는구나! 씻는다! 씻는도다!	씻더구나!

연결형	연결어미	의미기능	연결어미
나열	씻고, 씻으며	비교	씻느니
선택	씻거나, 씻든지, 씻든가	정도	씻으리만큼
대립	씻어도, 씻지만, 씻으나, 씻는데, 씻으면서도, 씻되, 씻지	조건·가정	씻으면, 씻거든, 씻거들랑, 씻어야, 씻는다면, 씻었던들
동시	씻으면서, 씻으며	상황제시	씻는데, 씻으니, 씻다시피
계기	씻고서, 씻어서, 씻자, 씻자마자	비유	씻듯이
중단·전환	씻다가	비례	씻을수록
양보	씻어도, 씻더라도, 씻을지라도, 씻을지언정, 씻은들, 씻는데도, 씻기로서니, 씻으나마, 씻을망정, 씻어 보았자	원인·이유	씻어서, 씻으니까, 씻느라고, 씻기에, 씻길래, 씻느니만큼, 씻는지라, 씻을세라, 씻으므로
목적·의도	씻으러, 씻으려고, 씻고자	첨가	씻거니와, 씻을뿐더러, 씻으려니와
결과	씻도록, 씻게끔	습관	씻곤

기본예문

- 그는 그림을 그리고 나서 손을 씻었다. He washed his hand after painting.
- 영수는 과거의 잘못을 씻어 버리고 새 사람이 되었다.
  Young Soo became a new person after cleansing his fault of the past.
- 핏자국은 아무리 씻더라도 잘 지워지지 않는다. The blood stain is not easily erasable.

아니다 [아니다, anida]

'이' 규칙활용, 지정사

to be not ; no

사동형	*아니히다, 아니게 하다, *아니게 만들다	피동형	*아니히다. 아니게 되다, *아니어지다

관형사형 : 현재-진행	과거-완료	과거-회상	과거-완료-회상	미래-추측/의지
아닌	아닌	아니던	아니었던	아닐

인용형 : 평서	의문	명령	청유	명사형	부사형
아니라고	아니냐고	*아니라고	*아니자고	아니기, 아님	아니어, 아니게

상대존대형_아주높임		직설체	회상체
평서형	현재	아닙니다	아닙디다
	현재-진행	*아니고 있습니다, *아닌 중입니다	*아니고 있습디다
	과거	아니었습니다	아니었습디다
	과거-경험	아니었었습니다	아니었었습디다
	과거-추측	아니었겠습니다	아니었겠습디다
	미래-추측/의지/가능	아니겠습니다, *아니렵니다, 아닐 겁니다, 아닐 수 있습니다	아니겠습디다
의문형	현재	아닙니까?	아닙디까?
	과거	아니었습니까?	아니었습디까?
	과거-경험	아니었었습니까?	아니었었습디까?
	미래-추측/의지/가능	아니겠습니까? *아니렵니까? *아닐 겁니까? *아니리이까? 아닐 수 있겠습니까?	아니겠습디까?
명령형		*아니시오, *아니십시오	
청유형		*아닙시다, *아니십시다	
감탄형		아니시구나!	

상대존대형_예사높임		'-어요'체	'-으오'체
평서형	현재	아니어요/아녜요, 아니지요, 아니세요, *아닐래요, 아닐걸요, 아닌데요, 아니대요, *아닐게요, 아니잖아요	아니오
	현재-진행	*아니고 있어요, *아니고 있지요, *아니고 있으세요, *아닌 중이에요	*아니고 있소
	과거	아니었어요, 아니었지요, 아니었으세요, 아니었잖아요	아니었소
	과거-경험	아니었었어요, 아니었었지요, 아니었었으세요	아니었었소
	과거-추측	아니었겠어요, 아니었겠지요, 아니었겠으세요	아니었겠소
	미래-추측/의지/가능	아니겠어요, 아니겠지요, 아니겠으세요, 아닐 수 있어요	아니겠소
의문형	현재	아니어요?/아니에요?/아녜요? 아니지요? 아니세요? *아니나요? 아닐까요? *아닐래요? 아닌가요? 아닌데요? 아니래요? 아니라면서요? 아니라지요?	아니오? *아니소?
	과거	아니었어요? 아니었지요? 아니었으세요?	아니었소?
	과거-경험	아니었었어요? 아니었었지요? 아니었었으세요?	아니었었소?
	미래-추측/의지/가능	아니겠어요? 아니겠지요? 아니겠으세요? 아니리요? *아닐 거예요? *아닐 거지요? 아닐 수 있겠어요?	아니겠소?
명령형		*아니어요, *아니지요, *아니세요, *아니라니까요	*아니오, *아니구려
청유형		*아니어요, *아니지요, *아니세요, *아니자니까요	*아니오
감탄형		아니군요! 아니리요!	아니구려!

상대존대형_예사낮춤		'-어'체	'-네'체
평서형	현재	아냐, 아니지, *아닐래, 아닐걸, 아닌데, 아니래, *아닐게, 아니란다, *아니마, 아니잖아	아니네
	현재-진행	*아니고 있어, *아니고 있지, *아닌 중이야	*아니고 있네
	과거-완료	아니었어, 아니었지, 아니었잖아	아니었네
	미래-추측/의지/가능	아니겠어, 아니겠지, 아닐 수 있어	아니겠네
의문형	현재	아냐? 아니지? 아니니? *아니냐?/아니냐? 아닐까? 아니랴? *아닐래? 아닌데? 아니래? 아니라면서? 아니라지?	아닌가?
	과거	아니었어? 아니었지? 아니었니? 아니었을까? 아니었대? 아니었다면서?	아니었는가?
	미래	아니겠어? 아니겠지? 아니겠니? 아니리? *아닐 거야? *아닐 거지? *아닐 거니? 아닐 수 있겠어?	아닐 건가?
명령형		*아니어/*아니야, *아니지, *아니렴, *아니려무나, *아니라니까	*아니게
청유형		*아니어/*아니야, *아니지, *아니자니까	*아니세
감탄형		아니어! 아니지! 아니리!	아니군! 아니구먼!

상대존대형_아주낮춤		직설체	회상체
평서형	현재	아니다	아니더라
	현재-진행	*아니고 있다, *아닌 중이다	*아니고 있더라
	과거-완료	아니었다	아니었더라
	미래-추측/의지/가능	아니겠다, 아니리라, *아니련다, 아닐 거다, 아닐 수 있다	아니겠더라
의문형	현재	*아니느냐?/아니냐?	아니더냐?
	과거	아니었느냐?	아니었더냐?
	미래	아니겠느냐?	아니겠더냐?
명령형		*아니어라	
청유형		*아니자	
감탄형		아니구나! 아니다! 아니로다!	아니더구나!

연결형	연결어미	의미기능	연결어미
나열	아니고, 아니며	비교	*아니느니
선택	아니거나, 아니든지, 아니든가	정도	아니리만큼
대립	아니어도, 아니지만, 아니나, 아닌데, 아니면서도, 아니되, 아니지	조건·가정	아니면, 아니거든, 아니거들랑, 아니어야, 아니라면, 아니었던들
동시	아니면서, 아니며	상황제시	아닌데, 아니니, 아니다시피
계기	*아니고서, *아니어서, *아니자, *아니자마자	비유	아니듯이
중단·전환	아니다가	비례	아닐수록
양보	아니어도, 아니더라도, 아닐지라도, 아닐지언정, 아닌들, 아닌데도, 아니기로서니, 아니나마, 아닐망정, *아니어 보았자	원인·이유	아니어서, 아니니까, *아니느라고, 아니기에, 아니길래, *아니니만큼, 아닌지라, 아닐세라, 아니므로
목적·의도	*아니러, *아니려고, *아니고자	첨가	아니거니와, 아닐뿐더러, 아니려니와
결과	아니도록, 아니게끔	습관	아니곤

• 그는 의사가 아니다. He is not a doctor.
• 바보가 아닌 이상 그렇게는 행동하지 않을 거야.
  You wouldn't act like that if you weren't a fool.
• 기적이 아니고서야 어떻게 그런 일이 일어날 수 있겠는가?
  How else could it happen if it wasn't a miracle.

아름답다 [아름답따, arïmdapt'a]

'ㅂ' 불규칙활용, 형용사

to be beautiful, be pretty, be lovely, be fine, be handsome

사동형	*아름답히다, 아름답게 하다, 아름답게 만들다	피동형	*아름답히다. 아름답게 되다, 아름다워지다

관형사형 : 현재-진행	과거-완료	과거-회상	과거-완료-회상	미래-추측/의지
아름다운	아름다운	아름답던	아름다웠던	아름다울

인용형 : 평서	의문	명령	청유	명사형	부사형
아름답다고	아름다우냐고	아름다우라고	아릅답자고	아름답기, 아름다움	아름다워, 아름답게

상대존대형_아주높임		직설체	회상체
평서형	현재	아름답습니다	아름답습디다
	현재-진행	*아름답고 있습니다, *아름다운 중입니다	*아름답고 있습디다
	과거	아름다웠습니다	아름다웠습디다
	과거-경험	아름다웠었습니다	아름다웠었습디다
	과거-추측	아름다웠겠습니다	아름다웠겠습디다
	미래-추측/의지/가능	아름답겠습니다, *아름다우렵니다, 아름다울 겁니다, 아름다울 수 있습니다	아름답겠습디다
의문형	현재	아름답습니까?	아름답습디까?
	과거	아름다웠습니까?	아름다웠습디까?
	과거-경험	아름다웠었습니까?	아름다웠었습디까?
	미래-추측/의지/가능	아름답겠습니까? *아름다우렵니까? *아름다울 겁니까? *아름다우리이까? 아름다울 수 있겠습니까?	아름답겠습디까?
명령형		*아름다우시오, *아름다우십시오	
청유형		*아름다웁시다, *아름다우십시다	
감탄형		아름다우시구나!	

상대존대형_예사높임		'-어요'체	'-으오'체
평서형	현재	아름다워요, 아름답지요, 아름다우세요, *아름다울래요, 아름다울 걸요, 아름다운데요, 아름답대요, *아름다울게요, 아름답잖아요	아름다우오
	현재-진행	*아름답고 있어요, *아름답고 있지요, *아름답고 있으세요, *아름다운 중이에요	*아름답고 있소
	과거	아름다웠어요, 아름다웠지요, 아름다웠으세요, 아름다웠잖아요	아름다웠소
	과거-경험	아름다웠었어요, 아름다웠었지요, 아름다웠었으세요	아름다웠었소
	과거-추측	아름다웠겠어요, 아름다웠겠지요, 아름다웠겠으세요	아름다웠겠소
	미래-추측/의지/가능	아름답겠어요, 아름답겠지요, 아름답겠으세요, 아름다울 수 있어요	아름답겠소
의문형	현재	아름다워요? 아름답지요? 아름다우세요? 아름답나요? *아름다울까요? *아름다울래요? 아름다운가요? 아름다운데요? 아름답대요? 아름답다면서요? 아름답다지요?	아름다우오? 아름답소?
	과거	아름다웠어요? 아름다웠지요? 아름다웠으세요?	아름다웠소?
	과거-경험	아름다웠었어요? 아름다웠었지요? 아름다웠었으세요?	아름다웠었소?
	미래-추측/의지/가능	아름답겠어요? 아름답겠지요? *아름답겠으세요? *아름다우리요? *아름다울 거예요? *아름다울 거지요? 아름다울 수 있겠어요?	*아름답겠소?
명령형		*아름다워요, *아름답지요, *아름다우세요, *아름다우라니까요	*아름다우오, *아름구려
청유형		*아름다워요, *아름답지요, *아름다우세요, *아름답자니까요	*아름다우오
감탄형		아름답군요! 아름다우리요!	아름답구려!

상대존대형_예사낮춤		'-어'체	'-네'체
평서형	현재	아름다워, 아름답지, *아름다울래, 아름다울걸, 아름다운데, 아름답대, *아름다울게, 아름답단다, *아름다우마, *아름답잖아	아름답네
	현재-진행	*아름답고 있어, *아름답고 있지, *아름다운 중이야	*아름답고 있네
	과거-완료	아름다웠어, 아름다웠지, 아름다웠잖아	아름다웠네
	미래-추측/의지/가능	아름답겠어, 아름답겠지, 아름다울 수 있어	아름답겠네
의문형	현재	아름다워? 아름답지? 아름답니? 아름답나? 아름다울까? 아름다우랴? *아름다울래? 아름다운데? 아름답대? 아름답다면서? 아름답다지?	아름다운가?
	과거	아름다웠어? 아름다웠지? 아름다웠니? 아름다웠을까? 아름다웠대? 아름다웠다면서?	아름다웠는가?
	미래	아름답겠어? 아름답겠지? 아름답겠니? *아름다우리? *아름다울 거야? *아름다울 거지? *아름다울 거니? *아름다울 수 있겠어?	*아름다울 건가?
명령형		*아름다워, *아름답지, *아름다우렴, *아름다우려무나, *아름다우라니까	*아름답게
청유형		*아름다워, *아름답지, *아름답자니까	*아름답세
감탄형		아름다워! 아름답지! 아름다우리!	아름답군! 아름답구먼!

상대존대형_아주낮춤		직설체	회상체
평서형	현재	아름답다	아름답더라
	현재-진행	*아름답고 있다, *아름다운 중이다	*아름답고 있더라
	과거-완료	아름다웠다	아름다웠더라
	미래-추측/의지/가능	아름답겠다, 아름다우리다, *아름다우련다, 아름다울 거다, 아름다울 수 있다	아름답겠더라
의문형	현재	아름다우냐?	아름답더냐?
	과거	아름다웠느냐?	아름다웠더냐?
	미래	아름답겠느냐?	아름답겠더냐?
명령형		*아름다워라	
청유형		*아름답자	
감탄형		아름답구나! 아름답다! 아름답도다!	아름답더구나!

연결형	연결어미	의미기능	연결어미
나열	아름답고, 아름다우며	비교	*아름답느니/아름답다느니
선택	아름답거나, 아름답든지, 아름답든가	정도	아름다우리만큼
대립	아름다워도, 아름답지만, 아름다우나, 아름다운데, 아름다우면서도, 아름답되, 아름답지	조건·가정	아름다우면, 아름답거든, 아름답거들랑, 아름다워야, 아름답다면, 아름다웠던들
동시	아름다우면서, 아름다우며	상황제시	아름다운데, 아름다우니, *아름답다시피
계기	*아름답고서, *아름다워서, *아름답자, *아름답자마자	비유	아름답듯이
중단·전환	아름답다가	비례	아름다울수록
양보	아름다워도, 아름답더라도, 아름다울지라도, 아름다울지언정, 아름다운들, 아름다운데도, 아름답기로서니, 아름다우나마, 아름다울망정, 아름다워 보았자	원인·이유	아름다워서, 아름다우니까, *아름답느라고, 아름답기에, 아름답길래, 아름다우니만큼, 아름다운지라, 아름다울세라, 아름다우므로
목적·의도	*아름다우러, *아름다우려고, *아름답고자	첨가	아름답거니와, 아름다울뿐더러, 아름다우려니와
결과	아름답도록, 아름답게끔	습관	아름답곤

<table>
<tr><td rowspan="3">기본
예문</td><td>• 금강산의 경치가 매우 아름다웠다. The landscape of Geum Gang mountain is very beautiful.</td></tr>
<tr><td>• 세상엔 아름다운 마음씨를 가진 이들이 많다. There are many people with a beautiful heart.</td></tr>
<tr><td>• 그 노래는 아름다울 뿐만 아니라 정겹다. The song is not only beautiful but very pleasant.</td></tr>
</table>

앉다 [안따, ant'a]

'자음' 규칙활용, 자동사

to sit, take a seat ; to take up ; to perch ; to be covered ; to be located

사동형	앉히다, 앉게 하다, 앉게 만들다		피동형	앉히다. 앉게 되다, 앉아지다, 앉혀지다	

관형사형 : 현재-진행	과거-완료	과거-회상	과거-완료-회상	미래-추측/의지
앉는	앉은	앉던	앉았던	앉을

인용형 : 평서	의문	명령	청유	명사형	부사형
앉는다고	앉느냐고	앉으라고	앉자고	앉기, 앉음	앉아, 앉게

상대존대형_아주높임		직설체	회상체
평서형	현재	앉습니다	앉습디다
	현재-진행	앉고 있습니다, 앉는 중입니다	앉고 있습디다
	과거	앉았습니다	앉았습디다
	과거-경험	앉았었습니다	앉았었습디다
	과거-추측	앉았겠습니다	앉았겠습디다
	미래-추측/의지/가능	앉겠습니다, 앉으렵니다, 앉을 겁니다, 앉을 수 있습니다	앉겠습디다
의문형	현재	앉습니까?	앉습디까?
	과거	앉았습니까?	앉았습디까?
	과거-경험	앉았었습니까?	앉았었습디까?
	미래-추측/의지/가능	앉겠습니까? 앉으렵니까? 앉을 겁니까? 앉으리이까? 앉을 수 있겠습니까?	앉겠습디까?
명령형		앉으시오, 앉으십시오	
청유형		앉읍시다, 앉으십시다	
감탄형		앉으시는구나!	

상대존대형_예사높임		'-어요'체	'-으오'체
평서형	현재	앉아요, 앉지요, 앉으세요, 앉을래요, 앉을걸요, 앉는데요, 앉는대요, 앉을게요, 앉잖아요	앉으오
	현재-진행	앉고 있어요, 앉고 있지요, 앉고 있으세요, 앉는 중이에요	앉고 있소
	과거	앉았어요, 앉았지요, 앉았으세요, 앉았잖아요	앉았소
	과거-경험	앉았었어요, 앉았었지요, 앉았었으세요	앉았었소
	과거-추측	앉았겠어요, 앉았겠지요, 앉았겠으세요	앉았겠소
	미래-추측/의지/가능	앉겠어요, 앉겠지요, 앉겠으세요, 앉을 수 있어요	앉겠소
의문형	현재	앉아요? 앉지요? 앉으세요? 앉나요? 앉을까요? 앉을래요? 앉는가요? 앉는데요? 앉는대요? 앉는다면서요? 앉는다지요?	앉으오? 앉소?
	과거	앉았어요? 앉았지요? 앉았으세요?	앉았소?
	과거-경험	앉았었어요? 앉았었지요? 앉았었으세요?	앉았었소?
	미래-추측/의지/가능	앉겠어요? 앉겠지요? 앉겠으세요? 앉으리요? 앉을 거예요? 앉을 거지요? 앉을 수 있겠어요?	앉겠소?
명령형		앉아요, 앉지요, 앉으세요, 앉으라니까요	앉으오, 앉구려
청유형		앉아요, 앉지요, 앉으세요, 앉자니까요	앉으오
감탄형		앉는군요! 앉으리요!	앉는구려!

상대존대형_예사낮춤		'-어'체	'-네'체
평서형	현재	앉아, 앉지, 앉을래, 앉을걸, 앉는데, 앉는대, 앉을게, 앉는단다, 앉으마, 앉잖아	앉네
	현재-진행	앉고 있어, 앉고 있지, 앉는 중이야	앉고 있네
	과거-완료	앉았어, 앉았지, 앉았잖아	앉았네
	미래-추측/의지/가능	앉겠어, 앉겠지, 앉을 수 있어	앉겠네
의문형	현재	앉아? 앉지? 앉니? 앉나? 앉을까? 앉으랴? 앉을래? 앉는데? 앉는대? 앉는다면서? 앉는다지?	앉는가?
	과거	앉았어? 앉았지? 앉았니? 앉았을까? 앉았대? 앉았다면서?	앉았는가?
	미래	앉겠어? 앉겠지? 앉겠니? 앉으리? 앉을 거야? 앉을 거지? 앉을 거니? 앉을 수 있겠어?	앉을 건가?
명령형		앉아, 앉지, 앉으렴, 앉으려무나, 앉으라니까	앉게
청유형		앉아, 앉지, 앉자니까	앉세
감탄형		앉아! 앉지! 앉으리!	앉는군! 앉는구먼!

상대존대형_아주낮춤		직설체	회상체
평서형	현재	앉는다	앉더라
	현재-진행	앉고 있다, 앉는 중이다	앉고 있더라
	과거-완료	앉았다	앉았더라
	미래-추측/의지/가능	앉겠다, 앉으리다, 앉으련다, 앉을 거다, 앉을 수 있다	앉겠더라
의문형	현재	앉느냐?	앉더냐?
	과거	앉았느냐?	앉았더냐?
	미래	앉겠느냐?	앉겠더냐?
명령형		앉아라	
청유형		앉자	
감탄형		앉는구나! 앉는다! 앉는도다!	앉더구나!

연결형	연결어미	의미기능	연결어미
나열	앉고, 앉으며	비교	앉느니
선택	앉거나, 앉든지, 앉든가	정도	앉으리만큼
대립	앉아도, 앉지만, 앉으나, 앉는데, 앉으면서도, 앉되, 앉지	조건 · 가정	앉으면, 앉거든, 앉거들랑, 앉아야, 앉는다면, 앉았던들
동시	앉으면서, 앉으며	상황제시	앉는데, 앉으니, 앉다시피
계기	앉고서, 앉아서, 앉자, 앉자마자	비유	앉듯이
중단 · 전환	앉다가	비례	앉을수록
양보	앉아도, 앉더라도, 앉을지라도, 앉을지언정, 앉은들, 앉는데도, 앉기로서니, 앉으나마, 앉을망정, 앉아 보았자	원인 · 이유	앉아서, 앉으니까, 앉느라고, 앉기에, 앉길래, 앉느니만큼, 앉는지라, 앉을세라, 앉으므로
목적 · 의도	앉으러, 앉으려고, 앉고자	첨가	앉거니와, 앉을뿐더러, 앉으려니와
결과	앉도록, 앉게끔	습관	앉곤

알다 [알:다, al:da]

'ㄹ' 불규칙활용, 타동사

to know ; to understand ; to recognize ; to find ; to feel ; to regard

사동형	알리다, 알게 하다, 알게 만들다			피동형	*알히다. 알게 되다, 알아지다	

관형사형 : 현재-진행	과거-완료	과거-회상	과거-완료-회상	미래-추측/의지
아는	안	알던	알았던	알

인용형 : 평서	의문	명령	청유	명사형	부사형
안다고	아느냐고	아라고	알자고	알기, 앎	알아, 알게

상대존대형_아주높임		직설체	회상체
평서형	현재	압니다	압디다
	현재-진행	알고 있습니다, 아는 중입니다	알고 있습디다
	과거	알았습니다	알았습디다
	과거-경험	알았었습니다	알았었습디다
	과거-추측	알았겠습니다	알았겠습디다
	미래-추측/의지/가능	알겠습니다, 알렵니다, 알 겁니다, 알 수 있습니다	알겠습디다
의문형	현재	압니까?	압디까?
	과거	알았습니까?	알았습디까?
	과거-경험	알았었습니까?	알았었습디까?
	미래-추측/의지/가능	알겠습니까? 알렵니까? 알 겁니까? 알리이까? 알 수 있겠습니까?	알겠습디까?
명령형		아시오, 아십시오	
청유형		압시다, 아십시다	
감탄형		아시는구나!	

상대존대형_예사높임		'-어요'체	'-으오'체
평서형	현재	알아요, 알지요, 아세요, 알래요, 알걸요, 아는데요, 안대요, 알게요, 알잖아요	아오
	현재-진행	알고 있어요, 알고 있지요, 알고 있으세요, 아는 중이에요	알고 있소
	과거	알았어요, 알았지요, 알았으세요, 알았잖아요	알았소
	과거-경험	알았었어요, 알았었지요, 알았었으세요	알았었소
	과거-추측	알았겠어요, 알았겠지요, 알았겠으세요	알았겠소
	미래-추측/의지/가능	알겠어요, 알겠지요, 알겠으세요, 알 수 있어요	알겠소
의문형	현재	알아요? 알지요? 아세요? 알나요? 알까요? 알래요? 아는가요? 아는데요? 안대요? 안다면서요? 안다지요?	아오? *알소?
	과거	알았어요? 알았지요? 알았으세요?	알았소?
	과거-경험	알았었어요? 알았었지요? 알았었으세요?	알았었소?
	미래-추측/의지/가능	알겠어요? 알겠지요? 알겠으세요? 알리요? 알 거예요? 알 거지요? 알 수 있겠어요?	알겠소?
명령형		알아요, 알지요, 아세요, 알으라니까요	아오, 알구려
청유형		알아요, 알지요, 아세요, 알자니까요	아오
감탄형		아는군요! 알리요!	아는구려!

상대존대형_예사낮춤		'-어'체	'-네'체
평서형	현재	알아, 알지, 알래, 알걸, 아는데, 안대, 알게, 안단다, 알마, 알잖아	아네
	현재-진행	알고 있어, 알고 있지, 아는 중이야	알고 있네
	과거-완료	알았어, 알았지, 알았잖아	알았네
	미래-추측/의지/가능	알겠어, 알겠지, 알 수 있어	알겠네
의문형	현재	알아? 알지? 알니? 알나? 알까? 알으랴? 알래? 아는데? 안대? 안다면서? 안다지?	아는가?
	과거	알았어? 알았지? 알았니? 알았을까? 알았대? 알았다면서?	알았는가?
	미래	알겠어? 알겠지? 알겠니? 알리? 알 거야? 알 거지? 알 거니? 알 수 있겠어?	알 건가?
명령형		알아, 알지, 알렴, 알려무나, 알라니까	알게
청유형		알아, 알지, 알자니까	아세
감탄형		알아! 알지! 알리!	아는군! 아는구먼!

상대존대형_아주낮춤		직설체	회상체
평서형	현재	안다	알더라
	현재-진행	알고 있다, 아는 중이다	알고 있더라
	과거-완료	알았다	알았더라
	미래-추측/의지/가능	알겠다, 알리다, 알련다, 알 거다, 알 수 있다	알겠더라
의문형	현재	알느냐?	알더냐?
	과거	알았느냐?	알았더냐?
	미래	알겠느냐?	알겠더냐?
명령형		알아라	
청유형		알자	
감탄형		아는구나! 안다! 아는도다!	알더구나!

연결형	연결어미	의미기능	연결어미
나열	알고, 알으며	비교	아느니
선택	알거나, 알든지, 알든가	정도	알리만큼
대립	알아도, 알지만, 아나, 아는데, 알면서도, 알되, 알지	조건·가정	알면, 알거든, 알거들랑, 알아야, 안다면, 알았던들
동시	알면서, 알며	상황제시	아는데, 아니, 알다시피
계기	알고서, 알아서, 알자, 알자마자	비유	알듯이
중단·전환	알다가	비례	알수록
양보	알아도, 알더라도, 알지라도, 알지언정, 안들, 아는데도, 알기로서니, 아나마, 알망정, 알아 보았자	원인·이유	알아서, 아니까, 아느라고, 알기에, 알길래, 아느니만큼, 아는지라, 알세라, 알므로
목적·의도	알러, 알려고, 알고자	첨가	알거니와, 알뿐더러, 알려니와
결과	알도록, 알게끔	습관	알곤

- 운전을 할 줄 아니? Do you know how to drive?
- 아는 대로 다 말해라. Tell me all that you know.
- 요즘은 알다가도 모를 일이 너무 많이 생긴다.
  Now a days, so many things happen without understanding.

어둡다 [어둡따, ətupt'a]

'ㅂ' 불규칙활용, 형용사

to be dark, be dim, be gloomy ; to be ignorant

사동형	어둡히다, 어둡게 하다, 어둡게 만들다	피동형	*어둡히다. 어둡게 되다, 어두워지다

관형사형 : 현재-진행	과거-완료	과거-회상	과거-완료-회상	미래-추측/의지
어두운	어두운	어둡던	어두웠던	어두울

인용형 : 평서	의문	명령	청유	명사형	부사형
어둡다고	어두우냐고	어두우라고	어둡자고	어둡기, 어두움	어두워, 어둡게

상대존대형_아주높임		직설체	회상체
평서형	현재	어둡습니다	어둡습디다
	현재-진행	*어둡고 있습니다, *어두운 중입니다	*어둡고 있습디다
	과거	어두웠습니다	어두웠습디다
	과거-경험	어두웠었습니다	어두웠었습디다
	과거-추측	어두웠겠습니다	어두웠겠습디다
	미래-추측/의지/가능	어둡겠습니다, *어두우렵니다, 어두울 겁니다, 어두울 수 있습니다	어둡겠습디다
의문형	현재	어둡습니까?	어둡습디까?
	과거	어두웠습니까?	어두웠습디까?
	과거-경험	어두웠었습니까?	어두웠었습디까?
	미래-추측/의지/가능	어둡겠습니까? *어두우렵니까? *어두울 겁니까? *어두우리이까? 어두울 수 있겠습니까?	어둡겠습디까?
명령형		*어두우시오, *어두우십시오	
청유형		*어두웁시다, *어두우십시다	
감탄형		어두우시구나!	

상대존대형_예사높임		'-어요'체	'-으오'체
평서형	현재	어두워요, 어둡지요, 어두우세요, *어두울래요, 어두울걸요, 어두운데요, 어둡대요, *어두울게요, 어둡잖아요	어두우오
	현재-진행	*어둡고 있어요, *어둡고 있지요, *어둡고 있으세요, *어두운 중이에요	*어둡고 있소
	과거	어두웠어요, 어두웠지요, 어두웠으세요, 어두웠잖아요	어두웠소
	과거-경험	어두웠었어요, 어두웠었지요, 어두웠었으세요	어두웠었소
	과거-추측	어두웠겠어요, 어두웠겠지요, 어두웠겠으세요	어두웠겠소
	미래-추측/의지/가능	어둡겠어요, 어둡겠지요, 어둡겠으세요, 어두울 수 있어요	어둡겠소
의문형	현재	어두워요? 어둡지요? 어두우세요? 어둡나요? *어두울까요? *어두울래요? *어두운가요? 어두운데요? 어둡대요? 어둡다면서요? 어둡다지요?	어두우오? 어둡소?
	과거	어두웠어요? 어두웠지요? 어두웠으세요?	어두웠소?
	과거-경험	어두웠었어요? 어두웠었지요? 어두웠었으세요?	어두웠었소?
	미래-추측/의지/가능	어둡겠어요? 어둡겠지요? 어둡겠으세요? 어두우리요? *어두울 거예요? *어두울 거지요? 어두울 수 있겠어요?	어둡겠소?
명령형		*어두워요, *어둡지요, *어두우세요, *어두우라니까요	*어두우오, *어둡구려
청유형		*어두워요, *어둡지요, *어두우세요, *어둡자니까요	*어두우오
감탄형		어둡군요! 어두우리요!	어둡구려!

358

상대존대형_예사낮춤		'-어'체	'-네'체
평서형	현재	어두워, 어둡지, *어두울래, 어두울걸, 어두운데, 어둡대, *어두울게, 어둡단다, *어두우마, 어둡잖아	어둡네
	현재-진행	*어둡고 있어, *어둡고 있지, *어두운 중이야	*어둡고 있네
	과거-완료	어두웠어, 어두웠지, 어두웠잖아	어두웠네
	미래-추측/의지/가능	어둡겠어, 어둡겠지, 어두울 수 있어	어둡겠네
의문형	현재	어두워? 어둡지? 어둡니? 어둡나? 어두울까? 어두우랴? *어두울래? 어두운데? 어둡대? 어둡다면서? 어둡다지?	어두운가?
	과거	어두웠어? 어두웠지? 어두웠니? 어두웠을까? 어두웠대? 어두웠다면서?	어두웠는가?
	미래	어둡겠어? 어둡겠지? 어둡겠니? 어두우리? *어두울 거야? *어두울 거지? *어두울 거니? 어두울 수 있겠어?	어두울 건가?
명령형		*어두워, *어둡지, *어두우렴, *어두우려무나, *어두우라니까	*어둡게
청유형		*어두워, *어둡지, *어둡자니까	*어둡세
감탄형		어두워! 어둡지! 어두우리!	어둡군! 어둡구먼!

상대존대형_아주낮춤		직설체	회상체
평서형	현재	어둡다	어둡더라
	현재-진행	*어둡고 있다, *어두운 중이다	*어둡고 있더라
	과거-완료	어두웠다	어두웠더라
	미래-추측/의지/가능	어둡겠다, 어두우리다, *어두우련다, 어두울 거다, 어두울 수 있다	어둡겠더라
의문형	현재	어두우냐?	어둡더냐?
	과거	어두웠느냐?	어둡더냐?
	미래	어둡겠느냐?	어둡겠더냐?
명령형		*어두워라	
청유형		*어둡자	
감탄형		어둡구나! 어둡다! 어둡도다!	어둡더구나!

연결형		연결어미	의미기능	연결어미
나열		어둡고, 어두우며	비교	*어둡느니
선택		어둡거나, 어둡든지, 어둡든가	정도	어두우리만큼
대립		어두워도, 어둡지만, 어두우나, 어두운데, 어두우면서도, 어둡되, 어둡지	조건 · 가정	어두우면, 어둡거든, 어둡거들랑, 어두워야, 어둡다면, 어두웠던들
동시		어두우면서, 어두우며	상황제시	어두운데, 어두우니, 어둡다시피
계기		*어둡고서, *어두워서, *어둡자, *어둡자마자	비유	어둡듯이
중단 · 전환		어둡다가	비례	어두울수록
양보		어두워도, 어둡더라도, 어두울지라도, 어두울지언정, 어두운들, 어두운데도, 어둡기로서니, 어두우나마, 어두울망정, 어두워 보았자	원인 · 이유	어두워서, 어두우니까, *어둡느라고, 어둡기에, 어둡길래, 어두우니만큼, 어두운지라, 어두울세라, 어두우므로
목적 · 의도		*어두우러, *어두우려고, *어둡고자	첨가	어둡거니와, 어두울뿐더러, 어두우려니와
결과		어둡도록, 어둡게끔	습관	*어둡곤

- 겨울에는 날이 빨리 어두워진다. It gets dark faster in the winter.
- 그는 어두운 표정을 지었다. He had a gloomy face.
- 경제에 어두워서 돈을 많이 벌 수 없었다.
  I couldn't make much money because of my poor knowledge on economics.

어떻다 [어떠타, ət'ətha]

'ㅎ' 불규칙활용, 형용사

to be how ; to be like what ; to be a certain

사동형	*어떻히다, 어떻게 하다, 어떻게 만들다	피동형	*어떻히다. 어떻게 되다, 어때지다

관형사형 : 현재-진행	과거-완료	과거-회상	과거-완료-회상	미래-추측/의지
어떤	어떤	어떻던	어땠던	어떨

인용형 : 평서	의문	명령	청유	명사형	부사형
어떻다고	어떠냐고	*어떠라고	*어떠자고	어떻기, 어떠함	어때, 어떻게

상대존대형_아주높임		직설체	회상체
평서형	현재	어떻습니다	어떻습디다
	현재-진행	*어떻고 있습니다, *어떤 중입니다	*어떻고 있습디다
	과거	어땠습니다	어땠습디다
	과거-경험	어땠었습니다	어땠었습디다
	과거-추측	어땠겠습니다	어땠겠습디다
	미래-추측/의지/가능	어떻겠습니다, *어떻렵니다, 어떨 겁니다, 어떨 수 있습니다	어떻겠습디다
의문형	현재	어떻습니까?	어떻습디까?
	과거	어땠습니까?	어땠습디까?
	과거-경험	어땠었습니까?	어땠었습디까?
	미래-추측/의지/가능	어떻겠습니까? *어떠렵니까? *어떨 겁니까? *어떠리이까? 어떨 수 있겠습니까?	어떻겠습디까?
명령형		*어떠시오, *어떠십시오	
청유형		*어떱시다, *어떠십시다	
감탄형		어떠시구나!	

상대존대형_예사높임		'-어요'체	'-으오'체
평서형	현재	어때요, 어떻지요, 어떠세요, *어떨래요, 어떨걸요, 어떤데요, 어떻대요, *어떨게요, 어떻잖아요	어떻오
	현재-진행	*어떻고 있어요, *어떻고 있지요, *어떻고 있으세요, *어떤 중이에요	*어떻고 있소
	과거	어땠어요, 어땠지요, 어땠으세요, 어땠잖아요	어땠소
	과거-경험	어땠었어요, 어땠었지요, 어땠었으세요	어땠었소
	과거-추측	어땠겠어요, 어땠겠지요, 어땠겠으세요	어땠겠소
	미래-추측/의지/가능	어떻겠어요, 어떻겠지요, 어떻겠으세요, 어떨 수 있어요	어떻겠소
의문형	현재	어때요? 어떻지요? 어떠세요? 어떻나요? *어떨까요? *어떨래요? *어떤가요? 어떤데요? 어떻대요? 어떻다면서요? 어떻다지요?	어떻오? 어떻소?
	과거	어땠어요? 어땠지요? 어땠으세요?	어땠소?
	과거-경험	어땠었어요? 어땠었지요? 어땠었으세요?	어땠었소?
	미래-추측/의지/가능	어떻겠어요? 어떻겠지요? 어떻겠으세요? 어떠리요? *어떨 거예요? *어떨 거지요? 어떨 수 있겠어요?	어떻겠소?
명령형		*어때요, *어떻지요, *어떠세요, *어떠라니까요	*어떻오, *어떻구려
청유형		*어때요, *어떻지요, *어떠세요, *어떻자니까요	*어떻오
감탄형		어떻군요! 어떠리요!	어떻구려!

상대존대형_예사낮춤		'-어'체	'-네'체
평서형	현재	어때, 어떻지, *어떨래, 어떨걸, 어떤데, 어떻대, *어떻게, 어떻단다, *어떻마, 어떻잖아	어떻네
	현재-진행	*어떻고 있어, *어떻고 있지, *어떤 중이야	*어떻고 있네
	과거-완료	어땠어, 어땠지, 어땠잖아	어땠네
	미래-추측/의지/가능	어떻겠어, 어떻겠지, 어떨 수 있어	어떻겠네
의문형	현재	어때? 어떻지? 어떻니? 어떻나? 어떨까? 어떠랴? *어떨래? 어떤데? 어떻대? 어떻다면서? 어떻다지?	어떤가?
	과거	어땠어? 어땠지? 어땠니? 어땠을까? 어땠대? 어땠다면서?	어땠는가?
	미래	어떻겠어? 어떻겠지? 어떻겠니? 어떠리? *어떨 거야? *어떨 거지? *어떨 거니? 어떨 수 있겠어?	어떨 건가?
명령형		*어때, *어떻지, *어떠렴, *어떠려무나, *어떠라니까	*어떻게
청유형		*어때, *어떻지, *어떻자니까	*어떠세
감탄형		어때! 어떻지! 어떠리!	어떻군! 어떻구먼!

상대존대형_아주낮춤		직설체	회상체
평서형	현재	어떻다	어떻더라
	현재-진행	*어떻고 있다, *어떤 중이다	*어떻고 있더라
	과거-완료	어땠다	어땠더라
	미래-추측/의지/가능	어떻겠다, 어떠리다, *어떠련다, 어떨 거다, 어띨 수 있다	어떻겠더라
의문형	현재	어떠냐?	어떻더냐?
	과거	어땠느냐?	어땠더냐?
	미래	어떻겠느냐?	어떻겠더냐?
명령형		*어때라	
청유형		*어떻자	
감탄형		어떻구나! 어떻다! 어떻도다!	어떻더구나!

연결형	연결어미	의미기능	연결어미
나열	어떻고, 어떠며	비교	*어떻느니
선택	어떻거나, 어떻든지, 어떻든가	정도	어떠리만큼
대립	어때도, 어떻지만, 어떠나, 어떤데, 어떠면서도, 어떻되, 어떻지	조건·가정	어떻면, 어떻거든, 어떻거들랑, 어때야, 어떻다면, 어땠던들
동시	어떠면서, 어떠며	상황제시	어떤데, 어떠니, 어떻다시피
계기	*어떻고서, *어때서, *어떻자, *어떻자마자	비유	어떻듯이
중단·전환	어떻다가	비례	어떨수록
양보	어때도, 어떻더라도, 어떨지라도, 어떨지언정, 어떤들, 어떤데도, 어떻기로서니, 어떠나마, 어떨망정, 어때 보았자	원인·이유	어때서, 어떠니까, *어떠느라고, 어떻기에, 어떻길래, 어떻니만큼, 어떤지라, 어떨세라, 어떻므로
목적·의도	*어떠러, *어떠려고, *어떻고자	첨가	어떻거니와, 어떨뿐더러, 어떠려니와
결과	어떻도록, 어떻게끔	습관	*어떻곤

- 한국 녹차 맛이 어떻습니까? How does Korean green tea taste like?
- 요즈음 어떻게 지내세요? How do you do now a days?
- 상황이야 어떻든 최선을 다해 주세요. No matter what the situation, please try your best.

어렵다 [어렵따, ʌrjʌpt'a]

'ㅂ' 불규칙활용, 형용사

to be hard, be difficult ; to be troublesome

사동형	*어렵히다, 어렵게 하다, 어렵게 만들다	피동형	*어렵히다. 어렵게 되다, 어려워지다

관형사형 : 현재-진행	과거-완료	과거-회상	과거-완료-회상	미래-추측/의지
어려운	어려운	어렵던	어려웠던	어려울

인용형 : 평서	의문	명령	청유	명사형	부사형
어렵다고	어려우냐고	*어려우라고	*어려우자고	어렵기, 어려움	어려워, 어렵게

상대존대형_아주높임		직설체	회상체
평서형	현재	어렵습니다	어렵습디다
	현재-진행	*어렵고 있습니다, *어려운 중입니다	*어렵고 있습디다
	과거	어려웠습니다	어려웠습디다
	과거-경험	어려웠었습니다	어려웠었습디다
	과거-추측	어려웠겠습니다	어려웠겠습디다
	미래-추측/의지/가능	어렵겠습니다, *어려우렵니다, 어려울 겁니다, 어려울 수 있습니다	어렵겠습디다
의문형	현재	어렵습니까?	어렵습디까?
	과거	어려웠습니까?	어려웠습디까?
	과거-경험	어려웠었습니까?	어려웠었습디까?
	미래-추측/의지/가능	어렵겠습니까? *어려우렵니까? *어려울 겁니까? 어려우리이까? 어려울 수 있겠습니까?	어렵겠습디까?
명령형		*어려우시오, *어려우십시오	
청유형		*어려웁시다, *어려우십시다	
감탄형		어려우시구나!	

상대존대형_예사높임		'-어요'체	'-으오'체
평서형	현재	어려워요, 어렵지요, 어려우세요, *어려울래요, 어려울걸요, 어려운데요, 어렵대요, *어려울게요, 어렵잖아요	어려우오
	현재-진행	*어렵고 있어요, *어렵고 있지요, *어렵고 있으세요, *어려운 중이에요	*어렵고 있소
	과거	어려웠어요, 어려웠지요, 어려웠으세요, 어려웠잖아요	어려웠소
	과거-경험	어려웠었어요, 어려웠었지요, 어려웠었으세요	어려웠었소
	과거-추측	어려웠겠어요, 어려웠겠지요, 어려웠겠으세요	어려웠겠소
	미래-추측/의지/가능	어렵겠어요, 어렵겠지요, 어렵겠으세요, 어려울 수 있어요	어렵겠소
의문형	현재	어려워요? 어렵지요? 어려우세요? 어렵나요? *어려울까요? *어려울래요? *어려운가요? 어려운데요? 어렵대요? 어렵다면서요? 어렵다지요?	어려우오? 어렵소?
	과거	어려웠어요? 어려웠지요? 어려웠으세요?	어려웠소?
	과거-경험	어려웠었어요? 어려웠었지요? 어려웠었으세요?	어려웠었소?
	미래-추측/의지/가능	어렵겠어요? 어렵겠지요? 어렵겠으세요? 어려우리요? *어려울 거예요? *어려울 거지요? 어려울 수 있겠어요?	어렵겠소?
명령형		*어려워요, *어렵지요, *어려우세요, *어려우라니까요	*어려우오, *어렵구려
청유형		*어려워요, *어렵지요, *어려우세요, *어렵자니까요	*어려우오
감탄형		어렵군요! 어려우리요!	어렵구려!

상대존대형_예사낮춤		'-어'체	'-네'체
평서형	현재	어려워, 어렵지, *어려울래, 어려울걸, 어려운데, 어렵대, *어려울게, 어렵단다, *어려우마, 어렵잖아	어렵네
	현재-진행	*어렵고 있어, *어렵고 있지, *어려운 중이야	*어렵고 있네
	과거-완료	어려웠어, 어려웠지, 어려웠잖아	어려웠네
	미래-추측/의지/가능	어렵겠어, 어렵겠지, 어려울 수 있어	어렵겠네
의문형	현재	어려워? 어렵지? 어렵니? 어렵나? 어려울까? 어려우랴? *어려울래? 어려운데? 어렵대? 어렵다면서? 어렵다지?	어려운가?
	과거	어려웠어? 어려웠지? 어려웠니? 어려웠을까? 어려웠대? 어려웠다면서?	어려웠는가?
	미래	어렵겠어? 어렵겠지? 어렵겠니? 어려우리? *어려울 거야? *어려울 거지? *어려울 거니? 어려울 수 있겠어?	어려울 건가?
명령형		*어려워, *어렵지, *어려우렴, *어려우려무나, *어려우라니까	*어렵게
청유형		*어려워, *어렵지, *어렵자니까	*어렵세
감탄형		어려워! 어렵지! 어려우리!	어렵군! 어렵구면!

상대존대형_아주낮춤		직설체	회상체
평서형	현재	어렵다	어렵더라
	현재-진행	*어렵고 있다, *어려운 중이다	*어렵고 있더라
	과거-완료	어려웠다	어려웠더라
	미래-추측/의지/가능	어렵겠다, 어려우리다, *어려우련다, 어려울 거다, 어려울 수 있다	어렵겠더라
의문형	현재	어려우냐?	어렵더냐?
	과거	어려웠느냐?	어려웠더냐?
	미래	어렵겠느냐?	어렵겠더냐?
명령형		*어려워라	
청유형		*어렵자	
감탄형		어렵구나! 어렵다! 어렵도다!	어렵더구나!

연결형	연결어미	의미기능	연결어미
나열	어렵고, 어려우며	비교	*어렵느니/어렵다느니
선택	어렵거나, 어렵든지, 어렵든가	정도	어려우리만큼
대립	어려워도, 어렵지만, 어려우나, 어려운데, 어려우면서도, 어렵되, 어렵지	조건 · 가정	어려우면, 어렵거든, 어렵거들랑, 어려워야, 어렵다면, 어려웠던들
동시	어려우면서, 어려우며	상황제시	어려운데, 어려우니, 어렵다시피
계기	*어렵고서, *어려워서, *어렵자, *어렵자마자	비유	어렵듯이
중단 · 전환	어렵다가	비례	어려울수록
양보	어려워도, 어렵더라도, 어려울지라도, 어려울지언정, 어려운들, 어려운데도, 어렵기로서니, 어려우나마, 어려울망정, 어려워 보았자	원인 · 이유	어려워서, 어려우니까, *어렵느라고, 어렵기에, 어렵길래, 어려우니만큼, 어려운지라, 어려울세라, 어려우므로
목적 · 의도	*어려우러, *어려우려고, *어렵고자	첨가	어렵거니와, 어려울뿐더러, 어려우려니와
결과	어렵도록, 어렵게끔	습관	*어렵곤

- 좋은 대학 들어가기가 매우 어렵다. It's very difficult to get into a good university.
- 만나기는 쉬워도 헤어지기는 어려운 법이다.
  It's easy to get together, but harder to say good bye.
- 수학 문제가 아무리 어려워도 끝까지 포기하지 마라.
  No matter how hard the math problem may be, do not give up.

어리다1 [어리다, ərida]

'이' 규칙활용, 형용사

to be young, be infant, be juvenile

사동형	*어리히다, *어리게 하다, 어리게 만들다		피동형	*어리히다. 어리게 되다, 어려지다	
관형사형 : 현재-진행		과거-완료	과거-회상	과거-완료-회상	미래-추측/의지
어린		어린	어리던	어렸던	어릴

인용형 : 평서		의문	명령	청유	명사형	부사형
어리다고		어리냐고	*어리라고	*어리자고	어리기, 어림	어려, 어리게

상대존대형_아주높임		직설체	회상체
평서형	현재	어립니다	어립디다
	현재-진행	*어리고 있습니다, *어리는 중입니다	*어리고 있습디다
	과거	어렸습니다	어렸습디다
	과거-경험	어렸었습니다	어렸었습디다
	과거-추측	어렸겠습니다	어렸겠습디다
	미래-추측/의지/가능	어리겠습니다, *어리렵니다, 어릴 겁니다, 어릴 수 있습니다	어리겠습디다
의문형	현재	어립니까?	어립디까?
	과거	어렸습니까?	어렸습디까?
	과거-경험	어렸었습니까?	어렸었습디까?
	미래-추측/의지/가능	어리겠습니까? *어리렵니까? *어릴 겁니까? *어리리이까? 어릴 수 있겠습니까?	어리겠습디까?
명령형		*어리시오, *어리십시오	
청유형		*어립시다, *어리십시다	
감탄형		어리시구나!	

상대존대형_예사높임		'-어요'체	'-으오'체
평서형	현재	어려요, 어리지요, 어리세요, *어릴래요, 어릴걸요, 어린데요, 어리대요, *어릴게요, 어리잖아요	어리오
	현재-진행	어리고 있어요, 어리고 있지요, 어리고 있으세요, 어리는 중이에요	어리고 있소
	과거	어렸어요, 어렸지요, 어렸으세요, 어렸잖아요	어렸소
	과거-경험	어렸었어요, 어렸었지요, 어렸었으세요	어렸었소
	과거-추측	어렸겠어요, 어렸겠지요, 어렸겠으세요	어렸겠소
	미래-추측/의지/가능	어리겠어요, 어리겠지요, 어리겠으세요, 어릴 수 있어요	어리겠소
의문형	현재	어려요? 어리지요? 어리세요? 어리나요? *어릴까요? *어릴래요? 어린가요? 어린데요? 어리대요? 어리다면서요? 어리다지요?	어리오? *어리소?
	과거	어렸어요? 어렸지요? 어렸으세요?	어렸소?
	과거-경험	어렸었어요? 어렸었지요? 어렸었으세요?	어렸었소?
	미래-추측/의지/가능	어리겠어요? 어리겠지요? 어리겠으세요? 어리리요? *어릴 거예요? *어릴 거지요? 어릴 수 있겠어요?	어리겠소?
명령형		*어려요, *어리지요, *어리세요, *어리라니까요	*어리오, *어리구려
청유형		*어려요, *어리지요, *어리세요, *어리자니까요	*어리오
감탄형		어리군요! 어리리요!	어리구려!

상대존대형_예사낮춤		'-어'체	'-네'체
평서형	현재	어려, 어리지, 어릴래, 어릴걸, 어린데, 어리대, *어릴게, 어리단다, 어리마, 어리잖아	어리네
	현재-진행	어리고 있어, 어리고 있지, 어리는 중이야	어리고 있네
	과거-완료	어렸어, 어렸지, 어렸잖아	어렸네
	미래-추측/의지/가능	어리겠어, 어리겠지, 어릴 수 있어	어리겠네
의문형	현재	어려? 어리지? 어리니? 어리나? 어릴까? *어리랴? *어릴래? 어린데? 어리대? 어리다면서? 어리다지?	어리는가?
	과거	어렸어? 어렸지? 어렸니? 어렸을까? 어렸대? 어렸다면서?	어렸는가?
	미래	어리겠어? 어리겠지? *어리겠니? *어리리? *어릴 거야? 어릴 거지? *어릴 거니? 어릴 수 있겠어?	*어릴 건가?
명령형		*어려, *어리지, *어리렴, *어리려무나, *어리라니까	*어리게
청유형		*어려, *어리지, *어리자니까	*어리세
감탄형		어려! 어리지! 어리리!	어리군! 어리구먼!

상대존대형_아주낮춤		직설체	회상체
평서형	현재	어리다	어리더라
	현재-진행	*어리고 있다, *어리는 중이다	*어리고 있더라
	과거-완료	어렸다	어렸더라
	미래-추측/의지/가능	어리겠다, 어리리다, *어리련다, 어릴 거다, 어릴 수 있다	어리겠더라
의문형	현재	어리느냐?	어리더냐?
	과거	어렸느냐?	어렸더냐?
	미래	어리겠느냐?	어리겠더냐?
명령형		*어려라	
청유형		*어리자	
감탄형		*어리구나! 어리는다! 어리도다!	어리더구나!

연결형	연결어미	의미기능	연결어미
나열	어리고, 어리며	비교	*어리느니/어리다느니
선택	어리거나, 어리든지, 어리든가	정도	어리리만큼
대립	어려도, 어리지만, 어리나, 어린데, 어리면서도, 어리되, 어리지	조건 · 가정	어리면, 어리거든, 어리거들랑, 어려야, 어리다면, 어렸던들
동시	어리면서, 어리며	상황제시	어린데, 어리니, *어리다시피
계기	*어리고서, *어려서, *어리자, *어리자마자	비유	어리듯이
중단 · 전환	어리다가	비례	어릴수록
양보	어려도, 어리더라도, 어릴지라도, 어릴지언정, 어린들, 어린데도, 어리기로서니, 어리나마, 어릴망정, 어려 보았자	원인 · 이유	어려서, 어리니까, *어리느라고, 어리기에, 어리길래, 어리니만큼, 어린지라, 어릴세라, 어리므로
목적 · 의도	*어리러, *어리려고, *어리고자	첨가	어리거니와, 어릴뿐더러, 어리려니와
결과	어리도록, 어리게끔	습관	*어리곤

얻다 [언:따, ədːtʼa]

'ㄷ' 규칙활용, 타동사

to get, acquire, obtain, produce ; to take (a woman) in marriage

사동형	*얻히다, 얻게 하다, 얻게 만들다	피동형	*얻히다. 얻게 되다, 얻어지다

관형사형 : 현재-진행	과거-완료	과거-회상	과거-완료-회상	미래-추측/의지
얻는	얻은	얻던	얻었던	얻을

인용형 : 평서	의문	명령	청유	명사형	부사형
얻는다고	얻느냐고	얻으라고	얻자고	얻기, 얻음	얻어, 얻게

상대존대형_아주높임		직설체	회상체
평서형	현재	얻습니다	얻습디다
	현재-진행	얻고 있습니다, 얻는 중입니다	얻고 있습디다
	과거	얻었습니다	얻었습디다
	과거-경험	얻었었습니다	얻었었습디다
	과거-추측	얻었겠습니다	얻었겠습디다
	미래-추측/의지/가능	얻겠습니다, 얻으렵니다, 얻을 겁니다, 얻을 수 있습니다	얻겠습디다
의문형	현재	얻습니까?	얻습디까?
	과거	얻었습니까?	얻었습디까?
	과거-경험	얻었었습니까?	얻었었습디까?
	미래-추측/의지/가능	얻겠습니까? 얻으렵니까? 얻을 겁니까? 얻으리이까? 얻을 수 있겠습니까?	얻겠습디까?
명령형		얻으시오, 얻으십시오	
청유형		얻읍시다, 얻으십시다	
감탄형		얻으시는구나!	

상대존대형_예사높임		'-어요'체	'-으오'체
평서형	현재	얻어요, 얻지요, 얻으세요, 얻을래요, 얻을걸요, 얻는데요, 얻는대요, 얻을게요, 얻잖아요	얻으오
	현재-진행	얻고 있어요, 얻고 있지요, 얻고 있으세요, 얻는 중이에요	얻고 있소
	과거	얻었어요, 얻었지요, 얻었으세요, 얻었잖아요	얻었소
	과거-경험	얻었었어요, 얻었었지요, 얻었었으세요	얻었었소
	과거-추측	얻었겠어요, 얻었겠지요, 얻었겠으세요	얻었겠소
	미래-추측/의지/가능	얻겠어요, 얻겠지요, 얻겠으세요, 얻을 수 있어요	얻겠소
의문형	현재	얻어요? 얻지요? 얻으세요? 얻나요? 얻을까요? 얻을래요? 얻는가요? 얻는데요? 얻는대요? 얻는다면서요? 얻는다지요?	얻으오? 얻소?
	과거	얻었어요? 얻었지요? 얻었으세요?	얻었소?
	과거-경험	얻었었어요? 얻었었지요? 얻었었으세요?	얻었었소?
	미래-추측/의지/가능	얻겠어요? 얻겠지요? 얻겠으세요? 얻으리요? 얻을 거예요? 얻을 거지요? 얻을 수 있겠어요?	얻겠소?
명령형		얻어요, 얻지요, 얻으세요, 얻으라니까요	얻으오, 얻구려
청유형		얻어요, 얻지요, 얻으세요, 얻자니까요	얻으오
감탄형		얻는군요! 얻으리요!	얻는구려!

상대존대형_예사낮춤		'-어'체	'-네'체
평서형	현재	얻어, 얻지, 얻을래, 얻을걸, 얻는데, 얻는대, 얻을게, 얻는단다, 얻으마, 얻잖아	얻네
	현재-진행	얻고 있어, 얻고 있지, 얻는 중이야	얻고 있네
	과거-완료	얻었어, 얻었지, 얻었잖아	얻었네
	미래-추측/의지/가능	얻겠어, 얻겠지, 얻을 수 있어	얻겠네
의문형	현재	얻어? 얻지? 얻니? 얻나? 얻을까? 얻으랴? 얻을래? 얻는데? 얻는대? 얻는다면서? 얻는다지?	얻는가?
	과거	얻었어? 얻었지? 얻었니? 얻었을까? 얻었대? 얻었다면서?	얻었는가?
	미래	얻겠어? 얻겠지? 얻겠니? 얻으리? 얻을 거야? 얻을 거지? 얻을 거니? 얻을 수 있겠어?	얻을 건가?
명령형		얻어, 얻지, 얻으렴, 얻으려무나, 얻으라니까	얻게
청유형		얻어, 얻지, 얻자니까	얻세
감탄형		얻어! 얻지! 얻으리!	얻는군! 얻는구먼!

상대존대형_아주낮춤		직설체	회상체
평서형	현재	얻는다	얻더라
	현재-진행	얻고 있다, 얻는 중이다	얻고 있더라
	과거-완료	얻었다	얻었더라
	미래-추측/의지/가능	얻겠다, 얻으리다, 얻으련다, 얻을 거다, 얻을 수 있다	얻겠더라
의문형	현재	얻느냐?	얻더냐?
	과거	얻었느냐?	얻었더냐?
	미래	얻겠느냐?	얻겠더냐?
명령형		얻어라	
청유형		얻자	
감탄형		얻는구나! 얻는다! 얻는도다!	얻더구나!

연결형	연결어미	의미기능	연결어미
나열	얻고, 얻으며	비교	얻느니
선택	얻거나, 얻든지, 얻든가	정도	얻으리만큼
대립	얻어도, 얻지만, 얻으나, 얻는데, 얻으면서도, 얻되, 얻지	조건·가정	얻으면, 얻거든, 얻거들랑, 얻어야, 얻는다면, 얻었던들
동시	얻으면서, 얻으며	상황제시	얻는데, 얻으니, 얻다시피
계기	얻고서, 얻어서, 얻자, 얻자마자	비유	얻듯이
중단·전환	얻다가	비례	얻을수록
양보	얻어도, 얻더라도, 얻을지라도, 얻을지언정, 얻은들, 얻는데도, 얻기로서니, 얻으나마, 얻을망정, 얻어 보았자	원인·이유	얻어서, 얻으니까, 얻느라고, 얻기에, 얻길래, 얻느니만큼, 얻는지라, 얻을세라, 얻으므로
목적·의도	얻으러, 얻으려고, 얻고자	첨가	얻거니와, 얻을뿐더러, 얻으려니와
결과	얻도록, 얻게끔	습관	얻곤

367

얼다 [얼:다, əl:da]

'ㄹ' 불규칙활용, 자동사

to freeze ; to be frozen ; to get nervous ; to lost one's composure

사동형	얼리다, 얼게 하다, 얼게 만들다		피동형	얼리다. 얼게 되다, 얼어지다, 얼려지다

관형사형 : 현재-진행	과거-완료	과거-회상	과거-완료-회상	미래-추측/의지
어는	언	얼던	얼었던	얼

인용형 : 평서	의문	명령	청유	명사형	부사형
언다고	어느냐고	*어라고	*얼자고	얼기, 얾, 얼음	얼어, 얼게

상대존대형_아주높임		직설체	회상체
평서형	현재	업니다	업디다
	현재-진행	얼고 있습니다, 어는 중입니다	얼고 있습디다
	과거	얼었습니다	얼었습디다
	과거-경험	얼었었습니다	얼었었습디다
	과거-추측	얼었겠습니다	얼었겠습디다
	미래-추측/의지/가능	얼겠습니다, 얼렵니다, 얼 겁니다, 얼 수 있습니다	얼겠습디다
의문형	현재	업니까?	업디까?
	과거	얼었습니까?	얼었습디까?
	과거-경험	얼었었습니까?	얼었었습디까?
	미래-추측/의지/가능	얼겠습니까? *얼렵니까? *얼 겁니까? 얼리이까? 얼 수 있겠습니까?	얼겠습디까?
명령형		어시오, 어십시오	
청유형		업시다, 어십시다	
감탄형		어시는구나!	

상대존대형_예사높임		'-어요'체	'-으오'체
평서형	현재	얼어요, 얼지요, 어세요, 얼래요, 얼걸요, 어는데요, 언대요, 얼게요, 얼잖아요	어오
	현재-진행	얼고 있어요, 얼고 있지요, 얼고 있으세요, 어는 중이에요	얼고 있소
	과거	얼었어요, 얼었지요, 얼었으세요, 얼었잖아요	얼었소
	과거-경험	얼었었어요, 얼었었지요, 얼었었으세요	얼었었소
	과거-추측	얼었겠어요, 얼었겠지요, 얼었겠으세요	얼었겠소
	미래-추측/의지/가능	얼겠어요, 얼겠지요, 얼겠으세요, 얼 수 있어요	얼겠소
의문형	현재	얼어요? 얼지요? 어세요? 얼나요? 얼까요? 얼래요? 어는가요? 어는데요? 언대요? 언다면서요? 언다지요?	어오? *얼소?
	과거	얼었어요? 얼었지요? 얼었으세요?	얼었소?
	과거-경험	얼었었어요? 얼었었지요? 얼었었으세요?	얼었었소?
	미래-추측/의지/가능	얼겠어요? 얼겠지요? 얼겠으세요? 얼리요? *얼 거예요? *얼 거지요? 얼 수 있겠어요?	얼겠소?
명령형		얼어요, 얼지요, 어세요, 얼라니까요	어오, 얼구려
청유형		얼어요, 얼지요, 어세요, 얼자니까요	어오
감탄형		어는군요! 얼리요!	어는구려!

상대존대형_예사낮춤		'-어'체	'-네'체
평서형	현재	얼어, 얼지, 얼래, 얼걸, 어는데, 언대, 얼게, 언단다, 얼마, 얼잖아	어네
	현재-진행	얼고 있어, 얼고 있지, 어는 중이야	얼고 있네
	과거-완료	얼었어, 얼었지, 얼었잖아	얼었네
	미래-추측/의지/가능	얼겠어, 얼겠지, 얼 수 있어	얼겠네
의문형	현재	얼어? 얼지? 어니? 어나? 얼까? 얼으랴? 얼래? 어는데? 언대? 언다면서? 언다지?	어는가?
	과거	얼었어? 얼었지? 얼었니? 얼었을까? 얼었대? 얼었다면서?	얼었는가?
	미래	얼겠어? 얼겠지? 얼겠니? 얼리? 얼 거야? 얼 거지? 얼 거니? 얼 수 있겠어?	얼 건가?
명령형		얼어, 얼지, 얼렴, 얼려무나, 얼라니까	얼게
청유형		얼어, 얼지, 얼자니까	어세
감탄형		얼어! 얼지! 얼리!	어는군! 어는구면!

상대존대형_아주낮춤		직설체	회상체
평서형	현재	언다	얼더라
	현재-진행	얼고 있다, 어는 중이다	얼고 있더라
	과거-완료	얼었다	얼었더라
	미래-추측/의지/가능	얼겠다, 얼리다, 얼련다, 얼 거다, 얼 수 있다	얼겠더라
의문형	현재	어느냐?	얼더냐?
	과거	얼었느냐?	얼었더냐?
	미래	얼겠느냐?	얼겠더냐?
명령형		얼어라	
청유형		얼자	
감탄형		어는구나! 언다! 어는도다!	얼더구나!

연결형	연결어미	의미기능	연결어미
나열	얼고, 얼며	비교	어느니
선택	얼거나, 얼든지, 얼든가	정도	얼리만큼
대립	얼어도, 얼지만, 어나, 어는데, 얼면서도, 얼되, 얼지	조건·가정	얼면, 얼거든, 얼거들랑, 얼어야, 언다면, 얼었던들
동시	얼면서, 얼며	상황제시	어는데, 어니, 얼다시피
계기	얼고서, 얼어서, 얼자, 얼자마자	비유	얼듯이
중단·전환	얼다가	비례	얼수록
양보	얼어도, 얼더라도, 얼지라도, 얼지언정, 언들, 어는데도, 얼기로서니, 어나마, 얼망정, 얼어 보았자	원인·이유	얼어서, 어니까, 어느라고, 얼기에, 얼길래, 어느니만큼, 어는지라, 얼세라, 얼므로
목적·의도	얼러, 얼려고, 얼고자	첨가	얼거니와, 얼뿐더러, 얼려니와
결과	얼도록, 얼게끔	습관	얼곤

• 얼음이 얼었다. The ice froze.

• 이젠 언 발에 오줌 누기다. Now is just urinating on a frozen leg.

• 고기가 꽁꽁 얼어서 얼음 덩어리 같이 되었다.
  The meat is frozen to a block of ice.

업다 [업따, əpt'a]

'ㅂ' 규칙활용, 타동사

to carry on one's back, carry (a child) pick-a-back

사동형	업히다, 업게 하다, 업게 만들다	피동형	업히다. 업게 되다, 업어지다, 업혀지다

관형사형 : 현재-진행	과거-완료	과거-회상	과거-완료-회상	미래-추측/의지
업는	업은	업던	업었던	업을

인용형 : 평서	의문	명령	청유	명사형	부사형
업는다고	업느냐고	업으라고	업자고	업기, 업음	업어, 업게

상대존대형_아주높임		직설체	회상체
평서형	현재	업습니다	업습디다
	현재-진행	업고 있습니다, 업는 중입니다	업고 있습디다
	과거	업었습니다	업었습디다
	과거-경험	업었었습니다	업었었습디다
	과거-추측	업었겠습니다	업었겠습디다
	미래-추측/의지/가능	업겠습니다, 업으렵니다, 업을 겁니다, 업을 수 있습니다	업겠습디다
의문형	현재	업습니까?	업습디까?
	과거	업었습니까?	업었습디까?
	과거-경험	업었었습니까?	업었었습디까?
	미래-추측/의지/가능	업겠습니까? 업으렵니까? 업을 겁니까? 업으리이까? 업을 수 있겠습니까?	업겠습디까?
명령형		업으시오, 업으십시오	
청유형		업읍시다, 업으십시다	
감탄형		업으시는구나!	

상대존대형_예사높임		'-어요'체	'-으오'체
평서형	현재	업어요, 업지요, 업으세요, 업을래요, 업을걸요, 업는데요, 업는대요, 업을게요, 업잖아요	업으오
	현재-진행	업고 있어요, 업고 있지요, 업고 있으세요, 업는 중이에요	업고 있소
	과거	업었어요, 업었지요, 업었으세요, 업었잖아요	업었소
	과거-경험	업었었어요, 업었었지요, 업었었으세요	업었었소
	과거-추측	업었겠어요, 업었겠지요, 업었겠으세요	업었겠소
	미래-추측/의지/가능	업겠어요, 업겠지요, 업겠으세요, 업을 수 있어요	업겠소
의문형	현재	업어요? 업지요? 업으세요? 업나요? 업을까요? 업을래요? 업는가요? 업는데요? 업는대요? 업는다면서요? 업는다지요?	업으오? 업소?
	과거	업었어요? 업었지요? 업었으세요?	업었소?
	과거-경험	업었었어요? 업었었지요? 업었었으세요?	업었었소?
	미래-추측/의지/가능	업겠어요? 업겠지요? 업겠으세요? 업으리요? 업을 거예요? 업을 거지요? 업을 수 있겠어요?	업겠소?
명령형		업어요, 업지요, 업으세요, 업으라니까요	업으오, 업구려
청유형		업어요, 업지요, 업으세요, 업자니까요	업으오
감탄형		업는군요! 업으리요!	업는구려!

상대존대형_예사낮춤		'-어'체	'-네'체
평서형	현재	업어, 업지, 업을래, 업을걸, 업는데, 업는대, 업을게, 업는단다, 업으마, 업잖아	업네
	현재-진행	업고 있어, 업고 있지, 업는 중이야	업고 있네
	과거-완료	업었어, 업었지, 업었잖아	업었네
	미래-추측/의지/가능	업겠어, 업겠지, 업을 수 있어	업겠네
의문형	현재	업어? 업지? 업니? 업나? 업을까? 업으랴? 업을래? 업는데? 업는대? 업는다면서? 업는다지?	업는가?
	과거	업었어? 업었지? 업었니? 업었을까? 업었대? 업었다면서?	업었는가?
	미래	업겠어? 업겠지? 업겠니? 업으리? 업을 거야? 업을 거지? 업을 거니? 업을 수 있겠어?	업을 건가?
명령형		업어, 업지, 업으렴, 업으려무나, 업으라니까	업게
청유형		업어, 업지, 업자니까	업세
감탄형		업어! 업지! 업으리!	업는군! 업는구먼!

상대존대형_아주낮춤		직설체	회상체
평서형	현재	업는다	업더라
	현재-진행	업고 있다, 업는 중이다	업고 있더라
	과거-완료	업었다	업었더라
	미래-추측/의지/가능	업겠다, 업으리다, 업으련다, 업을 거다, 업을 수 있다	업겠더라
의문형	현재	업느냐?	업더냐?
	과거	업었느냐?	업었더냐?
	미래	업겠느냐?	업겠더냐?
명령형		업어라	
청유형		업자	
감탄형		업는구나! 업는다! 업는도다!	업더구나!

연결형	연결어미	의미기능	연결어미
나열	업고, 업으며	비교	업느니
선택	업거나, 업든지, 업든가	정도	업으리만큼
대립	업어도, 업지만, 업으나, 업는데, 업으면서도, 업되, 업지	조건·가정	업으면, 업거든, 업거들랑, 업어야, 업는다면, 업었던들
동시	업으면서, 업으며	상황제시	업는데, 업으니, 업다시피
계기	업고서, 업어서, 업자, 업자마자	비유	업듯이
중단·전환	업다가	비례	업을수록
양보	업어도, 업더라도, 업을지라도, 업을지언정, 업은들, 업는데도, 업기로서니, 업으나마, 업을망정, 업어 보았자	원인·이유	업어서, 업으니까, 업느라고, 업기에, 업길래, 업느니만큼, 업는지라, 업을세라, 업으므로
목적·의도	업으러, 업으려고, 업고자	첨가	업거니와, 업을뿐더러, 업으려니와
결과	업도록, 업게끔	습관	업곤

- 엄마가 아기를 업고 있다. The mother is carrying her baby on her back.
- 네가 업고 있는 아이의 이름이 뭐냐?
  What is the name of the baby you are carrying on your back?
- 아빠가 아기를 업으니까 울지 않는구나.
  The baby is not crying because the father is carrying him on his back

없다 [업ː따, əpːtʼa]

'자음' 규칙활용, 형용사

to be not, not exis, not have ; to be lake ; to be lost ; to be gone

| 사동형 | 없애다, 없게 하다, 없게 만들다 | | 피동형 | | *없히다. 없게 되다, 없어지다 | |

관형사형 : 현재-진행	과거-완료	과거-회상	과거-완료-회상	미래-추측/의지
없는	없은	없던	없었던	없을

인용형 : 평서	의문	명령	청유	명사형	부사형
없다고	없느냐고	*없으라고	*없자고	없기, 없음	없어, 없게

상대존대형_아주높임		직설체	회상체
평서형	현재	없습니다	없습디다
	현재-진행	*없고 있습니다, *없는 중입니다	*없고 있습디다
	과거	없었습니다	없었습디다
	과거-경험	없었었습니다	없었었습디다
	과거-추측	없었겠습니다	없었겠습디다
	미래-추측/의지/가능	없겠습니다, *없으렵니다, 없을 겁니다, 없을 수 있습니다	없겠습디다
의문형	현재	없습니까?	없습디까?
	과거	없었습니까?	없었습디까?
	과거-경험	없었었습니까?	없었었습디까?
	미래-추측/의지/가능	없겠습니까? *없으렵니까? *없을 겁니까? *없으리이까? 없을 수 있겠습니까?	없겠습디까?
명령형		*없으시오, *없으십시오	
청유형		*없읍시다, *없으십시다	
감탄형		없으시구나!	

상대존대형_예사높임		'-어요'체	'-으오'체
평서형	현재	없어요, 없지요, 없세요, *없을래요, 없을걸요, 없는데요, 없대요, *없을게요, 없잖아요	없으오
	현재-진행	*없고 있어요, *없고 있지요, *없고 있으세요, *없는 중이에요	*없고 있소
	과거	없었어요, 없었지요, 없었으세요, 없었잖아요	없었소
	과거-경험	없었었어요, 없었었지요, 없었었으세요	없었었소
	과거-추측	없었겠어요, 없었겠지요, 없었겠으세요	없었겠소
	미래-추측/의지/가능	없겠어요, 없겠지요, 없겠으세요, 없을 수 있어요	없겠소
의문형	현재	없어요? 없지요? 없세요? 없나요? 없을까요? *없을래요? 없는가요? 없는데요? 없대요? 없다면서요? 없다지요?	없으오? 없소?
	과거	없었어요? 없었지요? 없었으세요?	없었소?
	과거-경험	없었었어요? 없었었지요? 없었었으세요?	없었었소?
	미래-추측/의지/가능	없겠어요? 없겠지요? 없겠으세요? 없으리요? *없을 거예요? *없을 거지요? 없을 수 있겠어요?	없겠소?
명령형		*없어요, *없지요, *없으세요, *없으라니까요	*없으오, *없구려
청유형		*없어요, *없지요, *없으세요, *없자니까요	*없으오
감탄형		없군요! 없으리요!	없구려!

상대존대형_예사낮춤		'-어'체	'-네'체
평서형	현재	없어, 없지, *없을래, 없을걸, 없는데, 없대, *없을게, 없단다, *없으마, 없잖아	없네
	현재-진행	*없고 있어, *없고 있지, *없는 중이야	*없고 있네
	과거-완료	없었어, 없었지, 없었잖아	없었네
	미래-추측/의지/가능	없겠어, 없겠지, 없을 수 있어	없겠네
의문형	현재	없어? 없지? 없니? 없나? 없을까? 없으랴? *없을래? 없는데? 없대? 없다면서? 없다지?	없은가?
	과거	없었어? 없었지? 없었니? 없었을까? 없었대? 없었다면서?	없었는가?
	미래	없겠어? 없겠지? 없겠니? 없으리? *없을 거야? *없을 거지? *없을 거니? 없을 수 있겠어?	없을 건가?
명령형		*없어, *없지, *없으렴, *없으려무나, *없으라니까	*없게
청유형		*없어, *없지, *없자니까	*없세
감탄형		없어! 없지! 없으리!	없군! 없구면!

상대존대형_아주낮춤		직설체	회상체
평서형	현재	없다	없더라
	현재-진행	*없고 있다, *없는 중이다	*없고 있더라
	과거-완료	없었다	없었더라
	미래-추측/의지/가능	없겠다, 없으리다, *없으련다, 없을 거다, 없을 수 있다	없겠더라
의문형	현재	없느냐?	없더냐?
	과거	없었느냐?	없었더냐?
	미래	없겠느냐?	없겠더냐?
명령형		*없어라	
청유형		*없자	
감탄형		없구나! 없다! 없도다!	없더구나!

연결형	연결어미	의미기능	연결어미
나열	없고, 없으며	비교	*없느니
선택	없거나, 없든지, 없든가	정도	없으리만큼
대립	없어도, 없지만, 없으나, 없는데, 없으면서도, 없되, 없지	조건·가정	없으면, 없거든, 없거들랑, 없어야, 없다면, 없었던들
동시	없으면서, 없으며	상황제시	없는데, 없으니, 없다시피
계기	*없고서, *없어서, *없자, *없자마자	비유	없듯이
중단·전환	없다가	비례	없을수록
양보	없어도, 없더라도, 없을지라도, 없을지언정, 없은들, 없는데도, 없기로서니, 없으나마, 없을망정, 없어 보았자	원인·이유	없어서, 없으니까, *없느라고, 없기에, 없길래, 없으니만큼, 없는지라, 없을세라, 없으므로
목적·의도	*없으러, *없으려고, *없고자	첨가	없거니와, 없을뿐더러, 없으려니와
결과	없도록, 없게끔	습관	*없곤

기본예문
- 그 할아버지는 재산이 별로 없다. That grandfather has very little property.
- 결점이 없는 사람은 아무도 없다. There is no one without a defect.
- 그녀는 상식이 없어도 너무 없다. She does not have any common sense at all.

여위다 [여위다, jəydal]

'위' 규칙활용, 자동사

to become lean ; to lose (one's) weight

사동형	*여위히다, 여위게 하다, 여위게 만들다		피동형	*여위히다. 여위게 되다, 여위어지다	

관형사형 : 현재-진행	과거-완료	과거-회상	과거-완료-회상	미래-추측/의지
여위는	여윈	여위던	여위었던	여윌

인용형 : 평서	의문	명령	청유	명사형	부사형
여윈다고	여위느냐고	여위라고	여위자고	여위기, 여윔	여위어, 여위게

상대존대형_아주높임		직설체	회상체
평서형	현재	여윕니다	여윕디다
	현재-진행	여위고 있습니다, 여위는 중입니다	여위고 있습디다
	과거	여위었습니다	여위었습디다
	과거-경험	여위었었습니다	여위었었습디다
	과거-추측	여위었겠습니다	여위었겠습디다
	미래-추측/의지/가능	여위겠습니다, 여위렵니다, 여윌 겁니다, 여윌 수 있습니다	여위겠습디다
의문형	현재	여윕니까?	여윕디까?
	과거	여위었습니까?	여위었습디까?
	과거-경험	여위었었습니까?	여위었었습디까?
	미래-추측/의지/가능	여위겠습니까? 여위렵니까? 여윌 겁니까? 여위리이까? 여윌 수 있겠습니까?	여위겠습디까?
명령형		여위시오, 여위십시오	
청유형		여윕시다, 여위십시다	
감탄형		여위시는구나!	

상대존대형_예사높임		'-어요'체	'-으오'체
평서형	현재	여위어요, 여위지요, 여위세요, 여윌래요, 여윌걸요, 여위는데요, 여윈대요, 여윌게요, 여위잖아요	여위오
	현재-진행	여위고 있어요, 여위고 있지요, 여위고 있으세요, 여위는 중이에요	여위고 있소
	과거	여위었어요, 여위었지요, 여위었으세요, 여위었잖아요	여위었소
	과거-경험	여위었었어요, 여위었었지요, 여위었었으세요	여위었었소
	과거-추측	여위었겠어요, 여위었겠지요, 여위었겠으세요	여위었겠소
	미래-추측/의지/가능	여위겠어요, 여위겠지요, 여위겠으세요, 여윌 수 있어요	여위겠소
의문형	현재	여위어요? 여위지요? 여위세요? 여위나요? 여윌까요? 여윌래요? 여위는가요? 여위는데요? 여윈대요? 여윈다면서요? 여윈다지요?	여위오? *여위소?
	과거	여위었어요? 여위었지요? 여위었으세요?	여위었소?
	과거-경험	여위었었어요? 여위었었지요? 여위었었으세요?	여위었었소?
	미래-추측/의지/가능	여위겠어요? 여위겠지요? 여위겠으세요? 여위리요? 여윌 거예요? 여윌 거지요? 여윌 수 있겠어요?	여위겠소?
명령형		여위어요, 여위지요, 여위세요, 여위라니까요	여위오, 여위구려
청유형		여위어요, 여위지요, 여위세요, 여위자니까요	여위오
감탄형		여위는군요! 여위리요!	여위는구려!

상대존대형_예사낮춤		'-어'체	'-네'체
평서형	현재	여위어, 여위지, 여윌래, 여윌걸, 여위는데, 여윈대, 여윌게, 여윈단다, 여위마, 여위잖아	여위네
	현재-진행	여위고 있어, 여위고 있지, 여위는 중이야	여위고 있네
	과거-완료	여위었어, 여위었지, 여위었잖아	여위었네
	미래-추측/의지/가능	여위겠어, 여위겠지, 여윌 수 있어	여위겠네
의문형	현재	여위어? 여위지? 여위니? 여위나? 여윌까? 여위랴? 여윌래? 여위는데? 여윈대? 여윈다면서? 여윈다지?	여위는가?
	과거	여위었어? 여위었지? 여위었니? 여위었을까? 여위었대? 여위었다면서?	여위었는가?
	미래	여위겠어? 여위겠지? 여위겠니? 여위리? 여윌 거야? 여윌 거지? 여윌 거니? 여윌 수 있겠어?	여윌 건가?
명령형		여위어, 여위지, 여위렴, 여위려무나, 여위라니까	여위게
청유형		여위어, 여위지, 여위자니까	여위세
감탄형		여위어! 여위지! 여위리!	여위는군! 여위는구먼!

상대존대형_아주낮춤		직설체	회상체
평서형	현재	여윈다	여위더라
	현재-진행	여위고 있다, 여위는 중이다	여위고 있더라
	과거-완료	여위었다	여위었더라
	미래-추측/의지/가능	여위겠다, 여위리다, 여위련다, 여윌 거다, 여윌 수 있다	여위겠더라
의문형	현재	여위느냐?	여위더냐?
	과거	여위었느냐?	여위었더냐?
	미래	여위겠느냐?	여위겠더냐?
명령형		여위어라	
청유형		여위자	
감탄형		여위는구나! 여윈다! 여위는도다!	여위더구나!

연결형	연결어미	의미기능	연결어미
나열	여위고, 여위며	비교	여위느니
선택	여위거나, 여위든지, 여위든가	정도	여위리만큼
대립	여위어도, 여위지만, 여위나, 여위는데, 여위면서도, 여위되, 여위지	조건 · 가정	여위면, 여위거든, 여위거들랑, 여위어야, 여윈다면, 여위었던들
동시	여위면서, 여위며	상황제시	여위는데, 여위니, 여위다시피
계기	여위고서, 여위어서, 여위자, 여위자마자	비유	여위듯이
중단 · 전환	여위다가	비례	여윌수록
양보	여위어도, 여위더라도, 여윌지라도, 여윌지언정, 여윈들, 여위는데도, 여위기로서니, 여위나마, 여윌망정, 여위어 보았자	원인 · 이유	여위어서, 여위니까, 여위느라고, 여위기에, 여위길래, 여위느니만큼, 여위는지라, 여윌세라, 여위므로
목적 · 의도	여위러, 여위려고, 여위고자	첨가	여위거니와, 여윌뿐더러, 여위려니와
결과	여위도록, 여위게끔	습관	여위곤

열다2 [열:다, jəl:da] 'ㄹ' 불규칙활용, 타동사

to open, unfold, unlock ; to set up ; to give open ; to make way ; to start

사동형	*열히다, 열게 하다, 열게 만들다			피동형	열리다. 열게 되다, 열어지다	
관형사형 : 현재-진행		과거-완료	과거-회상	과거-완료-회상		미래-추측/의지
여는		연	열던	열었던		열

인용형 : 평서	의문	명령	청유	명사형	부사형
연다고	여느냐고	여라고	열자고	열기, 엶	열어, 열게

상대존대형_아주높임		직설체	회상체
평서형	현재	엽니다	엽디다
	현재-진행	열고 있습니다, 여는 중입니다	열고 있습디다
	과거	열었습니다	열었습디다
	과거-경험	열었었습니다	열었었습디다
	과거-추측	열었겠습니다	열었겠습디다
	미래-추측/의지/가능	열겠습니다, 열렵니다, 열 겁니다, 열 수 있습니다	열겠습디다
의문형	현재	엽니까?	엽디까?
	과거	열었습니까?	열었습디까?
	과거-경험	열었었습니까?	열었었습디까?
	미래-추측/의지/가능	열겠습니까? 열렵니까? 열 겁니까? 열리이까? 열 수 있겠습니까?	열겠습디까?
명령형		여시오, 여십시오	
청유형		엽시다, 여십시다	
감탄형		여시는구나!	

상대존대형_예사높임		'-어요'체	'-으오'체
평서형	현재	열어요, 열지요, 열세요, 열래요, 열걸요, 여는데요, 연대요, 열게요, 열잖아요	여오
	현재-진행	열고 있어요, 열고 있지요, 열고 있으세요, 여는 중이에요	열고 있소
	과거	열었어요, 열었지요, 열었으세요, 열었잖아요	열었소
	과거-경험	열었었어요, 열었었지요, 열었었으세요	열었었소
	과거-추측	열었겠어요, 열었겠지요, 열었겠으세요	열었겠소
	미래-추측/의지/가능	열겠어요, 열겠지요, 열겠으세요, 열 수 있어요	열겠소
의문형	현재	열어요? 열지요? 여세요? 여나요? 열까요? 열래요? 여는가요? 여는데요? 연대요? 연다면서요? 연다지요?	여오? *열소?
	과거	열었어요? 열었지요? 열었으세요?	열었소?
	과거-경험	열었었어요? 열었었지요? 열었었으세요?	열었었소?
	미래-추측/의지/가능	열겠어요? 열겠지요? 열겠으세요? 열리요? 열 거예요? 열 거지요? 열 수 있겠어요?	열겠소?
명령형		열어요, 열지요, 열세요, 열라니까요	여오, 열구려
청유형		열어요, 열지요, 열세요, 열자니까요	여오
감탄형		여는군요! 열리요!	여는구려!

상대존대형_예사낮춤		'-어'체	'-네'체
평서형	현재	열어, 열지, 열래, 열걸, 여는데, 연대, 열게, 연단다, 열마, 열잖아	열네
	현재-진행	열고 있어, 열고 있지, 여는 중이야	열고 있네
	과거-완료	열었어, 열었지, 열었잖아	열었네
	미래-추측/의지/가능	열겠어, 열겠지, 열 수 있어	열겠네
의문형	현재	열어? 열지? 여니? 여나? 열까? 열랴? 열래? 여는데? 연대? 연다면서? 연다지?	여는가?
	과거	열었어? 열었지? 열었니? 열었을까? 열었대? 열었다면서?	열었는가?
	미래	열겠어? 열겠지? 열겠니? 열리? 열 거야? 열 거지? 열 거니? 열 수 있겠어?	열 건가?
명령형		열어, 열지, 열렴, 열려무나, 열라니까	열게
청유형		열어, 열지, 열자니까	열세
감탄형		열어! 열지! 열리!	여는군! 여는구먼!

상대존대형_아주낮춤		직설체	회상체
평서형	현재	연다	열더라
	현재-진행	열고 있다, 여는 중이다	열고 있더라
	과거-완료	열었다	열었더라
	미래-추측/의지/가능	열겠다, 열리다, 열련다, 열 거다, 열 수 있다	열겠더라
의문형	현재	여느냐?	열더냐?
	과거	열었느냐?	열었더냐?
	미래	열겠느냐?	열겠더냐?
명령형		열어라	
청유형		열자	
감탄형		여는구나! 연다! 여는도다!	열더구나!

연결형	연결어미	의미기능	연결어미
나열	열고, 열며	비교	여느니
선택	열거나, 열든지, 열든가	정도	열리만큼
대립	열어도, 열지만, 열나, 여는데, 열면서도, 열되, 열지	조건·가정	열면, 열거든, 열거들랑, 열어야, 연다면, 열었던들
동시	열면서, 열며	상황제시	여는데, 여니, 열다시피
계기	열고서, 열어서, 열자, 열자마자	비유	열듯이
중단·전환	열다가	비례	열수록
양보	열어도, 열더라도, 열지라도, 열지언정, 연들, 여는데도, 열기로서니, 여나마, 열망정, 열어 보았자	원인·이유	열어서, 여니까, 여느라고, 열기에, 열길래, 여느니만큼, 여는지라, 열세라, 열므로
목적·의도	열러, 열려고, 열고자	첨가	열거니와, 열뿐더러, 열러니와
결과	열도록, 열게끔	습관	열곤

- 더울 때는 창문을 열어 두어라. Open the window when it's hot.
- 회의를 열 때가 됐지? Isn't about time to start the meeting?
- 마음의 문을 열고 대화를 해 봅시다. Let's have a conversation with an open heart.

오다1 [오다, oda]

'너라' 불규칙활용, 자동사

to come ; to arrive at ; to be due date ; to draw near

사동형	*오히다, 오게 하다, 오게 만들다		피동형		*오히다. 오게 되다, 와지다	
관형사형 : 현재-진행		과거-완료	과거-회상		과거-완료-회상	미래-추측/의지
오는		온	오던		왔던	올

인용형 : 평서	의문	명령	청유	명사형	부사형
온다고	오느냐고	오라고	오자고	오기, 옴	와, 오게

상대존대형_아주높임		직설체	회상체
평서형	현재	옵니다	옵디다
	현재-진행	오고 있습니다, 오는 중입니다	오고 있습디다
	과거	왔습니다	왔습디다
	과거-경험	왔었습니다	왔었습디다
	과거-추측	왔겠습니다	왔겠습디다
	미래-추측/의지/가능	오겠습니다, 오렵니다, 올 겁니다, 올 수 있습니다	오겠습디다
의문형	현재	옵니까?	옵디까?
	과거	왔습니까?	왔습디까?
	과거-경험	왔었습니까?	왔었습디까?
	미래-추측/의지/가능	오겠습니까? 오렵니까? 올 겁니까? 오리이까? 올 수 있겠습니까?	오겠습디까?
명령형		오시오, 오십시오	
청유형		옵시다, 오십시다	
감탄형		오시는구나!	

상대존대형_예사높임		'-어요'체	'-으오'체
평서형	현재	와요, 오지요, 오세요, 올래요, 올걸요, 오는데요, 온대요, 올게요, 오잖아요	오오
	현재-진행	오고 있어요, 오고 있지요, 오고 있으세요, 오는 중이에요	오고 있소
	과거	왔어요, 왔지요, 왔으세요, 왔잖아요	왔소
	과거-경험	왔었어요, 왔었지요, 왔었으세요	왔었소
	과거-추측	왔겠어요, 왔겠지요, 왔겠으세요	왔겠소
	미래-추측/의지/가능	오겠어요, 오겠지요, 오겠으세요, 올 수 있어요	오겠소
의문형	현재	와요? 오지요? 오세요? 오나요? 올까요? 올래요? 오는가요? 오는데요? 온대요? 온다면서요? 온다지요?	오오? *오소?
	과거	왔어요? 왔지요? 왔으세요?	왔소?
	과거-경험	왔었어요? 왔었지요? 왔었으세요?	왔었소?
	미래-추측/의지/가능	오겠어요? 오겠지요? 오겠으세요? 오리요? 올 거예요? 올 거지요? 올 수 있겠어요?	오겠소?
명령형		와요, 오지요, 오세요, 오라니까요	오오, 오구려
청유형		와요, 오지요, 오세요, 오자니까요	오오
감탄형		오는군요! 오리요!	오는구려!

상대존대형_예사낮춤		'-어'체	'-네'체
평서형	현재	와, 오지, 올래, 올걸, 오는데, 온대, 올게, 온단다, 오마, 오잖아	오네
	현재-진행	오고 있어, 오고 있지, 오는 중이야	오고 있네
	과거-완료	왔어, 왔지, 왔잖아	왔네
	미래-추측/의지/가능	오겠어, 오겠지, 올 수 있어	오겠네
의문형	현재	와? 오지? 오니? 오나? 올까? 오랴? 올래? 오는데? 온대? 온다면서? 온다지?	오는가?
	과거	왔어? 왔지? 왔니? 왔을까? 왔대? 왔다면서?	왔는가?
	미래	오겠어? 오겠지? 오겠니? 오리? 올 거야? 올 거지? 올 거니? 올 수 있겠어?	올 건가?
명령형		와, 오지, 오렴, 오려무나, 오라니까	오게
청유형		와, 오지, 오자니까	오세
감탄형		와! 오지! 오리!	오는군! 오는구먼!

상대존대형_아주낮춤		직설체	회상체
평서형	현재	온다	오더라
	현재-진행	오고 있다, 오는 중이다	오고 있더라
	과거-완료	왔다	왔더라
	미래-추측/의지/가능	오겠다, 오리다, 오련다, 올 거다, 올 수 있다	오겠더라
의문형	현재	오느냐?	오더냐?
	과거	왔느냐?	왔더냐?
	미래	오겠느냐?	오겠더냐?
명령형		와라/오너라	
청유형		오자	
감탄형		오는구나! 온다! 오는도다!	오더구나!

연결형	연결어미	의미기능	연결어미
나열	오고, 오며	비교	오느니
선택	오거나, 오든지, 오든가	정도	오리만큼
대립	와도, 오지만, 오나, 오는데, 오면서도, 오되, 오지	조건 · 가정	오면, 오거든, 오거들랑, 와야, 온다면, 왔던들
동시	오면서, 오며	상황제시	오는데, 오니, 오다시피
계기	오고서, 와서, 오자, 오자마자	비유	오듯이
중단 · 전환	오다가	비례	올수록
양보	와도, 오더라도, 올지라도, 올지언정, 온들, 오는데도, 오기로서니, 오나마, 올망정, 와보았자	원인 · 이유	와서, 오니까, 오느라고, 오기에, 오길래, 오느니만큼, 오는지라, 올세라, 오므로
목적 · 의도	오러, 오려고, 오고자	첨가	오거니와, 올뿐더러, 오려니와
결과	오도록, 오게끔	습관	오곤

기본예문

• 감기에 걸려서 오늘은 일찍 집에 왔다. I came home early because I got a cold.
• 비가 올 듯 하늘이 잔뜩 찌푸려 있다. The cloud is dark and heavy, like it is about to rain.
• 집으로 오다가 우연히 친구를 만났다. I met a friend coincidently on the way home.

오르다 [오르다, orĭda]

'르' 불규칙활용, 자동사

to climb, go up ; to rise ; to reach ; to be registered ; to be talked

사동형	*올리다, 오르게 하다, 오르게 만들다		피동형		*오르히다. 오르게 되다, 올려지다	

관형사형 : 현재-진행	과거-완료	과거-회상	과거-완료-회상	미래-추측/의지
오르는	오른	오르던	올랐던	오를

인용형 : 평서	의문	명령	청유	명사형	부사형
오른다고	오르느냐고	오르라고	오르자고	오르기, 오름	올라, 오르게

상대존대형_아주높임		직설체	회상체
평서형	현재	오릅니다	오릅디다
	현재-진행	오르고 있습니다, 오르는 중입니다	오르고 있습디다
	과거	올랐습니다	올랐습디다
	과거-경험	올랐었습니다	올랐었습디다
	과거-추측	올랐겠습니다	올랐겠습디다
	미래-추측/의지/가능	오르겠습니다, 오르렵니다, 오를 겁니다, 오를 수 있습니다	오르겠습디다
의문형	현재	오릅니까?	오릅디까?
	과거	올랐습니까?	올랐습디까?
	과거-경험	올랐었습니까?	올랐었습디까?
	미래-추측/의지/가능	오르겠습니까? 오르렵니까? 오를 겁니까? 오르리이까? 오를 수 있겠습니까?	오르겠습디까?
명령형		오르시오, 오르십시오	
청유형		오릅시다, 오르십시다	
감탄형		오르시는구나!	

상대존대형_예사높임		'-어요'체	'-으오'체
평서형	현재	올라요, 오르지요, 오르세요, 오를래요, 오를걸요, 오르는데요, 오른대요, 오를게요, 오르잖아요	오르오
	현재-진행	오르고 있어요, 오르고 있지요, 오르고 있으세요, 오르는 중이에요	오르고 있소
	과거	올랐어요, 올랐지요, 올랐으세요, 올랐잖아요	올랐소
	과거-경험	올랐었어요, 올랐었지요, 올랐었으세요	올랐었소
	과거-추측	올랐겠어요, 올랐겠지요, 올랐겠으세요	올랐겠소
	미래-추측/의지/가능	오르겠어요, 오르겠지요, 오르겠으세요, 오를 수 있어요	오르겠소
의문형	현재	올라요? 오르지요? 오르세요? 오르나요? 오를까요? 오를래요? 오르는가요? 오르는데요? 오른대요? 오른다면서요? 오른다지요?	오르오? *오르소?
	과거	올랐어요? 올랐지요? 올랐으세요?	올랐소?
	과거-경험	올랐었어요? 올랐었지요? 올랐었으세요?	올랐었소?
	미래-추측/의지/가능	오르겠어요? 오르겠지요? 오르겠으세요? 오르리요? 오를 거예요? 오를 거지요? 오를 수 있겠어요?	오르겠소?
명령형		올라요, 오르지요, 오르세요, 오르라니까요	오르오, 오르구려
청유형		올라요, 오르지요, 오르세요, 오르자니까요	오르오
감탄형		오르는군요! 오르리요!	오르는구려!

상대존대형_예사낮춤		'-어'체	'-네'체
평서형	현재	오르라, 오르지, 오를래, 오를걸, 오르는데, 오른대, 오를게, 오른단다, 오르마, 오르잖아	오르네
	현재-진행	오르고 있어, 오르고 있지, 오르는 중이야	오르고 있네
	과거-완료	올랐어, 올랐지, 올랐잖아	올랐네
	미래-추측/의지/가능	오르겠어, 오르겠지, 오를 수 있어	오르겠네
의문형	현재	오르라? 오르지? 오르니? 오르나? 오를까? 오르랴? 오를래? 오르는데? 오른대? 오른다면서? 오른다지?	오르는가?
	과거	올랐어? 올랐지? 올랐니? 올랐을까? 올랐대? 올랐다면서?	올랐는가?
	미래	오르겠어? 오르겠지? 오르겠니? 오르리? 오를 거야? 오를 거지? 오를 거니? 오를 수 있겠어?	오를 건가?
명령형		오르라, 오르지, 오르렴, 오르려무나, 오르라니까	오르게
청유형		오르라, 오르지, 오르자니까	오르세
감탄형		오르라! 오르지! 오르리!	오르는군! 오르는구먼!

상대존대형_아주낮춤		직설체	회상체
평서형	현재	오른다	오르더라
	현재-진행	오르고 있다, 오르는 중이다	오르고 있더라
	과거-완료	올랐다	올랐더라
	미래-추측/의지/가능	오르겠다, 오르리다, 오르련다, 오를 거다, 오를 수 있다	오르겠더라
의문형	현재	오르느냐?	오르더냐?
	과거	올랐느냐?	올랐더냐?
	미래	오르겠느냐?	오르겠더냐?
명령형		올라라	
청유형		오르자	
감탄형		오르는구나! 오른다! 오르는도다!	오르더구나!

연결형	연결어미	의미기능	연결어미
나열	오르고, 오르며	비교	오르느니
선택	오르거나, 오르든지, 오르든가	정도	오르리만큼
대립	올라도, 오르지만, 오르나, 오르는데, 오르면서도, 오르되, 오르지	조건 · 가정	오르면, 오르거든, 오르거들랑, 올라야, 오른다면, 올랐던들
동시	오르면서, 오르며	상황제시	오르는데, 오르니, 오르다시피
계기	오르고서, 올라서, 오르자, 오르자마자	비유	오르듯이
중단 · 전환	오르다가	비례	오를수록
양보	올라도, 오르더라도, 오를지라도, 오를지언정, 오른들, 오르는데도, 오르기로서니, 오르나마, 오를망정, 올라 보았자	원인 · 이유	올라서, 오르니까, 오르느라고, 오르기에, 오르길래, 오르느니만큼, 오르는지라, 오를세라, 오르므로
목적 · 의도	오르라, 오르려고, 오르고자	첨가	오르거니와, 오를뿐더러, 오르려니와
결과	오르도록, 오르게끔	습관	오르곤

기본예문

• 그들은 어제 백두산 정상에 올랐다. They arrived at the peak of the Baekdusan yesterday.
• 축구 천재의 반열에 오른 박지성이 한국에 돌아왔다.
  Park Ji-seong, who reached the top of the soccer rank returned to Korea.
• 가수 윤시내가 무대에 오르자 환호성이 터져 나왔다.
  There was a loud cheer when the singer Yeun See-Nea stood on the stage.

외롭다 [외롭따, Ø ropt'a]

'ㅂ' 불규칙활용, 형용사

to be lonely, to be lonesome ; to be solitary

사동형	*외롭히다, 외롭게 하다, 외롭게 만들다	피동형	*외롭히다. 외롭게 되다, 외로워지다

관형사형 : 현재-진행	과거-완료	과거-회상	과거-완료-회상	미래-추측/의지
외로운	외로운	외롭던	외로웠던	외로울

인용형 : 평서	의문	명령	청유	명사형	부사형
외롭다고	외로우냐고	*오로우라고	*외롭자고	*외롭기, 외로움	외로워, 외롭게

상대존대형_아주높임		직설체	회상체
평서형	현재	외롭습니다	외롭습디다
	현재-진행	*외롭고 있습니다, *외로운 중입니다	*외롭고 있습디다
	과거	외로웠습니다	외로웠습디다
	과거-경험	외로웠었습니다	외로웠었습디다
	과거-추측	외로웠겠습니다	외로웠겠습디다
	미래-추측/의지/가능	외롭겠습니다, *외로우렵니다, 외로울 겁니다, 외로울 수 있습니다	외롭겠습디다
의문형	현재	외롭습니까?	외롭습디까?
	과거	외로웠습니까?	외로웠습디까?
	과거-경험	외로웠었습니까?	외로웠었습디까?
	미래-추측/의지/가능	외롭겠습니까? *외로우렵니까? *외로울 겁니까? 외로우리이까? 외로울 수 있겠습니까?	외롭겠습디까?
명령형		*외로우시오, *외로우십시오	
청유형		*외로웁시다, *외로우십시다	
감탄형		외로우시구나!	

상대존대형_예사높임		'-어요'체	'-으오'체
평서형	현재	외로워요, 외롭지요, 외로우세요, *외로울래요, 외로울걸요, 외로운데요, 외롭대요, *외로울게요, 외롭잖아요	외로우오
	현재-진행	*외롭고 있어요, *외롭고 있지요, *외롭고 있으세요, *외로운 중이에요	*외롭고 있소
	과거	외로웠어요, 외로웠지요, 외로웠으세요, 외로웠잖아요	외로웠소
	과거-경험	외로웠었어요, 외로웠었지요, 외로웠었으세요	외로웠었소
	과거-추측	외로웠겠어요, 외로웠겠지요, 외로웠겠으세요	외로웠겠소
	미래-추측/의지/가능	외롭겠어요, 외롭겠지요, 외롭겠으세요, 외로울 수 있어요	외롭겠소
의문형	현재	외로워요? 외롭지요? 외로우세요? 외롭나요? *외로울까요? *외로울래요? *외로운가요? 외로운데요? 외롭대요? 외롭다면서요? 외롭다지요?	외로우오? 외롭소?
	과거	외로웠어요? 외로웠지요? 외로웠으세요?	외로웠소?
	과거-경험	외로웠었어요? 외로웠었지요? 외로웠었으세요?	외로웠었소?
	미래-추측/의지/가능	외롭겠어요? 외롭겠지요? 외롭겠으세요? 외로우리요? *외로울 거예요? *외로울 거지요? 외로울 수 있겠어요?	외롭겠소?
명령형		*외로워요, *외롭지요, *외로우세요, *외로우라니까요	*외로우오, *외롭구려
청유형		*외로워요, *외롭지요, *외로우세요, *외롭자니까요	*외로우오
감탄형		외롭군요! 외로우리요!	외롭구려!

상대존대형_예사낮춤		'-어'체	'-네'체
평서형	현재	외로워, 외롭지, *외로울래, 외로울길, 외로운데, 외롭대, *외로울게, 외롭단다, *외로우마, 외롭잖아	외롭네
	현재-진행	*외롭고 있어, *외롭고 있지, *외로운 중이야	*외롭고 있네
	과거-완료	외로웠어, 외로웠지, 외로웠잖아	외로웠네
	미래-추측/의지/가능	외롭겠어, 외롭겠지, 외로울 수 있어	외롭겠네
의문형	현재	외로워? 외롭지? 외롭니? 외롭나? 외로울까? 외로우랴? *외로울래? 외로운데? 외롭대? 외롭다면서? 외롭다지?	외로운가?
	과거	외로웠어? 외로웠지? 외로웠니? 외로웠을까? 외로웠대? 외로웠다면서?	외로웠는가?
	미래	외롭겠어? 외롭겠지? 외롭겠니? 외로우리? *외로울 거야? *외로울 거지? *외로울 거니? 외로울 수 있겠어?	외로울 건가?
명령형		*외로워, *외롭지, *외로우렴, *외로우려무나, *외로우라니까	*외롭게
청유형		*외로워, *외롭지, *외롭자니까	*외롭세
감탄형		외로워! 외롭지! 외로우리!	외롭군! 외롭구먼!

상대존대형_아주낮춤		직설체	회상체
평서형	현재	외롭다	외롭더라
	현재-진행	*외롭고 있다, *외로운 중이다	*외롭고 있더라
	과거-완료	외로웠다	외로웠더라
	미래-추측/의지/가능	외롭겠다, 외로우리다, *외로우련다, 외로울 거다, 외로울 수 있다	외롭겠더라
의문형	현재	외로우냐?	외롭더냐?
	과거	외로웠느냐?	외로웠더냐?
	미래	외롭겠느냐?	외롭겠더냐?
명령형		*외로워라	
청유형		*외롭자	
감탄형		외롭구나! 외롭다! 외롭도다!	외롭더구나!

연결형	연결어미	의미기능	연결어미
나열	외롭고, 외로우며	비교	*외롭느니
선택	외롭거나, 외롭든지, 외롭든가	정도	외로우리만큼
대립	외로워도, 외롭지만, 외로우나, 외로운데, 외로우면서도, 외롭되, 외롭지	조건 · 가정	외로우면, 외롭거든, 외롭거들랑, 외로워야, 외롭다면, 외로웠던들
동시	외로우면서, 외로우며	상황제시	외로운데, 외로우니, 외롭다시피
계기	*외롭고서, *외로워서, *외롭자, *외롭자마자	비유	외롭듯이
중단 · 전환	외롭다가	비례	외로울수록
양보	외로워도, 외롭더라도, 외로울지라도, 외로울지언정, 외로운들, 외로운데도, 외롭기로서니, 외로우나마, 외로울망정, 외로워 보았자	원인 · 이유	외로워서, 외로우니까, *외롭느라고, 외롭기에, 외롭길래, 외로우니만큼, 외로운지라, 외로울세라, 외로우므로
목적 · 의도	*외로우러, *외로우려고, *외롭고자	첨가	외롭거니와, 외로울뿐더러, 외로우려니와
결과	외롭도록, 외롭게끔	습관	*외롭곤

- 외톨이로 지내면 늘 외롭다. It's lonely to be alone.
- 인생은 외로운 나그네 길이다. Life is a lonely journey.
- 외국에서 살면 외로워도 잘 참아야 한다.
  Though it's lonely living oversees, you have to hold on.

외우다 [외우다, Ø uda]

'우' 규칙활용, 타동사

to recite from memory, learn by heart, memorize

사동형	*외우히다, 외우게 하다, 외우게 만들다	피동형	*외우히다, 외우게 되다, 외워지다

관형사형 : 현재-진행	과거-완료	과거-회상	과거-완료-회상	미래-추측/의지
외우는	외운	외우던	외웠던	외울

인용형 : 평서	의문	명령	청유	명사형	부사형
외운다고	외우느냐고	외우라고	외우자고	외우기, 외움	외워, 외우게

상대존대형_아주높임		직설체	회상체
평서형	현재	외웁니다	외웁디다
	현재-진행	외우고 있습니다, 외우는 중입니다	외우고 있습디다
	과거	외웠습니다	외웠습디다
	과거-경험	외웠었습니다	외웠었습디다
	과거-추측	외웠겠습니다	외웠겠습디다
	미래-추측/의지/가능	외우겠습니다, 외우렵니다, 외울 겁니다, 외울 수 있습니다	외우겠습디다
의문형	현재	외웁니까?	외웁디까?
	과거	외웠습니까?	외웠습디까?
	과거-경험	외웠었습니까?	외웠었습디까?
	미래-추측/의지/가능	외우겠습니까? 외우렵니까? 외울 겁니까? 외우리이까? 외울 수 있겠습니까?	외우겠습디까?
명령형		외우시오, 외우십시오	
청유형		외웁시다, 외우십시다	
감탄형		외우시는구나!	

상대존대형_예사높임		'-어요'체	'-으오'체
평서형	현재	외워요, 외우지요, 외우세요, 외울래요, 외울걸요, 외우는데요, 외운대요, 외울게요, 외우잖아요	외우오
	현재-진행	외우고 있어요, 외우고 있지요, 외우고 있으세요, 외우는 중이에요	외우고 있소
	과거	외웠어요, 외웠지요, 외웠으세요, 외웠잖아요	외웠소
	과거-경험	외웠었어요, 외웠었지요, 외웠었으세요	외웠었소
	과거-추측	외웠겠어요, 외웠겠지요, 외웠겠으세요	외웠겠소
	미래-추측/의지/가능	외우겠어요, 외우겠지요, 외우겠으세요, 외울 수 있어요	외우겠소
의문형	현재	외워요? 외우지요? 외우세요? 외우나요? 외울까요? 외울래요? 외우는가요? 외우는데요? 외운대요? 외운다면서요? 외운다지요?	외우오? *외우소?
	과거	외웠어요? 외웠지요? 외웠으세요?	외웠소?
	과거-경험	외웠었어요? 외웠었지요? 외웠었으세요?	외웠었소?
	미래-추측/의지/가능	외우겠어요? 외우겠지요? 외우겠으세요? 외우리요? 외울 거예요? 외울 거지요? 외울 수 있겠어요?	외우겠소?
명령형		외워요, 외우지요, 외우세요, 외우라니까요	외우오, 외우구려
청유형		외워요, 외우지요, 외우세요, 외우자니까요	외우오
감탄형		외우는군요! 외우리요!	외우는구려!

상대존대형_예사낮춤		'-어'체	'-네'체
평서형	현재	외워, 외우지, 외울래, 외울걸, 외우는데, 외운대, 외울게, 외운단다, 외우마, 외우잖아	외우네
	현재-진행	외우고 있어, 외우고 있지, 외우는 중이야	외우고 있네
	과거-완료	외웠어, 외웠지, 외웠잖아	외웠네
	미래-추측/의지/가능	외우겠어, 외우겠지, 외울 수 있어	외우겠네
의문형	현재	외워? 외우지? 외우니? 외우나? 외울까? 외우랴? 외울래? 외우는데? 외운대? 외운다면서? 외운다지?	외우는가?
	과거	외웠어? 외웠지? 외웠니? 외웠을까? 외웠대? 외웠다면서?	외웠는가?
	미래	외우겠어? 외우겠지? 외우겠니? 외우리? 외울 거야? 외울 거지? 외울 거니? 외울 수 있겠어?	외울 건가?
명령형		외워, 외우지, 외우렴, 외우려무나, 외우라니까	외우게
청유형		외워, 외우지, 외우자니까	외우세
감탄형		외워! 외우지! 외우리!	외우는군! 외우는구면!

상대존대형_아주낮춤		직설체	회상체
평서형	현재	외운다	외우더라
	현재-진행	외우고 있다, 외우는 중이다	외우고 있더라
	과거-완료	외웠다	외웠더라
	미래-추측/의지/가능	외우겠다, 외우리다, 외우련다, 외울 거다, 외울 수 있다	외우겠더라
의문형	현재	외우느냐?	외우더냐?
	과거	외웠느냐?	외웠더냐?
	미래	외우겠느냐?	외우겠더냐?
명령형		외워라	
청유형		외우자	
감탄형		외우는구나! 외운다! 외우는도다!	외우더구나!

연결형	연결어미	의미기능	연결어미
나열	외우고, 외우며	비교	외우느니
선택	외우거나, 외우든지, 외우든가	정도	외우리만큼
대립	외워도, 외우지만, 외우나, 외우는데, 외우면서도, 외우되, 외우지	조건·가정	외우면, 외우거든, 외우거들랑, 외워야, 외운다면, 외웠던들
동시	외우면서, 외우며	상황제시	외우는데, 외우니, 외우다시피
계기	외우고서, 외워서, 외우자, 외우자마자	비유	외우듯이
중단·전환	외우다가	비례	외울수록
양보	외워도, 외우더라도, 외울지라도, 외울지언정, 외운들, 외우는데도, 외우기로서니, 외우나마, 외울망정, 외워 보았자	원인·이유	외워서, 외우니까, 외우느라고, 외우기에, 외우길래, 외우느니만큼, 외우는지라, 외울세라, 외우므로
목적·의도	외우러, 외우려고, 외우고자	첨가	외우거니와, 외울뿐더러, 외우려니와
결과	외우도록, 외우게끔	습관	외우곤

- 그는 '서시'라는 시를 통째로 외웠다. He memorized all of the poem, 'Seo-Si'.
- 주기도문을 모두 외운 사람은 손을 들어 보세요.
  Those who memorized the load's prayer raise your hand.
- 이것을 한꺼번에 모두 외우려고 하지 마세요. Do not try to memorize all of this at once.

웃다 [욷:따, ut:t'a]

'ㅅ' 규칙활용, 자동사

to laugh, smile ; to giggle ; to sneer at

사동형	웃기다, 웃게 하다, 웃게 만들다			피동형	*웃히다. 웃게 되다, 웃어지다	
관형사형 : 현재-진행		과거-완료	과거-회상		과거-완료-회상	미래-추측/의지
웃는		웃은	웃던		웃었던	웃을
인용형 : 평서	의문		명령	청유	명사형	부사형
웃는다고	웃느냐고		웃으라고	웃자고	웃기, 웃음	웃어, 웃게

상대존대형_아주높임		직설체	회상체
평서형	현재	웃습니다	웃습디다
	현재-진행	웃고 있습니다, 웃는 중입니다	웃고 있습디다
	과거	웃었습니다	웃었습디다
	과거-경험	웃었었습니다	웃었었습디다
	과거-추측	웃었겠습니다	웃었겠습디다
	미래-추측/의지/가능	웃겠습니다, 웃으렵니다, 웃을 겁니다, 웃을 수 있습니다	웃겠습디다
의문형	현재	웃습니까?	웃습디까?
	과거	웃었습니까?	웃었습디까?
	과거-경험	웃었었습니까?	웃었었습디까?
	미래-추측/의지/가능	웃겠습니까? 웃으렵니까? 웃을 겁니까? 웃으리이까? 웃을 수 있겠습니까?	웃겠습디까?
명령형		웃으시오, 웃으십시오	
청유형		웃읍시다, 웃으십시다	
감탄형		웃으시는구나!	

상대존대형_예사높임		'-어요'체	'-으오'체
평서형	현재	웃어요, 웃지요, 웃으세요, 웃을래요, 웃을걸요, 웃는데요, 웃는대요, 웃을게요, 웃잖아요	웃으오
	현재-진행	웃고 있어요, 웃고 있지요, 웃고 있으세요, 웃는 중이에요	웃고 있소
	과거	웃었어요, 웃었지요, 웃었으세요, 웃었잖아요	웃었소
	과거-경험	웃었었어요, 웃었었지요, 웃었었으세요	웃었었소
	과거-추측	웃었겠어요, 웃었겠지요, 웃었겠으세요	웃었겠소
	미래-추측/의지/가능	웃겠어요, 웃겠지요, 웃겠으세요, 웃을 수 있어요	웃겠소
의문형	현재	웃어요? 웃지요? 웃으세요? 웃나요? 웃을까요? 웃을래요? 웃는가요? 웃는데요? 웃는대요? 웃는다면서요? 웃는다지요?	웃으오? 웃소?
	과거	웃었어요? 웃었지요? 웃었으세요?	웃었소?
	과거-경험	웃었었어요? 웃었었지요? 웃었었으세요?	웃었었소?
	미래-추측/의지/가능	웃겠어요? 웃겠지요? 웃겠으세요? 웃으리요? 웃을 거예요? 웃을 거지요? 웃을 수 있겠어요?	웃겠소?
명령형		웃어요, 웃지요, 웃으세요, 웃으라니까요	웃으오, 웃구려
청유형		웃어요, 웃지요, 웃으세요, 웃자니까요	웃으오
감탄형		웃는군요! 웃으리요!	웃는구려!

상대존대형_예사낮춤		'-어'체	'-네'체
평서형	현재	웃어, 웃지, 웃을래, 웃을걸, 웃는데, 웃는대, 웃을게, 웃는단다, 웃으마, 웃잖아	웃네
	현재-진행	웃고 있어, 웃고 있지, 웃는 중이야	웃고 있네
	과거-완료	웃었어, 웃었지, 웃었잖아	웃었네
	미래-추측/의지/가능	웃겠어, 웃겠지, 웃을 수 있어	웃겠네
의문형	현재	웃어? 웃지? 웃니? 웃나? 웃을까? 웃으랴? 웃을래? 웃는데? 웃는대? 웃는다면서? 웃는다지?	웃는가?
	과거	웃었어? 웃었지? 웃었니? 웃었을까? 웃었대? 웃었다면서?	웃었는가?
	미래	웃겠어? 웃겠지? 웃겠니? 웃으리? 웃을 거야? 웃을 거지? 웃을 거니? 웃을 수 있겠어?	웃을 건가?
명령형		웃어, 웃지, 웃으렴, 웃으려무나, 웃으라니까	웃게
청유형		웃어, 웃지, 웃자니까	웃세
감탄형		웃어! 웃지! 웃으리!	웃는군! 웃는구먼!

상대존대형_아주낮춤		직설체	회상체
평서형	현재	웃는다	웃더라
	현재-진행	웃고 있다, 웃는 중이다	웃고 있더라
	과거-완료	웃었다	웃었더라
	미래-추측/의지/가능	웃겠다, 웃으리다, 웃으련다, 웃을 거다, 웃을 수 있다	웃겠더라
의문형	현재	웃느냐?	웃더냐?
	과거	웃었느냐?	웃었더냐?
	미래	웃겠느냐?	웃겠더냐?
명령형		웃어라	
청유형		웃자	
감탄형		웃는구나! 웃는다! 웃는도다!	웃더구나!

연결형	연결어미	의미기능	연결어미
나열	웃고, 웃으며	비교	웃느니
선택	웃거나, 웃든지, 웃든가	정도	웃으리만큼
대립	웃어도, 웃지만, 웃으나, 웃는데, 웃으면서도, 웃되, 웃지	조건·가정	웃으면, 웃거든, 웃거들랑, 웃어야, 웃는다면, 웃었던들
동시	웃으면서, 웃으며	상황제시	웃는데, 웃으니, 웃다시피
계기	웃고서, 웃어서, 웃자, 웃자마자	비유	웃듯이
중단·전환	웃다가	비례	웃을수록
양보	웃어도, 웃더라도, 웃을지라도, 웃을지언정, 웃은들, 웃는데도, 웃기로서니, 웃으나마, 웃을망정, 웃어 보았자	원인·이유	웃어서, 웃으니까, 웃느라고, 웃기에, 웃길래, 웃느니만큼, 웃는지라, 웃을세라, 웃으므로
목적·의도	웃으러, 웃으려고, 웃고자	첨가	웃거니와, 웃을뿐더러, 웃으려니와
결과	웃도록, 웃게끔	습관	웃곤

- 그는 늘 호탕하게 웃었다. He always laughs vigorously.
- 웃는 낯에 침 못 뱉는다. Nobody spits on a smiling face.
- 아빠도 반갑다는 듯이 웃으면서 나를 맞아 주었다.
  My father gladly welcomed me with a smile.

원하다 [원ː하다, wən:hada]

'여' 불규칙활용, 타동사

to want ; to hope, wish ; to expect ; to desire

사동형	*원하히다, 원하게 하다, 원하게 만들다		피동형	*원하히다. 원하게 되다, 원하여지다	

관형사형 : 현재-진행	과거-완료	과거-회상	과거-완료-회상	미래-추측/의지
원하는	원한	원하던	원했던	원할

인용형 : 평서	의문	명령	청유	명사형	부사형
원한다고	원하느냐고	원하라고	원하자고	원하기, 원함	원해, 원하게

상대존대형_아주높임		직설체	회상체
평서형	현재	원합니다	원합디다
	현재-진행	원하고 있습니다, 원하는 중입니다	원하고 있습디다
	과거	원했습니다	원했습디다
	과거-경험	원했었습니다	원했었습디다
	과거-추측	원했겠습니다	원했겠습디다
	미래-추측/의지/가능	원하겠습니다, 원하렵니다, 원할 겁니다, 원할 수 있습니다	원하겠습디다
의문형	현재	원합니까?	원합디까?
	과거	원했습니까?	원했습디까?
	과거-경험	원했었습니까?	원했었습디까?
	미래-추측/의지/가능	원하겠습니까? 원하렵니까? 원할 겁니까? 원하리이까? 원할 수 있겠습니까?	원하겠습디까?
명령형		원하시오, 원하십시오	
청유형		원합시다, 원하십시다	
감탄형		원하시는구나!	

상대존대형_예사높임		'-어요'체	'-으오'체
평서형	현재	원해요, 원하지요, 원하세요, 원할래요, 원할걸요, 원하는데요, 원한대요, 원할게요, 원하잖아요	원하오
	현재-진행	원하고 있어요, 원하고 있지요, 원하고 있으세요, 원하는 중이에요	원하고 있소
	과거	원했어요, 원했지요, 원했으세요, 원했잖아요	원했소
	과거-경험	원했었어요, 원했었지요, 원했었으세요	원했었소
	과거-추측	원했겠어요, 원했겠지요, 원했겠으세요	원했겠소
	미래-추측/의지/가능	원하겠어요, 원하겠지요, 원하겠으세요, 원할 수 있어요	원하겠소
의문형	현재	원해요? 원하지요? 원하세요? 원하나요? 원할까요? 원할래요? 원하는가요? 원하는데요? 원한대요? 원한다면서요? 원한다지요?	원하오? 원하소?
	과거	원했어요? 원했지요? 원했으세요?	원했소?
	과거-경험	원했었어요? 원했었지요? 원했었으세요?	원했었소?
	미래-추측/의지/가능	원하겠어요? 원하겠지요? 원하겠으세요? 원하리요? 원할 거예요? 원할 거지요? 원할 수 있겠어요?	원하겠소?
명령형		원해요, 원하지요, 원하세요, 원하라니까요	원하오, 원하구려
청유형		원해요, 원하지요, 원하세요, 원하자니까요	원하오
감탄형		원하는군요! 원하리요!	원하는구려!

상대존대형_예사낮춤		'-어'체	'-네'체
평 서 형	현재	원해, 원하지, 원할래, 원할걸, 원하는데, 원한대, 원할게, 원한단다, 원하마, 원하잖아	원하네
	현재-진행	원하고 있어, 원하고 있지, 원하는 중이야	원하고 있네
	과거-완료	원했어, 원했지, 원했잖아	원했네
	미래-추측/의지/가능	원하겠어, 원하겠지, 원할 수 있어	원하겠네
의 문 형	현재	원해? 원하지? 원하니? 원하나? 원할까? 원하랴? 원할래? 원하는데? 원한대? 원한다면서? 원한다지?	원하는가?
	과거	원했어? 원했지? 원했니? 원했을까? 원했대? 원했다면서?	원했는가?
	미래	원하겠어? 원하겠지? 원하겠니? 원하리? 원할 거야? 원할 거지? 원할 거니? 원할 수 있겠어?	원할 건가?
명령형		원해, 원하지, 원하렴, 원하려무나, 원하라니까	원하게
청유형		원해, 원하지, 원하자니까	원하세
감탄형		원해! 원하지! 원하리!	원하는군! 원하는구먼!

상대존대형_아주낮춤		직설체	회상체
평 서 형	현재	원한다	원하더라
	현재-진행	원하고 있다, 원하는 중이다	원하고 있더라
	과거-완료	원했다	원했더라
	미래-추측/의지/가능	원하겠다, 원하리다, 원하련다, 원할 거다, 원할 수 있다	원하겠더라
의 문 형	현재	원하느냐?	원하더냐?
	과거	원했느냐?	원했더냐?
	미래	원하겠느냐?	원하겠더냐?
명령형		원해라	
청유형		원하자	
감탄형		원하는구나! 원한다! 원하는도다!	원하더구나!

연결형	연결어미	의미기능	연결어미
나열	원하고, 원하며	비교	원하느니
선택	원하거나, 원하든지, 원하든가	정도	원하리만큼
대립	원해도, 원하지만, 원하나, 원하는데, 원하면서도, 원하되, 원하지	조건·가정	원하면, 원하거든, 원하거들랑, 원해야, 원한다면, 원했던들
동시	원하면서, 원하며	상황제시	원하는데, 원하니, 원하다시피
계기	원하고서, 원해서, 원하자, 원하자마자	비유	원하듯이
중단·전환	원하다가	비례	원할수록
양보	원해도, 원하더라도, 원할지라도, 원할지언정, 원한들, 원하는데도, 원하기로서니, 원하나마, 원할망정, 원해 보았자	원인·이유	원해서, 원하니까, 원하느라고, 원하기에, 원하길래, 원하느니만큼, 원하는지라, 원할세라, 원하므로
목적·의도	원하러, 원하려고, 원하고자	첨가	원하거니와, 원할뿐더러, 원하려니와
결과	원하도록, 원하게끔	습관	원하곤

기 본 예 문	• 나는 우리 아이가 성공하기를 원한다. I wish my child becomes successful. • 네가 원하는 대로 하렴. Do as you wish. • 그녀가 마약을 하기 원해도 절대 허용해서는 안 된다. You should never allow her to do drugs even if she wants.

읊다 [읍따, ip't'a]

규칙활용, 타동사

to recite, chant

사동형	*읊히다, 읊게 하다, 읊게 만들다		피동형		읊히다. 읊게 되다, 읊어지다	
관형사형 : 현재-진행		과거-완료	과거-회상		과거-완료-회상	미래-추측/의지
읊는		읊은	읊던		읊었던	읊을
인용형 : 평서	의문		명령	청유	명사형	부사형
읊는다고	읊느냐고		읊으라고	읊자고	읊기, 읊음	읊어, 읊게

상대존대형_아주높임		직설체	회상체
평서형	현재	읊습니다	읊습디다
	현재-진행	읊고 있습니다, 읊는 중입니다	읊고 있습디다
	과거	읊었습니다	읊었습디다
	과거-경험	읊었었습니다	읊었었습디다
	과거-추측	읊었겠습니다	읊었겠습디다
	미래-추측/의지/가능	읊겠습니다, 읊으렵니다, 읊을 겁니다, 읊을 수 있습니다	읊겠습디다
의문형	현재	읊습니까?	읊습디까?
	과거	읊었습니까?	읊었습디까?
	과거-경험	읊었었습니까?	읊었었습디까?
	미래-추측/의지/가능	읊겠습니까? 읊으렵니까? 읊을 겁니까? 읊으리이까? 읊을 수 있겠습니까?	읊겠습디까?
명령형		읊으시오, 읊으십시오	
청유형		읊읍시다, 읊으십시다	
감탄형		읊으시는구나!	

상대존대형_예사높임		'-어요'체	'-으오'체
평서형	현재	읊어요, 읊지요, 읊으세요, 읊을래요, 읊을걸요, 읊는데요, 읊는대요, 읊을게요, 읊잖아요	읊으오
	현재-진행	읊고 있어요, 읊고 있지요, 읊고 있으세요, 읊는 중이에요	읊고 있소
	과거	읊었어요, 읊었지요, 읊었으세요, 읊었잖아요	읊었소
	과거-경험	읊었었어요, 읊었었지요, 읊었었으세요	읊었었소
	과거-추측	읊었겠어요, 읊었겠지요, 읊었겠으세요	읊었겠소
	미래-추측/의지/가능	읊겠어요, 읊겠지요, 읊겠으세요, 읊을 수 있어요	읊겠소
의문형	현재	읊어요? 읊지요? 읊으세요? 읊나요? 읊을까요? 읊을래요? 읊는가요? 읊는데요? 읊는대요? 읊는다면서요? 읊는다지요?	읊으오? 읊소?
	과거	읊었어요? 읊었지요? 읊었으세요?	읊었소?
	과거-경험	읊었었어요? 읊었었지요? 읊었었으세요?	읊었었소?
	미래-추측/의지/가능	읊겠어요? 읊겠지요? 읊겠으세요? 읊으리요? 읊을 거예요? 읊을 거지요? 읊을 수 있겠어요?	읊겠소?
명령형		읊어요, 읊지요, 읊으세요, 읊으라니까요	읊으오, 읊구려
청유형		읊어요, 읊지요, 읊으세요, 읊자니까요	읊으오
감탄형		읊는군요! 읊으리요!	읊는구려!

상대존대형_예사낮춤		'-어'체	'-네'체
평서형	현재	읊어, 읊지, 읊을래, 읊을걸, 읊는데, 읊는대, 읊을게, 읊는단다, 읊으마, 읊잖아	읊네
	현재-진행	읊고 있어, 읊고 있지, 읊는 중이야	읊고 있네
	과거-완료	읊었어, 읊었지, 읊었잖아	읊었네
	미래-추측/의지/가능	읊겠어, 읊겠지, 읊을 수 있어	읊겠네
의문형	현재	읊어? 읊지? 읊니? 읊나? 읊을까? 읊으랴? 읊을래? 읊는데? 읊는대? 읊는다면서? 읊는다지?	읊는가?
	과거	읊었어? 읊었지? 읊었니? 읊었을까? 읊었대? 읊었다면서?	읊었는가?
	미래	읊겠어? 읊겠지? 읊겠니? 읊으리? 읊을 거야? 읊을 거지? 읊을 거니? 읊을 수 있겠어?	읊을 건가?
명령형		읊어, 읊지, 읊으렴, 읊으려무나, 읊으라니까	읊게
청유형		읊어, 읊지, 읊자니까	읊세
감탄형		읊어! 읊지! 읊으리!	읊는군! 읊는구먼!

상대존대형_아주낮춤		직설체	회상체
평서형	현재	읊는다	읊더라
	현재-진행	읊고 있다, 읊는 중이다	읊고 있더라
	과거-완료	읊었다	읊었더라
	미래-추측/의지/가능	읊겠다, 읊으리다, 읊으련다, 읊을 거다, 읊을 수 있다	읊겠더라
의문형	현재	읊느냐?	읊더냐?
	과거	읊었느냐?	읊었더냐?
	미래	읊겠느냐?	읊겠더냐?
명령형		읊어라	
청유형		읊자	
감탄형		읊는구나! 읊는다! 읊는도다!	읊더구나!

연결형	연결어미	의미기능	연결어미
나열	읊고, 읊으며	비교	읊느니
선택	읊거나, 읊든지, 읊든가	정도	읊으리만큼
대립	읊어도, 읊지만, 읊으나, 읊는데, 읊으면서도, 읊되, 읊지	조건·가정	읊으면, 읊거든, 읊거들랑, 읊어야, 읊는다면, 읊었던들
동시	읊으면서, 읊으며	상황제시	읊는데, 읊으니, 읊다시피
계기	읊고서, 읊어서, 읊자, 읊자마자	비유	읊듯이
중단·전환	읊다가	비례	읊을수록
양보	읊어도, 읊더라도, 읊을지라도, 읊을지언정, 읊은들, 읊는데도, 읊기로서니, 읊으나마, 읊을망정, 읊어 보았자	원인·이유	읊어서, 읊으니까, 읊느라고, 읊기에, 읊길래, 읊느니만큼, 읊는지라, 읊을세라, 읊으므로
목적·의도	읊으러, 읊으려고, 읊고자	첨가	읊거니와, 읊을뿐더러, 읊으려니와
결과	읊도록, 읊게끔	습관	읊곤

기본예문

- 그녀는 김소월의 '진달래꽃'이라는 시를 읊고 있다.
  She recited the poem 'Gindalreakkot' by Seo-wall Kim.
- 누구나 아름다운 풍경을 보면 시 한 수쯤은 읊었을 것이다.
  Most people would have recited a peom in from of beautiful landscape.
- 나는 노년에는 시를 읊으면서 살고 싶다. I would like to live reciting old peoms.

이다 [이다ida]

'이' 규칙활용, 지정사

to be

사동형	*이히다, 이게 하다, *이게 만들다		피동형	*이히다. 이게 되다, *이어지다	
관형사형 : 현재-진행		과거-완료	과거-회상	과거-완료-회상	미래-추측/의지
인		인	이던	이었던	일

인용형 : 평서	의문	명령	청유	명사형	부사형
이라고	이냐고	*이라고	*이자고	이기, 임	이어, 이게

상대존대형_아주높임		직설체	회상체
평서형	현재	입니다	입디다
	현재-진행	*이고 있습니다, *인 중입니다	*이고 있습디다
	과거	이었습니다	이었습디다
	과거-경험	이었었습니다	이었었습디다
	과거-추측	이었겠습니다	이었겠습디다
	미래-추측/의지/가능	이겠습니다, *이럽니다, 일 겁니다, 일 수 있습니다	*이겠습디다
의문형	현재	입니까?	입디까?
	과거	이었습니까?	이었습디까?
	과거-경험	이었었습니까?	이었었습디까?
	미래-추측/의지/가능	이겠습니까? *이럽니까? *일 겁니까? *이리이까? 일 수 있겠습니까?	이겠습디까?
명령형		*이시오, *이십시오	
청유형		*입시다, *이십시다	
감탄형		이시구나!	

상대존대형_예사높임		'-어요'체	'-으오'체
평서형	현재	이어요/이에요/예요, 이지요, 이세요, *일래요, 일걸요, 인데요, 이래요, *일게요, 이잖아요	이오
	현재-진행	*이고 있어요, *이고 있지요, *이고 있으세요, *인 중이에요	이고 있소
	과거	이었어요, 이었지요, 이었으세요, 이었잖아요	이었소
	과거-경험	이었었어요, 이었었지요, 이었었으세요	이었었소
	과거-추측	이었겠어요, 이었겠지요, 이었겠으세요	이었겠소
	미래-추측/의지/가능	이겠어요, 이겠지요, 이겠으세요, 일 수 있어요	이겠소
의문형	현재	이어요?/이에요?/예요? 이지요? 이세요? *이나요? 일까요? *일래요? *인가요? 인데요? 이래요? 이라면서요? 이라지요?	이오? *이소?
	과거	이었어요? 이었지요? 이었으세요?	이었소?
	과거-경험	이었었어요? 이었었지요? 이었었으세요?	이었었소?
	미래-추측/의지/가능	이겠어요? 이겠지요? 이겠으세요? 이리요? *일 거예요? *일 거지요? 일 수 있겠어요?	이겠소?
명령형		*이어요, *이지요, *이세요, *이라니까요	*이오, *이구려
청유형		*이어요, *이지요, *이세요, *이자니까요	*이오
감탄형		이군요! 이리요!	이구려!

상대존대형_예사낮춤		'-어'체	'-네'체
평서형	현재	이야, 이지, *일래, 일걸, 인데, 이래, *일게, 이란다, *이마, 이잖아	이네
	현재-진행	*이고 있어, *이고 있지, *인 중이야	*이고 있네
	과거-완료	이었어, 이었지, 이었잖아	이었네
	미래-추측/의지/가능	이겠어, 이겠지, 일 수 있어	이겠네
의문형	현재	이야? 이지? 이니? 이냐? 일까? 이랴? *일래? 인데? 이래? 이라면서? 이라지?	인가?
	과거	이었어? 이었지? 이었니? 이었을까? 이었대? 이었다면서?	이었는가?
	미래	이겠어? 이겠지? 이겠니? 이리? *일 거야? *일 거지? *일 거니? 일 수 있겠어?	일 건가?
명령형		이야, *이지, *이렴, *이려무나, *이라니까	*이게
청유형		*이어/*이야, *이지, *이자니까	*이세
감탄형		이어! 이지! 이리!	이군! 이구먼!

상대존대형_아주낮춤		직설체	회상체
평서형	현재	이다	이더라
	현재-진행	*이고 있다, *인 중이다	*이고 있더라
	과거-완료	이었다	이었더라
	미래-추측/의지/가능	이겠다, 이리다, *이련다, 일 거다, 일 수 있다	이겠더라
의문형	현재	*이느냐?/이냐?	이더냐?
	과거	이었느냐?	이었더냐?
	미래	이겠느냐?	이겠더냐?
명령형		*이어라	
청유형		*이자	
감탄형		이구나! 이다! 이로다!	이더구나!

연결형	연결어미	의미기능	연결어미
나열	이고, 이며	비교	*이느니
선택	이거나, 이든지, 이든가	정도	이리만큼
대립	이어도, 이지만, 이나, 인데, 이면서도, 이되, 이지	조건·가정	이면, 이거든, 이거들랑, 이어야, 이라면, 이었던들
동시	이면서, 이며	상황제시	인데, 이니, 이다시피
계기	이고서, 이어서, 이자, 이자마자	비유	이듯이
중단·전환	이다가	비례	일수록
양보	이어도, 이더라도, 일지라도, 일지언정, 인들, 인데도, 이기로서니, 이나마, 일망정, *이어 보았자	원인·이유	이어서, 이니까, *이느라고, 이기에, 이길래, 이니만큼, 인지라, 일세라, 이므로
목적·의도	*이러, *이려고, *이고자	첨가	이거니와, 일뿐더러, 이려니와
결과	*이도록, *이게끔	습관	이곤

이렇다 [이러타, irətha]

'ㅎ' 불규칙활용, 형용사

to be like this, be this way ; to be worth mentioning

사동형	*이렇히다, 이렇게 하다, 이렇게 만들다		피동형		*이렇히다. 이렇게 되다, 이래지다	

관형사형 : 현재-진행	과거-완료	과거-회상	과거-완료-회상	미래-추측/의지
이런	이런	이렇던	이랬던	이럴

인용형 : 평서	의문	명령	청유	명사형	부사형
이렇다고	이러냐고	*이러라고	*이러자고	이렇기, 이럼	이래, 이렇게

상대존대형_아주높임		직설체	회상체
평서형	현재	이렇습니다	이렇습디다
	현재-진행	*이렇고 있습니다, *이런 중입니다	*이렇고 있습디다
	과거	이랬습니다	이랬습디다
	과거-경험	이랬었습니다	이랬었습디다
	과거-추측	이랬겠습니다	이랬겠습디다
	미래-추측/의지/가능	이렇겠습니다, *이러렵니다, 이럴 겁니다, 이럴 수 있습니다	이렇겠습디다
의문형	현재	이렇습니까?	이렇습디까?
	과거	이랬습니까?	이랬습디까?
	과거-경험	이랬었습니까?	이랬었습디까?
	미래-추측/의지/가능	이렇겠습니까? *이러렵니까? *이럴 겁니까? *이러리이까? 이럴 수 있겠습니까?	이렇겠습디까?
명령형		*이러시오, *이러십시오	
청유형		*이럽시다, *이러십시다	
감탄형		이러시구나!	

상대존대형_예사높임		'-어요'체	'-으오'체
평서형	현재	이래요, 이렇지요, 이러세요, *이럴래요, 이럴걸요, 이런데요, 이렇대요, 이럴게요, 이렇잖아요	이러오
	현재-진행	*이렇고 있어요, *이렇고 있지요, *이렇고 있으세요, *이런 중이에요	*이렇고 있소
	과거	이랬어요, 이랬지요, 이랬으세요, 이랬잖아요	이랬소
	과거-경험	이랬었어요, 이랬었지요, 이랬었으세요	이랬었소
	과거-추측	이랬겠어요, 이랬겠지요, 이랬겠으세요	이랬겠소
	미래-추측/의지/가능	이렇겠어요, 이렇겠지요, 이렇겠으세요, 이럴 수 있어요	이렇겠소
의문형	현재	이래요? 이렇지요? 이러세요? 이렇나요? *이럴까요? *이럴래요? *이런가요? 이런데요? 이렇대요? 이렇다면서요? 이렇다지요?	이러오? 이렇소?
	과거	이랬어요? 이랬지요? 이랬으세요?	이랬소?
	과거-경험	이랬었어요? 이랬었지요? 이랬었으세요?	이랬었소?
	미래-추측/의지/가능	이렇겠어요? 이렇겠지요? 이렇겠으세요? 이러리요? *이럴 거예요? *이럴 거지요? 이럴 수 있겠어요?	이렇겠소?
명령형		*이래요, *이렇지요, *이러세요, *이러라니까요	*이러오, *이렇구려
청유형		*이래요, *이렇지요, *이러세요, *이렇자니까요	*이러오
감탄형		이렇군요! 이러리요!	이렇구려!

상대존대형_예사낮춤		'-어'체	'-네'체
평 서 형	현재	이래, 이렇지, *이럴래, 이럴걸, 이런데, 이렇대, 이럴게, 이렇단다, *이러마, 이렇잖아	이렇네
	현재-진행	*이렇고 있어, *이렇고 있지, *이런 중이야	*이렇고 있네
	과거-완료	이랬어, 이랬지, 이랬잖아	이랬네
	미래-추측/의지/가능	이렇겠어, 이렇겠지, 이럴 수 있어	이렇겠네
의 문 형	현재	이래? 이렇지? 이렇니? 이렇나? 이럴까? 이러랴? *이럴래? 이런데? 이렇대? 이렇다면서? 이렇다지?	이런가?
	과거	이랬어? 이랬지? 이랬니? 이랬을까? 이랬대? 이랬다면서?	이랬는가?
	미래	이렇겠어? 이렇겠지? 이렇겠니? 이러리? *이럴 거야? *이럴 거지? *이럴 거니? 이럴 수 있겠어?	이럴 건가?
명령형		*이래, *이렇지, *이러렴, *이러려무나, *이러라니까	*이렇게
청유형		*이래, *이렇지, *이렇자니까	*이렇세
감탄형		이래! 이렇지! 이러리!	이렇군! 이렇구먼!

상대존대형_아주낮춤		직설체	회상체
평 서 형	현재	이렇다	이렇더라
	현재-진행	*이렇고 있다, *이런 중이다	*이렇고 있더라
	과거-완료	이랬다	이랬더라
	미래-추측/의지/가능	이렇겠다, 이러리다, *이러련다, 이럴 거다, 이럴 수 있다	이렇겠더라
의 문 형	현재	이러냐?	이렇더냐?
	과거	이랬느냐?	이랬더냐?
	미래	이렇겠느냐?	이렇겠더냐?
명령형		*이래라	
청유형		이렇자	
감탄형		이렇구나! 이렇다! 이렇도다!	이렇더구나!

연결형	연결어미	의미기능	연결어미
나열	이렇고, 이러며	비교	*이렇느니
선택	이렇거나, 이렇든지, 이렇든가	정도	이러리만큼
대립	이래도, 이렇지만, 이러나, 이런데, 이러면 서도, 이렇되, 이렇지	조건 · 가정	이러면, 이렇거든, 이렇거들랑, 이래야, 이 렇다면, 이랬던들
동시	이러면서, 이러며	상황제시	이런데, 이러니, 이렇다시피
계기	*이렇고서, *이래서, *이렇자, *이렇자마자	비유	이렇듯이
중단 · 전환	이렇다가	비례	이럴수록
양보	이래도, 이렇더라도, 이럴지라도, 이럴지언 정, 이런들, 이런데도, 이렇기로서니, 이러 나마, 이럴망정, 이래 보았자	원인 · 이유	이래서, 이러니까, 이러느라고, 이렇기에, 이렇길래, 이러니만큼, 이런지라, 이럴세라, 이러므로
목적 · 의도	*이러러, *이러려고, *이렇고자	첨가	이렇거니와, 이럴뿐더러, 이러려니와
결과	이렇도록, 이렇게끔	습관	*이렇곤

- 한국의 경제 현실이 이렇습니다. This is Korea's economic reality.
- 이렇게 하면 문을 열 수 있습니다. You can open the door this way.
- 그는 이래서 항상 사랑을 많이 받는다. This is why he is loved all the time.

이루다 [이루다, iruda]

'우' 규칙활용, 타동사

to accomplish, achieve ; to realize ; to complete, finish ; to make up

사동형	*이루히다, 이루게 하다, 이루게 만들다		피동형	*이루히다. 이루게 되다, 이루어지다	

관형사형 : 현재-진행	과거-완료	과거-회상	과거-완료-회상	미래-추측/의지
이루는	이룬	이루던	이루었던	이룰

인용형 : 평서	의문	명령	청유	명사형	부사형
이룬다고	이루느냐고	이루라고	이루자고	이루기, 이룸	이루어, 이루게

상대존대형_아주높임		직설체	회상체
평서형	현재	이룹니다	이룹디다
	현재-진행	이루고 있습니다, 이루는 중입니다	이루고 있습디다
	과거	이루었습니다	이루었습디다
	과거-경험	이루었었습니다	이루었었습디다
	과거-추측	이루었겠습니다	이루었겠습디다
	미래-추측/의지/가능	이루겠습니다, 이루렵니다, 이룰 겁니다, 이룰 수 있습니다	이루겠습디다
의문형	현재	이룹니까?	이룹디까?
	과거	이루었습니까?	이루었습디까?
	과거-경험	이루었었습니까?	이루었었습디까?
	미래-추측/의지/가능	이루겠습니까? 이루렵니까? 이룰 겁니까? 이루리이까? 이룰 수 있겠습니까?	이루겠습디까?
명령형		이루시오, 이루십시오	
청유형		이룹시다, 이루십시다	
감탄형		이루시는구나!	

상대존대형_예사높임		'-어요'체	'-으오'체
평서형	현재	이루어요, 이루지요, 이루세요, 이룰래요, 이룰걸요, 이루는데요, 이룬대요, 이룰게요, 이루잖아요	이루오
	현재-진행	이루고 있어요, 이루고 있지요, 이루고 있세요, 이루는 중이에요	이루고 있소
	과거	이루었어요, 이루었지요, 이루었으세요, 이루었잖아요	이루었소
	과거-경험	이루었었어요, 이루었었지요, 이루었었으세요	이루었었소
	과거-추측	이루었겠어요, 이루었겠지요, 이루었겠으세요	이루었겠소
	미래-추측/의지/가능	이루겠어요, 이루겠지요, 이루겠으세요, 이룰 수 있어요	이루겠소
의문형	현재	이루어요? 이루지요? 이루세요? 이루나요? 이룰까요? 이룰래요? 이루는가요? 이루는데요? 이룬대요? 이룬다면서요? 이룬다지요?	이루오? *이루소?
	과거	이루었어요? 이루었지요? 이루었으세요?	이루었소?
	과거-경험	이루었었어요? 이루었었지요? 이루었었으세요?	이루었었소?
	미래-추측/의지/가능	이루겠어요? 이루겠지요? 이루겠으세요? 이루리요? 이룰 거예요? 이룰 거지요? 이룰 수 있겠어요?	이루겠소?
명령형		이루어요, 이루지요, 이루세요, 이루라니까요	이루오, 이루구려
청유형		이루어요, 이루지요, 이루세요, 이루자니까요	이루오
감탄형		이루는군요! 이루리요!	이루는구려!

상대존대형_예사낮춤		'-어'체	'-네'체
평서형	현재	이루어, 이루지, 이룰래, 이룰걸, 이루는데, 이룬대, 이룰게, 이룬단다, 이루마, 이루잖아	이루네
	현재-진행	이루고 있어, 이루고 있지, 이루는 중이야	이루고 있네
	과거-완료	이루었어, 이루었지, 이루었잖아	이루었네
	미래-추측/의지/가능	이루겠어, 이루겠지, 이룰 수 있어	이루겠네
의문형	현재	이루어? 이루지? 이루니? 이루나? 이룰까? 이루랴? 이룰래? 이루는데? 이룬대? 이룬다면서? 이룬다지?	이루는가?
	과거	이루었어? 이루었지? 이루었니? 이루었을까? 이루었대? 이루었다면서?	이루었는가?
	미래	이루겠어? 이루겠지? 이루겠니? 이루리? 이룰 거야? 이룰 거지? 이룰 거니? 이룰 수 있겠어?	이룰 건가?
명령형		이루어, 이루지, 이루렴, 이루려무나, 이루라니까	이루게
청유형		이루어, 이루지, 이루자니까	이루세
감탄형		이루어! 이루지! 이루리!	이루는군! 이루는구면!

상대존대형_아주낮춤		직설체	회상체
평서형	현재	이룬다	이루더라
	현재-진행	이루고 있다, 이루는 중이다	이루고 있더라
	과거-완료	이루었다	이루었더라
	미래-추측/의지/가능	이루겠다, 이루리다, 이루련다, 이룰 거다, 이룰 수 있다	이루겠더라
의문형	현재	이루느냐?	이루더냐?
	과거	이루었느냐?	이루었더냐?
	미래	이루겠느냐?	이루겠더냐?
명령형		이루어라	
청유형		이루자	
감탄형		이루는구나! 이루는다! 이루는도다!	이루더구나!

연결형	연결어미	의미기능	연결어미
나열	이루고, 이루며	비교	이루느니
선택	이루거나, 이루든지, 이루든가	정도	이루리만큼
대립	이루어도, 이루지만, 이루나, 이루는데, 이루면서도, 이루되, 이루지	조건·가정	이루면, 이루거든, 이루거들랑, 이루어야, 이룬다면, 이루었던들
동시	이루면서, 이루며	상황제시	이루는데, 이루니, 이루다시피
계기	이루고서, 이루어서, 이루자, 이루자마자	비유	이루듯이
중단·전환	이루다가	비례	이룰수록
양보	이루어도, 이루더라도, 이룰지라도, 이룰지언정, 이룬들, 이루는데도, 이루기로서니, 이루나마, 이룰망정, 이루어 보았자	원인·이유	이루어서, 이루니까, 이루느라고, 이루기에, 이루길래, 이루느니만큼, 이루는지라, 이룰세라, 이루므로
목적·의도	이루러, 이루려고, 이루고자	첨가	이루거니와, 이룰뿐더러, 이루려니와
결과	이루도록, 이루게끔	습관	이루곤

이르다1 [이르다, irïda]

'르' 불규칙활용, 형용사

to be early ; to be premature

사동형	*이르히다, 이르게 하다, 이르게 만들다		피동형		*이르히다. 이르게 되다, 일러지다	

관형사형 : 현재-진행	과거-완료	과거-회상	과거-완료-회상	미래-추측/의지
이른	이른	이르던	일렀던	이를

인용형 : 평서	의문	명령	청유	명사형	부사형
이르다고	이르냐고	*이르라고	*이르자고	이르기, 이름	일러, 이르게

상대존대형_아주높임		직설체	회상체
평서형	현재	이릅니다	이릅디다
	현재-진행	*이르고 있습니다, *이른 중입니다	*이르고 있습디다
	과거	일렀습니다	일렀습디다
	과거-경험	일렀었습니다	일렀었습디다
	과거-추측	일렀겠습니다	일렀겠습디다
	미래-추측/의지/가능	이르겠습니다, *이르렵니다, 이를 겁니다, 이를 수 있습니다	이르겠습디다
의문형	현재	이릅니까?	이릅디까?
	과거	일렀습니까?	일렀습디까?
	과거-경험	일렀었습니까?	일렀었습디까?
	미래-추측/의지/가능	이르겠습니까? *이르렵니까? *이를 겁니까? *이르리이까? 이를 수 있겠습니까?	이르겠습디까?
명령형		*이르시오, *이르십시오	
청유형		*이릅시다, *이르십시다	
감탄형		*이르시구나!	

상대존대형_예사높임		'-어요'체	'-으오'체
평서형	현재	일러요, 이르지요, 이르세요, *이를래요, 이를걸요, 이른데요, 이르대요, *이를게요, 이르잖아요	이르오
	현재-진행	*이르고 있어요, *이르고 있지요, *이르고 있으세요, *이른 중이에요	*이르고 있소
	과거	일렀어요, 일렀지요, 일렀으세요, 일렀잖아요	일렀소
	과거-경험	일렀었어요, 일렀었지요, 일렀었으세요	일렀었소
	과거-추측	일렀겠어요, 일렀겠지요, 일렀겠으세요	일렀겠소
	미래-추측/의지/가능	이르겠어요, 이르겠지요, 이르겠으세요, 이를 수 있어요	이르겠소
의문형	현재	일러요? 이르지요? 이르세요? 이르나요? 이를까요? *이를래요? 이른가요? 이른데요? 이르대요? 이르다면서요? 이르다지요?	이르오? *이르소?
	과거	일렀어요? 일렀지요? 일렀으세요?	일렀소?
	과거-경험	일렀었어요? 일렀었지요? 일렀었으세요?	일렀었소?
	미래-추측/의지/가능	*이르겠어요? 이르겠지요? 이르겠으세요? 이르리요? *이를 거예요? *이를 거지요? 이를 수 있겠어요?	이르겠소?
명령형		*일러요, *이르지요, *이르세요, *이르라니까요	*이르오, *이르구려
청유형		*일러요, *이르지요, *이르세요, *이르자니까요	*이르오
감탄형		이르군요! 이르리요!	이르구려!

상대존대형_예사낮춤		'-어'체	'-네'체
평서형	현재	일러, 이르지, *이를래, 이를걸, 이른데, 이르대, *이를게, 이르단다, 이르마, 이르잖아	이르네
	현재-진행	*이르고 있어, *이르고 있지, *이른 중이야	*이르고 있네
	과거-완료	일렀어, 일렀지, 일렀잖아	일렀네
	미래-추측/의지/가능	이르겠어, 이르겠지, 이를 수 있어	이르겠네
의문형	현재	일러? 이르지? 이르니? 이르나? 이를까? 이르랴? *이를래? 이른데? 이르대? 이르다면서? 이르다지?	이른가?
	과거	일렀어? 일렀지? 일렀니? 일렀을까? 일렀대? 일렀다면서?	일렀는가?
	미래	이르겠어? 이르겠지? 이르겠니? *이르리? *이를 거야? *이를 거지? *이를 거니? 이를 수 있겠어?	이를 건가?
명령형		*일러, *이르지, *이르렴, *이르려무나, *이르라니까	*이르게
청유형		*일러, *이르지, *이르자니까	*이르세
감탄형		일러! 이르지! 이르리!	이르군! 이르구먼!

상대존대형_아주낮춤		직설체	회상체
평서형	현재	이르다	이르더라
	현재-진행	*이르고 있다, *이른 중이다	*이르고 있더라
	과거-완료	일렀다	일렀더라
	미래-추측/의지/가능	이르겠다, 이르리다, *이르련다, 이를 거다, 이를 수 있다	이르겠더라
의문형	현재	이르냐?	이르더냐?
	과거	일렀느냐?	일렀더냐?
	미래	이르겠느냐?	이르겠더냐?
명령형		*일러라	
청유형		*이르자	
감탄형		이르구나! 이르다! 이르도다!	이르더구나!

연결형	연결어미	의미기능	연결어미
나열	이르고, 이르며	비교	*이르느니/이르다느니
선택	이르거나, 이르든지, 이르든가	정도	이르리만큼
대립	일러도, 이르지만, 이르나, 이른데, 이르면서도, 이르되, 이르지	조건·가정	이르면, 이르거든, 이르거들랑, 일러야, 이르다면, 일렀던들
동시	이르면서, 이르며	상황제시	이른데, 이르니, 이르다시피
계기	*이르고서, *일러서, *이르자, *이르자마자	비유	이르듯이
중단·전환	이르다가	비례	이를수록
양보	일러도, 이르더라도, 이를지라도, 이를지언정, 이른들, 이른데도, 이르기로서니, 이르나마, 이를망정, 일러 보았자	원인·이유	일러서, 이르니까, *이르느라고, 이르기에, 이르길래, 이르니만큼, 이른지라, *이를세라, 이르므로
목적·의도	*이르러, *이르려고, *이르고자	첨가	이르거니와, 이를뿐더러, 이르려니와
결과	이르도록, 이르게끔	습관	이르곤

- 아직도 속단을 하기에는 일러요. It's still to early to make immediate judgments.
- 이른 아침에 서울로 출발했다. We left for Seoul early in the morning.
- 때가 좀 이르기는 하지만 사과를 살 수는 있을 거야.
  Though it's quite early we can still buy some apples.

이르다₂ [이르다, irïda]

'러' 불규칙활용, 자동사

to reach, arrive ; to extend to ; to end in ; to approach

사동형	*이르히다, 이르게 하다, 이르게 만들다		피동형	*이르히다. 이르게 되다, *이르러지다	

관형사형 : 현재-진행	과거-완료	과거-회상	과거-완료-회상	미래-추측/의지
이르는	이른	이르던	이르렀던	이를

인용형 : 평서	의문	명령	청유	명사형	부사형
이른다고	이르느냐고	*이르라고	*이르자고	이르기, 이름	이르러, 이르게

상대존대형_아주높임		직설체	회상체
평서형	현재	이릅니다	이릅디다
	현재-진행	이르고 있습니다, 이르는 중입니다	이르고 있습디다
	과거	이르렀습니다	이르렀습디다
	과거-경험	이르렀었습니다	이르렀었습디다
	과거-추측	이르렀겠습니다	이르렀겠습디다
	미래-추측/의지/가능	이르겠습니다, 이르렵니다, 이를 겁니다, 이를 수 있습니다	이르겠습디다
의문형	현재	이릅니까?	이릅디까?
	과거	이르렀습니까?	이르렀습디까?
	과거-경험	이르렀었습니까?	이르렀었습디까?
	미래-추측/의지/가능	이르겠습니까? 이르렵니까? 이를 겁니까? 이르리이까? 이를 수 있겠습니까?	이르겠습디까?
명령형		이르시오, 이르십시오	
청유형		이릅시다, 이르십시다	
감탄형		이르시는구나!	

상대존대형_예사높임		'-어요'체	'-으오'체
평서형	현재	이르러요, 이르지요, 이르세요, 이를래요, 이를걸요, 이르는데요, 이른대요, 이를게요, 이르잖아요	이르오
	현재-진행	이르고 있어요, 이르고 있지요, 이르고 있으세요, 이르는 중이에요	이르고 있소
	과거	이르렀어요, 이르렀지요, 이르렀으세요, 이르렀잖아요	이르렀소
	과거-경험	이르렀었어요, 이르렀었지요, 이르렀었으세요	이르렀었소
	과거-추측	이르렀겠어요, 이르렀겠지요, 이르렀겠으세요	이르렀겠소
	미래-추측/의지/가능	이르겠어요, 이르겠지요, 이르겠으세요, 이를 수 있어요	이르겠소
의문형	현재	이르러요? 이르지요? 이르세요? 이르나요? 이를까요? 이를래요? 이르는가요? 이르는데요? 이른대요? 이른다면서요? 이른다지요?	이르오? *이르소?
	과거	이르렀어요? 이르렀지요? 이르렀으세요?	이르렀소?
	과거-경험	이르렀었어요? 이르렀었지요? 이르렀었으세요?	이르렀었소?
	미래-추측/의지/가능	이르겠어요? 이르겠지요? 이르겠으세요? 이르리요? 이를 거예요? 이를 거지요? 이를 수 있겠어요?	이르겠소?
명령형		이르러요, 이르지요, 이르세요, 이르라니까요	이르오, 이르구려
청유형		이르러요, 이르지요, 이르세요, 이르자니까요	이르오
감탄형		이르는군요! 이르리요!	이르는구려!

상대존대형_예사낮춤		'-어'체	'-네'체
평서형	현재	이르러, 이르지, 이를래, 이를걸, 이르는데, 이른대, 이를게, 이르단다, 이르마, 이르잖아	이르네
	현재-진행	이르고 있어, 이르고 있지, 이르는 중이야	이르고 있네
	과거-완료	이르렀어, 이르렀지, 이르렀잖아	이르렀네
	미래-추측/의지/가능	이르겠어, 이르겠지, 이를 수 있어	이르겠네
의문형	현재	이르러? 이르지? 이르니? 이르나? 이를까? 이르랴? 이를래? 이르는데? 이른대? 이른다면서? 이른다지?	이르는가?
	과거	이르렀어? 이르렀지? 이르렀니? 이르렀을까? 이르렀대? 이르렀다면서?	이르렀는가?
	미래	이르겠어? 이르겠지? 이르겠니? 이르리? 이를 거야? 이를 거지? 이를 거니? 이를 수 있겠어?	이를 건가?
명령형		이르러, 이르지, 이르렴, 이르려무나, 이르라니까	이르게
청유형		이르러, 이르지, 이르자니까	이르세
감탄형		이르러! 이르지! 이르리!	이르는군! 이르는구먼!

상대존대형_아주낮춤		직설체	회상체
평서형	현재	이른다	이르더라
	현재-진행	이르고 있다, 이르는 중이다	이르고 있더라
	과거-완료	이르렀다	이르렀더라
	미래-추측/의지/가능	이르겠다, 이르리다, 이르련다, 이를 거다, 이를 수 있다	이르겠더라
의문형	현재	이르느냐?	이르더냐?
	과거	이르렀느냐?	이르렀더냐?
	미래	이르겠느냐?	이르겠더냐?
명령형		이르러라	
청유형		이르자	
감탄형		이르는구나! 이른다! 이르는도다!	이르더구나!

연결형	연결어미	의미기능	연결어미
나열	이르고, 이르며	비교	이르느니
선택	이르거나, 이르든지, 이르든가	정도	이르리만큼
대립	이르러도, 이르지만, 이르나, 이르는데, 이르면서도, 이르되, 이르지	조건·가정	이르면, 이르거든, 이르거들랑, 이르러야, 이른다면, 이르렀던들
동시	이르면서, 이르며	상황제시	이르는데, 이르니, 이르다시피
계기	이르고서, 이르러서, 이르자, 이르자마자	비유	이르듯이
중단·전환	이르다가	비례	이를수록
양보	이르러도, 이르더라도, 이를지라도, 이를지언정, 이른들, 이르는데도, 이르기로서니, 이르나마, 이를망정, 이르러 보았자	원인·이유	이르러서, 이르니까, 이르느라고, 이르기에, 이르길래, 이르느니만큼, 이르는지라, 이를세라, 이르므로
목적·의도	이르러, 이르려고, 이르고자	첨가	이르거니와, 이를뿐더러, 이르려니와
결과	이르도록, 이르게끔	습관	이르곤

기본예문
- 나는 드디어 백두산 천지에 이르렀다. I have finally reached Baekdusan's peak.
- 경찰이 사고현장에 이른 시각이 정각 10시였다.
  The time that the police arrived at the crime scene was exactly 10 am.
- 우리는 시험에 이르러서야 공부를 하기 시작했다. We started to study when the test approached.

이르다3 [이르다, iiridal]

'르' 불규칙활용, 타동사

to say, tell on ; to report ; to advise

사동형	*이르히다, 이르게 하다, 이르게 만들다		피동형		*이르히다. 이르게 되다, 일러지다	
관형사형 : 현재-진행		과거-완료		과거-회상	과거-완료-회상	미래-추측/의지
이르는		이른		이르던	일렀던	이를
인용형 : 평서	의문		명령	청유	명사형	부사형
이른다고	이르느냐고		이르라고	이르자고	이르기, 이름	일러, 이르게

상대존대형_아주높임		직설체	회상체
평서형	현재	이릅니다	이릅디다
	현재-진행	이르고 있습니다, 이르는 중입니다	이르고 있습디다
	과거	일렀습니다	일렀습디다
	과거-경험	일렀었습니다	일렀었습디다
	과거-추측	일렀겠습니다	일렀겠습디다
	미래-추측/의지/가능	이르겠습니다, 이르렵니다, 이를 겁니다, 이를 수 있습니다	이르겠습디다
의문형	현재	이릅니까?	이릅디까?
	과거	일렀습니까?	일렀습디까?
	과거-경험	일렀었습니까?	일렀었습디까?
	미래-추측/의지/가능	이르겠습니까? 이르렵니까? 이를 겁니까? 이르리이까? 이를 수 있겠습니까?	이르겠습디까?
명령형		이르시오, 이르십시오	
청유형		이릅시다, 이르십시다	
감탄형		이르시는구나!	

상대존대형_예사높임		'-어요'체	'-으오'체
평서형	현재	일러요, 이르지요, 이르세요, 이를래요, 이를걸요, 이르는데요, 이르는대요, 이를게요, 이르잖아요	이르오
	현재-진행	이르고 있어요, 이르고 있지요, 이르고 있으세요, 이르는 중이에요	이르고 있소
	과거	일렀어요, 일렀지요, 일렀으세요, 일렀잖아요	일렀소
	과거-경험	일렀었어요, 일렀었지요, 일렀었으세요	일렀었소
	과거-추측	일렀겠어요, 일렀겠지요, 일렀겠으세요	일렀겠소
	미래-추측/의지/가능	이르겠어요, 이르겠지요, 이르겠으세요, 이를 수 있어요	이르겠소
의문형	현재	일러요? 이르지요? 이르세요? 이르나요? 이를까요? 이를래요? 이르는가요? 이르는데요? 이른대요? 이른다면서요? 이른다지요?	이르오? *이르소?
	과거	일렀어요? 일렀지요? 일렀으세요?	일렀소?
	과거-경험	일렀었어요? 일렀었지요? 일렀었으세요?	일렀었소?
	미래-추측/의지/가능	이르겠어요? 이르겠지요? 이르겠으세요? 이르리요? 이를 거예요? 이를 거지요? 이를 수 있겠어요?	이르겠소?
명령형		일러요, 이르지요, 이르세요, 이르라니까요	이르오, 이르구려
청유형		일러요, 이르지요, 이르세요, 이르자니까요	이르오
감탄형		이르는군요! 이르리요!	이르는구려!

상대존대형_예사낮춤		'-어'체	'-네'체
평서형	현재	일러, 이르지, 이를래, 이를걸, 이르는데, 이른대, 이를게, 이른 단다, 이르마, 이르잖아	이르네
	현재-진행	이르고 있어, 이르고 있지, 이르는 중이야	이르고 있네
	과거-완료	일렀어, 일렀지, 일렀잖아	일렀네
	미래-추측/의지/가능	이르겠어, 이르겠지, 이를 수 있어	이르겠네
의문형	현재	일러? 이르지? 이르니? 이르나? 이를까? 이르랴? 이를래? 이르 는데? 이른대? 이른다면서? 이른다지?	이르는가?
	과거	일렀어? 일렀지? 일렀니? 일렀을까? 일렀대? 일렀다면서?	일렀는가?
	미래	이르겠어? 이르겠지? 이르겠니? 이르리? 이를 거야? 이를 거지? 이를 거니? 이를 수 있겠어?	이를 건가?
명령형		일러, 이르지, 이르렴, 이르려무나, 이르라니까	이르게
청유형		일러, 이르지, 이르자니까	이르세
감탄형		일러! 이르지! 이르리!	이르는군! 이르는구먼!

상대존대형_아주낮춤		직설체	회상체
평서형	현재	이른다	이르더라
	현재-진행	이르고 있다, 이르는 중이다	이르고 있더라
	과거-완료	일렀다	일렀더라
	미래-추측/의지/가능	이르겠다, 이르리다, 이르련다, 이를 거다, 이를 수 있다	이르겠더라
의문형	현재	이르느냐?	이르더냐?
	과거	일렀느냐?	일렀더냐?
	미래	이르겠느냐?	이르겠더냐?
명령형		일러라	
청유형		이르자	
감탄형		이르는구나! 이른다! 이르는도다!	이르더구나!

연결형	연결어미	의미기능	연결어미
나열	이르고, 이르며	비교	이르느니
선택	이르거나, 이르든지, 이르든가	정도	이르리만큼
대립	일러도, 이르지만, 이르나, 이르는데, 이르 면서도, 이르되, 이르지	조건·가정	이르면, 이르거든, 이르거들랑, 일러야, 이 른다면, 일렀던들
동시	이르면서, 이르며	상황제시	이르는데, 이르니, 이르다시피
계기	이르고서, 일러서, 이르자, 이르자마자	비유	이르듯이
중단·전환	이르다가	비례	이를수록
양보	일러도, 이르더라도, 이를지라도, 이를지언 정, 이른들, 이르는데도, 이르기로서니, 이 르나마, 이를망정, 일러 보았자	원인·이유	일러서, 이르니까, 이르느라고, 이르기에, 이르길래, 이르느니만큼, 이르는지라, 이를 세라, 이르므로
목적·의도	이르러, 이르려고, 이르고자	첨가	이르거니와, 이를뿐더러, 이르려니와
결과	이르도록, 이르게끔	습관	이르곤

기본예문
- 제 잘못을 엄마께 이르지 마세요. Do not tell my mother about my faults.
- 어제 일러 준 말을 다 기억하고 있지? Do you remember what I told you yesterday?
- 알아듣도록 일렀건만 결국 내 말을 듣지 않았다.
  I told it to you to understand but you eventually didn't listen to me.

일하다 [일:하다, il:hada]

'여' 불규칙활용, 타동사

to work, labor ; to serve (as)

사동형	일시키다, 일하게 하다, 일하게 만들다		피동형	*일하히다. 일하게 되다, 일해지다	
관형사형 : 현재-진행	과거-완료	과거-회상	과거-완료-회상		미래-추측/의지
일하는	일한	일하던	일했던		일할

인용형 : 평서	의문	명령	청유	명사형	부사형
일한다고	일하느냐고	일하라고	일하자고	일하기, 일함	일해, 일하게

상대존대형_아주높임		직설체	회상체
평서형	현재	일합니다	일합디다
	현재-진행	일하고 있습니다, 일하는 중입니다	일하고 있습디다
	과거	일했습니다	일했습디다
	과거-경험	일했었습니다	일했었습디다
	과거-추측	일했겠습니다	일했겠습디다
	미래-추측/의지/가능	일하겠습니다, 일하렵니다, 일할 겁니다, 일할 수 있습니다	일하겠습디다
의문형	현재	일합니까?	일합디까?
	과거	일했습니까?	일했습디까?
	과거-경험	일했었습니까?	일했었습디까?
	미래-추측/의지/가능	일하겠습니까? 일하렵니까? 일할 겁니까? 일하리이까? 일할 수 있겠습니까?	일하겠습디까?
명령형		일하시오, 일하십시오	
청유형		일합시다, 일하십시다	
감탄형		일하시는구나!	

상대존대형_예사높임		'-어요'체	'-으오'체
평서형	현재	일해요, 일하지요, 일하세요, 일할래요, 일할걸요, 일하는데요, 일한대요, 일할게요, 일하잖아요	일하오
	현재-진행	일하고 있어요, 일하고 있지요, 일하고 있세요, 일하는 중이에요	일하고 있소
	과거	일했어요, 일했지요, 일했으세요, 일했잖아요	일했소
	과거-경험	일했었어요, 일했었지요, 일했었으세요	일했었소
	과거-추측	일했겠어요, 일했겠지요, 일했겠으세요	일했겠소
	미래-추측/의지/가능	일하겠어요, 일하겠지요, 일하겠으세요, 일할 수 있어요	일하겠소
의문형	현재	일해요? 일하지요? 일하세요? 일하나요? 일할까요? 일할래요? 일하는가요? 일하는데요? 일한대요? 일한다면서요? 일한다지요?	일하오? *일하소?
	과거	일했어요? 일했지요? 일했으세요?	일했소?
	과거-경험	일했었어요? 일했었지요? 일했었으세요?	일했었소?
	미래-추측/의지/가능	일하겠어요? 일하겠지요? 일하겠으세요? 일하리요? 일할 거예요? 일할 거지요? 일할 수 있겠어요?	일하겠소?
명령형		일해요, 일하지요, 일하세요, 일하라니까요	일하오, 일하구려
청유형		일해요, 일하지요, 일하세요, 일하자니까요	일하오
감탄형		일하는군요! 일하리요!	일하는구려!

상대존대형_예사낮춤		'-어'체	'-네'체
평서형	현재	일해, 일하지, 일할래, 일할걸, 일하는데, 일한대, 일할게, 일한단다, 일하마, 일하잖아	일하네
	현재-진행	일하고 있어, 일하고 있지, 일하는 중이야	일하고 있네
	과거-완료	일했어, 일했지, 일했잖아	일했네
	미래-추측/의지/가능	일하겠어, 일하겠지, 일할 수 있어	일하겠네
의문형	현재	일해? 일하지? 일하니? 일하나? 일할까? 일하랴? 일할래? 일한대? 일하는데? 일한다면서? 일한다지?	일하는가?
	과거	일했어? 일했지? 일했니? 일했을까? 일했대? 일했다면서?	일했는가?
	미래	일하겠어? 일하겠지? 일하겠니? 일하리? 일할 거야? 일할 거지? 일할 거니? 일할 수 있겠어?	일할 건가?
명령형		일해, 일하지, 일하렴, 일하려무나, 일하라니까	일하게
청유형		일해, 일하지, 일하자니까	일하세
감탄형		일해! 일하지! 일하리!	일하는군! 일하는구먼!

상대존대형_아주낮춤		직설체	회상체
평서형	현재	일한다	일하더라
	현재-진행	일하고 있다, 일하는 중이다	일하고 있더라
	과거-완료	일했다	일했더라
	미래-추측/의지/가능	일하겠다, 일하리다, 일하련다, 일할 거다, 일할 수 있다	일하겠더라
의문형	현재	일하느냐?	일하더냐?
	과거	일했느냐?	일했더냐?
	미래	일하겠느냐?	일하겠더냐?
명령형		일해라	
청유형		일하자	
감탄형		일하는구나! 일한다! 일하는도다!	일하더구나!

연결형	연결어미	의미기능	연결어미
나열	일하고, 일하며	비교	일하느니
선택	일하거나, 일하든지, 일하든가	정도	일하리만큼
대립	일해도, 일하지만, 일하나, 일하는데, 일하면서도, 일하되, 일하지	조건 · 가정	일하면, 일하거든, 일하거들랑, 일해야/일해야, 일한다면, 일했던들
동시	일하면서, 일하며	상황제시	일하는데, 일하니, 일하다시피
계기	일하고서, 일해서, 일하자, 일하자마자	비유	일하듯이
중단 · 전환	일하다가	비례	일할수록
양보	일해도, 일하더라도, 일할지라도, 일할지언정, 일한들, 일하는데도, 일하기로서니, 일하나마, 일할망정, 일해 보았자	원인 · 이유	일해서/일해서, 일하니까, 일하느라고, 일하기에, 일하길래, 일하느니만큼, 일하는지라, 일할세라, 일하므로
목적 · 의도	일하러, 일하려고, 일하고자	첨가	일하거니와, 일할뿐더러, 일하려니와
결과	일하도록, 일하게끔	습관	일하곤

- 그는 한국 대사관에서 일하고 있다. He is working at the Korean Embassy.
- 그녀의 일하는 모습이 너무 멋있다. She looks very attractive when working.
- 너와 함께 일할수록 재미가 있다. The more I work with you, the more fun it gets.

읽다 [일따, ilt'a]

'자음' 규칙활용, 타동사

to read ; to peruse, know ; to become aware

사동형	읽히다, 읽게 하다, 읽게 만들다		피동형	읽히다. 읽게 되다, 읽어지다, 읽혀지다	

관형사형 : 현재-진행	과거-완료	과거-회상	과거-완료-회상	미래-추측/의지
읽는	읽은	읽던	읽었던	읽을

인용형 : 평서	의문	명령	청유	명사형	부사형
읽는다고	읽느냐고	읽으라고	읽자고	읽기, 읽음	읽어, 읽게

상대존대형_아주높임		직설체	회상체
평서형	현재	읽습니다	읽습디다
	현재-진행	읽고 있습니다, 읽는 중입니다	읽고 있습디다
	과거	읽었습니다	읽었습디다
	과거-경험	읽었었습니다	읽었었습디다
	과거-추측	읽었겠습니다	읽었겠습디다
	미래-추측/의지/가능	읽겠습니다, 읽으렵니다, 읽을 겁니다, 읽을 수 있습니다	읽겠습디다
의문형	현재	읽습니까?	읽습디까?
	과거	읽었습니까?	읽었습디까?
	과거-경험	읽었었습니까?	읽었었습디까?
	미래-추측/의지/가능	읽겠습니까? 읽으렵니까? 읽을 겁니까? 읽으리이까? 읽을 수 있겠습니까?	읽겠습디까?
명령형		읽으시오, 읽으십시오	
청유형		읽읍시다, 읽으십시다	
감탄형		읽으시는구나!	

상대존대형_예사높임		'-어요'체	'-으오'체
평서형	현재	읽어요, 읽지요, 읽으세요, 읽을래요, 읽을걸요, 읽는데요, 읽는대요, 읽을게요, 읽잖아요	읽으오
	현재-진행	읽고 있어요, 읽고 있지요, 읽고 있으세요, 읽는 중이에요	읽고 있소
	과거	읽었어요, 읽었지요, 읽었으세요, 읽었잖아요	읽었소
	과거-경험	읽었었어요, 읽었었지요, 읽었었으세요	읽었었소
	과거-추측	읽었겠어요, 읽었겠지요, 읽었겠으세요	읽었겠소
	미래-추측/의지/가능	읽겠어요, 읽겠지요, 읽겠으세요, 읽을 수 있어요	읽겠소
의문형	현재	읽어요? 읽지요? 읽으세요? 읽나요? 읽을까요? 읽을래요? 읽는가요? 읽는데요? 읽는대요? 읽는다면서요? 읽는다지요?	읽으오? 읽소?
	과거	읽었어요? 읽었지요? 읽었으세요?	읽었소?
	과거-경험	읽었었어요? 읽었었지요? 읽었었으세요?	읽었었소?
	미래-추측/의지/가능	읽겠어요? 읽겠지요? 읽겠으세요? 읽으리요? 읽을 거예요? 읽을 거지요? 읽을 수 있겠어요?	읽겠소?
명령형		읽어요, 읽지요, 읽으세요, 읽으라니까요	읽으오, 읽구려
청유형		읽어요, 읽지요, 읽으세요, 읽자니까요	읽으오
감탄형		읽는군요! 읽으리요!	읽는구려!

상대존대형_예사낮춤		'-어'체	'-네'체
평서형	현재	읽어, 읽지, 읽을래, 읽을걸, 읽는데, 읽대, 읽을게, 읽는단다, 읽으마, 읽잖아	읽네
	현재-진행	읽고 있어, 읽고 있지, 읽는 중이야	읽고 있네
	과거-완료	읽었어, 읽었지, 읽었잖아	읽었네
	미래-추측/의지/가능	읽겠어, 읽겠지, 읽을 수 있어	읽겠네
의문형	현재	읽어? 읽지? 읽니? 읽나? 읽을까? 읽으랴? 읽을래? 읽는데? 읽는대? 읽는다면서? 읽는다지?	읽는가?
	과거	읽었어? 읽었지? 읽었니? 읽었을까? 읽었대? 읽었다면서?	읽었는가?
	미래	읽겠어? 읽겠지? 읽겠니? 읽으리? 읽을 거야? 읽을 거지? 읽을 거니? 읽을 수 있겠어?	읽을 건가?
명령형		읽어, 읽지, 읽으렴, 읽으려무나, 읽으라니까	읽게
청유형		읽어, 읽지, 읽자니까	읽세
감탄형		읽어! 읽지! 읽으리!	읽는군! 읽는구먼!

상대존대형_아주낮춤		직설체	회상체
평서형	현재	읽는다	읽더라
	현재-진행	읽고 있다, 읽는 중이다	읽고 있더라
	과거-완료	읽었다	읽었더라
	미래-추측/의지/가능	읽겠다, 읽으리다, 읽으련다, 읽을 거다, 읽을 수 있다	읽겠더라
의문형	현재	읽느냐?	읽더냐?
	과거	읽었느냐?	읽었더냐?
	미래	읽겠느냐?	읽겠더냐?
명령형		읽어라	
청유형		읽자	
감탄형		읽는구나! 읽는다! 읽는도다!	읽더구나!

연결형	연결어미	의미기능	연결어미
나열	읽고, 읽으며	비교	읽느니
선택	읽거나, 읽든지, 읽든가	정도	읽으리만큼
대립	읽어도, 읽지만, 읽으나, 읽는데, 읽으면서도, 읽되, 읽지	조건 · 가정	읽으면, 읽거든, 읽거들랑, 읽어야, 읽는다면, 읽었던들
동시	읽으면서, 읽으며	상황제시	읽는데, 읽으니, 읽다시피
계기	읽고서, 읽어서, 읽자, 읽자마자	비유	읽듯이
중단 · 전환	읽다가	비례	읽을수록
양보	읽어도, 읽더라도, 읽을지라도, 읽을지언정, 읽은들, 읽는데도, 읽기로서니, 읽으나마, 읽을망정, 읽어 보았자	원인 · 이유	읽어서, 읽으니까, 읽느라고, 읽기에, 읽길래, 읽느니만큼, 읽는지라, 읽을세라, 읽으므로
목적 · 의도	읽으러, 읽으려고, 읽고자	첨가	읽거니와, 읽을뿐더러, 읽으려니와
결과	읽도록, 읽게끔	습관	읽곤

- 그는 '사랑'이라는 한국 소설을 읽고 있다. He is reading korean novel 'sarang'
- 나는 그녀의 마음을 읽을 수가 없다. I cannot read her mind.
- 책을 읽든지 음악을 듣든지 네 마음대로 하렴.
  Whether you read or listen to music, do as you please.

잃다 [일타, iltha]

'자음' 규칙활용, 타동사

to lose, miss ; to be deprived of

사동형	잃히다, 잃게 하다, 잃게 만들다			피동형	잃히다. 잃게 되다, 잃어지다	
관형사형 : 현재-진행		**과거-완료**	**과거-회상**		**과거-완료-회상**	**미래-추측/의지**
잃는		잃은	잃던		잃었던	잃을

인용형 : 평서	의문	명령	청유	명사형	부사형
잃는다고	잃느냐고	잃으라고	잃자고	잃기, 잃음	잃어, 잃게

상대존대형_아주높임		직설체	회상체
평서형	현재	잃습니다	잃습디다
	현재-진행	잃고 있습니다, 잃는 중입니다	잃고 있습디다
	과거	잃었습니다	잃었습디다
	과거-경험	잃었었습니다	잃었었습디다
	과거-추측	잃었겠습니다	잃었겠습디다
	미래-추측/의지/가능	잃겠습니다, 잃으렵니다, 잃을 겁니다, 잃을 수 있습니다	잃겠습디다
의문형	현재	잃습니까?	잃습디까?
	과거	잃었습니까?	잃었습디까?
	과거-경험	잃었었습니까?	잃었었습디까?
	미래-추측/의지/가능	잃겠습니까? 잃으렵니까? 잃을 겁니까? 잃으리이까? 잃을 수 있겠습니까?	잃겠습디까?
명령형		잃으시오, 잃으십시오	
청유형		잃읍시다, 잃으십시다	
감탄형		잃으시는구나!	

상대존대형_예사높임		'-어요'체	'-으오'체
평서형	현재	잃어요, 잃지요, 잃으세요, 잃을래요, 잃을걸요, 잃는데요, 잃는대요, 잃을게요, 잃잖아요	잃으오
	현재-진행	잃고 있어요, 잃고 있지요, 잃고 있으세요, 잃는 중이에요	잃고 있소
	과거	잃었어요, 잃었지요, 잃었으세요, 잃었잖아요	잃었소
	과거-경험	잃었었어요, 잃었었지요, 잃었었으세요	잃었었소
	과거-추측	잃었겠어요, 잃었겠지요, 잃었겠으세요	잃었겠소
	미래-추측/의지/가능	잃겠어요, 잃겠지요, 잃겠으세요, 잃을 수 있어요	잃겠소
의문형	현재	잃어요? 잃지요? 잃으세요? 잃나요? 잃을까요? 잃을래요? 잃는가요? 잃는데요? 잃는대요? 잃는다면서요? 잃는다지요?	잃으오? 잃소?
	과거	잃었어요? 잃었지요? 잃었으세요?	잃었소?
	과거-경험	잃었었어요? 잃었었지요? 잃었었으세요?	잃었었소?
	미래-추측/의지/가능	잃겠어요? 잃겠지요? 잃겠으세요? 잃으리요? 잃을 거예요? 잃을 거지요? 잃을 수 있겠어요?	잃겠소?
명령형		잃어요, 잃지요, 잃으세요, 잃으라니까요	잃으오, 잃구려
청유형		잃어요, 잃지요, 잃으세요, 잃자니까요	잃으오
감탄형		잃는군요! 잃으리요!	잃는구려!

상대존대형_예사낮춤		'-어'체	'-네'체
평서형	현재	잃어, 잃지, 잃을래, 잃을걸, 잃는데, 잃는대, 잃을게, 잃는단다, 잃으마, 잃잖아	잃네
	현재-진행	잃고 있어, 잃고 있지, 잃는 중이야	잃고 있네
	과거-완료	잃었어, 잃었지, 잃었잖아	잃었네
	미래-추측/의지/가능	잃겠어, 잃겠지, 잃을 수 있어	잃겠네
의문형	현재	잃어? 잃지? 잃니? 잃나? 잃을까? 잃으랴? 잃을래? 잃는데? 잃는대? 잃는다면서? 잃는다지?	잃는가?
	과거	잃었어? 잃었지? 잃었니? 잃었을까? 잃었대? 잃었다면서?	잃었는가?
	미래	잃겠어? 잃겠지? 잃겠니? 잃으리? 잃을 거야? 잃을 거지? 잃을 거니? 잃을 수 있겠어?	잃을 건가?
명령형		잃어, 잃지, 잃으렴, 잃으려무나, 잃으라니까	잃게
청유형		잃어, 잃지, 잃자니까	잃세
감탄형		잃어! 잃지! 잃으리!	잃는군! 잃는구먼!

상대존대형_아주낮춤		직설체	회상체
평서형	현재	잃는다	잃더라
	현재-진행	잃고 있다, 잃는 중이다	잃고 있더라
	과거-완료	잃었다	잃었더라
	미래-추측/의지/가능	잃겠다, 잃으리다, 잃으련다, 잃을 거다, 잃을 수 있다	잃겠더라
의문형	현재	잃느냐?	잃더냐?
	과거	잃었느냐?	잃었더냐?
	미래	잃겠느냐?	잃겠더냐?
명령형		잃어라	
청유형		잃자	
감탄형		잃는구나! 잃는다! 잃는도다!	잃더구나!

연결형	연결어미	의미기능	연결어미
나열	잃고, 잃으며	비교	잃느니
선택	잃거나, 잃든지, 잃든가	정도	잃으리만큼
대립	잃어도, 잃지만, 잃으나, 잃는데, 잃으면서도, 잃되, 잃지	조건·가정	잃으면, 잃거든, 잃거들랑, 잃어야, 잃는다면, 잃었던들
동시	잃으면서, 잃으며	상황제시	잃는데, 잃으니, 잃다시피
계기	잃고서, 잃어서, 잃자, 잃자마자	비유	잃듯이
중단·전환	잃다가	비례	잃을수록
양보	잃어도, 잃더라도, 잃을지라도, 잃을지언정, 잃은들, 잃는데도, 잃기로서니, 잃으나마, 잃을망정, 잃어 보았자	원인·이유	잃어서, 잃으니까, 잃느라고, 잃기에, 잃길래, 잃느니만큼, 잃는지라, 잃을세라, 잃으므로
목적·의도	잃으러, 잃으려고, 잃고자	첨가	잃거니와, 잃을뿐더러, 잃으려니와
결과	잃도록, 잃게끔	습관	잃곤

입다 [입따, ipt'a]

'ㅂ' 규칙활용, 타동사

to wear, put on ; to get (a favor), receive ; to suffer

사동형	입히다, 입게 하다, 입게 만들다		피동형	입히다. 입게 되다, 입어지다, 입혀지다	

관형사형 : 현재-진행	과거-완료	과거-회상	과거-완료-회상	미래-추측/의지
입는	입은	입던	입었던	입을

인용형 : 평서	의문	명령	청유	명사형	부사형
입는다고	입느냐고	입으라고	입자고	입기, 입음	입어, 입게

상대존대형_아주높임		직설체	회상체
평서형	현재	입습니다	입습디다
	현재-진행	입고 있습니다, 입는 중입니다	입고 있습디다
	과거	입었습니다	입었습디다
	과거-경험	입었었습니다	입었었습디다
	과거-추측	입었겠습니다	입었겠습디다
	미래-추측/의지/가능	입겠습니다, 입으렵니다, 입을 겁니다, 입을 수 있습니다	입겠습디다
의문형	현재	입습니까?	입습디까?
	과거	입었습니까?	입었습디까?
	과거-경험	입었었습니까?	입었었습디까?
	미래-추측/의지/가능	입겠습니까? 입으렵니까? 입을 겁니까? 입으리이까? 입을 수 있겠습니까?	입겠습디까?
명령형		입으시오, 입으십시오	
청유형		입읍시다, 입으십시다	
감탄형		입으시는구나!	

상대존대형_예사높임		'-어요'체	'-으오'체
평서형	현재	입어요, 입지요, 입으세요, 입을래요, 입을걸요, 입는데요, 입는대요, 입을게요, 입잖아요	입으오
	현재-진행	입고 있어요, 입고 있지요, 입고 있으세요, 입는 중이에요	입고 있소
	과거	입었어요, 입었지요, 입었으세요, 입었잖아요	입었소
	과거-경험	입었었어요, 입었었지요, 입었었으세요	입었었소
	과거-추측	입었겠어요, 입었겠지요, 입었겠으세요	입었겠소
	미래-추측/의지/가능	입겠어요, 입겠지요, 입겠으세요, 입을 수 있어요	입겠소
의문형	현재	입어요? 입지요? 입으세요? 입나요? 입을까요? 입을래요? 입는가요? 입는데요? 입는대요? 입는다면서요? 입는다지요?	입으오? 입소?
	과거	입었어요? 입었지요? 입었으세요?	입었소?
	과거-경험	입었었어요? 입었었지요? 입었었으세요?	입었었소?
	미래-추측/의지/가능	입겠어요? 입겠지요? 입겠으세요? 입으리요? 입을 거예요? 입을 거지요? 입을 수 있겠어요?	입겠소?
명령형		입어요, 입지요, 입으세요, 입으라니까요	입으오, 입구려
청유형		입어요, 입지요, 입으세요, 입자니까요	입으오
감탄형		입는군요! 입으리요!	입는구려!

상대존대형_예사낮춤		'-어'체	'-네'체
평서형	현재	입어, 입지, 입을래, 입을걸, 입는데, 입는대, 입을게, 입는단다, 입으마, 입잖아	입네
	현재-진행	입고 있어, 입고 있지, 입는 중이야	입고 있네
	과거-완료	입었어, 입었지, 입었잖아	입었네
	미래-추측/의지/가능	입겠어, 입겠지, 입을 수 있어	입겠네
의문형	현재	입어? 입지? 입니? 입나? 입을까? 입으랴? 입을래? 입는데? 입는대? 입는다면서? 입는다지?	입는가?
	과거	입었어? 입었지? 입었니? 입었을까? 입었대? 입었다면서?	입었는가?
	미래	입겠어? 입겠지? 입겠니? 입으리? 입을 거야? 입을 거지? 입을 거니? 입을 수 있겠어?	입을 건가?
명령형		입어, 입지, 입으렴, 입으려무나, 입으라니까	입게
청유형		입어, 입지, 입자니까	입세
감탄형		입어! 입지! 입으리!	입는군! 입는구먼!

상대존대형_아주낮춤		직설체	회상체
평서형	현재	입는다	입더라
	현재-진행	입고 있다, 입는 중이다	입고 있더라
	과거-완료	입었다	입었더라
	미래-추측/의지/가능	입겠다, 입으리다, 입으련다, 입을 거다, 입을 수 있다	입겠더라
의문형	현재	입느냐?	입더냐?
	과거	입었느냐?	입었더냐?
	미래	입겠느냐?	입겠더냐?
명령형		입어라	
청유형		입자	
감탄형		입는구나! 입는다! 입는도다!	입더구나!

연결형	연결어미	의미기능	연결어미
나열	입고, 입으며	비교	입느니
선택	입거나, 입든지, 입든가	정도	입으리만큼
대립	입어도, 입지만, 입으나, 입는데, 입으면서도, 입되, 입지	조건·가정	입으면, 입거든, 입거들랑, 입어야, 입는다면, 입었던들
동시	입으면서, 입으며	상황제시	입는데, 입으니, 입다시피
계기	입고서, 입어서, 입자, 입자마자	비유	입듯이
중단·전환	입다가	비례	입을수록
양보	입어도, 입더라도, 입을지라도, 입을지언정, 입은들, 입는데도, 입기로서니, 입으나마, 입을망정, 입어 보았자	원인·이유	입어서, 입으니까, 입느라고, 입기에, 입길래, 입느니만큼, 입는지라, 입을세라, 입으므로
목적·의도	입으려, 입으려고, 입고자	첨가	입거니와, 입을뿐더러, 입으려니와
결과	입도록, 입게끔	습관	입곤

- 영수는 명절에 늘 한복을 입는다. Young Soo always wears Hanbok at national holidays.
- 은혜를 입은 사람은 그 은혜를 갚아야 한다.
  You must return the favor when you receive one.
- 장마에 큰 피해를 입었지만 실망은 하지 않겠다.
  Though there were great damages because of the monsson, I will not be disappointed.

잇다 [읻따, itt'a]

'ㅅ' 불규칙활용, 타동사

to connect, join, link ; to continue, follow ; to go on

사동형	*잇히다, 잇게 하다, 잇게 만들다		피동형		*잇히다. 잇게 되다, 이어지다	

관형사형 : 현재-진행	과거-완료	과거-회상	과거-완료-회상	미래-추측/의지
잇는	이은	잇던	이었던	이을

인용형 : 평서	의문	명령	청유	명사형	부사형
잇는다고	잇느냐고	이으라고	잇자고	잇기, 이음	이어, 잇게

상대존대형_아주높임		직설체	회상체
평서형	현재	잇습니다	잇습디다
	현재-진행	잇고 있습니다, 잇는 중입니다	잇고 있습디다
	과거	이었습니다	이었습디다
	과거-경험	이었었습니다	이었었습디다
	과거-추측	이었겠습니다	이었겠습디다
	미래-추측/의지/가능	잇겠습니다, 이으렵니다, 이을 겁니다, 이을 수 있습니다	잇겠습디다
의문형	현재	잇습니까?	잇습디까?
	과거	이었습니까?	이었습디까?
	과거-경험	이었었습니까?	이었었습디까?
	미래-추측/의지/가능	잇겠습니까? 이으렵니까? 이을 겁니까? 이으리이까? 이을 수 있겠습니까?	잇겠습디까?
명령형		이으시오, 이으십시오	
청유형		이읍시다, 이으십시다	
감탄형		이으시는구나!	

상대존대형_예사높임		'-어요'체	'-으오'체
평서형	현재	이어요, 잇지요, 이으세요, 이을래요, 이을걸요, 잇는데요, 잇는대요, 이을게요, 잇잖아요	?이으오
	현재-진행	잇고 있어요, 잇고 있지요, 잇고 있으세요, 잇는 중이에요	잇고 있소
	과거	이었어요, 이었지요, 이었으세요, 이었잖아요	이었소
	과거-경험	이었었어요, 이었었지요, 이었었으세요	이었었소
	과거-추측	이었겠어요, 이었겠지요, 이었겠으세요	이었겠소
	미래-추측/의지/가능	잇겠어요, 잇겠지요, 잇겠으세요, 이을 수 있어요	잇겠소
의문형	현재	이어요? 잇지요? 이으세요? 잇나요? 이을까요? 이을래요? 잇는가요? 잇는데요? 잇는대요? 잇는다면서요? 잇는다지요?	?이으오? 잇소?
	과거	이었어요? 이었지요? 이었으세요?	이었소?
	과거-경험	이었었어요? 이었었지요? 이었었으세요?	이었었소?
	미래-추측/의지/가능	잇겠어요? 잇겠지요? 잇겠으세요? 이으리요? 이을 거예요? 이을 거지요? 이을 수 있겠어요?	잇겠소?
명령형		이어요, 잇지요, 이으세요, 이으라니까요	이으오, 잇구려
청유형		이어요, 잇지요, 이으세요, 잇자니까요	이으오
감탄형		잇는군요! 이으리요!	잇는구려!

412

상대존대형_예사낮춤		'-어'체	'-네'체
평서형	현재	이어, 잇지, 이을래, 이을걸, 잇는데, 잇는대, 이을게, 잇는단다, 이으마, 잇잖아	잇네
	현재-진행	잇고 있어, 잇고 있지, 잇는 중이야	잇고 있네
	과거-완료	이었어, 이었지, 이었잖아	이었네
	미래-추측/의지/가능	잇겠어, 잇겠지, 이을 수 있어	잇겠네
의문형	현재	이어? 잇지? 잇니? 잇나? 이을까? 이으랴? 이을래? 잇는데? 잇는대? 잇는다면서? 잇는다지?	잇는가?
	과거	이었어? 이었지? 이었니? 이었을까? 이었대? 이었다면서?	이었는가?
	미래	잇겠어? 잇겠지? 잇겠니? 이으리? 이을 거야? 이을 거지? 이을 거니? 이을 수 있겠어?	이을 건가?
명령형		이어, 잇지, 이으렴, 이려무나, 이으라니까	잇게
청유형		이어, 잇지, 잇자니까	*잇세, 이으세
감탄형		이어! 잇지! 이으리!	잇는군! 잇는구면!

상대존대형_아주낮춤		직설체	회상체
평서형	현재	잇는다	잇더라
	현재-진행	잇고 있다, 잇는 중이다	잇고 있더라
	과거-완료	이었다	이었더라
	미래-추측/의지/가능	잇겠다, 이으리다, 이으련다, 이을 거다, 이을 수 있다	잇겠더라
의문형	현재	잇느냐?	잇더냐?
	과거	이었느냐?	이었더냐?
	미래	잇겠느냐?	잇겠더냐?
명령형		이어라	
청유형		잇자	
감탄형		잇는구나! 잇는다! 잇는도다!	잇더구나!

연결형	연결어미	의미기능	연결어미
나열	잇고, 이으며	비교	잇느니
선택	잇거나, 잇든지, 잇든가	정도	이으리만큼
대립	이어도, 잇지만, 이으나, 잇는데, 이으면서도, 잇되, 잇지	조건 · 가정	이으면, 잇거든, 잇거들랑, 이어야, 잇는다면, 이었던들
동시	이으면서, 이으며	상황제시	잇는데, 이으니, 잇다시피
계기	잇고서, 이어서, 잇자, 잇자마자	비유	잇듯이
중단 · 전환	잇다가	비례	이을수록
양보	이어도, 잇더라도, 이을지라도, 이을지언정, 이은들, 잇는데도, 잇기로서니, 이으나마, 이을망정, 이어 보았자	원인 · 이유	이어서, 이으니까, 잇노라고, 잇기에, 잇길래, 잇느니만큼, 잇는지라, 이을세라, 이으므로
목적 · 의도	이으러, 이으려고, 잇고자	첨가	잇거니와, 이을뿐더러, 이으려니와
결과	잇도록, 잇게끔	습관	잇곤

- 끊어진 전화선을 이었다. I connected the disconnected phone line.
- 할머니는 옛 이야기를 계속 이어 갔다. Grandmother continued the old stories.
- 수도관을 잇자마자 곧 수돗물을 쓸 수 있었다.
  After linking the water supply pipe, the water could be used.

있다 [읻따, idt'a]

'자음' 규칙형용사, 형용사

to be ; to be located ; to stay ; to stop ; to remain ; to stand ; to have

사동형	*있히다, 있게 하다, 있게 만들다		피동형	*있히다. 있게 되다, *있어지다	

관형사형 : 현재-진행	과거-완료	과거-회상	과거-완료-회상	미래-추측/의지
있는	있은	있던	있었던	있을

인용형 : 평서	의문	명령	청유	명사형	부사형
있다고	있느냐고	*있으라고	*있자고	있기, 있음	있어, 있게

상대존대형_아주높임		직설체	회상체
평서형	현재	있습니다	있습디다
	현재-진행	*있고 있습니다, 있는 중입니다	있는 중입디다
	과거	있었습니다	있었습디다
	과거-경험	있었었습니다	있었었습디다
	과거-추측	있었겠습니다	있었겠습디다
	미래-추측/의지/가능	있겠습니다, 있으렵니다, 있을 겁니다, 있을 수 있습니다	있겠습디다
의문형	현재	있습니까?	있습디까?
	과거	있었습니까?	있었습디까?
	과거-경험	있었었습니까?	있었었습디까?
	미래-추측/의지/가능	있겠습니까? 있으렵니까? 있을 겁니까? 있으리이까? 있을 수 있겠습니까?	있겠습디까?
명령형		있으시오, 있으십시오	
청유형		있읍시다, 있으십시다	
감탄형		있으시구나!	

상대존대형_예사높임		'-어요'체	'-으오'체
평서형	현재	있어요, 있지요, 있으세요, 있을래요, 있을걸요, 있는데요, 있는대요, 있을게요, 있잖아요	있으오
	현재-진행	*있고 있어요, *있고 있지요, *있고 있으세요, 있는 중이에요	있는 중이오
	과거	있었어요, 있었지요, 있었으세요, 있었잖아요	있었소
	과거-경험	있었었어요, 있었었지요, 있었었으세요	있었었소
	과거-추측	있었겠어요, 있었겠지요, 있었겠으세요	있었겠소
	미래-추측/의지/가능	있겠어요, 있겠지요, 있겠으세요, 있을 수 있어요	있겠소
의문형	현재	있어요? 있지요? 있으세요? 있나요? 있을까요? 있을래요? 있는가요? 있는데요? 있는대요? 있는다면서요? 있는다지요?	있으오? 있소?
	과거	있었어요? 있었지요? 있었으세요?	있었소?
	과거-경험	있었었어요? 있었었지요? 있었었으세요?	있었었소?
	미래-추측/의지/가능	있겠어요? 있겠지요? 있겠으세요? 있으리요? 있을 거예요? 있을 거지요? 있을 수 있겠어요?	있겠소?
명령형		있어요, 있지요, 있으세요, 있으라니까요	있으오, 있구려
청유형		있어요, 있지요, 있으세요, 있자니까요	있으오
감탄형		있군요! 있으리요!	있구려!

상대존대형_예사낮춤		'-어'체	'-네'체
평서형	현재	있어, 있지, 있을래, 있을걸, 있는데, 있는대, 있을게, 있는단다, 있으마, 있잖아	있네
	현재-진행	*있고 있어, *있고 있지, 있는 중이야	있는 중이네
	과거-완료	있었어, 있었지, 있었잖아	있었네
	미래-추측/의지/가능	있겠어, 있겠지, 있을 수 있어	있겠네
의문형	현재	있어? 있지? 있니? 있나? 있을까? 있으랴? 있을래? 있는데? 있는대? 있다면서? 있다지?	있는가?
	과거	있었어? 있었지? 있었니? 있었을까? 있었대? 있었다면서?	있었는가?
	미래	있겠어? 있겠지? 있겠니? 있으리? 있을 거야? 있을 거지? 있을 거니? 있을 수 있겠어?	있을 건가?
명령형		있어, 있지, 있으렴, 있으려무나, 있으라니까	있게
청유형		있어, 있지, 있자니까	있세
감탄형		있어! 있지! 있으리!	있는군! 있는구먼!

상대존대형_아주낮춤		직설체	회상체
평서형	현재	있는다/있다	있더라
	현재-진행	*있고 있다, 있는 중이다	있고 있더라
	과거-완료	있었다	있었더라
	미래-추측/의지/가능	있겠다, 있으리다, 있으련다, 있을 거다, 있을 수 있다	있겠더라
의문형	현재	있느냐?	있더냐?
	과거	있었느냐?	있었더냐?
	미래	있겠느냐?	있겠더냐?
명령형		있어라	
청유형		있자	
감탄형		있구나! 있다! 있도다!	있더구나!

연결형	연결어미	의미기능	연결어미
나열	있고, 있으며	비교	있느니
선택	있거나, 있든지, 있든가	정도	있으리만큼
대립	있어도, 있지만, 있으나, 있는데, 있으면서도, 있되, 있지	조건 · 가정	있으면, 있거든, 있거들랑, 있어야, 있는다면, 있었던들
동시	있으면서, 있으며	상황제시	있는데, 있으니, 있다시피
계기	있고서, *있어서, 있자, 있자마자	비유	있듯이
중단 · 전환	있다가	비례	있을수록
양보	있어도, 있더라도, 있을지라도, 있을지언정, 있은들, 있는데도, 있기로서니, 있으나마, 있을망정, 있어 보았자	원인 · 이유	있어서, 있으니까, 있느라고, 있기에, 있길래, 있으니만큼, 있는지라, 있을세라, 있으므로
목적 · 의도	있으러, 있으려고, 있고자	첨가	있거니와, 있을뿐더러, 있으려니와
결과	있도록, 있게끔	습관	있곤

- 한국은행은 학교 근처에 있다. The korean bank is near the school.
- 한국에 있는 동안 여러 곳을 구경하시기 바랍니다.
  Please have lots of tours while you stay at Korea.
- 내게 돈이 조금만 더 있었던들 그런 설움을 당하지 않았을 것이다.
  If only I had some more money, I wouldn't be that miserable.

자다 [자다, cada]

'아' 규칙활용, 타동사

to sleep, go bed ; to die ; to become calm ; to have sexual

사동형	재우다, 자게 하다, 자게 만들다	피동형	*자히다, 자게 되다, 자지다, 재워지다

관형사형 : 현재-진행	과거-완료	과거-회상	과거-완료-회상	미래-추측/의지
자는	잔	자던	잤던	잘

인용형 : 평서	의문	명령	청유	명사형	부사형
잔다고	자느냐고	자라고	자자고	자기, 잠	자, 자게

상대존대형_아주높임		직설체	회상체
평서형	현재	잡니다	잡디다
	현재-진행	자고 있습니다, 자는 중입니다	자고 있습디다
	과거	잤습니다	잤습디다
	과거-경험	잤었습니다	잤었습디다
	과거-추측	잤겠습니다	잤겠습디다
	미래-추측/의지/가능	자겠습니다, 자렵니다, 잘 겁니다, 잘 수 있습니다	자겠습디다
의문형	현재	잡니까?	잡디까?
	과거	잤습니까?	잤습디까?
	과거-경험	잤었습니까?	잤었습디까?
	미래-추측/의지/가능	자겠습니까? 자렵니까? 잘 겁니까? 자리이까? 잘 수 있겠습니까?	자겠습디까?
명령형		자시오, 자십시오	
청유형		잡시다, 자십시다	
감탄형		자시는구나!	

상대존대형_예사높임		'-어요'체	'-으오'체
평서형	현재	자요, 자지요, 자세요, 잘래요, 잘걸요, 자는데요, 잔대요, 잘게요, 자잖아요 -	자오
	현재-진행	자고 있어요, 자고 있지요, 자고 있으세요, 자는 중이에요	자고 있소
	과거	잤어요, 잤지요, 잤으세요, 잤잖아요	잤소
	과거-경험	잤었어요, 잤었지요, 잤었으세요	잤었소
	과거-추측	잤겠어요, 잤겠지요, 잤겠으세요	잤겠소
	미래-추측/의지/가능	자겠어요, 자겠지요, 자겠으세요, 잘 수 있어요	자겠소
의문형	현재	자요? 자지요? 자세요? 자나요? 잘까요? 잘래요? 자는가요? 자는데요? 잔대요? 잔다면서요? 잔다지요?	자오? *자소?
	과거	잤어요? 잤지요? 잤으세요?	잤소?
	과거-경험	잤었어요? 잤었지요? 잤었으세요?	잤었소?
	미래-추측/의지/가능	자겠어요? 자겠지요? 자겠으세요? 자리요? 잘 거예요? 잘 거지요? 잘 수 있겠어요?	자겠소?
명령형		자요, 자지요, 자세요, 자라니까요	자오, 자구려
청유형		자요, 자지요, 자세요, 자자니까요	자오
감탄형		자는군요! 자리요!	자는구려!

상대존대형_예사낮춤		'-어'체	'-네'체
평서형	현재	자, 자지, 잘래, 잘걸, 자는데, 잔대, 잘게, 잔단다, 자마, 자잖아	자네
	현재-진행	자고 있어, 자고 있지, 자는 중이야	자고 있네
	과거-완료	잤어, 잤지, 잤잖아	잤네
	미래-추측/의지/가능	자겠어, 자겠지, 잘 수 있어	자겠네
의문형	현재	자? 자지? 자니? 자나? 잘까? 자랴? 잘래? 자는데? 잔대? 잔다면서? 잔다지?	자는가?
	과거	잤어? 잤지? 잤니? 잤을까? 잤대? 잤다면서?	잤는가?
	미래	자겠어? 자겠지? 자겠니? 자리? 잘 거야? 잘 거지? 잘 거니? 잘 수 있겠어?	잘 건가?
명령형		자, 자지, 자렴, 자려무나, 자라니까	자게
청유형		자, 자지, 자자니까	자세
감탄형		자! 자지! 자리!	자는군! 자는구먼!

상대존대형_아주낮춤		직설체	회상체
평서형	현재	잔다	자더라
	현재-진행	자고 있다, 자는 중이다	자고 있더라
	과거-완료	잤다	잤더라
	미래-추측/의지/가능	자겠다, 자리다, 자련다, 잘 거다, 잘 수 있다	자겠더라
의문형	현재	자느냐?	자더냐?
	과거	잤느냐?	잤더냐?
	미래	자겠느냐?	자겠더냐?
명령형		자라	
청유형		자자	
감탄형		자는구나! 잔다! 자는도다!	자더구나!

연결형	연결어미	의미기능	연결어미
나열	자고, 자며	비교	자느니
선택	자거나, 자든지, 자든가	정도	자리만큼
대립	자도, 자지만, 자나, 자는데, 자면서도, 자되, 자지	조건 · 가정	자면, 자거든, 자거들랑, 자야, 잔다면, 잤던들
동시	자면서, 자며	상황제시	자는데, 자니, 자다시피
계기	자고서, 자서, 자자, 자자마자	비유	자듯이
중단 · 전환	자다가	비례	잘수록
양보	자도, 자더라도, 잘지라도, 잘지언정, 잔들, 자는데도, 자기로서니, 자나마, 잘망정, 자보았자	원인 · 이유	자서, 자니까, 자느라고, 자기에, 자길래, 자느니만큼, 자는지라, 잘세라, 자므로
목적 · 의도	자러, 자려고, 자고자	첨가	자거니와, 잘뿐더러, 자려니와
결과	자도록, 자게끔	습관	자곤

- 나는 어제 저녁에 잠을 푹 잤다. I slept well last night.
- 이제 잘 시간이 됐다. It's now time to sleep.
- 바람이 자서 바다수영을 하기가 좋았다.
  It was good to swim in the beach, because there was less wind.

잠그다1 [잠그다, camkïda]

'으' 불규칙활용, 타동사

to lock, to fasten (the lock of) ; to turn off

사동형	잠구다, 잠그게 하다, 잠그게 만들다		피동형	잠기다, 잠그게 되다, 잠가지다	

관형사형 : 현재-진행	과거-완료	과거-회상	과거-완료-회상	미래-추측/의지
잠그는	잠근	잠그던	잠갔던	잠글

인용형 : 평서	의문	명령	청유	명사형	부사형
잠근다고	잠그느냐고	잠그라고	잠그자고	잠그기, 잠금	잠가, 잠그게

상대존대형_아주높임		직설체	회상체
평서형	현재	잠급니다	잠급디다
	현재-진행	잠그고 있습니다, 잠그는 중입니다	잠그고 있습디다
	과거	잠갔습니다	잠갔습디다
	과거-경험	잠갔었습니다	잠갔었습디다
	과거-추측	잠갔겠습니다	잠갔겠습디다
	미래-추측/의지/가능	잠그겠습니다, 잠그렵니다, 잠글 겁니다, 잠글 수 있습니다	잠그겠습디다
의문형	현재	잠급니까?	잠급디까?
	과거	잠갔습니까?	잠갔습디까?
	과거-경험	잠갔었습니까?	잠갔었습디까?
	미래-추측/의지/가능	잠그겠습니까? 잠그렵니까? 잠글 겁니까? 잠그리이까? 잠글 수 있겠습니까?	잠그겠습디까?
명령형		잠그시오, 잠그십시오	
청유형		잠급시다, 잠그십시다	
감탄형		잠그시는구나!	

상대존대형_예사높임		'-어요'체	'-으오'체
평서형	현재	잠가요, 잠그지요, 잠그세요, 잠글래요, 잠글걸요, 잠그는데요, 잠근대요, 잠글게요, 잠그잖아요	잠그오
	현재-진행	잠그고 있어요, 잠그고 있지요, 잠그고 있으세요, 잠그는 중이에요	잠그고 있소
	과거	잠갔어요, 잠갔지요, 잠갔으세요, 잠갔잖아요	잠갔소
	과거-경험	잠갔었어요, 잠갔었지요, 잠갔었으세요	잠갔었소
	과거-추측	잠갔겠어요, 잠갔겠지요, 잠갔겠으세요	잠갔겠소
	미래-추측/의지/가능	잠그겠어요, 잠그겠지요, 잠그겠으세요, 잠글 수 있어요	잠그겠소
의문형	현재	잠가요? 잠그지요? 잠그세요? 잠그나요? 잠글까요? 잠글래요? 잠그는가요? 잠그는데요? 잠근대요? 잠근다면서요? 잠근다지요?	잠그오? *잠그소?
	과거	잠갔어요? 잠갔지요? 잠갔으세요?	잠갔소?
	과거-경험	잠갔었어요? 잠갔었지요? 잠갔었으세요?	잠갔었소?
	미래-추측/의지/가능	잠그겠어요? 잠그겠지요? 잠그겠으세요? 잠그리요? 잠글 거예요? 잠글 거지요? 잠글 수 있겠어요?	잠그겠소?
명령형		잠가요, 잠그지요, 잠그세요, 잠그라니까요	잠그오, 잠그구려
청유형		잠가요, 잠그지요, 잠그세요, 잠그자니까요	잠그오
감탄형		잠그는군요! 잠그리요!	잠그는구려!

상대존대형_예사낮춤		'-어'체	'-네'체
평서형	현재	잠가, 잠그지, 잠글래, 잠글걸, 잠그는데, 잠근대, 잠글게, 잠근단다, 잠그마, 잠그잖아	잠그네
	현재-진행	잠그고 있어, 잠그고 있지, 잠그는 중이야	잠그고 있네
	과거-완료	잠갔어, 잠갔지, 잠갔잖아	잠갔네
	미래-추측/의지/가능	잠그겠어, 잠그겠지, 잠글 수 있어	잠그겠네
의문형	현재	잠가? 잠그지? 잠그니? 잠그나? 잠글까? 잠그랴? 잠글래? 잠그는데? 잠근대? 잠근다면서? 잠근다지?	잠그는가?
	과거	잠갔어? 잠갔지? 잠갔니? 잠갔을까? 잠갔대? 잠갔다면서?	잠갔는가?
	미래	잠그겠어? 잠그겠지? 잠그겠니? 잠그리? 잠글 거야? 잠글 거지? 잠글 거니? 잠글 수 있겠어?	잠글 건가?
명령형		잠가, 잠그지, 잠그렴, 잠그려무나, 잠그라니까	잠그게
청유형		잠가, 잠그지, 잠그자니까	잠그세
감탄형		잠가! 잠그지! 잠그리!	잠그는군! 잠그는구먼!

상대존대형_아주낮춤		직설체	회상체
평서형	현재	잠근다	잠그더라
	현재-진행	잠그고 있다, 잠그는 중이다	잠그고 있더라
	과거-완료	잠갔다	잠갔더라
	미래-추측/의지/가능	잠그겠다, 잠그리다, 잠그련다, 잠글 거다, 잠글 수 있다	잠그겠더라
의문형	현재	잠그느냐?	잠그더냐?
	과거	잠갔느냐?	잠갔더냐?
	미래	잠그겠느냐?	잠그겠더냐?
명령형		잠가라	
청유형		잠그자	
감탄형		잠그는구나! 잠근다! 잠그는도다!	잠그더구나!

연결형	연결어미	의미기능	연결어미
나열	잠그고, 잠그며	비교	잠그느니
선택	잠그거나, 잠그든지, 잠그든가	정도	잠그리만큼
대립	잠가도, 잠그지만, 잠그나, 잠그는데, 잠그면서도, 잠그되, 잠그지	조건·가정	잠그면, 잠그거든, 잠그거들랑, 잠가야, 잠근다면, 잠갔던들
동시	잠그면서, 잠그며	상황제시	잠그는데, 잠그니, 잠그다시피
계기	잠그고서, 잠가서, 잠그자, 잠그자마자	비유	잠그듯이
중단·전환	잠그다가	비례	잠글수록
양보	잠가도, 잠그더라도, 잠글지라도, 잠글지언정, 잠근들, 잠그는데도, 잠그기로서니, 잠그나마, 잠글망정, 잠가 보았자	원인·이유	잠가서, 잠그니까, 잠그느라고, 잠그기에, 잠그길래, 잠그느니만큼, 잠그는지라, 잠글세라, 잠그므로
목적·의도	잠그러, 잠그려고, 잠그고자	첨가	잠그거니와, 잠글뿐더러, 잠그려니와
결과	잠그도록, 잠그게끔	습관	잠그곤

- 자동차 문을 잠갔니? Did you lock the door to the car?
- 보석함을 잠근 뒤에 은행에 맡겨 두었다.
  After locking my jewelry box, I had it kept save in the bank.
- 외출하기 전에 수도꼭지를 잠갔는지 꼭 확인을 하도록 해라.
  Check to see if the water tap is closed before leaving the house.

잡다 [잡따, capt'a]

'ㅂ' 규칙활용, 타동사

to catch, seize ; to arrest ; to find (a fault) ; to kill off

사동형	잡히다, 잡게 하다, 잡게 만들다		피동형	잡히다. 잡게 되다, 잡아지다, 잡혀지다	

관형사형 : 현재-진행	과거-완료	과거-회상	과거-완료-회상	미래-추측/의지
잡는	잡은	잡던	잡았던	잡을

인용형 : 평서	의문	명령	청유	명사형	부사형
잡는다고	잡느냐고	잡으라고	잡자고	잡기, 잡음	잡아, 잡게

상대존대형_아주높임		직설체	회상체
평서형	현재	잡습니다	잡습디다
	현재-진행	잡고 있습니다, 잡는 중입니다	잡고 있습디다
	과거	잡았습니다	잡았습디다
	과거-경험	잡았었습니다	잡았었습디다
	과거-추측	잡았겠습니다	잡았겠습디다
	미래-추측/의지/가능	잡겠습니다, 잡으렵니다, 잡을 겁니다, 잡을 수 있습니다	잡겠습디다
의문형	현재	잡습니까?	잡습디까?
	과거	잡았습니까?	잡았습디까?
	과거-경험	잡았었습니까?	잡았었습디까?
	미래-추측/의지/가능	잡겠습니까? 잡으렵니까? 잡을 겁니까? 잡으리이까? 잡을 수 있겠습니까?	잡겠습디까?
명령형		잡으시오, 잡으십시오	
청유형		잡읍시다, 잡으십시다	
감탄형		잡으시는구나!	

상대존대형_예사높임		'-어요'체	'-으오'체
평서형	현재	잡아요, 잡지요, 잡으세요, 잡을래요, 잡을걸요, 잡는데요, 잡는대요, 잡을게요, 잡잖아요	잡으오
	현재-진행	잡고 있어요, 잡고 있지요, 잡고 있으세요, 잡는 중이에요	잡고 있소
	과거	잡았어요, 잡았지요, 잡았으세요, 잡았잖아요	잡았소
	과거-경험	잡았었어요, 잡았었지요, 잡았었으세요	잡았었소
	과거-추측	잡았겠어요, 잡았겠지요, 잡았겠으세요	잡았겠소
	미래-추측/의지/가능	잡겠어요, 잡겠지요, 잡겠으세요, 잡을 수 있어요	잡겠소
의문형	현재	잡아요? 잡지요? 잡으세요? 잡나요? 잡을까요? 잡을래요? 잡는가요? 잡는데요? 잡는대요? 잡는다면서요? 잡는다지요?	잡으오? 잡소?
	과거	잡았어요? 잡았지요? 잡았으세요?	잡았소?
	과거-경험	잡았었어요? 잡았었지요? 잡았었으세요?	잡았었소?
	미래-추측/의지/가능	잡겠어요? 잡겠지요? 잡겠으세요? 잡으리요? 잡을 거예요? 잡을 거지요? 잡을 수 있겠어요?	잡겠소?
명령형		잡아요, 잡지요, 잡으세요, 잡으라니까요	잡으오, 잡구려
청유형		잡아요, 잡지요, 잡으세요, 잡자니까요	잡으오
감탄형		잡는군요! 잡으리요!	잡는구려!

상대존대형_예사낮춤		'-어'체	'-네'체
평서형	현재	잡아, 잡지, 잡을래, 잡을걸, 잡는데, 잡는대, 잡을게, 잡는단다, 잡으마, 잡잖아	잡네
	현재-진행	잡고 있어, 잡고 있지, 잡는 중이야	잡고 있네
	과거-완료	잡았어, 잡았지, 잡았잖아	잡았네
	미래-추측/의지/가능	잡겠어, 잡겠지, 잡을 수 있어	잡겠네
의문형	현재	잡아? 잡지? 잡니? 잡나? 잡을까? 잡으랴? 잡을래? 잡는데? 잡는대? 잡는다면서? 잡는다지?	잡는가?
	과거	잡았어? 잡았지? 잡았니? 잡았을까? 잡았대? 잡았다면서?	잡았는가?
	미래	잡겠어? 잡겠지? 잡겠니? 잡으리? 잡을 거야? 잡을 거지? 잡을 거니? 잡을 수 있겠어?	잡을 건가?
명령형		잡아, 잡지, 잡으렴, 잡으려무나, 잡으라니까	잡게
청유형		잡아, 잡지, 잡자니까	잡세
감탄형		잡아! 잡지! 잡으리!	잡는군! 잡는구먼!

상대존대형_아주낮춤		직설체	회상체
평서형	현재	잡는다	잡더라
	현재-진행	잡고 있다, 잡는 중이다	잡고 있더라
	과거-완료	잡았다	잡았더라
	미래-추측/의지/가능	잡겠다, 잡으리다, 잡으련다, 잡을 거다, 잡을 수 있다	잡겠더라
의문형	현재	잡느냐?	잡더냐?
	과거	잡았느냐?	잡았더냐?
	미래	잡겠느냐?	잡겠더냐?
명령형		잡아라	
청유형		잡자	
감탄형		잡는구나! 잡는다! 잡는도다!	잡더구나!

연결형	연결어미	의미기능	연결어미
나열	잡고, 잡으며	비교	잡느니
선택	잡거나, 잡든지, 잡든가	정도	잡으리만큼
대립	잡아도, 잡지만, 잡으나, 잡는데, 잡으면서도, 잡되, 잡지	조건·가정	잡으면, 잡거든, 잡거들랑, 잡아야, 잡는다면, 잡았던들
동시	잡으면서, 잡으며	상황제시	잡는데, 잡으니, 잡다시피
계기	잡고서, 잡아서, 잡자, 잡자마자	비유	잡듯이
중단·전환	잡다가	비례	잡을수록
양보	잡아도, 잡더라도, 잡을지라도, 잡을지언정, 잡은들, 잡는데도, 잡기로서니, 잡으나마, 잡을망정, 잡아 보았자	원인·이유	잡아서, 잡으니까, 잡느라고, 잡기에, 잡길래, 잡느니만큼, 잡는지라, 잡을세라, 잡으므로
목적·의도	잡으러, 잡으려고, 잡고자	첨가	잡거니와, 잡을뿐더러, 잡으려니와
결과	잡도록, 잡게끔	습관	잡곤

잣다 [잗:따, cat:t'a]

to pump up ; to draw up ; to spin

사동형	*잣히다, 잣게 하다, 잣게 만들다		피동형		*잣히다. 잣게 되다, 자아지다	

관형사형 : 현재-진행	과거-완료	과거-회상	과거-완료-회상	미래-추측/의지
잣는	자은	잣던	자았던	자을

인용형 : 평서	의문	명령	청유	명사형	부사형
잣는다고	잣느냐고	자으라고	잣자고	잣기, 자음	자아, 잣게

상대존대형_아주높임		직설체	회상체
평서형	현재	잣습니다	잣습디다
	현재-진행	잣고 있습니다, 잣는 중입니다	잣고 있습디다
	과거	자았습니다	자았습디다
	과거-경험	자았었습니다	자았었습디다
	과거-추측	자았겠습니다	자았겠습디다
	미래-추측/의지/가능	잣겠습니다, 자으렵니다, 자을 겁니다, 자을 수 있습니다	잣겠습디다
의문형	현재	잣습니까?	잣습디까?
	과거	자았습니까?	자았습디까?
	과거-경험	자았었습니까?	자았었습디까?
	미래-추측/의지/가능	잣겠습니까? 자으렵니까? 자을 겁니까? 자으리이까? 자을 수 있겠습니까?	잣겠습디까?
명령형		자으시오, 자으십시오	
청유형		자읍시다, 자으십시다	
감탄형		자으시는구나!	

상대존대형_예사높임		'-어요'체	'-으오'체
평서형	현재	자아요, 잣지요, 자으세요, 자을래요, 자을걸요, 잣는데요, 잣는대요, 자을게요, 잣잖아요	자으오
	현재-진행	잣고 있어요, 잣고 있지요, 잣고 있으세요, 잣는 중이에요	잣고 있소
	과거	자았어요, 자았지요, 자았으세요, 자았잖아요	자았소
	과거-경험	자았었어요, 자았었지요, 자았었으세요	자았었소
	과거-추측	자았겠어요, 자았겠지요, 자았겠으세요	자았겠소
	미래-추측/의지/가능	잣겠어요, 잣겠지요, 잣겠으세요, 자을 수 있어요	잣겠소
의문형	현재	자아요? 잣지요? 자으세요? 잣나요? 자을까요? 자을래요? 잣는가요? 잣는데요? 잣는대요? 잣는다면서요? 잣는다지요?	자으오? 잣소?
	과거	자았어요? 자았지요? 자았으세요?	자았소?
	과거-경험	자았었어요? 자았었지요? 자았었으세요?	자았었소?
	미래-추측/의지/가능	잣겠어요? 잣겠지요? 잣겠으세요? 자으리요? 자을 거예요? 자을 거지요? 자을 수 있겠어요?	잣겠소?
명령형		자아요, 잣지요, 자으세요, 자으라니까요	자으오, 잣구려
청유형		자아요, 잣지요, 자으세요, 잣자니까요	자으오
감탄형		잣는군요! 자으리요!	잣는구려!

422

상대존대형_예사낮춤		'-어'체	'-네'체
평서형	현재	자아, 잣지, 자을래, 자을걸, 잣는데, 잣는대, 자을게, 잣는단다, 자으마, 잣잖아	잣네
	현재-진행	잣고 있어, 잣고 있지, 잣는 중이야	잣고 있네
	과거-완료	자았어, 자았지, 자았잖아	자았네
	미래-추측/의지/가능	잣겠어, 잣겠지, 자을 수 있어	잣겠네
의문형	현재	자아? 잣지? 잣니? 잣나? 자을까? 자으랴? 자을래? 잣는데? 잣는대? 잣는다면서? 잣는다지?	잣는가?
	과거	자았어? 자았지? 자았니? 자았을까? 자았대? 자았다면서?	자았는가?
	미래	잣겠어? 잣겠지? 잣겠니? 자으리? 자을 거야? 자을 거지? 자을 거니? 자을 수 있겠어?	자을 건가?
명령형		자아, 잣지, 자으렴, 자으려무나, 자으라니까	잣게
청유형		자아, 잣지, 잣자니까	잣세
감탄형		자아! 잣지! 자으리!	잣는군! 잣는구먼!

상대존대형_아주낮춤		직설체	회상체
평서형	현재	잣는다	잣더라
	현재-진행	잣고 있다, 잣는 중이다	잣고 있더라
	과거-완료	자았다	자았더라
	미래-추측/의지/가능	잣겠다, 자으리다, 자으련다, 자을 거다, 자을 수 있다	잣겠더라
의문형	현재	잣느냐?	잣더냐?
	과거	자았느냐?	자았더냐?
	미래	잣겠느냐?	잣겠더냐?
명령형		자아라	
청유형		잣자	
감탄형		잣는구나! 잣는다! 잣는도다!	잣더구나!

연결형	연결어미	의미기능	연결어미
나열	잣고, 자으며	비교	잣느니
선택	잣거나, 잣든지, 잣든가	정도	자으리만큼
대립	자아도, 잣지만, 자으나, 잣는데, 자으면서도, 잣되, 잣지	조건 · 가정	자으면, 잣거든, 잣거들랑, 자아야, 잣는다면, 자았던들
동시	자으면서, 자으며	상황제시	잣는데, 자으니, 잣다시피
계기	잣고서, 자아서, 잣자, 잣자마자	비유	잣듯이
중단 · 전환	잣다가	비례	자을수록
양보	자아도, 잣더라도, 자을지라도, 자을지언정, 잣은들, 잣는데도, 잣기로서니, 자으나마, 자을망정, 자아 보았자	원인 · 이유	자아서, 자으니까, 잣느라고, 잣기에, 잣길래, 잣느니만큼, 잣는지라, 자을세라, 자으므로
목적 · 의도	자으러, 자으려고, 잣고자	첨가	잣거니와, 자을뿐더러, 자으려니와
결과	잣도록, 잣게끔	습관	잣곤

적다 [적:따, cǝk:t'a]

'자음' 규칙활용, 형용사

to be little, be few ; to be short of ; to be not sufficient

사동형		*적이다, 적게 하다, 적게 만들다	피동형	*적히다. 적게 되다, 적어지다	

관형사형 : 현재-진행	과거-완료	과거-회상	과거-완료-회상	미래-추측/의지
적은	적은	적던	적었던	적을

인용형 : 평서	의문	명령	청유	명사형	부사형
적다고	적으냐고	*적으라고	*적자고	적기, 적음	적어, 적게

상대존대형_아주높임		직설체	회상체
평서형	현재	적습니다	적습디다
	현재-진행	*적고 있습니다, *적은 중입니다	*적고 있습디다
	과거	적었습니다	적었습디다
	과거-경험	적었었습니다	적었었습디다
	과거-추측	적었겠습니다	적었겠습디다
	미래-추측/의지/가능	적겠습니다, *적으렵니다, 적을 겁니다, 적을 수 있습니다	적겠습디다
의문형	현재	적습니까?	적습디까?
	과거	적었습니까?	적었습디까?
	과거-경험	적었었습니까?	적었었습디까?
	미래-추측/의지/가능	적겠습니까? *적으렵니까? *적을 겁니까? *적으리이까? 적을 수 있겠습니까?	적겠습디까?
명령형		*적으시오, *적으십시오	
청유형		*적읍시다, *적으십시다	
감탄형		적으시구나!	

상대존대형_예사높임		'-어요'체	'-으오'체
평서형	현재	적어요, 적지요, 적으세요, *적을래요, 적을걸요, 적은데요, 적대요, *적을게요, 적잖아요	적으오
	현재-진행	*적고 있어요, *적고 있지요, *적고 있으세요, *적은 중이에요	*적고 있소
	과거	적었어요, 적었지요, 적었으세요, 적었잖아요	적었소
	과거-경험	적었었어요, 적었었지요, 적었었으세요	적었었소
	과거-추측	적었겠어요, 적었겠지요, 적었겠으세요	적었겠소
	미래-추측/의지/가능	적겠어요, 적겠지요, 적겠으세요, 적을 수 있어요	적겠소
의문형	현재	적어요? 적지요? 적으세요? 적나요? *적을까요? *적을래요? 적은가요? 적은데요? 적대요? 적다면서요? 적다지요?	적으오? 적소?
	과거	적었어요? 적었지요? 적었으세요?	적었소?
	과거-경험	적었었어요? 적었었지요? 적었었으세요?	적었었소?
	미래-추측/의지/가능	적겠어요? 적겠지요? 적겠으세요? 적으리요? *적을 거예요? *적을 거지요? 적을 수 있겠어요?	적겠소?
명령형		*적어요, *적지요, *적으세요, *적으라니까요	*적으오, *적구려
청유형		*적어요, *적지요, *적으세요, *적자니까요	*적으오
감탄형		적군요! 적으리요!	적구려!

상대존대형_예사낮춤		'-어'체	'-네'체
평서형	현재	적어, 적지, *적을래, 적을걸, 적은데, 적대, *적을게, 적단다, *적으마, 적잖아	적네
	현재-진행	*적고 있어, *적고 있지, *적은 중이야	*적고 있네
	과거-완료	적었어, 적었지, 적었잖아	적었네
	미래-추측/의지/가능	적겠어, 적겠지, 적을 수 있어	적겠네
의문형	현재	적어? 적지? 적니? 적나? 적을까? 적으랴? *적을래? 적은데? 적대? 적다면서? 적다지?	적은가?
	과거	적었어? 적었지? 적었니? 적었을까? 적었대? 적었다면서?	적었는가?
	미래	적겠어? 적겠지? 적겠니? 적으리? *적을 거야? *적을 거지? 적을 거니? 적을 수 있겠어?	적을 건가?
명령형		*적어, *적지, *적으렴, *적으려무나, *적으라니까	*적게
청유형		*적어, *적지, *적자니까	*적세
감탄형		적어! 적지! 적으리!	적군! 적구먼!

상대존대형_아주낮춤		직설체	회상체
평서형	현재	적다	적더라
	현재-진행	*적고 있다, *적은 중이다	*적고 있더라
	과거-완료	적었다	적었더라
	미래-추측/의지/가능	적겠다, 적으리다, *적으련다, 적을 거다, 적을 수 있다	적겠더라
의문형	현재	적으냐?	적더냐?
	과거	적었느냐?	적었더냐?
	미래	적겠느냐?	적겠더냐?
명령형		*적어라	
청유형		*적자	
감탄형		적구나! 적다! 적도다!	적더구나!

연결형	연결어미	의미기능	연결어미
나열	적고, 적으며	비교	*적느니
선택	적거나, 적든지, 적든가	정도	적으리만큼
대립	적어도, 적지만, 적으나, 적은데, 적으면서도, 적되, 적지	조건·가정	적으면, 적거든, 적거들랑, 적어야, 적다면, 적었던들
동시	적으면서, 적으며	상황제시	적은데, 적으니, 적다시피
계기	*적고서, *적어서, *적자, *적자마자	비유	적듯이
중단·전환	적다가	비례	적을수록
양보	적어도, 적더라도, 적을지라도, 적을지언정, 적은들, 적은데도, 적기로서니, 적으나마, 적을망정, 적어 보았자	원인·이유	적어서, 적으니까, *적느라고, 적기에, 적길래, 적으니만큼, 적은지라, 적을세라, 적으므로
목적·의도	*적으러, *적으려고, *적고자	첨가	적거니와, 적을뿐더러, 적으려니와
결과	적도록, 적게끔	습관	*적곤

- 요즘은 일자리가 매우 적다. There is only a few job opportunities nowadays.
- 그는 적은 수입으로 겨우 살아가고 있다. He barely survives with his little income.
- 그녀는 월급이 적어도 열심히 일했다. She worked hard, although her salary was insufficient.

접다 [접따, cəpt'a]

'ㅂ' 규칙활용, 타동사

to fold up ; to strike (a tent) ; to furl (a flag) ; to abandon, give up

사동형	접히다, 접게 하다, 접게 만들다			피동형	접히다, 접게 되다, 접어지다, 접혀지다	

관형사형 : 현재-진행	과거-완료	과거-회상	과거-완료-회상	미래-추측/의지
접는	접은	접던	접었던	접을

인용형 : 평서	의문	명령	청유	명사형	부사형
접는다고	접느냐고	접으라고	접자고	접기, 접음	접어, 접게

상대존대형_아주높임		직설체	회상체
평서형	현재	접습니다	접습디다
	현재-진행	접고 있습니다, 접는 중입니다	접고 있습디다
	과거	접었습니다	접었습디다
	과거-경험	접었었습니다	접었었습디다
	과거-추측	접었겠습니다	접었겠습디다
	미래-추측/의지/가능	접겠습니다, 접으렵니다, 접을 겁니다, 접을 수 있습니다	접겠습디다
의문형	현재	접습니까?	접습디까?
	과거	접었습니까?	접었습디까?
	과거-경험	접었었습니까?	접었었습디까?
	미래-추측/의지/가능	접겠습니까? 접으렵니까? 접을 겁니까? 접으리이까? 접을 수 있겠습니까?	접겠습디까?
명령형		접으시오, 접으십시오	
청유형		접읍시다, 접으십시다	
감탄형		접으시는구나!	

상대존대형_예사높임		'-어요'체	'-으오'체
평서형	현재	접어요, 접지요, 접으세요, 접을래요, 접을걸요, 접는데요, 접는대요, 접을게요, 접잖아요	접으오
	현재-진행	접고 있어요, 접고 있지요, 접고 있으세요, 접는 중이에요	접고 있소
	과거	접었어요, 접었지요, 접었으세요, 접었잖아요	접었소
	과거-경험	접었었어요, 접었었지요, 접었었으세요	접었었소
	과거-추측	접었겠어요, 접었겠지요, 접었겠으세요	접었겠소
	미래-추측/의지/가능	접겠어요, 접겠지요, 접겠으세요, 접을 수 있어요	접겠소
의문형	현재	접어요? 접지요? 접으세요? 접나요? 접을까요? 접을래요? 접는가요? 접는데요? 접는대요? 접는다면서요? 접는다지요?	접으오? 접소?
	과거	접었어요? 접었지요? 접었으세요?	접었소?
	과거-경험	접었었어요? 접었었지요? 접었었으세요?	접었었소?
	미래-추측/의지/가능	접겠어요? 접겠지요? 접겠으세요? 접으리요? 접을 거예요? 접을 거지요? 접을 수 있겠어요?	접겠소?
명령형		접어요, 접지요, 접으세요, 접으라니까요	접으오, 접구려
청유형		접어요, 접지요, 접으세요, 접자니까요	접으오
감탄형		접는군요! 접으리요!	접는구려!

상대존대형_예사낮춤		'-어'체	'-네'체
평서형	현재	접어, 접지, 접을래, 접을걸, 접는데, 접는대, 접을게, 접는단다, 접으마, 접잖아	접네
	현재-진행	접고 있어, 접고 있지, 접는 중이야	접고 있네
	과거-완료	접었어, 접었지, 접었잖아	접었네
	미래-추측/의지/가능	접겠어, 접겠지, 접을 수 있어	접겠네
의문형	현재	접어? 접지? 접니? 접나? 접을까? 접으랴? 접을래? 접는데? 접는대? 접는다면서? 접는다지?	접는가?
	과거	접었어? 접었지? 접었니? 접었을까? 접었대? 접었다면서?	접었는가?
	미래	접겠어? 접겠지? 접겠니? 접으리? 접을 거야? 접을 거지? 접을 거니? 접을 수 있겠어?	접을 건가?
명령형		접어, 접지, 접으렴, 접으려무나, 접으라니까	접게
청유형		접어, 접지, 접자니까	접세
감탄형		접어! 접지! 접으리!	접는군! 접는구먼!

상대존대형_아주낮춤		직설체	회상체
평서형	현재	접는다	접더라
	현재-진행	접고 있다, 접는 중이다	접고 있더라
	과거-완료	접었다	접었더라
	미래-추측/의지/가능	접겠다, 접으리다, 접으련다, 접을 거다, 접을 수 있다	접겠더라
의문형	현재	접느냐?	접더냐?
	과거	접었느냐?	접었더냐?
	미래	접겠느냐?	접겠더냐?
명령형		접어라	
청유형		접자	
감탄형		접는구나! 접는다! 접는도다!	접더구나!

연결형	연결어미	의미기능	연결어미
나열	접고, 접으며	비교	접느니
선택	접거나, 접든지, 접든가	정도	접으리만큼
대립	접어도, 접지만, 접으나, 접는데, 접으면서도, 접되, 접지	조건·가정	접으면, 접거든, 접거들랑, 접어야, 접는다면, 접었던들
동시	접으면서, 접으며	상황제시	접는데, 접으니, 접다시피
계기	접고서, 접어서, 접자, 접자마자	비유	접듯이
중단·전환	접다가	비례	접을수록
양보	접어도, 접더라도, 접을지라도, 접을지언정, 접은들, 접는데도, 접기로서니, 접으나마, 접을망정, 접어 보았자	원인·이유	접어서, 접으니까, 접느라고, 접기에, 접길래, 접느니만큼, 접는지라, 접을세라, 접으므로
목적·의도	접으러, 접으려고, 접고자	첨가	접거니와, 접을뿐더러, 접으려니와
결과	접도록, 접게끔	습관	접곤

기본예문

• 그녀는 말없이 빨래만 접고 있었다. She was folding her laundry without any word.
• 접은 편지는 봉투에 넣어라. Fold the letter and put it in the envelop.
• 종이를 접어서 비행기를 만들었다. We made a airplane by folding a paper.

젓다 [전:따, cət'ːt'a]

'ㅅ' 불규칙활용, 타동사

to row (a boat) ; to stir up ; to scull ; to shake

사동형	*젓히다, 젓게 하다, 젓게 만들다		피동형		*젓히다. 젓게 되다, 저어지다	
관형사형 : 현재-진행		과거-완료		과거-회상	과거-완료-회상	미래-추측/의지
젓는		저은		젓던	저었던	저을

인용형 : 평서	의문	명령	청유	명사형	부사형
젓는다고	젓느냐고	저으라고	젓자고	젓기, 저음	저어, 젓게

상대존대형_아주높임		직설체	회상체
평서형	현재	젓습니다	젓습디다
	현재-진행	젓고 있습니다, 젓는 중입니다	젓고 있습디다
	과거	저었습니다	저었습디다
	과거-경험	저었었습니다	저었었습디다
	과거-추측	저었겠습니다	저었겠습디다
	미래-추측/의지/가능	젓겠습니다, 저으렵니다, 저을 겁니다, 저을 수 있습니다	젓겠습디다
의문형	현재	젓습니까?	젓습디까?
	과거	저었습니까?	저었습디까?
	과거-경험	저었었습니까?	저었었습디까?
	미래-추측/의지/가능	젓겠습니까? 저으렵니까? 저을 겁니까? 저으리이까? 저을 수 있겠습니까?	젓겠습디까?
명령형		저으시오, 저으십시오	
청유형		젓읍시다, 저으십시다	
감탄형		저으시는구나!	

상대존대형_예사높임		'-어요'체	'-으오'체
평서형	현재	저어요, 젓지요, 저으세요, 저을래요, 저을걸요, 젓는데요, 젓는대요, 저을게요, 젓잖아요	저으오
	현재-진행	젓고 있어요, 젓고 있지요, 젓고 있으세요, 젓는 중이에요	젓고 있소
	과거	저었어요, 저었지요, 저었으세요, 저었잖아요	저었소
	과거-경험	저었었어요, 저었었지요, 저었었으세요	저었었소
	과거-추측	저었겠어요, 저었겠지요, 저었겠으세요	저었겠소
	미래-추측/의지/가능	젓겠어요, 젓겠지요, 젓겠으세요, 저을 수 있어요	젓겠소
의문형	현재	저어요? 젓지요? 저으세요? 젓나요? 저을까요? 저을래요? 젓는가요? 젓는데요? 젓는대요? 젓는다면서요? 젓는다지요?	저으오? 젓소?
	과거	저었어요? 저었지요? 저었으세요?	저었소?
	과거-경험	저었었어요? 저었었지요? 저었었으세요?	저었었소?
	미래-추측/의지/가능	젓겠어요? 젓겠지요? 젓겠으세요? 저으리요? 저을 거예요? 저을 거지요? 저을 수 있겠어요?	젓겠소?
명령형		저어요, 젓지요, 저으세요, 저으라니까요	저으오, 젓구려
청유형		저어요, 젓지요, 저으세요, 젓자니까요	저으오
감탄형		젓는군요! 저으리요!	젓는구려!

상대존대형_예사낮춤		'-어'체	'-네'체
평서형	현재	저어, 젓지, 저을래, 저을걸, 젓는데, 젓는대, 저을게, 젓는단다, 저으마, 젓잖아	젓네
	현재-진행	젓고 있어, 젓고 있지, 젓는 중이야	젓고 있네
	과거-완료	저었어, 저었지, 저었잖아	저었네
	미래-추측/의지/가능	젓겠어, 젓겠지, 저을 수 있어	젓겠네
의문형	현재	저어? 젓지? 젓니? 젓나? 저을까? 저으랴? 저을래? 젓는데? 젓는대? 젓는다면서? 젓는다지?	젓는가?
	과거	저었어? 저었지? 저었니? 저었을까? 저었대? 저었다면서?	저었는가?
	미래	젓겠어? 젓겠지? 젓겠니? 저으리? 저을 거야? 저을 거지? 저을 거니? 저을 수 있겠어?	저을 건가?
명령형		저어, 젓지, 저으렴, 저으려무나, 저으라니까	젓게
청유형		저어, 젓지, 젓자니까	*젓세, 저으세
감탄형		저어! 젓지! 저으리!	젓는군! 젓는구먼!

상대존대형_아주낮춤		직설체	회상체
평서형	현재	젓는다	젓더라
	현재-진행	젓고 있다, 젓는 중이다	젓고 있더라
	과거-완료	저었다	저었더라
	미래-추측/의지/가능	젓겠다, 저으리다, 저으련다, 저을 거다, 저을 수 있다	젓겠더라
의문형	현재	젓느냐?	젓더냐?
	과거	저었느냐?	저었더냐?
	미래	젓겠느냐?	젓겠더냐?
명령형		저어라	
청유형		젓자	
감탄형		젓는구나! 젓는다! 젓는도다!	젓더구나!

연결형	연결어미	의미기능	연결어미
나열	젓고, 저으며	비교	젓느니
선택	젓거나, 젓든지, 젓든가	정도	저으리만큼
대립	저어도, 젓지만, 저으나, 젓는데, 저으면서도, 젓되, 젓지	조건·가정	저으면, 젓거든, 젓거들랑, 저어야, 젓는다면, 저었던들
동시	저으면서, 저으며	상황제시	젓는데, 저으니, 젓다시피
계기	젓고서, 저어서, 젓자, 젓자마자	비유	젓듯이
중단·전환	젓다가	비례	저을수록
양보	저어도, 젓더라도, 저을지라도, 저을지언정, 저은들, 젓는데도, 젓기로서니, 저으나마, 저을망정, 저어 보았자	원인·이유	저어서, 저으니까, 젓느라고, 젓기에, 젓길래, 젓느니만큼, 젓는지라, 저을세라, 저으므로
목적·의도	저으러, 저으려고, 젓고자	첨가	젓거니와, 저을뿐더러, 지으려니와
결과	젓도록, 젓게끔	습관	젓곤

- 뱃사공이 노를 열심히 저었다. The boatman rowed the paddle very enthusiastically.
- 고개를 젓고 있는 저분은 누구인가? Who is the person shaking his head?
- 강아지가 꼬리를 저으며 내게 다가왔다. The puppy came to me shaking its tail.

좁다 [좁따, copt'a]

'ㅂ' 규칙활용, 형용사

to be narrow, be small, be limited ; to be narrow minded ; to be small

사동형	좁히다, 좁게 하다, 좁게 만들다		피동형	좁히다. 좁게 되다, 좁아지다, 좁혀지다	
관형사형 : 현재-진행		과거-완료	과거-회상	과거-완료-회상	미래-추측/의지
좁은		좁은	좁던	좁았던	좁을

인용형 : 평서		의문	명령	청유	명사형	부사형
좁다고		좁으냐고	*좁으라고	*좁자고	좁기, 좁음	좁아, 좁게

상대존대형_아주높임		직설체	회상체
평서형	현재	좁습니다	좁습디다
	현재-진행	*좁고 있습니다, *좁은 중입니다	*좁고 있습디다
	과거	좁았습니다	좁았습디다
	과거-경험	좁았었습니다	좁았었습디다
	과거-추측	좁았겠습니다	좁았겠습디다
	미래-추측/의지/가능	좁겠습니다, *좁으렵니다, 좁을 겁니다, 좁을 수 있습니다	좁겠습디다
의문형	현재	좁습니까?	좁습디까?
	과거	좁았습니까?	좁았습디까?
	과거-경험	좁았었습니까?	좁았었습디까?
	미래-추측/의지/가능	좁겠습니까? *좁으렵니까? *좁을 겁니까? 좁으리이까? 좁을 수 있겠습니까?	좁겠습디까?
명령형		*좁으시오, *좁으십시오	
청유형		*좁읍시다, *좁으십시다	
감탄형		좁으시구나!	

상대존대형_예사높임		'-어요'체	'-으오'체
평서형	현재	좁아요, 좁지요, 좁으세요, *좁을래요, 좁을걸요, 좁은데요, 좁대요, *좁을게요, 좁잖아요	좁으오
	현재-진행	*좁고 있어요, *좁고 있지요, *좁고 있으세요, *좁은 중이에요	*좁고 있소
	과거	좁았어요, 좁았지요, 좁았으세요, 좁았잖아요	좁았소
	과거-경험	좁았었어요, 좁았었지요, 좁았었으세요	좁았었소
	과거-추측	좁았겠어요, 좁았겠지요, 좁았겠으세요	좁았겠소
	미래-추측/의지/가능	좁겠어요, 좁겠지요, 좁겠으세요, 좁을 수 있어요	좁겠소
의문형	현재	좁아요? 좁지요? 좁으세요? 좁나요? *좁을까요? *좁을래요? *좁은가요? 좁은데요? 좁대요? 좁다면서요? 좁다지요?	좁으오? 좁소?
	과거	좁았어요? 좁았지요? 좁았으세요?	좁았소?
	과거-경험	좁았었어요? 좁았었지요? 좁았었으세요?	좁았었소?
	미래-추측/의지/가능	좁겠어요? 좁겠지요? 좁겠으세요? 좁으리요? *좁을 거예요? *좁을 거지요? 좁을 수 있겠어요?	좁겠소?
명령형		*좁아요, *좁지요, *좁으세요, *좁으라니까요	*좁으오, *좁구려
청유형		*좁아요, *좁지요, *좁으세요, *좁자니까요	*좁으오
감탄형		좁군요! 좁으리요!	좁구려!

상대존대형_예사낮춤		'-어'체	'-네'체
평서형	현재	좁아, 좁지, *좁을래, 좁을걸, 좁은데, 좁대, *좁을게, 좁단다, *좁으마, 좁잖아	좁네
	현재-진행	*좁고 있어, *좁고 있지, *좁은 중이야	*좁고 있네
	과거-완료	좁았어, 좁았지, 좁았잖아	좁았네
	미래-추측/의지/가능	좁겠어, 좁겠지, 좁을 수 있어	좁겠네
의문형	현재	좁아? 좁지? 좁니? 좁나? 좁을까? 좁으랴? *좁을래? 좁은데? 좁대? 좁다면서? 좁다지?	좁은가?
	과거	좁았어? 좁았지? 좁았니? 좁았을까? 좁았대? 좁았다면서?	좁았는가?
	미래	좁겠어? 좁겠지? 좁겠니? 좁으리? *좁을 거야? *좁을 거지? *좁을 거니? 좁을 수 있겠어?	좁을 건가?
명령형		*좁아, *좁지, *좁으렴, *좁으려무나, *좁으라니까	*좁게
청유형		*좁아, *좁지, *좁자니까	*좁세
감탄형		좁지! 좁지! 좁으리!	좁군! 좁구먼!

상대존대형_아주낮춤		직설체	회상체
평서형	현재	좁다	좁더라
	현재-진행	*좁고 있다, *좁은 중이다	*좁고 있더라
	과거-완료	좁았다	좁았더라
	미래-추측/의지/가능	좁겠다, 좁으리다, *좁으련다, 좁을 거다, 좁을 수 있다	좁겠더라
의문형	현재	좁으냐?	좁더냐?
	과거	좁았느냐?	좁았더냐?
	미래	좁겠느냐?	좁겠더냐?
명령형		*좁아라	
청유형		*좁자	
감탄형		좁구나! 좁다! 좁도다!	좁더구나!

연결형	연결어미	의미기능	연결어미
나열	좁고, 좁으며	비교	*좁느니/좁다느니
선택	좁거나, 좁든지, 좁든가	정도	좁으리만큼
대립	좁아도, 좁지만, 좁으나, 좁은데, 좁으면서도, 좁되, 좁지	조건 · 가정	좁으면, 좁거든, 좁거들랑, 좁아야, 좁다면, 좁았던들
동시	좁으면서, 좁으며	상황제시	좁은데, 좁으니, 좁다시피
계기	*좁고서, *좁아서, *좁자, *좁자마자	비유	좁듯이
중단 · 전환	좁다가	비례	좁을수록
양보	좁아도, 좁더라도, 좁을지라도, 좁을지언정, 좁은들, 좁은데도, 좁기로서니, 좁으나마, 좁을망정, 좁아 보았자	원인 · 이유	좁아서, 좁으니까, *좁느라고, 좁기에, 좁길래, 좁으니만큼, 좁은지라, 좁을세라, 좁으므로
목적 · 의도	*좁으러, *좁으려고, *좁고자	첨가	좁거니와, 좁을뿐더러, 좁으려니와
결과	좁도록, 좁게끔	습관	*좁곤

- 길이 너무 좁다 The road is too narrow.
- 좁았던 마음이 나이가 들면서 넓어졌다. My narrow mind got bigger as I grew up.
- 집이 좀 좁아도 생활하기는 괜찮다.
  Though my house is a bit, it's enough to live in.

좋다 [조:타, coːtʰa]

'ㅎ' 규칙활용, 형용사

to be good, be nice ; to be beneficial ; to be right ; to be better

사동형	*좋히다, 좋게 하다, 좋게 만들다	피동형	*좋히다. 좋게 되다, 좋아지다

관형사형 : 현재-진행	과거-완료	과거-회상	과거-완료-회상	미래-추측/의지
좋은	좋은	좋던	좋았던	좋을

인용형 : 평서	의문	명령	청유	명사형	부사형
좋다고	좋으냐고	*좋으라고	*좋자고	좋기, 좋음	좋아, 좋게

상대존대형_아주높임		직설체	회상체
평서형	현재	좋습니다	좋습디다
	현재-진행	*좋고 있습니다, *좋은 중입니다	*좋고 있습디다
	과거	좋았습니다	좋았습디다
	과거-경험	좋았었습니다	좋았었습디다
	과거-추측	좋았겠습니다	좋았겠습디다
	미래-추측/의지/가능	좋겠습니다, *좋으렵니다, 좋을 겁니다, 좋을 수 있습니다	좋겠습디다
의문형	현재	좋습니까?	좋습디까?
	과거	좋았습니까?	좋았습디까?
	과거-경험	좋았었습니까?	좋았었습디까?
	미래-추측/의지/가능	좋겠습니까? *좋으렵니까? *좋을 겁니까? *좋으리이까? 좋을 수 있겠습니까?	좋겠습디까?
명령형		*좋으시오, *좋으십시오	
청유형		*좋읍시다, *좋으십시다	
감탄형		좋으시구나!	

상대존대형_예사높임		'-어요'체	'-으오'체
평서형	현재	좋아요, 좋지요, 좋으세요, *좋을래요, 좋을걸요, 좋은데요, 좋대요, *좋을게요, 좋잖아요	좋으오
	현재-진행	*좋고 있어요, *좋고 있지요, *좋고 있으세요, *좋은 중이에요	*좋고 있소
	과거	좋았어요, 좋았지요, 좋았으세요, 좋았잖아요	좋았소
	과거-경험	좋았었어요, 좋았었지요, 좋았었으세요	좋았었소
	과거-추측	좋았겠어요, 좋았겠지요, 좋았겠으세요	좋았겠소
	미래-추측/의지/가능	좋겠어요, 좋겠지요, 좋겠으세요, 좋을 수 있어요	좋겠소
의문형	현재	좋아요? 좋지요? 좋으세요? 좋나요? *좋을까요? *좋을래요? *좋은가요? 좋은데요? 좋대요? 좋다면서요? 좋다지요?	좋으오? 좋소?
	과거	좋았어요? 좋았지요? 좋았으세요?	좋았소?
	과거-경험	좋았었어요? 좋았었지요? 좋았었으세요?	좋았소?
	미래-추측/의지/가능	좋겠어요? 좋겠지요? 좋겠으세요? 좋으리요? *좋을 거예요? *좋을 거지요? 좋을 수 있겠어요?	좋겠소?
명령형		*좋아요, *좋지요, *좋으세요, *좋으라니까요	*좋으오, *좋구려
청유형		*좋아요, *좋지요, *좋으세요, *좋자니까요	*좋으오
감탄형		좋군요! 좋으리요!	좋구려!

상대존대형_예사낮춤		'-어'체	'-네'체
평서형	현재	좋아, 좋지, *좋을래, 좋을걸, 좋은데, 좋대, *좋을게, 좋단다, *좋으마, 좋잖아	좋네
	현재-진행	*좋고 있어, *좋고 있지, *좋은 중이야	*좋고 있네
	과거-완료	좋았어, 좋았지, 좋았잖아	좋았네
	미래-추측/의지/가능	좋겠어, 좋겠지, 좋을 수 있어	좋겠네
의문형	현재	좋아? 좋지? 좋니? 좋나? 좋을까? 좋으랴? *좋을래? 좋은데? 좋대? 좋다면서? 좋다지?	좋은가?
	과거	좋았어? 좋았지? 좋았니? 좋았을까? 좋았대? 좋았다면서?	좋았는가?
	미래	좋겠어? 좋겠지? 좋겠니? 좋으리? *좋을 거야? *좋을 거지? *좋을 거니? 좋을 수 있겠어?	좋을 건가?
명령형		*좋아, *좋지, *좋으렴, *좋으려무나, *좋으라니까	*좋게
청유형		*좋아, *좋지, *좋자니까	*좋세
감탄형		좋아! 좋지! 좋으리!	좋군! 좋구먼!

상대존대형_아주낮춤		직설체	회상체
평서형	현재	좋다	좋더라
	현재-진행	*좋고 있다, *좋은 중이다	*좋고 있더라
	과거-완료	좋았다	좋았더라
	미래-추측/의지/가능	좋겠다, 좋으리다, *좋으련다, 좋을 거다, 좋을 수 있다	좋겠더라
의문형	현재	좋으냐?	좋더냐?
	과거	좋았느냐?	좋았더냐?
	미래	좋겠느냐?	좋겠더냐?
명령형		*좋아라	
청유형		*좋자	
감탄형		좋구나! 좋다! 좋도다!	좋더구나!

연결형	연결어미	의미기능	연결어미
나열	좋고, 좋으며	비교	*좋느니
선택	좋거나, 좋든지, 좋든가	정도	좋으리만큼
대립	좋아도, 좋지만, 좋으나, 좋은데, 좋으면서도, 좋되, 좋지	조건 · 가정	좋으면, 좋거든, 좋거들랑, 좋아야, 좋다면, 좋았던들
동시	좋으면서, 좋으며	상황제시	좋은데, 좋으니, 좋다시피
계기	*좋고서, *좋아서, *좋자, *좋자마자	비유	좋듯이
중단 · 전환	좋다가	비례	좋을수록
양보	좋아도, 좋더라도, 좋을지라도, 좋을지언정, 좋은들, 좋은데도, 좋기로서니, 좋으나마, 좋을망정, 좋아 보았자	원인 · 이유	좋아서, 좋으니까, *좋느라고, 좋기에, 좋길래, 좋으니만큼, 좋은지라, 좋을세라, 좋으므로
목적 · 의도	*좋으러, *좋으려고, *좋고자	첨가	좋거니와, 좋을뿐더러, 좋으려니와
결과	좋도록, 좋게끔	습관	*좋곤

- 한국은 가을 날씨가 참 좋다. Korean fall weather is very nice.
- 그녀는 좋은 집안에서 태어났다. She grew up in a nice and rich house.
- 어제는 일진이 좋아서 돈을 많이 벌었다.
  I earned lots of money because I was lucky yesterday.

주다1 [주다, cuda]

'우' 규칙활용, 타동사

to give, bestow ; to present ; to confer ; to do for

사동형	*주히다, 주게 하다, 주게 만들다		피동형		*주히다. 주게 되다, 줘지다	

관형사형 : 현재-진행	과거-완료	과거-회상	과거-완료-회상	미래-추측/의지
주는	준	주던	주었던	줄

인용형 : 평서	의문	명령	청유	명사형	부사형
준다고	주느냐고	주라고	주자고	주기, 줌	주어, 주게

상대존대형_아주높임		직설체	회상체
평서형	현재	줍니다	줍디다
	현재-진행	주고 있습니다, 주는 중입니다	주고 있습디다
	과거	주었습니다	주었습디다
	과거-경험	주었었습니다	주었었습디다
	과거-추측	주었겠습니다	주었겠습디다
	미래-추측/의지/가능	주겠습니다, 주렵니다, 줄 겁니다, 줄 수 있습니다	주겠습디다
의문형	현재	줍니까?	줍디까?
	과거	주었습니까?	주었습디까?
	과거-경험	주었었습니까?	주었었습디까?
	미래-추측/의지/가능	주겠습니까? 주렵니까? 줄 겁니까? 주리이까? 줄 수 있겠습니까?	주겠습디까?
명령형		주시오, 주십시오	
청유형		줍시다, 주십시다	
감탄형		주시는구나!	

상대존대형_예사높임		'-어요'체	'-으오'체
평서형	현재	줘요, 주지요, 주세요, 줄래요, 줄걸요, 주는데요, 준대요, 줄게요, 주잖아요	주오
	현재-진행	주고 있어요, 주고 있지요, 주고 있으세요, 주는 중이에요	주고 있소
	과거	주었어요, 주었지요, 주었으세요, 주었잖아요	주었소
	과거-경험	주었었어요, 주었었지요, 주었었으세요	주었었소
	과거-추측	주었겠어요, 주었겠지요, 주었겠으세요	주었겠소
	미래-추측/의지/가능	주겠어요, 주겠지요, 주겠으세요, 줄 수 있어요	주겠소
의문형	현재	줘요? 주지요? 주세요? 주나요? 줄까요? 줄래요? 주는가요? 주는데요? 준대요? 준다면서요? 준다지요?	주오? *주소?
	과거	주었어요? 주었지요? 주었으세요?	주었소?
	과거-경험	주었었어요? 주었었지요? 주었었으세요?	주었었소?
	미래-추측/의지/가능	주겠어요? 주겠지요? 주겠으세요? 주리요? 줄 거예요? 줄 거지요? 줄 수 있겠어요?	주겠소?
명령형		줘요, 주지요, 주세요, 주라니까요	주오, 주구려
청유형		줘요, 주지요, 주세요, 주자니까요	주오
감탄형		주는군요! 주리요!	주는구려!

상대존대형_예사낮춤		'-어'체	'-네'체
평서형	현재	줘, 주지, 줄래, 줄걸, 주는데, 준대, 줄게, 준단다, 주마, 주잖아	주네
	현재-진행	주고 있어, 주고 있지, 주는 중이야	주고 있네
	과거-완료	주었어, 주었지, 주었잖아	주었네
	미래-추측/의지/가능	주겠어, 주겠지, 줄 수 있어	주겠네
의문형	현재	줘? 주지? 주니? 주나? 줄까? 주랴? 줄래? 주는데? 준대? 준다면서? 준다지?	주는가?
	과거	주었어? 주었지? 주었니? 주었을까? 주었대? 주었다면서?	주었는가?
	미래	주겠어? 주겠지? 주겠니? 주리? 줄 거야? 줄 거지? 줄 거니? 줄 수 있겠어?	줄 건가?
명령형		줘, 주지, 주렴, 주려무나, 주라니까	주게
청유형		줘, 주지, 주자니까	주세
감탄형		줘! 주지! 주리!	주는군! 주는구먼!

상대존대형_아주낮춤		직설체	회상체
평서형	현재	준다	주더라
	현재-진행	주고 있다, 주는 중이다	주고 있더라
	과거-완료	주었다	주었더라
	미래-추측/의지/가능	주겠다, 주리다, 주련다, 줄 거다, 줄 수 있다	주겠더라
의문형	현재	주느냐?	주더냐?
	과거	주었느냐?	주었더냐?
	미래	주겠느냐?	주겠더냐?
명령형		줘라	
청유형		주자	
감탄형		주는구나! 준다! 주는도다!	주더구나!

연결형	연결어미	의미기능	연결어미
나열	주고, 주며	비교	주느니
선택	주거나, 주든지, 주든가	정도	주리만큼
대립	줘도, 주지만, 주나, 주는데, 주면서도, 주되, 주지	조건·가정	주면, 주거든, 주거들랑, 줘야, 준다면, 주었던들
동시	주면서, 주며	상황제시	주는데, 주니, 주다시피
계기	주고서, 줘서, 주자, 주자마자	비유	주듯이
중단·전환	주다가	비례	줄수록
양보	줘도, 주더라도, 줄지라도, 줄지언정, 준들, 주는데도, 주기로서니, 주나마, 줄망정, 줘 보았자	원인·이유	줘서, 주니까, 주느라고, 주기에, 주길래, 주느니만큼, 주는지라, 줄세라, 주므로
목적·의도	주러, 주려고, 주고자	첨가	주거니와, 줄뿐더러, 주려니와
결과	주도록, 주게끔	습관	주곤

- 어머니는 내게 생일선물을 주셨다. My mother gave me my birthday gift.
- 해마다 농작물에 가장 큰 피해를 주는 것은 바로 태풍이다.
  The storm causes the biggest damage on the farm every year.
- 네게 선물로 주려고 이 만년필을 샀다. I bought a fountain pen as a gift for you.

죽이다 [주기다, cukida]

'이' 규칙활용, 타동사

to kill, saly, murder

사동형	*죽이히다, 죽이게 하다, 죽이게 만들다		피동형		*죽이히다. 죽이게 되다, 죽여지다	
관형사형 : 현재-진행		과거-완료		과거-회상	과거-완료-회상	미래-추측/의지
죽이는		죽인		죽이던	죽였던	죽일
인용형 : 평서		의문	명령	청유	명사형	부사형
죽인다고	죽이느냐고		죽이라고	죽이자고	죽이기, 죽임	죽어, 죽게

상대존대형_아주높임		직설체	회상체
평서형	현재	죽입니다	죽입디다
	현재-진행	죽이고 있습니다, 죽이는 중입니다	죽이고 있습디다
	과거	죽였습니다	죽였습디다
	과거-경험	죽였었습니다	죽였었습디다
	과거-추측	죽였겠습니다	죽였겠습디다
	미래-추측/의지/가능	죽이겠습니다, 죽이렵니다, 죽일 겁니다, 죽일 수 있습니다	죽이겠습디다
의문형	현재	죽입니까?	죽입디까?
	과거	죽였습니까?	죽였습디까?
	과거-경험	죽였었습니까?	죽였었습디까?
	미래-추측/의지/가능	죽이겠습니까? 죽이렵니까? 죽일 겁니까? 죽이리이까? 죽일 수 있겠습니까?	죽이겠습디까?
명령형		죽이시오, 죽이십시오	
청유형		죽입시다, 죽이십시다	
감탄형		죽이시는구나!	

상대존대형_예사높임		'-어요'체	'-으오'체
평서형	현재	죽여요, 죽이지요, 죽이세요, 죽일래요, 죽일걸요, 죽이는데요, 죽인대요, 죽일게요, 죽이잖아요	죽이오
	현재-진행	죽이고 있어요, 죽이고 있지요, 죽이고 있으세요, 죽이는 중이에요	죽이고 있소
	과거	죽였어요, 죽였지요, 죽였으세요, 죽였잖아요	죽였소
	과거-경험	죽였었어요, 죽였었지요, 죽였었으세요	죽였었소
	과거-추측	죽였겠어요, 죽였겠지요, 죽였겠으세요	죽였겠소
	미래-추측/의지/가능	죽이겠어요, 죽이겠지요, 죽이겠으세요, 죽일 수 있어요	죽이겠소
의문형	현재	죽여요? 죽이지요? 죽이세요? 죽이나요? 죽일까요? 죽일래요? 죽이는가요? 죽이는데요? 죽인대요? 죽인다면서요? 죽인다지요?	죽이오? *죽이소?
	과거	죽였어요? 죽였지요? 죽였으세요?	죽였소?
	과거-경험	죽였었어요? 죽였었지요? 죽였었으세요?	죽였었소?
	미래-추측/의지/가능	죽이겠어요? 죽이겠지요? 죽이겠으세요? 죽이리요? 죽일 거예요? 죽일 거지요? 죽일 수 있겠어요?	죽이겠소?
명령형		죽여요, 죽이지요, 죽이세요, 죽이라니까요	죽이오, 죽이구려
청유형		죽여요, 죽이지요, 죽이세요, 죽이자니까요	죽이오
감탄형		죽이는군요! 죽이리요!	죽이는구려!

상대존대형_예사낮춤		'-어'체	'-네'체
평서형	현재	죽여, 죽이지, 죽일래, 죽일걸, 죽이는데, 죽인대, 죽일게, 죽인단다, 죽이마, 죽이잖아	죽이네
	현재-진행	죽이고 있어, 죽이고 있지, 죽이는 중이야	죽이고 있네
	과거-완료	죽였어, 죽였지, 죽였잖아	죽였네
	미래-추측/의지/가능	죽이겠어, 죽이겠지, 죽일 수 있어	죽이겠네
의문형	현재	죽여? 죽이지? 죽이니? 죽이나? 죽일까? 죽이랴? 죽일래? 죽이는데? 죽인대? 죽인다면서? 죽인다지?	죽이는가?
	과거	죽였어? 죽였지? 죽였니? 죽였을까? 죽였대? 죽였다면서?	죽였는가?
	미래	죽이겠어? 죽이겠지? 죽이겠니? 죽이리? 죽일 거야? 죽일 거지? 죽일 거니? 죽일 수 있겠어?	죽일 건가?
명령형		죽여, 죽이지, 죽이렴, 죽이려무나, 죽이라니까	죽이게
청유형		죽여, 죽이지, 죽이자니까	죽이세
감탄형		죽여! 죽이지! 죽이리!	죽이는군! 죽이는구먼!

상대존대형_아주낮춤		직설체	회상체
평서형	현재	죽인다	죽이더라
	현재-진행	죽이고 있다, 죽이는 중이다	죽이고 있더라
	과거-완료	죽였다	죽였더라
	미래-추측/의지/가능	죽이겠다, 죽이리라, 죽이련다, 죽일 거다, 죽일 수 있다	죽이겠더라
의문형	현재	죽이느냐?	죽이더냐?
	과거	죽였느냐?	죽였더냐?
	미래	죽이겠느냐?	죽이겠더냐?
명령형		죽여라	
청유형		죽이자	
감탄형		죽이는구나! 죽인다! 죽이는도다!	죽이더구나!

연결형	연결어미	의미기능	연결어미
나열	죽이고, 죽이며	비교	죽이느니
선택	죽이거나, 죽이든지, 죽이든가	정도	죽이리만큼
대립	죽여도, 죽이지만, 죽이나, 죽이는데, 죽이면서도, 죽이되, 죽이지	조건·가정	죽이면, 죽이거든, 죽이거들랑, 죽여야, 죽인다면, 죽였던들
동시	죽이면서, 죽이며	상황제시	죽이는데, 죽이니, 죽이다시피
계기	죽이고서, 죽여서, 죽이자, 죽이자마자	비유	죽이듯이
중단·전환	죽이다가	비례	죽일수록
양보	죽여도, 죽이더라도, 죽일지라도, 죽일지언정, 죽인들, 죽이는데도, 죽이기로서니, 죽이나마, 죽일망정, 죽여 보았자	원인·이유	죽여서, 죽이니까, 죽이느라고, 죽이기에, 죽이길래, 죽이느니만큼, 죽이는지라, 죽일세라, 죽이므로
목적·의도	죽이러, 죽이려고, 죽이고자	첨가	죽이거니와, 죽일뿐더러, 죽이려니와
결과	죽이도록, 죽이게끔	습관	죽이곤

줍다 [줍ː따, cupːt'a]

'ㅂ' 불규칙활용, 타동사

to pick up, gather, collect

사동형	*줍히다, 줍게 하다, 줍게 만들다	피동형	*줍히다. 줍게 되다, 주워지다

관형사형 : 현재–진행	과거–완료	과거–회상	과거–완료–회상	미래–추측/의지
줍는	주운	줍던	주웠던	주울

인용형 : 평서	의문	명령	청유	명사형	부사형
줍는다고	줍느냐고	주우라고	줍자고	줍기, 주움	주워, 줍게

상대존대형_아주높임		직설체	회상체
평서형	현재	줍습니다	줍습디다
	현재–진행	줍고 있습니다, 줍는 중입니다	줍고 있습디다
	과거	주웠습니다	주웠습디다
	과거–경험	주웠었습니다	주웠었습디다
	과거–추측	주웠겠습니다	주웠겠습디다
	미래–추측/의지/가능	줍겠습니다, 주우렵니다, 주울 겁니다, 주울 수 있습니다	줍겠습디다
의문형	현재	줍습니까?	줍습디까?
	과거	주웠습니까?	주웠습디까?
	과거–경험	주웠었습니까?	주웠었습디까?
	미래–추측/의지/가능	줍겠습니까? 주우렵니까? 주울 겁니까? 주우리이까? 주울 수 있겠습니까?	줍겠습디까?
명령형		주우시오, 주우십시오	
청유형		주웁시다, 주우십시다	
감탄형		주우시는구나!	

상대존대형_예사높임		'–어요'체	'–으오'체
평서형	현재	주워요, 줍지요, 주우세요, 주울래요, 주울걸요, 줍는데요, 줍는대요, 주울게요, 줍잖아요	?주우오
	현재–진행	줍고 있어요, 줍고 있지요, 줍고 있으세요, 줍는 중이에요	줍고 있소
	과거	주웠어요, 주웠지요, 주웠으세요, 주웠잖아요	주웠소
	과거–경험	주웠었어요, 주웠었지요, 주웠었으세요	주웠었소
	과거–추측	주웠겠어요, 주웠겠지요, 주웠겠으세요	주웠겠소
	미래–추측/의지/가능	줍겠어요, 줍겠지요, ?줍겠으세요, 주울 수 있어요	줍겠소
의문형	현재	주워요? 줍지요? 주우세요? 줍나요? 주울까요? 주울래요? 줍는가요? 줍는데요? 줍는대요? 줍는다면서요? 줍는다지요?	주우오? 줍소?
	과거	주웠어요? 주웠지요? 주웠으세요?	주웠소?
	과거–경험	주웠었어요? 주웠었지요? 주웠었으세요?	주웠었소?
	미래–추측/의지/가능	줍겠어요? 줍겠지요? 줍겠으세요? 주우리요? 주울 거예요? 주울 거지요? 주울 수 있겠어요?	줍겠소?
명령형		주워요, 줍지요, 주우세요, 주우라니까요	주우오, 줍구려
청유형		주워요, 줍지요, 주우세요, 줍자니까요	주우오
감탄형		줍는군요! 주우리요!	줍는구려!

438

상대존대형_예사낮춤		'-어'체	'-네'체
평서형	현재	주워, 줍지, 주울래, 주울걸, 줍는데, 줍는대, 주울게, 줍는단다, 주우마, 줍잖아	줍네
	현재-진행	줍고 있어, 줍고 있지, 줍는 중이야	줍고 있네
	과거-완료	주웠어, 주웠지, 주웠잖아	주웠네
	미래-추측/의지/가능	줍겠어, 줍겠지, 주울 수 있어	줍겠네
의문형	현재	주워? 줍지? 줍니? 줍나? 주울까? 주우랴? 주울래? 줍는데? 줍는대? 줍는다면서? 줍는다지?	줍는가?
	과거	주웠어? 주웠지? 주웠니? 주웠을까? 주웠대? 주웠다면서?	주웠는가?
	미래	줍겠어? 줍겠지? 줍겠니? 주우리? 주울 거야? 주울 거지? 주울 거니? 주울 수 있겠어?	주울 건가?
명령형		주워, 줍지, 주우렴, 주우려무나, 주우라니까	줍게
청유형		주워, 줍지, 줍자니까	*줍세, 주우세
감탄형		주워! 줍지! 주우리!	줍는군! 줍는구먼!

상대존대형_아주낮춤		직설체	회상체
평서형	현재	줍는다	줍더라
	현재-진행	줍고 있다, 줍는 중이다	줍고 있더라
	과거-완료	주웠다	주웠더라
	미래-추측/의지/가능	줍겠다, 주우리다, 주우련다, 주울 거다, 주울 수 있다	줍겠더라
의문형	현재	줍느냐?	줍더냐?
	과거	주웠느냐?	주웠더냐?
	미래	줍겠느냐?	줍겠더냐?
명령형		주워라	
청유형		줍자	
감탄형		줍는구나! 줍는다! 줍는도다!	줍더구나!

연결형	연결어미	의미기능	연결어미
나열	줍고, 주우며	비교	줍느니
선택	줍거나, 줍든지, 줍든가	정도	주우리만큼
대립	주워도, 줍지만, 주우나, 줍는데, 주우면서도, 줍되, 줍지	조건·가정	주우면, 줍거든, 줍거들랑, 주워야, 줍는다면, 주웠던들
동시	주우면서, 주우며	상황제시	줍는데, 주우니, 줍다시피
계기	줍고서, 주워서, 줍자, 줍자마자	비유	줍듯이
중단·전환	줍다가	비례	주울수록
양보	주워도, 줍더라도, 주울지라도, 주울지언정, 주운들, 줍는데도, 줍기로서니, 주우나마, 주울망정, 주워 보았자	원인·이유	주워서, 주우니까, 줍느라고, 줍기에, 줍길래, 줍느니만큼, 줍는지라, 주울세라, 주우므로
목적·의도	주우러, 주우려고, 줍고자	첨가	줍거니와, 주울뿐더러, 주우려니와
결과	줍도록, 줍게끔	습관	줍곤

- 그는 길을 가다가 돈을 주웠다. He picked some money while walking.
- 그것을 좀 주워 주시겠어요? Please, pick it up for me?
- 그녀에게 쓰레기를 주우라고 말했습니까? Did you tell her to pick up the trash?

쥐다 [쥐:다, cy:da]

'위' 규칙활용, 타동사

to hold ; to grasp ; to seize ; to have

사동형	*쥐히다, 쥐게 하다, 쥐게 만들다		피동형	쥐이다. 쥐게 되다, 쥐어지다	
관형사형 : 현재-진행		과거-완료	과거-회상	과거-완료-회상	미래-추측/의지
쥐는		쥔	쥐던	쥐었던	쥘
인용형 : 평서	의문	명령	청유	명사형	부사형
쥔다고	쥐느냐고	쥐라고	쥐자고	쥐기, 쥠	쥐어, 쥐게

상대존대형_아주높임		직설체	회상체
평서형	현재	쥡니다	쥡디다
	현재-진행	쥐고 있습니다, 쥐는 중입니다	쥐고 있습디다
	과거	쥐었습니다	쥐었습디다
	과거-경험	쥐었었습니다	쥐었었습디다
	과거-추측	쥐었겠습니다	쥐었겠습디다
	미래-추측/의지/가능	쥐겠습니다, 쥐렵니다, 쥘 겁니다, 쥘 수 있습니다	쥐겠습디다
의문형	현재	쥡니까?	쥡디까?
	과거	쥐었습니까?	쥐었습디까?
	과거-경험	쥐었었습니까?	쥐었었습디까?
	미래-추측/의지/가능	쥐겠습니까? 쥐렵니까? 쥘 겁니까? 쥐리이까? 쥘 수 있겠습니까?	쥐겠습디까?
명령형		쥐시오, 쥐십시오	
청유형		쥡시다, 쥐십시다	
감탄형		쥐시는구나!	

상대존대형_예사높임		'-어요'체	'-으오'체
평서형	현재	쥐어요, 쥐지요, 쥐세요, 쥘래요, 쥘걸요, 쥐는데요, 쥔대요, 쥘게요, 쥐잖아요	쥐오
	현재-진행	쥐고 있어요, 쥐고 있지요, 쥐고 있으세요, 쥐는 중이에요	쥐고 있소
	과거	쥐었어요, 쥐었지요, 쥐었으세요, 쥐었잖아요	쥐었소
	과거-경험	쥐었었어요, 쥐었었지요, 쥐었었으세요	쥐었었소
	과거-추측	쥐었겠어요, 쥐었겠지요, 쥐었겠으세요	쥐었겠소
	미래-추측/의지/가능	쥐겠어요, 쥐겠지요, 쥐겠으세요, 쥘 수 있어요	쥐겠소
의문형	현재	쥐어요? 쥐지요? 쥐세요? 쥐나요? 쥘까요? 쥘래요? 쥐는가요? 쥐는데요? 쥔대요? 쥔다면서요? 쥔다지요?	쥐오? *쥐소?
	과거	쥐었어요? 쥐었지요? 쥐었으세요?	쥐었소?
	과거-경험	쥐었었어요? 쥐었었지요? 쥐었었으세요?	쥐었었소?
	미래-추측/의지/가능	쥐겠어요? 쥐겠지요? 쥐겠으세요? 쥐리요? 쥘 거예요? 쥘 거지요? 쥘 수 있겠어요?	쥐겠소?
명령형		쥐어요, 쥐지요, 쥐세요, 쥐라니까요	쥐오, 쥐구려
청유형		쥐어요, 쥐지요, 쥐세요, 쥐자니까요	쥐오
감탄형		쥐는군요! 쥐리요!	쥐는구려!

440

상대존대형_예사낮춤		'-어'체	'-네'체
평서형	현재	쥐어, 쥐지, 쥘래, 쥘걸, 쥐는데, 쥔대, 쥘게, 쥔단다, 쥐마, 쥐잖아	쥐네
	현재-진행	쥐고 있어, 쥐고 있지, 쥐는 중이야	쥐고 있네
	과거-완료	쥐었어, 쥐었지, 쥐었잖아	쥐었네
	미래-추측/의지/가능	쥐겠어, 쥐겠지, 쥘 수 있어	쥐겠네
의문형	현재	쥐어? 쥐지? 쥐니? 쥐나? 쥘까? 쥐랴? 쥘래? 쥐는데? 쥔대? 쥔다면서? 쥔다지?	쥐는가?
	과거	쥐었어? 쥐었지? 쥐었니? 쥐었을까? 쥐었대? 쥐었다면서?	쥐었는가?
	미래	쥐겠어? 쥐겠지? 쥐겠니? 쥐리? 쥘 거야? 쥘 거지? 쥘 거니? 쥘 수 있겠어?	쥘 건가?
명령형		쥐어, 쥐지, 쥐렴, 쥐려무나, 쥐라니까	쥐게
청유형		쥐어, 쥐지, 쥐자니까	쥐세
감탄형		쥐어! 쥐지! 쥐리!	쥐는군! 쥐는구먼!

상대존대형_아주낮춤		직설체	회상체
평서형	현재	쥔다	쥐더라
	현재-진행	쥐고 있다, 쥐는 중이다	쥐고 있더라
	과거-완료	쥐었다	쥐었더라
	미래-추측/의지/가능	쥐겠다, 쥐리다, 쥐련다, 쥘 거다, 쥘 수 있다	쥐겠더라
의문형	현재	쥐느냐?	쥐더냐?
	과거	쥐었느냐?	쥐었더냐?
	미래	쥐겠느냐?	쥐겠더냐?
명령형		쥐어라	
청유형		쥐자	
감탄형		쥐는구나! 쥐는다! 쥐는도다!	쥐더구나!

연결형	연결어미	의미기능	연결어미
나열	쥐고, 쥐며	비교	쥐느니
선택	쥐거나, 쥐든지, 쥐든가	정도	쥐리만큼
대립	쥐어도, 쥐지만, 쥐나, 쥐는데, 쥐면서도, 쥐되, 쥐지	조건·가정	쥐면, 쥐거든, 쥐거들랑, 쥐어야, 쥔다면, 쥐었던들
동시	쥐면서, 쥐며	상황제시	쥐는데, 쥐니, 쥐다시피
계기	쥐고서, 쥐어서, 쥐자, 쥐자마자	비유	쥐듯이
중단·전환	쥐다가	비례	쥘수록
양보	쥐어도, 쥐더라도, 쥘지라도, 쥘지언정, 쥔들, 쥐는데도, 쥐기로서니, 쥐나마, 쥘망정, 쥐어 보았자	원인·이유	쥐어서, 쥐니까, 쥐느라고, 쥐기에, 쥐길래, 쥐느니만큼, 쥐는지라, 쥘세라, 쥐므로
목적·의도	쥐러, 쥐려고, 쥐고자	첨가	쥐거니와, 쥘뿐더러, 쥐려니와
결과	쥐도록, 쥐게끔	습관	쥐곤

기본예문

• 그는 주먹을 꽉 쥐었다. He grasped his fist.
• 그 사건의 열쇠를 쥐고 있는 분이 바로 우리 아버지시다. My father holds the key to incident.
• 그는 그렇게 많은 권력을 쥐고서도 더 가지고 싶어 했다.
  He wants to have more authority though he has enough.

즐겁다 [즐겁따, cīlkəpt'a]

'ㅂ' 불규칙활용, 형용사

to be pleasant, be happy, be cheerful, be pleasant ; to be fun

| 사동형 | *즐겁히다, 즐겁게 하다, 즐겁게 만들다 | | 피동형 | *즐겁히다. 즐겁게 되다, 즐거워지다 | |

관형사형 : 현재-진행	과거-완료	과거-회상	과거-완료-회상	미래-추측/의지
즐거운	즐거운	즐겁던	즐거웠던	즐거울

인용형 : 평서	의문	명령	청유	명사형	부사형
즐겁다고	즐거우냐고	*즐거우라고	*즐겁자고	즐겁기, 즐거움	즐거워, 즐겁게

상대존대형_아주높임		직설체	회상체
평서형	현재	즐겁습니다	즐겁습디다
	현재-진행	*즐겁고 있습니다, *즐거운 중입니다	*즐겁고 있습디다
	과거	즐거웠습니다	즐거웠습디다
	과거-경험	즐거웠었습니다	즐거웠었습디다
	과거-추측	즐거웠겠습니다	즐거웠겠습디다
	미래-추측/의지/가능	즐겁겠습니다, *즐거우렵니다, 즐거울 겁니다, 즐거울 수 있습니다	즐겁겠습디다
의문형	현재	즐겁습니까?	즐겁습디까?
	과거	즐거웠습니까?	즐거웠습디까?
	과거-경험	즐거웠었습니까?	즐거웠었습디까?
	미래-추측/의지/가능	즐겁겠습니까? *즐거우렵니까? *즐거울 겁니까? 즐거우리이까? 즐거울 수 있겠습니까?	즐겁겠습디까?
명령형		*즐거우시오, *즐거우십시오	
청유형		*즐거웁시다, *즐거우십시다	
감탄형		즐거우시구나!	

상대존대형_예사높임		'-어요'체	'-으오'체
평서형	현재	즐거워요, 즐겁지요, 즐거우세요, *즐거울래요, 즐거울걸요, 즐거운데요, 즐겁대요, *즐거울게요, 즐겁잖아요	즐거우오
	현재-진행	*즐겁고 있어요, *즐겁고 있지요, *즐겁고 있으세요, *즐거운 중이에요	*즐겁고 있소
	과거	즐거웠어요, 즐거웠지요, 즐거웠으세요, 즐거웠잖아요	즐거웠소
	과거-경험	즐거웠었어요, 즐거웠었지요, 즐거웠었으세요	즐거웠었소
	과거-추측	즐거웠겠어요, 즐거웠겠지요, 즐거웠겠으세요	즐거웠겠소
	미래-추측/의지/가능	즐겁겠어요, 즐겁겠지요, 즐겁겠으세요, 즐거울 수 있어요	즐겁겠소
의문형	현재	즐거워요? 즐겁지요? 즐거우세요? 즐겁나요? *즐거울까요? *즐거울래요? *즐거운가요? 즐거운데요? 즐겁대요? 즐겁다면서요? 즐겁다지요?	즐거우오? 즐겁소?
	과거	즐거웠어요? 즐거웠지요? 즐거웠으세요?	즐거웠소?
	과거-경험	즐거웠었어요? 즐거웠었지요? 즐거웠었으세요?	즐거웠었소?
	미래-추측/의지/가능	즐겁겠어요? 즐겁겠지요? 즐겁겠으세요? 즐거우리요? *즐거울 거예요? *즐거울 거지요? 즐거울 수 있겠어요?	즐겁겠소?
명령형		*즐거워요, *즐겁지요, *즐거우세요, *즐거우라니까요	*즐거우오, *즐겁구려
청유형		*즐거워요, *즐겁지요, *즐거우세요, *즐겁자니까요	*즐거우오
감탄형		즐겁군요! 즐거우리요!	즐겁구려!

442

상대존대형_예사낮춤		'-어'체	'-네'체
평서형	현재	즐거워, 즐겁지, *즐거울래, 즐거울걸, 즐거운데, 즐겁대, *즐거울게, 즐겁단다, *즐거우마, 즐겁잖아	즐겁네
	현재-진행	*즐겁고 있어, *즐겁고 있지, *즐거운 중이야	*즐겁고 있네
	과거-완료	즐거웠어, 즐거웠지, 즐거웠잖아	즐거웠네
	미래-추측/의지/가능	즐겁겠어, 즐겁겠지, 즐거울 수 있어	즐겁겠네
의문형	현재	즐거워? 즐겁지? 즐겁니? 즐겁나? 즐거울까? 즐거우랴? *즐거울래? 즐거운데? 즐겁대? 즐겁다면서? 즐겁다지?	즐거운가?
	과거	즐거웠어? 즐거웠지? 즐거웠니? 즐거웠을까? 즐거웠대? 즐거웠다면서?	즐거웠는가?
	미래	즐겁겠어? 즐겁겠지? 즐겁겠니? 즐거우리? *즐거울 거야? *즐거울 거지? *즐거울 거니? 즐거울 수 있겠어?	즐거울 건가?
명령형		*즐거워, *즐겁지, *즐거우렴, *즐거우려무나, *즐거우라니까	*즐겁게
청유형		*즐거워, *즐겁지, *즐겁자니까	*즐겁세
감탄형		즐거워! 즐겁지! 즐거우리!	즐겁군! 즐겁구먼!

상대존대형_아주낮춤		직설체	회상체
평서형	현재	즐겁다	즐겁더라
	현재-진행	*즐겁고 있다, *즐거운 중이다	*즐겁고 있더라
	과거-완료	즐거웠다	즐거웠더라
	미래-추측/의지/가능	즐겁겠다, 즐거우리다, *즐거우련다, 즐거울 거다, 즐거울 수 있다	즐겁겠더라
의문형	현재	즐거우냐?	즐겁더냐?
	과거	즐거웠느냐?	즐거웠더냐?
	미래	즐겁겠느냐?	즐겁겠더냐?
명령형		*즐거워라	
청유형		*즐겁자	
감탄형		즐겁구나! 즐겁다! 즐겁도다!	즐겁더구나!

연결형	연결어미	의미기능	연결어미
나열	즐겁고, 즐거우며	비교	*즐겁느니
선택	즐겁거나, 즐겁든지, 즐겁든가	정도	즐거우리만큼
대립	즐거워도, 즐겁지만, 즐거우나, 즐거운데, 즐거우면서도, 즐겁되, 즐겁지	조건·가정	즐거우면, 즐겁거든, 즐겁거들랑, 즐거워야, 즐겁다면, 즐거웠던들
동시	즐거우면서, 즐거우며	상황제시	즐거운데, 즐거우니, 즐겁다시피
계기	*즐겁고서, *즐거워서, *즐겁자, *즐겁자마자	비유	즐겁듯이
중단·전환	즐겁다가	비례	즐거울수록
양보	즐거워도, 즐겁더라도, 즐거울지라도, 즐거울지언정, 즐거운들, 즐거운데도, 즐겁기로서니, 즐거우나마, 즐거울망정, 즐거워 보았자	원인·이유	즐거워서, 즐거우니까, *즐겁느라고, 즐겁기에, 즐겁길래, 즐거우니만큼, 즐거운지라, 즐거울세라, 즐거우므로
목적·의도	*즐거우러, *즐거우려고, *즐겁고자	첨가	즐겁거니와, 즐거울뿐더러, 즐거우려니와
결과	즐겁도록, 즐겁게끔	습관	*즐겁곤

- 나는 이번 제주 여행이 매우 즐거웠다. Jeju trip this week was so much fun.
- 즐거운 생활이 행복감을 높입니다. Pleasant life increases your happiness.
- 토요일은 언제나 즐거워서 기다려진다. Saturday is always so good that I wait for it.

짓다 [짇:따, cit:t'a]

'ㅅ' 불규칙활용, 타동사

to make ; to build ; to write ; to cultivate ; to commit ; to show

사동형	*짓히다, 짓게 하다, 짓게 만들다		피동형		*짓히다. 짓게 되다, 지어지다	

관형사형 : 현재-진행	과거-완료	과거-회상	과거-완료-회상	미래-추측/의지
짓는	지은	짓던	지었던	지을

인용형 : 평서	의문	명령	청유	명사형	부사형
짓는다고	짓느냐고	지으라고	짓자고	짓기, 지음	지어, 짓게

상대존대형_아주높임		직설체	회상체
평서형	현재	짓습니다	짓습디다
	현재-진행	짓고 있습니다, 짓는 중입니다	짓고 있습디다
	과거	지었습니다	지었습디다
	과거-경험	지었었습니다	지었었습디다
	과거-추측	지었겠습니다	지었겠습디다
	미래-추측/의지/가능	짓겠습니다, 지으렵니다, 지을 겁니다, 지을 수 있습니다	짓겠습디다
의문형	현재	짓습니까?	짓습디까?
	과거	지었습니까?	지었습디까?
	과거-경험	지었었습니까?	지었었습디까?
	미래-추측/의지/가능	짓겠습니까? 지으렵니까? 지을 겁니까? 지으리이까? 지을 수 있겠습니까?	짓겠습디까?
명령형		지으시오, 지으십시오	
청유형		지읍시다, 지으십시다	
감탄형		지으시는구나!	

상대존대형_예사높임		'-어요'체	'-으오'체
평서형	현재	지어요, 짓지요, 지으세요, 지을래요, 지을걸요, 짓는데요, 짓는대요, 지을게요, 짓잖아요	지으오
	현재-진행	짓고 있어요, 짓고 있지요, 짓고 있으세요, 짓는 중이에요	짓고 있소
	과거	지었어요, 지었지요, 지었으세요, 지었잖아요	지었소
	과거-경험	지었었어요, 지었었지요, 지었었으세요	지었었소
	과거-추측	지었겠어요, 지었겠지요, 지었겠으세요	지었겠소
	미래-추측/의지/가능	짓겠어요, 짓겠지요, 짓겠으세요, 지을 수 있어요	짓겠소
의문형	현재	지어요? 짓지요? 지으세요? 짓나요? 지을까요? 지을래요? 짓는가요? 짓는데요? 짓는대요? 짓는다면서요? 짓는다지요?	지으오? 짓소?
	과거	지었어요? 지었지요? 지었으세요?	지었소?
	과거-경험	지었었어요? 지었었지요? 지었었으세요?	지었었소?
	미래-추측/의지/가능	짓겠어요? 짓겠지요? 짓겠으세요? 지으리요? 지을 거예요? 지을 거지요? 지을 수 있겠어요?	짓겠소?
명령형		지어요, 짓지요, 지으세요, 지으라니까요	지으오, 짓구려
청유형		지어요, 짓지요, 지으세요, 짓자니까요	지으오
감탄형		짓는군요! 지으리요!	짓는구려!

상대존대형_예사낮춤		'-어'체	'-네'체
평서형	현재	지어, 짓지, 지을래, 지을걸, 짓는데, 짓는대, 지을게, 짓는단다, 지으마, 짓잖아	짓네
	현재-진행	짓고 있어, 짓고 있지, 짓는 중이야	짓고 있네
	과거-완료	지었어, 지었지, 지었잖아	지었네
	미래-추측/의지/가능	짓겠어, 짓겠지, 지을 수 있어	짓겠네
의문형	현재	지어? 짓지? 짓니? 짓나? 지을까? 지으랴? 지을래? 짓는데? 짓는대? 짓는다면서? 짓는다지?	짓는가?
	과거	지었어? 지었지? 지었니? 지었을까? 지었대? 지었다면서?	지었는가?
	미래	짓겠어? 짓겠지? 짓겠니? 지으리? 지을 거야? 지을 거지? 지을 거니? 지을 수 있겠어?	지을 건가?
명령형		지어, 짓지, 지으렴, 지으려무나, 지으라니까	짓게
청유형		지어, 짓지, 짓자니까	짓세
감탄형		지어! 짓지! 지으리!	짓는군! 짓는구먼!

상대존대형_아주낮춤		직설체	회상체
평서형	현재	짓는다	짓더라
	현재-진행	짓고 있다, 짓는 중이다	짓고 있더라
	과거-완료	지었다	지었더라
	미래-추측/의지/가능	짓겠다, 지으리다, 지으련다, 지을 거다, 지을 수 있다	짓겠더라
의문형	현재	짓느냐?	짓더냐?
	과거	지었느냐?	지었더냐?
	미래	짓겠느냐?	짓겠더냐?
명령형		지어라	
청유형		짓자	
감탄형		짓는구나! 짓는다! 짓는도다!	짓더구나!

연결형	연결어미	의미기능	연결어미
나열	짓고, 지으며	비교	짓느니
선택	짓거나, 짓든지, 짓든가	정도	지으리만큼
대립	지어도, 짓지만, 지으나, 짓는데, 지으면서도, 짓되, 짓지	조건·가정	지으면, 짓거든, 짓거들랑, 지어야, 짓는다면, 지었던들
동시	지으면서, 지으며	상황제시	짓는데, 지으니, 짓다시피
계기	짓고서, 지어서, 짓자, 짓자마자	비유	짓듯이
중단·전환	짓다가	비례	지을수록
양보	지어도, 짓더라도, 지을지라도, 지을지언정, 지은들, 짓는데도, 짓기로서니, 지으나마, 지을망정, 지어 보았자	원인·이유	지어서, 지으니까, 짓느라고, 짓기에, 짓길래, 짓느니만큼, 짓는지라, 지을세라, 지으므로
목적·의도	지으러, 지으려고, 짓고자	첨가	짓거니와, 지을뿐더러, 지으려니와
결과	짓도록, 짓게끔	습관	짓곤

기본예문

- 그는 2년 전에 전원주택을 지었다. He built a rural house two years ago.
- 어머님을 위해 지은 것이 바로 이 한약이다. It's the Han Yak made for my mother.
- 빨리 이 사건을 마무리 짓도록 합시다. Let's try to finish this case as soon as possible.

445

짧다 [짤따, c'alt'a]

'자음' 규칙활용, 형용사

to be short, be brief ; to be wanting ; to be not enough

사동형	*짧히다, 짧게 하다, 짧게 만들다	피동형	*짧히다. 짧게 되다, 짧아지다

관형사형 : 현재-진행	과거-완료	과거-회상	과거-완료-회상	미래-추측/의지
짧은	짧은	짧던	짧았던	짧을

인용형 : 평서	의문	명령	청유	명사형	부사형
짧다고	짧으냐고	*짧으라고	*짧자고	짧기, 짧음	짧아, 짧게

상대존대형_아주높임		직설체	회상체
평서형	현재	짧습니다	짧습디다
	현재-진행	*짧고 있습니다, *짧은 중입니다	*짧고 있습디다
	과거	짧았습니다	짧았습디다
	과거-경험	짧았었습니다	짧았었습디다
	과거-추측	짧았겠습니다	짧았겠습디다
	미래-추측/의지/가능	짧겠습니다, *짧으렵니다, 짧을 겁니다, 짧을 수 있습니다	짧겠습디다
의문형	현재	짧습니까?	짧습디까?
	과거	짧았습니까?	짧았습디까?
	과거-경험	짧았었습니까?	짧았었습디까?
	미래-추측/의지/가능	짧겠습니까? 짧으렵니까? 짧을 겁니까? 짧으리이까? 짧을 수 있겠습니까?	짧겠습디까?
명령형		*짧으시오, *짧으십시오	
청유형		*짧읍시다, *짧으십시다	
감탄형		짧으시구나!	

상대존대형_예사높임		'-어요'체	'-으오'체
평서형	현재	짧아요, 짧지요, 짧으세요, *짧을래요, 짧을걸요, 짧은데요, 짧대요, *짧을게요, 짧잖아요	짧으오
	현재-진행	*짧고 있어요, *짧고 있지요, *짧고 있으세요, *짧은 중이에요	*짧고 있소
	과거	짧았어요, 짧았지요, 짧았으세요, 짧았잖아요	짧았소
	과거-경험	짧았었어요, 짧았었지요, 짧았었으세요	짧았었소
	과거-추측	짧았겠어요, 짧았겠지요, 짧았겠으세요	짧았겠소
	미래-추측/의지/가능	짧겠어요, 짧겠지요, 짧겠으세요, 짧을 수 있어요	짧겠소
의문형	현재	짧아요? 짧지요? 짧으세요? 짧나요? *짧을까요? *짧은가요? 짧은데요? 짧대요? 짧다면서요? 짧다지요?	짧으오? 짧소?
	과거	짧았어요? 짧았지요? 짧았으세요?	짧았소?
	과거-경험	짧았었어요? 짧았었지요? 짧았었으세요?	짧았었소?
	미래-추측/의지/가능	짧겠어요? 짧겠지요? 짧겠으세요? 짧으리요? *짧을 거예요? *짧을 거지요? 짧을 수 있겠어요?	짧겠소?
명령형		*짧아요, *짧지요, *짧으세요, *짧으라니까요	*짧으오, *짧구려
청유형		*짧아요, *짧지요, *짧으세요, *짧자니까요	*짧으오
감탄형		짧군요! 짧으리요!	짧구려!

상대존대형_예사낮춤		'-어'체	'-네'체
평서형	현재	짧아, 짧지, *짧을래, 짧을걸, 짧은데, 짧대, *짧을게, 짧단다, *짧으마, 짧잖아	짧네
	현재-진행	*짧고 있어, *짧고 있지, *짧은 중이야	*짧고 있네
	과거-완료	짧았어, 짧았지, 짧았잖아	짧았네
	미래-추측/의지/가능	짧겠어, 짧겠지, 짧을 수 있어	짧겠네
의문형	현재	짧아? 짧지? 짧니? 짧나? 짧을까? 짧으랴? *짧을래? 짧은데? 짧대? 짧다면서? 짧다지?	짧은가?
	과거	짧았어? 짧았지? 짧았니? 짧았을까? 짧았대? 짧았다면서?	짧았는가?
	미래	짧겠어? 짧겠지? 짧겠니? 짧으리? *짧을 거야? *짧을 거지? *짧을 거니? 짧을 수 있겠어?	짧을 건가?
명령형		*짧아, *짧지, *짧으렴, *짧으려무나, *짧으라니까	*짧게
청유형		*짧아, *짧지, *짧자니까	*짧세
감탄형		짧아! 짧지! 짧으리!	짧군! 짧구먼!

상대존대형_아주낮춤		직설체	회상체
평서형	현재	짧다	짧더라
	현재-진행	*짧고 있다, *짧은 중이다	*짧고 있더라
	과거-완료	짧았다	짧았더라
	미래-추측/의지/가능	짧겠다, 짧으리다, *짧으련다, 짧을 거다, 짧을 수 있다	짧겠더라
의문형	현재	짧으냐?	짧더냐?
	과거	짧았느냐?	짧았더냐?
	미래	짧겠느냐?	짧겠더냐?
명령형		*짧아라	
청유형		*짧자	
감탄형		짧구나! 짧다! 짧도다!	짧더구나!

연결형	연결어미	의미기능	연결어미
나열	짧고, 짧으며	비교	*짧느니
선택	짧거나, 짧든지, 짧든가	정도	짧으리만큼
대립	짧아도, 짧지만, 짧으나, 짧은데, 짧으면서도, 짧되, 짧지	조건 · 가정	짧으면, 짧거든, 짧거들랑, 짧아야, 짧다면, 짧았던들
동시	짧으면서, 짧으며	상황제시	짧은데, 짧으니, 짧다시피
계기	*짧고서, *짧아서, *짧자, *짧자마자	비유	짧듯이
중단 · 전환	짧다가	비례	짧을수록
양보	짧아도, 짧더라도, 짧을지라도, 짧을지언정, 짧은들, 짧은데도, 짧기로서니, 짧으나마, 짧을망정, 짧아 보았자	원인 · 이유	짧아서, 짧으니까, *짧느라고, 짧기에, 짧길래, 짧으니만큼, 짧은지라, 짧을세라, 짧으므로
목적 · 의도	*짧으러, *짧으려고, *짧고자	첨가	짧거니와, 짧을뿐더러, 짧으려니와
결과	짧도록, 짧게끔	습관	*짧곤

- 올해 장마는 예년에 비해 짧다. Compared to last year, this year's monsoon is short.
- 그녀는 짧은 치마를 좋아한다. She likes short skirt.
- 인생은 짧고 예술은 길다. Life is short and art is long.

쫓다1 [쫃따, c'odt'a]

'자음' 규칙활용, 타동사

to run after, chase ; to follow ; to catch up with

사동형	*쫓히다, 쫓게 하다, 쫓게 만들다		피동형		쫓기다. 쫓게 되다, 쫓아지다	
관형사형 : 현재-진행		과거-완료		과거-회상	과거-완료-회상	미래-추측/의지
쫓는		쫓은		쫓던	쫓았던	쫓을

인용형 : 평서		의문	명령	청유	명사형	부사형
쫓는다고		쫓느냐고	쫓으라고	쫓자고	쫓기, 쫓음	쫓아, 쫓게

상대존대형_아주높임		직설체	회상체
평서형	현재	쫓습니다	쫓습디다
	현재-진행	쫓고 있습니다, 쫓는 중입니다	쫓고 있습디다
	과거	쫓았습니다	쫓았습디다
	과거-경험	쫓았었습니다	쫓았었습디다
	과거-추측	쫓았겠습니다	쫓았겠습디다
	미래-추측/의지/가능	쫓겠습니다, 쫓으렵니다, 쫓을 겁니다, 쫓을 수 있습니다	쫓겠습디다
의문형	현재	쫓습니까?	쫓습디까?
	과거	쫓았습니까?	쫓았습디까?
	과거-경험	쫓았었습니까?	쫓았었습디까?
	미래-추측/의지/가능	쫓겠습니까? 쫓으렵니까? 쫓을 겁니까? 쫓으리이까? 쫓을 수 있겠습니까?	쫓겠습디까?
명령형		쫓으시오, 쫓으십시오	
청유형		쫓읍시다, 쫓으십시다	
감탄형		쫓으시는구나!	

상대존대형_예사높임		'-어요'체	'-으오'체
평서형	현재	쫓아요, 쫓지요, 쫓으세요, 쫓을래요, 쫓을걸요, 쫓는데요, 쫓는대요, 쫓을게요, 쫓잖아요	쫓으오
	현재-진행	쫓고 있어요, 쫓고 있지요, 쫓고 있으세요, 쫓는 중이에요	쫓고 있소
	과거	쫓았어요, 쫓았지요, 쫓았으세요, 쫓았잖아요	쫓았소
	과거-경험	쫓았었어요, 쫓았었지요, 쫓았었으세요	쫓았었소
	과거-추측	쫓았겠어요, 쫓았겠지요, 쫓았겠으세요	쫓았겠소
	미래-추측/의지/가능	쫓겠어요, 쫓겠지요, 쫓겠으세요, 쫓을 수 있어요	쫓겠소
의문형	현재	쫓아요? 쫓지요? 쫓으세요? 쫓나요? 쫓을까요? 쫓을래요? 쫓는가요? 쫓는데요? 쫓는대요? 쫓는다면서요? 쫓는다지요?	쫓으오? 쫓소?
	과거	쫓았어요? 쫓았지요? 쫓았으세요?	쫓았소?
	과거-경험	쫓았었어요? 쫓았었지요? 쫓았었으세요?	쫓았었소?
	미래-추측/의지/가능	쫓겠어요? 쫓겠지요? 쫓겠으세요? 쫓으리요? 쫓을 거예요? 쫓을 거지요? 쫓을 수 있겠어요?	쫓겠소?
명령형		쫓아요, 쫓지요, 쫓으세요, 쫓으라니까요	쫓으오, 쫓구려
청유형		쫓아요, 쫓지요, 쫓으세요, 쫓자니까요	쫓으오
감탄형		쫓는군요! 쫓으리요!	쫓는구려!

상대존대형_예사낮춤		'-어'체	'-네'체
평서형	현재	쫓아, 쫓지, 쫓을래, 쫓을걸, 쫓는데, 쫓는대, 쫓을게, 쫓는단다, 쫓으마, 쫓잖아	쫓네
	현재-진행	쫓고 있어, 쫓고 있지, 쫓는 중이야	쫓고 있네
	과거-완료	쫓았어, 쫓았지, 쫓았잖아	쫓았네
	미래-추측/의지/가능	쫓겠어, 쫓겠지, 쫓을 수 있어	쫓겠네
의문형	현재	쫓아? 쫓지? 쫓니? 쫓나? 쫓을까? 쫓으랴? 쫓을래? 쫓는데? 쫓는대? 쫓는다면서? 쫓는다지?	쫓는가?
	과거	쫓았어? 쫓았지? 쫓았니? 쫓았을까? 쫓았대? 쫓았다면서?	쫓았는가?
	미래	쫓겠어? 쫓겠지? 쫓겠니? 쫓으리? 쫓을 거야? 쫓을 거지? 쫓을 거니? 쫓을 수 있겠어?	쫓을 건가?
명령형		쫓아, 쫓지, 쫓으렴, 쫓으려무나, 쫓으라니까	쫓게
청유형		쫓아, 쫓지, 쫓자니까	쫓세
감탄형		쫓아! 쫓지! 쫓으리!	쫓는군! 쫓는구먼!

상대존대형_아주낮춤		직설체	회상체
평서형	현재	쫓는다	쫓더라
	현재-진행	쫓고 있다, 쫓는 중이다	쫓고 있더라
	과거-완료	쫓았다	쫓았더라
	미래-추측/의지/가능	쫓겠다, 쫓으리다, 쫓으련다, 쫓을 거다, 쫓을 수 있다	쫓겠더라
의문형	현재	쫓느냐?	쫓더냐?
	과거	쫓았느냐?	쫓았더냐?
	미래	쫓겠느냐?	쫓겠더냐?
명령형		쫓아라	
청유형		쫓자	
감탄형		쫓는구나! 쫓는다! 쫓는도다!	쫓더구나!

연결형	연결어미	의미기능	연결어미
나열	쫓고, 쫓으며	비교	쫓느니
선택	쫓거나, 쫓든지, 쫓든가	정도	쫓으리만큼
대립	쫓아도, 쫓지만, 쫓으나, 쫓는데, 쫓으면서도, 쫓되, 쫓지	조건 · 가정	쫓으면, 쫓거든, 쫓거들랑, 쫓아야, 쫓는다면, 쫓았던들
동시	쫓으면서, 쫓으며	상황제시	쫓는데, 쫓으니, 쫓다시피
계기	쫓고서, 쫓아서, 쫓자, 쫓자마자	비유	쫓듯이
중단 · 전환	쫓다가	비례	쫓을수록
양보	쫓아도, 쫓더라도, 쫓을지라도, 쫓을지언정, 쫓은들, 쫓는데도, 쫓기로서니, 쫓으나마, 쫓을망정, 쫓아 보았자	원인 · 이유	쫓아서, 쫓으니까, 쫓느라고, 쫓기에, 쫓길래, 쫓느니만큼, 쫓는지라, 쫓을세라, 쫓으므로
목적 · 의도	쫓으러, 쫓으려고, 쫓고자	첨가	쫓기니와, 쫓을뿐더러, 쫓으려니와
결과	쫓도록, 쫓게끔	습관	쫓곤

449

쬐다 [쬐다, c'ø da]

'외' 규칙활용, 타동사

to shine, expose to the sun

사동형	*쬐히다, 쬐게 하다, 쬐게 만들다		피동형		쬐이다. 쬐게 되다, 쬐어지다	
관형사형 : 현재-진행		과거-완료	과거-회상		과거-완료-회상	미래-추측/의지
쬐는		쬔	쬐던		쬐었던	쬘

인용형 : 평서	의문	명령	청유	명사형	부사형
쬔다고	쬐느냐고	쬐라고	쬐자고	쬐기, 쬠	쬐어, 쬐게

상대존대형_아주높임		직설체	회상체
평서형	현재	쬡니다	쬡디다
	현재-진행	쬐고 있습니다, 쬐는 중입니다	쬐고 있습디다
	과거	쬐었습니다	쬐었습디다
	과거-경험	쬐었었습니다	쬐었었습디다
	과거-추측	쬐었겠습니다	쬐었겠습디다
	미래-추측/의지/가능	쬐겠습니다, 쬐렵니다, 쬘 겁니다, 쬘 수 있습니다	쬐겠습디다
의문형	현재	쬡니까?	쬡디까?
	과거	쬐었습니까?	쬐었습디까?
	과거-경험	쬐었었습니까?	쬐었었습디까?
	미래-추측/의지/가능	쬐겠습니까? 쬐렵니까? 쬘 겁니까? 쬐리이까? 쬘 수 있겠습니까?	쬐겠습디까?
명령형		쬐시오, 쬐십시오	
청유형		쬡시다, 쬐십시다	
감탄형		쬐시는구나!	

상대존대형_예사높임		'-어요'체	'-으오'체
평서형	현재	쬐어요, 쬐지요, 쬐세요, 쬘래요, 쬘걸요, 쬐는데요, 쬔대요, 쬘게요, 쬐잖아요	쬐오
	현재-진행	쬐고 있어요, 쬐고 있지요, 쬐고 있으세요, 쬐는 중이에요	쬐고 있소
	과거	쬐었어요, 쬐었지요, 쬐었으세요, 쬐었잖아요	쬐었소
	과거-경험	쬐었었어요, 쬐었었지요, 쬐었었으세요	쬐었었소
	과거-추측	쬐었겠어요, 쬐었겠지요, 쬐었겠으세요	쬐었겠소
	미래-추측/의지/가능	쬐겠어요, 쬐겠지요, 쬐겠으세요, 쬘 수 있어요	쬐겠소
의문형	현재	쬐어요? 쬐지요? 쬐세요? 쬐나요? 쬘까요? 쬘래요? 쬐는가요? 쬐는데요? 쬔대요? 쬔다면서요? 쬔다지요?	쬐오? *쬐소?
	과거	쬐었어요? 쬐었지요? 쬐었으세요?	쬐었소?
	과거-경험	쬐었었어요? 쬐었었지요? 쬐었었으세요?	쬐었었소?
	미래-추측/의지/가능	쬐겠어요? 쬐겠지요? 쬐겠으세요? 쬐리요? 쬘 거예요? 쬘 거지요? 쬘 수 있겠어요?	쬐겠소?
명령형		쬐어요, 쬐지요, 쬐세요, 쬐라니까요	쬐오, 쬐구려
청유형		쬐어요, 쬐지요, 쬐세요, 쬐자니까요	쬐오
감탄형		쬐는군요! 쬐리요!	쬐는구려!

상대존대형_예사낮춤		'-어'체	'-네'체
평서형	현재	쬐어, 쬐지, 쬘래, 쬘걸, 쬐는데, 쬔대, 쬘게, 쬔단다, 쬐마, 쬐잖아	쬐네
	현재-진행	쬐고 있어, 쬐고 있지, 쬐는 중이야	쬐고 있네
	과거-완료	쬐었어, 쬐었지, 쬐었잖아	쬐었네
	미래-추측/의지/가능	쬐겠어, 쬐겠지, 쬘 수 있어	쬐겠네
의문형	현재	쬐어? 쬐지? 쬐니? 쬐나? 쬘까? 쬐랴? 쬘래? 쬐는데? 쬔대? 쬔다면서? 쬔다지?	쬐는가?
	과거	쬐었어? 쬐었지? 쬐었니? 쬐었을까? 쬐었대? 쬐었다면서?	쬐었는가?
	미래	쬐겠어? 쬐겠지? 쬐겠니? 쬐리? 쬘 거야? 쬘 거지? 쬘 거니? 쬘 수 있겠어?	쬘 건가?
명령형		쬐어, 쬐지, 쬐렴, 쬐려무나, 쬐라니까	쬐게
청유형		쬐어, 쬐지, 쬐자니까	쬐세
감탄형		쬐어! 쬐지! 쬐리!	쬐는군! 쬐는구먼!

상대존대형_아주낮춤		직설체	회상체
평서형	현재	쬔다	쬐더라
	현재-진행	쬐고 있다, 쬐는 중이다	쬐고 있더라
	과거-완료	쬐었다	쬐었더라
	미래-추측/의지/가능	쬐겠다, 쬐리다, 쬐련다, 쬘 거다, 쬘 수 있다	쬐겠더라
의문형	현재	쬐느냐?	쬐더냐?
	과거	쬐었느냐?	쬐었더냐?
	미래	쬐겠느냐?	쬐겠더냐?
명령형		쬐어라	
청유형		쬐자	
감탄형		쬐는구나! 쬔다! 쬐는도다!	쬐더구나!

연결형	연결어미	의미기능	연결어미
나열	쬐고, 쬐며	비교	쬐느니
선택	쬐거나, 쬐든지, 쬐든가	정도	쬐리만큼
대립	쬐어도, 쬐지만, 쬐나, 쬐는데, 쬐면서도, 쬐되, 쬐지	조건·가정	쬐면, 쬐거든, 쬐거들랑, 쬐어야, 쬔다면, 쬐었던들
동시	쬐면서, 쬐며	상황제시	쬐는데, 쬐니, 쬐다시피
계기	쬐고서, 쬐어서, 쬐자, 쬐자마자	비유	쬐듯이
중단·전환	쬐다가	비례	쬘수록
양보	쬐어도, 쬐더라도, 쬘지라도, 쬘지언정, 쬔들, 쬐는데도, 쬐기로서니, 쬐나마, 쬘망정, 쬐어 보았자	원인·이유	쬐어서, 쬐니까, 쬐느라고, 쬐기에, 쬐길래, 쬐느니만큼, 쬐는지라, 쬘세라, 쬐므로
목적·의도	쬐러, 쬐려고, 쬐고자	첨가	쬐거니와, 쬘뿐더러, 쬐려니와
결과	쬐도록, 쬐게끔	습관	쬐곤

찧다 [찌타, c'itha]

'ㅎ' 규칙활용, 타동사

to pound (rice) ; to hull, husk ; to ram one's head ; to gossip

사동형	*찧히다, 찧게 하다, 찧게 만들다		피동형	찧이다. 찧게 되다, 찧어지다	

관형사형 : 현재-진행	과거-완료	과거-회상	과거-완료-회상	미래-추측/의지
찧는	찧은	찧던	찧었던	찧을

인용형 : 평서	의문	명령	청유	명사형	부사형
찧는다고	찧느냐고	찌으라고	찧자고	찧기, 찧음	찌어, 찧게

상대존대형_아주높임		직설체	회상체
평서형	현재	찧습니다	찧습디다
	현재-진행	찧고 있습니다, 찧는 중입니다	찧고 있습디다
	과거	찧었습니다	찧었습디다
	과거-경험	찧었었습니다	찧었었습디다
	과거-추측	찧었겠습니다	찧었겠습디다
	미래-추측/의지/가능	찧겠습니다, 찧으렵니다, 찧을 겁니다, 찧을 수 있습니다	찧겠습디다
의문형	현재	찧습니까?	찧습디까?
	과거	찧었습니까?	찧었습디까?
	과거-경험	찧었었습니까?	찧었었습디까?
	미래-추측/의지/가능	찧겠습니까? 찧으렵니까? 찧을 겁니까? 찧으리이까? 찧을 수 있겠습니까?	찧겠습디까?
명령형		찧으시오, 찧으십시오	
청유형		찧읍시다, 찧으십시다	
감탄형		찧으시는구나!	

상대존대형_예사높임		'-어요'체	'-으오'체
평서형	현재	찧어요, 찧지요, 찧으세요, 찧을래요, 찧을걸요, 찧는데요, 찧는대요, 찧을게요, 찧잖아요	찧으오
	현재-진행	찧고 있어요, 찧고 있지요, 찧고 있으세요, 찧는 중이에요	찧고 있소
	과거	찧었어요, 찧었지요, 찧었으세요, 찧었잖아요	찧었소
	과거-경험	찧었었어요, 찧었었지요, 찧었었으세요	찧었었소
	과거-추측	찧었겠어요, 찧었겠지요, 찧었겠으세요	찧었겠소
	미래-추측/의지/가능	찧겠어요, 찧겠지요, 찧겠으세요, 찧을 수 있어요	찧겠소
의문형	현재	찧어요? 찧지요? 찧으세요? 찧나요? 찧을까요? 찧을래요? 찧는가요? 찧는데요? 찧는대요? 찧는다면서요? 찧는다지요?	찧으오? 찧소?
	과거	찧었어요? 찧었지요? 찧었으세요?	찧었소?
	과거-경험	찧었었어요? 찧었었지요? 찧었었으세요?	찧었었소?
	미래-추측/의지/가능	찧겠어요? 찧겠지요? 찧겠으세요? 찧으리요? 찧을 거예요? 찧을 거지요? 찧을 수 있겠어요?	찧겠소?
명령형		찧어요, 찧지요, 찧으세요, 찧으라니까요	찧으오, 찧구려
청유형		찧어요, 찧지요, 찧으세요, 찧자니까요	찧으오
감탄형		찧는군요! 찧으리요!	찧는구려!

상대존대형_예사낮춤		'-어'체	'-네'체
평서형	현재	찧어, 찧지, 찧을래, 찧을걸, 찧는데, 찧는대, 찧을게, 찧는단다, 찧으마, 찧잖아	찧네
	현재-진행	찧고 있어, 찧고 있지, 찧는 중이야	찧고 있네
	과거-완료	찧었어, 찧었지, 찧었잖아	찧었네
	미래-추측/의지/가능	찧겠어, 찧겠지, 찧을 수 있어	찧겠네
의문형	현재	찧어? 찧지? 찧니? 찧나? 찧을까? 찧으랴? 찧을래? 찧는데? 찧는대? 찧는다면서? 찧는다지?	찧는가?
	과거	찧었어? 찧었지? 찧었니? 찧었을까? 찧었대? 찧었다면서?	찧었는가?
	미래	찧겠어? 찧겠지? 찧겠니? 찧으리? 찧을 거야? 찧을 거지? 찧을 거니? 찧을 수 있겠어?	찧을 건가?
명령형		찧어, 찧지, 찧으렴, 찧으려무나, 찧으라니까	찧게
청유형		찧어, 찧지, 찧자니까	찧세
감탄형		찧어! 찧지! 찧으리!	찧는군! 찧는구먼!

상대존대형_아주낮춤		직설체	회상체
평서형	현재	찧는다	찧더라
	현재-진행	찧고 있다, 찧는 중이다	찧고 있더라
	과거-완료	찧었다	찧었더라
	미래-추측/의지/가능	찧겠다, 찧으리다, 찧으련다, 찧을 거다, 찧을 수 있다	찧겠더라
의문형	현재	찧느냐?	찧더냐?
	과거	찧었느냐?	찧었더냐?
	미래	찧겠느냐?	찧겠더냐?
명령형		찧어라	
청유형		찧자	
감탄형		찧는구나! 찧는다! 찧는도다!	찧더구나!

연결형	연결어미	의미기능	연결어미
나열	찧고, 찧으며	비교	찧느니
선택	찧거나, 찧든지, 찧든가	정도	찧으리만큼
대립	찧어도, 찧지만, 찧으나, 찧는데, 찧으면서도, 찧되, 찧지	조건 · 가정	찧으면, 찧거든, 찧거들랑, 찧어야, 찧는다면, 찧었던들
동시	찧으면서, 찧으며	상황제시	찧는데, 찧으니, 찧다시피
계기	찧고서, 찧어서, 찧자, 찧자마자	비유	찧듯이
중단 · 전환	찧다가	비례	찧을수록
양보	찧어도, 찧더라도, 찧을지라도, 찧을지언정, 찧은들, 찧는데도, 찧기로서니, 찧으나마, 찧을망정, 찧어 보았자	원인 · 이유	찧어서, 찧으니까, 찧느라고, 찧기에, 찧길래, 찧느니만큼, 찧는지라, 찧을세라, 찧으므로
목적 · 의도	찧으러, 찧으려고, 찧고자	첨가	찧거니와, 찧을뿐더러, 찧으려니와
결과	찧도록, 찧게끔	습관	찧곤

- 예전에는 다들 방아를 찧어서 먹었다. They used to pound mill for meal in past.
- 입방아를 찧었던 곳이 바로 여기다. This is where they used to gossip.
- 그녀는 봉숭아를 찧어서 손톱에 물을 들였다.
  She dyed her nail with the pounded bal-sam.

차다3 [차다, chada]

'아' 규칙활용, 타동사

to kick ; to reject, refuse ; to click (one's tongue)

사동형	*차히다, 차게 하다, 차게 만들다		피동형	차이다. 차게 되다, 차지다, 차여지다	

관형사형 : 현재-진행	과거-완료	과거-회상	과거-완료-회상	미래-추측/의지
차는	찬	차던	찼던	찰

인용형 : 평서	의문	명령	청유	명사형	부사형
찬다고	차느냐고	차라고	차자고	차기, 참	차, 차게

상대존대형_아주높임		직설체	회상체
평서형	현재	찹니다	찹디다
	현재-진행	차고 있습니다, 차는 중입니다	차고 있습디다
	과거	찼습니다	찼습디다
	과거-경험	찼었습니다	찼었습디다
	과거-추측	찼겠습니다	찼겠습디다
	미래-추측/의지/가능	차겠습니다, 차렵니다, 찰 겁니다, 찰 수 있습니다	차겠습디다
의문형	현재	찹니까?	찹디까?
	과거	찼습니까?	찼습디까?
	과거-경험	찼었습니까?	찼었습디까?
	미래-추측/의지/가능	차겠습니까? 차렵니까? 찰 겁니까? 차리이까? 찰 수 있겠습니까?	차겠습디까?
명령형		차시오, 차십시오	
청유형		찹시다, 차십시다	
감탄형		차시는구나!	

상대존대형_예사높임		'-어요'체	'-으오'체
평서형	현재	차요, 차지요, 차세요, 찰래요, 찰걸요, 차는데요, 찬대요, 찰게요, 차잖아요	차오
	현재-진행	차고 있어요, 차고 있지요, 차고 있으세요, 차는 중이에요	차고 있소
	과거	찼어요, 찼지요, 찼으세요, 찼잖아요	찼소
	과거-경험	찼었어요, 찼었지요, 찼었으세요	찼었소
	과거-추측	찼겠어요, 찼겠지요, 찼겠으세요	찼겠소
	미래-추측/의지/가능	차겠어요, 차겠지요, 차겠으세요, 찰 수 있어요	차겠소
의문형	현재	차요? 차지요? 차세요? 차나요? 찰까요? 찰래요? 차는가요? 차는데요? 찬대요? 찬다면서요? 찬다지요?	차오? *차소?
	과거	찼어요? 찼지요? 찼으세요?	찼소?
	과거-경험	찼었어요? 찼었지요? 찼었으세요?	찼었소?
	미래-추측/의지/가능	차겠어요? 차겠지요? 차겠으세요? 차리요? 찰 거예요? 찰 거지요? 찰 수 있겠어요?	차겠소?
명령형		차요, 차지요, 차세요, 차라니까요	차오, 차구려
청유형		차요, 차지요, 차세요, 차자니까요	차오
감탄형		차는군요! 차리요!	차는구려!

상대존대형_예사낮춤		'-어'체	'-네'체
평서형	현재	차, 차지, 찰래, 찰걸, 차는데, 찬대, 찰게, 찬단다, 차마, 차잖아	차네
	현재-진행	차고 있어, 차고 있지, 차는 중이야	차고 있네
	과거-완료	찼어, 찼지, 찼잖아	찼네
	미래-추측/의지/가능	차겠어, 차겠지, 찰 수 있어	차겠네
의문형	현재	차? 차지? 차니? 차나? 찰까? 차랴? 찰래? 차는데? 찬대? 찬다면서? 찬다지?	차는가?
	과거	찼어? 찼지? 찼니? 찼을까? 찼대? 찼다면서?	찼는가?
	미래	차겠어? 차겠지? 차겠니? 차리? 찰 거야? 찰 거지? 찰 거니? 찰 수 있겠어?	찰 건가?
명령형		차, 차지, 차렴, 차려무나, 차라니까	차게
청유형		차, 차지, 차자니까	차세
감탄형		차! 차지! 차리!	차는군! 차는구먼!

상대존대형_아주낮춤		직설체	회상체
평서형	현재	찬다	차더라
	현재-진행	차고 있다, 차는 중이다	차고 있더라
	과거-완료	찼다	찼더라
	미래-추측/의지/가능	차겠다, 차리다, *차련다, 찰 거다, 찰 수 있다	차겠더라
의문형	현재	차느냐?	차더냐?
	과거	찼느냐?	찼더냐?
	미래	차겠느냐?	차겠더냐?
명령형		차라	
청유형		차자	
감탄형		차는구나! 찬다! 차는도다!	차더구나!

연결형	연결어미	의미기능	연결어미
나열	차고, 차며	비교	차느니
선택	차거나, 차든지, 차든가	정도	차리만큼
대립	차도, 차지만, 차나, 차는데, 차면서도, 차되, 차지	조건 · 가정	차면, 차거든, 차거들랑, 차야, 찬다면, 찼던들
동시	차면서, 차며	상황제시	차는데, 차니, 차다시피
계기	차고서, 차서, 차자, 차자마자	비유	차듯이
중단 · 전환	차다가	비례	찰수록
양보	차도, 차더라도, 찰지라도, 찰지언정, 찬들, 차는데도, 차기로서니, 차나마, 찰망정, 차 보았자	원인 · 이유	차서, 차니까, 차느라고, 차기에, 차길래, 차느니만큼, 차는지라, 찰세라, 차므로
목적 · 의도	차러, 차려고, 차고자	첨가	차거니와, 찰뿐더러, 차려니와
결과	차도록, 차게끔	습관	차곤

455

찾다 [찯따, chadt'a]

'자음' 규칙활용, 타동사

to look for, search for ; to find (out) ; to take back ; to refer to (a dictionary)

사동형	*찾히다, 찾게 하다, 찾게 만들다		피동형		*찾히다. 찾게 되다, 찾아지다	

관형사형 : 현재-진행	과거-완료	과거-회상	과거-완료-회상	미래-추측/의지
찾는	찾은	찾던	찾았던	찾을

인용형 : 평서	의문	명령	청유	명사형	부사형
찾는다고	찾느냐고	찾으라고	찾자고	찾기, 찾음	찾어, 찾게

상대존대형_아주높임		직설체	회상체
평서형	현재	찾습니다	찾습디다
	현재-진행	찾고 있습니다, 찾는 중입니다	찾고 있습디다
	과거	찾았습니다	찾았습디다
	과거-경험	찾았었습니다	찾았었습디다
	과거-추측	찾았겠습니다	찾았겠습디다
	미래-추측/의지/가능	찾겠습니다, 찾으렵니다, 찾을 겁니다, 찾을 수 있습니다	찾겠습디다
의문형	현재	찾습니까?	찾습디까?
	과거	찾았습니까?	찾았습디까?
	과거-경험	찾았었습니까?	찾았었습디까?
	미래-추측/의지/가능	찾겠습니까? 찾으렵니까? 찾을 겁니까? 찾으리이까? 찾을 수 있겠습니까?	찾겠습디까?
명령형		찾으시오, 찾으십시오	
청유형		찾읍시다, 찾으십시다	
감탄형		찾으시는구나!	

상대존대형_예사높임		'-어요'체	'-으오'체
평서형	현재	찾어요, 찾지요, 찾으세요, 찾을래요, 찾을걸요, 찾는데요, 찾는대요, 찾을게요, 찾잖아요	찾으오
	현재-진행	찾고 있어요, 찾고 있지요, 찾고 있으세요, 찾는 중이에요	찾고 있소
	과거	찾았어요, 찾았지요, 찾았으세요, 찾았잖아요	찾았소
	과거-경험	찾았었어요, 찾았었지요, 찾았었으세요	찾았었소
	과거-추측	찾았겠어요, 찾았겠지요, 찾았겠으세요	찾았겠소
	미래-추측/의지/가능	찾겠어요, 찾겠지요, 찾겠으세요, 찾을 수 있어요	찾겠소
의문형	현재	찾어요? 찾지요? 찾으세요? 찾나요? 찾을까요? 찾을래요? 찾는가요? 찾는데요? 찾는대요? 찾는다면서요? 찾는다지요?	찾으오? 찾소?
	과거	찾았어요? 찾았지요? 찾았으세요?	찾았소?
	과거-경험	찾았었어요? 찾았었지요? 찾았었으세요?	찾았었소?
	미래-추측/의지/가능	찾겠어요? 찾겠지요? 찾겠으세요? 찾으리요? 찾을 거예요? 찾을 거지요? 찾을 수 있겠어요?	찾겠소?
명령형		찾어요, 찾지요, 찾으세요, 찾으라니까요	찾으오, 찾구려
청유형		찾어요, 찾지요, 찾으세요, 찾자니까요	찾으오
감탄형		찾는군요! 찾으리요!	찾는구려!

상대존대형_예사낮춤		'-어'체	'-네'체
평서형	현재	찾아, 찾지, 찾을래, 찾을걸, 찾는데, 찾는대, 찾을게, 찾는단다, 찾으마, 찾잖아	찾네
	현재-진행	찾고 있어, 찾고 있지, 찾는 중이야	찾고 있네
	과거-완료	찾았어, 찾았지, 찾았잖아	찾았네
	미래-추측/의지/가능	찾겠어, 찾겠지, 찾을 수 있어	찾겠네
의문형	현재	찾아? 찾지? 찾니? 찾나? 찾을까? 찾으랴? 찾을래? 찾는데? 찾는대? 찾는다면서? 찾는다지?	찾는가?
	과거	찾았어? 찾았지? 찾았니? 찾았을까? 찾았대? 찾았다면서?	찾았는가?
	미래	찾겠어? 찾겠지? 찾겠니? 찾으리? 찾을 거야? 찾을 거지? 찾을 거니? 찾을 수 있겠어?	찾을 건가?
명령형		찾아, 찾지, 찾으렴, 찾으려무나, 찾으라니까	찾게
청유형		찾아, 찾지, 찾자니까	찾세
감탄형		찾아! 찾지! 찾으리!	찾는군! 찾는구먼!

상대존대형_아주낮춤		직설체	회상체
평서형	현재	찾는다	찾더라
	현재-진행	찾고 있다, 찾는 중이다	찾고 있더라
	과거-완료	찾았다	찾았더라
	미래-추측/의지/가능	찾겠다, 찾으리다, 찾으련다, 찾을 거다, 찾을 수 있다	찾겠더라
의문형	현재	찾느냐?	찾더냐?
	과거	찾았느냐?	찾았더냐?
	미래	찾겠느냐?	찾겠더냐?
명령형		찾아라	
청유형		찾자	
감탄형		찾는구나! 찾는다! 찾는도다!	찾더구나!

연결형	연결어미	의미기능	연결어미
나열	찾고, 찾으며	비교	찾느니
선택	찾거나, 찾든지, 찾든가	성도	찾으리만큼
대립	찾아도, 찾지만, 찾으나, 찾는데, 찾으면서도, 찾되, 찾지	조건·가정	찾으면, 찾거든, 찾거들랑, 찾아야, 찾는다면, 찾았던들
동시	찾으면서, 찾으며	상황제시	찾는데, 찾으니, 찾다시피
계기	찾고서, 찾아서, 찾자, 찾자마자	비유	찾듯이
중단·전환	찾다가	비례	찾을수록
양보	찾아도, 찾더라도, 찾을지라도, 찾을지언정, 찾은들, 찾는데도, 찾기로서니, 찾으나마, 찾을망정, 찾아 보았자	원인·이유	찾아서, 찾으니까, 찾느라고, 찾기에, 찾길래, 찾느니만큼, 찾는지라, 찾을세라, 찾으므로
목적·의도	찾으러, 찾으려고, 찾고자	첨가	찾거니와, 찾을뿐더러, 찾으려니와
결과	찾도록, 찾게끔	습관	찾곤

- 그는 잃어버렸던 지갑을 찾았다. He found his lost wallet.
- 나는 그녀의 집을 찾을 수가 없었다. I was not able to find her house.
- 아무리 찾아도 내 애완견이 눈에 띄지 않았다.
  No matter how hard I searched for my pet dog, I couldn't find him.

춥다 [춥따, chupt'a]

'ㅂ' 불규칙활용, 형용사

to be cold, be chilly [weather]

사동형	*춥히다, 춥게 하다, 춥게 만들다	피동형	*춥히다. 춥게 되다, 추워지다

관형사형 : 현재-진행	과거-완료	과거-회상	과거-완료-회상	미래-추측/의지
추운	추운	춥던	추웠던	추울

인용형 : 평서	의문	명령	청유	명사형	부사형
춥다고	추우냐고	*추우라고	*춥자고	춥기, 추움	추워, 춥게

상대존대형_아주높임		직설체	회상체
평서형	현재	춥습니다	춥습디다
	현재-진행	*춥고 있습니다, *추운 중입니다	*춥고 있습디다
	과거	추웠습니다	추웠습디다
	과거-경험	추웠었습니다	추웠었습디다
	과거-추측	추웠겠습니다	추웠겠습디다
	미래-추측/의지/가능	춥겠습니다, *추우렵니다, 추울 겁니다, 추울 수 있습니다	춥겠습디다
의문형	현재	춥습니까?	춥습디까?
	과거	추웠습니까?	추웠습디까?
	과거-경험	추웠었습니까?	추웠었습디까?
	미래-추측/의지/가능	춥겠습니까? *추우렵니까? *추울 겁니까? *추우리이까? 추울 수 있겠습니까?	춥겠습디까?
명령형		*추우시오, *추우십시오	
청유형		*춥읍시다, *추우십시다	
감탄형		추우시구나!	

상대존대형_예사높임		'-어요'체	'-으오'체
평서형	현재	추위요, 춥지요, 추우세요, *추울래요, 추울걸요, 추운데요, 춥대요, *추울게요, 춥잖아요	추우오
	현재-진행	*춥고 있어요, *춥고 있지요, *춥고 있으세요, *추운 중이에요	*춥고 있소
	과거	추웠어요, 추웠지요, 추웠으세요, 추웠잖아요	추웠소
	과거-경험	추웠었어요, 추웠었지요, 추웠었으세요	추웠었소
	과거-추측	추웠겠어요, 추웠겠지요, 추웠겠으세요	추웠겠소
	미래-추측/의지/가능	춥겠어요, 춥겠지요, 춥겠으세요, 추울 수 있어요	춥겠소
의문형	현재	추위요? 춥지요? 추우세요? 춥나요? *추울까요? *추울래요? *추운가요? 추운데요? 춥대요? 춥다면서요? 춥다지요?	추우오? 춥소?
	과거	추웠어요? 추웠지요? 추웠으세요?	추웠소?
	과거-경험	추웠었어요? 추웠었지요? 추웠었으세요?	추웠었소?
	미래-추측/의지/가능	춥겠어요? 춥겠지요? 춥겠으세요? 추우리요? *추울 거예요? *추울 거지요? 추울 수 있겠어요?	춥겠소?
명령형		*추위요, *춥지요, *추우세요, *추우라니까요	*추우오, *춥구려
청유형		*추위요, *춥지요, *추우세요, *춥자니까요	*추우오
감탄형		춥군요! 추우리요!	춥구려!

458

상대존대형_예사낮춤		'-어'체	'-네'체
평서형	현재	추워, 춥지, *추울래, 추울걸, 추운데, 춥대, *추울게, 춥단다, *추우마, 춥잖아	춥네
	현재-진행	*춥고 있어, *춥고 있지, *추운 중이야	*춥고 있네
	과거-완료	추웠어, 추웠지, 추웠잖아	추웠네
	미래-추측/의지/가능	춥겠어, 춥겠지, 추울 수 있어	춥겠네
의문형	현재	추워? 춥지? 춥니? 춥나? 추울까? 추우랴? *추울래? 추운데? 춥대? 춥다면서? 춥다지?	추운가?
	과거	추웠어? 추웠지? 추웠니? 추웠을까? 추웠대? 추웠다면서?	추웠는가?
	미래	춥겠어? 춥겠지? 춥겠니? 추우리? *추울 거야? *추울 거지? *추울 거니? 추울 수 있겠어?	추울 건가?
명령형		*추워, *춥지, *추우렴, *추우려무나, *추우라니까	*춥게
청유형		*추워, *춥지, *춥자니까	*춥세
감탄형		추워! 춥지! 추우리!	춥군! 춥구먼!

상대존대형_아주낮춤		직설체	회상체
평서형	현재	춥다	춥더라
	현재-진행	*춥고 있다, *추운 중이다	*춥고 있더라
	과거-완료	추웠다	추웠더라
	미래-추측/의지/가능	춥겠다, 추우리다, *추우련다, 추울 거다, 추울 수 있다	춥겠더라
의문형	현재	추우냐?	춥더냐?
	과거	추웠느냐?	추웠더냐?
	미래	춥겠느냐?	춥겠더냐?
명령형		*추워라	
청유형		*춥자	
감탄형		춥구나! 춥다! 춥도다!	춥더구나!

연결형	연결어미	의미기능	연결어미
나열	춥고, 추우며	비교	*춥느니
선택	춥거나, 춥든지, 춥든가	정도	추우리만큼
대립	추워도, 춥지만, 추우나, 추운데, 추우면서도, 춥되, 춥지	조건 · 가정	추우면, 춥거든, 춥거들랑, 추워야, 춥다면, 추웠던들
동시	추우면서, 추우며	상황제시	추운데, 추우니, 춥다시피
계기	*춥고서, *추워서, *춥자, *춥자마자	비유	춥듯이
중단 · 전환	춥다가	비례	추울수록
양보	추워도, 춥더라도, 추울지라도, 추울지언정, 추운들, 추운데도, 춥기로서니, 추우나마, 추울망정, 추워 보았자	원인 · 이유	추워서, 추우니까, *춥느라고, 춥기에, 춥길래, 추우니만큼, 추운지라, 추울세라, 추우므로
목적 · 의도	*추우러, *추우려고, *춥고자	첨가	춥거니와, 추울뿐더러, 추우려니와
결과	춥도록, 춥게끔	습관	*춥곤

- 날씨가 매우 춥다. It is very cold.
- 곰은 추운 곳에 사는 동물이다. Bears live in cold places.
- 이번 겨울은 추워서 얼음이 잘 얼겠다.
  Things will freeze easily this winter, because it will be cold.

치다1 [치다, chida]

'이' 규칙활용, 자동사

to wave, roll (in waves) ; to rage ; to bluster

사동형	*치기다, 치게 하다, 치게 만들다		피동형		*치이다. 치게 되다, 쳐지다	

관형사형 : 현재-진행	과거-완료	과거-회상	과거-완료-회상	미래-추측/의지
치는	친	치던	쳤던	칠

인용형 : 평서	의문	명령	청유	명사형	부사형
친다고	치느냐고	치라고	치자고	치기, 침	쳐, 치게

상대존대형_아주높임		직설체	회상체
평서형	현재	칩니다	칩디다
	현재-진행	치고 있습니다, 치는 중입니다	치고 있습디다
	과거	쳤습니다	쳤습디다
	과거-경험	쳤었습니다	쳤었습디다
	과거-추측	쳤겠습니다	쳤겠습디다
	미래-추측/의지/가능	치겠습니다, 치렵니다, 칠 겁니다, 칠 수 있습니다	치겠습디다
의문형	현재	칩니까?	칩디까?
	과거	쳤습니까?	쳤습디까?
	과거-경험	쳤었습니까?	쳤었습디까?
	미래-추측/의지/가능	치겠습니까? 치렵니까? 칠 겁니까? 치리이까? 칠 수 있겠습니까?	치겠습디까?
명령형		치시오, 치십시오	
청유형		칩시다, 치십시다	
감탄형		치시는구나!	

상대존대형_예사높임		'-어요'체	'-으오'체
평서형	현재	쳐요, 치지요, 치세요, 칠래요, 칠걸요, 치는데요, 친대요, 칠게요, 치잖아요	치오
	현재-진행	치고 있어요, 치고 있지요, 치고 있으세요, 치는 중이에요	치고 있소
	과거	쳤어요, 쳤지요, 쳤으세요, 쳤잖아요	쳤소
	과거-경험	쳤었어요, 쳤었지요, 쳤었으세요	쳤었소
	과거-추측	쳤겠어요, 쳤겠지요, 쳤겠으세요	쳤겠소
	미래-추측/의지/가능	치겠어요, 치겠지요, 치겠으세요, 칠 수 있어요	치겠소
의문형	현재	쳐요? 치지요? 치세요? 치나요? 칠까요? 칠래요? 치는가요? 치는데요? 친대요? 친다면서요? 친다지요?	치오? 치소?
	과거	쳤어요? 쳤지요? 쳤으세요?	쳤소?
	과거-경험	쳤었어요? 쳤었지요? 쳤었으세요?	쳤었소?
	미래-추측/의지/가능	치겠어요? 치겠지요? 치겠으세요? 치리요? 칠 거예요? 칠 거지요? 칠 수 있겠어요?	치겠소?
명령형		쳐요, 치지요, 치세요, 치라니까요	치오, 치구려
청유형		쳐요, 치지요, 치세요, 치자니까요	치오
감탄형		치는군요! 치리요!	치는구려!

상대존대형_예사낮춤		'-어'체	'-네'체
평서형	현재	쳐, 치지, 칠래, 칠걸, 치는데, 친대, 칠게, 친단다, 치마, 치잖아	치네
	현재-진행	치고 있어, 치고 있지, 치는 중이야	치고 있네
	과거-완료	쳤어, 쳤지, 쳤잖아	쳤네
	미래-추측/의지/가능	치겠어, 치겠지, 칠 수 있어	치겠네
의문형	현재	쳐? 치지? 치니? 치나? 칠까? 치랴? 칠래? 치는데? 친대? 친다면서? 친다지?	치는가?
	과거	쳤어? 쳤지? 쳤니? 쳤을까? 쳤대? 쳤다면서?	쳤는가?
	미래	치겠어? 치겠지? 치겠니? 치리? 칠 거야? 칠 거지? 칠 거니? 칠 수 있겠어?	칠 건가?
명령형		쳐, 치지, 치렴, 치려무나, 치라니까	치게
청유형		쳐, 치지, 치자니까	치세
감탄형		쳐! 치지! 치리!	치는군! 치는구먼!

상대존대형_아주낮춤		직설체	회상체
평서형	현재	친다	치더라
	현재-진행	치고 있다, 치는 중이다	치고 있더라
	과거-완료	쳤다	쳤더라
	미래-추측/의지/가능	치겠다, 치리다, 치련다, 칠 거다, 칠 수 있다	치겠더라
의문형	현재	치느냐?	치더냐?
	과거	쳤느냐?	쳤더냐?
	미래	치겠느냐?	치겠더냐?
명령형		쳐라	
청유형		치자	
감탄형		치는구나! 치는다! 치는도다!	치더구나!

연결형	연결어미	의미기능	연결어미
나열	치고, 치며	비교	치느니
선택	치거나, 치든지, 치든가	정도	치리만큼
대립	쳐도, 치지만, 치나, 치는데, 치면서도, 치되, 치지	조건·가정	치면, 치거든, 치거들랑, 쳐야, 친다면, 쳤던들
동시	치면서, 치며	상황제시	치는데, 치니, 치다시피
계기	치고서, 쳐서, 치자, 치자마자	비유	치듯이
중단·전환	치다가	비례	칠수록
양보	쳐도, 치더라도, 칠지라도, 칠지언정, 친들, 치는데도, 치기로서니, 치나마, 칠망정, 쳐 보았자	원인·이유	쳐서, 치니까, 치느라고, 치기에, 치길래, 치느니만큼, 치는지라, 칠세라, 치므로
목적·의도	치러, 치려고, 치고자	첨가	치거니와, 칠뿐더러, 치려니와
결과	치도록, 치게끔	습관	치곤

'여' 규칙활용, 타동사

to light, turn on, switch, illuminate

사동형	켜히다, 켜게 하다, 켜게 만들다		피동형	켜히다. 켜게 되다, 켜지다, 켜혀지다	

관형사형 : 현재-진행	과거-완료	과거-회상	과거-완료-회상	미래-추측/의지
켜는	켠	켜던	켰던	켤

인용형 : 평서	의문	명령	청유	명사형	부사형
켠다고	켜느냐고	켜라고	켜자고	켜기, 켬	켜, 켜게

상대존대형_아주높임		직설체	회상체
평서형	현재	켭니다	켭디다
	현재-진행	켜고 있습니다, 켜는 중입니다	켜고 있습디다
	과거	켰습니다	켰습디다
	과거-경험	켰었습니다	켰었습디다
	과거-추측	켰겠습니다	켰겠습디다
	미래-추측/의지/가능	켜겠습니다, 켜렵니다, 켤 겁니다, 켤 수 있습니다	켜겠습디다
의문형	현재	켭니까?	켭디까?
	과거	켰습니까?	켰습디까?
	과거-경험	켰었습니까?	켰었습디까?
	미래-추측/의지/가능	켜겠습니까? 켜렵니까? 켤 겁니까? 켜리이까? 켤 수 있겠습니까?	켜겠습디까?
명령형		켜시오, 켜십시오	
청유형		켭시다, 켜십시다	
감탄형		켜시는구나!	

상대존대형_예사높임		'-어요'체	'-으오'체
평서형	현재	켜요, 켜지요, 켜세요, 켤래요, 켤걸요, 켜는데요, 켠대요, 켤게요, 켜잖아요	켜오
	현재-진행	켜고 있어요, 켜고 있지요, 켜고 있으세요, 켜는 중이에요	켜고 있소
	과거	켰어요, 켰지요, 켰으세요, 켰잖아요	켰소
	과거-경험	켰었어요, 켰었지요, 켰었으세요	켰었소
	과거-추측	켰겠어요, 켰겠지요, 켰겠으세요	켰겠소
	미래-추측/의지/가능	켜겠어요, 켜겠지요, 켜겠으세요, 켤 수 있어요	켜겠소
의문형	현재	켜요? 켜지요? 켜세요? 켜나요? 켤까요? 켤래요? 켜는가요? 켜는데요? 켠대요? 켠다면서요? 켠다지요?	켜오? *켜소?
	과거	켰어요? 켰지요? 켰으세요?	켰소?
	과거-경험	켰었어요? 켰었지요? 켰었으세요?	켰었소?
	미래-추측/의지/가능	켜겠어요? 켜겠지요? 켜겠으세요? 켜리요? 켤 거예요? 켤 거지요? 켤 수 있겠어요?	켜겠소?
명령형		켜요, 켜지요, 켜세요, 켜라니까요	켜오, 켜구려
청유형		켜요, 켜지요, 켜세요, 켜자니까요	켜오
감탄형		켜는군요! 켜리요!	켜는구려!

상대존대형_예사낮춤		'-어'체	'-네'체
평서형	현재	켜, 켜지, 켤래, 켤걸, 켜는데, 컨대, 켤게, 컨단다, 켜마, 켜잖아	켜네
	현재-진행	켜고 있어, 켜고 있지, 켜는 중이야	켜고 있네
	과거-완료	켰어, 켰지, 켰잖아	켰네
	미래-추측/의지/가능	켜겠어, 켜겠지, 켤 수 있어	켜겠네
의문형	현재	켜? 켜지? 켜니? 켜나? 켤까? 켜랴? 켤래? 켜는데? 컨대? 컨다면서? 컨다지?	켜는가?
	과거	켰어? 켰지? 켰니? 켰을까? 켰대? 켰다면서?	켰는가?
	미래	켜겠어? 켜겠지? 켜겠니? 켜리? 켤 거야? 켤 거지? 켤 거니? 켤 수 있겠어?	켤 건가?
명령형		켜, 켜지, 켜렴, 켜려무나, 켜라니까	켜게
청유형		켜, 켜지, 켜자니까	켜세
감탄형		켜! 켜지! 켜리!	켜는군! 켜는구먼!

상대존대형_아주낮춤		직설체	회상체
평서형	현재	켠다	켜더라
	현재-진행	켜고 있다, 켜는 중이다	켜고 있더라
	과거-완료	켰다	켰더라
	미래-추측/의지/가능	켜겠다, 켜리다, 켜련다, 켤 거다, 켤 수 있다	켜겠더라
의문형	현재	켜느냐?	켜더냐?
	과거	켰느냐?	켰더냐?
	미래	켜겠느냐?	켜겠더냐?
명령형		켜라	
청유형		켜자	
감탄형		켜는구나! 켜는다! 켜는도다!	켜더구나!

연결형	연결어미	의미기능	연결어미
나열	켜고, 켜며	비교	켜느니
선택	켜거나, 켜든지, 켜든가	정도	켜리만큼
대립	켜도, 켜지만, 켜나, 켜는데, 켜면서도, 켜되, 켜지	조건 · 가정	켜면, 켜거든, 켜거들랑, 켜야, 컨다면, 켰던들
동시	켜면서, 켜며	상황제시	켜는데, 켜니, 켜다시피
계기	켜고서, 켜서, 켜자, 켜자마자	비유	켜듯이
중단 · 전환	켜다가	비례	켤수록
양보	켜도, 켜더라도, 켤지라도, 켤지언정, 컨들, 켜는데도, 켜기로서니, 켜나마, 켤망정, 켜보았자	원인 · 이유	켜서, 켜니까, 켜느라고, 켜기에, 켜길래, 켜느니만큼, 켜는지라, 켤세라, 켜므로
목적 · 의도	켜러, 켜려고, 켜고자	첨가	켜거니와, 켤뿐더러, 켜려니와
결과	켜도록, 켜게끔	습관	켜곤

- 전등을 좀 켜 주세요. Please turn on the light.
- 가스등을 켜고 있는 저분이 누굽니까? Who is the person lighting a gas lamp?
- 그는 전등을 켜서 방을 밝게 했다. He switch on the light then to make the room light up.

463

크다1 [크다, khǐda]

'으' 불규칙활용, 형용사

to be big, be large, be great ; to be mighty ; to be huge

사동형	*크히다, 크게 하다, 크게 만들다		피동형		*크히다. 크게 되다, 커지다
관형사형 : 현재-진행	과거-완료		과거-회상	과거-완료-회상	미래-추측/의지
큰	큰		크던	컸던	클

인용형 : 평서	의문	명령	청유	명사형	부사형
크다고	크냐고	*크라고	*크자고	크기, 큼	커서, 크게

상대존대형_아주높임		직설체	회상체
평서형	현재	큽니다	큽디다
	현재-진행	*크고 있습니다, *큰 중입니다	*크고 있습디다
	과거	컸습니다	컸습디다
	과거-경험	컸었습니다	컸었습디다
	과거-추측	컸겠습니다	컸겠습디다
	미래-추측/의지/가능	크겠습니다, *크렵니다, 클 겁니다, 클 수 있습니다	크겠습디다
의문형	현재	큽니까?	큽디까?
	과거	컸습니까?	컸습디까?
	과거-경험	컸었습니까?	컸었습디까?
	미래-추측/의지/가능	크겠습니까? *크렵니까? *클 겁니까? *크리이까? 클 수 있겠습니까?	크겠습디까?
명령형		*크시오, *크십시오	
청유형		*큽시다, *크십시다	
감탄형		크시구나!	

상대존대형_예사높임		'-어요'체	'-으오'체
평서형	현재	커요, 크지요, 크세요, *클래요, 클걸요, 큰데요, 크대요, *클게요, 크잖아요	크오
	현재-진행	*크고 있어요, *크고 있지요, *크고 있으세요, *큰 중이에요	*크고 있소
	과거	컸어요, 컸지요, 컸으세요, 컸잖아요	컸소
	과거-경험	컸었어요, 컸었지요, 컸었으세요	컸었소
	과거-추측	컸겠어요, 컸겠지요, 컸겠으세요	컸겠소
	미래-추측/의지/가능	크겠어요, 크겠지요, 크겠으세요, 클 수 있어요	크겠소
의문형	현재	커요? 크지요? 크세요? 크나요? 클까요? *클래요? 큰가요? 큰데요? 크대요? 크다면서요? 크다지요?	크오? *크소?
	과거	컸어요? 컸지요? 컸으세요?	컸소?
	과거-경험	컸었어요? 컸었지요? 컸었으세요?	컸었소?
	미래-추측/의지/가능	크겠어요? 크겠지요? 크겠으세요? 크리요? *클 거예요? *클 거지요? 클 수 있겠어요?	크겠소?
명령형		*커요, *크지요, *크세요, *크라니까요	*크오, *크구려
청유형		*커요, *크지요, *크세요, *크자니까요	*크오
감탄형		크군요! 크리요!	크구려!

상대존대형_예사낮춤		'-어'체	'-네'체
평서형	현재	커, 크지, *클래, 클걸, 큰데, 크대, *클게, 크단다, *크마, 크잖아	크네
	현재-진행	*크고 있어, *크고 있지, *큰 중이야	*크고 있네
	과거-완료	컸어, 컸지, 컸잖아	컸네
	미래-추측/의지/가능	크겠어, 크겠지, 클 수 있어	크겠네
의문형	현재	커? 크지? 크니? 크나? 클까? 크랴? *클래? 큰데? 크대? 크다면서? 크다지?	큰가?
	과거	컸어? 컸지? 컸니? 컸을까? 컸대? 컸다면서?	컸는가?
	미래	크겠어? 크겠지? 크겠니? 크리? *클 거야? *클 거지? *클 거니? 클 수 있겠어?	*클 건가?
명령형		*커, *크지, *크렴, *크려무나, *크라니까	*크게
청유형		*커, *크지, *크자니까	*크세
감탄형		*커! *크지! *크리!	크군! 크구먼!

상대존대형_아주낮춤		직설체	회상체
평서형	현재	크다	크더라
	현재-진행	*크고 있다, *큰 중이다	*크고 있더라
	과거-완료	컸다	컸더라
	미래-추측/의지/가능	크겠다, *크리다, *크련다, 클 거다, 클 수 있다	크겠더라
의문형	현재	크냐?	크더냐?
	과거	컸느냐?	컸더냐?
	미래	크겠느냐?	크겠더냐?
명령형		*커라	
청유형		*크자	
감탄형		*크구나! 크다! 크도다!	크더구나!

연결형	연결어미	의미기능	연결어미
나열	크고, 크며	비교	*크느니
선택	크거나, 크든지, 크든가	정도	크리만큼
대립	커도, 크지만, 크나, 큰데, 크면서도, 크되, 크지	조건·가정	크면, 크거든, 크거들랑, 커야, 크다면, 컸던들
동시	크면서, 크며	상황제시	큰데, 크니, 크다시피
계기	*크고서, *커서, *크자, *크자마자	비유	크듯이
중단·전환	크다가	비례	클수록
양보	커도, 크더라도, 클지라도, 클지언정, 큰들, 큰데도, 크기로서니, 크나마, 클망정, 커 보았자	원인·이유	커서, 크니까, *크느라고, 크기에, 크길래, *크니만큼, 큰지라, 클세라, 크므로
목적·의도	*크러, *크려고, *크고자	첨가	크거니와, 클뿐더러, 크려니와
결과	크도록, 크게끔	습관	크곤

기본예문

- 그는 키가 매우 크다. He is very tall.
- 키 크고 싱겁지 않은 사람은 없다. There isn't any tall person who isn't interesting.
- 순희는 키가 큰데도 농구는 잘 못한다.
  Though Soon-Hui may be tall, she is not good at basketball.

파랗다 [파:라타, pʰaːratʰa]

'ㅎ' 불규칙활용, 형용사

to be blue ; to be green ; to be pale

사동형	*파랗히다, 파랗게 하다, 파랗게 만들다	피동형	*파랗히다. 파랗게 되다, 파래지다

관형사형 : 현재-진행	과거-완료	과거-회상	과거-완료-회상	미래-추측/의지
파란	파란	파랗던	파랬던	파랄

인용형 : 평서	의문	명령	청유	명사형	부사형
파랗다고	파라냐고	*파라라고	*파랗자고	파랗기, 파람	파래, 파랗게

상대존대형_아주높임		직설체	회상체
평서형	현재	파랗습니다	파랗습디다
	현재-진행	*파랗고 있습니다, *파란 중입니다	*파랗고 있습디다
	과거	파랬습니다	파랬습디다
	과거-경험	파랬었습니다	파랬었습디다
	과거-추측	파랬겠습니다	파랬겠습디다
	미래-추측/의지/가능	파랗겠습니다, *파라렵니다, 파랄 겁니다, 파랄 수 있습니다	파랗겠습디다
의문형	현재	파랗습니까?	파랗습디까?
	과거	파랬습니까?	파랬습디까?
	과거-경험	파랬었습니까?	파랬었습디까?
	미래-추측/의지/가능	파랗겠습니까? *파라렵니까? *파랄 겁니까? *파라리이까? 파랄 수 있겠습니까?	파랗겠습디까?
명령형		*파라시오, *파라십시오	
청유형		*파랍시다, *파라십시다	
감탄형		파라시구나!	

상대존대형_예사높임		'-어요'체	'-으오'체
평서형	현재	파래요, 파랗지요, 파라세요, *파랄래요, 파랄걸요, 파란데요, 파랗대요, *파랄게요, 파랗잖아요	파라오
	현재-진행	*파랗고 있어요, *파랗고 있지요, *파랗고 있으세요, *파란 중이에요	*파랗고 있소
	과거	파랬어요, 파랬지요, 파랬으세요, 파랬잖아요	파랬소
	과거-경험	파랬었어요, 파랬었지요, 파랬었으세요	파랬었소
	과거-추측	파랬겠어요, 파랬겠지요, 파랬겠으세요	파랬겠소
	미래-추측/의지/가능	파랗겠어요, 파랗겠지요, 파랗겠으세요, 파랄 수 있어요	파랗겠소
의문형	현재	파래요? 파랗지요? 파라세요? 파랗나요? *파랗까요? *파랄래요? *파란가요? 파란데요? 파랗대요? 파랗다면서요? 파랗다지요?	파라오? 파랗소?
	과거	파랬어요? 파랬지요? 파랬으세요?	파랬소?
	과거-경험	파랬었어요? 파랬었지요? 파랬었으세요?	파랬었소?
	미래-추측/의지/가능	파랗겠어요? 파랗겠지요? 파랗겠으세요? 파라리요? *파랄 거예요? *파랄 거지요? 파랄 수 있겠어요?	파랗겠소?
명령형		*파래요, *파랗지요, *파라세요, *파라라니까요	*파라오, *파랗구려
청유형		*파래요, *파랗지요, *파라세요, *파랗자니까요	*파라오
감탄형		파랗군요! 파라리요!	파랗구려!

466

상대존대형_예사낮춤		'-어'체	'-네'체
평서형	현재	파래, 파랗지, *파랄래, 파랄걸, 파란데, 파랗대, *파랄게, 파랗단다, *파라마, 파랗잖아	파랗네
	현재-진행	*파랗고 있어, *파랗고 있지, *파란 중이야	*파랗고 있네
	과거-완료	파랬어, 파랬지, 파랬잖아	파랬네
	미래-추측/의지/가능	파랗겠어, 파랗겠지, 파랄 수 있어	파랗겠네
의문형	현재	파래? 파랗지? 파랗니? 파랗나? 파랄까? 파라랴? *파랄래? 파란데? 파랗대? 파랗다면서? 파랗다지?	파란가?
	과거	파랬어? 파랬지? 파랬니? 파랬을까? 파랬대? 파랬다면서?	파랬는가?
	미래	파랗겠어? 파랗겠지? 파랗겠니? 파라리? *파랄 거야? *파랄 거지? *파랄 거니? 파랄 수 있겠어?	파랄 건가?
명령형		*파래, *파랗지, *파라렴, *파라려무나, *파라라니까	*파랗게
청유형		*파래, *파랗지, *파랗자니까	*파랗세
감탄형		파래! 파랗지! 파라리!	파랗군! 파랗구먼!

상대존대형_아주낮춤		직설체	회상체
평서형	현재	파랗다	파랗더라
	현재-진행	*파랗고 있다, *파란 중이다	*파랗고 있더라
	과거-완료	파랬다	파랬더라
	미래-추측/의지/가능	파랗겠다, 파라리다, *파라련다, 파랄 거다, 파랄 수 있다	파랗겠더라
의문형	현재	파라냐?	파랗더냐?
	과거	파랬느냐?	파랬더냐?
	미래	파랗겠느냐?	파랗겠더냐?
명령형		*파래라	
청유형		*파랗자	
감탄형		파랗구나! 파랗다! 파랗도다!	파랗더구나!

연결형	연결어미	의미기능	연결어미
나열	파랗고, 파라며	비교	*파랗느니
선택	파랗거나, 파랗든지, 파랗는가	정도	파라리만큼
대립	파래도, 파랗지만, 파라나, 파란데, 파라면서도, 파랗되, 파랗지	조건·가정	파라면, 파랗거든, 파랗거들랑, 파래야, 파랬다면, 파랬던들
동시	파라면서, 파라며	상황제시	파란데, 파라니, 파랗다시피
계기	*파랗고서, *파래서, *파랗자, *파랗자마자	비유	파랗듯이
중단·전환	파랗다가	비례	파랄수록
양보	파래도, 파랗더라도, 파랄지라도, 파랄지언정, 파란들, 파란데도, 파랗기로서니, 파라나마, 파랄망정, 파래 보았자	원인·이유	파래서, 파라니까, *파랗느라고, 파랗기에, 파랗길래, 파라니만큼, 파란지라, 파랄세라, 파라므로
목적·의도	*파라러, *파라려고, *파랗고자	첨가	파랗거니와, 파랄뿐더러, 파라려니와
결과	파랗도록, 파랗게끔	습관	*파랗곤

기본예문

- 오늘은 하늘이 매우 파랗다. Today, the sky is very blue.
- 그녀가 왜 파랗게 질린 얼굴을 하고 있어요? Why is her face so pale?
- 새싹이 파랗게 올라온 것을 보고 봄이 왔음을 알았다.
  I could know that the spring is by the corner because of the green sprout.

팔다 [팔다, pʰalda]

'ㄹ' 불규칙활용, 타동사

to sell ; to betray ; to take advantage of (one's name)

사동형	팔리다, 팔게 하다, 팔게 만들다		피동형	팔리다. 팔게 되다, 팔려지다	
관형사형 : 현재-진행		과거-완료	과거-회상	과거-완료-회상	미래-추측/의지
파는		판	팔던	팔았던	팔

인용형 : 평서	의문	명령	청유	명사형	부사형
판다고	파느냐고	파라고	팔자고	팔기, 팖	팔아, 팔게

상대존대형_아주높임		직설체	회상체
평서형	현재	팝니다	팝디다
	현재-진행	팔고 있습니다, 파는 중입니다	팔고 있습디다
	과거	팔았습니다	팔았습디다
	과거-경험	팔았었습니다	팔았었습디다
	과거-추측	팔았겠습니다	팔았겠습디다
	미래-추측/의지/가능	팔겠습니다, 파렵니다, 팔 겁니다, 팔 수 있습니다	팔겠습디다
의문형	현재	팝니까?	팝디까?
	과거	팔았습니까?	팔았습디까?
	과거-경험	팔았었습니까?	팔았었습디까?
	미래-추측/의지/가능	팔겠습니까? 파렵니까? 팔 겁니까? 파리이까? 팔 수 있겠습니까?	팔겠습디까?
명령형		파시오, 파십시오	
청유형		팝시다, 파십시다	
감탄형		파시는구나!	

상대존대형_예사높임		'-어요'체	'-으오'체
평서형	현재	팔아요, 팔지요, 파세요, 팔래요, 팔걸요, 파는데요, 판대요, 팔게요, 팔잖아요	파오
	현재-진행	팔고 있어요, 팔고 있지요, 팔고 있으세요, 파는 중이에요	팔고 있소
	과거	팔았어요, 팔았지요, 팔았으세요, 팔았잖아요	팔았소
	과거-경험	팔았었어요, 팔았었지요, 팔았었으세요	팔았었소
	과거-추측	팔았겠어요, 팔았겠지요, 팔았겠으세요	팔았겠소
	미래-추측/의지/가능	팔겠어요, 팔겠지요, 팔겠으세요, 팔 수 있어요	팔겠소
의문형	현재	팔아요? 팔지요? 파세요? 파나요? 팔까요? 팔래요? 파는가요? 파는데요? 판대요? 판다면서요? 판다지요?	파오? *팔소?
	과거	팔았어요? 팔았지요? 팔았으세요?	팔았소?
	과거-경험	팔았었어요? 팔았었지요? 팔았었으세요?	팔았었소?
	미래-추측/의지/가능	팔겠어요? 팔겠지요? 팔겠으세요? 파리요? 팔 거예요? 팔 거지요? 팔 수 있겠어요?	팔겠소?
명령형		팔아요, 팔지요, 파세요, 파라니까요	파오, 팔구려
청유형		팔아요, 팔지요, 파세요, 팔자니까요	파오
감탄형		파는군요! 파리요!	파는구려!

상대존대형_예사낮춤		'-어'체	'-네'체
평서형	현재	팔아, 팔지, 팔래, 팔걸, 파는데, 판대, 팔게, 판단다, 팔마, 팔잖아	파네
	현재-진행	팔고 있어, 팔고 있지, 파는 중이야	팔고 있네
	과거-완료	팔았어, 팔았지, 팔았잖아	팔았네
	미래-추측/의지/가능	팔겠어, 팔겠지, 팔 수 있어	팔겠네
의문형	현재	팔아? 팔지? 팔니? 파나? 팔까? 파랴? 팔래? 파는데? 판대? 판다면서? 판다지?	파는가?
	과거	팔았어? 팔았지? 팔았니? 팔았을까? 팔았대? 팔았다면서?	팔았는가?
	미래	팔겠어? 팔겠지? 팔겠니? 파리? 팔 거야? 팔 거지? 팔 거니? 팔 수 있겠어?	팔 건가?
명령형		팔아, 팔지, 파렴, 파려무나, 파라니까	팔게
청유형		팔아, 팔지, 팔자니까	팔세/파세
감탄형		팔아! 팔지! 파리!	파는군! 파는구먼!

상대존대형_아주낮춤		직설체	회상체
평서형	현재	판다	팔더라
	현재-진행	팔고 있다, 파는 중이다	팔고 있더라
	과거-완료	팔았다	팔았더라
	미래-추측/의지/가능	팔겠다, 파리다, 파련다, 팔 거다, 팔 수 있다	팔겠더라
의문형	현재	팔느냐?	팔더냐?
	과거	팔았느냐?	팔았더냐?
	미래	팔겠느냐?	팔겠더냐?
명령형		팔아라	
청유형		팔자	
감탄형		파는구나! 판다! 파는도다!	팔더구나!

연결형	연결어미	의미기능	연결어미
나열	팔고, 팔며	비교	파느니
선택	팔거나, 팔든지, 팔든가	정도	파리만큼
대립	팔아도, 팔지만, 파나, 파는데, 팔면서도, 팔되, 팔지	조건·가정	팔면, 팔거든, 팔거들랑, 팔아야, 판다면, 팔았던들
동시	팔면서, 팔며	상황제시	파는데, 파니, 팔다시피
계기	팔고서, 팔아서, 팔자, 팔자마자	비유	팔듯이
중단·전환	팔다가	비례	팔수록
양보	팔아도, 팔더라도, 팔지라도, 팔지언정, 판들, 판데도, 팔기로서니, 파나마, 팔망정, 팔아 보았자	원인·이유	팔아서, 파니까, 팔느라고, 팔기에, 팔길래, 팔느니만큼, 파는지라, 팔세라, 파므로
목적·의도	팔러, 팔려고, 팔고자	첨가	팔거니와, 팔뿐더러, 파려니와
결과	팔도록, 팔게끔	습관	팔곤

- 살림살이가 어려워져서 차를 팔았다. I sold the car because of economical problems.
- 커피를 파는 곳이 어디예요? Where is coffee sold at?
- 양심을 팔고 살지는 말아야 한다. Should not live without conscientious.

펴다 [펴다, pʰjəda]

'여' 규칙활용, 타동사

to spread, open ; to feel at easy

사동형	*펴히다, 펴게 하다, 펴게 만들다		피동형	*펴히다. 펴게 되다, 펴지다	
관형사형 : 현재-진행		과거-완료	과거-회상	과거-완료-회상	미래-추측/의지
펴는		편	펴던	폈던	펼

인용형 : 평서	의문	명령	청유	명사형	부사형
편다고	펴느냐고	펴라고	펴자고	펴기, 펌	펴, 펴게

상대존대형_아주높임		직설체	회상체
평서형	현재	폅니다	폅디다
	현재-진행	펴고 있습니다, 펴는 중입니다	펴고 있습디다
	과거	폈습니다	폈습디다
	과거-경험	폈었습니다	폈었습디다
	과거-추측	폈겠습니다	폈겠습디다
	미래-추측/의지/가능	펴겠습니다, 펴렵니다, 펼 겁니다, 펼 수 있습니다	펴겠습디다
의문형	현재	폅니까?	폅디까?
	과거	폈습니까?	폈습디까?
	과거-경험	폈었습니까?	폈었습디까?
	미래-추측/의지/가능	펴겠습니까? 펴렵니까? 펼 겁니까? 펴리이까? 펼 수 있겠습니까?	펴겠습디까?
명령형		펴시오, 펴십시오	
청유형		폅시다, 펴십시다	
감탄형		펴시는구나!	

상대존대형_예사높임		'-어요'체	'-으오'체
평서형	현재	펴요, 펴지요, 펴세요, 펼래요, 펼걸요, 펴는데요, 편대요, 펼게요, 펴잖아요	펴오
	현재-진행	펴고 있어요, 펴고 있지요, 펴고 있으세요, 펴는 중이에요	펴고 있소
	과거	폈어요, 폈지요, 폈으세요, 폈잖아요	폈소
	과거-경험	폈었어요, 폈었지요, 폈었으세요	폈었소
	과거-추측	폈겠어요, 폈겠지요, 폈겠으세요	폈겠소
	미래-추측/의지/가능	펴겠어요, 펴겠지요, 펴겠으세요, 펼 수 있어요	펴겠소
의문형	현재	펴요? 펴지요? 펴세요? 펴나요? 펼까요? 펼래요? 펴는가요? 펴는데요? 편대요? 편다면서요? 편다지요?	펴오? *펴소?
	과거	폈어요? 폈지요? 폈으세요?	폈소?
	과거-경험	폈었어요? 폈었지요? 폈었으세요?	폈었소?
	미래-추측/의지/가능	펴겠어요? 펴겠지요? 펴겠으세요? 펴리요? 펼 거예요? 펼 거지요? 펼 수 있겠어요?	펴겠소?
명령형		펴요, 펴지요, 펴세요, 펴라니까요	펴오, 펴구려
청유형		펴요, 펴지요, 펴세요, 펴자니까요	펴오
감탄형		펴는군요! 펴리요!	펴는구려!

상대존대형_예사낮춤		'-어'체	'-네'체
평 서 형	현재	펴, 펴지, 펼래, 펼걸, 펴는데, 편대, 펼게, 편단다, 펴마, 펴잖아	펴네
	현재-진행	펴고 있어, 펴고 있지, 펴는 중이야	펴고 있네
	과거-완료	폈어, 폈지, 폈잖아	폈네
	미래-추측/의지/가능	펴겠어, 펴겠지, 펼 수 있어	펴겠네
의 문 형	현재	펴? 펴지? 펴니? 펴나? 펼까? 펴랴? 펼래? 펴는데? 편대? 편다면서? 편다지?	펴는가?
	과거	폈어? 폈지? 폈니? 폈을까? 폈대? 폈다면서?	폈는가?
	미래	펴겠어? 펴겠지? 펴겠니? 펴리? 펼 거야? 펼 거지? 펼 거니? 펼 수 있겠어?	펼 건가?
명령형		펴, 펴지, 펴렴, 펴려무나, 펴라니까	펴게
청유형		펴, 펴지, 펴자니까	펴세
감탄형		펴! 펴지! 펴리!	펴는군! 펴는구먼!

상대존대형_아주낮춤		직설체	회상체
평 서 형	현재	편다	펴더라
	현재-진행	펴고 있다, 펴는 중이다	펴고 있더라
	과거-완료	폈다	폈더라
	미래-추측/의지/가능	펴겠다, 펴리다, 펴련다, 펼 거다, 펼 수 있다	펴겠더라
의 문 형	현재	펴느냐?	펴더냐?
	과거	폈느냐?	폈더냐?
	미래	펴겠느냐?	펴겠더냐?
명령형		펴라	
청유형		펴자	
감탄형		펴는구나! 편다! 펴는도다!	펴더구나!

연결형	연결어미	의미기능	연결어미
나열	펴고, 펴며	비교	펴느니
선택	펴거나, 펴든지, 펴든가	정도	펴리만큼
대립	펴도, 펴지만, 펴나, 펴는데, 펴면서도, 펴되, 펴지	조건 · 가정	펴면, 펴거든, 펴거들랑, 펴야, 편다면, 폈던들
동시	펴면서, 펴며	상황제시	펴는데, 펴니, 펴다시피
계기	펴고서, 펴서, 펴자, 펴자마자	비유	펴듯이
중단 · 전환	펴다가	비례	펼수록
양보	펴도, 펴더라도, 펼지라도, 펼지언정, 편들, 펴는데도, 펴기로서니, 펴나마, 펼망정, 펴보았자	원인 · 이유	펴서, 펴니까, 펴느라고, 펴기에, 펴길래, 펴느니만큼, 펴는지라, 펼세라, 펴므로
목적 · 의도	펴러, 펴려고, 펴고자	첨가	펴거니와, 펼뿐더러, 펴려니와
결과	펴도록, 펴게끔	습관	펴곤

기본예문

- 그녀는 이부자리를 폈다. She spreaded her blanket.
- 옷의 구김을 펴는 데는 다리미가 필요하다. We need iron to spread the cloth.
- 얘야, 가슴을 펴고 씩씩하게 걸어라. Widen your chest while walking, sonny.

푸다 [푸다, pʰuda]

'우' 불규칙활용, 타동사

to dip out ; to pump ; to scoop out, take out

사동형	*푸히다, 푸게 하다, 푸게 만들다		피동형	*푸히다. 푸게 되다, 퍼지다	
관형사형 : 현재-진행	과거-완료		과거-회상	과거-완료-회상	미래-추측/의지
푸는	푼		푸던	펐던	풀

인용형 : 평서	의문	명령	청유	명사형	부사형
푼다고	푸느냐고	퍼라고	푸자고	푸기, 품	퍼, 푸게

상대존대형_아주높임		직설체	회상체
평서형	현재	품니다	품디다
	현재-진행	푸고 있습니다, 푸는 중입니다	푸고 있습디다
	과거	펐습니다	펐습디다
	과거-경험	펐었습니다	펐었습디다
	과거-추측	펐겠습니다	펐겠습디다
	미래-추측/의지/가능	푸겠습니다, 푸렵니다, 풀 겁니다, 풀 수 있습니다	푸겠습디다
의문형	현재	품니까?	품디까?
	과거	펐습니까?	펐습디까?
	과거-경험	펐었습니까?	펐었습디까?
	미래-추측/의지/가능	푸겠습니까? 푸렵니까? 풀 겁니까? 푸리이까? 풀 수 있겠습니까?	푸겠습디까?
명령형		푸시오, 푸십시오	
청유형		푸시다, 푸십시다	
감탄형		푸시는구나!	

상대존대형_예사높임		'-어요'체	'-으오'체
평서형	현재	퍼요, 푸지요, 푸세요, 풀래요, 풀걸요, 푸는데요, 푼대요, 풀게요, 푸잖아요	푸오
	현재-진행	푸고 있어요, 푸고 있지요, 푸고 있으세요, 푸는 중이에요	푸고 있소
	과거	펐어요, 펐지요, 펐으세요, 펐잖아요	펐소
	과거-경험	펐었어요, 펐었지요, 펐었으세요	펐었소
	과거-추측	펐겠어요, 펐겠지요, 펐겠으세요	펐겠소
	미래-추측/의지/가능	푸겠어요, 푸겠지요, 푸겠으세요, 풀 수 있어요	푸겠소
의문형	현재	퍼요? 푸지요? 푸세요? 푸나요? 풀까요? 풀래요? 푸는가요? 푸는데요? 푼대요? 푼다면서요? 푼다지요?	푸오? *푸소?
	과거	펐어요? 펐지요? 펐으세요?	펐소?
	과거-경험	펐었어요? 펐었지요? 펐었으세요?	펐었소?
	미래-추측/의지/가능	푸겠어요? 푸겠지요? 푸겠으세요? 푸리요? 풀 거예요? 풀 거지요? 풀 수 있겠어요?	푸겠소?
명령형		퍼요, 푸지요, 푸세요, 푸라니까요	푸오, 푸구려
청유형		퍼요, 푸지요, 푸세요, 푸자니까요	푸오
감탄형		푸는군요! 푸리요!	푸는구려!

상대존대형_예사낮춤		'-어'체	'-네'체
평서형	현재	퍼, 푸지, 풀래, 풀걸, 푸는데, 푼대, 풀게, 푼단다, 푸마, 푸잖아	푸네
	현재-진행	푸고 있어, 푸고 있지, 푸는 중이야	푸고 있네
	과거-완료	펐어, 펐지, 펐잖아	펐네
	미래-추측/의지/가능	푸겠어, 푸겠지, 풀 수 있어	푸겠네
의문형	현재	퍼? 푸지? 푸니? 푸나? 풀까? 푸랴? 풀래? 푸는데? 푼대? 푼다면서? 푼다지?	푸는가?
	과거	펐어? 펐지? 펐니? 펐을까? 펐대? 펐다면서?	펐는가?
	미래	푸겠어? 푸겠지? 푸겠니? 푸리? 풀 거야? 풀 거지? 풀 거니? 풀 수 있겠어?	풀 건가?
명령형		퍼, 푸지, 푸렴, 푸려무나, 푸라니까	푸게
청유형		퍼, 푸지, 푸자니까	푸세
감탄형		퍼! 푸지! 푸리!	푸는군! 푸는구먼!

상대존대형_아주낮춤		직설체	회상체
평서형	현재	푼다	푸더라
	현재-진행	푸고 있다, 푸는 중이다	푸고 있더라
	과거-완료	펐다	펐더라
	미래-추측/의지/가능	푸겠다, 푸리다, 푸련다, 풀 거다, 풀 수 있다	푸겠더라
의문형	현재	푸느냐?	푸더냐?
	과거	펐느냐?	펐더냐?
	미래	푸겠느냐?	푸겠더냐?
명령형		퍼라	
청유형		푸자	
감탄형		푸는구나! 푼다! 푸는도다!	푸더구나!

연결형	연결어미	의미기능	연결어미
나열	푸고, 푸며	비교	푸느니
선택	푸거나, 푸든지, 푸든가	정도	푸리만큼
대립	퍼도, 푸지만, 푸나, 푸는데, 푸면서도, 푸되, 푸지	조건 · 가정	푸면, 푸거든, 푸거들랑, 퍼야, 푼다면, 펐던들
동시	푸면서, 푸며	상황제시	푸는데, 푸니, 푸다시피
계기	푸고서, 퍼서, 푸자, 푸자마자	비유	푸듯이
중단 · 전환	푸다가	비례	풀수록
양보	퍼도, 푸더라도, 풀지라도, 풀지언정, 푼들, 푸는데도, 푸기로서니, 푸나마, 풀망정, 퍼보았자	원인 · 이유	퍼서, 푸니까, 푸느라고, 푸기에, 푸길래, 푸느니만큼, 푸는지라, 풀세라, 푸므로
목적 · 의도	푸러, 푸려고, 푸고자	첨가	푸거니와, 풀뿐더러, 푸려니와
결과	푸도록, 푸게끔	습관	푸곤

- 일꾼들을 위해 일부러 밥을 많이 펐다. I intentionally scoop out more rice for the workers.
- 방금 푼 국을 누구에게 줬니? Who did you give the soup that you just took?
- 양수기로 아무리 물을 퍼도 이번 가뭄은 이기기가 어려웠다.
  No matter how hard you pump the water out of the water meter, I think it would be hard to over come this drought.

푸르다 [푸르다, pʰurɪda]

'러' 불규칙활용, 형용사

to be blue ; to be green ; to be young

사동형	*푸르히다, 푸르게 하다, 푸르게 만들다	피동형	*푸르히다. 푸르게 되다, 푸르러지다

관형사형 : 현재-진행	과거-완료	과거-회상	과거-완료-회상	미래-추측/의지
푸른	푸른	푸르던	푸르렀던	푸를

인용형 : 평서	의문	명령	청유	명사형	부사형
푸르다고	푸르냐고	*푸르라고	*푸르자고	푸르기, 푸름	푸르러, 푸르게

상대존대형_아주높임		직설체	회상체
평서형	현재	푸릅니다	푸릅디다
	현재-진행	*푸르고 있습니다, *푸른 중입니다	*푸르고 있습디다
	과거	푸르렀습니다	푸르렀습디다
	과거-경험	푸르렀었습니다	푸르렀었습디다
	과거-추측	푸르렀겠습니다	푸르렀겠습디다
	미래-추측/의지/가능	푸르겠습니다, *푸르렵니다, 푸를 겁니다, 푸를 수 있습니다	푸르겠습디다
의문형	현재	푸릅니까?	푸릅디까?
	과거	푸르렀습니까?	푸르렀습디까?
	과거-경험	푸르렀었습니까?	푸르렀었습디까?
	미래-추측/의지/가능	푸르겠습니까? *푸르렵니까? *푸를 겁니까? *푸르리이까? 푸를 수 있겠습니까?	푸르겠습디까?
명령형		*푸르시오, *푸르십시오	
청유형		*푸릅시다, *푸르십시다	
감탄형		푸르시구나!	

상대존대형_예사높임		'-어요'체	'-으오'체
평서형	현재	푸르러요, 푸르지요, 푸르세요, *푸를래요, 푸를걸요, 푸른데요, 푸르대요, *푸르를게요, 푸르잖아요	푸르오
	현재-진행	*푸르고 있어요, *푸르고 있지요, *푸르고 있으세요, *푸른 중이에요	*푸르고 있소
	과거	푸르렀어요, 푸르렀지요, 푸르렀으세요, 푸르렀잖아요	푸르렀소
	과거-경험	푸르렀었어요, 푸르렀었지요, 푸르렀었으세요	푸르렀었소
	과거-추측	푸르렀겠어요, 푸르렀겠지요, 푸르렀겠으세요	푸르렀겠소
	미래-추측/의지/가능	푸르겠어요, 푸르겠지요, 푸르겠으세요, 푸르을 수 있어요	푸르겠소
의문형	현재	푸르러요? 푸르지요? 푸르세요? 푸르나요? *푸를까요? *푸를래요? 푸른가요? 푸른데요? 푸르대요? 푸르다면서요? 푸르다지요?	푸르오? 푸르소?
	과거	푸르렀어요? 푸르렀지요? 푸르렀으세요?	푸르렀소?
	과거-경험	푸르렀었어요? 푸르렀었지요? 푸르렀었으세요?	푸르렀었소?
	미래-추측/의지/가능	푸르겠어요? 푸르겠지요? 푸르겠으세요? 푸르리요? *푸를 거예요? *푸를 거지요? 푸를 수 있겠어요?	푸르겠소?
명령형		*푸르러요, *푸르지요, *푸르세요, *푸르라니까요	*푸르오, *푸르구려
청유형		*푸르러요, *푸르지요, *푸르세요, *푸르자니까요	*푸르오
감탄형		푸르군요! 푸르리요!	푸르구려!

474

상대존대형_예사낮춤		'-어'체	'-네'체
평서형	현재	푸르러, 푸르지, *푸르럴래, 푸르럴걸, 푸른데, 푸르대, *푸르럴게, 푸르단다, *푸르마, 푸르잖아	푸르네
	현재-진행	*푸르고 있어, *푸르고 있지, *푸른 중이야	*푸르고 있네
	과거-완료	푸르렀어, 푸르렀지, 푸르렀잖아	푸르렀네
	미래-추측/의지/가능	푸르겠어, 푸르겠지, 푸르럴 수 있어	푸르겠네
의문형	현재	푸르러? 푸르지? 푸르니? *푸르나? 푸르럴까? 푸르랴? *푸르럴래? 푸른데? 푸르대? 푸르다면서? 푸르다지?	푸른가?
	과거	푸르렀어? 푸르렀지? 푸르렀니? 푸르렀을까? 푸르렀대? 푸르렀다면서?	푸르렀는가?
	미래	푸르겠어? 푸르겠지? 푸르겠니? 푸르리? *푸르럴 거야? *푸르럴 거지? *푸르럴 거니? 푸르럴 수 있겠어?	*푸르럴 건가?
명령형		*푸르러, *푸르지, *푸르렴, *푸르려무나, *푸르라니까	*푸르게
청유형		*푸르러, *푸르지, *푸르자니까	*푸르세
감탄형		푸르러! 푸르지! 푸르리!	푸르군! 푸르구먼!

상대존대형_아주낮춤		직설체	회상체
평서형	현재	푸르다	푸르더라
	현재-진행	*푸르고 있다, *푸른 중이다	*푸르고 있더라
	과거-완료	푸르렀다	푸르렀더라
	미래-추측/의지/가능	푸르겠다, 푸르리다, *푸르련다, 푸를 거다, 푸를 수 있다	푸르겠더라
의문형	현재	푸르냐?	푸르더냐?
	과거	푸르렀느냐?	푸르렀더냐?
	미래	푸르겠느냐?	푸르겠더냐?
명령형		*푸르러라	
청유형		*푸르자	
감탄형		푸르구나! 푸르다! 푸르도다!	푸르더구나!

연결형	연결어미	의미기능	연결어미
나열	푸르고, 푸르며	비교	*푸르느니
선택	푸르거나, 푸르든지, 푸르든가	정도	푸르리만큼
대립	푸르러도, 푸르지만, 푸르나, 푸른데, 푸르면서도, 푸르되, 푸르지	조건·가정	푸르면, 푸르거든, 푸르거들랑, 푸르러야, 푸르다면, 푸르렀던들
동시	푸르면서, 푸르며	상황제시	푸른데, 푸르니, 푸르다시피
계기	푸르고서, *푸르러서, *푸르자, *푸르자마자	비유	푸르듯이
중단·전환	푸르다가	비례	푸를수록
양보	푸르러도, 푸르더라도, 푸를지라도, 푸를지언정, 푸른들, 푸른데도, 푸르기로서니, 푸르나마, 푸를망정, 푸르러 보았자	원인·이유	푸르러서, 푸르니까, *푸르느라고, 푸르기에, 푸르길래, 푸르니만큼, 푸른지라, 푸를세라, 푸르므로
목적·의도	*푸르러, *푸르려고, *푸르고자	첨가	푸르거니와, 푸를뿐더러, 푸르려니와
결과	푸르도록, 푸르게끔	습관	푸르곤

- 하늘이 바닷물처럼 푸르다. The sky is pure blue like the ocean.
- 산천이 푸른 초목으로 덮여 있다. The mountain was covered with green plants.
- 한국은 산이 푸르고 물이 맑은 나라다.
  In Korea, the mountains are green and the water is clean.

풀다1 [풀다, pʰulda]

to untie ; to undergo ; to solve ; to resolve ; to vent ; to dissolve

사동형	풀리다, 풀게 하다, 풀게 만들다		피동형	풀리다. 풀게 되다, 풀어지다, 풀려지다	

관형사형 : 현재-진행	과거-완료	과거-회상	과거-완료-회상	미래-추측/의지
푸는	푼	풀던	풀었던	풀

인용형 : 평서	의문	명령	청유	명사형	부사형
푼다고	푸느냐고	풀라고	풀자고	풀기, 풂	풀어, 풀게

상대존대형_아주높임		직설체	회상체
평서형	현재	풉니다	풉디다
	현재-진행	풀고 있습니다, 푸는 중입니다	풀고 있습디다
	과거	풀었습니다	풀었습디다
	과거-경험	풀었었습니다	풀었었습디다
	과거-추측	풀었겠습니다	풀었겠습디다
	미래-추측/의지/가능	풀겠습니다, 푸렵니다, 풀 겁니다, 풀 수 있습니다	풀겠습디다
의문형	현재	풉니까?	풉디까?
	과거	풀었습니까?	풀었습디까?
	과거-경험	풀었었습니까?	풀었었습디까?
	미래-추측/의지/가능	풀겠습니까? 푸렵니까? 풀 겁니까? 푸리이까? 풀 수 있겠습니까?	풀겠습디까?
명령형		푸시오, 푸십시오	
청유형		풉시다, 푸십시다	
감탄형		푸시는구나!	

상대존대형_예사높임		'-어요'체	'-으오'체
평서형	현재	풀어요, 풀지요, 푸세요, 풀래요, 풀걸요, 푸는데요, 푼대요, 풀게요, 풀잖아요	푸오
	현재-진행	풀고 있어요, 풀고 있지요, 풀고 있으세요, 푸는 중이에요	풀고 있소
	과거	풀었어요, 풀었지요, 풀었으세요, 풀었잖아요	풀었소
	과거-경험	풀었었어요, 풀었었지요, 풀었었으세요	풀었었소
	과거-추측	풀었겠어요, 풀었겠지요, 풀었겠으세요	풀었겠소
	미래-추측/의지/가능	풀겠어요, 풀겠지요, 풀겠으세요, 풀 수 있어요	풀겠소
의문형	현재	풀어요? 풀지요? 푸세요? 푸나요? 풀까요? 풀래요? 푸는가요? 푸는데요? 푼대요? 푼다면서요? 푼다지요?	푸오? *풀소?
	과거	풀었어요? 풀었지요? 풀었으세요?	풀었소?
	과거-경험	풀었었어요? 풀었었지요? 풀었었으세요?	풀었었소?
	미래-추측/의지/가능	풀겠어요? 풀겠지요? 풀겠으세요? 푸리요? 풀 거예요? 풀 거지요? 풀 수 있겠어요?	풀겠소?
명령형		풀어요, 풀지요, 푸세요, 푸라니까요	푸오, 풀구려
청유형		풀어요, 풀지요, 푸세요, 풀자니까요	푸오
감탄형		푸는군요! 푸리요!	푸는구려!

상대존대형_예사낮춤		'-어'체	'-네'체
평서형	현재	풀어, 풀지, 풀래, 풀걸, 푸는데, 푼대, 풀게, 푼단다, 풀마, 풀잖아	풀네
	현재-진행	풀고 있어, 풀고 있지, 푸는 중이야	풀고 있네
	과거-완료	풀었어, 풀었지, 풀었잖아	풀었네
	미래-추측/의지/가능	풀겠어, 풀겠지, 풀 수 있어	풀겠네
의문형	현재	풀어? 풀지? 풀니? 푸나? 풀까? 푸랴? 풀래? 푸는데? 푼대? 푼다면서? 푼다지?	푸는가?
	과거	풀었어? 풀었지? 풀었니? 풀었을까? 풀었대? 풀었다면서?	풀었는가?
	미래	풀겠어? 풀겠지? 풀겠니? 푸리? 풀 거야? 풀 거지? 풀 거니? 풀 수 있겠어?	풀 건가?
명령형		풀어, 풀지, 푸렴, 푸려무나, 푸라니까	풀게
청유형		풀어, 풀지, 풀자니까	풀세
감탄형		풀어! 풀지! 푸리!	푸는군! 푸는구먼!

상대존대형_아주낮춤		직설체	회상체
평서형	현재	푼다	풀더라
	현재-진행	풀고 있다, 푸는 중이다	풀고 있더라
	과거-완료	풀었다	풀었더라
	미래-추측/의지/가능	풀겠다, 푸리다, 푸련다, 풀 거다, 풀 수 있다	풀겠더라
의문형	현재	풀느냐?	풀더냐?
	과거	풀었느냐?	풀었더냐?
	미래	풀겠느냐?	풀겠더냐?
명령형		풀어라	
청유형		풀자	
감탄형		푸는구나! 푼다! 푸는도다!	풀더구나!

연결형	연결어미	의미기능	연결어미
나열	풀고, 풀며	비교	푸느니
선택	풀거나, 풀든지, 풀든가	정도	푸리만큼
대립	풀어도, 풀지만, 푸나, 푸는데, 풀면서도, 풀되, 풀지	조건·가정	풀면, 풀거든, 풀거들랑, 풀어야, 푼다면, 풀었던들
동시	풀면서, 풀며	상황제시	푸는데, 푸니, 풀다시피
계기	풀고서, 풀어서, 풀자, 풀자마자	비유	풀듯이
중단·전환	풀다가	비례	풀수록
양보	풀어도, 풀더라도, 풀지라도, 풀지언정, 푼들, 푼데도, 풀기로서니, 푸나마, 풀망정, 풀어 보았자	원인·이유	풀어서, 푸니까, 푸느라고, 풀기에, 풀길래, 푸느니만큼, 푸는지라, 풀세라, 풀므로
목적·의도	풀러, 풀려고, 풀고자	첨가	풀거니와, 풀뿐더러, 푸려니와
결과	풀도록, 풀게끔	습관	풀곤

- 이제 보따리를 풀어 보아라. Now open up the case.
- 어떻게든 오해를 푸는 것은 중요하다.
  No matter what, it is important to solve the misunderstandings.
- 전경을 풀어서 수색을 강화했다.
  They enforced the search by releasing the Military Police.

피다 [피다, pʰida]

'이' 규칙활용, 자동사

to flower ; to come out

사동형	피우다, 피게 하다, 피게 만들다		피동형	*피히다. 피게 되다, 피어지다	
관형사형 : 현재-진행	과거-완료		과거-회상	과거-완료-회상	미래-추측/의지
피는	핀		피던	피었던	필

인용형 : 평서	의문	명령	청유	명사형	부사형
핀다고	피느냐고	피라고	피자고	피기, 핌	피어, 피게

상대존대형_아주높임		직설체	회상체
평서형	현재	핍니다	핍디다
	현재-진행	피고 있습니다, 피는 중입니다	피고 있습디다
	과거	피었습니다	피었습디다
	과거-경험	피었었습니다	피었었습디다
	과거-추측	피었겠습니다	피었겠습디다
	미래-추측/의지/가능	피겠습니다, *피렵니다, 필 겁니다, 필 수 있습니다	피겠습디다
의문형	현재	핍니까?	핍디까?
	과거	피었습니까?	피었습디까?
	과거-경험	피었었습니까?	피었었습디까?
	미래-추측/의지/가능	피겠습니까? *피렵니까? *필 겁니까? 피리이까? 필 수 있겠습니까?	피겠습디까?
명령형		?피시오, ?피십시오	
청유형		?핍시다, ?피십시다	
감탄형		피시는구나!	

상대존대형_예사높임		'-어요'체	'-으오'체
평서형	현재	피어요, 피지요, 피세요, *필래요, 필걸요, 피는데요, 핀대요, *필게요, 피잖아요	피오
	현재-진행	피고 있어요, 피고 있지요, 피고 있으세요, 피는 중이에요	피고 있소
	과거	피었어요, 피었지요, 피었으세요, 피었잖아요	피었소
	과거-경험	피었었어요, 피었었지요, 피었었으세요	피었었소
	과거-추측	피었겠어요, 피었겠지요, 피었겠으세요	피었겠소
	미래-추측/의지/가능	피겠어요, 피겠지요, 피겠으세요, 필 수 있어요	피겠소
의문형	현재	피어요? 피지요? 피세요? 피나요? 필까요? *필래요? 피는가요? 피는데요? 핀대요? 핀다면서요? 핀다지요?	피오? *피소?
	과거	피었어요? 피었지요? 피었으세요?	피었소?
	과거-경험	피었었어요? 피었었지요? 피었었으세요?	피었었소?
	미래-추측/의지/가능	피겠어요? 피겠지요? 피겠으세요? 피리요? *필 거예요? *필 거지요? 필 수 있겠어요?	피겠소?
명령형		*피어요, *피지요, *피세요, *피라니까요	*피오, *피구려
청유형		*피어요, *피지요, *피세요, *피자니까요	*피오
감탄형		피는군요! 피리요!	피는구려!

478

상대존대형_예사낮춤		'-어'체	'-네'체
평서형	현재	피어, 피지, 필래, 필걸, 피는데, 핀대, *필게, 핀단다, *피마, 피잖아	피네
	현재-진행	피고 있어, 피고 있지, 피는 중이야	피고 있네
	과거-완료	피었어, 피었지, 피었잖아	피었네
	미래-추측/의지/가능	피겠어, 피겠지, 필 수 있어	피겠네
의문형	현재	피어? 피지? 피니? 피나? 필까? 피랴? 필래? 피는데? 핀대? 피는다면서? 피는다지?	피는가?
	과거	피었어? 피었지? 피었니? 피었을까? 피었대? 피었다면서?	피었는가?
	미래	피겠어? 피겠지? 피겠니? 피리? 필 거야? 필 거지? 필 거니? 필 수 있겠어?	필 건가?
명령형		피어, 피지, 피렴, 피려무나, 피라니까	피게
청유형		피어, 피지, 피자니까	피세
감탄형		피어! 피지! 피리!	피는군! 피는구먼!

상대존대형_아주낮춤		직설체	회상체
평서형	현재	피는다	피더라
	현재-진행	피고 있다, 피는 중이다	피고 있더라
	과거-완료	피었다	피었더라
	미래-추측/의지/가능	피겠다, 피리다, 피련다, 필 거다, 필 수 있다	피겠더라
의문형	현재	피느냐?	피더냐?
	과거	피었느냐?	피었더냐?
	미래	피겠느냐?	피겠더냐?
명령형		피어라	
청유형		피자	
감탄형		피는구나! 피는다! 피는도다!	피더구나!

연결형	연결어미	의미기능	연결어미
나열	피고, 피며	비교	피느니
선택	피거나, 피든지, 피든가	정도	피리만큼
대립	피어도, 피지만, 피나, 피는데, 피면서도, 피되, 피지	조건·가정	피면, 피거든, 피거들랑, 피어야, 핀다면, 피었던들
동시	피면서, 피며	상황제시	피는데, 피니, 피다시피
계기	피고서, 피어서, 피자, 피자마자	비유	피듯이
중단·전환	피다가	비례	필수록
양보	피어도, 피더라도, 필지라도, 필지언정, 핀들, 피는데도, 피기로서니, 피나마, 필망정, 피어 보았자	원인·이유	피어서, 피니까, 피느라고, 피기에, 피길래, 피느니만큼, 피는지라, 필세라, 피므로
목적·의도	*피러, 피려고, *피고자	첨가	피거니와, 필뿐더러, 피려니와
결과	피도록, 피게끔	습관	피곤

• 무궁화가 활짝 피어 있다. The MooGoong flower blossomed entirely.
• 그녀는 얼굴이 활짝 핀 숙녀가 되었다. Her face matured fully.
• 난로가 피어 있어서 실내가 한결 따뜻했다. The fire made the room warmer.

피우다 [피우다, pʰiuda]

'우' 규칙활용, 타동사

to make a fire ; to smoke (tobacco) ; to give off ; to raise (dust), to make (flower)

사동형	*피우히다, 피우게 하다, 피우게 만들다			피동형	*피우히다, 피우게 되다, 피워지다	
관형사형 : 현재-진행		과거-완료	과거-회상		과거-완료-회상	미래-추측/의지
피우는		피운	피우던		피웠던	피울

인용형 : 평서	의문	명령	청유	명사형	부사형
피운다고	피우느냐고	피우라고	피우자고	피우기, 피움	피워, 피우게

상대존대형_아주높임		직설체	회상체
평서형	현재	피웁니다	피웁디다
	현재-진행	피우고 있습니다, 피우는 중입니다	피우고 있습디다
	과거	피웠습니다	피웠습디다
	과거-경험	피웠었습니다	피웠었습디다
	과거-추측	피웠겠습니다	피웠겠습디다
	미래-추측/의지/가능	피우겠습니다, 피우렵니다, 피울 겁니다, 피울 수 있습니다	피우겠습디다
의문형	현재	피웁니까?	피웁디까?
	과거	피웠습니까?	피웠습디까?
	과거-경험	피웠었습니까?	피웠었습디까?
	미래-추측/의지/가능	피우겠습니까? 피우렵니까? 피울 겁니까? 피우리이까? 피울 수 있겠습니까?	피우겠습디까?
명령형		피우시오, 피우십시오	
청유형		피웁시다, 피우십시다	
감탄형		피우시는구나!	

상대존대형_예사높임		'-어요'체	'-으오'체
평서형	현재	피워요, 피우지요, 피우세요, 피울래요, 피울걸요, 피우는데요, 피운대요, 피울게요, 피우잖아요	피우오
	현재-진행	피우고 있어요, 피우고 있지요, 피우고 있으세요, 피우는 중이에요	피우고 있소
	과거	피웠어요, 피웠지요, 피웠으세요, 피웠잖아요	피웠소
	과거-경험	피웠었어요, 피웠었지요, 피웠었으세요	피웠었소
	과거-추측	피웠겠어요, 피웠겠지요, 피웠겠으세요	피웠겠소
	미래-추측/의지/가능	피우겠어요, 피우겠지요, 피우겠으세요, 피울 수 있어요	피우겠소
의문형	현재	피워요? 피우지요? 피우세요? 피우나요? 피울까요? 피울래요? 피우는가요? 피우는데요? 피운대요? 피운다면서요? 피운다지요?	피우오? *피우소?
	과거	피웠어요? 피웠지요? 피웠으세요?	피웠소?
	과거-경험	피웠었어요? 피웠었지요? 피웠었으세요?	피웠었소?
	미래-추측/의지/가능	피우겠어요? 피우겠지요? 피우겠으세요? 피우리요? 피울 거예요? 피울 거지요? 피울 수 있겠어요?	피우겠소?
명령형		피워요, 피우지요, 피우세요, 피우라니까요	피우오, 피우구려
청유형		피워요, 피우지요, 피우세요, 피우자니까요	피우오
감탄형		피우는군요! 피우리요!	피우는구려!

상대존대형_예사낮춤		'-어'체	'-네'체
평서형	현재	피워, 피우지, 피울래, 피울걸, 피우는데, 피운대, 피울게, 피운 단다, 피우마, 피우잖아	피우네
	현재-진행	피우고 있어, 피우고 있지, 피우는 중이야	피우고 있네
	과거-완료	피웠어, 피웠지, 피웠잖아	피웠네
	미래-추측/의지/가능	피우겠어, 피우겠지, 피울 수 있어	피우겠네
의문형	현재	피워? 피우지? 피우니? 피우나? 피울까? 피우랴? 피울래? 피우 는데? 피운대? 피운다면서? 피운다지?	피우는가?
	과거	피웠어? 피웠지? 피웠니? 피웠을까? 피웠대? 피웠다면서?	피웠는가?
	미래	피우겠어? 피우겠지? 피우겠니? 피우리? 피울 거야? 피울 거 지? 피울 거니? 피울 수 있겠어?	피울 건가?
명령형		피워, 피우지, 피우렴, 피우려무나, 피우라니까	피우게
청유형		피워, 피우지, 피우자니까	피우세
감탄형		피워! 피우지! 피우리!	피우는군! 피우는구먼!

상대존대형_아주낮춤		직설체	회상체
평서형	현재	피운다	피우더라
	현재-진행	피우고 있다, 피우는 중이다	피우고 있더라
	과거-완료	피웠다	피웠더라
	미래-추측/의지/가능	피우겠다, 피우리다, 피우련다, 피울 거다, 피울 수 있다	피우겠더라
의문형	현재	피우느냐?	피우더냐?
	과거	피웠느냐?	피웠더냐?
	미래	피우겠느냐?	피우겠더냐?
명령형		피워라	
청유형		피우자	
감탄형		피우는구나! 피운다! 피우는도다!	피우더구나!

연결형	연결어미	의미기능	연결어미
나열	피우고, 피우며	비교	피우느니
선택	피우거나, 피우든지, 피우든가	정도	피우리만큼
대립	피워도, 피우지만, 피우나, 피우는데, 피우 면서도, 피우되, 피우지	조건 · 가정	피우면, 피우거든, 피우거들랑, 피워야, 피 운다면, 피웠던들
동시	피우면서, 피우며	상황제시	피우는데, 피우니, 피우다시피
계기	피우고서, 피워서, 피우자, 피우자마자	비유	피우듯이
중단 · 전환	피우다가	비례	피울수록
양보	피워도, 피우더라도, 피울지라도, 피울지언 정, 피운들, 피우는데도, 피우기로서니, 피 우나마, 피울망정, 피워 보았자	원인 · 이유	피워서, 피우니까, 피우느라고, 피우기에, 피우길래, 피우느니만큼, 피우는지라, 피울 세라, 피우므로
목적 · 의도	피우러, 피우려고, 피우고자	첨가	피우거니와, 피울뿐더러, 피우려니와
결과	피우도록, 피우게끔	습관	피우곤

기본예문

- 그녀는 담배를 많이 피우고 있다. She is smoking a lot.
- 그는 우리들에게 공원에서는 불을 피우지 말라고 했다.
  He told us not to make fire at the park.
- 게으름을 피우려면 이곳을 떠나라. Leave this place, if you want to be lazy.

하다2 [하다, hada](원형)

'여' 불규칙활용, 타동사

to do, act, practice, engaged ; to have ; to know ; to play ; to call

사동형	*하히다, 하게 하다, 하게 만들다		피동형	*하히다. 하게 되다, 해지다	
관형사형 : 현재-진행		과거-완료	과거-회상	과거-완료-회상	미래-추측/의지
하는		한	하던	하였던	할

인용형 : 평서		의문	명령	청유	명사형	부사형
한다고		하느냐고	하라고	하자고	하기, 함	하여, 하게

상대존대형_아주높임		직설체	회상체
평서형	현재	합니다	합디다
	현재-진행	하고 있습니다, 하는 중입니다	하고 있습디다
	과거	하였습니다	하였습디다
	과거-경험	하였었습니다	하였었습디다
	과거-추측	하였겠습니다	하였겠습디다
	미래-추측/의지/가능	하겠습니다, 하렵니다, 할 겁니다, 할 수 있습니다	하겠습디다
의문형	현재	합니까?	합디까?
	과거	하였습니까?	하였습디까?
	과거-경험	하였었습니까?	하였었습디까?
	미래-추측/의지/가능	하겠습니까? 하렵니까? 할 겁니까? 하리이까? 할 수 있겠습니까?	하겠습디까?
명령형		하시오, 하십시오	
청유형		합시다, 하십시다	
감탄형		하시는구나!	

상대존대형_예사높임		'-어요'체	'-으오'체
평서형	현재	*하여요, 하지요, 하세요, 할래요, 할걸요, 하는데요, 한대요, 할게요, 하잖아요	하오
	현재-진행	하고 있어요, 하고 있지요, 하고 있으세요, 하는 중이에요	하고 있소
	과거	하였어요, 하였지요, 하였으세요 하였잖아요	하였소
	과거-경험	하였었어요, 하였었지요, 하였었으세요	하였었소
	과거-추측	하였겠어요, 하였겠지요, 하였겠으세요	하였겠소
	미래-추측/의지/가능	하겠어요, 하겠지요, 하겠으세요, 할 수 있어요	하겠소
의문형	현재	*하여요? 하지요? 하세요? 하나요? 할까요? 할래요? 하는가요? 하는데요? 한대요? 한다면서요? 한다지요?	하오? *하소?
	과거	하였어요? 하였지요? 하였으세요?	하였소?
	과거-경험	하였었어요? 하였었지요? 하였었으세요?	하였었소?
	미래-추측/의지/가능	하겠어요? 하겠지요? 하겠으세요? 하리요? 할 거예요? 할 거지요? 할 수 있겠어요?	하겠소?
명령형		하여요, 하지요, 하세요, 하라니까요	하오, 하구려
청유형		하여요, 하지요, 하세요, 하자니까요	하오
감탄형		하는군요! 하리요!	하는구려!

상대존대형_예사낮춤		'-어'체	'-네'체
평서형	현재	*하여, 하지, 할래, 할걸, 하는데, 한대, 할게, 한단다, 하마, 하잖아	하네
	현재-진행	하고 있어, 하고 있지, 하는 중이야	하고 있네
	과거-완료	하였어, 하였지, 하였잖아	하였네
	미래-추측/의지/가능	하겠어, 하겠지, 할 수 있어	하겠네
의문형	현재	*하여? 하지? 하니? 하나? 할까? 하랴? 할래? 하는데? 한대? 한다면서? 한다지?	하는가?
	과거	하였어? 하였지? 하였니? 하였을까? 하였대? 하였다면서?	하였는가?
	미래	하겠어? 하겠지? 하겠니? 하리? 할 거야? 할 거지? 할 거니? 할 수 있겠어?	할 건가?
명령형		*하여, 하지, 하렴, 하려무나, 하라니까	하게
청유형		*하여, 하지, 하자니까	하세
감탄형		*하여! 하지! 하리!	하는군! 하는구먼!

상대존대형_아주낮춤		직설체	회상체
평서형	현재	한다	하더라
	현재-진행	하고 있다, 하는 중이다	하고 있더라
	과거-완료	하였다	하였더라
	미래-추측/의지/가능	하겠다, 하리다, 하련다, 할 거다, 할 수 있다	하겠더라
의문형	현재	하느냐?	하더냐?
	과거	하였느냐?	하였더냐?
	미래	하겠느냐?	하겠더냐?
명령형		하여라	
청유형		하자	
감탄형		하는구나! 한다! 하는도다!	하더구나!

연결형	연결어미	의미기능	연결어미
나열	하고, 하며	비교	하느니
선택	하거나, 하든지, 하든가	정도	하리만큼
대립	하여도, 하지만, 하나, 하는데, 하면서도, 하되, 하지	조건 · 가정	하면, 하거든, 하거들랑, 하여야 한다면, 하였던들
동시	하면서, 하며	상황제시	하는데, 하니, 하다시피
계기	하고서, 하여서, 하자, 하자마자	비유	하듯이
중단 · 전환	하다가	비례	할수록
양보	하여도, 하더라도, 할지라도, 할지언정, 한들, 하는데도, 하기로서니, 하나마, 할망정, 하여	원인 · 이유	하여서, 하니까, 하느라고, 하기에, 하길래, 하느니만큼, 하는지라, 할세라, 하므로
목적 · 의도	하러, 하려고, 하고자	첨가	하거니와, 할뿐더러, 하려니와
결과	하도록, 하게끔	습관	하곤

ㅎ

기본예문

- 그는 학교 다녀오면 숙제부터 하였다.
  He started doing his homework right after he got back from school.
- 2년 전에 유럽여행을 하였던 기억이 난다.
  I remember the time, when I used to travel Europe two years ago.
- 서울에 가기로 약속하였으면 그 약속을 꼭 지키도록 하여라.
  If you made a promise of going to Seoul, please try to keep it.

하다2 [하다, hada](축약형)

'여' 불규칙활용, 타동사

to do, act, practice, engage ; to have ; to know ; to play ; to call

사동형		*하히다, 하게 하다, 하게 만들다		피동형		*하히다. 하게 되다, 해지다

관형사형 : 현재-진행	과거-완료	과거-회상	과거-완료-회상	미래-추측/의지
하는	한	하던	했던	할

인용형 : 평서	의문	명령	청유	명사형	부사형
한다고	하느냐고	하라고	하자고	하기, 함	해, 하게

상대존대형_아주높임		직설체	회상체
평서형	현재	합니다	합디다
	현재-진행	하고 있습니다, 하는 중입니다	하고 있습디다
	과거	했습니다	했습디다
	과거-경험	했었습니다	했었습디다
	과거-추측	했겠습니다	했겠습디다
	미래-추측/의지/가능	하겠습니다, 하렵니다, 할 겁니다, 할 수 있습니다	하겠습디다
의문형	현재	합니까?	합디까?
	과거	했습니까?	했습디까?
	과거-경험	했었습니까?	했었습디까?
	미래-추측/의지/가능	하겠습니까? 하렵니까? 할 겁니까? 하리이까? 할 수 있겠습니까?	하겠습디까?
명령형		하시오, 하십시오	
청유형		합시다, 하십시다	
감탄형		하시는구나!	

상대존대형_예사높임		'-어요'체	'-으오'체
평서형	현재	해요, 하지요, 하세요, 할래요, 할걸요, 하는데요, 한대요, 할게요, 하잖아요	하오
	현재-진행	하고 있어요, 하고 있지요, 하고 있으세요, 하는 중이에요	하고 있소
	과거	했어요, 했지요, 했으세요, 했잖아요	했소
	과거-경험	했었어요, 했었지요, 했었으세요	했었소
	과거-추측	했겠어요, 했겠지요, 했겠으세요	했겠소
	미래-추측/의지/가능	하겠어요, 하겠지요, 하겠으세요, 할 수 있어요	하겠소
의문형	현재	해요? 하지요? 하세요? 하나요? 할까요? 할래요? 하는가요? 하는데요? 한대요? 한다면서요? 한다지요?	하오? *하소?
	과거	했어요? 했지요? 했으세요?	했소?
	과거-경험	했었어요? 했었지요? 했었으세요?	했었소?
	미래-추측/의지/가능	하겠어요? 하겠지요? 하겠으세요? 하리요? 할 거예요? 할 거지요? 할 수 있겠어요?	하겠소?
명령형		해요, 하지요, 하세요, 하라니까요	하오, 하구려
청유형		해요, 하지요, 하세요, 하자니까요	하오
감탄형		하는군요! 하리요!	하는구려!

상대존대형_예사낮춤		'-어'체	'-네'체
평서형	현재	해, 하지, 할래, 할걸, 하는데, 한대, 할게, 한단다, 하마, 하잖아	하네
	현재-진행	하고 있어, 하고 있지, 하는 중이야	하고 있네
	과거-완료	했어, 했지, 했잖아	했네
	미래-추측/의지/가능	하겠어, 하겠지, 할 수 있어	하겠네
의문형	현재	해? 하지? 하니? 하나? 할까? 하랴? 할래? 하는데? 한대? 한다면서? 한다지?	하는가?
	과거	했어? 했지? 했니? 했을까? 했대? 했다면서?	했는가?
	미래	하겠어? 하겠지? 하겠니? 하리? 할 거야? 할 지지? 할 거니? 할 수 있겠어?	할 건가?
명령형		해, 하지, 하렴, 하려무나, 하라니까	하게
청유형		해, 하지, 하자니까	하세
감탄형		해! 하지! 하리!	하는군! 하는구먼!

상대존대형_아주낮춤		직설체	회상체
평서형	현재	한다	하더라
	현재-진행	하고 있다, 하는 중이다	하고 있더라
	과거-완료	하였다	했더라
	미래-추측/의지/가능	하겠다, 하리다, 하련다, 할 거다, 할 수 있다	하겠더라
의문형	현재	하느냐?	하더냐?
	과거	하였느냐?	했더냐?
	미래	하겠느냐?	하겠더냐?
명령형		해라	
청유형		하자	
감탄형		하는구나! 한다! 하는도다!	하더구나!

연결형	연결어미	의미기능	연결어미
나열	하고, 하며	비교	하느니
선택	하거나, 하는지, 하든가	정도	하리만큼
대립	해도, 하지만, 하나, 하는데, 하면서도, 하되, 하지	조건·가정	하면, 하거든, 하거들랑, 해야, 한다면, 했던들
동시	하면서, 하며	상황제시	하는데, 하니, 하다시피
계기	하고서, 해서, 하자, 하자마자	비유	하듯이
중단·전환	하다가	비례	할수록
양보	해도, 하더라도, 할지라도, 할지언정, 한들, 한데도, 하기로서니, 하나마, 할망정, 해 보았자	원인·이유	해서, 하니까, 하느라고, 하기에, 하길래, 하느니만큼, 하는지라, 할세라, 하므로
목적·의도	하러, 하려고, 하고자	첨가	하거니와, 할뿐더러, 하려니와
결과	하도록, 하게끔	습관	하곤

하얗다 [하야타, hajatha]

'ㅎ' 불규칙활용, 형용사

to be white, be snowy-white

사동형	*하얗히다, 하얗게 하다, 하얗게 만들다		피동형	*하얗히다. 하얗게 되다, 하예지다	

관형사형 : 현재-진행		과거-완료	과거-회상	과거-완료-회상	미래-추측/의지
하얀		하얀	하얗던	하얬던	하얄

인용형 : 평서	의문	명령	청유	명사형	부사형
하얗다고	하야냐고	*하야라고	*하얗자고	하얗기, 하얌	하얘, 하얗게

상대존대형_아주높임		직설체	회상체
평서형	현재	하얗습니다	하얗습디다
	현재-진행	*하얗고 있습니다, *하얀 중입니다	*하얗고 있습디다
	과거	하얬습니다	하얬습디다
	과거-경험	하얬었습니다	하얬었습디다
	과거-추측	하얬겠습니다	하얬겠습디다
	미래-추측/의지/가능	하얗겠습니다, *하야렵니다, 하얄 겁니다, 하얄 수 있습니다	하얗겠습디다
의문형	현재	하얗습니까?	하얗습디까?
	과거	하얬습니까?	하얬습디까?
	과거-경험	하얬었습니까?	하얬었습디까?
	미래-추측/의지/가능	하얗겠습니까? *하야렵니까? *하얄 겁니까? *하야리이까? *하얄 수 있겠습니까?	하얗겠습디까?
명령형		*하야시오, *하야십시오	
청유형		*하얍시다, *하야십시다	
감탄형		하야시구나!	

상대존대형_예사높임		'-어요'체	'-으오'체
평서형	현재	하얘요, 하얗지요, 하야세요, *하얄래요, 하얄걸요, 하얀데요, 하얗대요, *하얄게요, 하얗잖아요	하야오
	현재-진행	*하얗고 있어요, *하얗고 있지요, *하얗고 있으세요, 하얀 중이에요	*하얗고 있소
	과거	하얬어요, 하얬지요, 하얬으세요, 하얬잖아요	하얬소
	과거-경험	하얬었어요, 하얬었지요, 하얬었으세요	하얬었소
	과거-추측	하얬겠어요, 하얬겠지요, 하얬겠으세요	하얬겠소
	미래-추측/의지/가능	하얗겠어요, 하얗겠지요, 하얗겠으세요, 하얄 수 있어요	하얗겠소
의문형	현재	하얘요? 하얗지요? 하야세요? 하얄나요? 하얄까요? *하얄래요? 하얀가요? 하얀데요? 하얗대요? 하얗다면서요? 하얗다지요?	하야오? 하얗소?
	과거	하얬어요? 하얬지요? 하얬으세요?	하얬소?
	과거-경험	하얬었어요? 하얬었지요? 하얬었으세요?	하얬었소?
	미래-추측/의지/가능	하얗겠어요? 하얗겠지요? 하얗겠으세요? 하야리요? *하얄 거예요? *하얄 거지요? 하얄 수 있겠어요?	하얗겠소?
명령형		*하얘요, *하얗지요, *하세요, *하야라니까요	*하야오, *하얗구려
청유형		*하얘요, *하얗지요, *하세요, *하얗자니까요	*하야오
감탄형		하얗군요! 하야리요!	하얗구려!

상대존대형_예사낮춤		'-어'체	'-네'체
평서형	현재	하얘, 하얗지, *하얄래, 하얄걸, 하얀데, 하얗대, *하얗게, 하얗단다, *하야마, 하얗잖아	하얗네
	현재-진행	*하얗고 있어, *하얗고 있지, *하얀 중이야	*하얗고 있네
	과거-완료	하얬어, 하얬지, 하얬잖아	하얬네
	미래-추측/의지/가능	하얗겠어, 하얗겠지, 하얄 수 있어	하얗겠네
의문형	현재	하얘? 하얗지? 하야니? 하야나? 하얄까? *하야랴? *하얄래? 하얀데? 하얗대? 하얗다면서? 하얗다지?	하얀가?
	과거	하얬어? 하얬지? 하얬니? 하얬을까? 하얬대? 하얬다면서?	하얬는가?
	미래	하얗겠어? 하얗겠지? 하얗겠니? *하야리? *하얄 거야? *하얄 거지? *하얄 거니? *하얄 수 있겠어?	하얄 건가?
명령형		*하얘, *하얗지, *하야렴, *하야려무나, *하야라니까	*하얗게
청유형		*하얘, *하얗지, *하얗자니까	*하얗세
감탄형		하얘! 하얗지! *하야리!	하얗군! 하얗구먼!

상대존대형_아주낮춤		직설체	회상체
평서형	현재	하얗다	하얗더라
	현재-진행	*하얗고 있다, *하얀 중이다	*하얗고 있더라
	과거-완료	하얬다	하얬더라
	미래-추측/의지/가능	하얗겠다, *하야리다, *하야련다, *하얄 거다, 하얄 수 있다	하얗겠더라
의문형	현재	하얗느냐?	하얗더냐?
	과거	하얬었느냐?	하얬었더냐?
	미래	하얗겠느냐?	하얗겠더냐?
명령형		*하얘라	
청유형		*하얗자	
감탄형		하얗구나! 하얗다! 하얗도다!	하얗더구나!

연결형	연결어미	의미기능	연결어미
나열	하얗고, 하야며	비교	*하얗느니/하얗다느니
선택	하얗거나, 하얗든지, 하얗든가	정도	하야리만큼
대립	하얘도, 하얗지만, 하야나, 하얀데, 하야면서도, 하얗되, 하얗지	조건·가정	하야면, 하얗거든, 하얗거들랑, 하얘야, 하얗다면, 하얬던들
동시	하야면서, 하야며	상황제시	하얀데, 하야니, *하얗다시피
계기	*하얗고서, *하얘서, *하얗자, *하얗자마자	비유	하얗듯이
중단·전환	하얗다가	비례	하얄수록
양보	하얘도, 하얗더라도, 하얄지라도, 하얄지언정, 하얀들, 하얀데도, 하얗기로서니, 하야나마, 하얄망정, 하얘 보았자	원인·이유	하얘서, 하야니까, *하얗느라고, 하얗기에, 하얗길래, 하야니만큼, 하얀지라, 하얄세라, 하야므로
목적·의도	*하야러, *하야려고, *하얗고자	첨가	하얗거니와, 하얄뿐더러, 하야려니와
결과	하얗도록, 하얗게끔	습관	하얗곤

핥다 [할따, halt'a]

'자음' 규칙활용, 타동사

to lick, lap

사동형	*핥히다, 핥게 하다, 핥게 만들다		피동형	*핥히다. 핥게 되다, 핥어지다	

관형사형 : 현재-진행	과거-완료	과거-회상	과거-완료-회상	미래-추측/의지
핥는	핥은	핥던	핥았던	핥을

인용형 : 평서	의문	명령	청유	명사형	부사형
핥는다고	핥느냐고	핥으라고	핥자고	핥기, 핥음	핥아, 핥게

상대존대형_아주높임		직설체	회상체
평서형	현재	핥습니다	핥습디다
	현재-진행	핥고 있습니다, 핥는 중입니다	핥고 있습디다
	과거	핥았습니다	핥았습디다
	과거-경험	핥았었습니다	핥았었습디다
	과거-추측	핥았겠습니다	핥았겠습디다
	미래-추측/의지/가능	핥겠습니다, 핥으렵니다, 핥을 겁니다, 핥을 수 있습니다	핥겠습디다
의문형	현재	핥습니까?	핥습디까?
	과거	핥았습니까?	핥았습디까?
	과거-경험	핥았었습니까?	핥았었습디까?
	미래-추측/의지/가능	핥겠습니까? 핥으렵니까? 핥을 겁니까? 핥으리이까? 핥을 수 있겠습니까?	핥겠습디까?
명령형		핥으시오, 핥으십시오	
청유형		핥읍시다, 핥으십시다	
감탄형		핥으시는구나!	

상대존대형_예사높임		'-어요'체	'-으오'체
평서형	현재	핥어요, 핥지요, 핥으세요, 핥을래요, 핥을걸요, 핥는데요, 핥는대요, 핥을게요, 핥잖아요	핥으오
	현재-진행	핥고 있어요, 핥고 있지요, 핥고 있으세요, 핥는 중이에요	핥고 있소
	과거	핥았어요, 핥았지요, 핥았으세요, 핥았잖아요	핥았소
	과거-경험	핥았었어요, 핥았었지요, 핥았었으세요	핥았었소
	과거-추측	핥았겠어요, 핥았겠지요, 핥았겠으세요	핥았겠소
	미래-추측/의지/가능	핥겠어요, 핥겠지요, 핥겠으세요, 핥을 수 있어요	핥겠소
의문형	현재	핥어요? 핥지요? 핥으세요? 핥나요? 핥을까요? 핥을래요? 핥는가요? 핥는데요? 핥는대요? 핥는다면서요? 핥는다지요?	핥으오? 핥소?
	과거	핥았어요? 핥았지요? 핥았으세요?	핥았소?
	과거-경험	핥았었어요? 핥았었지요? 핥았었으세요?	핥았었소?
	미래-추측/의지/가능	핥겠어요? 핥겠지요? 핥겠으세요? 핥으리요? 핥을 거예요? 핥을 거지요? 핥을 수 있겠어요?	핥겠소?
명령형		핥어요, 핥지요, 핥으세요, 핥으라니까요	핥으오, 핥구려
청유형		핥어요, 핥지요, 핥으세요, 핥자니까요	핥으오
감탄형		핥는군요! 핥으리요!	핥는구려!

상대존대형_예사낮춤		'-어'체	'-네'체
평서형	현재	핥어, 핥지, 핥을래, 핥을걸, 핥는데, 핥는대, 핥을게, 핥는단다, 핥으마, 핥잖아	핥네
	현재-진행	핥고 있어, 핥고 있지, 핥는 중이야	핥고 있네
	과거-완료	핥았어, 핥았지, 핥았잖아	핥았네
	미래-추측/의지/가능	핥겠어, 핥겠지, 핥을 수 있어	핥겠네
의문형	현재	핥어? 핥지? 핥니? 핥나? 핥을까? 핥으랴? 핥을래? 핥는데? 핥는대? 핥는다면서? 핥는다지?	핥는가?
	과거	핥았어? 핥았지? 핥았니? 핥았을까? 핥았대? 핥았다면서?	핥았는가?
	미래	핥겠어? 핥겠지? 핥겠니? 핥으리? 핥을 거야? 핥을 거지? 핥을 거니? 핥을 수 있겠어?	핥을 건가?
명령형		핥어, 핥지, 핥으렴, 핥으려무나, 핥으라니까	핥게
청유형		핥어, 핥지, 핥자니까	핥세
감탄형		핥어! 핥지! 핥으리!	핥는군! 핥는구먼!

상대존대형_아주낮춤		직설체	회상체
평서형	현재	핥는다	핥더라
	현재-진행	핥고 있다, 핥는 중이다	핥고 있더라
	과거-완료	핥았다	핥았더라
	미래-추측/의지/가능	핥겠다, 핥으리다, 핥으련다, 핥을 거다, 핥을 수 있다	핥겠더라
의문형	현재	핥느냐?	핥더냐?
	과거	핥았느냐?	핥았더냐?
	미래	핥겠느냐?	핥겠더냐?
명령형		핥어라	
청유형		핥자	
감탄형		핥는구나! 핥는다! 핥는도다!	핥더구나!

연결형	연결어미	의미기능	연결어미
나열	핥고, 핥으며	비교	핥느니
선택	핥거나, 핥든지, 핥든가	정도	핥으리만큼
대립	핥어도, 핥지만, 핥으나, 핥는데, 핥으면서도, 핥되, 핥지	조건·가정	핥으면, 핥거든, 핥거들랑, 핥어야, 핥는다면, 핥았던들
동시	핥으면서, 핥으며	상황제시	핥는데, 핥으니, 핥다시피
계기	핥고서, 핥어서, 핥자, 핥자마자	비유	핥듯이
중단·전환	핥다가	비례	핥을수록
양보	핥어도, 핥더라도, 핥을지라도, 핥을지언정, 핥은들, 핥는데도, 핥기로서니, 핥으나마, 핥을망정, 핥어 보았자	원인·이유	핥어서, 핥으니까, 핥느라고, 핥기에, 핥길래, 핥느니만큼, 핥는지라, 핥을세라, 핥으므로
목적·의도	핥으러, 핥으려고, 핥고자	첨가	핥거니와, 핥을뿐더러, 핥으려니와
결과	핥도록, 핥게끔	습관	핥곤

489

향기롭다 [향기롭따, hjaŋkiropt'a]

'ㅂ' 불규칙활용, 형용사

to be fragrant, be aromatic, be sweet-smelling

사동형	*향기롭히다, 향기롭게 하다, 향기롭게 만들다	피동형	*향기롭히다. 향기롭게 되다, 향기로워지다

관형사형 : 현재-진행	과거-완료	과거-회상	과거-완료-회상	미래-추측/의지
향기로운	향기로운	향기롭던	향기로웠던	향기로울

인용형 : 평서	의문	명령	청유	명사형	부사형
향기롭다고	향기로우냐고	향기로우라고	향기롭자고	향기롭기, 향기로움	향기로워, 향기롭게

상대존대형_아주높임		직설체	회상체
평서형	현재	향기롭습니다	향기롭습디다
	현재-진행	*향기롭고 있습니다, *향기로운 중입니다	*향기롭고 있습디다
	과거	향기로웠습니다	향기로웠습디다
	과거-경험	향기로웠었습니다	향기로웠었습디다
	과거-추측	향기로웠겠습니다	향기로웠겠습디다
	미래-추측/의지/가능	향기롭겠습니다, *향기로우렵니다, 향기로울 겁니다, 향기로울 수 있습니다	향기롭겠습디다
의문형	현재	향기롭습니까?	향기롭습디까?
	과거	향기로웠습니까?	향기로웠습디까?
	과거-경험	향기로웠었습니까?	향기로웠었습디까?
	미래-추측/의지/가능	향기롭겠습니까? *향기로우렵니까? *향기로울 겁니까? *향기로우리이까? 향기로울 수 있겠습니까?	향기롭겠습디까?
명령형		*향기로우시오, *향기로우십시오	
청유형		향기로웁시다, *향기로우십시다	
감탄형		향기로우시구나!	

상대존대형_예사높임		'-어요'체	'-으오'체
평서형	현재	향기로워요, 향기롭지요, 향기로우세요, *향기로울래요, 향기로울걸요, 향기로운데요, 향기롭대요, *향기로울게요, 향기롭잖아요	향기로우오
	현재-진행	*향기롭고 있어요, *향기롭고 있지요, *향기롭고 있으세요, *향기로운 중이에요	*향기롭고 있소
	과거	향기로웠어요, 향기로웠지요, 향기로웠으세요, 향기로웠잖아요	향기로웠소
	과거-경험	향기로웠었어요, 향기로웠었지요, 향기로웠었으세요	향기로웠었소
	과거-추측	향기로웠겠어요, 향기로웠겠지요, 향기로웠겠으세요	향기로웠겠소
	미래-추측/의지/가능	향기롭겠어요, 향기롭겠지요, 향기롭겠으세요, 향기로울 수 있어요	향기롭겠소
의문형	현재	향기로워요? 향기롭지요? 향기로우세요? 향기롭나요? 향기로울까요? *향기로울래요? 향기로운가요? 향기로운데요? 향기롭대요? 향기롭다면서요? 향기롭다지요?	향기로우오? 향기롭소?
	과거	향기로웠어요? 향기로웠지요? 향기로웠으세요?	향기로웠소?
	과거-경험	향기로웠었어요? 향기로웠었지요? 향기로웠었으세요?	향기로웠었소?
	미래-추측/의지/가능	향기롭겠어요? 향기롭겠지요? 향기롭겠으세요? 향기로우리요? *향기로울 거예요? *향기로울 거지요? 향기로울 수 있겠어요?	향기롭겠소?
명령형		*향기로워요, *향기롭지요, *향기로우세요, *향기로우라니까요	*향기로우오, *향기롭구려
청유형		향기로워요, 향기롭지요, 향기로우세요, 향기롭자니까요	*향기로우오
감탄형		향기롭군요! 향기로우리요!	향기롭구려!

상대존대형_예사낮춤		'-어'체	'-네'체
평서형	현재	향기로워, 향기롭지, *향기로울래, 향기로울걸, 향기로운데, 향기롭대, *향기로울게, 향기롭단다, *향기로우마, 향기롭잖아	향기롭네
	현재-진행	*향기롭고 있어, *향기롭고 있지, *향기로운 중이야	*향기롭고 있네
	과거-완료	향기로웠어, 향기로웠지, 향기로웠잖아	향기로웠네
	미래-추측/의지/가능	향기롭겠어, 향기롭겠지, 향기로울 수 있어	향기롭겠네
의문형	현재	향기로워? 향기롭지? 향기롭니? 향기롭나? 향기로울까? 향기로우랴? *향기로울래? 향기로운데? 향기롭대? 향기롭다면서? 향기롭다지?	향기로운가?
	과거	향기로웠어? 향기로웠지? 향기로웠니? 향기로웠을까? 향기로웠대? 향기로웠다면서?	향기로웠는가?
	미래	향기롭겠어? 향기롭겠지? 향기롭겠니? 향기로우리? *향기로울 거야? *향기로울 거지? *향기로울 거니? 향기로울 수 있겠어?	향기로울 건가?
명령형		*향기로워, *향기롭지, *향기로우렴, *향기로우려무나, *향기로우라니까	*향기롭게
청유형		*향기로워, *향기롭지, *향기롭자니까	*향기롭세
감탄형		향기로워! 향기롭지! 향기로우리!	향기롭군! 향기롭구먼!

상대존대형_아주낮춤		직설체	회상체
평서형	현재	향기롭다	향기롭더라
	현재-진행	*향기롭고 있다, *향기루운 중이다	*향기롭고 있더라
	과거-완료	향기로웠다	향기로웠더라
	미래-추측/의지/가능	향기롭겠다, 향기로우리다, *향기로우련다, 향기로울 거다, 향기로울 수 있다	향기롭겠더라
의문형	현재	향기로우냐?	향기롭더냐?
	과거	향기로웠느냐?	향기로웠더냐?
	미래	향기롭겠느냐?	향기롭겠더냐?
명령형		*향기로워라	
청유형		*향기롭자	
감탄형		향기롭구나! 향기롭다! 향기롭도다!	향기롭더구나!

연결형	연결어미	의미기능	연결어미
나열	향기롭고, 향기로우며	비교	*향기롭느니
선택	향기롭거나, 향기롭든지, 향기롭든가	정도	향기로우리만큼
대립	향기로워도, 향기롭지만, 향기로우나, 향기로운데, 향기로우면서도, 향기롭되, 향기롭지	조건 · 가정	향기로우면, 향기롭거든, 향기롭거들랑, 향기로워야, 향기롭다면, 향기로웠던들
동시	향기로우면서, 향기로우며	상황제시	향기로운데데, 향기로우니, *향기롭다시피
계기	*향기롭고서, *향기로워서, *향기롭자, *향기롭자마자	비유	향기롭듯이
중단 · 전환	향기롭다가	비례	향기로울수록
양보	향기로워도, 향기롭더라도, 향기로울지라도, 향기로울지언정, 향기로운들, 향기로운데도, 향기롭기로서니, 향기로우나마, 향기로올망정, 향기로워 보았자	원인 · 이유	향기로워서, 향기로우니까, *향기롭느라고, 향기롭기에, 향기롭길래, 향기로우니만큼, 향기로운지라, 향기로울세라, 향기로우므로
목적 · 의도	*향기로우러, *향기로우려고, *향기롭고자	첨가	향기롭거니와, 향기로울뿐더러, 향기로우려니와
결과	향기롭도록, 향기롭게끔	습관	향기롭곤

<table>
<tr><td rowspan="3">기본
예문</td><td>• 난초꽃이 매우 향기롭구나. The fragrance of the orchid is very aromatic.</td></tr>
<tr><td>• 향기로운 냄새가 풍겨왔다. It was filled with fragrance.</td></tr>
<tr><td>• 당신의 목소리는 향기롭고 아름답습니다. Your voice is very sweat and beautiful.</td></tr>
</table>

491

훔치다1 [훔치다, humchida]

to streal ; to pilfer, rob

사동형	*훔치히다, 훔치게 하다, 훔치게 만들다		피동형		훔치히다. 훔치게 되다, 훔쳐지다	
관형사형 : 현재-진행		과거-완료		과거-회상	과거-완료-회상	미래-추측/의지
훔치는		훔친		훔치던	훔쳤던	훔칠

인용형 : 평서	의문	명령	청유	명사형	부사형
훔친다고	훔치느냐고	훔치라고	훔치자고	훔치기, 훔침	훔쳐, 훔치게

상대존대형_아주높임		직설체	회상체
평서형	현재	훔칩니다	훔칩디다
	현재-진행	훔치고 있습니다, 훔치는 중입니다	훔치고 있습디다
	과거	훔쳤습니다	훔쳤습디다
	과거-경험	훔쳤었습니다	훔쳤었습디다
	과거-추측	훔쳤겠습니다	훔쳤겠습디다
	미래-추측/의지/가능	훔치겠습니다, 훔치렵니다, 훔칠 겁니다, 훔칠 수 있습니다	훔치겠습디다
의문형	현재	훔칩니까?	훔칩디까?
	과거	훔쳤습니까?	훔쳤습디까?
	과거-경험	훔쳤었습니까?	훔쳤었습디까?
	미래-추측/의지/가능	훔치겠습니까? 훔치렵니까? 훔칠 겁니까? 훔치리이까? 훔칠 수 있겠습니까?	훔치겠습디까?
명령형		훔치시오, 훔치십시오	
청유형		훔칩시다, 훔치십시다	
감탄형		훔치시는구나!	

상대존대형_예사높임		'-어요'체	'-으오'체
평서형	현재	훔쳐요, 훔치지요, 훔치세요, 훔칠래요, 훔칠걸요, 훔치는데요, 훔친대요, 훔칠게요, 훔치잖아요	훔치오
	현재-진행	훔치고 있어요, 훔치고 있지요, 훔치고 있으세요, 훔치는 중이에요	훔치고 있소
	과거	훔쳤어요, 훔쳤지요, 훔쳤으세요, 훔쳤잖아요	훔쳤소
	과거-경험	훔쳤었어요, 훔쳤었지요, 훔쳤었으세요	훔쳤었소
	과거-추측	훔쳤겠어요, 훔쳤겠지요, 훔쳤겠으세요	훔쳤겠소
	미래-추측/의지/가능	훔치겠어요, 훔치겠지요, 훔치겠으세요, 훔칠 수 있어요	훔치겠소
의문형	현재	훔쳐요? 훔치지요? 훔치세요? 훔치나요? 훔칠까요? 훔칠래요? 훔치는가요? 훔치는데요? 훔친대요? 훔친다면서요? 훔친다지요?	훔치오? *훔치소?
	과거	훔쳤어요? 훔쳤지요? 훔쳤으세요?	훔쳤소?
	과거-경험	훔쳤었어요? 훔쳤었지요? 훔쳤었으세요?	훔쳤었소?
	미래-추측/의지/가능	훔치겠어요? 훔치겠지요? 훔치겠으세요? 훔치리요? 훔칠 거예요? 훔칠 거지요? 훔칠 수 있겠어요?	훔치겠소?
명령형		훔쳐요, 훔치지요, 훔치세요, 훔치라니까요	훔치오, 훔치구려
청유형		훔쳐요, 훔치지요, 훔치세요, 훔치자니까요	훔치오
감탄형		훔치는군요! 훔치리요!	훔치는구려!

상대존대형_예사낮춤		'-어'체	'-네'체
평서형	현재	훔쳐, 훔치지, 훔칠래, 훔칠걸, 훔치는데, 훔친대, 훔칠게, 훔친단다, 훔치마, 훔치잖아	훔치네
	현재-진행	훔치고 있어, 훔치고 있지, 훔치는 중이야	훔치고 있네
	과거-완료	훔쳤어, 훔쳤지, 훔쳤잖아	훔쳤네
	미래-추측/의지/가능	훔치겠어, 훔치겠지, 훔칠 수 있어	훔치겠네
의문형	현재	훔쳐? 훔치지? 훔치니? 훔치나? 훔칠까? 훔치랴? 훔칠래? 훔치는데? 훔친대? 훔친다면서? 훔친다지?	훔치는가?
	과거	훔쳤어? 훔쳤지? 훔쳤니? 훔쳤을까? 훔쳤대? 훔쳤다면서?	훔쳤는가?
	미래	훔치겠어? 훔치겠지? 훔치겠니? 훔치리? 훔칠 거야? 훔칠 거지? 훔칠 거니? 훔칠 수 있겠어?	훔칠 건가?
명령형		훔쳐, 훔치지, 훔치렴, 훔치려무나, 훔치라니까	훔치게
청유형		훔쳐, 훔치지, 훔치자니까	훔치세
감탄형		훔쳐! 훔치지! 훔치리!	훔치는군! 훔치는구먼!

상대존대형_아주낮춤		직설체	회상체
평서형	현재	훔친다	훔치더라
	현재-진행	훔치고 있다, 훔치는 중이다	훔치고 있더라
	과거-완료	훔쳤다	훔쳤더라
	미래-추측/의지/가능	훔치겠다, 훔치리라, 훔치련다, 훔칠 거다, 훔칠 수 있다	훔치겠더라
의문형	현재	훔치느냐?	훔치더냐?
	과거	훔쳤느냐?	훔쳤더냐?
	미래	훔치겠느냐?	훔치겠더냐?
명령형		훔쳐라	
청유형		훔치자	
감탄형		훔치는구나! 훔친다! 훔치는도다!	훔치더구나!

연결형	연결어미	의미기능	연결어미
나열	훔치고, 훔치며	비교	훔치느니
선택	훔치거나, 훔치든지, 훔치든가	정도	훔치리만큼
대립	훔쳐도, 훔치지만, 훔치나, 훔치는데, 훔치면서도, 훔치되, 훔치지	조건 · 가정	훔치면, 훔치거든, 훔치거들랑, 훔쳐야, 훔친다면, 훔쳤던들
동시	훔치면서, 훔치며	상황제시	훔치는데, 훔치니, 훔치다시피
계기	훔치고서, 훔쳐서, 훔치자, 훔치자마자	비유	훔치듯이
중단 · 전환	훔치다가	비례	훔칠수록
양보	훔쳐도, 훔치더라도, 훔칠지라도, 훔칠지언정, 훔친들, 훔치는데도, 훔치기로서니, 훔치나마, 훔칠망정, 훔쳐 보았자	원인 · 이유	훔쳐서, 훔치니까, 훔치느라고, 훔치기에, 훔치길래, 훔치느니만큼, 훔치는지라, 훔칠세라, 훔치므로
목적 · 의도	훔치러, 훔치려고, 훔치고자	첨가	훔치거니와, 훔칠뿐더러, 훔치려니와
결과	훔치도록, 훔치게끔	습관	훔치곤

- 그는 남의 지갑을 훔쳤다. He stole the man's wallet.
- 먼지를 훔쳐낸 걸레는 반드시 빨아 놓아라. Wash the mop that wiped the dust.
- 강도가 은행에서 돈을 훔쳐 달아났다. The thief robbed money from the bank and ran away.

흐르다 [흐르다, hərïda]

'르' 불규칙활용, 자동사

to flow, stream, run (down) ; to float ; to incline

사동형	흘리다, 흐르게 하다, 흐르게 만들다		피동형	*흘리다, 흐르게 되다, 흘러지다	

관형사형 : 현재-진행	과거-완료	과거-회상	과거-완료-회상	미래-추측/의지
흐르는	흐른	흐르던	흘렀던	흐를

인용형 : 평서	의문	명령	청유	명사형	부사형
흐른다고	흐르느냐고	흐르라고	흐르자고	흐르기, 흐름	흘러, 흐르게

상대존대형_아주높임		직설체	회상체
평서형	현재	흐릅니다	흐릅디다
	현재-진행	흐르고 있습니다, 흐르는 중입니다	흐르고 있습디다
	과거	흘렀습니다	흘렀습디다
	과거-경험	흘렀었습니다	흘렀었습디다
	과거-추측	흘렀겠습니다	흘렀겠습디다
	미래-추측/의지/가능	흐르겠습니다, 흐르렵니다, 흐를 겁니다, 흐를 수 있습니다	흐르겠습디다
의문형	현재	흐릅니까?	흐릅디까?
	과거	흘렀습니까?	흘렀습디까?
	과거-경험	흘렀었습니까?	흘렀었습디까?
	미래-추측/의지/가능	흐르겠습니까? *흐르렵니까? *흐를 겁니까? *흐르리이까? 흐를 수 있겠습니까?	흐르겠습디까?
명령형		*흐르시오, *흐르십시오	
청유형		*흐릅시다, *흐르십시다	
감탄형		흐르시는구나!	

상대존대형_예사높임		'-어요'체	'-으오'체
평서형	현재	흘러요, 흐르지요, 흐르세요, *흐를래요, 흐를걸요, 흐르는데요, 흐른대요, *흐를게요, 흐르잖아요	흐르오
	현재-진행	흐르고 있어요, 흐르고 있지요, 흐르고 있세요, 흐르는 중이에요	흐르고 있소
	과거	흘렀어요, 흘렀지요, 흘렀으세요, 흘렀잖아요	흘렀소
	과거-경험	흘렀었어요, 흘렀었지요, 흘렀었으세요	흘렀었소
	과거-추측	흘렀겠어요, 흘렀겠지요, 흘렀겠으세요	흘렀겠소
	미래-추측/의지/가능	흐르겠어요, 흐르겠지요, 흐르겠으세요, 흐를 수 있어요	흐르겠소
의문형	현재	흘러요? 흐르지요? 흐르세요? 흐르나요? 흐를까요? *흐를래요? 흐르는가요? 흐르는데요? 흐른대요? 흐른다면서요? 흐른다지요?	흐르오? *흐르소?
	과거	흘렀어요? 흘렀지요? 흘렀으세요?	흘렀소?
	과거-경험	흘렀었어요? 흘렀었지요? 흘렀었으세요?	흘렀었소?
	미래-추측/의지/가능	흐르겠어요? 흐르겠지요? 흐르겠으세요? 흐르리요? *흐를 거예요? *흐를 거지요? 흐를 수 있겠어요?	흐르겠소?
명령형		*흘러요, *흐르지요, *흐르세요, *흐르라니까요	*흐르오, *흐르구려
청유형		*흘러요, *흐르지요, *흐르세요, *흐르자니까요	*흐르오
감탄형		흐르는군요! 흐르리요!	흐르는구려!

상대존대형_예사낮춤		'-어'체	'-네'체
평서형	현재	흘러, 흐르지, *흐를래, 흐를걸, 흐르는데, 흐른대, *흐를게, 흐른단다, *흐르마, 흐르잖아	흐르네
	현재-진행	흐르고 있어, 흐르고 있지, 흐르는 중이야	흐르고 있네
	과거-완료	흘렀어, 흘렀지, 흘렀잖아	흘렀네
	미래-추측/의지/가능	흐르겠어, 흐르겠지, 흐를 수 있어	흐르겠네
의문형	현재	흘러? 흐르지? 흐르니? 흐르나? 흐를까? 흐르랴? *흐를래? 흐르는데? 흐른대? 흐른다면서? 흐른다지?	흐르는가?
	과거	흘렀어? 흘렀지? 흘렀니? 흘렀을까? 흘렀대? 흘렀다면서?	흘렀는가?
	미래	흐르겠어? 흐르겠지? 흐르겠니? *흐르리? *흐를 거야? *흐를 거지? *흐를 거니? 흐를 수 있겠어?	흐를 건가?
명령형		*흘러, *흐르지, *흐르렴, *흐르려무나, *흐르라니까	*흐르게
청유형		*흘러, *흐르지, *흐르자니까	*흐르세
감탄형		흘러! 흐르지! 흐르리!	흐르는군! 흐르는구먼!

상대존대형_아주낮춤		직설체	회상체
평서형	현재	흐른다	흐르더라
	현재-진행	흐르고 있다, 흐르는 중이다	흐르고 있더라
	과거-완료	흘렀다	흘렀더라
	미래-추측/의지/가능	흐르겠다, 흐르리다, *흐르련다, 흐를 거다, 흐를 수 있다	흐르겠더라
의문형	현재	흐르느냐?	흐르더냐?
	과거	흘렀느냐?	흘렀더냐?
	미래	흐르겠느냐?	흐르겠더냐?
명령형		흘러라	
청유형		흐르자	
감탄형		흐르는구나! 흐른다! 흐르는도다!	흐르더구나!

연결형		연결어미	의미기능	연결어미
나열		흐르고, 흐르며	비교	흐르느니
선택		흐르거나, 흐르든지, 흐르든가	정도	흐르니만큼
대립		흘러도, 흐르지만, 흐르나, 흐르는데, 흐르면서도, 흐르되, 흐르지	조건·가정	흐르면, 흐르거든, 흐르거들랑, 흘러야, 흐른다면, 흘렀던들
동시		흐르면서, 흐르며	상황제시	흐르는데, 흐르니, 흐르다시피
계기		흐르고서, 흘러서, 흐르자, 흐르자마자	비유	흐르듯이
중단·전환		흐르다가	비례	흐를수록
양보		흘러도, 흐르더라도, 흐를지라도, 흐를지언정, 흐른들, 흐르는데도, 흐르기로서니, 흐르나마, 흐를망정, 흘러 보았자	원인·이유	흘러서, 흐르니까, 흐르느라고, 흐르기에, 흐르길래, 흐르느니만큼, 흐르는지라, 흐를세라, 흐르므로
목적·의도		흐르러, 흐르려고, 흐르고자	첨가	흐르거니와, 흐를뿐더러, 흐르려니와
결과		흐르도록, 흐르게끔	습관	흐르곤

희다 [희다, hida]

'의' 규칙활용, 형용사

to be white, be gray

사동형	*희히다, 희게 하다, 희게 만들다	피동형	*희히다, 희게 되다, 희어지다

관형사형 : 현재-진행	과거-완료	과거-회상	과거-완료-회상	미래-추측/의지
흰	흰	희던	희었던	흴

인용형 : 평서	의문	명령	청유	명사형	부사형
희다고	희냐고	*희라고	*희자고	희기, 흼	희어, 희게

상대존대형_아주높임		직설체	회상체
평서형	현재	흽니다	흽디다
	현재-진행	*희고 있습니다, *흰 중입니다	*희고 있습디다
	과거	희었습니다	희었습디다
	과거-경험	희었었습니다	희었었습디다
	과거-추측	희었겠습니다	희었겠습디다
	미래-추측/의지/가능	희겠습니다, *희렵니다, 흴 겁니다, 흴 수 있습니다	희겠습디다
의문형	현재	흽니까?	흽디까?
	과거	희었습니까?	희었습디까?
	과거-경험	희었었습니까?	희었었습디까?
	미래-추측/의지/가능	희겠습니까? *희렵니까? *흴 겁니까? *희리이까? 흴 수 있겠습니까?	희겠습디까?
명령형		*희시오, *희십시오	
청유형		*흽시다, *희십시다	
감탄형		희시구나!	

상대존대형_예사높임		'-어요'체	'-으오'체
평서형	현재	희어요, 희지요, 희세요, *흴래요, 흴걸요, 흰데요, 희대요, *흴게요, 희잖아요	희으오
	현재-진행	*희고 있어요, *희고 있지요, *희고 있으세요, *흰 중이에요	*희고 있소
	과거	희었어요, 희었지요, 희었으세요, 희었잖아요	희었소
	과거-경험	희었었어요, 희었었지요, 희었었으세요	희었었소
	과거-추측	희었겠어요, 희었겠지요, 희었겠으세요	희었겠소
	미래-추측/의지/가능	희겠어요, 희겠지요, 희겠으세요, 흴 수 있어요	희겠소
의문형	현재	희어요? 희지요? 희세요? 희나요? *흴까요? *흴래요? *흰가요? 흰데요? 희대요? 희다면서요? 희다지요?	희오? *희소?
	과거	희었어요? 희었지요? 희었으세요?	희었소?
	과거-경험	희었었어요? 희었었지요? 희었었으세요?	희었었소?
	미래-추측/의지/가능	희겠어요? 희겠지요? 희겠으세요? 희리요? *흴 거예요? *흴 거지요? 흴 수 있겠어요?	희겠소?
명령형		*희어요, *희지요, *희으세요, *희으라니까요	*희오, *희구려
청유형		*희어요, *희지요, *희으세요, *희자니까요	*희으오
감탄형		희군요! 희으리요!	희구려!

상대존대형_예사낮춤		'-어'체	'-네'체
평서형	현재	희어, 희지, *흴래, 흴걸, 흰데, 희대, *흴게, 희단다, *희마, 희잖아	희네
	현재-진행	*희고 있어, *희고 있지, *흰 중이야	*희고 있네
	과거-완료	희었어, 희었지, 희었잖아	희었네
	미래-추측/의지/가능	희겠어, 희겠지, 흴 수 있어	희겠네
의문형	현재	희어? 희지? 희니? 희나? 흴까? 희랴? *흴래? 흰데? 희대? 희다면서? 희다지?	희은가?
	과거	희었어? 희었지? 희었니? 희었을까? 희었대? 희었다면서?	희었는가?
	미래	희겠어? 희겠지? 희겠니? 희리? *흴 거야? *흴 거지? *흴 거니? 흴 수 있겠어?	흴 건가?
명령형		*희어, *희지, *희렴, *희려무나, *희라니까	*희게
청유형		*희어, *희지, *희자니까	*희세
감탄형		희어! 희지! 희으리!	희군! 희구먼!

상대존대형_아주낮춤		직설체	회상체
평서형	현재	희다	희더라
	현재-진행	*희고 있다, *흰 중이다	*희고 있더라
	과거-완료	희었다	희었더라
	미래-추측/의지/가능	희겠다, 희리다, *희련다, 흴 거다, 흴 수 있다	희겠더라
의문형	현재	희냐?	희더냐?
	과거	희었느냐?	희었더냐?
	미래	희겠느냐?	희겠더냐?
명령형		*희어라	
청유형		*희자	
감탄형		희구나! 희다! 희도다!	희더구나!

연결형	연결어미	의미기능	연결어미
나열	희고, 희며	비교	*희느니
선택	희거나, 희든지, 희든가	정도	희리만큼
대립	희어도, 희지만, 희으나, 흰데, 희면서도, 희되, 희지	조건 · 가정	희면, 희거든, 희거들랑, 희어야, 희다면, 희었던들
동시	희면서, 희며	상황제시	흰데, 희니, 희다시피
계기	*희고서, *희어서, *희자, *희자마자	비유	희듯이
중단 · 전환	희다가	비례	흴수록
양보	희어도, 희더라도, 흴지라도, 흴지언정, 흰들, 흰데도, 희기로서니, 희나마, 희망정, 희어 보았자	원인 · 이유	희어서, 희니까, *희느라고, 희기에, 희길래, 희니만큼, 흰지라, 흴세라, 희므로
목적 · 의도	*희러, *희려고, *희고자	첨가	희거니와, 흴뿐더러, 희려니와
결과	희도록, 희게끔	습관	*희곤

힘들다 [힘들다, himdŭlda]

'ㄹ' 불규칙활용, 형용사

to be hard, be difficult, be stiff ; to be painful

사동형	*힘들히다, 힘들게 하다, 힘들게 만들다		피동형	*힘들히다. 힘들게 되다, 힘들어지다	

관형사형 : 현재-진행		과거-완료	과거-회상	과거-완료-회상	미래-추측/의지
힘든		힘든	힘들던	힘들었던	힘들

인용형 : 평서	의문	명령	청유	명사형	부사형
힘든다고	힘드느냐고	*힘드라고	*힘들자고	힘들기, 힘듦	힘들어, 힘들게

상대존대형_아주높임		직설체	회상체
평서형	현재	힘듭니다	힘듭디다
	현재-진행	*힘들고 있습니다, *힘든 중입니다	*힘들고 있습디다
	과거	힘들었습니다	힘들었습디다
	과거-경험	힘들었었습니다	힘들었었습디다
	과거-추측	힘들었겠습니다	힘들었겠습디다
	미래-추측/의지/가능	힘들겠습니다, *힘들렵니다, 힘들 겁니다, 힘들 수 있습니다	힘들겠습디다
의문형	현재	힘듭니까?	힘듭디까?
	과거	힘들었습니까?	힘들었습디까?
	과거-경험	힘들었었습니까?	힘들었었습디까?
	미래-추측/의지/가능	힘들겠습니까? *힘들렵니까? *힘들 겁니까? *힘들리이까? 힘들 수 있겠습니까?	힘들겠습디까?
명령형		*힘드시오, *힘드십시오	
청유형		*힘듭시다, *힘드십시다	
감탄형		힘드시구나!	

상대존대형_예사높임		'-어요'체	'-으오'체
평서형	현재	힘들어요, 힘들지요, 힘드세요, *힘들래요, 힘들걸요, 힘든데요, 힘들대요, *힘들게요, 힘들잖아요	힘들으오/힘드오
	현재-진행	*힘들고 있어요, *힘들고 있지요, *힘들고 있으세요, *힘든 중이에요	*힘들고 있소
	과거	힘들었어요, 힘들었지요, 힘들었으세요, 힘들었잖아요	힘들었소
	과거-경험	힘들었었어요, 힘들었었지요, 힘들었었으세요	힘들었었소
	과거-추측	힘들었겠어요, 힘들었겠지요, 힘들었겠으세요	힘들었겠소
	미래-추측/의지/가능	힘들겠어요, 힘들겠지요, 힘들겠으세요, 힘들 수 있어요	힘들겠소
의문형	현재	힘들어요? 힘들지요? 힘드세요? 힘드나요? *힘들까요? *힘들래요? 힘든가요? 힘든데요? 힘들대요? 힘들다면서요? 힘들다지요?	힘들으오? *힘들소?
	과거	힘들었어요? 힘들었지요? 힘들었으세요?	힘들었소?
	과거-경험	힘들었었어요? 힘들었었지요? 힘들었었으세요?	힘들었었소?
	미래-추측/의지/가능	힘들겠어요? 힘들겠지요? 힘들겠으세요? 힘들리요? *힘들 거예요? *힘들 거지요? 힘들 수 있겠어요?	힘들겠소?
명령형		*힘들어요, *힘들지요, *힘드세요, *힘들이라니까요	*힘들으오, *힘들구려
청유형		*힘들어요, *힘들지요, *힘드세요, *힘들자니까요	*힘들으오
감탄형		힘들군요! 힘들리요!	힘들구려!

상대존대형_예사낮춤		'-어'체	'-네'체
평서형	현재	힘들어, 힘들지, *힘들래, 힘들걸, 힘든데, 힘들대, *힘들게, 힘들단다, *힘들마, 힘들잖아	힘드네
	현재-진행	*힘들고 있어, *힘들고 있지, *힘든 중이야	*힘들고 있네
	과거-완료	힘들었어, 힘들었지, 힘들었잖아	힘들었네
	미래-추측/의지/가능	힘들겠어, 힘들겠지, 힘들 수 있어	힘들겠네
의문형	현재	힘들어? 힘들지? 힘드니? 힘드냐? 힘들까? 힘들랴? *힘들래? 힘든데? 힘들대? 힘들다면서? 힘들다지?	힘든가?
	과거	힘들었어? 힘들었지? 힘들었니? 힘들었을까? 힘들었대? 힘들었다면서?	힘들었는가?
	미래	힘들겠어? 힘들겠지? 힘들겠니? *힘들리? *힘들 거야? *힘들 거지? *힘들 거니? 힘들 수 있겠어?	힘들 건가?
명령형		*힘들어, *힘들지, *힘들렴, *힘들려무나, *힘들라니까	*힘들게
청유형		*힘들어, *힘들지, *힘들자니까	*힘드세
감탄형		힘들어! 힘들지! 힘들리!	힘들군! 힘들구먼!

상대존대형_아주낮춤		직설체	회상체
평서형	현재	힘들다	힘들더라
	현재-진행	*힘들고 있다, *힘든 중이다	*힘들고 있더라
	과거-완료	힘들었다	힘들었더라
	미래-추측/의지/가능	힘들겠다, 힘들리다, *힘들련다, 힘들 거다, 힘들 수 있다	힘들겠더라
의문형	현재	힘드냐?	힘들더냐?
	과거	힘들었느냐?	힘들었더냐?
	미래	힘들겠느냐?	힘들겠더냐?
명령형		*힘들어라	
청유형		*힘들자	
감탄형		힘들구나! 힘들다! 힘들도다!	힘들더구나!

연결형	연결어미	의미기능	연결어미
나열	힘들고, 힘들며	비교	*힘들느니
선택	힘들거나, 힘들든지, 힘들든가	정도	힘들리만큼
대립	힘들어도, 힘들지만, 힘드나, 힘든데, 힘들면서도, 힘들되, 힘들지	조건 · 가정	힘들면, 힘들거든, 힘들거들랑, 힘들어야, 힘들다면, 힘들었던들
동시	힘들면서, 힘들며	상황제시	힘든데, 힘들니, 힘들다시피
계기	*힘들고서, *힘들어서, *힘들자, *힘들자마자	비유	힘들듯이
중단 · 전환	힘들다가	비례	힘들수록
양보	힘들어도, 힘들더라도, 힘들지라도, 힘들지언정, 힘든들, 힘든데도, 힘들기로서니, 힘드나마, 힘들망정, 힘들어 보았자	원인 · 이유	힘들어서, 힘드니까, *힘드느라고, 힘들기에, 힘들길래, 힘드니만큼, 힘든지라, 힘들세라, 힘들므로
목적 · 의도	*힘들러, *힘들려고, *힘들고자	첨가	힘들거니와, 힘들뿐더러, 힘들려니와
결과	힘들도록, 힘들게끔	습관	*힘들곤

기본예문
- 일자리를 구하기가 힘들다. It difficult to find a job
- 골프 선수가 되는 것은 여간 힘드는 일이 아니다. It not an easy job becoming a golf player.
- 요즘은 몸은 힘들어도 마음은 편하다.
  Though I am physically tired now a days, my mind is very comfortable.

chapter 03

한국어 동사 어미 활용 유형

목록	활용 유형	분류	동일유형	페이지	의미
가까이하다	여 불규칙/음성	타동사	하다2	484	to bring closer
가깝다	ㅂ 불규칙/음성	형용사	덥다	172	to be near ; to be close by ; to be resemble ; to be friendly, be intimate
가꾸다	우 규칙/음성	타동사	주다1	434	to grow, cultivate ; to decorate
가난하다	여 불규칙/음성	형용사	깨끗하다	114	to be poor, be needy, be poverty-stricken
가늘다	ㄹ 불규칙/음성	형용사	길다	108	to be thin ; to be fine ; to be slender
가다1	거라 불규칙/양성	자동사	가다1	60	to go ; to travel ; to attend ; to be out ; to die, pass away
가다2	거라 불규칙/양성	보조동사	가다1	60	to progress, go on
가다듬다	자음 규칙/음성	타동사	읽다	406	to brace one's sprits, calm oneself ; to put sth in order ; to recall sth to one's mind
가두다	우 규칙/음성	타동사	주다1	434	to imprison
가득하다	여 불규칙/음성	형용사	깨끗하다	114	to be full
가라앉다	자음 규칙/양성	자동사	남다	134	to sink (under water), go under ; to calm oneself
가라앉히다	이 규칙/음성	타동사	버리다1	262	to sink, submerge ; to be calm, quiet, composed
가렵다	ㅂ 불규칙/음성	형용사	덥다	172	to be itchy, be itching
가로막다	자음 규칙/양성	타동사	찾다	456	to obstruct ; to block
가르다	르 불규칙/음성	타동사	부르다2	274	to divide, part ; to distribute ; to classify ; to separate, distinguish
가르치다	이 규칙/음성	타동사	버리다1	262	to teach, advice
가리다1	이 규칙/음성	자동사	내리다1	140	to be screened
가리다2	이 규칙/음성	타동사	버리다1	262	to screen, hide, shield, shut out
가리다3	이 규칙/음성	타동사	버리다1	262	to choose, select ; to pay a bill ; to distinguish
가리키다	이 규칙/음성	타동사	버리다1	262	to indicate, point at
가만두다	우 규칙/음성	타동사	주다1	434	to let sth be as it is
가만있다	자음 규칙/음성	자동사	숨다	318	to be still, not move, not budge
가볍다	ㅂ 불규칙/음성	형용사	덥다	172	to be light [not heavy]
가쁘다	으 불규칙/음성	형용사	나쁘다	128	to be gasping/panting (for breath)
가시다	이 규칙/음성	자동사	내리다1	140	to wash out ; to rinse out ; to kill, take off/away ; to disappear, be gone, fade away
가엾다	자음 규칙/음성	형용사	깊다	110	to be poor, be pitiable, be pitiful
가져가다	거라 불규칙/양성	타동사	가다	60	to take sth and go with it
가져오다	너라 불규칙/양성	타동사	오다1	378	to take sth and come with it
가지다	이 규칙/음성	타동사	가지다	66	to have with one, have, own ; to conceive, become pregnant
가파르다	르 불규칙/음성	형용사	다르다	162	to be steep, be precipitous
가하다	여 불규칙/음성	타동사	하다2	484	to add/sum up ; to increase ; to inflict
각오하다	여 불규칙/음성	타동사	하다2	484	to be ready for, prepared for, make up one's mind
간단하다	여 불규칙/음성	형용사	깨끗하다	114	to be simple, be brief, be short, be plain

목록	활용 유형	분류	동일유형	페이지	의미
간사하다	여 불규칙/음성	형용사	깨끗하다	114	to be cunning, be sly, be foxy, be crafty
간섭하다	여 불규칙/음성	타동사	하다2	484	to interfere (in/with), meddle (in), intervene (in), intrude oneself (into an affair)
간주하다	여 불규칙/음성	타동사	하다2	484	to regard, consider
간지럽다	ㅂ 불규칙/음성	형용사	덥다	172	to feel ticklish ; to feel itchy
간청하다	여 불규칙/음성	타동사	하다2	484	to entreat, request ; to beg (earnestly) ; to seech
간추리다	이 규칙/음성	타동사	버리다1	262	to summarize briefly, abridge, make a digest of
갇히다	이 규칙/음성	자동사	내리다1	140	to confined/shut up ; to be locked in ; to imprisoned
갈다1	ㄹ 불규칙/양성	타동사	팔다	468	to change
갈다2	ㄹ 불규칙/양성	타동사	팔다	468	to cultivate
갈다3	ㄹ 불규칙/양성	타동사	팔다	468	to renew ; to sharpen, grind, rub
갈라서다	어 규칙/음성	자동사	서다	308	to break off relations ; to be divorced from
갈라지다	이 규칙/음성	자동사	다니다	160	to burst, break asunder, split, branch off
갈리다1	이 규칙/음성	자동사	내리다1	140	to be separated, come apart
갈리다2	이 규칙/음성	자동사	내리다1	140	to be changed
갈아입다	ㅂ규칙/음성	타동사	접다	426	to change one's clothes
갈아타다	아 규칙/양성	타동사	사다	298	to change vehicles, transfer
감기다1	이 규칙/음성	자동사	내리다1	140	to be coiled
감기다2	이 규칙/음성	타동사	버리다1	262	to have/make sb close their eyes
감기다3	이 규칙/음성	타동사	버리다1	262	to have/make sb wash their hair
감다1	자음 규칙/양성	타동사	찾다	456	to make coil, roll sth round
감다2	자음 규칙/양성	타동사	찾다	456	to shut/close one's eyes
감다3	자음 규칙/양성	타동사	찾다	456	to wash one's hair ; to bathe (in a river), have a swim
감동하다	여 불규칙/음성	자동사	말하다	216	to be deepky moved, be impressed, feel emotion at
감사하다 1	여 불규칙/음성	형용사	깨끗하다	114	to be grateful, be thankful, be appreciative
감사하다 2	여 불규칙/음성	자타동사	하다2	484	to thank, appreciate
감시하다	여 불규칙/음성	타동사	하다2	484	to inspect
감싸다	아 규칙/양성	타동사	사다	298	to wrap ; to protect
감추다	우 규칙/음성	타동사	주다1	434	to hide sth, cloak, keep secret
감탄하다	여 불규칙/음성	타동사	하다2	484	to admire ; to be struck with wonder
갑갑하다	여 불규칙/음성	형용사	깨끗하다	114	to stifling, stuffy ; to be confined (space) ; to feel heavy (in the chest) ; to be boring, be tedious
값지다	이 규칙/음성	형용사	어리다1	364	to be valuable, be precious
강요하다	여 불규칙/음성	타동사	하다2	484	to force, impose, demand forcibly
강조하다	여 불규칙/음성	타동사	하다2	484	to emphasize, stress, accentuate
강하다	여 불규칙/음성	형용사	깨끗하다	114	to be strong, be powerful, be mighty
갖추다	우 규칙/음성	자타동사	주다1	434	to be ready ; to prepare, equip ; to assort

목록	활용 유형	분류	동일유형	페이지	의미
같다	자음 규칙/양성	형용사	높다	146	to be similar, be like sth else, be identical, be equal
갚다	자음 규칙/양성	타동사	찾다	456	to pay back, repay, recompense ; to revenge
개다1	애 규칙/음성	자동사	새다2	306	to clear up (weather)
개다2	애 규칙/음성	타동사	매다1	218	to fold up (bedding)
개발하다	여 불규칙/음성	타동사	하다2	484	to develop ; to exploit (resources) ; to enlighten
개척하다	여 불규칙/음성	타동사	하다2	484	to develop/exploit (resources) ; to open up (a new field) ; to reclaim/clear (wasteland), bring (wasteland) under cultivation
개최하다	여 불규칙/음성	타동사	하다2	484	to hold (a meeting), open (an exhibition)
개통하다	여 불규칙/음성	자타동사	하다2	484	to open up ; to be opened for traffic
개편하다	여 불규칙/음성	타동사	하다2	484	to reorganize, reshuffle, remodel
개혁하다	여 불규칙/음성	타동사	하다2	484	to reform, renovate, innovate
개화하다	여 불규칙/음성	자동사	말하다	216	to be(come) civilized, be enlightened ; to flower, bloom
갸름하다	여 불규칙/음성	형용사	깨끗하다	114	to be slender, be somewhat long
거꾸러지다	이 규칙/음성	자동사	내리다1	140	to fall down ; to go/roll over ; to be off one's feet ; to tumble down ; to die
거느리다	이 규칙/음성	타동사	버리다1	262	to lead, command (an army) ; to rule, govern ; to takr care of
거닐다	ㄹ 불규칙/음성	자동사	물다	244	to stroll/ramble about (the street)
거두다1	우 규칙/음성	타동사	주다1	434	to collect ; to harvest
거두다2	우 규칙/음성	타동사	주다1	434	to win
거두다3	우 규칙/음성	타동사	주다1	434	to take care of
거두다4	우 규칙/음성	타동사	주다1	434	to stop, cease, end, quit, cease
거들다	ㄹ 불규칙/음성	타동사	물다1	244	to help, assist, add, give a heland
거듭나다	아 규칙/양성	자동사	나가다	124	to be born again, be reborn
거래하다	여 불규칙/음성	타동사	하다2	484	to deal with, have an account
거룩하다	여 불규칙/음성	형용사	깨끗하다	114	to be holy, be divine, be sacred
거르다1	르 불규칙/음성	타동사	부르다2	274	to filter
거르다2	르 불규칙/음성	타동사	부르다2	274	to skip, jump over, omit
거멓다	ㅎ 불규칙/음성	형용사	이렇다	394	to be deep-black
거세다	에 규칙/음성	형용사	세다1	312	to be exaspirated, be violent, be strong, be furious
거스르다	르 불규칙/음성	타동사	부르다2	274	to go against, disobey
거슬리다	이 규칙/음성	타동사	버리다1	262	to offend ; to be offensive ; to be against the grain
거역하다	여 불규칙/음성	타동사	하다2	484	to disobey, protest against
거절하다	여 불규칙/음성	타동사	하다2	484	to refuse, reject, turn down
거치다	이 규칙/음성	타동사	가지다	66	to pass by/through, go by way (of)
거칠다	ㄹ 불규칙/음성	형용사	길다	108	to be rough, be wild

목록	활용 유형	분류	동일유형	페이지	의미
걱정하다	여 불규칙/음성	자타동사	하다2	484	to feel anxiety, be anxious (about), take (a matter) to heart
건강하다	여 불규칙/음성	형용사	깨끗하다	114	to be healthy, be sound, be well, be wholesome
건너다	어 규칙/음성	타동사	건너다	68	to go[pass] over ; to cross over ; to ferry
건네다	에 규칙/음성	타동사	베다	266	to hand over, pass over ; to speak to a person
건드리다	이 규칙/음성	타동사	가지다	66	to touch, jog ; to irritate, provoke, vex
건방지다	이 규칙/음성	형용사	어리다1	364	to be conceited, be pretentious, be presumptuous
건지다1	이 규칙/음성	타동사	가지다	66	to take/bring out of water, pick up a watch sunk in the water
건지다2	이 규칙/음성	타동사	가지다	66	to rescue (a one) from ; to take/get back, regain, save, recover
걷다1	ㄷ 불규칙/음성	자동사	걷다1	70	to walk, go on, step
걷다2	ㄷ 규칙/음성	타동사	믿다	248	to clear away, lift
걷다3	ㄷ 규칙/음성	타동사	믿다	248	to collect, gather ; to roll up ; to fold up
걷히다	이 규칙/음성	자동사	내리다1	140	to be lifted, be dispelled, be cleared away ; to be gathered, be collected
걸다1	ㄹ 불규칙/음성	형용사	길다	108	to be rich, be fertile ; to be thick ; to be foul-mouthed
걸다2	ㄹ 불규칙/음성	타동사	물다1	244	to hang ; to pay ; to risk
걸다3	ㄹ 불규칙/음성	타동사	물다1	244	to lock ; to start going ; to bet, put up, offer
걸리다1	이 규칙/음성	자동사	내리다1	140	to speak to, call
걸리다2	이 규칙/음성	자동사	내리다1	140	to be hanged ; to be hung, suspended, caught, hooked
걸리다3	이 규칙/음성	자동사	내리다	140	to take time
걸어가다	아 규칙/양성	자동사	나가다	124	to walk, go on foot
걸치다1	이 규칙/음성	자동사	다니다	160	to range (from A to B), extend, spread (over), cover, span
걸치다2	이 규칙/음성	타동사	버리다1	262	to put (a thing) on ; to drink
걸터앉다	자음 규칙/양성	자동사	남다	134	to sit (on a chair), perch (on a stool)
검다	자음 규칙/음성	형용사	깊다	110	to be black ; to be dark
검소하다	여 불규칙/음성	형용사	깨끗하다	114	to be simple, be plain ; to be frugal, be thrifty
겁나다	아 규칙/양성	자동사	나가다	124	to be frightened, be overcome with fear
겁내다	애 규칙/음성	타동사	매다	218	to fear, dread, be afraid (of)
겁먹다	자음 규칙/음성	자동사	숨다	318	to be frightened (by/at)
겁주다	우 규칙/음성	자동사	주다1	434	to threaten, scare, terrify
겁탈하다	여 불규칙/음성	타동사	하다2	484	to plunder, pillage ; to violate, rape
게으르다	르 불규칙/음성	형용사	다르다	162	to be idle, be lazy, be indolent, be slothful
겨루다	우 규칙/음성	타동사	주다1	434	to compete, struggle, emulate
격렬하다	여 불규칙/음성	형용사	깨끗하다	114	to be violent, be severe, be intense
겪다	자음 규칙/음성	타동사	읽다	406	to experience, undergo, go through ; to suffer, meet with

목록	활용 유형	분류	동일유형	페이지	의미
견디다	이 규칙/음성	타동사	버리다1	262	to bear, stand
견주다	우 규칙/음성	타동사	주다1	434	to compare
결심하다	여 불규칙/음성	타동사	하다2	484	to decide, make up one's mind
결정하다	여 불규칙/음성	타동사	하다2	484	to decide, determine, settle
결합하다	여 불규칙/음성	자타동사	하다2	484	to combine, join, connect
결혼하다	여 불규칙/음성	자동사	말하다	216	to marry, get married
겸손하다	여 불규칙/음성	형용사	깨끗하다	114	to be modest, be humble
겹치다1	이 규칙/음성	자동사	다니다	160	to overlap ; to fall on
겹치다2	이 규칙/음성	타동사	가지다	66	to put one upon another ; to pile up, heap up
경계하다	여 불규칙/음성	자타동사	하다2	484	to look out, watch for ; to guard
경고하다	여 불규칙/음성	타동사	하다2	484	to warn, caution
경쟁하다	여 불규칙/음성	자동사	말하다	216	to compete/content (with a person for)
경험하다	여 불규칙/음성	타동사	하다2	484	to experience
계산하다	여 불규칙/음성	타동사	하다2	484	to calculate, count, reckon ; to measure
계속하다	여 불규칙/음성	자타동사	하다2	484	to continue
계시다	이 규칙/음성	자동사	내리다1	140	to be ; to stay (honorific expression)
계획하다	여 불규칙/음성	타동사	하다2	484	to plan
고달프다	으 불규칙/음성	형용사	슬프다	324	to be tired (out), be fatigued, be worn out
고되다	외 규칙/음성	형용사	고되다	76	to be tired, be hard (to bear), be painful
고려하다	여 불규칙/음성	타동사	하다2	484	to consider, think over
고르다1	르 불규칙/음성	형용사	다르다	162	to be even ; to be equal ; to be fair, be impartial ; to be regular
고르다2	르 불규칙/음성	타동사	부르다2	274	to make level, make even
고르다3	르 불규칙/음성	타동사	부르다2	274	to select, choose, pick out
고맙다	ㅂ 불규칙/음성	형용사	덥다	172	to be thankful, be grateful, be appreciate
고백하다	여 불규칙/음성	타동사	하다2	484	to confess
고생하다	여 불규칙/음성	자동사	말하다	216	to suffer pain, have a hard time
고소하다1	여 불규칙/음성	형용사	깨끗하다	114	to be sweet, be tasty, be savory, be nice ; to enjoy other's mishap
고소하다2	여 불규칙/음성	타동사	하다2	484	to accuse (a person of a crime), bring a charge (against)
고약하다	여 불규칙/음성	형용사	깨끗하다	114	to be ugly, be bad-looking ; to be evil, be wicked, be ill-natured
고요하다	여 불규칙/음성	형용사	깨끗하다	114	to be still, be silent, be calm
고치다	이 규칙/음성	타동사	가지다	66	to mend, repair, fix up ; to heal, cure ; to change, alter ; to renew ; to correct
고통스럽다	ㅂ 불규칙/음성	형용사	덥다	172	to feel pain, be agony, be anguish
고프다	으 불규칙/음성	형용사	슬프다	324	to be hungry, be famished
곤란하다	여 불규칙/음성	형용사	깨끗하다	114	to be difficult, be hard, be tough, be troublesome
곧다	ㄷ 규칙/양성	형용사	곧다	86	to be straight, be erect, be upright

목록	활용 유형	분류	동일유형	페이지	의미
곧이듣다	ㄷ 불규칙/음성	타동사	듣다2	188	to take (a thing) for truth, accept (a remark)
골다	ㄹ 규칙/양성	타동사	팔다	468	to snore
골라내다	애 규칙/음성	타동사	매다1	218	to pick out, choose (from), select (out of many)
곪다	자음 규칙/양성	자동사	남다	134	to fester, mature, generate pus
곯다1	자음 규칙/양성	자동사	남다	134	to go bad, rot, spoil ; to suffer damage
곯다2	자음 규칙/양성	자동사	남다	134	to go hungry, starve
곯리다1	이 규칙/음성	타동사	버리다1	262	to let/make sth rot, spoil ; to have sb ruined ; to harm, inflict damage (upon sb)
곯리다2	이 규칙/음성	타동사	버리다1	262	to starve, make sb go hungry
곱다1	ㅂ 규칙/양성	형용사	좁다	430	to be numb, be stiff, be deadened
곱다2	ㅂ 불규칙/양성	형용사	곱다2	90	to be beautiful, be pretty, be lovely, be fine
공격하다	여 불규칙/음성	타동사	하다2	484	to attack
공경하다	여 불규칙/음성	타동사	하다2	484	to respect, esteem, honor
공부하다	여 불규칙/음성	타동사	하다2	484	to study, learn, work at (one's studies)
공연하다	여 불규칙/음성	자타동사	하다2	484	to perform, play, stage, present
공평하다	여 불규칙/음성	형용사	깨끗하다	114	to be impartial, be unbiased, be fair, be equitable
공헌하다	여 불규칙/음성	자타동사	하다2	484	to contribute (to), make a contribution
관리하다	여 불규칙/음성	타동사	하다2	484	to administer, manage, control ; to take charge of, care for
괜찮다	자음 규칙/양성	형용사	높다	146	to be all right, OK, no problem
괴다1	외 규칙/음성	자동사	되다2	180	to collect, gather, be stagnant
괴다2	외 규칙/음성	타동사	쬐다	450	to prop, support, file up
괴롭다	ㅂ 불규칙/음성	형용사	덥다	172	to be distressing, be painful, be troublesome, be agonizing, be hard, be difficult
괴롭히다	이 규칙/음성	타동사	버리다1	262	to bother
괴상하다	여 불규칙/음성	형용사	깨끗하다	114	to be strange, be queer, be curious
굉장하다	여 불규칙/음성	형용사	깨끗하다	114	to be grand, be magnificent ; to be excellent, be superb
교류하다	여 불규칙/음성	자동사	말하다	216	to interchange, exchange
구경하다	여 불규칙/음성	타동사	하다2	484	to see (a play), visit ; to watch, look on (at)
구르다1	르 불규칙/음성	자동사	흐르다	494	to roll (over), tumble
구르다2	르 불규칙/음성	타동사	부르다2	274	to stamp one's feet
구리다	이 규칙/음성	형용사	어리다1	364	to be ill-smelling, be foul-smelling ; to be stinking, be stinky ; to be suspicious, be dubious
구별하다	여 불규칙/음성	타동사	하다2	484	to tell [know] (A from B), distinguish (between A and B) ; to classify
구분하다	여 불규칙/음성	타동사	하다2	484	to divide into, section ; to classify
구석지다	이 규칙/음성	형용사	어리다1	364	to be recessed, be retired, be sequestered, be out-of-the-way
구성지다	이 규칙/음성	형용사	어리다1	364	to be attractive, be charming, be tasteful
구성하다	여 불규칙/음성	타동사	하다2	484	to make, compose, constitute, organize

목록	활용 유형	분류	동일유형	페이지	의미
구수하다	여 불규칙/음성	형용사	깨끗하다	114	to be tasty, be present-tasting ; to be savory ; to be nice-smelling, be sweet-smelling
구원하다	여 불규칙/음성	타동사	하다2	484	to relieve (a pitcher), rescue, deliver
구제하다	여 불규칙/음성	타동사	하다2	484	to save, relieve, give relief [aid] to, help
구하다1	여 불규칙/음성	타동사	하다2	484	to save
구하다2	여 불규칙/음성	타동사	하다2	484	to demand, ask, request
굳다1	ㄷ 규칙/음성	형용사	굳다	94	to be firm, be strong ; to be hard ; to be tight-fisted
굳다2	ㄷ 규칙/음성	자동사	닫다	164	to become hard, become stiffened ; to congeal ; to be saved
굳세다	에 규칙/음성	형용사	세다1	312	to be strong, be firm, be stout
굳히다	이 규칙/음성	타동사	버리다1	262	to become hard ; to become stiff ; to be saved
굴다	ㄹ 불규칙/음성	자동사	물다	244	to act, behave (toward), conduct[bear] oneself, treat
굵다	자음 규칙/음성	형용사	깊다	110	to be thick, be fat, be deep, be sturdy
굶다	자음 규칙/음성	타동사	읽다	406	to starve, be hungry, be famished
굶주리다	이 규칙/음성	자동사	내리다1	140	to go hungry, starve ; to be famished
굽다1	ㅂ규칙/음성	자동사	굽다1	94	to bend, curve ; to stoop ; to wind
굽다2	ㅂ 불규칙/음성	타동사	굽다2	96	to roast, broil, bake ; to toast ; to grill ; to burn
굽실거리다	이 규칙/음성	자동사	내리다1	140	to bow (and scrape)
굽어보다	오 규칙/양성	타동사	보다	268	to look down, overlook, take a bird's-eye view of
굽히다	이 규칙/음성	타동사	버리다1	262	to bend, fold, twist
궁금하다	여 불규칙/음성	형용사	깨끗하다	114	to wonder (about/if/whether/how/when/ who)
궂다	자음 규칙/음성	형용사	깊다	110	to be bad, ill, undesirable ; to be nasty, inclement
권하다	여 불규칙/음성	타동사	하다2	484	to recommend ; to advise, counsel, persuade ; to offer
귀띔하다	여 불규칙/음성	타동사	하다2	484	to tell (a person) secretly ; to give (a person) a tip
귀엽다	ㅂ 불규칙/음성	형용사	덥다	172	to be cute ; to be charming ; to be lovely, be sweet ; to be precious
귀찮다	자음 규칙/양성	형용사	높다	146	to be troublesome, be annoying, be bothersome
귀하다	여 불규칙/음성	형용사	깨끗하다	114	to be noble, be exalted, be honorable ; to be rare, be scarce, be few
규탄하다	여 불규칙/음성	타동사	하다2	484	to impeach, censure, denounce
그럴듯하다	여 불규칙/음성	형용사	깨끗하다	114	to be likely, be plausible ; to be fair, be passable, be considerable
그렇다	ㅎ 불규칙/음성	형용사	이렇다	394	to be like that ; yes ; so
그르다	르 불규칙/음성	형용사	다르다	162	to be bad, be wrong, not right
그르치다	이 규칙/음성	자동사	내리다1	140	to mistake, err ; to spoil, ruin, destory
그리다	이 규칙/음성	타동사	버리다1	262	to draw, paint, write [a picture]
그리워하다	여 불규칙/음성	타동사	하다2	484	to long for ; to yearn after
그립다	ㅂ 불규칙/음성	형용사	덥다	172	to miss, long for

목록	활용 유형	분류	동일유형	페이지	의미
그만두다	우 규칙/음성	타동사	주다1	434	to stop, cease ; to give up, abandon ; to resign, retire
그만하다	여 불규칙/음성	형용사	깨끗하다	114	to be almost/nearly same
그슬리다	이 규칙/음성	자동사	내리다1	140	to burn, scorch, sear, broil
그윽하다	여 불규칙/음성	형용사	깨끗하다	114	to be secluded, be deep-down, be profound
그치다	이 규칙/음성	자타동사	내리다1	140	to stop, cease, end ; to be limited
극복하다	여 불규칙/음성	타동사	하다2	484	to overcome
근면하다	여 불규칙/음성	형용사	깨끗하다	114	to be diligent, be hardworking, be industrious
근심스럽다	ㅂ 불규칙/음성	형용사	덥다	172	to be anxious, be worried, be concerned
근심하다	여 불규칙/음성	자타동사	하다2	484	to feel anxious (about), worry (about/ over)
근지럽다	ㅂ 불규칙/음성	형용사	덥다	172	to be itchy, be scratchy
긁다	자음 규칙/음성	타동사	읽다	406	to scratch, scrape off ; to offend, irritate, nag at, find fault with
금지하다	여 불규칙/음성	타동사	하다2	484	to forbid, prohibit, proscribe, ban ; to suppress, repress ; to abstain from
급하다	여 불규칙/음성	형용사	깨끗하다	114	to be urgent, be pressing ; to be hasty, be impatient ; to be critical, be serious ; to be steep, be precipitous
긋다1	ㅅ 불규칙/음성	자동사	잇다	412	to stop, hold up ; to take shelter/refuge from (rain)
긋다2	ㅅ 불규칙/음성	타동사	잇다	412	to draw, mark, strike ; paint ; write ; to charge
기다	이 규칙/음성	자동사	까맣다	112	to crawl, creep, climb
기다랗다	ㅎ 불규칙/양성	형용사	까맣다	112	to be rather long, be lengthy
기다리다	이 규칙/음성	타동사	버리다1	262	to wait ; to expect, look for
기대다	애 규칙/음성	타동사	매다1	218	to lean on ; to turn to sb for help ; to rely on, lean on, depend on, recline on
기대하다	여 불규칙/음성	타동사	하다2	484	to expect
기도하다1	여 불규칙/음성	자동사	말하다	216	to pray
기도하다2	여 불규칙/음성	타동사	하다2	484	to plan, project, scheme
기르다	르 불규칙/음성	타동사	부르다2	274	to rear, bring up, raise ; to cultivate, educate ; to breed ; to grow a beard
기리다	이 규칙/음성	타동사	버리다1	262	to applaud, praise, admire
기막히다	이 규칙/음성	형용사	어리다1	364	to be stifled, be dumbfounded, be tongue-tied, at a loss for words
기묘하다	여 불규칙/음성	형용사	깨끗하다	114	to be strange, be curious, be queer, be odd, be singular
기발하다	여 불규칙/음성	형용사	깨끗하다	114	to be uncommon, be extraordinary, be peculiar
기뻐하다	여 불규칙/음성	자타동사	하다2	484	to be pleased, glad, delighted with sth ; to be happy
기쁘다	으 불규칙/음성	형용사	슬프다	324	to be glad, be joyful, be pleasant ; to be happy
기어가다	아 규칙/양성	자타동사	나가다	124	to creep about on all fours, crawl around on hands and knees

목록	활용 유형	분류	동일유형	페이지	의미
기억하다	여 불규칙/음성	자타동사	하다2	484	to remember, remain[live] in one's memory, memorize
기울다	ㄹ 불규칙/음성	자동사	물다1	244	to lean, incline
기울이다	이 규칙/음성	타동사	버리다1	262	to tilt, lean, incline ; to concentrate (one's energy, powers, etc.), devote oneself (to)
기웃거리다	이 규칙/음성	타동사	버리다1	262	to peep, snoop, crane one's neck
기이하다	여 불규칙/음성	형용사	깨끗하다	114	to be strange, be unfamiliar, be new ; to be unaccustomed to
기죽다	자음 규칙/음성	자동사	숨다	318	to be discouraged ; to be dispirited
기차다	아 규칙/양성	형용사	싸다1	332	to be dumbfounded, be flabergasted, be stunned (by) ; to be wonderful
기특하다	여 불규칙/음성	형용사	깨끗하다	114	to be commendable, be admirable
긴장하다	여 불규칙/음성	자동사	말하다	216	to be nervous, tense ; to be under strain, feel tension
긷다	ㄷ 불규칙/음성	타동사	듣다2	188	to draw, ladle
길다	ㄹ 불규칙/음성	형용사	길다	108	to be long
깁다	ㅂ 불규칙/음성	타동사	굽다2	96	to patch up, stitch, darn, mend
깊다	자음 규칙/음성	형용사	깊다	110	to be deep, be dark, be difficult ; to be profound ; to be close, be intimate
까다	아 규칙/양성	타동사	사다	298	to peel (an orange), pare (an apple), hull (peas) ; to skin ; to hatch out ; to speak ill of ; to be a glib talker
까다롭다	ㅂ 불규칙/음성	형용사	덥다	172	to be complicated, be particular
까맣다	ㅎ 불규칙/양성	형용사	까맣다	112	to be black ; to be dark-colored ; to be black-hearted ; to be evil-hearted
까불다	ㄹ 불규칙/음성	자동사	물다1	244	to behave lightly
깎다	자음 규칙/양성	타동사	찾다	456	to cut, clip, crop ; to shave, shear ; to beat down (the price)
깔끔하다	여 불규칙/음성	형용사	깨끗하다	114	to be neat
깔다	ㄹ 불규칙/양성	타동사	팔다	468	to cover with, spread
깔리다	이 규칙/음성	자동사	내리다1	140	to be overspread, covered ; to be lent/ loaned widely
깔보다	오 규칙/양성	타동사	보다	268	to despise, look down upon
깜박거리다	이 규칙/음성	자동사	내리다1	140	to twinkle, flicker, waver, shimmer ; to blink (one's eyes)
깜찍하다	여 불규칙/음성	형용사	깨끗하다	114	to be cute, be saucy ; to be too clever for one's age, be precocious
깨끗하다	여 불규칙/음성	형용사	깨끗하다	114	to be clean, be neat, be smart ; be clear, be pure ; to be fair, be just
깨다1	애 규칙/음성	자타동사	매다1	218	to wake up ; to become sober up ; to become civilized, become enlightened
깨다2	애 규칙/음성	타동사	매다1	218	to break, beat ; to be hatched

목록	활용 유형	분류	동일유형	페이지	의미
깨닫다	ㄷ 불규칙/양성	타동사	깨닫다	118	to perceive, realize, understand ; to be spiritually awakened
깨물다	ㄹ 불규칙/음성	타동사	물다1	244	to bite, gnaw
깨우다	우 규칙/음성	타동사	주다1	434	to wake ; to make (a person) sober
깨우치다	이 규칙/음성	타동사	가지다	66	to make realize, understand
깨지다	이 규칙/음성	자동사	다니다	160	to be broken ; to fai l ; to be dampened/spoiled
꺼내다	애 규칙/음성	타동사	매다1	218	to pull out, bring out, take out
꺼뜨리다	이 규칙/음성	타동사	버리다1	262	to put out a fire [light] by mistake, let the fire die[go] out
꺼리다	이 규칙/음성	타동사	버리다1	262	to abstain from ; to loathe ; to shun, avoid ; to dislike ; to hesitate
꺼지다1	이 규칙/음성	자동사	다니다	160	to be extinguished, go out ; to be softened, appeased ; to disappear, vanish, fade away
꺼지다2	이 규칙/음성	자동사	다니다	160	to become hungry
꺼지다3	이 규칙/음성	자동사	다니다	160	to go away, get lost ; to sink, fall, cave in
꺾다	자음 규칙/음성	타동사	읽다	406	to break off, crush, snap off ; to discourage, yield ; to turn ; to fold ; to interrupt, obstruct
꺾이다	이 규칙/음성	자동사	내리다1	140	to be broken, snap ; to turn, be bent ; to be discouraged, be disheartened
껴안다	자음 규칙/양성	타동사	찾다	456	to embrace, hug, hold (a person) to one's breast
껴입다	ㅂ규칙/음성	타동사	읽다	406	to wear (a shirt) underneath one's outer clothes
꼬다	오 규칙/양성	타동사	보다	268	to twist, twist together ; to speak in a roundabout way
꼬이다	이 규칙/음성	자동사	내리다1	140	to get snarled, twisted, be entangled ; to go wrong, get cross, sour
꼬집다	ㅂ규칙/음성	타동사	접다	426	to pinch, nip ; to make cynical remarks about, say spiteful things ; criticize
꼽다	ㅂ 규칙/양성	타동사	잡다	420	to count (on one's fingers), number, reckon, take a count
꽂다	자음 규칙/양성	타동사	찾다	406	to stick, fix, pin, put, place (in a vase)
꾀다1	외 규칙/음성	자동사	되다2	180	to swarm, gather, crowd, flock
꾀다2	외 규칙/음성	타동사	꾀다	450	to tempt, lure, entice, seduce
꾀하다	여 불규칙/음성	디동사	하다2	484	to scheme, plan, devise ; to seek, intend (to do) ; to exert oneself for
꾸다	우 규칙/음성	타동사	주다	434	to dream ; to borrow (a thing from a person), have (money) on loan
꾸리다1	이 규칙/음성	타동사	버리다1	262	to pack (luggage)
꾸미다	이 규칙/음성	타동사	버리다1	262	to decorate ; to draw up, write out ; to complete ; to invent, fabricate
꾸짖다	자음 규칙/음성	타동사	읽다	406	to scold, rebuke, reprimand
꿇다	자음 규칙/음성	타동사	읽다	406	to bend one's knees

511

목록	활용 유형	분류	동일유형	페이지	의미
꿇어앉다	자음 규칙/양성	자동사	숨다	318	to sit on one's knees
꿈꾸다	우 규칙/음성	자타동사	주다1	434	to dream ; to fancy oneself, desire
꿰다1	웨 규칙/음성	타동사	꿰다1	120	to thread, run a thread through a needle
꿰다2	웨 규칙/음성	타동사	꿰다1	120	to have a thorough knowledge of sth.
꿰뚫다	자음 규칙/음성	타동사	읽다	146	to pierce, penetrate ; to go through ; to perceive by s sort of instinct
끄다	으 불규칙/음성	타동사	쓰다2	344	to extinguish, put out, turn off, blow out ; switch off ; to stop (an engin) ; to pay back
끄덕이다	이 규칙/음성	타동사	버리다1	262	to nod one's head
끄떡없다	자음 규칙/음성	형용사	깊다	110	to be safe (and sound), all right ; to be unmoved, be unflinching
끄르다	르 불규칙/음성	타동사	부르다2	274	to untie, loosen, undo ; to unbutton
끈질기다	이 규칙/음성	형용사	어리다1	364	to be strong and sticky ; to be persistent, be tenacious
끊다	자음 규칙/음성	타동사	읽다	406	to cut, sever, snap off ; to turn off ; to hang up ; to abstain from ; to kill oneself
끊어지다	이 규칙/음성	자동사	다니다	160	to break, snap, be cut ; to break off, come to an end ; to expire, terminate, fall due, run out
끊이다	이 규칙/음성	자동사	내리다1	140	to cease, discontinue, come to an end
끌다	ㄹ 불규칙/음성	타동사	물다1	244	to pull, draw ; to drag, trail ; to prolong ; to attract ; to install (telephone, etc.)
끌리다	이 규칙/음성	자동사	내리다1	140	to be pulled, be drawn (by) ; to be attracted ; to be prolonged, be delayed
끌어당기다	이 규칙/음성	타동사	버리다1	262	to pull, draw near, attract
끌어올리다	이 규칙/음성	타동사	버리다1	262	to drag [pull/draw/lug] up ; to prompt
끓다	자음 규칙/음성	자동사	숨다	318	to boil, bubble, seethe ; to stir ; to rumble ; to obstruct the throat ; to swarm
끔찍하다	여 불규칙/음성	형용사	깨끗하다	114	to be cruel, be atrocious
끝나다	아 규칙/양성	자동사	나가다	124	to end, close, be concluded, be over (with), be finished, be completed
끝내다	애 규칙/음성	타동사	매다1	218	to end, finish, complete, close, conclude ; to wind up
끼다1	이 규칙/음성	자동사	내리다1	140	to become cloudy, foggy, dirty, moss- grown
끼다2	이 규칙/음성	자동사	내리다1	140	to join, participate in
끼다3	이 규칙/음성	자동사	내리다1	140	to put/get/let in ; to fix/fit (into) ; to hold sb in one's arms ; to fold
끼얹다	자음 규칙/음성	타동사	읽다	406	to pour/splash on ; to shower on
끼우다	우 규칙/음성	타동사	주다1	434	to put [get/let] in, insert (in), hold between
끼이다	이 규칙/음성	자동사	내리다1	140	to be between, get jammed in ; to be tightened ; to take part in
끼치다	이 규칙/음성	타동사	가지다	66	to give sb trouble, exert (influence) ; to hand down, leave, behind

목록	활용 유형	분류	동일유형	페이지	의미
나가다	거라 불규칙/양성	자동사	가다	60	to go out ; to go forth ; to go out of one's mind ; to be spent ; to sell ; to run for
나누다	우 규칙/음성	타동사	주다1	434	to divide, split ; to distribute ; to classify ; to share ; to exchange
나뉘다	위 규칙/음성	자동사	쉬다3	320	to be[get] divided, be separated
나다1	아 규칙/양성	자동사	나가다	124	to be born, come out, flow out ; to happen ; to be opened ; to be produced
나다2	아 규칙/양성	자동사	나가다	124	to pass one's time, go through, get through
나돌다	ㄹ 불규칙/양성	자동사	살다	304	to get abroad ; to be rumored ; to arrive [appear] on the market
나르다	르 불규칙/음성	타동사	부르다2	274	to carry, convey, transport
나무라다	아 규칙/양성	타동사	사다	298	to rebuke, scold, blame,
나부끼다	이 규칙/음성	자동사	내리다1	140	to flutter, blow, wave, stream, fly
나쁘다	으 불규칙/음성	형용사	나쁘다	128	to be bad ; be evil ; to be wrong, be immoral, be sinful ; to be wicked, be ill−natured ; to be criminal ; to be ill ; to be inferior ; to be harmful ; to be poor ; to be unhappy
나서다	어 규칙/음성	자동사	서다	308	to come[step] forward, appear, come out ; to turn up, be found ; to leave, set out, start
나오다1	너라 불규칙/양성	자동사	오다1	378	to come out, flow out
나오다2	너라 불규칙/양성	자동사	오다1	378	to graduate from
나타나다	아 규칙/양성	자동사	나가다	124	to appear, come out, turn up, show up, be expressed
나타내다	애 규칙/음성	타동사	매다1	218	to show, display ; to expose ; to express ; to represent, stand for
낚다	자음 규칙/양성	타동사	찾다	456	to fish, angle for fish, catch ; to decoy, allure, entice, entrap
날다	ㄹ 불규칙/양성	자동사	살다	304	to fly ; to flee, escape ; to go very fast
날뛰다	위 규칙/음성	자동사	쉬다3	320	to jump/spring (up) ; to be behave/act violently
날래다	애 규칙/음성	형용사	날래다	132	to be quick, be speedy (horse), be fast ; to be swift, be nimble
날리다1	이 규칙/음성	타동사	버리다1	262	to be borne ; to raise (dust) ; to be blown off
날리다2	이 규칙/음성	타동사	버리다1	262	to waste (money) ; to make oneself famous ; to make (a kite) fly
날쌔다	애 규칙/음성	형용사	날래다	132	to be quick, be agile, be nimble
날씬하다	여 불규칙/음성	형용사	깨끗하다	114	to be slender (in build), be thin, be slim
날아가다	거라 불규칙/양성	자동사	가다	60	to fly away ; to be gone ; to be dismissed
날카롭다	ㅂ 불규칙/음성	형용사	덥다	172	to be sharp, be pointed, be violent, be acute
낡다	자음 규칙/양성	형용사	높다	146	to be old, be aged, be antiquated ; to be old−fashioned, be outmoded ; to be stale, be threadbare, be hackneyed
남기다	이 규칙/음성	타동사	버리다1	262	to leave over, leave unfinished ; to hand down ; leave one's footprints ; to gain, profit

목록	활용 유형	분류	동일유형	페이지	의미
남다	자음 규칙/양성	자동사	남다	134	to remain ; to linger ; to be left ; to survive ; to stay ; to make a profit
납치하다	여 불규칙/음성	타동사	하다2	484	to kidnap, carry away, take (a person) away
낫다1	ㅅ 불규칙/양성	형용사	낫다1	136	to be better (than), be superior to, be preferable
낫다2	ㅅ 불규칙/양성	자동사	낫다2	138	to recover, heal, get well (from illness)
낭비하다	여 불규칙/음성	타동사	하다2	484	to waste, spent wastefully, use no purpose
낮다	자음 규칙/양성	형용사	높다	146	to be low, be inferior, be humble
낮추다	우 규칙/음성	타동사	주다1	434	to lower ; to make low, bring down ; to subdue, drop ; to turn down ; to reduce (a soldier) to a low rank, demote to, degrade, debase
낯설다	ㄹ 불규칙/음성	형용사	길다	108	to be strange, be unfamiliar, be new ; to be unaccustomed to
낳다	ㅎ 규칙/양성	타동사	놓다1	148	to bear, give birth to ; to bring forth ; to produce
내놓다	ㅎ 규칙/양성	타동사	놓다1	148	to put out, take out, bring out ; to expose, bare ; to pay ; to lay (articles) out for sale
내다1	애 규칙/음성	자동사	새다2	306	to become smoky
내다2	애 규칙/음성	타동사	매다1	218	to come back, to return
내다3	애 규칙/음성	타동사	매다1	218	to pay, send ; to put bring out ; to get (a license) ; to set up ; to open (a shop) ; to be empty ; to offer
내다4	애 규칙/음성	타동사	매다1	218	to produce, yield, result in
내다보다	오 규칙/양성	타동사	보다	268	to look out (of/over/on), see from within ; to anticipate, expect
내려가다	아 규칙/양성	자동사	나가다	124	to go/come down, get down, step down, move down
내리다1	이 규칙/음성	자동사	내리다1	140	to come down ; to get off ; to land ; to fall ; to go down ; to take (root) ; to be possessed (by a spirit)
내리다2	이 규칙/음성	타동사	버리다1	262	to take down ; to drop (a curtain) ; to get sb off ; to cut (price) ; to grant, order
내밀다	ㄹ 불규칙/음성	자타동사	물다1	244	to push out, protrude
내보내다	애 규칙/음성	타동사	매다1	218	to drive away/out, let sb go out ; to expel, turn out
내뿜다	자음 규칙/음성	타동사	읽다	406	to spout (out), gush out, erupt, break out
내쉬다	위 규칙/음성	타동사	쥐다	440	to breathe out, exhale
내쫓다	자음 규칙/양성	타동사	찾다	456	to expel, force to leave
내키다	이 규칙/음성	자동사	내리다1	140	to feel like
냉랭하다	여 불규칙/음성	형용사	깨끗하다	114	to be cold, be chilly ; to be indifferent, be half-hearted
너그럽다	ㅂ 불규칙/음성	형용사	덥다	172	to be lenient, be generous, be broad-minded
너르다	르 불규칙/음성	형용사	다르다	162	to be wide, be spacious, be open, be extensive
넉넉하다	여 불규칙/음성	형용사	깨끗하다	114	to be enough, be sufficient, be adequate ; to be rich, be wealthy

목록	활용 유형	분류	동일유형	페이지	의미
널다	ㄹ 불규칙/음성	타동사	물다1	244	to spread out, hang out, stretch
넓다	자음 규칙/음성	형용사	깊다	110	to be wide, be broad ; to be generous
넓히다	이 규칙/음성	타동사	버리다1	262	to expand, increase, widen, enlarge
넘기다	이 규칙/음성	타동사	가지다	66	to pass (a thing) over ; to fell, throw down ; to turn over/up ; to carry/bring over ; to get through/over ; to pass, spend, exceed ; to hand over ; to transfer, transmit
넘다1	자음 규칙/음성	자동사	숨다	318	to exceed ; to go too far
넘다2	자음 규칙/음성	자타동사	읽다	406	to cross over, step over, jump
넘어가다	거라 불규칙/양성	자타동사	가다	60	to fall down, stumble ; to be ruined ; to set ; to pass by ; to go over ; to sink, go down ; to be deceived ; to be attracted
넘어오다	너라 불규칙/양성	자타동사	오다1	378	to come over (a mountain), come beyond ; to come into, transfer ; to vomit
넘어지다	이 규칙/음성	자동사	다니다	160	to fall (down/over) ; to be defeated
넘치다	이 규칙/음성	자동사	다니다	160	to overflow, run over, be superabundant
넣다	ㅎ규칙/음성	타동사	읽다	406	to put in, pour in, insert ; to include ; to admit into ; to deposit
노닐다	ㄹ 불규칙/음성	자동사	물다1	244	to stroll[ramble] about, wander about
노랗다	ㅎ 불규칙/양성	형용사	까맣다	112	to be yellow, be golden ; to hold no promise of success
노략질하다	여 불규칙/음성	타동사	하다2	484	to plunder, pillage
노려보다	오 규칙/양성	타동사	보다	268	to glare at, stare fiercely
노리다1	이 규칙/음성	형용사	어리다1	364	to be stinking, be rank, be foul-smelling ; to be sordid, be stingy, be miserly
노리다2	이 규칙/음성	타동사	버리다1	262	to aim at, have an eye (on), watch for, stalk
노엽다	ㅂ 불규칙/음성	형용사	덥다	172	to be offended, be indignant
노출하다	여 불규칙/음성	자타동사	하다2	484	to expose, disclose
녹다	자음 규칙/양성	자동사	남다	134	to melt, thaw ; to dissolve ; to be warmed ; to be deeply in love
녹이다	이 규칙/음성	타동사	버리다1	262	to dissolve, melt ; to charm
놀다1	ㄹ 불규칙/양성	자동사	살다	304	to play, enjoy oneself ; to amuse oneself ; to make merry ; to shake ; to move
놀다2	ㄹ 불규칙/양성	자동사	살다	304	to be idle, unoccupied, doing nothing
놀라다	아 규칙/양성	자동사	나가다	124	to wonder (at), be surprised, be frightened, be astonished, be amazed
놀랍다	ㅂ 불규칙/음성	형용사	덥다	172	to be wonderful, be marvelous, be amazing
놀래다	애 규칙/음성	자동사	새다2	306	to surprise, astonish, amaze ; to frighten, terrify, terrorize
놀리다1	이 규칙/음성	타동사	버리다1	262	to joke, make fun of ; to handle, manage
놀리다2	이 규칙/음성	타동사	버리다1	262	to move, set in motion

목록	활용 유형	분류	동일유형	페이지	의미
높다	자음 규칙/양성	형용사	높다	146	to be high, be tall ; to be lofty, be noble ; to be loud ; to be expensive
높다랗다	ㅎ 불규칙/양성	형용사	까맣다	112	to be remarkably high, be lofty
놓다1	ㅎ 규칙/양성	타동사	놓다1	148	to put, lay down, place ; to release ; to let go ; to set (fire) ; to relax ; to construct ; to fire, shoot ; to inject
놓다2	ㅎ 규칙/양성	보조동사	놓다1	148	to keep, have, leave
놓이다	이 규칙/음성	자동사	다니다	160	to be put, laid ; to feel relieved, be relaxed
놓치다	이 규칙/음성	타동사	가지다	66	to miss, fail ; to let pass (an opportunity) ; to lose sight of
누다	우 규칙/음성	타동사	주다1	434	to evacuate, discharge, pass
누렇다	ㅎ 불규칙/음성	형용사	이렇다	394	to be golden yellow, be deep yellow, be ripe yellow
누르다1	러 불규칙	형용사	푸르다	474	to be golden yellow
누르다2	르 불규칙/음성	타동사	부르다2	274	to press, suppress
누리다1	이 규칙/음성	형용사	어리다1	364	to stink , be rank, be foul-smelling, fetid
누리다2	이 규칙/음성	타동사	버리다1	262	to enjoy, have, be blessed with
누비다	이 규칙/음성	타동사	버리다1	262	to quilt ; to thread/weave one's way
눅다	자음 규칙/음성	형용사	깊다	110	to become milder, be warm up
눋다	ㄷ 불규칙/음성	자동사	걷다1	70	to be burn, be scorched ; to get scorched
눕다	ㅂ 불규칙/음성	자동사	눕다	154	to lie down ; to lay oneself down ; to recline
뉘우치다	이 규칙/음성	타동사	가지다	66	to repent, regret ; to be penitent ; be sorry for
느긋하다	여 불규칙/음성	형용사	깨끗하다	114	to quite satisfied [contented/gratified] (with) ; to be comfortable, be relaxed
느끼다	이 규칙/음성	타동사	버리다1	262	to feel, be conscious of ; to be impressed (by/with)
느끼하다	여 불규칙/음성	형용사	깨끗하다	114	to be greasy, be fatty, be oily, be thick
느리다	이 규칙/음성	형용사	어리다1	364	to be slow ; to be tardy
느슨하다	여 불규칙/음성	형용사	깨끗하다	114	to be loose, be slack, be relaxed
늘다	ㄹ 불규칙/음성	자동사	물다1	244	to grow, increase, multiply, improve, make progress
늘리다	이 규칙/음성	타동사	버리다1	262	to increase, raise, multiply ; to extand, expand ; to widen
늘어나다	아 규칙/양성	자동사	나가다	124	to extend, lengthen ; to expand, stretch ; to increase, multiply, swell
늘이다	이 규칙/음성	타동사	버리다1	262	to lengthen ; make (something) longer
늙다	자음 규칙/음성	자동사	숨다	318	to become old
능숙하다	여 불규칙/음성	형용사	깨끗하다	114	to be skilled, be skillful, be expert
능통하다	여 불규칙/음성	형용사	깨끗하다	114	to be expert, be accomplished
늦다1	자음 규칙/음성	형용사	깊다	110	to be late, be delayed, be overdue ; to be slow
늦다2	자음 규칙/음성	형용사	깊다	110	to be loose, be slack

목록	활용 유형	분류	동일유형	페이지	의미
늦다3	자음 규칙/음성	자동사	숨다	318	to become late, be behind time, delayed, overdue
늦추다	우 규칙/음성	타동사	주다1	434	to loosen, unbend ; to slow down ; to delay, prolong
다가가다	거라 불규칙/양성	자동사	가다	60	to approach, go nearer
다가앉다	자음 규칙/양성	자동사	남다	134	to sit closer
다가오다	너라 불규칙/양성	자동사	오다1	378	to approach, come nearer
다그치다	이 규칙/음성	타동사	가지다	66	to urge, prompt
다녀가다	거라 불규칙/양성	자동사	가다	60	to go visit and then leave again
다녀오다	너라 불규칙/양성	자동사	오다1	378	to come visit and then leave again
다니다	이 규칙/음성	자동사	내리다1	140	to come and go ; to attend (school) ; to visit (a place)
다다르다	으 불규칙/음성	자동사	따르다	192	to reach, arrive, be sufficient
다독거리다	이 규칙/음성	타동사	버리다1	262	to gather (things) up and press in order, arrange in good order ; to caress
다듬다	자음 규칙/음성	타동사	읽다	406	to polish, make pretty, refine ; to smooth ; to finish off ; to plume
다루다	우 규칙/음성	타동사	주다1	434	to treat, deal with, manage
다르다	르 불규칙/음성	형용사	다르다	162	to be different ; to be uncommon ; to be unusual ; to be disagree
다리다	이 규칙/음성	타동사	버리다1	262	to iron
다물다	ㄹ 불규칙/음성	타동사	물다1	244	to shut, close (one's mouth) ; to be quiet, not speak
다부지다	이 규칙/음성	형용사	어리다1	364	to be staunch, be firm, be determined, be stout-hearted
다스리다	이 규칙/음성	타동사	버리다1	262	to rule, govern
다양하다	여 불규칙/음성	형용사	깨끗하다	114	to be varied, be various
다지다1	이 규칙/음성	타동사	가지다	66	to harden, make hard ; to emphasize, make sure of ; to strengthen, confirm
다지다2	이 규칙/음성	타동사	가지다	66	to chop fine, chop (up), cut fine
다짐하다	여 불규칙/음성	자동사	말하다	216	to assure, pledge, make sure
다치다	이 규칙/음성	타동사	가지다	66	to get wounded, be injured
다투다	우 규칙/음성	자타동사	주다1	434	to dispute, argue ; to quarrel ; to compete
다하다1	여 불규칙/음성	자타동사	하다2	484	to run out ; to die
다하다2	여 불규칙/음성	타동사	하다2	484	to finish, go through
닥치다1	이 규칙/음성	자동사	다니다	160	to approach [an ominous thing]
닥치다2	이 규칙/음성	타동사	가지다	66	to shut one's mouth ; to hold one's tongue, be(come) silent
닦다	자음 규칙/양성	타동사	찾다	456	to polish, scrub ; to wipe clean ; cultivate, train ; to prepare the ground for
단단하다	여 불규칙/음성	형용사	깨끗하다	114	to be hard, be solid ; to be tight, be compact, be close

목록	활용 유형	분류	동일유형	페이지	의미
단련하다	여 불규칙/음성	타동사	하다2	484	to discipline, train
단순하다	여 불규칙/음성	형용사	깨끗하다	114	to be simple-minded
닫다	ㄷ 규칙/양성	타동사	찾다	456	to shut, close
달그락거리다	이 규칙/음성	자동사	내리다1	140	to rattle, clatter
달다1	ㄹ 불규칙/양성	형용사	달다1	166	to be sweet, be sugary ; to have sweet sleep
달다2	ㄹ 불규칙/양성	타동사	팔다	468	to hang out, suspend ; to attach, fix ; to add ; to weight
달래다	애 규칙/음성	타동사	매다1	218	to coax, humor ; to soothe, pacify, calm (down), mollify
달려가다	거라 불규칙/양성	자동사	가다	60	to run
달려오다	너라 불규칙/양성	자동사	오다1	378	to come running, hasten [hurry/rush] to (a place)
달리다1	이 규칙/음성	자동사	내리다1	140	to run, rush, dash, jog, sail
달리다2	이 규칙/음성	자동사	내리다1	140	to be no match for ; to fall behind ; to be not enough
달리다3	이 규칙/음성	자동사	내리다1	140	to hang down, dangle, be suspand from ; to depend on, turn on ; to be attached, be fixed, be coupled
달아나다	아 규칙/양성	자동사	나가다	124	to run away, flee,
달콤하다	여 불규칙/음성	형용사	깨끗하다	114	to be sweet, be sugary, be honey
닮다	자음 규칙/양성	자타동사	찾다	456	to resemble, be alike, take after
닳다	자음 규칙/양성	자동사	남다	134	to wear [be worn] out, be rubbed off
담그다	으 불규칙/음성	타동사	따르다1	192	to soak (sth with water) ; to put sth in ; to prepare (kimchi)
담기다	이 규칙/음성	자동사	내리다1	140	to be filled, be put in, hold
담다	자음 규칙/양성	타동사	찾다	456	to put in, fill ; to put into, incorporate (in), include ; to use foul language, speak ill (of)
답답하다	여 불규칙/음성	형용사	깨끗하다	114	to be stuffy, be close, be stifling ; to be unadaptable
당기다	이 규칙/음성	타동사	버리다1	262	to draw, pull, haul ; to stretch (a rope) tight, strain ; to stimulate (one's appetite)
당당하다	여 불규칙/음성	형용사	깨끗하다	114	to be stately, be imposing, be dignified ; to be fair, be open
당연하다	여 불규칙/음성	형용사	깨끗하다	114	to be rightful, be proper, be fair, be reasonable
당하다	여 불규칙/음성	자타동사	하다2	484	to encounter, experience ; to match [equal/rival] (a person) ; to be deceived
당황하다	여 불규칙/음성	자동사	말하다	216	to be confused, be perplexed, puzzled ; to be embarrassed, be upset
닿다	ㅎ 규칙/양성	자동사	놓다1	148	to touch, be in contact with
대견하다	여 불규칙/음성	형용사	깨끗하다	484	to be satisfied, be contented, be content
대다1	애 규칙/음성	타동사	매다1	218	to put (a thing) on ; to touch
대다2	애 규칙/음성	타동사	매다1	218	to compare (A with B)

목록	활용 유형	분류	동일유형	페이지	의미
대다3	애 규칙/음성	타동사	매다1	218	to start, set about
대다4	애 규칙/음성	타동사	매다1	218	to drive up, bring to
대다5	애 규칙/음성	타동사	매다1	218	to supply/provide/furnish (a person) with
대다6	애 규칙/음성	보조동사	새다2	306	to repeat with effort
대단찮다	자음 규칙/양성	형용사	깊다	110	to not so many/much, be a small sum of money ; to be a little importance, be insignificant, be trivial, be slight ; to not be serious ; to not be severe
대단하다	여 불규칙/음성	형용사	깨끗하다	114	to be many/much, be a great ; to be important, be serious ; to be severe, be intensive ; to be wonderful, be amazing
대답하다	여 불규칙/음성	자동사	말하다	216	to reply, answer, respond
대들다	ㄹ 불규칙/음성	자동사	물다1	244	to oppose, defy, rise against, challenge
대립하다	여 불규칙/음성	자동사	말하다	216	to be opposed to (each other), be pitted against
대접하다	여 불규칙/음성	타동사	하다2	484	to treat, receive ; to entertain, show sb hospitality
대항하다	여 불규칙/음성	자타동사	하다2	484	to oppose, confront, face, counter ; to compete with
더듬다1	자음 규칙/음성	자동사	숨다	318	to stammer, falter, stutter
더듬다2	자음 규칙/음성	타동사	깊다	110	to grope (for), fumble (in the darkness) for (a thing)
더하다	여 불규칙/음성	타동사	하다2	484	to add[sum] ; to plus ; to increase, grow, gain
더럽다	ㅂ 불규칙/음성	형용사	덥다	172	to be dirty, be unclean, be nasty, be shabby ; to be mean, be base ; to be stingy, be niggardly
던지다	이 규칙/음성	타동사	가지다	66	to throw, hurl ; to pitch ; to vote, ballot ; to cast at ; to abandon
덜다	ㄹ 불규칙/음성	타동사	물다1	244	to subtract, deduct ; to lessen, ease, relieve
덤벼들다	ㄹ 불규칙/음성	자동사	물다1	244	to go at, set (upon)
덤비다	이 규칙/음성	자동사	내리다1	140	to go at, turn[fall] upon, defy, challenge ; to hurry, hasten
덥다	ㅂ 불규칙/음성	형용사	덥다	172	to feel hot ; to be hot, be warm
덧나다1	아 규칙/양성	자동사	나가다	124	to get worse ; to get inflamed
덧나다2	아 규칙/양성	자동사	나가다	124	to grow beyond the rest
덮다	자음 규칙/음성	타동사	읽다	406	to cover with, spread over ; to veil, hide, conceal
덮이다	이 규칙/음성	자동사	내리다1	140	to be hidden, be closed
덮치다	이 규칙/음성	타동사	가지다	66	to attack ; to hold sb down
데다	에 규칙/음성	자동사	데다	174	to burnt, be scalded ; to suffer a burn ; to have a bad experience
데우다	우 규칙/음성	타동사	주다1	434	to make warm/hot ; to heat up
도달하다	여 불규칙/음성	자동사	말하다	216	to arrive at ; reach, attain
도망가다	거라 불규칙/양성	자동사	가다	60	to flee, run away ; to escape
도착하다	여 불규칙/음성	자동사	말하다	216	to arrive at, reach

목록	활용 유형	분류	동일유형	페이지	의미
독특하다	여 불규칙/음성	형용사	깨끗하다	114	to be unique, be peculiar, be special, be original
돋다	ㄷ 규칙/양성	자동사	남다	134	to raise, come up, arouse ; to grow up, sprout ; to come out
돋우다	우 규칙/음성	타동사	주다1	434	to raise, lift up ; to encourage, stir up
돌다	ㄹ 불규칙/양성	자동사	살다	304	to turn around ; to turn about ; to take effect ; to circulate ; to prevail ; to go off one's head ; to be dizzy
돌리다1	이 규칙/음성	타동사	버리다1	262	to turn, spin, wheel ; to shift ; to change, alter
돌리다2	이 규칙/음성	타동사	버리다	262	to borrow, have (money) on loan
돌보다	오 규칙/양성	타동사	보다	268	to care for, take care of, look after, tend, attend to
돌아가다1	거라 불규칙/양성	자동사	가다	60	to die
돌아가다2	거라 불규칙/양성	자동사	가다	60	to go/turn back ; to return
돌아다니다	이 규칙/음성	자동사	내리다1	140	to look around, see while walking ; to wander, tramp ; to go around
돌아보다	오 규칙/양성	타동사	보다	268	to look back upon, review, retrospect, reflect ; to make a round ; to patrol
돌아오다	너라 불규칙/양성	자동사	오다1	378	to return, come back ; to recover ; to be allotted
돌이키다	이 규칙/음성	타동사	버리다1	262	to turn one's face/head ; to change one's mind ; to recover, get back, restre
돕다	ㅂ 불규칙/양성	타동사	돕다	176	to help ; to aid ; to relieve ; to promote ; to contribute
동거하다	여 불규칙/음성	자동사	말하다	216	to live together, live with (a family) ; to cohabit (with)
동행하다	여 불규칙/음성	자동사	말하다	216	to go (along) with, accompany (a person)
되다1	외 규칙/음성	형용사	고되다	76	to be hard, be thick ; to be tight, tense ; to be tough ; to be severe
되다2	외 규칙/음성	자동사	되다2	180	to become ; to turn into ; to be done ; to grow up ; to begin to ; to result ; to consist ; to succeed
되다3	외 규칙/음성	보조동사	되다2	180	to become
되돌리다	이 규칙/음성	타동사	버리다1	262	to return, give back ; to restore ; to put back ; to reject
되찾다	자음 규칙/양성	타동사	찾다	456	to recover, get/take (sth) back
되풀이하다	여 불규칙/음성	타동사	하다2	484	to repeat
두근거리다	이 규칙/음성	자동사	내리다1	140	to throb, palpitate, pulsate, pulse
두껍다	ㅂ 불규칙/음성	형용사	덥다	172	to be thick
두다1	우 규칙/음성	타동사	주다1	434	to put, place, set, lay ; to leave ; to move
두다2	우 규칙/음성	보조동사	주다1	434	to do sth to get
두드리다	이 규칙/음성	타동사	버리다1	262	to strike, beat, hit, knock ; to tap
두려워하다	여 불규칙/음성	타동사	하다2	484	to fear, dread ; to be afraid of ; to apprehend ; to be in awe of
두렵다	ㅂ 불규칙/음성	형용사	덥다	172	to be frightened, be fearful, be afraid ; to be in awe of, be awed by

목록	활용 유형	분류	동일유형	페이지	의미
두르다	르 불규칙/음성	타동사	부르다2	274	to surround, wear wrapped around, enclose
두리번거리다	이 규칙/음성	타동사	버리다1	262	to look around (restlessly), glance round
두텁다	ㅂ 불규칙/음성	형용사	덥다	172	to be thick, be generous, be warm, be cordial, be deep
둔하다	여 불규칙/음성	형용사	깨끗하다	114	to be dull ; to be stupid ; to be slow
둘러보다	오 규칙/양성	타동사	보다	268	to look around, survey
둥글다	ㄹ 불규칙/음성	형용사	길다	108	to be round, to be circular ; to be globular
뒤따르다	으 불규칙/음성	타동사	따르다1	192	to follow
뒤섞다	자음 규칙/음성	타동사	읽다	406	to mix/jumble together, blend ; to compound
뒤엎다	자음 규칙/음성	타동사	읽다	406	to upset, overturn, turn sth upside down
뒤지다1	이 규칙/음성	자동사	다니다	160	to ransack, rummage, search for, fumble in
뒤지다2	이 규칙/음성	타동사	가지다	66	to fall/drop behind ; to get behind the times/ages
뒤집다	ㅂ규칙/음성	타동사	읽다	406	to turn the other side ; to reverse, invert ; to upset, overturn
뒤집어씌우다	우 규칙/음성	타동사	주다1	434	to cover with ; to put the blame on
뒤쫓다	자음 규칙/양성	타동사	찾다	456	to pursue/chase after, trail ; to hunt up
뒹굴다	ㄹ 불규칙/음성	자동사	물다1	244	to lay down, roll over ; to idle away, do nothing, be lazy
드나들다	ㄹ 불규칙/음성	자동사	물다1	244	to come and go, visit frequently
드높다	자음 규칙/양성	형용사	높다	146	to be high, be tall, be lofty, be eminent
드러나다	아 규칙/양성	자동사	나가다	124	to be known ; to come out, appear ; to be found out, be revealed ; to show/ display itself
드러내다	애 규칙/음성	타동사	매다1	218	to expose, lay bare ; to bring sth to light ; to make sb famous ; to reveal, show, betray
드러눕다	ㅂ 불규칙/음성	자동사	눕다	154	to lie down, lay oneself down
드리다1	이 규칙/음성	타동사	버리다1	262	to give, offer, present,
드리다2	이 규칙/음성	타동사	버리다1	262	to make, institute ; to put in
드리다3	이 규칙/음성	보조동사	버리다1	262	to service
드물다	ㄹ 불규칙/음성	형용사	길다	108	to be rare ; to be unusual, be uncommon ; to be few ; to be few and far
든든하다	여 불규칙/음성	형용사	깨끗하다	114	to be solid, be firm, be robust, be stout, be strong ; to be secure
듣다1	ㄷ 불규칙/음성	자동사	걷다1	70	to be effective, have an effect
듣다2	ㄷ 불규칙/음성	타동사	듣다2	188	to hear, listen to ; to praise ; to obey, follow
들다1	ㄹ 불규칙/음성	자동사	물다1	244	to grow older
들다2	ㄹ 불규칙/음성	자동사	물다1	244	to go in, get in, move in ; to hold, contain, to join, enter ; to be dyed, take color
들다3	ㄹ 불규칙/음성	타동사	물다1	244	to raise, lift ; to hold sth in one's hand ; to give (an example), mention (a fact) ; to eat, drink
들뜨다	으 불규칙/음성	자동사	뜨다2	200	to grow restless, drift, wander, become fickle

목록	활용 유형	분류	동일유형	페이지	의미
들르다	으 불규칙/음성	자동사	뜨다2	200	to drop in, stay by, go by
들리다1	이 규칙/음성	자동사	내리다1	140	to be heard, be audible ; to reach one's ear ; to be said/told ; to come to one's ears
들리다2	이 규칙/음성	자동사	내리다1	140	to be possessed (by an evil spirit) ; to be taken (ill) ; to be attacked by
들리다3	이 규칙/음성	자동사	내리다1	140	to be lifted up, be raised
들어가다	거라 불규칙/양성	자동사	가다	60	to enter, go in ; to sink ; to contain, hold, be included ; to be put in
들어오다	너라 불규칙/양성	자동사	오다1	378	to come in
들어주다	우 규칙/음성	타동사	주다1	434	to comply with a person's request
들추다	우 규칙/음성	타동사	주다1	434	to disclose, uncover, reveal ; to ransack, search
들키다	이 규칙/음성	자동사	내리다1	140	to be found, be detected
디디다	이 규칙/음성	타동사	버리다1	202	to step on, tread on
따갑다	ㅂ 불규칙/양성	형용사	곱다1	90	to be prickly, be pricking, be smarting
따끔하다	여 불규칙/음성	형용사	깨끗하다	114	to be prickly, be pricking ; to be severe, be harsh, be sharp
따다	아 규칙/양성	타동사	사다	298	to pick, pluck, nip off ; to open (a can) ; to quote
따라오다	오 규칙/양성	타동사	보다	268	to come with, follow, accompany, keep up with ; to do likewise ; to compete, rival
따돌리다	이 규칙/음성	타동사	버리다1	262	to leave (a person) out (in the cold), leave (a person) severely alone, exclude, disdain
따라가다	거라 불규칙/양성	타동사	가다	60	to follow, go with, accompany ; to keep up with ; to obey ; to compete with, be a match for
따라다니다	이 규칙/음성	타동사	버리다1	262	to follow (around), go around with ; to shadow
따르다1	으 불규칙/음성	타동사	쓰다2	344	to follow, accompany go after ; to imitate, model after ; to obey ; to agree ; to act on
따르다2	으 불규칙/음성	타동사	쓰다2	344	to pour (into/out)
따지다	이 규칙/음성	타동사	가지다	66	to distinguish right from wrong ; to inquire into ; to count, calculate
딱하다	여 불규칙/음성	형용사	깨끗하다	114	to be pitiful, be pitiable ; to be embarrassing
때다	애 규칙/음성	타동사	매다1	218	to make a fire, burn
때리다	이 규칙/음성	타동사	버리다1	262	to beat, strike, hit, slap, box, drub, knock sb down
때우다	우 규칙/음성	타동사	주다1	434	to solder, tinker, braze ; to make shift (with)
떠나다	아 규칙/양성	자동사	나가다	124	to leave, start out, depart from, set off ; to part from ; to die
떠들다	ㄹ 불규칙/음성	자동사	물다1	244	to make a noise, gabble ; to clamor ; to be rumored
떠오르다	르 불규칙/음성	자동사	흐르다	494	to rise/come up to the surface (of water) ; to come across one's mind
떨다1	ㄹ 불규칙/음성	자동사	물다1	244	to tremble, quake, shake ; to thrill, vibrate ; to shudder

목록	활용 유형	분류	동일유형	페이지	의미
떨다2	ㄹ 불규칙/음성	타동사	물다1	244	to sweep/brush off (dust) ; to take off/ away ; to sell off, dispose of
떨리다1	이 규칙/음성	자동사	내리다1	140	to shake, tremble, shiver, quake
떨리다2	이 규칙/음성	자동사	내리다1	140	to be shaken off, be beaten [thrown] off, fall off ; to be excluded
떨어뜨리다	이 규칙/음성	타동사	버리다1	262	to drop, to let fall, throw down ; to degrade ; to lessen, decrease
떨어지다	이 규칙/음성	자동사	다니다	160	to fall, drop ; to fail, be defeated ; to separate, part from
떨치다	이 규칙/음성	타동사	가지다	66	to be widely felt, become well known ; to shake off, beat
떫다	자음 규칙/음성	형용사	깊다	110	to be astringent
떼다	에 규칙/음성	타동사	베다	266	to remove, take off, detach, keep apart ; to cut sth open
떼밀다	ㄹ 불규칙/음성	타동사	물다1	244	to push a person around
떼이다	이 규칙/음성	타동사	버리다1	262	to have a loan uncollected
똑똑하다	여 불규칙/음성	형용사	깨끗하다	114	to be clever, be bright, be brainy ; to be clear, be distinct, be plain, be definite
뚜렷하다	여 불규칙/음성	형용사	깨끗하다	114	to be distinct, be obvious
뚫다	자음 규칙/음성	타동사	읽다	406	to punch/poke (a hole) ; to elude (a law)
뚱뚱하다	여 불규칙/음성	형용사	깨끗하다	114	to be fat, be stout, be corpulent
뛰다	위 규칙/음성	자동사	쉬다3	320	to jump, spring, hop ; run, gallop, dash ; to spatter, splash ; to flee
뛰어나다	아 규칙/양성	형용사	싸다1	332	to be outstanding, be remarkable ; to be noted
뜨겁다	ㅂ 불규칙/음성	형용사	덥다	172	to be hot ; to be heated ; to be burning ; to be passionate
뜨다1	으 불규칙/음성	형용사	슬프다	324	to be slow, be slow-footed ; to be dull ; to be taciturn, be reticent ; to be blunt
뜨다2	으 불규칙/음성	자동사	뜨다2	200	to float ; to rise ; to get loose ; to be a part from
뜨다3	으 불규칙/음성	자동사	뜨다2	200	to leave ; to quit ; to resign (office) ; to move out of place ; to die, depart
뜨다4	으 불규칙/음성	타동사	쓰다2	344	to open one's eyes, begin to hear
뜨다5	으 불규칙/음성	타동사	쓰다2	344	to cut off ; to scoop up ; to cut up
뜨다6	으 불규칙/음성	타동사	쓰다2	344	to toss up, lift up
뜨다7	으 불규칙/음성	타동사	쓰다2	344	to net, weave, knit, sew
뜯다	ㄷ 규칙/음성	타동사	믿다	248	to pluck, pick off ; to unsew
뜯어내다	애 규칙/음성	타동사	매다1	218	to take off, tear off
뜻있다	자음 규칙/음성	자동사	숨다	318	to be significant, meaningful
뜻하다	여 불규칙/음성	타동사	하다2	484	to intend to, plan
띄다	이 규칙/음성	자동사	내리다1	140	to be opened, awake ; to be seen ; to be found ; to be prominent

목록	활용 유형	분류	동일유형	페이지	의미
따다	이 규칙/음성	타동사	버리다1	262	to put on, tie ; to wear, carry
마감하다	여 불규칙/음성	타동사	하다2	484	to close, finish ; to end
마련하다	여 불규칙/음성	타동사	하다2	484	to prepare, provide, furnish, get ready for
마렵다	ㅂ 불규칙/음성	형용사	덥다	172	to feel an urge to urinate [defecate]
마르다1	르 불규칙/음성	자동사	흐르다	494	to dry (up), be dry ; to be thirsty ; to become thin ; to lose weight ; to run out
마르다2	르 불규칙/음성	타동사	부르다2	274	to cut out (a dress), make by cutting
마무리하다	여 불규칙/음성	타동사	하다2	484	to finish, complete
마시다	이 규칙/음성	타동사	가지다	66	to drink, suck in ; to breathe in
마주보다	오 규칙/양성	자타동사	보다	268	to look at one another
마주치다	이 규칙/음성	타동사	가지다	66	to run against ; to happen to meet
마찬가지다	이 규칙/음성	자동사	다니다	160	to be the same, be equivalent, be like
마치다	이 규칙/음성	타동사	가지다	66	to complete, finish, be ready, be through with
막다	자음 규칙/양성	타동사	사다	298	to block, stop up, prevent, fence around, enclose, to screen off ; to defend, protect, keep away
막연하다	여 불규칙/음성	형용사	깨끗하다	114	to be vague, be obscure, be ambiguous
막히다	이 규칙/음성	자동사	내리다1	140	to be blocked, separated ; to be at a loss for (answer)
만나다	아 규칙/양성	자타동사	나가다	124	to meet, encounter, find
만들다1	ㄹ 불규칙/음성	타동사	물다1	244	to make, manufacture ; to create ; to make out ; to form, constitute ; to organize ; to invent ; to prepare (a food) ; to write ; to coin ; to cook
만들다2	ㄹ 불규칙/음성	타동사	물다1	244	to make sb do, get sb to do
만류하다	여 불규칙/음성	타동사	하다2	484	to detain, keep/hold back
만만하다	여 불규칙/음성	형용사	깨끗하다	114	to be full of (ambition), be brimming with (vigor), be filled with (courage)
만족하다	여 불규칙/음성	형용사	깨끗하다	114	to be contented, be satisified, be gratified
만지다	이 규칙/음성	타동사	가지다	66	to touch, finger, brush ; to handle
많다	자음 규칙/양성	형용사	높다	146	to be many, be numerous ; to be much ; to be plenty ; to be frequent, be often be many ; to be abundant, be plentiful
말갛다	ㅎ 불규칙/양성	형용사	까맣다	112	to be clear, be clean, be limpid
말끔하다	여 불규칙/음성	형용사	깨끗하다	114	to be neat and tidy
말다1	ㄹ 불규칙/양성	타동사	팔다	468	to roll up (a carpet)
말다2	ㄹ 불규칙/양성	타동사	팔다	468	to mix sth with
말다3	ㄹ 불규칙/양성	타동사	팔다	468	to stop, cease ; to give up ; to leave off work
말다4	ㄹ 불규칙/양성	타동사	팔다	468	to prohibit ; to refrain from ; to end up
말리다1	이 규칙/음성	타동사	가지다	66	to dry up ; to make/let dry
말리다2	이 규칙/음성	타동사	가지다	66	to stop (a person from doing) ; to advise (a person) not to do ; to forbid (a person to do), prohibit

목록	활용 유형	분류	동일유형	페이지	의미
말씀하다	여 불규칙/음성	자타동사	하다2	484	to say, speak, talk, converse, tell, state, mention, remark, explain
말하다	여 불규칙/음성	자타동사	하다2	484	to say, speak, talk, converse, tell ; to state, mention, remark, explain
맑다	자음 규칙/양성	형용사	높다	146	to be clear, be limpid ; to be pure ; to be fine (weather)
망명하다	여 불규칙/음성	자동사	말하다	216	to flee from one's own country (for political reasons), exile oneself, seek [take] refuge (in a foreign country)
망설이다	이 규칙/음성	자동사	내리다1	140	to hesitate, waver, hold back
망치다	이 규칙/음성	타동사	가지다	66	to spoil, ruin, destory, damage
망하다1	여 불규칙/음성	형용사	깨끗하다	114	to be ugly, be bad-looking ; to be evil, be wicked, be ill-natured
망하다2	여 불규칙/음성	자동사	말하다	216	to fall, perish, go bankrupt ; to be ruined
맞다1	자음 규칙/양성	자동사	남다	134	to be right, be correct
맞다2	자음 규칙/양성	자동사	남다	134	to be fitting, appropriate ; to meet, receive ; to get wet
맞다3	자음 규칙/양성	타동사	찾다	456	to hit (the mark) ; to get scolded ; to be beaten, struck ; to get (an injection)
맞다4	자음 규칙/양성	타동사	찾다	456	to meet, receive, welcome, make sb welcome ; to greet (the New Year) ; to meet with, encounter
맞닿다	ㅎ 규칙/양성	자동사	찧다	452	to come into contact with, touch
맞대다	애 규칙/음성	타동사	매다1	218	to bring into contact with, face with, confront
맞들다	ㄹ 불규칙/음성	타동사	물다1	244	to lift up together, hold up together
맞먹다	자음 규칙/음성	자동사	숨다	318	to be of equal (strength), of equal (birth)
맞붙다	자음 규칙/음성	자동사	숨다	318	to stick together
맞서다	어 규칙/음성	자동사	서다	308	to stand face to face (with), face each other, be opposite ; to stand against
맞이하다	여 불규칙/음성	타동사	하다2	484	to meet, welcome ; to receive, play host to ; to be confronted (by)
맞추다	우 규칙/음성	타동사	주다1	434	to adjust, regulate, correct ; to compare with, fix up ; to put together ; to tune ; to adapt, accommodate
맞히다1	이 규칙/음성	타동사	버리다1	262	to guess right, find something out
맞히다2	이 규칙/음성	타동사	버리다1	262	to have sb hit
맡기다	이 규칙/음성	타동사	버리다1	262	to entrust ; to allow, put in charge ; to deposit ; to leave
맡다1	자음 규칙/양성	타동사	찾다	456	to smell ; to scent ; to sniff out ; to get wind
맡다2	자음 규칙/양성	타동사	찾다	456	to keep, receive ; to under take ; to get, obtain
매기다	이 규칙/음성	타동사	가지다	66	to decide, set ; to grade ; to rate
매다1	애 규칙/음성	타동사	매다1	218	to bind, tie, fasten a belt ; to chain, lash ; to stretch, string ; to wear

목록	활용 유형	분류	동일유형	페이지	의미
매다2	애 규칙/음성	타동사	매다1	218	to weed out
매달다	ㄹ 불규칙/양성	타동사	팔다	468	to hang (up), suspend
매달리다	이 규칙/음성	자동사	내리다1	140	to hang down (from), be hung (down) ; to cling to, hang on ; to adhere to ; to depend ; to appeal to
맵다	ㅂ 불규칙/음성	형용사	덥다	172	to be spicy, be hot, be pungent ; to be severe, be strict
맺다	자음 규칙/음성	타동사	읽다	406	to tie up, knot ; to bear, product ; to close, finish ; to cherish, nurse ; to enter
맺히다	이 규칙/음성	자동사	내리다1	140	to be tied, come into bearing, be pent up
머금다	자음 규칙/음성	타동사	읽다	406	to hold in the mouth, to bear in mind ; to contain, have, hold
머무르다	르 불규칙/음성	자동사	흐르다	494	to stay over, stop over, take lodgings
머뭇거리다	이 규칙/음성	자동사	내리다1	140	to hesitate
먹다1	자음 규칙/음성	자동사	숨다	318	to go deaf, lose one's hearing
먹다2	자음 규칙/음성	타동사	읽다	406	to eat, have, take ; to drink, smoke ; to undergo, to suffer ; to receive, be given ; to decide, determine
먹이다1	이 규칙/음성	타동사	버리다1	262	to feed, keep ; to infect ; to offer (a bribe) ; to put sb to shame
먹이다2	이 규칙/음성	타동사	버리다1	262	to soak (sth with water) ; to apply (oil) ; to put sth in
멀다1	ㄹ 불규칙/음성	형용사	길다	108	to be far, be distant, be remote
멀다2	ㄹ 불규칙/음성	자동사	물다1	244	to become blind, lose one's sight to be hard of hearing
멈추다	우 규칙/음성	자타동사	주다1	434	to stop, cease, halt ; to discontinue
멋있다	자음 규칙/음성	형용사	깊다	110	to be handsome, be elegant
멋쩍다	자음 규칙/음성	형용사	깊다	110	to be awkward ; to be embarrassing ; to be embarrassed ; to feel awkward
멎다	자음 규칙/음성	자동사	숨다	318	to stop, cease, die away
메다1	에 규칙/음성	자동사	데다	174	to be choked, be stopped, blocked ; to get clogged
메다2	에 규칙/음성	타동사	베다2	266	to carry (on the shoulders) ; to take charge of ; to shoulder ; to wear
메마르다	르 불규칙/음성	형용사	다르다	162	to dry, be dried up ; to thirst for ; to be sterile
메스껍다	ㅂ 불규칙/음성	형용사	덥다	172	to be sickening, be nauseating ; to feel sick
메우다1	우 규칙/음성	타동사	주다1	434	to fill up, plug up ; to supply, make up for ; to compensate, replace, make good
메이다	이 규칙/음성	자동사	내리다1	140	to pull tight (net, drumskin, tires, etc.)
면하다1	여 불규칙/음성	자동사	말하다	216	to be at the front of
면하다2	여 불규칙/음성	타동사	하다2	484	to escape, be saved from
멸망하다	여 불규칙/음성	자동사	말하다	216	to perish, die out, be destroyed

목록	활용 유형	분류	동일유형	페이지	의미
명령하다	여 불규칙/음성	타동사	하다2	484	to order, command, direct
모르다	르 불규칙/음성	타동사	부르다2	274	to do not know ; to be unaware ; to be ignorant ; to do not understand, not be acquainted ; to be insensible ; to do not feel ; to do not remember
모방하다	여 불규칙/음성	타동사	하다2	484	to imitate, copy, model after
모시다	이 규칙/음성	타동사	가지다	66	to serve, wait/attend upon ; to invite, ask ; to have (a person) over ; to worship as
모으다	으 불규칙/음성	타동사	따르다1	192	to gather, get together, collect ; to focus, concentrate ; to save, lay by, store, accumulate, amass ; to file up ; to attract
모이다	이 규칙/음성	자동사	내리다1	140	to come together ; to crowd ; to meet, assemble ; to center on ; to focus on ; to be saved
모자라다	아 규칙/양성	자동사	나가다	124	to be lack, not be/have enough, be insufficient ; to be dull, be half-witted
모질다	ㄹ 불규칙/음성	형용사	길다	108	to be ruthless, be cruel, be harsh ; to be patient, be persevering, be long-suffering
몰다1	ㄹ 불규칙/양성	타동사	팔다	468	to drive (a car, horse)
몰다2	ㄹ 불규칙/양성	타동사	팔다	468	to pursue, run after ; to hunt up ; to drive (into a corner) ; to charge (a person with a crime), accuse
몰라보다	오 규칙/양성	타동사	보다	268	to fail to recognize
몰려들다	ㄹ 불규칙/음성	자동사	물다1	244	to be driven ; to come in groups
몰리다	이 규칙/음성	자동사	내리다1	140	to be pressed, driven ; to be driven to a corner ; to be accused of, be charged with, be blamed for
몰아내다	애 규칙/음성	타동사	매다1	218	to turn/get out, expel, evict
몰아치다	이 규칙/음성	자동사	내리다1	140	to rush for ; to strom ; to drive/chase to
못나다	아 규칙/양성	형용사	싸다1	332	to be ugly, be plain, be bad-looking ; to be foolish, be stupid, be silly, be dull
못마땅하다	여 불규칙/음성	형용사	깨끗하다	114	to be disagreeable, be undesirable, be displeased, unacceptable to
못생기다	이 규칙/음성	형용사	어리다1	364	to be ugly, be bad-looking
못지않다	자음 규칙/양성	형용사	높다	146	to not be inferior (to), no less than
못하다1	여 불규칙/음성	형용사	깨끗하다	114	can not ; to be inferior, to be worse than, to beblow ; not as good as ; to be impossible, fail ; to not be good
못하다2	여 불규칙/음성	보조형용사	하다2	484	to be not
못하다3	여 불규칙/음성	보조동사	깨끗하다	114	can not (do), to be unable (to do sth), to be incapable ; to stop ; to be prevented from doing sth
무겁다	ㅂ 불규칙/음성	형용사	덥다	172	to be heavy, be weighty ; to be serious, be important ; to be severe, be serious
무너뜨리다	이 규칙/음성	타동사	버리다1	262	to break down, destroy, demolish ; to pull down

목록	활용 유형	분류	동일유형	페이지	의미
무너지다	이 규칙/음성	자동사	다니다	160	to collapse, fall to pieces, to be destroyed
무덥다	ㅂ 불규칙/음성	형용사	덥다	72	to be humid, be hot and damp ; to be muggy ; to be sultry, be sweltering
무디다	이 규칙/음성	형용사	어리다1	364	to be dull ; to be blunt ; to be slow ; to be slow –witted
무례하다	여 불규칙/음성	형용사	깨끗하다	114	to be impolite, be rude, be discourteous
무르다1	르 불규칙/음성	형용사	다르다	162	to be softened, get soft ; to become tender
무르다2	르 불규칙/음성	타동사	부르다2	274	to cancel, return
무르익다	자음 규칙/음성	자동사	숨다	318	to ripen, become ripe ; to mellow, mature, come to maturity
무릅쓰다	으 불규칙/음성	타동사	쓰다2	344	to run a risk, to face, venture
무섭다	ㅂ 불규칙/음성	형용사	덥다	172	to be fearful, be deadful, be terrible ; to be frightened
무성하다	여 불규칙/음성	형용사	깨끗하다	114	to be thick, be dense, be luxuriant, be exuberant
무시하다	여 불규칙/음성	타동사	하다2	484	to disregard, ignore, discount, neglect
무찌르다	르 불규칙/음성	타동사	부르다2	274	to kill off, mow down, wipe out, defeat, destroy
묵다1	자음 규칙/음성	자동사	숨다	318	to become old, to be out of date ; to lie idle, remain unsold
묵다2	자음 규칙/음성	자동사	숨다	318	to stay at, lodge at
묵히다	이 규칙/음성	타동사	버리다1	262	to leave unused, let sth lie idle, keep (money) idle
묶다	자음 규칙/음성	타동사	읽다	406	to bind, tie, fasten ; to chain ; to bundle
묶이다	이 규칙/음성	자동사	내리다1		to be tied, be bound
문의하다	여 불규칙/음성	타동사	하다2	484	to make inquiries (about), check, ask
묻다1	ㄷ 규칙/음성	자동사	묻다1	240	to stick(to), adhere(to) ; to be stained with ; to be stuck to
묻다2	ㄷ 불규칙/음성	타동사	듣다2	188	to inquire, ask, question ; to call sb to account ; to inquire of ; to charge of
묻다3	ㄷ 규칙/음성	타동사	믿다	248	to bury (in), inter, inhume
묻히다1	이 규칙/음성	타동사	버리다1	262	to be buried in, be covered with
묻히다2	이 규칙/음성	타동사	버리다1	262	to have sth stained/smeared/applied
물다1	ㄹ 불규칙/음성	타동사	물다1	244	to bite ; to hold in the mouth ; to gear with ; to get, obtain
물다2	ㄹ 불규칙/음성	타동사	물다1	244	to pay a fine/penalty, compensate sb for the loss of sth
물러가다	거라 불규칙/양성	자동사	가다	60	to step back, retreat, recede ; to go backwards ; to draw back
물러나다	아 규칙/양성	자동사	나가다	124	to retreat, recede, withdraw ; to move backwards ; to retire
물러서다	어 규칙/음성	자동사	서다	308	to step down/back, to step aside ; to withdraw, retire, resign
물려받다	자음 규칙/양성	타동사	찾다	456	to inherit, take over (a task) ; to succeed to, receive a gift

목록	활용 유형	분류	동일유형	페이지	의미
물려주다	우 규칙/음성	타동사	주다1	434	to hand down/over, transfer, leave ; to abdicate, devise
물리다1	이 규칙/음성	자동사	내리다1	140	to get tired/sick of ; to put/take away ; to move back
물리다2	이 규칙/음성	자동사	내리다1	140	to be bitten
물리다3	이 규칙/음성	타동사	버리다	262	to put off, postpone
물리다4	이 규칙/음성	타동사	버리다1	262	to make sb compensate, make sb pay for damage
물리치다	이 규칙/음성	타동사	가지다	66	to refuse, reject ; to turn down ; to beat off ; to drive away
물어주다	애 규칙/음성	타동사	주다1	434	to pay for, to compensate ; to make good, make up for
묽다	자음 규칙/음성	형용사	깊다	110	to be watery, be washy (milk), be thin (coffee), be sloppy (food)
뭉치다	이 규칙/음성	자동사	다니다	160	to coagulate ; to lump, mass ; to unify, band together
미끄러지다	이 규칙/음성	자동사	내리다1	140	to slide, glide, slip ; to skid
미끄럽다	ㅂ 불규칙/음성	형용사	덥다	172	to be slippery
미끈하다	여 불규칙/음성	형용사	깨끗하다	114	to be sleek, be slick, be smooth
미루다1	우 규칙/음성	타동사	주다1	434	to lay/throw, shift
미루다2	우 규칙/음성	타동사	주다1	434	to postpone, put off, defer
미안하다	여 불규칙/음성	형용사	깨끗하다	114	to be sorry ; to be uneasy ; to be regret
미약하다	여 불규칙/음성	형용사	깨끗하다	114	to be feeble, be weak, be faint
미워하다	여 불규칙/음성	타동사	하다2	484	to hate, detest, abominate
미치다1	이 규칙/음성	자동사	다니다	160	to be crazy, mad, insane ; to become insensed ; to be a fanatic
미치다2	이 규칙/음성	자동사	다니다	160	to reach ; to extend over, range over ; to match, equal, come up with
민감하다	여 불규칙/음성	형용사	깨끗하다	114	to be sensitive, be susceptible
민박하다	여 불규칙/음성	자동사	말하다	216	to lodge in a private house
믿기다	이 규칙/음성	자동사	내리다1	140	to be believed
믿다	ㄷ 규칙/음성	타동사	믿다	248	to believe, credit ; to trust ; to be sure of ; to have faith in
밀다1	ㄹ 불규칙/음성	타동사	물다1	244	to push, thrust ; to shave, plane (a board smooth)
밀다2	ㄹ 불규칙/음성	타동사	물다1	244	to recommend, support ; to back up
밀리다	이 규칙/음성	자동사	내리다1	140	to be pushed, driven away ; to be left undone, be delayed/retarded, be accumulated
밀치다	이 규칙/음성	타동사	가지다	66	to push, trust
밉다	ㅂ 불규칙/음성	형용사	덥다	172	to be hateful, be detestable, be abominable, be spiteful
바꾸다	우 규칙/음성	타동사	주다1	434	to change, alter, shift, convert ; to exchange, trade barter ; to substitute, replace, transform ; to reform, reverse, renew

목록	활용 유형	분류	동일유형	페이지	의미
바라다	아 규칙/양성	타동사	사다	298	to hope/expect for, look forward to ; to desire, wish, want ; to beg, request, ask ; to prefer, choose
바라보다	오 규칙/양성	타동사	보다	268	to look at, watch, see ; to look on, sit back and watch
바래다	애 규칙/음성	자동사	새다2	306	to fade, lose color, discolor
바로잡다	자음 규칙/양성	타동사	잡다	420	to correct, reform ; to straighten
바르다1	르 불규칙/음성	타동사	부르다2	274	to apply oil/ointment, spread on ; to paint, plaster ; to rub in ; to plaster, stick, post
바르다2	르 불규칙/음성	형용사	다르다	162	to be straight, be right, be erect ; to be honest, be true, be right ; to be sunny
바쁘다	으 불규칙/음성	형용사	나쁘다	128	to be busy ; to be urgent, be immediate ; to be not free
바치다	이 규칙/음성	타동사	가지다	66	to offer, give, present ; to sacrifice, devote ; to pay, supply
박다	자음 규칙/양성	타동사	찾다	456	to strike/drive in, ram down (a stake) ; to sew with a machine ; to inlay, set
박이다	이 규칙/음성	자동사	내리다1	140	to become callous, have a callus/corn ; to be deep-rooted rancor ; to put into print
박히다	이 규칙/음성	자동사	내리다1	140	to be stuck ; to run into ; to be placed, be printed
반갑다	ㅂ 불규칙/양성	형용사	덥다	172	to be pleased, be glad ; to be joyful, be happy, be delightful ; to welcome
반기다	이 규칙/음성	타동사	버리다1	262	to greet, welcome ; to be glad, pleasure
반대하다	여 불규칙/음성	타동사	하다2	484	to oppose, object to, disagree with
반듯하다	여 불규칙/음성	형용사	깨끗하다	114	to be straight, be upright, be erect ; to be neat, be tidy
반성하다	여 불규칙/음성	타동사	하다2	484	to reflect upon, reconsider
반짝이다	이 규칙/음성	자동사	내리다1	140	to glitter, shine, sparkle, gleam
반하다1	여 불규칙/음성	자동사	말하다	216	to be opposed to, be contrary
반하다2	여 불규칙/음성	자동사	말하다	216	to fall in love with
반항하다	여 불규칙/음성	자동사	말하다	216	to oppose, resist, offer resistance ; to disobey, be insubordinate
받다1	ㄷ규칙/양성	타동사	찾다	456	to receive, take ; to accept ; to catch ; to charge ; to suffer ; to undergo
받다2	ㄷ규칙/양성	자동사	남다	134	to suit one's taste ; to agree with (a person)
받다3	ㄷ규칙/양성	타동사	찾다	456	to butt, gore, bump one's head against
받들다	ㄹ 불규칙/음성	타동사	물다1	244	to lift up, hold up ; to uphold, raise ; to support, sustain, assist ; to respect, honor, serve ; to worship, idolize
받아쓰다	으 불규칙/음성	타동사	쓰다2	344	to write down, dictate
받치다	이 규칙/음성	타동사	가지다	66	to support, uphold, prop/bolster up
받히다	이 규칙/음성	자동사	내리다1	140	to be pushed, hit, to be run against

목록	활용 유형	분류	동일유형	페이지	의미
발견하다	여 불규칙/음성	타동사	하다2	484	to discover ; to find out
발달하다	여 불규칙/음성	자동사	말하다	216	to develop, grow (up), progress, advance
발명하다	여 불규칙/음성	타동사	하다2	484	to invent, devise, contrive
발전하다	여 불규칙/음성	자동사	말하다	216	to develop, grow, expand, prosper
발표하다	여 불규칙/음성	타동사	하다2	484	to announce ; to publish ; to present, express
밝다1	자음 규칙/양성	형용사	높다	146	to be light, be bright ; to be cheerful, be sunny, be clean ; to be familiar/ acquainted with
밝다2	자음 규칙/양성	자동사	남다	134	to dawn, begin
밝히다1	이 규칙/음성	타동사	버리다1	262	to light up, brighten, illuminate
밝히다2	이 규칙/음성	타동사	버리다1	262	to make (a matter) clear, clarify ; to make (a matter) public ; to sit/stay up all night
밟다	자음 규칙/양성	타동사	찾다	456	to step on, tread upon ; to go through, take proceedings
밟히다	이 규칙/음성	자동사	내리다1	140	to be stepped on ; be trampled on
방해하다	여 불규칙/음성	타동사	하다2	484	to disturb, interrupt, interfere with, block
배고프다	으 불규칙/음성	형용사	나쁘다	128	to be hungry
배다1	애 규칙/음성	자동사	새다2	306	to soak, permeate, penetrate ; to be accustomed to
배다2	애 규칙/음성	타동사	매다1	218	to conceive, get pregnant
배부르다	르 불규칙/음성	형용사	다르다	162	to be full [satiated] (with food) ; to be paunchy ; to be big (with child)
배신하다	여 불규칙/음성	자타동사	하다2	484	to betray (a person's) confidence ; break faith with (one's friend)
배우다	우 규칙/음성	타동사	주다1	434	to learn, take lessons, study, practice ; to be taught
배웅하다	여 불규칙/음성	타동사	하다2	484	to see/send off
뱉다	자음 규칙/음성	타동사	읽다	406	to spit, expectorate
버릇없다	자음 규칙/음성	형용사	깊다	110	to be rude, be ill-mannered, be ill- behaved, be impolite, be churlish
버리다1	이 규칙/음성	타동사	버리다1	262	to get rid of, throw away ; to abandon, desert ; to give up, sacrifice ; to spoil, ruin, soil
버리다2	이 규칙/음성	보조동사	버리다1	262	to finish, get through, completely
버티다1	이 규칙/음성	타동사	버리다1	262	to bear up (well), endure, tolerate, persist
버티다2	이 규칙/음성	타동사	버리다1	262	to oppose, not give in to, stand up to, hold one's ground ; to insist
번성하다	여 불규칙/음성	자동사	말하다	216	to flourish, prosper
번영하다	여 불규칙/음성	자동사	말하다	216	to prosper, thrive, flourish
번지다	이 규칙/음성	자동사	다니다	160	to penetrate, blot ; to spread, prevail
번쩍거리다	이 규칙/음성	자동사	내리다1	140	to glitter, glisten
번화하다	여 불규칙/음성	형용사	깨끗하다	114	to be prosperous, be flourishing, be thriving (town), be bustling (street)

목록	활용 유형	분류	동일유형	페이지	의미
벌다	ㄹ 불규칙/음성	타동사	물다1	244	to earn/make money
벌리다1	이 규칙/음성	자동사	내리다1	140	to be profitable, to make a profit
벌리다2	이 규칙/음성	타동사	버리다	262	to open wide, leave a space
벌어지다	이 규칙/음성	자동사	내리다1	140	to crack apart, become wider
벌이다	이 규칙/음성	타동사	버리다1	262	to begin, open, start ; to hold/give (a party) ; to arrange, display, spread
벌주다	우 규칙/음성	자동사	주다1	434	to punish, penalize ; to bring (a person) to justice
벗기다	이 규칙/음성	타동사	버리다1	262	to unclothe, undress, strip ; to peel, flay, skin, strip
벗다	ㅅ 규칙/음성	타동사	씻다	348	to undress, take/put off clothes ; to strip oneself of ; to remove ; to be freed from ; to get rid of ; to pay off
벗삼다	자음 규칙/양성	타동사	찾다	456	to associate (with), make friends (with), become acquainted with sb
벗어나다	아 규칙/양성	자타동사	나가다	124	to escape, get away ; to get rid of ; to free oneself from
벗하다	여 불규칙/음성	자동사	말하다	216	to become friends (with)
베끼다	이 규칙/음성	타동사	버리다	262	to copy (sth written), to transcribe
베다1	에 규칙/음성	타동사	베다2	266	to lay one's head on (a pillow)
베다2	에 규칙/음성	타동사	베다2	266	to cut, slice, cut down, mow
베풀다	ㄹ 불규칙/음성	타동사	물다1	244	to give/have (party) ; to hold (a banquet) ; to give (money) to charity
벼르다	르 불규칙/음성	타동사	부르다2	274	to plan, design, aim, have in mind
변하다	여 불규칙/음성	자동사	말하다	216	to change, become different, turn into
보관하다	여 불규칙/음성	타동사	하다2	484	to keep ; to take custody of ; to hold (money) on deposit
보급하다	여 불규칙/음성	타동사	하다2	484	to spread ; to diffuse ; to propagate, extend, make popular
보내다	애 규칙/음성	타동사	매다1	218	to send, mail, transmit ; to remit ; to see/send off ; to pass, lead (a lonely life)
보다1	오 규칙/양성	타동사	보다	268	to see, look at ; to observe, view, inspect ; to read, subscribe ; to look after ; to go through
보다2	오 규칙/양성	보조동사	보다	268	to try, attempt ; to guess
보답하다	여 불규칙/음성	자동사	말하다	216	to repay, return, requite, recompense
보살피다	이 규칙/음성	타동사	버리다1	262	to take care of, look after (a person)
보아주다	우 규칙/음성	타동사	주다1	434	to look/see after, take care of
보얗다	ㅎ 불규칙/양성	형용사	까맣다	112	to be milk-white, be pearly, be frosty, be cream -colored
보이다	이 규칙/음성	자동사	내리다1	140	to be seen/visible, to be in-sight
보장하다	여 불규칙/음성	타동사	하다2	484	to guarantee, secure, assure
보존하다	여 불규칙/음성	타동사	하다2	484	to preserve, conserve, keep

목록	활용 유형	분류	동일유형	페이지	의미
보채다	애 규칙/음성	자동사	새다2	306	to grizzle ; to fret ; to be peevish ; to cry for (something), beg/whine for (things)
보태다	애 규칙/음성	타동사	매다1	218	to add, sum up, make up, supply, help out
보호하다	여 불규칙/음성	타동사	하다2	484	to protect, take care of, preserve, conserve
복습하다	여 불규칙/음성	타동사	하다2	484	to review, go over
복원하다	여 불규칙/음성	타동사	하다2	484	to demobilize, disband, deactivate
볶다	자음 규칙/양성	타동사	찾다	456	to parch, roast ; to tease, pester, annoy
본받다	ㄷ 규칙/양성	타동사	찾다	456	to imitate, follow, copy, pattern after
봉하다	여 불규칙/음성	타동사	하다2	484	to seal up (an envelope) ; to close, fasten ; to shut ; to close up (a hole)
뵙다	ㅂ 불규칙/음성	타동사	뵙다	270	to see, meet, look at [humble, i.e., first person reference only]
부끄럽다	ㅂ 불규칙/음성	형용사	덥다	172	to be ashamed
부드럽다	ㅂ 불규칙/음성	형용사	덥다	172	to be soft, be tender ; to be mellow ; to be subdue ; to be gentle, be mild, be smooth
부딪치다	이 규칙/음성	자동사	다니다	160	to strike, hit ; to face, be confronted by
부딪히다	이 규칙/음성	자동사	내리다1	140	to be run/crashed/bumped (against) ; to be collided with
부러워하다	여 불규칙/음성	타동사	하다2	484	to envy, feel envious of
부러지다	이 규칙/음성	자동사	다니다	160	to be broken, fractured
부럽다	ㅂ 불규칙/음성	형용사	덥다	172	to be enviable ; to eye sth enviously
부려먹다	자음 규칙/음성	타동사	읽다	406	to work (a person) hard
부르다1	르 불규칙/음성	형용사	다르다	162	to be full, be satisfied ; to be pregnant ; to be swollen/bulging
부르다2	르 불규칙/음성	타동사	부르다2	274	to call ; to invite, ask ; to quote ; to name, term ; to sing, chant
부르짖다	자음 규칙/음성	자동사	숨다	318	to cry out, shout, exclaim ; to advocate, clamor
부릅뜨다	으 불규칙/음성	타동사	쓰다2	344	to make (one's eyes) glare, glare fiercely, goggle
부리다1	이 규칙/음성	타동사	버리다1	262	to manage, tame ; to play, practice, exercise ; to do sth intentionally ; to work, operate, handle
부리다2	이 규칙/음성	타동사	버리다1	262	to unload
부상하다	여 불규칙/음성	자타동사	하다2	484	to be broken, be destroyed, be cracked
부서지다	이 규칙/음성	자동사	다니다	160	to be broken, be cracked, be smashed
부수다	우 규칙/음성	타동사	주다1	434	to break, smash, destroy, demolish ; to win
부시다	이 규칙/음성	형용사	어리다1	364	to be dazzleing, be glaring ; to be blinding (flash) ; to be radient
부인하다	여 불규칙/음성	타동사	하다2	484	to deny, negate, disavow, disown
부임하다	여 불규칙/음성	자동사	말하다	216	to start out for one's new post, proceed to one's post
부자연스럽다	ㅂ 불규칙/음성	형용사	덥다	172	to be unnatural, be against nature, be artificial
부족하다	여 불규칙/음성	형용사	깨끗하다	114	to be lacking, be insufficient, be short, be wanting

목록	활용 유형	분류	동일유형	페이지	의미
부지런하다	여 불규칙/음성	형용사	깨끗하다	114	to be diligent, be industrious, be hard working
부추기다	이 규칙/음성	타동사	버리다	262	to stir up, instigate, incite
부축하다	여 불규칙/음성	타동사	하다2	484	to help (a person) by holding (his) arms, help, support
부치다1	이 규칙/음성	자동사	다니다	160	to be beyond one's capacity
부치다2	이 규칙/음성	타동사	가지다	66	to fan
부치다3	이 규칙/음성	타동사	가지다	66	to send, forward, transmit
부치다4	이 규칙/음성	타동사	가지다	66	to griddle, fry, cook in a greased pan
부탁하다	여 불규칙/음성	타동사	하다2	484	to ask, beg, request, make (a person) a request
부패하다	여 불규칙/음성	자동사	말하다	216	to rot, become rotten, putrefy, decompose
부풀다	ㄹ 불규칙/음성	자동사	물다1	244	to swell out ; get big ; to be buoyant, be lighthearted
부풀리다	이 규칙/음성	타동사	버리다1	262	to make swell up, exaggerate ; to raise (bread)
분리하다	여 불규칙/음성	자타동사	하다2	484	to separate (from), secede, disjoin ; to isolate
분명하다	여 불규칙/음성	형용사	깨끗하다	114	to be clear, be obvious, be evident, be plain
분주하다	여 불규칙/음성	형용사	깨끗하다	114	to be busy
분하다	여 불규칙/음성	형용사	깨끗하다	114	to be vexatious, be mortifying ; to be regretful, be sorry
붇다1	ㄷ 불규칙/음성	자동사	걷다1	70	to swell up, grow[become] sodden
붇다2	ㄷ 불규칙/음성	자동사	걷다1	70	to increase, gain, go up
불가능하다	여 불규칙/음성	형용사	깨끗하다	114	to be impossible, be unable
불공평하다	여 불규칙/음성	형용사	깨끗하다	114	to be unfair, be partial, be unjust
불다1	ㄹ 불규칙/음성	자동사	물다1	244	to blow (out)
불다2	ㄹ 불규칙/음성	타동사	물다1	244	to breathe out ; to play (the flute), sound (a trumpet) ; to confess
불리다1	이 규칙/음성	자동사	내리다1	140	to be blown
불리다2	이 규칙/음성	자동사	내리다1	140	to be called
불리다3	이 규칙/음성	타동사	버리다1	262	to temper (iron) ; to winnow (wheat)
불리다4	이 규칙/음성	타동사	버리다1	262	to fill one's stomach ; to enrich oneself, feather one's nest
불리다5	이 규칙/음성	타동사	버리다1	262	to steep, soak, saturate, make sodden
불리하다	여 불규칙/음성	형용사	깨끗하다	114	to be disadvantageous, be unfavorable
불쌍하다	여 불규칙/음성	형용사	깨끗하다	114	to be poor, be pitiful, be sad, be pitiable
불안하다	여 불규칙/음성	형용사	깨끗하다	114	to be uneasy, be ill at ease, be restless
불쾌하다	여 불규칙/음성	형용사	깨끗하다	114	to be displeased, be ill-humored ; to be not well, be [feel] unwell, be indisposed
불타다	아 규칙/양성	자동사	나가다	124	to burn, blaze, be in flames
불편하다	여 불규칙/음성	형용사	깨끗하다	114	to be uncomfortable, be inconvenient, be incommodious
불평하다	여 불규칙/음성	타동사	하다2	484	to complain, grumble, murmur

목록	활용 유형	분류	동일유형	페이지	의미
불행하다	여 불규칙/음성	형용사	깨끗하다	114	to be unhappy, be miserable, be wretched, be unfortunate, be unlucky
붉다	자음 규칙/음성	형용사	깊다	110	to be red, be crimson, be scarlet
붉히다	이 규칙/음성	타동사	버리다	262	to blush, get red-faced with anger
붐비다	이 규칙/음성	자동사	내리다1	140	to be crowded, packed, overcrowded
붓다1	ㅅ 불규칙/음성	자동사	붓다1	278	to swell up (body part) ; to bloat (out) ; to become sullen ; to get sulky/cross ; to get angry
붓다2	ㅅ 불규칙/음성	타동사	잇다	412	to pour ; to sow ; to pay in
붕괴하다	여 불규칙/음성	자동사	말하다	216	to fall down, break down, collapse
붙다	자음 규칙/음성	자동사	숨다	318	to adhere, glue, stick to ; to keep close ; to join, attach oneself ; to succeed in (an examination)
붙들다	ㄹ 불규칙/음성	타동사	물다1	244	to arrest, capture, catch hold of, seize, take hold of, grasp
붙들리다	이 규칙/음성	자동사	내리다1	140	to get arrested, be caught
붙이다	이 규칙/음성	타동사	버리다1	262	to glue, stick on ; to add, attach ; to mate, couple
붙잡다	ㅂ규칙/양성	타동사	찾다	456	to grab, catch hold of ; to arrest, capture ; to detain ; to help, give a hand
비교하다	여 불규칙/음성	타동사	하다2	484	to compare ; to contrast
비기다	이 규칙/음성	자타동사	내리다1	140	to ene in a tie, come out even
비꼬다	오 규칙/양성	타동사	보다	268	to twist, entwist, give a sarcastic remarks
비난하다	여 불규칙/음성	타동사	하다2	484	to criticize unfavorably, blame ; to blast, cry out (at)
비다	이 규칙/음성	자동사	내리다1	140	to be empty, be vacant, be hollow ; to be unoccupied
비리다	이 규칙/음성	형용사	어리다1	364	to be fishy, be smelling of blood ; to be stingy, be miserly
비비다	이 규칙/음성	타동사	버리다	262	to rub, scrub ; to mix (food)
비슷하다	여 불규칙/음성	형용사	깨끗하다	114	to be similar, be alike, be like ; to be resemble
비싸다	아 규칙/양성	형용사	싸다1	332	to be expansive, be dear, be costly, be high price
비우다	우 규칙/음성	타동사	주다1	434	to empty out, vacate ; to evacuate(a house)
비웃다	ㅅ 규칙/음성	타동사	씻다	348	to laugh mockingly/scornfully, sneer at
비유하다	여 불규칙/음성	타동사	하다2	484	to compare (to), liken (to), use a metaphor
비장하다	여 불규칙/음성	형용사	깨끗하다	114	to be pathetic, be touching, be tragic ; to store in secrecy, be cherish
비추다	우 규칙/음성	타동사	주다1	434	to shine on, flash ; to reflect, mirror
비치다	이 규칙/음성	자동사	다니다	160	to shine, glimmer ; to be reflected, be mirrored ; to impress, appear to ; to show through
비키다	이 규칙/음성	자동사	내리다1	140	to get out of the way, step/move aside (from), sidestep
비틀다	ㄹ 불규칙/음성	타동사	물다1	244	to twist, screw ; to wrench ; to wrest, distort

목록	활용 유형	분류	동일유형	페이지	의미
비하다	여 불규칙/음성	타동사	하다2	484	to compare (one thing) with (another)
빌다1	ㄹ 불규칙/음성	타동사	물다1	244	to borrow, have the loan of sth
빌다2	ㄹ 불규칙/음성	타동사	물다1	244	to pray, invoke ; to wish, beg
빌리다	이 규칙/음성	타동사	버리다1	262	to borrow, get (the loan), rent
빗나가다	거라 불규칙/양성	자동사	가다	60	to turn aside, miss the target, go astray, wander, fail, go wrong, deviate
빗다	ㅅ 규칙/음성	타동사	씻다	348	to comb
빚다	자음 규칙/음성	타동사	읽다	406	to brew wine, shape dough ; to bring about, cause, evoke
빛나다	아 규칙/양성	자동사	나가다	124	to shine, flash, twinkle, glimmer, glitter ; to be glorious ; to be outstanding, cut a figure (among)
빠뜨리다	이 규칙/음성	타동사	버리다1	262	to let (a person/a thing) fall into ; to drop (something) in ; to sink ; to omit, miss ; to entrap, tempt
빠르다	르 불규칙/음성	형용사	다르다	162	to be fast, be quick, be speedy ; to be early, be soon ; to be easy
빠지다1	이 규칙/음성	자동사	다니다	160	to fall into, run into
빠지다2	이 규칙/음성	자동사	다니다	160	to be left out, omitted
빠지다3	이 규칙/음성	자동사	다니다	160	to be lean, thin ; to lose weight
빨갛다	ㅎ 불규칙/양성	형용사	까맣다	112	to be red, be crimson, be vermillion, be scarlet
빨다1	ㄹ 불규칙/양성	타동사	팔다	468	to suck up ; to draw at ; to absorb
빨다2	ㄹ 불규칙/양성	타동사	팔다	468	to wash, cleanse, launder
빨리다1	이 규칙/음성	자동사	내리다1	140	to be sucked ; to be squeezed
빨리다2	이 규칙/음성	타동사	버리다	262	to have sb cleansed
빻다	ㅎ 규칙/양성	타동사	놓다1	148	to grind down, pound/crush up
빼내다	애 규칙/음성	타동사	매다1	218	to extract, pull [draw/pluck/take] out ; to select, pick out ; to set free
빼다1	애 규칙/음성	타동사	매다1	218	to take/draw/pull out ; to deduct, subtract, extract ; to remove, exclude, omit ; to evade, shirk, excuse oneself ; to loose
빼다2	애 규칙/음성	자동사	새다2	306	to assume airs, be prudish
빼돌리다	이 규칙/음성	타동사	버리다1	262	to hide away, hoard secretly, keep secret, conceal
빼앗기다	이 규칙/음성	타동사	버리다1	262	to have taken away, be deprived of
빼앗다	ㅅ 규칙/양성	타동사	빼앗다	296	to take sth by force ; to deduct, subtract, remove, extract, take/draw/pull out
빼어나다	아 규칙/양성	형용사	나가다	124	to distinguish oneself, be outstanding, be prominent, be high above the rest
빽빽하다	여 불규칙/음성	형용사	깨끗하다	114	to be dense, be thick, be close-packed ; to be stopped up, be blocked
뻔뻔하다	여 불규칙/음성	형용사	깨끗하다	114	to be impudent, be cheeky
뻗다1	ㄷ 규칙/음성	자동사	묻다1	240	to spread ; to extend
뻗다2	ㄷ 규칙/음성	자타동사	믿다	248	to stretch (out), hold out

목록	활용 유형	분류	동일유형	페이지	의미
뻗치다	이 규칙/음성	타동사	가지다	66	to stretch (out), hold out, extend (one's arm)
뽐내다	애 규칙/음성	타동사	매다1	218	to be proud (of/that), take pride in
뽑다	ㅂ 규칙/양성	타동사	잡다	420	to pull[draw/pluck/take] out, extract ; to pick [single] out, select ; to elect
뾰족하다	여 불규칙/음성	형용사	깨끗하다	114	to be pointed, be sharp, be peaked ; to be marvelous, be extraordinary
뿌리다	이 규칙/음성	타동사	버리다1	262	to drizzle, rain in sprinkles, snow in flurries ; to sprinkle, scatter ; to spread, spray
뿌옇다	ㅎ 불규칙/음성	형용사	이렇다	394	to be foggy, be hazy, be misty ; to be milk-white, be cream-colored
뿜다	자음 규칙/음성	타동사	읽다	406	to spout out, gush/shoot out ; to blow off ; to send out ; to emit ; to belch forth (fire)
삐다	이 규칙/음성	타동사	가지다	66	to dislocate, sprain/wrench (one's ankles)
사과하다	여 불규칙/음성	타동사	하다2	484	to apologize ; to ask/beg one's pardon ; to acknowledge one's fault
사귀다	위 규칙/음성	타동사	쥐다	440	to make friends with, get acquainted with, keep company with
사납다	ㅂ 불규칙/음성	형용사	덥다	172	to be fierce, be rough, be rude, be wild ; to be unlucky
사냥하다	여 불규칙/음성	자타동사	하다2	484	to hunt, go hunting
사다	아 규칙/양성	타동사	사다	298	to buy, purchase ; to incur, invite ; to recognize ; to appreciate, give (a person) credit for
사라지다	이 규칙/음성	자동사	다니다	160	to disappear, die away, fade away, vanish, go out of sight
사랑하다	여 불규칙/음성	타동사	하다2	484	to love, be fond of, be attached to, have a tender feeling for, give one's heart to
사랑스럽다	ㅂ 불규칙/음성	형용사	덥다	172	to be lovable, be lovely, be charming
사무치다	이 규칙/음성	자동사	내리다1	140	to pierece, penetrate ; to touch the heart ; to strike (one) home
사양하다	여 불규칙/음성	타동사	하다2	484	to decline (something) in favor of another, give way to (another), concession ; to refuse courteously ; to be reserved
사용하다	여 불규칙/음성	타동사	하다2	484	to use, make use of ; to put (a thing) to private use
사정하다1	여 불규칙/음성	자동사	말하다	216	to assess (taxes), make an assessment of
사정하다2	여 불규칙/음성	타동사	하다2	484	to beg sb's consideration, entreat sb for/to do sth, plead for sb's help
사치스럽다	ㅂ 불규직/음성	형용사	덥다	172	to be luxurious, be extravagant, be expensive
삭다	자음 규칙/양성	자동사	남다	134	to wear thin, decay, get rotten ; to become sloopy ; to be digested ; to be alleviated ; to acquire [pick up/absorb/develop] a flavor
삭이다	이 규칙/음성	타동사	버리다1	262	to digest (food) ; to resolve ; to mitigate/ appease/ alleviate one's anger
살다	ㄹ 불규칙/양성	자동사	살다	304	to live, dwell, reside, inhabit ; to subsist, be alive ; to be safe ; revive

목록	활용 유형	분류	동일유형	페이지	의미
살리다	이 규칙/음성	타동사	버리다1	262	to save sb's life ; to rescue, revive, bring /restore sb to life
살아가다	거라 불규칙/양성	자동사	가다	60	to lead a life (of), live, get along, keep on living ; to earn one's livelihood [bread]
살찌다	이 규칙/음성	자동사	다니다	160	to get/grow fat, gain/put on weight
살펴보다	오 규칙/양성	타동사	보다	268	to examine, go through (papers), look thoroughly, observe ; to look around
살피다	이 규칙/음성	타동사	버리다1	262	to look at, see ; to observe, examine ; to inspect ; to study ; to look around ; to pay attention to ; to take into consideration
삶다	자음 규칙/양성	타동사	찾다	456	to boil, cook ; to coax, cajole ; to appease
삼가다	아 규칙/양성	타동사	사다	298	to restrain oneself, abstain/refrain/keep from ; to hold back, be moderate in, careful about, cautious, prudent/discreet
삼다	자음 규칙/양성	타동사	찾다	456	to determine to do ; to adapt (a thing) ; to have (sth for companions)
삼키다	이 규칙/음성	타동사	버리다1	262	to swallow whole, choke down, gulp down ; to bear, suppress ; to misappropriate
상납하다	여 불규칙/음성	타동사	하다2	484	to pay to the government [authorities] ; to offer a (regular) bribe (to)
상냥하다	여 불규칙/음성	형용사	깨끗하다	114	to be gentle, be tender, be soft
상담하다	여 불규칙/음성	자타동사	하다2	484	to advise, consult ; to confer with ; to seek/ask one's advice, take counsel with
상상하다	여 불규칙/음성	자타동사	하다2	484	to imagine, fancy ; to suppose
상하다	여 불규칙/음성	자타동사	하다2	484	to damaged, hurt, injure, injured ; to spoiled ; to become worn out ; to be bruised ; to rot ; to turn sour
새기다1	이 규칙/음성	타동사	버리다1	262	to carve, engrave, sculpt, inscribe ; to impress deeply
새기다2	이 규칙/음성	타동사	버리다	262	to interpret, paraphrase, explain
새다1	애 규칙/음성	자동사	새다2	306	to dawn ; to stay up all night
새다2	애 규칙/음성	자동사	새다2	306	to leak out ; to shine through ; to be heard outside ; to get out ; to become known
새롭다	ㅂ 불규칙/음성	형용사	덥다	172	to be new, be novel ; to be fresh ; to be renewed, be renovated
새우다	우 규칙/음성	타동사	주다1	434	to stay up all night
샘내다	애 규칙/음성	타동사	매다1	218	to be envious, jealous
생각하다	여 불규칙/음성	자타동사	하다2	484	to think, consider ; to intend to, plan to ; to expect, hope ; to judge, imagine, suppose ; to consider ; to recall, remember ; to take a view
생기다	이 규칙/음성	자동사	내리다1	140	to happen, occur, take place ; to come into being, form ; to obtain, get, come by ; to look, seem, appear
서늘하다	여 불규칙/음성	형용사	깨끗하다	114	to be cool, be refreshing ; to be horrified, be frightened

538

목록	활용 유형	분류	동일유형	페이지	의미
서다	어 규칙/음성	자동사	서다	308	to stand (up), stand erect ; to stop, halt ; to run down ; to be built, established ; to be in good order ; to stand out (sharply) ; to make up one's mind
서두르다	르 불규칙/음성	타동사	부르다2	274	to hurry up, be in a hurry
서럽다	ㅂ 불규칙/음성	형용사	덥다	172	to be sad, be sorrowful, be mournful, be doleful
서리다	이 규칙/음성	자동사	내리다1	140	to steam/fog/cloud up ; to be covered (with soot) ; to feel the air
서운하다	여 불규칙/음성	형용사	깨끗하다	114	to be sorry, be regrettable, be unsatisfied ; to be heartless, be indifferent, be unkind
서투르다	르 불규칙/음성	형용사	다르다	162	to be unskilled, be clumsy, be inexperienced, be awkward
서툴다	ㄹ 불규칙/음성	형용사	길다	108	to be unskilled, be clumsy, be inexperienced, be awkward ; to be poor ; to be not flunt ; to be not familiar
섞다	자음 규칙/음성	타동사	읽다	406	to mix, compound, mingle, blend
섞이다	이 규칙/음성	자동사	내리다1	140	to be/get mixed/mingled/blended together
선물하다	여 불규칙/음성	타동사	하다2	484	to present, give sb a present
선선하다	여 불규칙/음성	형용사	깨끗하다	114	to be cool, be refreshing
선언하다	여 불규칙/음성	타동사	하다2	484	to declare, make a declaration (of), proclaim, announce
선전하다1	여 불규칙/음성	타동사	하다2	484	to advertize ; to propagate, publicize
선전하다2	여 불규칙/음성	타동사	하다2	484	to fight well, make[put up] a good fight
선출하다	여 불규칙/음성	타동사	하다2	484	to elect
선택하다	여 불규칙/음성	타동사	하다2	484	to select, choose, pick out, make one's choice
선포하다	여 불규칙/음성	타동사	하다2	484	to proclaim, make public
설계하다	여 불규칙/음성	타동사	하다2	484	to plan, design, make architectural designs
설득하다	여 불규칙/음성	타동사	하다2	484	to persuade
설레다	에 규칙/음성	자동사	데다	174	to throb audibly ; to beat high (with the hope of)
설명하다	여 불규칙/음성	타동사	하다2	484	to explain, account (for) ; to make clear
설치하다	여 불규칙/음성	타동사	하다2	484	to equip (with), fit out (with), install ; to found, institute
섬기다	이 규칙/음성	타동사	버리다1	262	to serve (one's master), render service to (one's country), work under (another)
섭섭하다	여 불규칙/음성	형용사	깨끗하다	114	to be sad, be sorry, be heartbreaking, be regretful ; to be disappointed, be rueful
성가시다	이 규칙/음성	형용사	어리다1	364	to troublesome, be annoying, harassing, bothersome
성공하다	여 불규칙/음성	자동사	말하다	216	to suceed, be successful ; to make a hit
성장하다	여 불규칙/음성	자동사	말하다	216	to grow (up)
세다1	에 규칙/음성	형용사	세다1	312	to be strong, be powerful, be mighty, be vigorous ; to be violent, be hard, be severe ; to be unlucky, be ill-fated

목록	활용 유형	분류	동일유형	페이지	의미
세다2	에 규칙/음성	자동사	데다	174	to turn white/gray
세다3	에 규칙/음성	타동사	베다2	266	to count, calculate, enumerate, number, reckon
세우다	우 규칙/음성	타동사	주다1	434	to found, establish, build, stand, raise, set up ; to stop ; to lay down ; to form
셈하다	여 불규칙/음성	타동사	하다2	484	to count, reckon, calculate ; to pay a bill
소란하다	여 불규칙/음성	형용사	깨끗하다	114	to be noisy, be boisterous, be clamorous, be uproarious ; to be disturbing
소리치다	이 규칙/음성	자동사	다니다	160	to shout, yell, scream
소중하다	여 불규칙/양성	형용사	깨끗하다	114	to be precious, be important, be significant ; to be valuable, be dear,
속다	자음 규칙/음성	자동사	숨다	318	to be cheated, deceived, fooled, defrauded ; to be imposed on, be taken in
속삭이다	이 규칙/음성	자동사	내리다1	140	to whisper, mutter, murmur
속이다	이 규칙/음성	타동사	버리다1	262	to deceive, trick, cheat, swindle
속하다	여 불규칙/양성	자동사	말하다	216	to belong (to/in/among/with), come under
솎다	자음 규칙/양성	타동사	찾다	456	to thin/cull out (plants)
손잡다	자음 규칙/음성	자동사	숨다	318	to take (a person) by the hand, grasp anothers hand ; to make peace (with) ; to cooperate (with)
손질하다	여 불규칙/음성	타동사	하다2	484	to repair, take care of, tend to ; to trim ; to reform
솔깃하다	여 불규칙/음성	형용사	깨끗하다	114	to be welcome, be encouraging, be inviting
솔직하다	여 불규칙/음성	형용사	깨끗하다	114	to be frank, be plain-spoken, be straight, be candid
솟다	ㅅ 규칙/양성	자동사	솟다	316	to rise, tower over, soar ; to gush out, spring forth
솟아나다	아 규칙/음성	자동사	나가다	124	to gush/spring out, stream out/forth ; to flame/blaze up
수교하다	여 불규칙/음성	자동사	말하다2	216	to form a friendly relationship ; to deliver, hand over (to)
수립하다	여 불규칙/음성	타동사	하다2	484	to establish, found, set up
수습하다	여 불규칙/음성	타동사	하다2	484	to control, get under control ; to save
수입하다	여 불규칙/음성	타동사	하다2	484	to import, introduce
수줍다	ㅂ 불규칙/음성	형용사	딥다	172	to be shy, be bashful, be diffident
수출하다	여 불규칙/음성	타동사	하다2	484	to export, ship abroad
수행하다	여 불규칙/음성	타동사	하다2	484	to carry/put (a project) into excution ; to achieve (one's end) ; to accomplish (one's purpose)
숙이다	이 규칙/음성	타동사	버리다	262	to band oneself forword ; to hang down one's head ; to bow/drop one's head
순교하다	여 불규칙/음성	타동사	하다2	484	to martyrize oneself ; to die for one's belief/faith
순하다	여 불규칙/음성	타동사	하다2	484	to be gentle, be mild, be meek ; to be obedient, be submissive ; to be tame

목록	활용 유형	분류	동일유형	페이지	의미
숨기다	이 규칙/음성	타동사	버리다1	262	to keep, hide, cover up, conceal (one's money), bury (one's mistake)
숨다	자음 불규칙/음성	자동사	숨다	318	to hide, conceal oneself ; to live in seclusion ; to be hidden, be unknown, be unrecognized ; to seek refuge
숨돌리다	이 규칙/음성	자동사	내리다1	140	to take/gather breath ; to recover one's breath ; to pause for breath
숨차다	아 규칙/음성	자동사	나가다	124	to be short of breath, be short-winded
숱하다	여 불규칙/음성	형용사	깨끗하다	114	to be plentiful, be abundant, be copious, be rich ; very many, numerous
쉬다1	위 규칙/음성	자동사	쉬다3	320	to get hoarse
쉬다2	위 규칙/음성	자동사	쥐다	440	to go bad ; to turn sour ; to spoiled (rice)
쉬다3	위 규칙/음성	자타동사	쥐다	440	to rest (up), stop (from work) ; to suspend (business) ; to pause, discontinue ; to stay/keep away (from work)
쉬다4	위 규칙/음성	타동사	쥐다	440	to breathe, respire, draw breath
쉽다	ㅂ 불규칙/음성	형용사	덥다	172	to be easy, be plain, be simple ; to be apt/liable/prone/ready to, tend to
스미다	이 규칙/음성	자동사	내리다1	140	to soak/sink in, penetrate into, permeate ; to sink/filter into ; to be impressed
스치다	이 규칙/음성	자동사	다니다	160	to graze, go past by, scrape, brush past ; to skim along
슬기롭다	ㅂ 불규칙/양성	형용사	덥다	172	to be intelligent, be sagacious, be wise
슬다	ㄹ 불규칙/음성	자동사	물다1	244	to rust ; to get/become musty/moldy ; to lay (eggs), blow, spawn
슬퍼하다	여 불규칙/음성	타동사	하다2	484	to feel sad, grieve (over), have a broken heart ; to deplore, lament, mourn (over/for)
슬프다	으 불규칙/음성	형용사	슬프다	324	to be sad, be sorrowful ; to be unhappy, be doleful, be mournful, to be pathetic
습격하다	여 불규칙/음성	타동사	하다2	484	to attack, assault, charge, raid
승리하다	여 불규칙/음성	자동사	말하다	216	to win a victory, score a triumph
시꺼멓다	ㅎ 불규칙/음성	형용사	이렇다	394	to be jet-black, be coal-black ; to be wicked, be blackhearted, be malicious
시끄럽다	ㅂ 불규칙/음성	형용사	덥다	172	to be noisy, be loud ; to be much-talked of, be much discussed, vexed ; to be troublesome, be annpying
시달리다	이 규칙/음성	자동사	내리다1	140	to suffer, be troubled (with), be worried (by), be annoyed
시도하다	여 불규칙/양성	타동사	하다2	484	to try out, attempt, make plans to carry out
시들다	ㄹ 불규칙/음성	자동사	물다1	244	to wither, droop ; to fade (away)
시원찮다	자음 규칙/음성	형용사	깊다	110	to be not good, be poor, be humble ; to be unsatisfactory ; to be little, be small
시원하다	여 불규칙/음성	형용사	깨끗하다	115	to be cool ; to be refreshing, be invigorating

목록	활용 유형	분류	동일유형	페이지	의미
시작하다	여 불규칙/음성	타동사	하다2	484	to begin, start, open, commence ; to set about, enter into [upon]
시키다	이 규칙/음성	타동사	버리다1	262	to force, make sb do sth
시퍼렇다	ㅎ 불규칙/음성	형용사	갚다	110	to be deep–blue, be deadly pale ; to be pallid
시행하다	여 불규칙/음성	타동사	하다2	484	to carry out, conduct, enforce, put in force, put into operation
식다	자음 규칙/음성	자동사	숨다	318	to cool off, get cold ; to abate, subside
식히다	이 불규칙/음성	타동사	읽다	406	to let sth cool ; to make cold ; dampan (one's eagerness)
신경쓰다	으 불규칙/음성	자타동사	쓰다2	344	to care, be concerned about
신기다	이 규칙/음성	타동사	버리다1	262	to put on shoes or socks
신기하다	여 불규칙/양성	형용사	깨끗하다	114	to be marvelous, be miraculous ; to be wonderful
신나다	아 규칙/양성	자동사	나가다	124	to be very glad/happy/pleased ; to be very interesting/entertaining, be highly exciting/amusing
신다	자음 규칙/음성	타동사	읽다	406	to wear shoes or socks, wear
신비스럽다	ㅂ 불규칙/음성	형용사	덥다	172	to be mysterious, be mystic(al), be miraculous
신선하다	여 불규칙/음성	형용사	깨끗하다	114	to be fresh, be new, be green
신청하다	여 불규칙/음성	타동사	하다2	484	to apply (for a position), file an application
신호하다	여 불규칙/음성	자타동사	하다2	484	to signal, give/make a signal
싣다	자음 규칙/음성	타동사	읽다	406	to load, ship ; to carry (a story), record
실리다	이 규칙/음성	자동사	내리다1	140	to be printed, be published, be recorded, be reported, be written ; to be loaded, be put on board
실망하다	여 불규칙/음성	자동사	말하다	216	to be discouraged, be disappointed (at/in/of/with), lose one's heart, despair
실수하다	여 불규칙/음성	자동사	말하다	216	to err, make a mistake, commit an error
실시하다	여 불규칙/음성	타동사	하다2	484	to put into effect, put (a law) into force, enforce (a law)
실천하다	여 불규칙/음성	타동사	하다2	484	to practice, put (a theory) into practice, execute
실패하다	여 불규칙/음성	자타동사	하다2	484	to fail, be unsuccessful
싫다	자음 규칙/음성	형용사	갚다	110	to be disagreeable, be unpleasant ; to be hateful ; to be unwilling to
싫어하다	여 불규칙/음성	타동사	하다2	484	to dislike, have a dislike to [for], be unwilling (to do)
심각하다	여 불규칙/음성	형용사	깨끗하다	114	to be serious, be grave, be keen, be acute, be poignant
심다	자음 규칙/음성	타동사	읽다	406	to plant, sow ; to grow, raise ; to implant
심술궂다	자음 규칙/음성	형용사	갚다	110	to be obstinate, be pig-headed, be ill–natured ; to be perverse, have a bad temper
심하다	여 불규칙/음성	형용사	깨끗하다	114	to be serious, be extreme, be excessive ; to be severe, be violent, be hard

목록	활용 유형	분류	동일유형	페이지	의미
싱겁다	ㅂ 불규칙/음성	형용사	덥다	172	to be slightly salted, not well salted ; to be tasteless ; to be waterly/light (liquor) ; to be mild/weak (cigarett)
싶다1	자음 규칙/음성	보조 형용사	깊다	110	to want/wish (to do) ; would/should like to (do) ; to be desirous to (do) ; to feel like (doing)
싫어하다	여 불규칙/음성	보조동사	말하다	216	to want to, desire to, be desirous of
싸다1	아 규칙/양성	형용사	싸다1	332	to be cheap, be inexpensive
싸다2	아 규칙/양성	형용사	싸다1	332	to be talkative, be garrolous, be glib-tongued ; to be fast
싸다3	아 규칙/양성	타동사	사다	298	to wrap/pack up, cover with
싸다4	아 규칙/음성	타동사	사다	298	to excrete (urine, feces), void, discharge, urinate, wet one's bed
싸매다	애 규칙/음성	타동사	매다1	218	to wrap and tie up ; to tie/bind up
싸우다	우 규칙/음성	타동사	주다1	434	to fight, argue, quarrel, wrangle ; to dispute ; to open hostilities ; to make war ; to engage in contest ; to struggle
쌀쌀하다	여 불규칙/음성	형용사	깨끗하다	114	to be chilly, be rather cold ; to be cool ; to be cold hearted
쌓다1	ㅎ 규칙/양성	타동사	놓다1	148	to file up, stack ; to build ; to accumulate ; to store up
쌓다2	ㅎ 규칙/양성	보조동사	놓다1	148	to repeat
쌓이다	이 규칙/음성	자동사	내리다1	140	to be piled up ; to be stagnant ; to be pent up ; to be congested
썩다	자음 규칙/음성	자동사	숨다	318	to spoil, go bad, rot, decay ; to gather dust ; to remain in obscurity ; to be worried ; to be corrupted
썩이다	이 규칙/음성	타동사	버리다1	262	to let spoil, go bad ; to pester, bother, burden ; to keep sth idle ; to worry oneself about
썰다	ㄹ 불규칙/음성	타동사	물다1	244	to cut, slice, hack
쏘다	오 규칙/양성	타동사	보다	268	to shoot (arrow), fire (a gun) ; to sting, bite ; to say spiteful things, blow (a person) up
쏘다니다	이 규칙/음성	자동사	내리다1	140	to loiter, go around like a vagabond, wander about, run abour
쏘이다	이 규칙/음성	자동사	내리다1	140	to be stung
쏟다	ㄷ 규칙/양성	타동사	찾다	456	to pour out, spill empty ; to concentrate (one's effort)
쏟아지다	이 규칙/음성	자동사	다니다	160	to pour out, gush out ; to spout ; to get spilt
쐬다	외 규칙/음성	타동사	쬐다	450	to expose (to the wind)
쑤다	우 규칙/음성	타동사	주다1	434	to boil/prepare (rice gruel)
쑤시다1	이 규칙/음성	자동사	다니다	160	to be painful, ache ; to feel sharp pains all over one's body
쑤시다2	이 규칙/음성	타동사	가지다	66	to pick, poke, clean with a stick/ toothpick
쓰다1	으 불규칙/음성	형용사	슬프다	324	to be bitter ; to be hard ; to feel unpleasant

목록	활용 유형	분류	동일유형	페이지	의미
쓰다2	으 불규칙/음성	타동사	쓰다2	344	to write, compose (an essay), pen (a story)
쓰다3	으 불규칙/음성	타동사	쓰다2	344	to put on, wear (a mask) ; to hold up (an umbrella) ; to be covered with ; to be falsely charged
쓰다4	으 불규칙/음성	타동사	쓰다2	344	to use, put to use ; to engage, hire ; to adopt, apply ; to spend ; to exert, exercise
쓰다듬다	자음 규칙/음성	타동사	읽다	406	to stroke, smooth down (hair), pat, caress
쓰라리다	이 규칙/음성	형용사	어리다1	364	to be smart, be sore, be tingling
쓰러지다	이 규칙/음성	자동사	다니다	160	to fall down, collapse ; to die, deteriorate ; to break down (from disease) ; to be ruined
쓰리다	이 규칙/음성	자동사	내리다1	140	to be smart, be sore, be tingling
쓰이다1	이 규칙/음성	자동사	내리다1	140	to be used ; to be employed ; to be spent ; to be consumed ; to be needed
쓰이다2	이 규칙/음성	자동사	내리다1	140	to be written
쓸다	ㄹ 불규칙/음성	타동사	물다1	244	to sweep (out) ; to spread, prevail ; to sweep the gambling board
쓸데없다	자음 규칙/음성	형용사	깊다	110	to be useless, be needless, be unnecessary
쓸리다	이 규칙/음성	자동사	내리다1	140	to be swept out/away, be rubbed ; to be chafed, be grazed
쓸쓸하다	여 불규칙/음성	형용사	깨끗하다	114	to be lonely, be alone, be lonesome, be solitary
씁쓸하다	여 불규칙/음성	형용사	깨끗하다	114	to be slightly bitter, be (taste) bitter
씌우다	우 규칙/음성	타동사	주다1	434	to cover (a thing) with ; to put (a thing) on ; to charge (a guilt on a person)
씩씩하다	여 불규칙/음성	형용사	깨끗하다	114	to be valiant, be spirted
씹다	ㅂ 규칙/음성	타동사	접다	426	to chew ; to masticate ; to speak ill of ; to criticize ; to blame
씹히다	이 규칙/음성	자동사	내리다1	140	to be chewed, be masticated
씻다	ㅅ 규칙/음성	타동사	씻다	348	to wash ; to cleanse, to bathe ; to rinse ; to wipe out
아깝다	ㅂ 불규칙/음성	형용사	덥다	172	to be regrettable, be pitiful ; to be precious, be valuable
아끼다	이 규칙/음성	타동사	버리다1	262	to economize, save, be stingy ; to prize, value
아늑하다	여 불규칙/음성	형용사	깨끗하다	114	to be snug, be cozy
아니다	이 규칙/음성	지정사	아니다	350	to be not [identifying, defining] ; no
아름답다	ㅂ 불규칙/음성	형용사	덥다	172	to be beautiful, be pretty, be lovely, be fine, be handsome, be good-looking, be fair
아물다	ㄹ 불규칙/음성	자동사	물다1	244	to heal/close up
아쉽다	ㅂ 불규칙/음성	형용사	덥다	172	to miss sth, be lack, want for
아첨하다	여 불규칙/음성	자동사	말하다	216	to flatter, adulate, fawn upon
아파하다	여 불규칙/음성	자동사	말하다	216	to express/show pain
아프다	으 불규칙/음성	형용사	나쁘다	128	to be painful, be ill, be sick, be grieved at ; to be distressed

목록	활용 유형	분류	동일유형	페이지	의미
악하다	여 불규칙/음성	형용사	깨끗하다	114	to be bad, be evil, be ill ; to be wrong ; to be immoral ; to be sinful, be wicked, be malicious
안기다1	이 규칙/음성	자동사	내리다1	140	to be embraced, held in sb's arms
안기다2	이 규칙/음성	타동사	내리다1	140	to make sb hold sb else in his arms ; to make responsible for
안다	자음 규칙/양성	타동사	찾다	456	to embrace, hug ; to run against the wind ; to suffer, receivedamage ; to hold, bear ; to undertake
안전하다	여 불규칙/음성	형용사	깨끗하다	114	to be safe, be secure, be free from danger
안치다	이 규칙/음성	타동사	가지다	66	to get (rice) ready to cook
안타깝다	ㅂ 불규칙/음성	형용사	덥다	172	to be impatient, be irritated, be irritating ; to be tantalizing, be vexatious ; to be deplorable, be regrettable
앉다	자음 규칙/양성	자동사	남다	134	to sit, take a seat ; to take one's post ; to perch ; to be covered ; to be located
앉히다	이 규칙/음성	타동사	버리다1	262	to seat/sit sb, have sb sit down ; to place/install (a person in a position)
않다1	여 불규칙/양성	보조동사	하다2	484	to not do
않다2	여 불규칙/양성	보조동사	하다2	484	to not be
알다	ㄹ 불규칙/양성	타동사	팔다	468	to know, be aware of ; to understand, comprehend ; to guess ; to recognize, realize ; to find, see, notice ; to feel, to be conscious
알리다	이 규칙/음성	타동사	버리다1	262	to inform, advise, notify, acquaint ; to report ; to let know
알맞다	자음 규칙/양성	형용사	높다	146	to be appropriate, be fitting, be suitable, be adequate, be becoming, be behoving
알쏭달쏭하다	여 불규칙/음성	형용사	깨끗하다	114	to be variegated, diversified ; to be equivocate ; to be vague
알아내다	애 규칙/음성	타동사	매다1	218	to get (information) out of (a person), find out (the truth), discover, detect
알아듣다	ㄷ 불규칙/음성	타동사	듣다2	188	to understand, hear out, recognize, tell by hearing ; to get/catch the meaning of sb's words
알아맞히다	이 규칙/음성	타동사	버리다1	262	to guess right, make a good guess
알아보다	오 규칙/양성	타동사	보다	268	to investigate, examine into, survey
알아주다	우 규칙/음성	타동사	주다1	434	to recognize, appreciate, acknowledge
알아차리다	이 규칙/음성	타동사	버리다	262	to perceive, recognize, grasp, realize, know
알아채다	애 규칙/음성	타동사	매다1	218	to become aware of ; to be conscious (of), scent
앓다	자음 규칙/양성	타동사	찾다	456	to be sick, be il l ; to be afflicted, be troubled ; to suffer from
암살하다	여 불규칙/음성	타동사	하다2	484	to assassinate
앞당기다	이 규칙/음성	타동사	버리다1	262	to finish early, reschedule for an earlier date
앞서다	어 규칙/음성	타동사	서다	308	to be in the lead, in advance
앞세우다	우 규칙/음성	타동사	주다1	434	to let go ahead/in advance, let precede

목록	활용 유형	분류	동일유형	페이지	의미
애달프다	으 불규칙/음성	형용사	슬프다	324	to be sorrowful, be lamentable ; to be anguishing, be heartbreaking, be painful
애매하다	여 불규칙/음성	형용사	깨끗하다	114	to be vague, be ambiguous ; to obscure ; to be dubious
애석하다	여 불규칙/음성	형용사	깨끗하다	114	to be sad, be sorrowful, be pitiful ; to be regrettable
애쓰다	으 불규칙/음성	자동사	뜨다2	200	to make an effort, try hard
애원하다	여 불규칙/음성	타동사	하다2	484	to entreat (a person to do) ; to implore (pardon from a person)
애처롭다	ㅂ 불규칙/양성	형용사	덥다	172	to be pitiful, be touching ; to be pathetic, be sad
야단맞다	자음 규칙/양성	자동사	남다	134	to be scolded[rebuked] (by)
야단치다	이 규칙/음성	타동사	가지다	66	to scold, chide, rebuke
야무지다	이 규칙/음성	형용사	어리다1	364	to be hard, be strong, be tough, be firm, be solid
약다	자음 규칙/양성	형용사	높다	146	to be smartish, be shrewd, be clever, be smart ; to be sharp, be cunning ; to be tactful
약속하다	여 불규칙/음성	타동사	하다2	484	to make an appointment [engagement] (with)
약탈하다	여 불규칙/음성	타동사	하다2	484	to plunder, pillage, ravage, vandalize, sack, loot, despoil
약하다	여 불규칙/음성	형용사	깨끗하다	114	to be weak, be feeble ; to be frail, be fragile ; to be light, be mild
얄밉다	ㅂ 불규칙/음성	형용사	덥다	172	to be hateful, be detestable
얇다	자음 규칙/양성	형용사	높다	146	to be thin
얌전하다	여 불규칙/음성	형용사	깨끗하다	114	to be gentle, be mild, be quit, be good, be obedient, be modest
양보하다	여 불규칙/음성	타동사	하다2	484	to concede, make a concession, compromise, give way to
얕다	자음 규칙/양성	형용사	깨끗하다	114	to be shallow, be superficial, be low
얕보다	오 규칙/양성	타동사	보다	268	to have contempt for, look down on, think little of
어긋나다	아 규칙/양성	자동사	나가다	124	to cross (each other), be out of joint, go crisscross, run counter, go against
어기다	이 규칙/음성	타동사	버리다1	262	to act/go against, be contrary to ; to disobey ; to violate, infringe, break one's word
어둡다	ㅂ 불규칙/음성	형용사	덥다	172	to be dark, be dim, be gloomy ; to be ignorant, be not familiar with ; to be hard of hearing
어떻다	ㅎ 불규칙/음성	형용사	이렇다	394	to be a certain way ; to be how ; to be like what
어렵다	ㅂ 불규칙/음성	형용사	덥다	172	to be difficult, be hard ; to be troublesome, be awkward, be delicate ; to be poor, be indigent
어리다1	이 규칙/음성	형용사	어리다1	364	to be very young, be infant, be juvenile
어리다2	이 규칙/음성	자동사	내리다1	140	to have tears in one's eyes

목록	활용 유형	분류	동일유형	페이지	의미
어리둥절하다	여 불규칙/음성	형용사	깨끗하다	114	to be embarrassed, be perplexed, be puzzled, be confused
어리석다	자음 규칙/음성	형용사	깊다	110	to be foolish, be stupid ; to be silly ; to lack intelligence
어색하다	여 불규칙/음성	형용사	깨끗하다	114	to feel awkward/embarrassed ; to be at a loss for words
어수선하다	여 불규칙/음성	형용사	깨끗하다	114	to be in disorder [disarray/confusion], be out of order ; to be troublous, be tumultuous
어슬렁거리다	이 규칙/음성	자동사	내리다1	140	to stroll about, saunter along
어울리다	이 규칙/음성	자동사	내리다1	140	to join, associate, mix ; to match, suit, be becoming, harmonize
어이없다	자음 규칙/음성	형용사	깊다	110	to be absurd, be ridiculous, be amazing
어지럽다	ㅂ 불규칙/음성	형용사	덥다	172	to be dizzy, be giddy ; to be confused
어질다	ㄹ 불규칙/음성	형용사	길다	108	to be benignant, be good-natured, be benevolent, be merciful
억세다	에 규칙/음성	형용사	세다1	312	to be tough, be hard, be stiff ; to be stout, sturdy, be stalwart ; to be strong
억울하다	여 불규칙/음성	형용사	깨끗하다	114	to be mortified (by), be undeserved punishment
억제하다	여 불규칙/음성	타동사	하다2	484	to restrain, control, repress, hold in check
언짢다	자음 규칙/양성	형용사	높다	146	to be unpleasant, be disagreeable, be bad
얹다	자음 규칙/음성	타동사	읽다	406	to set or place sth above sth else
얹히다1	이 규칙/음성	자동사	내리다1	140	to sit/lie heavy on the stomach ; to be stranded, run ashore
얹히다2	이 규칙/음성	타동사	버리다1	262	to be placed on
얻다	ㄷ 규칙/음성	타동사	믿다	248	to receive, get, obtain, acquire ; to secure ; to earn ; to win ; to take (a woman) in marriage
얻어먹다	자음 규칙/음성	타동사	읽다	406	to beg one's bread, beg food
얼다	ㄹ 불규칙/음성	자동사	물다1	244	to freeze ; to be frozen ; to be cowed, be scared stiff ; to feel timid ; to get nervous ; to lost on's composure
얼리다	이 규칙/음성	타동사	버리다1	262	to freeze, refrigerate
얽다1	자음 규칙/음성	자동사	숨다	318	to be pitted (with smallpox), be/get pockmarked
얽다2	자음 규칙/음성	타동사	읽다	406	to bind, tie, fasten ; to weave
얽매다	애 규칙/음성	타동사	매다1	218	to tie, bind, fasten ; to restrict
얽매이다	이 규칙/음성	자농사	내리다1	140	to be bound, be tied ; to be restricted /restrained
얽히다	이 규칙/음성	자동사	내리다1	140	to get twisted (a)round, coil around
엄격하다	여 불규칙/음성	형용사	깨끗하다	114	to be strict, be severe
엄청나다	아 규칙/양성	형용사	싸다1	332	to be exorbitant, be preposterous, be extraordinary, be extravagant, be excessive
엄하다	여 불규칙/음성	형용사	깨끗하다	114	to be severe, be strict, be stern

목록	활용 유형	분류	동일유형	페이지	의미
업다	ㅂ 규칙/음성	타동사	접다	426	to carry on one's back
업신여기다	이 규칙/음성	타동사	버리다1	262	to despise, look down on, hold (a person) in contempt for, ignore, slight
업히다	이 규칙/음성	자동사	내리다1	140	to be carried on the back, be ride on sb's back, be carried piggy-back
없다	자음 규칙/음성	형용사	깊다	110	to be not, not have, not exist ; to be gone/ missing ; to be lack, be wanting
없애다	애 규칙/음성	타동사	매다1	218	to remove, eliminate, get rid of ; to take sth away ; to waste, use up ; to abolish
없어지다	이 규칙/음성	자동사	다니다	160	to be lost, be missing ; to disappear, vanish, come to an end ; to run short/out of, be exhausted/used up
엇갈리다	이 규칙/음성	자동사	내리다1	140	to cross paths, miss each other on the way
엇걸다	ㄹ 불규칙/음성	타동사	물다1	244	to cross[intersect/cut] (each other)
엉기다	이 규칙/음성	자동사	내리다1		to coagulate, curdle, congeal
엉뚱하다	여 불규칙/음성	형용사	깨끗하다	114	to be unexpected, be strange ; to be fantastic, be irrelevant, be impertinent
엉큼하다	여 불규칙/음성	형용사	깨끗하다	114	to be wily, be insidious, be treacherous
엎다	자음 규칙/음성	타동사	읽다	406	to turn upside down
엎드리다	이 규칙/음성	자동사	내리다1	140	to prostrate oneself before, bow down to, lie on one's face
엎지르다	르 불규칙/음성	타동사	부르다2	274	to spill ; to slop
에워싸다	아 규칙/양성	타동사	사다	298	to surround, crowd round ; to enclose, encircle
여기다	이 규칙/음성	타동사	버리다1	262	to think, believe, regard ; to take for, consider
여물다1	ㄹ 불규칙/음성	형용사	길다	108	to be tight, be firm frugal
여물다2	ㄹ 불규칙/음성	자동사	물다1	244	to fill with the corn, grow[get/become] ripe, ripen, mature
여위다	이 규칙/음성	자동사	내리다1	140	to become lean/thin/slim ; to lose (one's) weight
여쭈다	우 규칙/음성	타동사	주다1	434	to ask (a person about something),
엮다	자음 규칙/음성	타동사	읽다	406	to plait, weave, entwine, braid ; to compile ; to edit
엮이다	이 규칙/음성	자동사	내리다1	140	to be woven, be composed
연결하다	여 불규칙/음성	타동사	하다2	484	to connect, be linked, couple, attach, join, interlink
연구하다	여 불규칙/음성	타동사	하다2	484	to study, research
연기하다1	여 불규칙/음성	타동사	하다2	484	to act, perform [drama, etc.]
연기하다2	여 불규칙/음성	타동사	하다2	484	to postpone, put off, defer, adjourn, extend deadline
연습하다	여 불규칙/음성	타동사	하다2	484	to practice, drill, do exercises
연애하다	여 불규칙/음성	자동사	말하다	216	to love, be/fall in love with
연하다	여 불규칙/음성	형용사	깨끗하다	114	to be soft, be tender ; to be light (color), be mild (shade), be mellow (light)

목록	활용 유형	분류	동일유형	페이지	의미
열거하다	여 불규칙/음성	타동사	하다2	484	to enumerate, list, name one by one
열다1	ㄹ 불규칙/음성	자동사	물다1	244	to bear/produce (fruit)
열다2	ㄹ 불규칙/음성	타동사	물다1	244	to open, unfold, unlock ; to hold (a party, etc.), start/set up (a store) ; to clear (the way for) ; to make (way for sb) ; to start
열리다1	이 규칙/음성	자동사	내리다1	140	to bear (fruit) ; to grow (on a tree)
열리다2	이 규칙/음성	자동사	내리다1	140	to be opened ; to be held ; to begin, start
엷다	자음 규칙/음성	형용사	깊다	110	to be thin ; to be light (color) ; to be pale ; to be faint
염려스럽다	ㅂ 불규칙/음성	형용사	덥다	172	to feel anxiety, be anxious[apprehensive/ concerned/ worried]
염려하다	여 불규칙/음성	자타동사	하다2	484	to feel anxiety, be anxious [apprehensive/ concerned/worried]
엿듣다	ㄷ 불규칙/음성	타동사	듣다2	188	to overhear, eavesdrop, listen secretively ; to tap (wires) ; to bug (telephone)
엿보다	오 규칙/양성	타동사	보다	268	to steal a glace at, look furtively, spy upon, observe secretly ; to watch for a chance
영롱하다	여 불규칙/음성	형용사	깨끗하다	114	to be brilliant, be clear and bright, be bright and translucent, be clear
영리하다	여 불규칙/음성	형용사	깨끗하다	114	to be clever, be bright, be wise, be intelligent, be brainy ; to be smart
영원하다	여 불규칙/음성	형용사	깨끗하다	114	to be eternal, be everlasting, be perpetual ; to be immoral, be permanent ; to be imperishable
예쁘다	으 불규칙/음성	형용사	슬프다	324	to be pretty, be lovely, be comely, be beautiful ; to be nice, fine
예사롭다	ㅂ 불규칙/음성	형용사	덥다	172	to be common, commonplace, ordinary
예상하다	여 불규칙/음성	자타동사	하다2	484	to expect, forecast, anticipate, estimate, presume, suppose
예습하다	여 불규칙/음성	타동사	하다2	484	to prepare one's lesson(s), do one's homework ; to prepare
예측하다	여 불규칙/음성	자타동사	하다2	484	to predict, estimate ; to presuppose, forecast, foretell
오가다	거라 불규칙/양성	자타동사	가다	60	to come and go
오다1	너라 불규칙/양성	자동사	오다1	378	to come ; to arrive at ; to be due date ; to draw near ; to reach ; to come around
오다2	너라 불규칙/양성	보조동사	오다1	378	to gradually come, become, grow
오래다	애 규칙/음성	형용사	날래다	132	to be long, be long-continued ; to be a long time
오르내리다	이 규칙/음성	타동사	버리다1	262	to go up and down, ascend and desend ; to rise and fall
오르다	르 불규칙/음성	자동사	흐르다	494	to go up, ascend ; to mount, step on ; to be gossiped about ; to be promoted ; to progress ; to rise ; to be recorded/registered ; to be talked ; to reach

목록	활용 유형	분류	동일유형	페이지	의미
오묘하다	여 불규칙/음성	형용사	깨끗하다	114	to be profound, be abstruse, be deep
오해하다	여 불규칙/음성	타동사	하다2	484	to misunderstand, mistake, misapprehend
온순하다	여 불규칙/음성	형용사	깨끗하다	114	to be gentle, be obedient
올라가다	거라 불규칙/양성	자동사	가다	60	to go[walk] up, climb (up), rise, ascend
올라오다	너라 불규칙/양성	자동사	오다1	378	to come up
올리다1	이 규칙/음성	타동사	버리다1	262	to raise, lift (up), upraise, elevate ; to increase, raise ; to give, offer, present
올바르다	르 불규칙/음성	형용사	다르다	162	to be right, be just, be proper ; to be rightful, be truthful ; to be correct, be exact, be accurate
옮기다	이 규칙/음성	타동사	버리다1	262	to move/remove/shift ; to transfuse, pour in ; to divert, turn, direct ; to communicate ; to infect
옮다	자음 규칙/양성	자동사	남다	134	to be infected, catch, take
옳다	자음 규칙/양성	형용사	높다	146	to be just, be righteous ; to be right, be correct, be proper
완성하다	여 불규칙/음성	자타동사	하다2	484	to accomplish, finish, complete
왕래하다	여 불규칙/음성	자동사	말하다	216	to come and go, visit each other, have intercourse
외롭다	ㅂ 불규칙/음성	형용사	덥다	172	to be lonely, be alone, be lonesome ; to be solitarily
외우다	우 규칙/음성	타동사	주다1	434	to memorize, learn by heart, recite/say from memory
외출하다	여 불규칙/음성	자동사	말하다	216	to go out, step out, be absent (from one's office, etc.)
외치다	이 규칙/음성	타동사	가지다	66	to shout, utter to cry, exclaim ; to scream
요구하다	여 불규칙/음성	자타동사	하다2	484	to require, claim, demand, request
요리하다	여 불규칙/음성	자타동사	하다2	484	to cook, prepare food
요청하다	여 불규칙/음성	타동사	하다2	484	to request, demand
욕하다	여 불규칙/음성	자타동사	하다2	484	to speak ill of, swear at ; to speak critically ; to shame, disgrace
용감하다	여 불규칙/음성	형용사	깨끗하다	114	to be brave, be gallant ; to be heroic ; to be valiant ; to be courageous
용서하다	여 불규칙/음성	자타동사	하다2	484	to pardon, forgive, excuse ; to have mercy on
우거지다	이 규칙/음성	자동사	다니다	160	to grow thick [dense/rampant]
우기다	이 규칙/음성	타동사	버리다1	262	to inist on, persist in ; to maintain an opinion
우러나오다	너라 불규칙/양성	자동사	오다1	378	to spring up, well up, soak out ; to come off
우러르다	러 불규칙	자동사	이르다	162	to raise one's head, look up ; to respect
우렁차다	아 규칙/양성	형용사	싸다1	332	to be sonorous, be rotund ; to be rich and full ; to be resounding
우세하다	여 불규칙/음성	형용사	깨끗하다	114	to be superior, be predominant
우습다	ㅂ 불규칙/음성	형용사	덥다	172	to be laughable, be funny, be amusing, be comic ; to be ridiculous

목록	활용 유형	분류	동일유형	페이지	의미
우울하다	여 불규칙/음성	형용사	깨끗하다	114	to be depressed, be cheerless, be dejected ; to be gloomy, be blue
운동하다	여 불규칙/음성	자타동사	하다2	484	to exercise, practice sports
운반하다	여 불규칙/음성	타동사	하다2	484	to carry, transport, convey
울다1	ㄹ 불규칙/음성	자동사	물다1	244	to cry, weep, shed tears, sob, wail, lament ; to sing, chrip, twitter ; to howl, roar ; to ring
울다2	ㄹ 불규칙/음성	자동사	물다1	244	to wrinkle
울리다	이 규칙/음성	타동사	버리다1	262	to make sb cry, move sb to tears
움직이다	이 규칙/음성	자타동사	버리다1	262	to move, stir ; to work, operate, run ; to be moved, touched, influenced ; to vary, change
웃기다	이 규칙/음성	타동사	버리다1	262	to make laugh, excite sb to laughter
웃다	ㅅ 규칙/음성	자동사	웃다	386	to laugh, smile, chuckle ; to giggle, titter ; to sneer at
웅장하다	여 불규칙/음성	형용사	깨끗하다	114	to be grand, be magnificent, be majestic
웅크리다	이 규칙/음성	타동사	버리다1	262	to crouch (down), huddle[curl] oneself up
원망하다	여 불규칙/음성	타동사	하다2	484	to have [hold/bear] a grudge against, feel/show resentment at, blame, reproach
원통하다	여 불규칙/음성	형용사	깨끗하다	114	to be vexatious, be vexing, be mortifying ; to be regrettable, be sorry
원하다	여 불규칙/음성	타동사	하다2	484	to want ; to hope ; to expect ; to desire ; to request
위급하다	여 불규칙/음성	형용사	깨끗하다	114	to be critical, be exigent, be imminent
위대하다	여 불규칙/음성	형용사	깨끗하다	114	to be great, be grand, be mighty
위로하다	여 불규칙/음성	자타동사	하다2	484	to console, solace, comfort
위태롭다	ㅂ 불규칙/음성	형용사	덥다	172	to be dangerous, be hazardous, be perilous
위험하다	여 불규칙/음성	형용사	깨끗하다	114	to be dangerous, be perilous, be risky
위협하다	여 불규칙/음성	타동사	하다2	484	to intimidate, threaten, scare
유명하다	여 불규칙/음성	형용사	깨끗하다	114	to be famous, be famed, be noted, be well-known, be distinguished
유용하다	여 불규칙/음성	형용사	깨끗하다	114	to be useful (to/for), be helpful, be valuable
유지하다	여 불규칙/음성	자타동사	하다2	484	to maintain, keep, sustain
유쾌하다	여 불규칙/음성	형용사	깨끗하다	114	to be pleasant, be enjoyable, be merry
유행하다	여 불규칙/음성	자동사	말하다	216	to be in fashion [vogue] ; to become popular
유혹하다	여 불규칙/음성	자타동사	하다2	484	to temp, lure, entice
으뜸가다	아 규칙/양성	형용사	싸나1	332	to be at the head (of), stand [rank] first (among)
으르렁거리다	이 규칙/음성	자동사	내리다1	140	to snarl, growl ; to quarrel, squabble, brawl
으스대다	애 규칙/음성	자동사	새다2	306	to be proud/arrogant, be swagger (about)
은은하다	여 불규칙/음성	형용사	깨끗하다	114	to be dim, be slight, be vague, be misty ; to faint, be distant
읊다	자음 규칙/음성	타동사	읽다	406	to recite ; chant
응시하다1	여 불규칙/음성	자동사	말하다	216	to apply for an examination, register for a test

목록	활용 유형	분류	동일유형	페이지	의미
응시하다2	여 불규칙/음성	타동사	하다2	484	to stare at, look hard at
응하다	여 불규칙/음성	자동사	말하다	216	to answer, reply to ; to meet, obey ; to subscribe for, apply for ; to satisfy
의논하다	여 불규칙/음성	타동사	하다2	484	to talk (with), consult, confer (with), discuss
의롭다	ㅂ 불규칙/음성	형용사	덥다	172	to be righteous, be just
의미하다	여 불규칙/음성	타동사	하다2	484	to mean, signify, purport, imply
의심스럽다	ㅂ 불규칙/음성	형용사	덥다	172	to be doubtful, be dubious, be suspicious, be questionable
의심하다	여 불규칙/음성	타동사	하다2	484	to doubt, mistrust, be suspicious of
의젓하다	여 불규칙/음성	형용사	깨끗하다	114	to be dignified, be imposing, majestic
의존하다	여 불규칙/음성	자동사	말하다	216	to depend on, rely on
의지하다	여 불규칙/음성	타동사	하다2	484	to lean on, recline ; to depend/rely on
이기다1	이 규칙/음성	타동사	버리다1	262	to win, conquer, beat, defeat ; to overcome, surmount, get over
이기다2	이 규칙/음성	타동사	버리다1	262	to knead (dought), mash (potatoes)
이끌다	ㄹ 불규칙/음성	타동사	물다1	244	to lead, command, take along ; to guide ; to head (a party)
이끌리다	이 규칙/음성	자동사	내리다1	140	to be led, be headed, be commanded
이다	이 규칙/음성	지정사	이다	392	to be [identifying, defining]
이렇다	ㅎ 불규칙/음성	형용사	이렇다	394	to be like this, be this way, be as follows ; to be worth mentioning
이롭다	ㅂ 불규칙/음성	형용사	덥다	172	to be profitable, be advantageous, be favorable, be beneficial, be helpful, be instructive
이루다	우 규칙/음성	타동사	주다1	434	to accomplish, achieve, attain ; to finish, complete, fulfill ; to perform, realize ; to form, make up, constitute
이루어지다	이 규칙/음성	자동사	다니다	160	to be fulfilled, be completed, be realized
이르다1	르 불규칙/음성	형용사	다르다	162	to be early ; to be premature
이르다2	러 불규칙/음성	자동사	이르다2	400	to arrive, reach ; to attain (to) ; to end in, lead to ; to approach
이르다3	르 불규칙/음성	타동사	부르다2	274	to say, tell, inform, report ; to advise
이바지하다	여 불규칙/음성	자타동사	하다2	484	to contribute
이상하다	여 불규칙/음성	형용사	깨끗하다	114	to be strange, be unusual, be extraordinary, be abnormal ; to be suspicious
이식하다	여 불규칙/음성	자타동사	하다2	484	to transplant, replant ; to implant ; to graft
이야기하다	여 불규칙/음성	자타동사	하다2	484	to talk, speak, converse
이어받다	자음 규칙/양성	타동사	찾다	456	to succeed to, accede to ; to take over
이어지다	이 규칙/음성	자동사	다니다	160	to be [get] connected, be joined [linked] together
이용하다	여 불규칙/음성	자타동사	하다2	484	to make use of, utilize
이해하다	여 불규칙/음성	자타동사	하다2	484	to understand, apprehend, appreciate
이혼하다	여 불규칙/음성	자동사	말하다	216	to divorce, be divorced from, have one's marriage annulled

목록	활용 유형	분류	동일유형	페이지	의미
익다1	자음 규칙/음성	형용사	깊다	110	to be used to, be skillful, be skilled, be experienced, be accustomed ; to be familiar with
익다2	자음 규칙/음성	자동사	숨다	318	to ripen, mellow, mature ; to be boiled/ cooked, be done
익숙하다	여 불규칙/음성	형용사	깨끗하다	114	to be familiar with, be accustomed to ; to be skilled at, be skillful, be experienced
익히다1	이 규칙/음성	타동사	버리다1	262	to get used to ; to make sb familiar with
익히다2	이 규칙/음성	타동사	버리다1	262	to make ripen ; to make boil/cook
인사하다	여 불규칙/음성	자동사	말하다	216	to greet, salute, say hello ; to make a (polite) bow, pay one's respects
인접하다	여 불규칙/음성	자동사	말하다	216	to be close by, adjoin
인정하다	여 불규칙/음성	자타동사	하다2	484	to admit, recognize, acknowledge ; to authorize
일깨우다	우 규칙/음성	타동사	주다1	434	to awaken ; to enlighten
일다	ㄹ 불규칙/음성	자동사	물다1	244	to run high, rise, get up ; to grow violent, flourish
일렁거리다	이 규칙/음성	자동사	내리다1	140	to sway, toss (on the waves), rock, pitch
일어나다	아 규칙/양성	자동사	나가다	124	to get up, rise ; to occur, happen ; to stand up ; to originate in, arise/result from ; to be generated/ produced
일어서다	어 규칙/음성	자동사	서다	308	to stand/get up ; to rise up, be up
일으키다	이 규칙/음성	타동사	버리다1	262	to raise up, set up ; to commence, open, begin ; to give rise to, cause, bring about ; to wake up, arouse
일컫다	ㄷ 불규칙/음성	타동사	듣다		to call, name, designate
일하다	여 불규칙/음성	자동사	말하다	216	to work, labor ; to serve (as)
읽다	자음 규칙/음성	타동사	읽다	406	to read ; to peruse, know ; to become aware
읽히다1	이 규칙/음성	타동사	가지다	66	to get (a person) to read ; to set (a person) to reading ; to have (a book) read (by a person)
읽히다2	이 규칙/음성	자동사	내리다1	140	to be read
잃다	자음 규칙/음성	타동사	읽다	406	to lose, miss ; to be deprived/bereft of
임명하다	여 불규칙/음성	타동사	하다2	484	to appoint (a person to an office)
입다	ㅂ 규칙/음성	타동사	접다	426	to wear, dress, to put on clothes ; to get (a favor), receive ; to suffer
입학하다	여 불규칙/음성	자동사	말하다	216	to enter (a) school
입히다	이 규칙/음성	타동사	가지다	66	to be dress, clothe, put on ; to plate, coat, gild ; to cover ; to inflict (injury upon), cause (damage to)
잇다	ㅅ 불규칙/음성	타동사	잇다	412	to connect, link, join ; to succeed to ; to inherit ; to sustain, maintain, preserve ; to continue, follow ; to go on
있다1	자음 규칙/음성	형용사	있다	414	to be ; to be exist ; to be located ; to stay ; to stop ; to remain ; to stand ; to have ; to be found ; to be located ; to be held ; to be open ; to have, possess, own ; to be, keep, remain ; to be doing sth

목록	활용 유형	분류	동일유형	페이지	의미
있다2	자음 규칙/음성	보조형용사	있다	414	to be
있다3	자음 규칙/음성	보조동사	있다	414	to be
잇다	자음 규칙/음성	타동사	읽다	406	to forget ; to dismiss
잊히다	이 규칙/음성	자동사	내리다1	140	to be forgotten
자다	아 규칙/양성	자동사	나가다	124	to sleep, go bed ; to become calm ; to have sexual
자라다1	아 규칙/양성	자동사	나가다	124	to be enough, be sufficient ; to be reach, come up to
자라다2	아 규칙/양성	자동사	나가다	124	to grow up, be brought up
자랑스럽다	ㅂ 불규칙/음성	형용사	덥다	172	to be proud (of), be boastful
자랑하다	여 불규칙/음성	타동사	하다2	484	to be proud of, boast [brag] of, make a boast of
자르다	르 불규칙/음성	타동사	부르다2	274	to cut, chop, sever ; to refuse ; to declare, avow ; to dismiss, fire
자리잡다	자음 규칙/양성	자동사	남다	134	to take a [one's] seat ; to be located ; to settle down
자빠지다	이 규칙/음성	자동사	다니다		to fall on one's back
자시다	이 규칙/음성	타동사	버리다1	262	to eat[honorific]
자연스럽다	ㅂ 불규칙/음성	형용사	덥다	172	to be natural
자유롭다	ㅂ 불규칙/음성	형용사	덥다	172	to be free, be liberal, unrestricted
작다	자음 규칙/양성	형용사	높다	146	to be small, be tiny, be petty, be trifling ; to be trivial ; to be insignificient, be slight
작정하다	여 불규칙/음성	자타동사	하다2	484	to decide, determine, resolve, make up one's mind
잔잔하다	여 불규칙/음성	형용사	깨끗하다	114	to be still, be quiet, be calm, be tranquil
잘다	ㄹ 불규칙/양성	형용사	팔다	468	to be small, be fine, be tiny ; to be petty, be narrow-minded
잘되다	외 규칙/음성	자동사	되다2	180	to make a success in life [the world] ; to go well [right], work well ; to be done [made] well, be of fine make
잘못하다	여 불규칙/음성	자타동사	하다2	484	to make a mistake [an error], err, do wrongly [improperly/amiss], blunder
잠그다1	으 불규칙/음성	타동사	따르다1	192	to lock (up), fasten (the lock of), close ; to turn off
잠그다2	으 불규칙/음성	타동사	따르다1	192	to sink, soak, immerse ; to put under water
잠기다1	이 규칙/음성	자동사	내리다1	140	to be locked/tied/fastened ; to be soaked, immersed
잠기다2	이 규칙/음성	자동사	내리다1	140	to immerse, dip, submerge ; to put under water
잠들다	ㄹ 불규칙/음성	자동사	물다1	244	to fall asleep, go off to sleep ; to die, pass away
잠잠하다	여 불규칙/음성	형용사	깨끗하다	114	to be silent, be (deathly) quiet, be still

목록	활용 유형	분류	동일유형	페이지	의미
잡다	ㅂ 규칙/양성	타동사	잡다	420	to catch, seize, grasp, grab, take hold of ; to arrest, capture ; to fine (a fault) ; to kill off
잡수다	우 규칙/음성	타동사	주다1	434	to eat, drink [honorific]
잡아가다	거라 불규칙/양성	타동사	가다	60	to take [walk] by force (e.g., a suspect to a police station)
잡히다1	이 규칙/음성	자동사	내리다1	140	to be arrested ; to be seized, be taken up ; to be caught, be captured ; to be found fault with ; to be pleated
잡히다2	이 규칙/음성	타동사	버리다1	262	to make (a person) take/catch ; to give (a thing as security) ; to have (a weakness) discovered
잣다	ㅅ불규칙/양성	타동사	잣다	420	to pump up ; to draw up ; to spin
장난하다	여 불규칙/음성	자동사	말하다	216	to play a joke, do mischief, be mischievous, do a naughty thing
장식하다	여 불규칙/음성	자타동사	하다2	484	to decorate, ornament, deck out
장하다	여 불규칙/음성	형용사	깨끗하다	114	to be proud, be glorious, be splendid, be magnificent
잦다	자음 규칙/양성	형용사	높다	146	to be frequent, be repeated ; to be quick, be rapid
재다1	애 규칙/음성	자동사	새다2	306	to put on airs, give oneself airs
재다2	애 규칙/음성	타동사	매다1	218	to measure, gauge ; to guess, surmise
재미없다	자음 규칙/음성	형용사	깊다	110	to be uninteresting, be dull, be unamusing
재미있다	자음 규칙/음성	형용사	깊다	110	to be interesting, be amusing, be entertaining
재배하다	여 불규칙/음성	타동사	하다2	484	to cultivate, grow, raise
재빠르다	르 불규칙/음성	형용사	다르다	162	to be quick, be rapid, be fast ; to be fleet, be speedy
재우다	우 규칙/음성	타동사	주다1	434	to put sb to sleep ; give lodging/food/ shelter to
재촉하다	여 불규칙/음성	타동사	하다2	484	to press (a person for a thing), hurry up
재판하다	여 불규칙/음성	자타동사	하다2	484	to judge [try] a person [a case]
쟁쟁하다	여 불규칙/음성	형용사	깨끗하다	114	to be clear, be sonorous ; to be prominent, be eminent, be outstanding
저렇다	ㅎ 불규칙/음성	형용사	이렇다	394	to be like this ; to be that way
저물다	ㄹ 불규칙/음성	자동사	물다1	244	to grow dark, become evening ; to come to an end
저장하다	여 불규칙/음성	자타동사	하다2	484	to store (up), lay by, preserve, conserve
저지르다	르 불규칙/음성	타동사	부르다2	274	to commit (a fault), make a mistake, do a bad act
저축하다	어 불규칙/음성	타동사	하다2	484	to save up, store up, lay by
적다1	자음 규칙/음성	형용사	깊다	110	to be little, be few ; to be short of ; to be not sufficient
적다2	자음 규칙/음성	타동사	읽다	406	to write down, record ; to sign
적당하다	여 불규칙/음성	형용사	깨끗하다	114	to be suitable, be proper, be suited
적시다	이 규칙/음성	타동사	가지다	66	to dampen, make wet, saturate ; to soak

목록	활용 유형	분류	동일유형	페이지	의미
적용하다	여 불규칙/음성	타동사	하다2	484	to apply (a rule) to (a case)
적합하다	여 불규칙/음성	형용사	깨끗하다	114	to be fit, be suitable, be proper, be befitting, be adequate
전념하다	여 불규칙/음성	자동사	말하다	216	to be devoted (to), devote oneself, concentrate on, attend to
전망하다	여 불규칙/음성	자타동사	하다2	484	to have a prospect, outlook, forecast
전파하다	여 불규칙/음성	자타동사	하다2	484	to spread, propagate, get abroad
전하다	여 불규칙/음성	타동사	하다2	484	to convey, report, deliver ; to teach, impart, initate ; to hand down ; to transmit
전화하다	여 불규칙/음성	자동사	말하다	216	to make a phone call, dial
절망하다	여 불규칙/음성	자동사	말하다	216	to despair of (one's future), be driven to despair, give up (all) hope
절약하다	여 불규칙/음성	자타동사	하다2	484	to economize, spare, save
절이다	이 규칙/음성	타동사	버리다1	262	to pickle/salt (vegetables) ; to salt down ; to corn (meat)
절하다	여 불규칙/음성	자동사	말하다	216	to bow down
젊다	자음 규칙/음성	형용사	깊다	110	to be young, be youthful, be juvenile
점잖다	자음 규칙/양성	형용사	높다	146	to be dignified, be well-behaved, be gentle ; to be quiet, sober
점치다	이 규칙/음성	타동사	가지다	66	to tell (a person's) fortune, divine ; to forecast
접근하다	여 불규칙/음성	자동사	말하다	216	to approach, come close (to)
접다	ㅂ 규칙/음성	타동사	접다	426	to fold/double up ; to strike (a tent) ; to furl (a flag) ; to abandon, give up
접촉하다	여 불규칙/음성	자동사	말하다	216	to contact, touch ; to make contact
접히다	이 규칙/음성	자동사	내리다1	140	to be folded, be doubled up ; to be turned down
젓다	ㅅ 불규칙/음성	타동사	잇다	412	to row (a boat), work at (oars) ; to scull, paddle ; to stir up, churn ; to shake
정결하다	여 불규칙/음성	형용사	깨끗하다	114	to be chaste and pure
정돈하다	여 불규칙/음성	타동사	읽다	406	to arrange, put in order, tidy up ; to put/ set to rights
정리하다	여 불규칙/음성	타동사	하다2	484	to arrange, put in order ; to regulate, consolidate
정비하다	여 불규칙/음성	자타동사	하다2	484	to set (a thing) in good condition/ working order ; to fully equip (a factory) with (machinery)
정성스럽다	ㅂ 불규칙/음성	형용사	덥다	172	to do with one's whole heart, be sincere, be heartfelt, be truehearted
정직하다	여 불규칙/음성	형용사	깨끗하다	114	to be honest, be upright ; to be frank
정하다	여 불규칙/음성	타동사	하다2	484	to fix up, decide, determine ; to settle, set ; to make up one's mind
정확하다	여 불규칙/음성	형용사	깨끗하다	114	to be exact, be accurate, be correct, be precise
젖다	자음 규칙/음성	자동사	숨다	318	to get wet, become damp/moist ; to be addicted, give oneself up to

목록	활용 유형	분류	동일유형	페이지	의미
제공하다	여 불규칙/음성	자타동사	하다2	484	to offer, give, provide
제안하다	여 불규칙/음성	타동사	하다2	484	to propose, suggest
제치다	이 규칙/음성	타동사	가지다	66	to put/lay aside ; to leave sb out
조르다	르 불규칙/음성	타동사	부르다2	274	to strangle, choke, tighten ; to press/ importune sb for sth ; to ask (a person) importunately
조리다	이 규칙/음성	타동사	버리다	262	to boil down
조마조마하다	여 불규칙/음성	형용사	깨끗하다	114	to be nervous, be feel uneasy, be kept in suspense, be kept fidgeting
조사하다	여 불규칙/음성	자타동사	하다2	484	to investigate, survey, examine
조심하다	여 불규칙/음성	자타동사	하다2	484	to take care (of), be careful [cautious]
조용하다	여 불규칙/음성	형용사	깨끗하다	114	to be quiet, be tranquil, be peaceful, be silent, be still [of a place]
조직하다	여 불규칙/음성	자타동사	하다2	484	to organize, form ; to compose, constitute ; to incorporate
조화롭다	ㅂ 불규칙/음성	형용사	덥다	172	to be in harmony, be agreement, be symphony
존경하다	여 불규칙/음성	타동사	하다2	484	to respect, esteem, reverate
존중하다	여 불규칙/음성	자타동사	하다2	484	to respect a person, hold sb in esteem
졸다1	ㄹ 불규칙/양성	자동사	살다	304	to get sleepy, doze, ; to nap (in one's seat) ; to drowse, snooze
졸다2	ㄹ 불규칙/양성	자동사	살다	304	to get boiled down, be boiled dry
졸리다	이 규칙/음성	자동사	내리다1	140	to become sleepy
졸이다1	이 규칙/음성	타동사	버리다1	262	to boil down, dry
졸이다2	이 규칙/음성	타동사	버리다1	262	to worry (oneself), feel uneasy/nervous
좁다	ㅂ 규칙/양성	형용사	좁다	430	to be narrow, be small, be limited ; to be narrow minded ; to be small
좋다	ㅎ 규칙/양성	형용사	좋다	432	to be good, be nice, be fine ; to be bright, be clever ; to be well ; to be lucky ; to be proper, be suitable ; to be beneficial ; to be right ; to be better
좋아하다	여 불규칙/음성	타동사	하다2	484	to like, love, be fond (of), have a liking for
죄다	외 규칙/음성	타동사	쬐다	450	to fasten, tighten ; to strain
죄송하다	여 불규칙/음성	형용사	깨끗하다	114	to be sorry for having done sth wrong, to apologize
주고받다	ㄷ 규칙/양성	타동사	닫다	164	to give and take reciprocally, exchange, interchange
주다1	우 규칙/음성	타동사	주다1	434	to give, bestow ; to present ; to award, to confer, assign ; to provide, furnish, supply ; to do for
주다2	우 규칙/음성	보조동사	주다1	434	to do a service for sb
주무르다	르 불규칙/음성	타동사	부르다2	274	to rub and press with the fingers ; to fumble with, tamper with ; to knead, massage ; to make a fool of

목록	활용 유형	분류	동일유형	페이지	의미
주무시다	이 규칙/음성	자동사	다니다	160	to sleep [honorific]
주문하다	여 불규칙/음성	자타동사	하다2	484	to order (goods or services)
주의하다	여 불규칙/음성	자타동사	하다2	484	to give attention, observe, take care of
주장하다	여 불규칙/음성	자타동사	하다2	484	to insist on, persist (in), assert ; to emphasize, stress
주저하다	여 불규칙/음성	자타동사	하다2	484	to hesitate ; to waver, have scruples/ compunctions about
죽다	자음 규칙/음성	자동사	숨다	318	to die, pass away ; to lose one's life ; to be killed ; to be wither, perish ; to be discourged/ disheartened/disspirited ; to feel depressed
죽이다	이 규칙/음성	타동사	버리다1	262	to kill, saly, murder
준비하다	여 불규칙/음성	자타동사	하다2	484	to prepare (for), ready, arrange ; to provide for
줄다	ㄹ 불규칙/음성	자동사	물다1	140	to decrease, diminish, decline, lessen, shrink, grow smaller
줄이다	이 규칙/음성	타동사	버리다1	262	to make/cause to/have lessen, reduce, decrease, shorten, cut down ; to economize ; to contract
줍다	ㅂ 불규칙/음성	타동사	굽다2	96	to pick up, gather, collect, find sth on the ground
중대하다	여 불규칙/음성	형용사	깨끗하다	114	to be important, be serious, be grave
중얼거리다	이 규칙/음성	자동사	내리다1	140	to mutter, mumble, grumble
중요하다	여 불규칙/음성	형용사	깨끗하다	114	to be important, be principal, be cardinal
쥐다	위 규칙/음성	타동사	쥐다	440	to hold ; to grasp, clench, grip, clutch ; to seize
즐겁다	ㅂ 불규칙/음성	형용사	덥다	172	to be joyful, be merry, be happy, be delightful, be pleasant, be cheerful ; to be fun ; to be good
즐기다	이 규칙/음성	타동사	버리다1	262	to take pleasure/delight in, enjoy/amuse oneself ; to like, love, be fond of
증가하다	여 불규칙/음성	자타동사	하다2	484	to increase, rise, grow
지겹다	ㅂ 불규칙/음성	형용사	덥다	172	to be disgusting, be nasty, be boring, be tedious
지극하다	여 불규칙/음성	형용사	깨끗하다	114	to be extreme, be utmost, be exceeding
지나다	아 규칙/양성	자동사	나가다	124	to pass through, pass by ; to go past ; to go on ; to exceed, go beyond ; to be over
지나치다1	이 규칙/음성	자동사	다니다	160	to go too far ; to exceed, go beyond bounds ; to be excessive ; to ignore
지나치다2	이 규칙/음성	타동사	가지다	66	to pass by, go past
지내다1	애 규칙/음성	자동사	새다2	306	to live, get on
지내다2	애 규칙/음성	타동사	매다1	218	to spend time ; to serve as ; to hold, observe
지니다	이 규칙/음성	타동사	버리다1	262	to wear, carry, have, own, hold ; to entertain, retain, harbor
지다1	이 규칙/음성	자동사	다니다	160	to sink, set, go down ; to fell ; to scatter ; to come out ; to be removed, be taken off
지다2	이 규칙/음성	자동사	다니다	160	to be defeated ; to suffer a defeat ; to lose (a battle, game)

목록	활용 유형	분류	동일유형	페이지	의미
지다3	이 규칙/음성	타동사	가지다	66	to be shaded ; to become stained/blotted ; to be flooded
지다4	이 규칙/음성	타동사	가지다	66	to bear (a heavy burden) ; to fall/run/get into (debt) ; to owe (a duty)
지다5	이 규칙/음성	보조동사	다니다	160	to become, be done [passive voice]
지루하다	여 불규칙/음성	형용사	깨끗하다	114	to be bored, be tedious, be tiresome
지르다1	르 불규칙/음성	타동사	부르다2	274	to shout, yell ; to bawl ; to give a loud cry
지르다2	르 불규칙/음성	타동사	부르다2	274	to set fire to
지르다3	르 불규칙/음성	타동사	부르다2	274	to beat, strike, hit ; to insert, put into ; to take a shorter way ; to cut off, clip ; to bet, stake, wager
지배하다	여 불규칙/음성	자타동사	하다2	484	to manage, control, govern, reign (over), dominate
지시하다	여 불규칙/음성	자동사	말하다	216	to direct, indicate, instruct
지우다	우 규칙/음성	타동사	주다1	434	to erase ; to rub out ; to wipe away/out ; to efface
지저귀다	위 규칙/음성	자동사	쉬다3	320	to sing [birds], chirp, twitter, warble,
지저분하다	여 불규칙/음성	형용사	깨끗하다	114	to be dirty, be filthy, be unclean ; be scattered about, be in disorder
지지다	이 규칙/음성	타동사	가지다	66	to stew, cauterize, sear, brand
지지하다	여 불규칙/음성	타동사	하다2	484	to support, back (up), give [render] support
지체하다	여 불규칙/음성	자동사	말하다	216	to delay, defer, hold off, procrastinate
지치다	이 규칙/음성	자동사	다니다	160	to be tired, worn-out, exhausted
지키다	이 규칙/음성	타동사	버리다1	262	to protect, defend ; to keep, guard, look after ; to obey, observe (a custom)
지혜롭다	ㅂ 불규칙/음성	형용사	덥다	172	to be wise, be intelligent, be resourceful, be sagacious
지휘하다	여 불규칙/음성	타동사	하다2	484	to command, lead, head ; to conduct
진격하다	여 불규칙/음성	자동사	말하다	216	to charge (at/on), attack, advance
진압하다	여 불규칙/음성	자타동사	하다2	484	to suppress, repress, subjugate ; put down, quell down
진지하다	여 불규칙/음성	형용사	깨끗하다	114	to be serious, be earnest, be sober
진하다	여 불규칙/음성	형용사	깨끗하다	114	to be dark, be deep, saturated ; to be thick, be
진행하다	여 불규칙/음성	자타동사	하다2	484	to advance, progress, proceed, go on
질다	ㄹ 불규칙/음성	형용사	길다	108	to be soft,
질리다	이 규칙/음성	자동사	내리다1	140	to be disgusted, be fed up ; to turn pale, be amazed/stunned
짊어지다	이 규칙/음성	타동사	가지다	66	to take (a burden) on one's back, encumber [saddle/burden] oneself
짐작하다	여 불규칙/음성	자타동사	하다2	484	to guess, presume, conjecture, estimate
집다	ㅂ 규칙/음성	타동사	접다	426	to pick/take up sth with one's fingers

목록	활용	분류	동일유형	페이지	의미
집요하다	여 불규칙/음성	형용사	깨끗하다	114	to be obstinate, be persistent, be stubborn
집중하다	여 불규칙/음성	자타동사	하다2	484	to concentrate (upon), converge (into/on), focus (on), center on
짓다	ㅅ 불규칙/음성	타동사	잇다	412	to make, manufacture ; to build, elect, construct ; to write, compose ; to make up ; to cultivate ; to commit ; to show
징그럽다	ㅂ 불규칙/음성	형용사	덥다	172	to be creepy, be crawly, disgusting
짖다	자음 규칙/음성	자동사	숨다	318	to bark, bay, yelp/yap ; to howl ; to caw, croak
짙다	자음 규칙/음성	형용사	깊다	110	to be dark, be deep, be rich ; to be dense, be thick, be gross ; to be heavy
짚다	자음 규칙/음성	타동사	읽다	406	to rest (on), lean (on) ; to touch, feel ; to guess, have a shot (at)
짜다1	아 규칙/양성	형용사	싸다1	332	to be salty, be briny ; to be stingy, be grudging ; to be strict, be severe
짜다2	아 규칙/양성	타동사	사다	298	to put/piece/fit together, frame ; to form, organize, compose ; to weave ; to knit
짜다3	아 규칙/양성	타동사	사다	298	to wring, squeeze ; to extract, press ; to extort
짜증나다	아 규칙/양성	자동사	나가다	124	to fret, be vexed/irritated, show temper ; to be angry
짧다	자음 규칙/양성	형용사	높다	146	to be short, be brief ; to be wanting, be lacking, be poor, be insufficient ; to be not enough
쩔쩔매다	애 규칙/음성	자동사	새다2	306	to be nonplused, be perplexwd ; to be completely puzzled ; to feel embrassed
쪼개다	애 규칙/음성	타동사	매다1	218	to divide, split, cleave, splinter
쪼그리다	이 규칙/음성	타동사	버리다1	262	to crouch, squat, bend low ; to press, squeeze flat
쪼다	오 규칙/양성	타동사	보다	268	to peck, pick at ; to chisel, carve
쪼들리다	이 규칙/음성	자동사	내리다1	140	to be pinched`with poverty, be harassed with debts
쫓겨나다	아 규칙/양성	자동사	나가다	124	to be expelled, turned-out, be kicked out ; to be dismissed, get fired
쫓기다	이 규칙/음성	자동사	내리다1	140	to be driven away/out ; to be pursed/ chased ; to be run/taken after
쫓다1	자음 규칙/양성	타동사	찾다	456	to follow, go after ; to pursue, chase, run after ; to obey
쫓다2	자음 규칙/양성	타동사	찾다	456	to expel, turn/get/send out ; to discharge, dismiss
쫓아가다	거라 불규칙/양성	자타동사	가다	60	to pursue, chase away, run after
쬐다	외 규칙/음성	자타동사	쬐다	450	to warm oneself at a fire ; to sunbathe, shine on/over ; to expose sth to the sun
찌다1	이 규칙/음성	자동사	다니다	160	to gain/put on weight, get/grow fat
찌다2	이 규칙/음성	자동사	다니다	160	to feel the heat very much ; to become/ get hot
찌다3	이 규칙/음성	타동사	다니다	160	to steam, heat with steam
찌르다	르 불규칙/음성	타동사	부르다2	274	to thrust, pierce, prick, stab, poke ; to attack, assail, strike ; to be pungent ; to inform, report

목록	활용	분류	동일유형	페이지	의미
찌푸리다	이 규칙/음성	타동사	버리다1	262	to grimace at, frown, scowl ; to knit one's brows ; to become cloudy ; to look dark
찍다1	자음 규칙/음성	타동사	읽다	406	to print ; to stamp, seal ; to impress, put on, dip into, mark, dot
찍다2	자음 규칙/음성	타동사	읽다	406	to cut down, chop (with an axe), hew, hack
찍히다1	이 규칙/음성	자동사	내리다1	140	to be printed, stamped ; to be marked out ; to be spotted ; to be taken ; to come out
찍히다2	이 규칙/음성	자동사	내리다1	140	to be cut down, chopped (with an axe) ; to be hewed, be hacked
찔리다	이 규칙/음성	자동사	내리다1	140	to get (something) pierced
찡그리다	이 규칙/음성	타동사	가지다	66	to distort/contort/twist (one's face)
찢기다	이 규칙/음성	자동사	내리다1	140	to get torn/rent/ripped
찢다	자음 규칙/음성	타동사	읽다	406	to tear, rend, rip, split
찧다	ㅎ 규칙/음성	타동사	찧다	452	to pound (rice), hull (rice), to husk ; to ram ; to gossip
차갑다	ㅂ 불규칙/양성	형용사	덥다	172	to be cold, chilly, icy ; to be cold-hearted, be ice-cold
차다1	아 규칙/양성	형용사	싸다1	332	to be cold, be chilly [weather], be icy, be freezing
차다2	아 규칙/양성	자동사	나가다	124	to fill up, become full of ; to be satisfied with ; to be content with ; to measure up to ; to full, wax
차다3	아 규칙/양성	타동사	사다	298	to kick ; to reject, refuse, jilt (one's lover) ; to click (one's tongue)
차리다1	이 규칙/음성	타동사	버리다1	262	to collect oneself, concentrate (one's mind) ; to put one's own intrests above everything else
차리다2	이 규칙/음성	타동사	버리다1	262	to make/get ready ; to set up
차지하다	여 불규칙/음성	타동사	하다2	484	to occupy, hold, have possess
착하다	여 불규칙/음성	형용사	깨끗하다	114	to be good natured, be kindhearted, be nice
찬란하다	여 불규칙/음성	형용사	깨끗하다	114	to be brilliant, be bright, be shining ; to be lustrous
찬성하다	여 불규칙/음성	타동사	하다2	484	to agree ; to approve of ; to support
찬양하다	여 불규칙/음성	타동사	하다2	484	to praise, admire, laud
참가하다	여 불규칙/음성	자동사	말하다	216	to participate (in), take part (in) ; to enter, join
참견하다	여 불규칙/음성	자타동사	하다2	484	to meddle [interfere] in (another's affair) ; to participate (in)
참다	자음 규칙/양성	타동사	찾다	456	to endure, bear, forbear ; to control, restrain ; to be patient
참석하다	여 불규칙/음성	자동사	말하다	216	to attend, participate in, take part in ; to be present at
참하다	여 불규칙/음성	형용사	깨끗하다	114	to be nice, be fair, be neat ; to be quiet and gentle
창피하다	여 불규칙/음성	형용사	깨끗하다	114	to be shameful, be dishonorable, be disgraceful

목록	활용 유형	분류	동일유형	페이지	의미
찾다	자음 규칙/양성	타동사	찾다	456	to look for, search for ; to find out, discover ; to call on, visit ; to take back ; to refer to a dictionary
찾아가다	거라 불규칙/양성	타동사	가다	60	to look for, go looking for ; to take sth along, take away
찾아오다	너라 불규칙/양성	타동사	오다1	378	to look for, come looking for ; to take sth along/away
채다1	애 규칙/음성	자동사	새다2	306	to get kicked
채다2	애 규칙/음성	타동사	매다1	218	to snatch away, carry off ; to kidnap ; to seize, take forcefully
채다3	애 규칙/음성	타동사	매다1	218	to sense ; to become aware ; to smell ; to send out
채용하다	여 불규칙/음성	자타동사	하다2	484	to employ
채우다1	우 규칙/음성	타동사	주다1	434	to put/keep sth in cold water
채우다2	우 규칙/음성	타동사	주다1	434	to fasten (a lock) ; to lock (a door)
채우다3	우 규칙/음성	타동사	주다1	434	to make full, fill up ; to complete (a period) ; to satisfy, appease ; to gratify
챙기다	이 규칙/음성	타동사	버리다1	262	to put/set sth in (good) order
처형하다	외 규칙/음성	타동사	쬐다	450	to punish, execute
천연덕스럽다	ㅂ 불규칙/음성	형용사	덥다	172	to be looking like the truth, tell a clever lie ; to be cool, be calm
천연스럽다	ㅂ 불규칙/음성	형용사	덥다	172	to be natural, be unartificial ; to be looking like the truth, tell a clever lie ; to be cool, be calm
천하다	여 불규칙/음성	형용사	깨끗하다	114	to be humble, be low ; to be vulgar, be base, be mean
철없다	자음 규칙/음성	형용사	깊다	110	to have no sense, be lack discretion/ judgment, be thoughless
철저하다	여 불규칙/음성	형용사	깨끗하다	114	to be through going, be exhaustive, be complete, be perfect
청렴하다	여 불규칙/음성	형용사	깨끗하다	114	to be clean-handed, be upright
청소하다	여 불규칙/음성	타동사	하다2	484	to clean (up/out), sweep ; to dust ; to scrub
쳐다보다	오 규칙/양성	타동사	보다	268	to look up (at), look upword, lift (up)[raise] one's eyes
쳐들어오다	너라 불규칙/양성	타동사	오다1	378	to invade, drive [penetrate] deep into (enemy territory)
초대하다	여 불규칙/음성	자타동사	하다2	484	to invite, ask, extend an invitation
초라하다	여 불규칙/음성	형용사	깨끗하다	114	to be shabby, be poor looking
초조하다	여 불규칙/음성	형용사	깨끗하다	114	to be nervous, be fretful, be impatient, be anxious
총명하다	여 불규칙/음성	형용사	깨끗하다	114	to be clever, be intelligent, be bright
추격하다	여 불규칙/음성	타동사	하다2	484	to pursue, chase
추다	우 규칙/음성	타동사	주다1	434	to dance
추리다	이 규칙/음성	타동사	버리다1	262	to select, choose from, pick out

목록	활용 유형	분류	동일유형	페이지	의미
추스르다	르 불규칙/음성	타동사	부르다2	274	to pick up and put in place ; to set (things) in order, manage
추측하다	여 불규칙/음성	자타동사	하다2	484	to suppose, guess
축이다	이 규칙/음성	타동사	버리다1	262	to wet, moisten, dampen
축축하다	여 불규칙/음성	형용사	깨끗하다	114	to be damp, be humid, be moist, be wet
축하하다	여 불규칙/음성	타동사	하다2	484	to congratulate, celebrate, commemorate
출근하다	여 불규칙/음성	자동사	말하다	216	to go to work
출발하다	여 불규칙/음성	자타동사	하다2	484	to start from, depart from, leave, set out
출세하다	여 불규칙/음성	자동사	말하다	216	to succeed in life, rise [go up] in the world ; to win[get/obtain] promotion
춥다	ㅂ 불규칙/음성	형용사	덥다	172	to be cold, be chilly [weather]
충분하다	여 불규칙/음성	형용사	깨끗하다	114	to be enough, be sufficient ; to be full, be plenty
취급하다	여 불규칙/음성	자타동사	하다2	484	to treat, deal with ; to handle, manipulate
취하다1	여 불규칙/음성	타동사	하다2	484	to adopt, take, assume ; to prefer, choose, pick
취하다2	여 불규칙/음성	타동사	하다2	484	to get drunk [intoxicated/tipsy]
치다1	이 규칙/음성	자동사	다니다	160	to wave, roll (in waves) ; to rage ; to bluster
치다2	이 규칙/음성	타동사	가지다	66	to run over
치다3	이 규칙/음성	타동사	가지다	66	to hit, beat, strike ; to beat (a drum), ring (a bell) ; to strike (two) ; to drive (a nail) ; to cut, nip
치다4	이 규칙/음성	타동사	가지다	66	to draw a line ; to write
치다5	이 규칙/음성	타동사	가지다	66	to shout, cry/call out ; to paddle one's feet in water
치다6	이 규칙/음성	타동사	가지다	66	to put (soy)
치닫다	ㄷ 불규칙/양성	자동사	깨닫다	118	to go[run]up, run uphill
치료하다	여 불규칙/음성	자타동사	하다2	484	to cure, treat (an illness)
치르다	으 불규칙/음성	타동사	쓰다2	344	to pay off ; to undergo, go [pass] through
치우다1	우 규칙/음성	타동사	주다1	434	to put[take] away, clear away[off], work off
치우다2	우 규칙/음성	타동사	주다1	434	to finish, put an end to
치우치다	이 규칙/음성	자동사	다니다	160	to lean (to/toward), incline (toward) ; to be partial (to)
친하다	여 불규칙/음성	형용사	깨끗하다	114	to be close, be friendly ; to be intimate, be familiar
침몰하다	여 불규칙/음성	자동사	말하다	216	to sink, go down, go to the bottom
침범하다	여 불규칙/음성	타동사	하다2	484	to invade, intrude, raid
침울하다	여 불규칙/음성	형용사	깨끗하다	114	to be melancholy, be dismal, be gloomy ; to be depressed, to be heavey-hearted
침입하다	여 불규칙/음성	자타동사	하다2	484	to invade, raid, enter (into)
침착하다	여 불규칙/음성	형용사	깨끗하다	114	to be composed, be self-possessed, be calm, be cool

목록	활용 유형	분류	동일유형	페이지	의미
칭얼거리다	이 규칙/음성	자동사	내리다1	140	to fret, be peevish, be fussy
칭찬하다	여 불규칙/음성	타동사	하다2	484	to praise, commend, admire ; to applaud
캄캄하다	여 불규칙/음성	형용사	깨끗하다	114	to be pitch-dark ; to be gloomy, be dismal ; to be ignorant (of), be not familiar ; to be hopeless
캐다	애 규칙/음성	타동사	매다1	218	to dig up, grub up ; to examine closely ; to pry into
커다랗다	ㅎ 불규칙/양성	형용사	까맣다	112	to be huge, be great, be gigantic
커지다	이 규칙/음성	자동사	다니다	160	to grow larger, expand, be enlarged ; to increase in size
컨닝하다	여 불규칙/음성	자타동사	하다2	484	to cheat [on a test]
켜다1	여 규칙/음성	타동사	켜다1	462	to turn on, switch on, light, illuminate
켜다2	여 규칙/음성	타동사	켜다1	462	to saw (wood) ; to play (the violin)
켜다3	여 규칙/음성	타동사	켜다1	462	to stretch oneself
쿵쾅거리다	이 규칙/음성	자동사	내리다1	140	to make a din, raise a racket, romp about
크다1	으 불규칙/음성	형용사	슬프다	324	to be large, be big, be great ; to be mighty, be powerful, be heavy ; to be huge
크다2	으 불규칙/음성	자동사	뜨다2	200	to grow up ; to become taller, grow larger ; to increase in size
큼직하다	여 불규칙/음성	형용사	깨끗하다	114	to be quite big, be good-sized, be fair -sized
키우다	우 규칙/음성	타동사	주다1	434	to rear, bring up, raise, cultivate ; to foster, nurse ; to promote ; to bring up, raise, nurse ; to promote, support
타다1	아 규칙/양성	자동사	나가다	124	to burn, blaze ; to be scorched/charred/ singed ; to dry up, be dried up
타다2	아 규칙/양성	타동사	사다	298	to ride (in or on) ; to climb (a mountain, tree), walk up ; to be broadcast (by radio) ; to seize (an opportunity)
타다3	아 규칙/양성	타동사	사다	298	to add, mix, put in
타다4	아 규칙/양성	타동사	사다	298	to part (one's hair)
타다5	아 규칙/양성	타동사	사다	298	to be sensitive to, be apt to feel ; to be tender
타오르다	르 불규칙/음성	자동사	흐르다	494	to blaze[light] up, burn[go] up (in a flame), burst into flame(s)
타이르다	르 불규칙/음성	타동사	부르다2	274	to admonish ; to counsel/advise ; to persuade
타협하다	여 불규칙/음성	자타동사	하다2	484	to compromise (with), come to terms (with), make[effect] a compromise
탄로나다	아 규칙/양성	자동사	나가다	124	to get found out, be laid bare, be disclosed, be revealed
탄압하다	여 불규칙/음성	타동사	하다2	484	to suppress, oppress, repress
탈진하다	여 불규칙/음성	자동사	말하다	216	to be utterly exhausted, be tired to death
탈출하다	여 불규칙/음성	자타동사	하다2	484	to escape from (prison), get out of, extricate oneself from
탐내다	애 규칙/음성	타동사	매다1	218	to want, covet, desire, wish for ; to be greedy (after)

목록	활용 유형	분류	동일유형	페이지	의미
탐닉하다	여 불규칙/음성	자타동사	말하다	216	to indulge in, be addicted to
탐스럽다	ㅂ 불규칙/음성	형용사	덥다	172	to be desirable, be appetizing, be attractive
태어나다	아 규칙/양성	자동사	나가다	124	to be born, come into being existence, see the light
태연하다	여 불규칙/음성	형용사	깨끗하다	114	to be calm, be cool, be unmoved
태우다1	우 규칙/음성	타동사	주다1	434	to burn, fire ; to scorch, singe ; to cremate ; to burn (one's soul)
태우다2	우 규칙/음성	타동사	주다1	434	to carry, take in, give (a person) a ride ; to put in and out
택하다	여 불규칙/음성	타동사	하다2	484	to prefer, choose, select, pick, take
터뜨리다	이 규칙/음성	타동사	버리다1	262	to break sth ; to burst ; to tear, explode, detonate ; to tear
터무니없다	자음 규칙/음성	형용사	깊다	110	to have no foundation, be extraordinary, be reckless
터지다	이 규칙/음성	자동사	다니다	160	to break down, get broken, break split ; to explode, burst out
털다	ㄹ 불규칙/음성	타동사	물다1	244	to dust off, shake off ; to empty (one's purse) ; to rob (a bank)
털어놓다	ㅎ 규칙/양성	타동사	놓다1	148	to empty out, throw out ; to disclose, reveal ; to confide in
토론하다	여 불규칙/음성	타동사	하다2	484	to debate, discuss
토하다	여 불규칙/음성	타동사	하다2	484	to vomit, bring/fetch up, throw/cast up ; to puff out (smoke)
통곡하다	여 불규칙/음성	자동사	말하다	216	to weep bitterly, lament,
통과하다	여 불규칙/음성	자타동사	하다2	484	to pass (through), go [get] through, be carried
통치하다	여 불규칙/음성	자타동사	하다2	484	to rule over, govern, administer, guide
통하다	여 불규칙/음성	자타동사	하다2	484	to communicate with ; to be opened to pass/run/go through ; to flow, transmit ; to vent (through a chimney) ; (the phone) be working
투과하다	여 불규칙/음성	자동사	말하다	216	to penetrate, transmit
투덜거리다	이 규칙/음성	자동사	내리다	140	to complain, grumble, mutter, murmur
투명하다	여 불규칙/음성	형용사	깨끗하다	114	to be transparent, be limpid, be clear
튀기다1	이 규칙/음성	타동사	버리다1	262	to fillip, snap, split ; to splash, dabble
튀기다2	이 규칙/음성	타동사	버리다1	262	to fry, frizzle ; to pop
튀다	위 규칙/음성	자동사	쉬다3	320	to bound, spring, bounce ; to snap, crack ; to splash, spatter, sputter ; to fly (away)
트다1	으 불규칙/음성	자동사	뜨다2	200	to sprout, bud out, shoot ; to chap, to be cracked ; to break, dawn, turn gray
트다2	으 불규칙/음성	타동사	뜨다2	200	to break sth open, cut, open ; to begin
특별하다	여 불규칙/음성	형용사	깨끗하다	114	to be special, be particular, be extraordinary
특이하다	여 불규칙/음성	형용사	깨끗하다	114	to be singular, be peculiar, be unique

목록	활용 유형	분류	동일유형	페이지	의미
튼튼하다	여 불규칙/음성	형용사	깨끗하다	114	to be well and strong ; to be strong, be solid, be stout, sturdy
틀다	ㄹ 불규칙/음성	타동사	물다	244	to turn, twist, wrench, wring ; to thwart, counteract ; to work against
틀리다1	이 규칙/음성	자동사	내리다1	140	to be mistaken, be wrong, to be incorrect
틀리다2	이 규칙/음성	자동사	내리다1	140	to get twisted/wrenched ; to be distorted, twisted
틀림없다	자음 규칙/음성	형용사	깊다	110	to be exact, be correct, be sure ; to be reliable ; to be solid
파견하다	여 불규칙/음성	자타동사	하다2	484	to dispatch, send ; to detail (troops)
파고들다	ㄹ 불규칙/음성	자타동사	물다1	244	to inquire into
파내다	애 규칙/음성	타동사	매다1	218	to unearth, dig out/up, disinter, excavate
파다	아 규칙/양성	타동사	사다	298	to dig, delve ; to carve in/on, engrave ; to make a search ; to study hard
파다하다	여 불규칙/음성	형용사	깨끗하다	114	to be abundant, be numerous ; to be widely known
파랗다	ㅎ 불규칙/양성	형용사	까맣다	112	to be blue ; to be green ; to be pale
파렴치하다	여 불규칙/음성	형용사	깨끗하다	114	to be shameless, be infamous, be disgraceful
파묻다1	ㄷ 규칙/음성	타동사	믿다	248	to bury (in), inter, inhume
파묻다2	ㄷ 불규칙/음성	타동사	듣다2	188	to question, be inquisitive, inquire throughly
판단하다	여 불규칙/음성	자타동사	하다2	484	to judge, conclude, decide ; to interpret ; to understand
판매하다	여 불규칙/음성	자타동사	하다2	484	to sell, deal in ; to handle
팔다	ㄹ 불규칙/양성	타동사	팔다	468	to sell, deal in (goods) ; to work for wages ; to betray ; to turn one's eyes ; to take advantage (one's name)
팔리다	이 규칙/음성	자동사	내리다1	140	to be sold ; to be well-known
패다1	애 규칙/음성	자동사	새다2	306	to come into (ears)
패다2	애 규칙/음성	타동사	매다1	218	to beat, strike, thrash, assault ; to chop up, split (fire wood)
패하다	여 불규칙/음성	자동사	말하다	216	to be defeated ; to lose (a game/a battle/the day)
퍼뜨리다	이 규칙/음성	타동사	버리다1	262	to spread ; to diffuse ; to propagate, expand, become known
퍼붓다	ㅅ 불규칙/음성	타동사	잇다	412	to pour (water) on ; to dash (water) over ; to pour down, fall heavily ; to heap/ shower/rain (abuses) upon
퍼올리다	이 규칙/음성	타동사	버리다1	262	to draw up, pump up, ladle out
퍼지다	이 규칙/음성	자동사	다니다	160	to become wide, spread out, broaden ; to be circulated ; to prevail
펴내다	애 규칙/음성	타동사	매다1	218	to publish, issue
펴다	여 규칙/음성	타동사	건너다	68	to spread, lay out, open, unfold ; to stretch ; to uncoil, unroll ; to feel at easy

목록	활용 유형	분류	동일유형	페이지	의미
편안하다	여 불규칙/음성	형용사	깨끗하다	114	to be safe, be peaceful, be comfortable
편찬하다	여 불규칙/음성	자타동사	하다2	484	to compile (a dictionary), edit (an anthology)
편찮다	자음 규칙/양성	형용사	높다	146	to be painful, be sore, be uncomfortable ; to be sick ; to be uneasy, be unwell
편하다	여 불규칙/음성	형용사	깨끗하다	114	to be comfortable, be easy, be carefree
펼치다	이 규칙/음성	타동사	가지다	66	to unfold (a package) ; to lay out (one's clothes) ; to unroll
폄하하다	여 불규칙/음성	자타동사	하다2	484	to speak ill [evil] of, disparage, despise
평범하다	여 불규칙/음성	형용사	깨끗하다	114	to be ordinary, be common ; to be commonplace ; to be banal
평평하다	여 불규칙/음성	형용사	깨끗하다	114	to be flat, be even, be level ; to be plain, be common, be ordinary
평하다	여 불규칙/음성	자타동사	하다2	484	to criticize, comment (on)
평화롭다	ㅂ 불규칙/음성	형용사	덥다	172	to be peaceful, be pacific
포개다	애 규칙/음성	타동사	매다1	218	to put one upon [over] another ; to overlap ; to pile up, stack
포근하다	여 불규칙/음성	형용사	깨끗하다	114	to be comfortably warm ; to be snug ; to be soft, be mild, be moderate
포기하다	여 불규칙/음성	자타동사	하다2	484	to abandon, give up, resign, relinquish
포위하다	여 불규칙/음성	자타동사	하다2	484	to surround, encircle, envelop
포장하다	여 불규칙/음성	타동사	하다2	484	to pack up, package ; to wrap
포함하다	여 불규칙/음성	자타동사	하다2	484	to include, comprise, comprehend
폭로하다	여 불규칙/음성	자타동사	하다2	484	to disclose, expose, betray
폭발하다	여 불규칙/음성	자동사	하다2	484	to explode, burst
폭행하다	여 불규칙/음성	타동사	하다2	484	to violate, assault, attack ; to rape
표시하다	여 불규칙/음성	자타동사	하다2	484	to indicate, show, manifest, give expression to
표하다	여 불규칙/음성	타동사	하다2	484	to mark (a thing)
표현하다	여 불규칙/음성	자타동사	하다2	484	to express, represent, manifest ; to utter
푸다	우 불규칙/음성	타동사	푸다	472	to take out ; to dip ; to scoop up ; to pump
푸르다	러 불규칙/음성	형용사	푸르다	474	to be blue ; to be green, be azure ; to be young, be youthful, be juvenile
풀다1	ㄹ 불규칙/음성	타동사	물다1	244	to untie, unbind ; to dissolve ; to dispel(doubts) ; to relax ; to under go ; to solve ; to release
풀다2	ㄹ 불규칙/음성	타동사	물다1	244	to blow (one's nose)
풀리다	이 규칙/음성	자동사	내리다1	140	to come untied/undone, get loose ; to be frayed ; to be allayed ; to be solved/ resolved ; to work out ; to be released ; to be removed ; to circulate, pass current ; to dissolve ; to relax, remit ; to abate, moderate ; to be relived (of one's fatigue)
품다	자음 규칙/음성	타동사	읽다	406	to embrace, hold in one's arms ; to entertain (hope/a doupt) ; to brood, sit (on eggs)

목록	활용 유형	분류	동일유형	페이지	의미
풍기다	이 규칙/음성	타동사	버리다	262	to scent ; to give out (an odor of) ; to smell of
피곤하다	여 불규칙/음성	형용사	깨끗하다	114	to be tired, be weary, be fatigued, be exhausted
피다	이 규칙/음성	자동사	내리다1	140	to bloom, flower ; to be out/open ; to begin to burn, get lively ; to become moldy ; to come out
피신하다	여 불규칙/음성	자동사	말하다	216	to escape, flee
피우다	우 규칙/음성	타동사	주다1	434	to make a fire ; to smoke (tobacco) ; to give off ; to raise (dust), to make (flower)
피하다	여 불규칙/음성	타동사	하다2	484	to avoid, escape, evade ; to keep away from
필요하다	여 불규칙/음성	형용사	깨끗하다	114	to be necessary, be needed, be needful
하다1	여 불규칙/음성	보조형용사	깨끗하다	114	to be do
하다2	여 불규칙/음성	타동사	하다2	484	to do, act, practice, perform, attempt, engage ; to have, eat, smoke ; to know ; to play ; to wear ; to call ; to fix
하다3	여 불규칙/음성	보조동사	하다2	484	to do
하얗다	ㅎ 불규칙/양성	형용사	까맣다	112	to be white, be snowy-white
하찮다	자음 규칙/양성	형용사	높다	146	to be trivial, be insignificant ; to be worthless, be useless
한결같다	자음 규칙/양성	형용사	높다	146	to be costant, be unchanging, be consistent
한심하다	여 불규칙/음성	형용사	깨끗하다	114	to be pitiful, be pitiable, be sorry
한없다	자음 규칙/음성	형용사	깊다	110	to be unlimited, be limitless
한탄하다	여 불규칙/음성	타동사	하다2	484	to deplore, lament, regret, grieve
할퀴다	위 규칙/음성	타동사	쥐다	440	to claw, scratch
핥다	자음 규칙/양성	타동사	찾다	456	to lick, lap
합격하다	여 불규칙/음성	자동사	말하다	216	to pass an examination ; to succeed in an examination
합의하다	여 불규칙/음성	자타동사	하다2	484	to come to an agreement ; to be agreed (on)
합치다	이 규칙/음성	타동사	가지다	66	to combine, unite, together ; to merge
합하다	여 불규칙/음성	자동사	말하다	216	to put/join together, combine, unite, amalgamate ; to merge ; to sum up, add up, total
항복하다	여 불규칙/음성	자동사	말하다	216	to surrender (oneself) (to), capitulate (to the enemy) ; to submit
항의하다	여 불규칙/음성	자타동사	하다2	484	to protest, object
해결하다	여 불규칙/음성	자타동사	하다2	484	to solve, settle ; to effect
해롭다	ㅂ 불규칙/음성	형용사	덥다	172	to be harmful, be injurious, be bad
해방하다	여 불규칙/음성	자타동사	하다2	484	to release, disengage, free (a person) from (bondage, restraint, etc.), rescue
해치다	이 규칙/음성	타동사	가지다	66	to injure, harm, hurt ; to spoil ; to damage
행동하다	여 불규칙/음성	자동사	말하다	216	to act, behave
행복하다	여 불규칙/음성	형용사	깨끗하다	114	to be happy, be blessed, be blissful
행하다	여 불규칙/음성	타동사	하다2	484	to do, act, behave (oneself) ; to practice, carry out ; to give effect to

목록	활용 유형	분류	동일유형	페이지	의미
향기롭다	ㅂ 불규칙/음성	형용사	깊다	110	to be sweet-smelling, be fragrant, be aromatic
향상되다	외 규칙/음성	자동사	되다2	180	to be elevated, become higher, improve, advance, progress
향하다	여 불규칙/음성	자타동사	하다2	484	to face, look to, front (on), turn ; proceed (to), repair (to), go (to/toward)
허기지다	이 규칙/음성	자동사	내리다1	140	to go hungry ; to be famished
허다하다	여 불규칙/음성	형용사	깨끗하다	114	to be many, be numerous, be abundant, be common
허덕이다	이 규칙/음성	자동사	내리다1	140	to suffer from ; to be distressed ; to struggle
허무하다	여 불규칙/음성	형용사	깨끗하다	114	to be vain, be nonexistent, be null, be futile
허물다	ㄹ 불규칙/음성	타동사	물다	244	to pull/tear down, break up, demolish , destroy
허우적거리다	이 규칙/음성	타동사	버리다	262	to struggle, flounder
허전하다	여 불규칙/음성	형용사	깨끗하다	114	to feel empty, to miss something
허탕치다	이 규칙/음성	자동사	다니다	160	to come to nothing, prove fruitless, make vain efforts
헐다1	ㄹ 불규칙/음성	자동사	물다1	244	to form a boil ; to be inflamed ; to become old, be worn out
헐다2	ㄹ 불규칙/음성	타동사	물다1	244	to break down, to demolish
험악하다	여 불규칙/음성	형용사	깨끗하다	114	to be dangerous ; to be serious
험준하다	여 불규칙/음성	형용사	깨끗하다	114	to be steep, be precipitous, be rugged
험하다	여 불규칙/음성	형용사	깨끗하다	114	to be rough, be rude
헤매다	애 규칙/음성	자타동사	매다1	218	to wander/roam around ; to hover, stray about
헤아리다	이 규칙/음성	타동사	버리다1	262	to consider, think over, estimate ; to calculate ; to deliberate ; to guess
헤어지다	이 규칙/음성	자동사	다니다	160	to part from ; to scatter ; to be separate ; to break up
헤치다	이 규칙/음성	타동사	가지다	66	to dig ; to overcome ; to make a way through
헤프다	으 불규칙/음성	형용사	슬프다	324	to not stand long use ; to be wasteful, be prodigal ; to be loose in morals, be dissipated
헷갈리다	이 규칙/음성	자동사	내리다1	140	to be confused, be mixed up
헹구다	우 규칙/음성	타동사	주다1	434	to wash out, rinse
현명하다	여 불규칙/음성	형용사	깨끗하다	114	to be wise, be intelligent
현혹하다	여 불규칙/음성	자타동사	하다2	484	to dazzle, daze ; to make dizzy/giddy
협력하다	여 불규칙/음성	자동사	말하다	216	to cooperate (with), work together, collaborate (with)
협박하다	여 불규칙/음성	타동사	하다2	484	to threaten, intimidate, menace, blackmail
형편없다	자음 규칙/음성	형용사	깊다	110	to be terrible, be dreadful, be frightful ; to be awful, be bad ; to be absurd
호위하다	여 불규칙/음성	타동사	하다2	484	to guard, escort ; convoy (a ship/supplies)
호응하다	여 불규칙/음성	자동사	말하다	216	to hail to each other ; to act in concert

목록	활용 유형	분류	동일유형	페이지	의미
혼나다	아 규칙/양성	자동사	나가다	124	to suffer, have bitter experience
혼내다	애 규칙/음성	타동사	매다1	218	to give sb a hard time, scold ; to treat sb cruelly
혼동하다	여 불규칙/음성	자타동사	하다2	484	to confuse [confound/mix up] one thing with another ; to mistake for
혼란스럽다	ㅂ 불규칙/음성	형용사	덥다	172	to be confused, be disordered, be disorderly, be chaotic
혼인하다	여 불규칙/음성	자동사	말하다	216	to get married
홀리다	이 규칙/음성	자동사	내리다1	140	to be possessed by ; to be tempted, seduced ; to be captivated/fascinated
화려하다	여 불규칙/음성	형용사	깨끗하다	114	to be splendid, be magnificent, be gorgeous
화목하다	여 불규칙/음성	형용사	깨끗하다	114	to be harmonious, be peaceful, be happy
화창하다	여 불규칙/음성	형용사	깨끗하다	114	to be bright and clear ; to be splendid, be glorious
확실하다	여 불규칙/음성	형용사	깨끗하다	114	to be certain, be sure (method), be secure, be positive
확인하다	여 불규칙/음성	자타동사	하다2	484	to confirm, certify ; to validate ; to identify ; to ascertain, make sure
환하다	여 불규칙/음성	형용사	깨끗하다	114	to be bright, be light ; to be open, be clear ; to be evident (proof), be obvious, be patent ; to be familiar with
활약하다	여 불규칙/음성	자동사	말하다	216	to be active (in), take [play] an active part (in), participate actively (in)
황홀하다	여 불규칙/음성	형용사	깨끗하다	114	to be charmed, be enchanted, be enraptured
회복하다	여 불규칙/음성	자타동사	하다2	484	to get back, recover ; to regain ; to restore ; to retrieve
효도하다	여 불규칙/음성	자동사	말하다	216	to be dutiful [obedient/devoted] to one's parents ; to be a good son[daughter]
후퇴하다	여 불규칙/음성	자동사	말하다	216	to retreat, go[fall] back, back (away)
후회하다	여 불규칙/음성	자타동사	하다2	484	to repent (of), regret ; to be sorry for ; to be penitent for
훌륭하다	여 불규칙/음성	형용사	깨끗하다	114	to be fine, be nice, be excellent
훌쩍거리다	이 규칙/음성	자동사	내리다1	140	to sip[sup/suck] (up), slurp (up) ; to sniffle, snivel ; to snivel, sob, blubber
훑다	자음 규칙/음성	타동사	읽다	406	to remove, scrub ; to hack, thrash, strip
훑어보다	오 규칙/양성	타동사	보다	268	to look (a person) up and down ; to go over (the page)
훔치다1	이 규칙/음성	타동사	가지다	66	to steal ; to pilfer, rob
훔치다2	이 규칙/음성	타동사	가지다	66	to wipe off, mop
휘날리다	이 규칙/음성	자동사	내리다1	140	to wave, flutter, flap, fly, float, stream
휘다1	위 규칙/음성	자동사	쉬다3	320	to bend, curve, warp
휘다2	위 규칙/음성	타동사	쥐다	440	to make bend, make curve, make warp
휘두르다	르 불규칙/음성	타동사	부르다2	274	to swing, sway, wield, brandish, flourish, whirl around
휘젓다	ㅅ 불규칙/음성	타동사	잇다	412	to stir ; to beat up (cream) ; to swing (one's arm)

목록	활용 유형	분류	동일유형	페이지	의미
휩싸다	아 규칙/양성	타동사	사다	298	to wrap/lap in ; to protect ; to cover, shield
휩싸이다	이 규칙/음성	자동사	내리다1	140	to be wrapped up, be bundled
휩쓸다	ㄹ 불규칙/음성	타동사	물다1	244	to weep away, clear off ; to overwhelm, sway
흉보다	오 규칙/양성	타동사	보다	268	to find fault with, speak ill of, abuse, censure
흐느끼다	이 규칙/음성	자동사	내리다1	140	to sob, blubber ; to whimper, whine ; to be choked with tears
흐르다	르 불규칙/음성	자동사	숨다	318	to flow, stream, run, trickle ; to float, drift, wander ; to fall, spill ; to incline
흐리다1	이 규칙/음성	형용사	어리다1	364	to be vague, be obscure, be indistinct ; to be hazzy, be misty, be muddy ; to be cloudy, be murky
흐리다2	이 규칙/음성	타동사	버리다1	262	to make cloudy, muddy/turbid, murky ; to tarnish, blemish, disgrace, stain
흐뭇하다	여 불규칙/음성	형용사	깨끗하다	114	to be satisfying, be gratified ; to be pleasing, be pleasant ; to be joyful, be delightful
흐트러지다	이 규칙/음성	자동사	다니다	160	to disperse, be scattered ; to be disheveled
흔들다	ㄹ 불규칙/음성	타동사	물다1	244	to wave, shake, swing, rock, wag, oscillate
흔하다	여 불규칙/음성	형용사	깨끗하다	114	to be abundant, be plentiful, be rich, be ample ; to be common
흘기다	이 규칙/음성	타동사	버리다1	262	to give a sharp sidelong glance/glare
흘리다	이 규칙/음성	타동사	버리다1	262	to shed, spill, slop ; to pour over ; to lose, drop
흡족하다	여 불규칙/음성	형용사	깨끗하다	114	to be sufficient, be ample, be enough, be full
흥미있다	자음 규칙/음성	형용사	깊다	110	to be interesting, be exciting
흥분하다	여 불규칙/음성	자동사	말하다	216	to be excited, be stimulated, get hot ; to be hotheaded
흥정하다	여 불규칙/음성	타동사	하다2	484	to buy and sell, make a deal (with), do business (with)
힘어지다	이 규칙/음성	자동사	다니다	160	to be difficult, hard, toilsome, painful ; to be stiff/sticky
희다	의 규칙/음성	형용사	희다	496	to be white, be gray
희망하다	여 불규칙/음성	타동사	하다2	484	to hope (for), wish, aspire to, expect, be anxious for (peace)
희미하다	여 불규칙/음성	형용사	깨끗하다	114	to be dim, be faint, be vague, be indistinct, be misty, be hazy
희생하다	여 불규칙/음성	자타동사	하다2	484	to sacrifice, victimize, make a sacrifice [scapegoat/victim] of (a person)
히죽거리다	이 규칙/음성	자동사	내리다1	140	to give one sweet smile after another
힘겹다	ㅂ 불규칙/음성	형용사	덥다	172	to be beyond one's ability, be too much for one (to manage)
힘들다	ㄹ 불규칙/음성	자동사	물다1	244	to be hard, be difficult, be stiff ; to be painful
힘세다	에 규칙/음성	형용사	세다1	312	to be strong, be powerful, be mighty
힘쓰다	으 불규칙/음성	타동사	쓰다2	344	to exert oneself ; to help, aid ; to put forth one's strength

국립국어연구원(1999), 『표준국어대사전』, (주)두산동아.

국립국어원(2005), 『외국인을 위한 한국어 문법1』, 커뮤니케이션북스.

권인한(1993), "'표준발음법'과 '문화어발음법' 규정", 『새국어생활』 3권 1호, 국립국어연구원.

권재일(1992), 『한국어 통사론』, 민음사.

김민수 외(1991), 『국어대사전』, 금성출판사.

김종록(2005), "『외국인을 위한 한국어 동사 활용 사전』을 편찬하기 위한 기초적 연구", 『한글』 270집, 한글학회.

김종록(2008), 『외국인을 위한 표준 한국어문법』, 박이정.

김주원(1993), 『모음조화의 연구』, 영남대학교 출판부.

김진우(1985), 『언어 : 그 이론과 적용』, 탑출판사.

남기심 · 고영근(1993), 『표준 국어문법론』, 탑출판사.

문교부(1988), 『국어 음운 규정집』, 대한교과서주식회사.

사회과학원 언어학연구소(1992), 『조선말 대사전』, 사회과학출판사.

서울대학교 국어교육연구소(2002), 『고등학교 문법』, 교육인적자원부.

서정수(1994), 『국어문법』, 뿌리깊은나무.

송철의(1993), "자음의 발음", 『새국어생활』 3권 1호, 국립국어연구원.

연세대 언어정보개발연구원(1998), 『연세 한국어사전』, 두산동아.

이문규(2004), 『국어교육을 위한 현대 국어 음운론』, 한국문화사.

이상태(1995), 『국어 이음월의 통사의미론적 연구』, 형설출판사.

이승재(1993), "모음의 발음", 『새국어생활』 3권 1호, 국립국어연구원.

이호영(1996), 『국어 음성학』, 태학사.

임지룡 외(2005), 『학교문법과 문법교육』, 도서출판 박이정.

최현배(1937=1980), 『우리말본』(제8판), 정음사.

한국방송공사(1993), 『표준 한국어 발음 대사전』, 어문각.

한글학회(1991), 『우리말 큰사전』, 어문각.

허 웅(1985), 『국어음운학 : 우리말 소리의 어제·오늘』, 샘 문화사.

허 웅(1995), 『20세기 우리말의 형태론』, 샘 문화사.

Alexander Arguelles & Jong–rok Kim(2004), *A Handbook of Korean Verbal Conjugation.* Dunwoody Press.

Seok–Choong Song(1988), *201 KOREAN VERBS*, Barron's Educational Series, Inc.1988.

김종록

- 경상북도 금릉 출생
- 경북대학교 국어교육과 졸업
- 동 대학원 국어국문학과 졸업(문학박사)
- 캘리포니아주립대(UC, Irvine) 객원교수
- 현재 한동대학교 글로벌리더십학부 교수
- kjr@handong.edu

주요 논저

- 『A Handbook of Korean Verbal Conjugation』(공저, 2004, Dun Woody Press)
- "『외국인을 위한 동사활용 사전』을 편찬하기 위한 기초적 연구"(2005)
- 『학교문법과 문법교육』(공저, 2005, 박이정)
- 『외국인을 위한 표준 한국어 문법』(2008, 박이정)

외국인을 위한
표준 한국어 동사 활용 사전

초판 인쇄 2009년 12월 8일
초판 발행 2009년 12월 18일

지은이   김종록
펴낸이   박찬익
편집책임 이영희
책임편집 이기남

펴낸곳 도서출판 박이정
주소   서울시 동대문구 용두동 129-162
전화   02)922-1192~3
전송   02)928-4683
홈페이지 www.pjbook.com
이메일 pijbook@naver.com
온라인 국민 729-21-0137-159
등록   1991년 3월 12일 제1-1182호

ISBN 978-89-6292-085-7 (93710)

* 책값은 뒤표지에 있습니다.